Friedrich Erdmann

Eskimoisches Wörterbuch

Friedrich Erdmann

Eskimoisches Wörterbuch

ISBN/EAN: 9783337310417

Hergestellt in Europa, USA, Kanada, Australien, Japan

Cover: Foto ©Thomas Meinert / pixelio.de

Weitere Bücher finden Sie auf **www.hansebooks.com**

Eskimoisches Wörterbuch,

gesammelt

von den Missionaren

in

Labrador,

revidirt und herausgegeben

von

Friedrich Erdmann.

Budissin,
gedruckt bei Ernst Moritz Monse.
1864.

Vorbericht.

Es sei zum Voraus bemerkt, daß die Eskimos im Gebrauch ihrer Sprache bei manchen Worten selbst nicht einig sind; nicht nur daß im Süden hin und wieder andere Ausdrücke gebraucht werden und auch manchen Worten ein etwas anderer Sinn beigelegt wird, wie im Norden, sondern selbst an ein und demselben Orte finden sich nicht selten solche Verschiedenheiten. Und häufig hat auch das weibliche Geschlecht noch wieder seine besonderen Ausdrücke. Was Letzteres betrifft, so ist darauf beim Ausarbeiten des Wörterbuchs gerade nicht viel Rücksicht genommen, weil die Männer häufig nur darüber lachen; was aber die sonstige Verschiedenheit betrifft, so ist entweder beides hingesetzt oder dasjenige gebraucht worden, dem beim Befragen die Mehrzahl beistimmte. Bei Worten, die nur wenig gekannt und verstanden werden, ist es meist angemerkt, doch konnten dieselben, sobald sie nur noch von jemandem verstanden wurden, nicht gut weggelassen werden.

Da ins Ganze darauf gerechnet ist, daß die Sprache an Ort und Stelle erlernt werden muß, so sind die Zeitwörter meist nur in der dritten Person angeführt und andere Personen kommen nur hin und wieder in Beispielen vor und müssen aus der Grammatik ersehen werden.

Das Circumflex ¯ über den Vokalen deutet an, daß dieselben gedehnt werden müssen, wie in knijomārpok, er wird kommen, und das senkrechte Strichel ´ darüber bedeutet, daß sie kurz ausgesprochen werden sollen, wie in okautitsúngúrpagit, ich sage dirs zum letztenmal. Es ist sehr anzuempfehlen, diese Zeichen gut zu achten, weil sonst leicht ein anderer Sinn herauskommt; denn so heißt z. B. knijomangilak, er will nicht kommen; knijomángilak, er wird nicht kommen.

Der Punkt · über dem k deutet an, daß dasselbe ein Kehllaut ist und beinahe wie ch ausgesprochen werden muß, wie in akkitok, Blei.

Die Zeitwörter sind entweder einfach, daß nemlich nur eine Person darin vorkommt, weshalb dann SS., Sine Suffix, d. h. „ohne Anhang" dabeisteht, wie z. B. njochertuivok, j. SS., er lehrt, unterrichtet; oder sie gehen auf eine zweite Person

Vorbericht.

über, weshalb CS., Cum Suffix, das ist: „mit Anhang", dabei steht, wie: ajochertorpa, l. CS., er unterrichtet, belehrt ihn. Manche Worte sind beides, SS. u. CS., zu gebrauchen, wie tikkipok, er ist gekommen; tikkipa, er ist zu ihm gekommen. Alle Worte, bei welchen nur CS. steht, gelten, sobald sie SS. oder einfach gebraucht werden, für die eigene Person, wie z. B. ajochertorpok, er belehrt, unterrichtet sich selber; ivlorivok, er hält sich selbst werth. Dagegen sind solche Worte, bei welchen SS. inusitatis, d. h. „ohne Anhang ungebräuchlich", steht, einfach nicht zu gebrauchen, wie z. B. egarvigiva, SS. inus., er lehnt sich an, gegen ihn; egarvigivok hieße dann: „er lehnt sich gegen sich selber", was ja sinnlos ist.

Wenn ein Wort im SS. mit vok und im CS. mit va endigt, so steht j. SS. ꝛc. dabei, endigt es aber mit pok und pa, so steht l. SS. ꝛc. dabei. Diese Buchstaben j und l dienen dazu, mittelst derselben aus den Zeitwörtern Hauptwörter zu formiren, wie z. B. kaivok, er kommt; kaijok, ein Kommender; tikkipok, er ist gekommen; tikkilok, ein Gekommener; neksarpa, er nimmt es mit; neksarlanga, sein Mitgenommenes; nerriva, er ißt es; nerrijanga, sein Gegessenes.

Bei Haupt- und Fürwörtern entspricht transitiv dem CS. bei den Zeitwörtern und besagt soviel, als „übergehend", daß nemlich der, von dem die Rede ist, auf eine andere Person übergeht und auf dieselbe thätig wirkt, z. B. ernerma tillivänga, mein Sohn sendet mich; und intr. entspricht dem SS. und heißt: „nicht übergehend" und deutet, daß der, von dem geredet wird, auf keine andere Person übergeht oder ihm von derselben was gethan wird, z. B. ernera kaivok, mein Sohn kommt; ernera tillivara, ich sende meinen Sohn; tamna pijomavara, ihn, diesen, will ich haben; tapsoma ikajorpänga, er, dieser hilft mir.

„Reciprok", was bei den Hauptwörtern mit angehängten Fürwörtern, bei der dritten Person, zu stehen pflegt, z. B. ernine, sein Sohn, recip., heißt: „auf ihn zurückbeziehend" und wird gebraucht, wo die dritte Person mit ihrem Eigenthum handelt, z. B. er sendet seinen (eigenen) Sohn, ernine tilliva, heißt es dagegen: erningn tilliva, so sendet er nicht seinen eigenen, sondern eines andern Sohn.

„Caret Singular", was bei manchen Wörtern steht, heißt: es mangelt am Singular.

Herrnhut im März 1864.

Der Herausgeber.

A.

A! ein Ausruf, wenn die Hunde vor dem Schlitten liegen sollen.
A æk, et, ein Horn mit Haken an einem Vogelpfeil.
A B cterpok, er lernt das A B C.
Abba, bĭk, bit, eine Art Seehunde i. Norden.
Ablangnek, næk, nerit, das Ueberschreiten über irgend etwas, und stehen bleiben.
ablakpok, SS.&CS., er überschreitet etwas und bleibt darüber stehen.
ablaktipa, t. CS., er spreizt es, ihn, aus.
ablangavok, j. SS., er reitet auf etwas, Stückholz, Pferd ic., it, er, es steht, ist ausgespreizt.
Ablakataulik, tit, rumbe Schneeschuhe, Indianerschneeschuhe.
Ablatsaunek, næk, nerit, die Veränderung.
alatsaunera, meine V., intransitiv.
ablatsaunima, do. trans.
ablatsaunitit, beine V., intr.
ablatsaunivit, do. trans.
ablatsaunivuk, unser beider, intr.
ablatsaunimnuk, do. trans.
ablatsauninga, seine Veränb., intr.
ablatsauningeta, do. trans.
ablatsaunine, seine V., intr. } reciprok.
ablatsaunime, do. trans. }
ablatsaunivut, unsere V., intr.
ablatsaunipta, do. trans.
ablatsaunise, eure V., intr.
ablatsaunipse, do. trans.
ablatsauninget, ihre V., intr.
ablatsauningita, do. trans.

ablatsaunitik, ihre V., intr. } reciprok.
ablatsaunimik, do. trans. }
ablatsauvok, j. SS., es ist verändert.
ablatsaugiarpok, t. SS., es hat sich ein wenig verändert. [zuvor.
ablatsangorpok, t. SS., es ist anders als
ablatsangortipa, t. CS., er macht es, ihn anders.
ablatsarōrkattarpok, t. SS., er, es verändert sich oft.
ablatsarōrtarpok, t. SS., er, es steht oft anders aus.
ablatsarōrtarpok illangertaukattarmet, es verändert sich oft, weil oft davon genommen wird.
ablabsäk oder ablatsäk, sæk, set, etwas Verändertes, das anders ist als zuvor.
Ablornek, næk, nerit, das Schreiten, Schritte. [Sprung.
abloriak, ritsæk, ritset, ein Schritt,
ablorpok, t. SS., CS., er überschreitet etwas einmal, macht einen Schritt.
ablorarpok, t. SS., CS., er überschreitet etwas mehreremal.
abloriarpok, t. SS. & CS., er geht hin, es zu überschreiten.
ablornikpok, t. SS., er macht kleine Schr.
abtudlarpok, t. SS., er macht große Schritte.
ablorangorpok, t. SS., er ist des Schreitens, Gehens müde.
ablorangavok, j. SS., er steht ausgeschreitet zum Gehen.
Ablomavok, j. SS., er ist zu allem willig, nämlich, wenn mehrere Sachen zu machen

sind, und es ihm einerlei, welches er machen soll. [einer Sache.
Abvako, kuk, kut, ein Theil, Stück von abvak, väk, vnt, do.
abvanga, ein Theil von ihm.
abvakovok, j. SS. & CS., er hat einen Theil von einer Sache. CS. er gibt ihm einen Theil (mit mik).
avakonikpok & SS. do. (mit mik).
Kakkojamik abvakovara, ich gebe ihm Theil am Schiffs-Zwieback.
abvakogiva, j. SS. & CS., er hat es oder ihn zu seinem Theil, it, er gibt auch ihm ein Theil, SS. er hat auch einen Theil.
abvaujak, jāk, jet, ein Einschnitt, Kerben, Bruch in irgend etwas.
abvaujalik, lik, lit, eine Sache, die gespalten, getrennt, aber doch an einem Ende zusammenhängt, überhaupt das Geschlinke und Eingeweide.
abvaujatarpa, CS., er macht an einer Sache Kerbe zum Abbrechen.
abvaujatarivok, SS. & CS. do.
abvaujarpok, t. CS., er bricht eine harte Sache aus einander, daß es noch eben aneinander hängt.
abvaujairsivok SS. do. (mit mik).
abvaujaksimavok, SS. & CS. do.
abvaujerpok, j. SS., es ist so von einander getrennt, daß es nur noch eben an einander hängt.
abvaujalipok, t. SS., es fällt etwas, irgend wo durch eine Spalte.
abvaurutalik, līk, lit oder ggit, irgend etwas, das einen kleinen Ansatz hat, it, ein Berg, der einen kl. Berg neben sich hat u. nur ein kl. Thälchen zw. sich haben.
abvaurusiujalik, līk, lit ob. ggit, Berge von einerlei Größe neben einander, welche nur kleine Thälchen zwischen sich haben.
Achāgo, übers Jahr.
achāne, vor einem Jahr ob. voriges Jahr.
achānenit, mit, pivok, es ist von vor. J.

achānipsak, vor zwei Jahren.
Achévok, j. SS., es fließt schnell wo herunter, Wasser vom Dach, Blut aus einer Wunde ꝛc. [Fluß ꝛc.
achĕpok, t. SS., es fließt langsam, der Adjai! ach! doch! fürchterlich! nachdem es ausgesprochen wird.
Adsagĕk, des Vaters Schwester u. Vaters Kind zusammen. [ters Schw.
adsakarpok, t., er, sie hat eine Tante, Vaadsa adsanga, SS. inus., seines u. ihres Vaters Schwester. [Tante.
adsagiva, j. SS., inus., er, sie hat sie zur adsagijanga, SS. inus., die er ob. sie zur Tante hat. [etwas.
Adsiluak, æk, et, eine ganze Aehnlichkeit von adse, ik, it, do.
adsiluanga, seine ganze Aehnlicht., Gleichniß.
adsekarnek, næk, neril, b. Aehnlichsein.
adsigiva, SS. inus., er ist ihm gleich, sieht ihm ähnlich.
adsekarpok, t. SS., es hat eine Aehnlichkeit.
adsigĕk, gĕt, zwei gleich aussehende Sachen.
adsigĕkpuk, put, caret. Sing., sie zwei, und sie sind einander gleich.
adsigĕkpok, t. SS., es ist einerlei (wie das oder jenes gemacht wird).
aesigĕktipa, t. CS., er macht ihn, it, hält ihn ähnlich, gleich mit dem ober jenem, Jesusib ingminut adsigĕktitsomavātigut, Jesus will uns sich ähnlich machen, adsigĕktitsiook, j. SS. do. (mit mik).
adsiliorpok, t. SS. CS., er zeichnet ab, macht eine Aehnlichkeit von irgend etwas.
adsinga, sein Gleichniß, Bild.
adsiminut, nach seinem Bilde, Aehnlichkeit.
adsiojok, juk, jut, Gleichniß.
adsingoak, ak, et, eine Zeichnung oder Abbild von etwas.
adsiojuksak, säk, set, do.
adsikarētitsivok, j. SS., er macht gleich (mit mik).
adsikarēktipeit, t. CS., er macht sie gleich.
adsikuarēkpuk, put, sie sind einander gleich.

adsiluarēkpuk, put, sie sind einander gleich.
adsipassugēkpuk, put, do.
Aggak, gæk, gait, die Hand sammt den Fingern.
aggaijerpok, t. SS., er friert an den Händen, it, er hat Schmerzen an den Händen, Fingern.
aggaijautigiva, j. C.S., er hat es, das ob. jenes, zur Ursache, daß ihm die Hände frieren.
aggasorpok, t. SS. CS., er trabt, scharrt mit d. Händen ob. Füßen ob. sonst was mit einem Stück Holz u. dgl. (Mensch u. Thier).
nggejarpok, t. SS. & CS., do.
nggaijak, jāk, jet, Fingerhandschuhe.
aggaut, lik, tit, der Theil des Armes vom Handgelenke bis zum Ellbogen, it, irgend etwas in die Hand, um damit was abzukrabben, Erde, Schnee ꝛc.
aggailak, lāk, læt, einer ohne Hände.
aggaitok, tuk, tut, do.
aggaujak, Klaue vom Anker.
aggarpok, t. SS. & CS., er scharrt, gräbt ein großes Loch in die Erde.
Aggāk, die Nachgeburt. Nuttakab, pōngo, das Netz des Kindes.
Agga, die Zahl zwei, wenn man zählet.
aggartuk, es sind ihrer zwei.
Aggarusek, utsæk, utset, der Nebenmagen d. Renthiers, it, ein Sack, wohinein beim Beerenpflücken die B. gethan werden.
Aggek, ik, it, Eis-Ente (Anas glacialis).
nggerpok, t. SS., er bekommt eine Eisente.
aggertorpok, t. SS., er ißt Eisenten.
Aggerpok, t. SS., er kommt in der Ferne, ist unterwegs. [Ferne auf ihn zu.
aggervigiva, j. SS. inus., er kommt in der
aggiluarpa, t. SS. inus., do. wie aggervigiva.
aggilualsivok, ob. -luarsivok, j. SS. do. (mit mik).
aggerluartigiva oder aggiluartigiva, j. SS. inus., er hat ihn zu dem, der in der Ferne auf ihn zukömmt.

aggiluartekarpok, t. SS., do. (mit mik).
aggilunrtosiorpok, t.SS., er sieht sich nach jemand um, der etwa auf ihn zukommt; um durch jenen einen Dienst, Hilfe zu haben ꝛc. [Ferne.
agiupa, t. CS., er bringt es mit aus der
aggiutsivok, j. SS., do.
Agērpok, siehe āktorpa.
Aggiak, itsek, itset, eine Feile.
aggiarpok, t. SS. CS., er feilt u. feilet es.
aggiarut, sik, sit, Feilen, die im Gebrauche sind.
Aggiarut, ik, tit, eine Violine.
aggiarusijarpok, t. SS., er spielt Violine.
aggiarusijartigiva, er hat ihn zum Violinspieler.
aggiarusijartekarpok, do. (mit mik).
aggiarusijautigiva, j. SS. inus., er spielt es, die Violine (Noten).
aggiarusijautekarpok, t. SS., do. (mit mik).
Aggoksoak, œk, uit, die Kajüte im Schiff.
Aggorpok, SS., siehe agorpok.
Aggopok, siehe akkūt.
Aglæt, sogar.
Aglangnek, das Schreiben.
agloit, pl., Schriften, Geschriebenes.
aglakpok, t. SS. CS., er schreibt, CS., er schreibt es, ihn auf. [it, auf ihn, es.
oglagvigiva, j.SS. inus., er schreibt an ihn.
aglagvikarpok, t. SS., do. (mit mik).
aglagiartorpok, SS.CS., er geht schreiben.
aglagiveit, j. SS. inus., es sind seine Bücher, Schriften.
aglakarpok, t.SS., do. (mit mik).
aglnliorpok, t. SS. & CS., er beschäftigt sich mit Schreiben, it, er bindet Bücher ein, CS. do. für ihn.
aglarak, rāk, ket, Geschriebenes.
aglararaksūk, sak, set, etwas das geschrieben werden soll.
aglagæksak, sæk, set, ob. aglaræksak, Papier, it, etwas, das geschrieben werden soll.

aglaguliksak, sæk, sot, Stoff zum Schreiben.
aglagutigiva, j. CS., er hat ihn erst zum Grunde des Schreibens, schreibt von ihm.
aglaut, tik, tit, eine Schreibfeder, Bleistift, Dinte. [Dintefaß.
aglautitalik, lik, lit, ein Federkästel, it,
aglatak, tæk, tet, etwas Melirtes, was aus mehreren Farben zusammengesetzt ist.
aglaktauvok, j.SS., es wird, ist geschrieben.
aglaktaukova, j. CS., er läßt, oder heißt es aufschreiben.
aglaktaukojivok, j. SS. do. (mit mik).
aglaktaukojomava, j. CS., er will es aufschreiben lassen.
aglausiut, tik, tit, ein Federmesser.
aglausiorut,   do.
Aglangoak, utsæk, utset, See-Einhorn, Narwhal. (Monodon monoceros.)
Aglerok, kuk, kut, pl., die Kinnladen, die Kinnbacken.
aglok, luk, luit, do. der Walfische.
aglunga,   do.
aglerugik,' eines Menschen oder Thieres.
agleruanga, do. eines Weißfisches.
aglerokpallakpok, j. SS., er macht den Mund zu, läßt die Kinnbacken zusammengehn, it, Thüre 2c.
aglerokpallävok, j. SS. do. mehrmals.
aglerokpallajok, juk, jut, ein Zulegemesser.
aglerularpok, j. SS., er klappert mit den Zähnen, vor Frost ob. sonst einer Ursache.
aglerungorpok, t. SS., er ist müde an der Kinnlade vom Beißen etwas Hartes.
Aglerpok, t. SS. CS., er enthält sich allerhand Sachen von Speisen 2c. (bei den Heiden.) [müde.
aglingorpok, t.SS., er ist des Enthaltens
Aglivok, j. SS., er wächst, wird größer.
aglivalliavok, j.SS., er fährt fort im Zunehmen, im Wachsen.
aglisikpok, t. SS., er wächst schnell.
aglisēpok, t. SS., er wächst langsam.
aglisaraipok, t. SS., er wächst fertig, ist schnell groß geworden. [schöpfen.
Aglo, luk, lut, ein Seehundsloch zum Luftagloliorpok, t. SS., der Seehund macht, kratzt sich ein Loch. [zu suchen.
aglosiorpok, t. SS., er geht aus dgl. Löcher
aglosiorviksak, sæk, set, Zeit, Gelegenheit solche Löcher zu suchen.
aglosiorviksauvok, j. SS., es ist Zeit dazu do.
agloroktisimavok, SS., es ist wieder vom Seehund geachtet, das verlassen gewesene Loch. aglotartorsimavok, j. SS., es sind neue Seehundslöcher geworden.
agloinak, næk, nait, bloß Löcher, wo kein Seehund mehr hinkommt, im Frühjahr.
aglokut, tik, tit, ein vorräthiges, bemerktes, bezeichnetes Loch.
aglokultekarpok, t.SS., es hat solche bezeichnete Seehundslöcher.
aglokut, durch b. Loch, aglokut anguvok, er erwirbt am, oder durch das Seehundsloch. [hat einen Ring.
Agloakarpok, t. SS., die Sonne, der Mond aglojijarpok, j. SS., es scheint einen Ring zu haben, Sekkinek aglojijarpok, die Sonne hat einen Ring.
agloanga, SS. inus., sein Ring.
Aglornek, das Tauchen, Untertauchen des Vogels.
aglorpok, t. SS., er taucht unter, ein Vogel.
aglok, lok, luit, ein Untertaucher, Vogel.
Agoarpa, t. CS., er setzt ihm, dem Kleibe 2c., einen Fleck ein, flickt es.
agoarsivok, j. SS. do. (mit mik).
agoaksak, sæk, set, ein Fleck zum Flicken.
agoarivok, j. SS. & CS., er flickt (mit mik), CS., er flickt auch ob. ein anderes.
Agorpok, aggorpok, t. SS., er ist entgegen, der Wind.
aggornarpok, j. SS., es ist zum entgegen sein, do.
aggungavok, j. SS., er ist schräg entgegen, do.

Agotivok, j. SS., er giebt sein Jawort, nachdem er vorher nicht gewollt.
Agverlarpok, siehe arverlarpok.
Agviarpok, j. SS. & CS., er hindert, ist im Wege, CS., er hindert ihn, ist ihm im Wege.
agvairpok, SS. CS., er geht aus dem Wege, macht Platz, CS., er macht ihm Platz.
agvairtipa, t. CS., er läßt es aus dem Wege räumen.
agviupok, t. SS. & CS., er, es hindert, daß ein anderes nicht gekriegt wird, SS., er ist verhindert worden, daß er nicht gekriegt wurde (gilt beim Erwerben).
agviutivok, j. SS. & CS., do.
agvialut oder rut, tik, lit, agvialu oder rutiksak, säk, set, Hinderungssache, etwas, das im Wege steht, ist.
agviaruliksakarpok, t. SS., es u. er hat Hinderung. [zur Hinderung.
agviaruliksariva, j. SS. inus., er hat es
agviaruliksakartipa, t. CS., er setzt ihm was in den Weg, macht ihm Hinderung.
agviarutariva, j. CS., er hat es zur Hinderung.
agviarutakarpok, t. SS., do.
agviarutigiva, j. CS., er hat es zu dem, womit er hindert. [una, Ja.
Ahaila, Ja, ahalela, abalo, ahaluna, aha-
ahamarik, ja es ist gewiß so.
ahamatsiak, ja, es ist so.
ahaujonarpok, ja, es scheint so zu sein, wird gebraucht, wenns beinahe zweifelhaft ist.
ahailarpok, t. SS., er sagt ja.
ahailarninga, sein Jasagen.
ahavallukpok, j. SS., es ist vermuthlich so, (wenn man die Sache halbweg weiß) und im Gegentheil: ahavallaivok, do.
ahavalatsivok, j. SS., ahaugalloak, ja es ist so (wenn man vorher oder überhaupt nicht recht will).
ä, ein nachlässiges Ja.

äha, zeigt eine Bestätigung an, wenn einem was gesagt wird, was man noch nicht wußte.
ahatakka! ja es ist so, ist die Wahrheit.
ahalonēt, ja auch so oder so. [sei so.
ahagök, er sagt, daß ein anderer gesagt, es
Ahäk! Zuruf, siehe!
aharàluk, siehe ein Garstiger!
Ai? wird nur an andere Wörter angehängt, und heißt dann soviel als: nicht wahr? oder sei so gut, kainiarpotin-ai? nicht wahr, du wirst kommen?
ai! ai! thu das nicht! das thut weh!
aijairpok, t. SS., er sagt ai, ai!
Ai, aik, ait, Bruders Frau, ainga, seines Bruders Frau.
aiga, meine Schwägerin, Bruders Frau.
aigivara, j. CS., es ist meine Schwägerin.
Aijalikpok, t. SS. & CS., er sagt einen Menschen ob. Hund :c. irgend wo fort.
Aijakterpa, t. CS., er feuchtet es an, macht es naß.
aijukterivok, j. SS. &. CS. do.
aijungavok, j. SS., es ist feuchte, naß.
aijungilak, t. SS., Negat., (diese müssen alle wie E i ausgesprochen werden).
Aiklernek, næk, nerit, das Holen.
aiklerpok, t. SS., er holt etwas (mit mik).
aiva, j. CS., er holt es.
aikafsiutisarpa, t. CS., er hat es schnell zugleich mit etwas anderem geholt.
aikafsiutinerpa, t. CS., er hat es so eben zugleich nebst etwas anderem geholt.
aikafsiutigiva, j. CS., er holt ihn, es, auch zugleich mit etwas anderm.
Aik, aitsik, atsit, ein Ärmel.
airusek, tsak, set, ein Halbärmel.
aiksak, sük, set, etwas zu einem Ärmel.
aimiutak, tak, tet, Zierathen am Ärmel.
airkavak s. Erkavak, Perlen :c. [dem.
Ailak, laek, let, Schweiß vom Dampf, Brodem.
ailarpok, t. SS., es, er schwitzt, ist naß vom Dampf, Brodem. [nässet.
ailarallukpok, t. SS., es regnet sehr fein,

ailangavok, j. SS., do.
Ailitak, tæk, tet, Tapeten, ob. sonst irgend was, die Wand, Mauer damit zu verkleiden.
ailitæksak, saek, sel, etwas zur Bekleidung, Papier, Leder, Brett ic.
Aimarngnalik, lik. lit. ein Renntier mit einem Horn.
Aipak, pæk, pait, ein Mitgefährte, Kamerad.
aipa, einer von zwei, it, sein Kamerad, it. der Zweite, it, die Frau.
aipanga, do.
aipaksanga, do. der dazu bestimmt ist.
aipa ınanaugivara aipangale piangilak, den einen halte ich für schön, der andere aber ist schlecht.
aipariva, j. CS., er hat ihn mit, zum Kamerad.
aipakarpok, j. SS., er hat einen Gefährten, it, hat eine Frau.
aiparēkpuk, D. put, P. car. Singl., sie sind in Gesellschaft mit einander aus, it, sie sind Eheleute. [hinzu.
aipipa, t. SS. inus., er thut ein zweites
aipēvok, j. SS., do. (mit mik).
Aipavok, j. SS., es ist nicht genug gekocht, Fleisch ic., schmeckt schlecht,
aipajoksovok, j. SS., es ist sehr roh, blutig.
Airovikpok, t. SS., es ist schön, glatt, glänzend, (ein Fell ic., bei harten Sachen heißts kairajukpok).
Aitaukpok, t. SS., er gähnet, sperrt den Mund auf.
aitarsimavok, j. SS. & CS., es ist offen, aufgerissen, er hat es aufgemacht.
aitarpok, t. SS. & CS., er sperrt es auf, SS., es ist offen, aufgesperrt it, er öffnet den Mund.
uitaivok, j. SS., er öffnet, sperrt auf. Mikkigiamik aitaivunga.
aitangavok, j. SS., es steht aufgesperrt.
aitangatsainarpok, t. SS., er hat den Mund immer offen.
aitalāvok, j. SS., er schnappt wiederholt nach Luft, Fische, wenn sie aus dem Wasser sind ic.
aitalakpok, t. SS., do. einmal.
aitarlipa, t. CS., er läßt es aufsperren, (Fuchsfalle ic.) [(einmal).
Aitorpa, t. CS., er theilt ihm etwas mit,
aitortorpa, t. CS., do. do. (mehreremal).
aitortuivok, j. SS., er theilt mit (oft).
aituivok, j. SS., er theilt mit (einmal).
aitornikpok, j. SS. do.
aitornarpok, t. SS., es ist zum Mittheilen, z. B. wenn viel vorhanden ist.
aitornigajukpok, t. SS., er theilt gerne, öfters mit, sendet es in den Häusern, Zelten herum. [mit.
aitornigajuipok, t. SS., er theilt selten
aitorniluarsukpok, t. SS., er theilt wenig mit. [mit, ist freigebig.
aitugovok, j. SS., er theilt gerne, oft
aituguipok, t. SS., Negativ, theilt nie oder selten mit.
aitortuivik, vīk, vit, Zeit, Ort, wo mitgetheilt wird, wo mehreren gegeben wird.
aitortauvik, vīk, vit, Zeit, Ort, wo mitgetheilt wird.
aitusiak, æk, et, ein Geschenk von einem andern Lande, oder anderm Hause.
aituligiva, j. CS. inus., er hat es zu dem, das er verschenkt.
aitutekarpok, t. SS., do. (mit mut).
aitusiariva, j. SS. inus., er hat es zu seinem Geschenk (mit mit).
aitusiakarpok, t. SS. do.
Aivanek, næk, nerit, das Zanken, der Zank.
nivavuk, j. SS., sie 2 zanken mit einander.
aivasovuk, vut C., sie pflegen mit einander zu zanken. [nig) mit einander.
nivasukarpuk, put, sie zanken etwas (weaivakattigiva, j. SS. inus., er zankt mit ihm. [den er auszankt.
aivajariva, j. SS. inus., er hat ihn zu dem,
aivajakarpok, t. SS., do. (mit mik).
aivajigiva, j. SS. inus., er hat ihn zum Auszanker, zu dem der ihn auszankt.

Ai   Aj   7

aivajekarpok, j. SS. do.
aivajarikpok, t. SS. & CS., er zankt ihn aus (ein Kind oder junger Mensch einen Erwachsenen).
aivajarērivok, j. SS. & CS., er hat schon wieder mit ihm gezankt.
aivava, j. CS., er zankt mit ihm.
aivanikpok, t. SS. do.
aivaivok, j. SS. (mit mik). [tiger.
aivanigok, ein Zanksüchtiger, Habersüch-
Aivok, våk, verit oder vit, ein Walroß.
aiverpok, t. SS., er bekommt ein Walroß.
Aivok, j. SS., er geht, fährt, was zu holen, zu machen, CS., siehe bei aiklerpok.
aikattauvok, j. SS., er ist in Gesellschaft ausgegangen, oder geht aus. [gegangen.
aiginalerpok, t. SS., er ist erst jetzt endlich
aisinalerpok, SS. do. lange vorher nicht.
aisinariakarivok, j. SS., er hat auch endlich wieder nöthig zu gehen (nachdem er vorher nicht gewollt). [zugehen.
aijutekarpok, t. SS., er hat Ursache aus-
aijutigiva, j. SS. inus., er hat ihn zur Ursache do. [wo er hingeht.
aivigiva, j. SS. inus., er hat ihn zum Ort,
aivikarpok, t. SS. do. (mit mik).
Aja, jæk, jet, Tante, Mutters Schwester.
ajaga, meine, ajanga, seine Tante, do.
njagiva, j. SS. inus., er hat sie zur Tante, do.
ajakarpok, SS. do. (mit mik).
Ajak, ăk, at, ein Querholz oben am Kajak.
Ajakkipok, er bleibt hängen, stößt wo wieder beim Rutschen, oder ist dem Tode nahe, bleibt aber am Leben.
ajakkitarpok, er liegt stille, bleibt da liegen, wo er beim Rutschen hingekommen ist.
ajakkitipa, CS., er hält ihn, es, auf, daß er nicht weiter rutscht.
ajakkivigiva, SS. inus., er hat es zum Platz, wo er beim Rutschen, Fallen liegen, hängen bleibt.
ajækitarpok, j. SS., es liegt quer herüber.
ajækkipok, j. SS. do., so eben erst.

ajækkivigiva, j. SS. inus., er hat es zur Stelle des Uebergangs, eine Spalte, wo der Schlitten ꝛc. übergelegt wird.
ajækketitak, tæk, tet, eine Sache, die der Quere und nur so eben aufliegend hingelegt ist. [über zwei Sachen.
ajækkitipa, t. CS., er legt es der Quere
Ajagarpok, t. SS., er spielt mit einem Holz mit Löchern. Nordisch.
Ajagullavok, j. SS., es ist hart gefroren, die Kleider, Felle sind steif, ungearbeitet.
ajagulloserpa, t. CS., er hängt Leder, Felle, an die Luft zum Trocknen, Frieren.
ajagullosevok, j. SS. do. (mit mik).
ajagullalukoserpa, t. CS., er steckt was Steifes in die Tasche, oder sonst wohin, daß es nicht zusammenbrückt.
njagullalukut, tik, tit, was Steifes irgend wo, ein Stück Holz oder sonst was zum Steifmachen.
Ajngutak, læk, tet, ein Regenbogen.
ajagudsidlarpok, t. SS., es hat einen Regenbogen, ist eben zu sehen.
Ajagutivok, j. SS., das Boot oder Kajak geht von selber in die See, (wird nicht allgemein gekannt.)
Ajaluvok, er ist müde vom Gehen, hat Schmerzen in den Lenden, ist matt, it, die Schlittenkuffen sind locker, gehen hin u. her.
Ajangitsartorpok, t. SS., er geht, fährt an unwegsame Derter, kommt an gefährliche Stellen, ohne es zu wissen.
ajangipok, t. SS., er kehrt um, vermeidet, umgeht das, wo er in seinem Wege Anstoß findet, Berg, Klippe ꝛc.
ajangivigiva, j. SS. inus. do.
ajangitarpok, t. SS., er findet keinen Ausweg, steht stille, weil er nicht weiter kann.
Ajækpok, t. SS. & CS., er stößt etwas von sich, Sachen und Menschen (einmal), SS im Kajak oder Boot, mit dem Ruder.
ajæivok, j. SS. do.
ajæksivok, SS. do. [ihn von sich.
ajæktorpok, t. SS. & CS., er stößt, weiset

ajæktuivok, SS.,
ajægiarpok, t. SS. & CS., er ſtößt es ein wenig von ſich.
ajækkivok, j. SS. & CS., er ſtößt es wieder weiter von ſich, oder ein anderes auch.
ajægit, ſtoß ab (einmal).
Ajaupiak, itsek, ak, itset, jet, ein Stock, ajautak, tak, tet, ein Stock, das Segel auf dem Boot bamit auszuſpannen.
ajaupiarpok, t. SS., er geht mit einem Stock.
ajaukpok, t. SS. & CS., er ſteuert, ſtößt das Boot mit einem Stock, Stange, Ruder, womit er den Grund erreicht, herum, it, er rudert rückwärts, it, er ſtößt ihn, den Menſchen, mit einem Stock.
ajauklauvok, j. SS., er wird mit einem Stock geſtoßen, it, rückwärts gerudert.
ajaumivok, ajaumitarpok, t. SS. & CS., er ſtämmt ſich mit der Hand, oder einem Stock wo gegen.
ajagasuarpok, t. SS. & CS. do.
Ajaut, tik, tit, eine Stütze zum Weiberboot ober Kajak, während es gebaut wird, die Mitte bamit aus einander zu ſpreitzen, it, ein Stock, um etwas damit in die Höhe zu bringen oder herunter zu holen, was man ſo nicht erreichen kann.
Ajákpàrpok, t. SS. & CS., er ſtützt ſich auf die Hände, CS., er ſtützt ſich auf ihn, hält ſich an. [müde.
ajàkparngorpok, t. SS., er iſt davon
ajakpàrpa, t. CS., er ſtützt die Hand lange barauf. [Flintenſchloß.
ajapaivok, j. SS., er ſtößt mit der Hand gegen was, er hat ſich an der Nadel, Meſſerſpitze ober was es iſt (mit mik.) ſtößt bagegen.
ajapàkpa, t. CS., er ſtützt gegen ihn, (das Meſſer) oder was es iſt, mit der Hand, ſtützt die Hand barauf. [Flintenſchloß.
Ajaktagak, gäk, get, der Pfannendeckel am
ajaktaijok, juk, jut, b. Hahn (am Schloß), wird auch Pōktartok genannt.

ajaktaraitok, tōk, tut, eine Percuſſions-flinte.
Ajaksaut, tik, tit, ein Eiſen ober Holz, das eine Spitze hat, um bamit Fleiſch aus bem Keſſel zu nehmen.
Ajoarnak, näk, nerit, ein Alpplieber, Muſchel (wie ein Schwär geſtaltet).
Ajochertorpa, t. CS., er unterrichtet ihn.
ajochertuivok, j. SS. do. (mit mik).
ajocherpa, do. (einmal).
ajochēvok, SS. do.
ajochertuije, jik, jit, ein Lehrer, ber andere unterrichtet.
ajochertorte, ein Lehrer.
ajochertortiga, mein Lehrer.
ajochertortigiva, j. SS. inus., er hat ihn zum Lehrer.
ajochertortiksak, sæk, set, einer b. Lehrer werden ſoll.
ajochertortiksauvok, j. SS., er iſt einer ber Lehrer werden ſoll, ber Gaben bazu
ajochertut, tik, tit, ajochertusek, ſæk, hat. [ſit, bie Lehre, Unterweiſung.
ajochertutigiva, j. SS. inus., er hat es zur Lehre.
ajochertuseriva, j. SS. inus. do.
ajochertugak, kæk, kot, ein Schüler, einer ber unterrichtet wird.
ajochertornikpok, t. SS., er lehrt etwas (nicht öfter) (mit mik).
ajochertuijoksoak, āk, uit, ein großer Lehrer, Biſchof, Hoheprieſter.
ajochertuijersoak, do. [ſtanb.
ajochertuijōnek, næk, nerit, ber Lehrerajochertorasuarpa, t. CS., er bemüht ſich ihn zu lehren.
ajochortuineronek, des Biſchofs Amt.
Ajorak, käk, ket, eine Spalte im Eiſe (nicht nabe am Lande, nahe am Strande, kongnek).
Ajoripok, t. SS., ajochipok, er hat Fähigkeiten was zu lernen, kann was er ſieht balb nachmachen.
ajorisimavok, j. SS. do.

ajoritsak, jæk, jet, ajochitjak, ein Affe, Nachmacher, dessen was er hört und sieht.
ajorivigiva, j. SS. inus., er macht ihm nach.
ajoritjaugivok, j. SS. & CS., er hält ihn für einen Nachäffer, (SS., er ist auch ein Nachmacher, Nachäffer).
Ajoringorpok, t. SS., es ist etwas, Papier, Fell ꝛc., von allen Seiten zusammengebogen.
ajoringortipa, t, CS., er biegt es, do.
ajoringortitsivok, j. SS. do.
ajoringortarpok, t. SS., es ist oftmals, wiederholt zusammengebogen.
ajoringortartipa, t. CS., er biegt es wiederholt wieder von allen Seiten zusammen.
ajoringorsimavok, j. SS., es ist umgebog.
ajoringorsörpa, t. CS., er preßt, biegt etwas zusamm., ein Buch ꝛc. (macht daran).
ajoringorsaivok, j. SS. do. do.
ajoringoserpa, t. SS. inus., er preßt, zwängt es mit der Hand ein.
ajoringosēvok, j. SS. do.
ajoringosauserpa, t. CS., er stützt; zwingt, schraubt es, damit es in Ordnung komme.
ajoringosausēvok, j. SS. do. do.
ajoringorsiut, tik, lit, ein Instrument, etwas damit in Ordnung zu bringen.
Ajoksitak, tæk, tet, einer der in seinen Geschäften ob. Betragen nicht ist, was er sein sollte, der weniger kann wie andere, was er auch ist.
ajoksititsivok, j. SS., er bringt, legt es wohin, wo es ein anderer nicht kriegen kann (mit mik & mut).
ajoksitipa, t. CS. do. Savik ajoksitipa imnamut, er legt das Messer auf die Stelle, wo es unmöglich ist, es zu kriegen von andern.
ajoksitsivok, SS. do. (mit mik).
ajoksipok, t. SS. & CS., er übertrifft ihn, macht etwas, was der andere nicht erreichen, nicht machen kann; SS., er fängt an, nicht zu können.
Ajoringavok, j. SS., er dachte, es würde sein wie früher, hat sich aber geirrt, z. B. wenn einer immer bei jemand was bekommen, it, er macht oder kriegt immer wie ers gewohnt. [ihm geirrt.
ajoringavigiva, j. CS., er hat sich an
ajoriliungavok, j. SS., er hat seine früheren Gewohnheiten noch.
Ajorpok, t. SS. & CS., (wird ajokpok ausgesprochen.) 1) er, es taugt nichts, ist böse, 2) er vermag es nicht, CS., er vermag es nicht, kann es nicht thun, machen, 3) es fehlt ihm das, er entbehrt es.
ajornarpok, t. SS., es ist unmöglich, ist schwer zu thun, zu machen.
ajornarsipok, j. SS., es wird jetzt unmöglich, was vorher nicht war.
ajornek, næk, nerit, die Sünde, das Schlechte, Unvermögen.
ajornelik, læk, ggit, ajortolik, ein sündiger Mensch.
ajornivat, unsere Sünde intrans.
ajorte, tik, tit, einer, der nur Schlechtes thun kann, it, b. zu allem unvermögend ist.
ajorteōvok, j. SS., er ist ein solcher.
ajornaut, tik, tit, die Ursache, warum man etwas nicht machen kann.
ajornautiksak, sæk, sot, etwas, das unvermögend macht.
ajortusia, sein Schlechtes, Sünde (wenn sie nicht bekannt ist), wird nur in der 3. Person gebraucht. [dem Fleische.
ajortullivok, j. SS., er sündigt, lebt nach
ajortulliarpok, j. SS., er geht huren.
ajortullinek, næk, nerit, das Sündigen, (hauptsächlich Fleischessünden.)
ajortipa, CS., er macht ihn schlecht, unvermögend.
ajortitsivok, do. (mit mik).
ajortoērpok, t. SS., er ist ohne Sünde, sündigt nicht mehr.
ajortoērut, tik, tit, die Ursache, das Mittel, wodurch man frei von Sünde wird.
ajortoērutiksak, sæk, set, etwas zu so einer Ursache, zu so einem Mittel.

Jesusib tokkoligilaukpäligut ajortoërutiksaplingnut, Jesus starb für uns zur Befreiung von unsern Sünden.

ajortoërupok, t. SS. & CS., er ist los von der Sünde, CS., er macht ihn ohne Sünde. [Sünde.

ajortoërutiva, j. CS., do., vergiebt ihm die

ajortoërutigiva, j. SS. inus., er hat ihn, es zur Ursache, wodurch er ohne Sünde ist. Jesusib tokkunga ajortoërutigivara, ich habe Jesu Tod zur Ursache, daß ich von der Sünde befreit bin.

ajorungnairut, tik, tit, die Ursache, das Werkzeug, um von der Sünde befreit zu werden.

ajorungnairutigiva, j. SS. inus., er hat ihn zur Ursache, daß er von Sünden befreit wird.

ajorungnaipok, j. SS., er hört auf unvermögend, schlecht zu sein, wird besser, geschickter. [gesund, geschickt.

ajorungnaitipa, t. CS., er macht ihn besser,

ajulerpok, t. SS., er fängt an schlecht, unvermögend zu sein, zu werden.

ajulidlarpok, t. SS., er ist sehr schlecht, schwach, ungeschickt.

ajuliut, tik, tit, der Grund, die Ursache um schlecht, schwach, unvermögend zu werden.

ajornaigotivok, j. SS. & CS., er kann jetzt alles, ist nicht schlecht, z. B. zum Erwerben.

ajornairotivok, j. SS. & CS. do.

ajoriliungadlarpok, t. SS., er ist sehr schlecht, oder sehr gut, hat sich ganz zu diesem oder jenem geneigt.

ajoriliungavok, j. SS. do.

ajoriliorpok, t. SS., er neigt sich ganz auf eine andere Seite wie früher, entweder zum Guten oder Schlechten.

ajorsarpok, sprich: ajoksarpok, t. SS., er hat Mangel, fehlt ihm an Nahrungsmitteln oder sonst irgend was, it, er ist nicht im Stande, dieses oder jenes zu thun.

ajorsaipok, t. SS., er vermag alles, kann alles machen, ausrichten.

ajorsaut, tik, tit, die Ursache zum Mangel.

ajorsautigiva, j. SS. inus., er hat es zur Ursache, warum er Mangel leidet.

ajorsarutigiva, j. SS. inus., do.

ajorsartingila, j. CS., er macht ihn nicht arm, it, giebt dem ajoksartok.

Ajungilak, t. SS. & CS., er ist gut, CS., er kann es thun, it, ist nicht unvermögend. (Diese sind blos Negativ von ajorpok ꝛc.) [sich, wird besser.

ajunginersaulerpok, t. SS., er, es bessert

ajungiluarpok, t. SS., es ist besser (wie vorher oder wie ein Anderes). [Gute.

ajunginek, næk, nerit, das Gutsein, der

ajungitok, lût, tut, der Gute. [(mit mut).

ajungitullivok, j. SS., er thut Gutes

ajungitulliarpok, j. SS., er geht und do.

ajungitullivigiva, j. SS., inus., er thut ihm Gutes. [bei ihm.

ajungivigiva, j. SS. inus., er ist gut

ajungitipa, t. CS., er macht ihn gut.

ajunginivok, t. SS., er, es ist wieder besser, er ist auch gut.

ajungitotalik, îk, ggit, einer der Gutes in und an sich hat, it, ein Haus, das gute Bewohner hat.

ajungiliomivok, j. SS., er ist etwas besser wie vorher, aber noch nicht gut.

Ajugauvok, j. SS., er siegt, überwindet, gewinnt, auch wenn ein Ungezogener, Halsstarriger durch seinen Eigensinn siegt, gewinnt.

ajugautipa, t. CS., er macht ihn zum Ueberwinder (mit mut). Jesusib ajugautipätigut, Satanasemut ajortunullo, Jesus macht uns zu Ueberwindern des Satans und der Sünde. [Sieger.

ajugaujok, juk, jut, ein Ueberwinder,

ajugak, kæk, ket, einer der nicht überwunden werden kann, e. Unüberwindlicher.

ajugariva, j. SS. inus., er hat ihn zu dem, der ihm zu mächtig ist.

Aju   **Ak**   **11**

ajugakarpok, t. SS. do. (mit mik).
ajuganga, ſeiner, ben er nicht überwinden kann.
ajugakarnek, næk, nerit, die Ohnmacht, Unvermögen.
ajugakangilak, t. SS., er iſt allmächtig.
ajugakanginek, næk, nerit, die Allmacht.
ajugakangininga, ſeine Allmacht.
ajugakangijusia, do. (wenn ſie nicht bekannt iſt).
ajugakangite, tik, tit, ajugakangitinga, der Mächtigmacher, u. ſeinen Mächtigm.
ajugakartipo, CS., er macht ihn ungeſchickt, ohnmächtig, SS., er macht ſich ſelbſt ungeſchickt, z. B. durch ſchlechtes Leben.
ajugakartingila, CS. Neg. do
ajugailak, lak, let, ein Geſchlter, wie ajorsaipok. [Geſchwür.
Ajuak, utsæk, ǎk, utset, et, eine Beule,
ajualukpok, t. SS., er hat Beulen, Geſchwüre.
ajuarpok, t. SS., er hat ein Schwär.
Ajujivok, j. SS., er wird verlaſſen, die oder derjenige, der bei ihm, mit ihm ging, geht ihm davon (mit mik).
ajujiariva, j. SS. inus., er hat ihn zu dem der ihn verläßt, ihm davongeht.
ajujiakarpok, t. SS. do. (mit mik).
ajuvok, j. SS., er geht, läuft davon, demjenigen der mit ihm geht, Hunde mit dem Schlitten, ob. doch angeſchirrt.
ajuvigiva, j. SS. inus., er hat es zum Ort, wo er hingeht, läuft (ein Menſch, der auf dem Wege andere verläßt, oder Hunde, die dem Fuhrmann davonlaufen).
Ajupok, SS. & CS., er macht eine Sache größer, geräumlicher, Haus ꝛc.
ajugiarpok, SS. & CS., do. ein wenig.
Ajuktaut, tik, tit, eine Schleuder. NB. ein Strick, den zweie nehmen und damit einen Ball oder ſonſt was, von der Erde wegſchleubern, it, einen Stock ob. ſonſt was, womit man etwas fort ſchlägt.

ajuktarpok, t. SS., er ſchleubert, ſpielt auf dieſe Weiſe mit dem Ball.
ajukpok, SS. & CS., er ſchleubert, ſchlägt den Ball oder ſonſt was, daß es fortfliegt.
ajuktauvok, j. SS., es iſt fortgeſchlagen, geſchleubert, der Ball ꝛc.
Akbik, bīk, bīt, Polar-Brombeere (Rubus Chamamorus).
akbiujak, jæk, jet, Polar-Erdbeere (R. articus).
akbikut, lik, tit, das Geſträuch ſolcher Beeren.
Akka, da iſt's, nimm es hin, greif zu.
Akka, akkäk, akkait, Vaters Bruder,
akkanga, ſeines, ihres Vaters Bruder.
akkara, meines Vaters Bruder.
akkak! mein Onkel! (beim Rufen).
akkagiva, j. SS. inus., er hat ihn zum Onkel, Vaters Bruder.
Akkago, des folgenden Tages, morgen.
akkägomet, des folgenden Jahres, das vorüber iſt.
akkägoapet, do. was erſt kommt.
akkägoagut, übermorgen, nach zwei Tagen, oder Jahren will er ſich fertig machen.
akkägopok oder gorpok, t. SS., es iſt jetzt ein Jahr, er macht ſich fertig auf morgen, um abzureiſen, oder das und das zu thun.
akkägomitak, täk, tet, etwas auf nächſtes Jahr, etwas auf morgen, Ueberbleibſel.
akkagomitalserpa, t. CS., er giebt was für morgen, Speiſe ꝛc.
akkagomitatjevok, j. SS. do. (mit mik).
Akkarpok, t. SS., er iſt hinunter gekommen, ein Menſch vom Hauſe, Baume ꝛc., ein Seehund iſt unters Waſſer, akkalerpok, t. SS., er geht herunter.
akkartipa, t. CS., er treibt ihn herunter, macht daß er herunter geht, ſetzt ihn, es herunter. Jesuse næglingnivit akkartipällt killangmit, Jeſus, deine Liebe hat dich herunter vom Himmel getrieben.

akkarērpok, t. SS., er ist schon herunter gegangen. [unter kommen, verlangt.
akkarosukpok, t. SS., er will gerne her=
akkarniusavok, j. SS. do.
akkautiva, j. SS. inuſ., er bringt es mit herunter, vom Hauſe, Baume ꝛc.
akkaujivok, j. SS. do. (mit mik), it, der Seehund zieht die Blaſe mit unters Waſſer. [ſer gegangen, Seehund.
akkaumavok, j. SS., er iſt unters Waſ=
Akkasuk, siut, die weiche Haut um die Augen der Fiſche, it, bei den Menſchen dicht neben der Naſe. [Haut.
akkasuktorpok, j. SS., er ißt dergleichen
akkasulukpok, t. SS., er hat Grind, Kräze an der welchen Stelle neben der Naſe.
Akkauvok, j. SS., es iſt ſchön, das Wetter, Kleider ꝛc. (hauptſächlich wenns nicht kalt und ſchön iſt).
akkautsiarpok, t. SS., do. [nem.
akkatalik! Ausruf bei irgend etwas Schö=
akkautsungnaipok, t. SS., es hört auf ſchön zu ſein, das Wetter ꝛc.
akkausivok, j. SS., es wird heller, ſchö= ner (bei veränderl. Wetter).
Akke, kik, kit, ein Widerhaken am Pfeil, Fiſchhaken ꝛc.
akkinga, ſein Widerhaken. [haken verſehen.
akkilik, læk, ggit, etwas, das mit Wider=
aklerpa, t. SS. CS., er macht ihm Wider= haken, SS., er hat immer einen neuen Widerhaken.
aklēvok, j. SS. do. (mit mik).
aklersimavok, j. SS. & CS., es ſind ihm (dem Fiſchhaken ꝛc.) Widerhaken gemacht.
Akkeak, äk, et, der Unterleib, die Dünnen.
Akkeurok, kuk, kut, ein Magen, von Men= ſchen oder Thieren.
akkeartorpok, t. SS., er hat ſich ſatt, den Magen voll gegeſſen.
akkeartortipa, t. CS., er ſättigt ihn.
akkeartortitsivok, j. SS., do.
akkeartusukpok, t. SS., er iſt noch ſatt, hat noch keinen Hunger.

akkeartusukpa, ich bin ſatt, habe keinen Hunger mehr. [zen, it, vor Hunger.
akkeakerivok, j. SS., er hat Magenſchmer=
Akkerok, kuk, kut, ein Aſt von einem Baum.
akkerokarpok, t. SS., er hat Aeſte.
akkerkiniarpok, t. SS. CS.; er haut Aeſte ab.
akkerkevok, j. SS. & CS. do.
akkeroijarpa, t. CS. do.
akkerojaivok, j. SS., do.
Akkørartorpok, t. SS. & CS., er wider= ſtehet, ſtreitet gegen ihn.
akkerartotivuk, vut, ſie zanken, ſtreiten ſich, ſchelten einander. (einmal.)
akkerarekpuk, D. put. P. car. Sing., ſie ſtreiten, widerſtehen ſich, ſind mit Worten, Meinungen gegen einander. (mehreremal.)
akkerak, kak, ket, der Gegner, das Ge= gentheil.
akkilik, lik, lit, do.
Akkerpa, t. CS., er hilft ihm in die Höhe, wenn er wo hinaufſteigen will.
akkirsivok, t. SS., do. (mit mik).
akkirtorpa, t. CS. do. (mehreremal).
akkirtornikpok, t. SS. do.
Akkerut, tik, tit, ein Gegenſtand, Wider= bruck, Hemmung.
akkeruliksak, sæk, set, etwas dazu do., z. B. ein Stückchen Holz unter einen Tiſchfuß, damit der Tiſch nicht wackelt.
akkeruta, akkerutanga, ſein Gegenſtand, wo wider er ſtehet oder ruhet.
akkerutigiva, j. SS. inus., er hat es zum Gegen=, Widerſtande.
akkerutigēkpuk, put. car. Sing., ſie hel= fen, ſtehen einander bei, hemmen, daß es nicht ausweicht. [Menſchen.
akkertutigēkpuk, put. car. Sing. do.
akkeruserpok, t. SS. & CS., es iſt ge= hemmt, was untergelegt, daß es ſtemmt, CS., er legt ihm, dem Schlitten ꝛc., was unter.
akkerusēvok, j. SS. do. (mit mik). Kamutib akkeruliginiartangit

Akke   Akki

pōjartaulit, laß das, was den Schlitten hemmen wird, aus dem Wege oder weggeräumt werden.

Akke, kik, kit, Bezahlung.

akkinga, seine Bezahlung; der Sache.

akkekarpok, t. SS., er, es hat Bezahlung.

akkekartipa, t. CS., er giebt, läßt es Bezahlung haben, wo mans nicht erwartet, it, er sagt, bestimmt, wie theuer es sein soll, orksotut akkekartipa.

akkēkarērpok, t. SS., es ist fertig bezahlt.

akkekarōngilak, t. SS., es ist nicht fertig bezahlt.

akkekariakortovok, j. SS., es muß große Bezahlung haben, es ist theuer.

akkitovok, j. SS. do., es ist theuer.

akkikipok, j. SS., es ist wohlfeil.

akkekariakipok, t. SS., es braucht nur kleine Bezahlung zu haben.

akkēngarpa, t. SS. & CS., er bekommt es umsonst, irgend was, SS., es ist umsonst, z. B., wenn etwas neues ob. was man eben gekauft hat, gleich zerbrochen wird oder verloren geht.

akkēngaivok, j. SS. do. (mit mik & mit). Akkēngaidlarpogut tamainik, Gudemit, wir bekommen von Gott Alles umsonst.

akkēngaivigiva, j. SS. inus., er ist ihm schuldig, er hat umsonst was von ihm bekommen (mit mik).

akkēngāgeksautsengilak, t. SS., es verabfolgt nicht ohne Bezahlung.

akkēngāgeksauvok, j. SS., es braucht keine Bezahlung. [werth ist.

akkikonartanga, sein Werth, so viel es akkegijungnartanga, do.

akkeluanga, do.

akkilerpa, t. CS., er bezahlt es, die Schuld.

akkilēvok, t. SS., er bezahlt (mit mik).

akkilēvigiva, j. SS. inus., er bezahlt ihm die Schuld.

akkiliut, akkiliutiksak, sæk, set, etwas zur Bezahlung, die man giebt.

akkilertaujut, tik, tit, die Ursache zur Bezahlung, die man bekommt, z. B. Arbeit.

akkiliupa, t. CS., er giebt es als Bezahlung (mit mut).

akkiliutiva, do.

akkiliutigiva, do.

akkiliudjivok, j. SS., do. (mit mik & mut). Jesusib innotsine akkiliutīlaukpa akkiliksaptingnut tagva ajorniptlingnut, Jesus hat sein Leben zur Bezahlung für unsere Schulden, d. i. für unsere Sünden, gegeben.

akkiliksak, sāk, set.   akkiliæksak, sæk, set, Schulden. akkiliksakarpok tapsomunga, er hat Schulden bei ihm.

akkiliksakarvik, vīk, vit, der Ort, wo man Schulden hat. [den für ihn.

akkiliksairpa, t. CS., er bezahlt Schulakkiliksairotiva, j. CS., er bezahlt ihm seine ganzen Schulden. [Schulden hat.

akkiliksakarvinga, seiner, bei dem er akkēngaimavinga, akkiliksakarvigijanga, do. (wenn die Schulden alt sind).

akkilervīk, vīk, vit, die Zeit, Ort, der der Bezahlung.

akkiva, j. SS. inus., er bezahlt, vergilt, schlägt ihn, giebt ihm Gleiches wieder (einmal).

akkinikpok, SS. do. (mit mik).

akkiorpok, t. SS. & CS. do. (mehreremal).

akkivigiva, j. SS. inus. do., er vergilt, rächet sich an ihm.

akkije, jīk, jit, ein Vergelter.

akkijinga, sein Vergelter. [Vergelter.

akkijigiva, j. SS. inus., er hat ihn zum akkivik, vīk, vit, die Zeit, Ort der Vergeltung.

akkivinga, seine Vergeltungszeit. [tung.

akkilinga, seine Antwort, Gegenvergelakkijut, tik, tit, die Vergeltung, die Sache.

akkiningnek, nak, neril, das Vergelten, die Vergeltung. [Seite.

Akkia, SS. inus., seine gegenüberstehende akkiane, an der andern Seite, gegenüber.

akkimut, nach ber anbern Seite.
akkimorpok, er sieht hinüber, it, geht auf die anbere Seite, it, akkimorpok, CS. & SS., er sieht nach ber Bucht, nach ber gegenüberliegenben Seite.
akkimorapko tækkovara, weil ich nach ihm über Bucht, ob. hinüberblicke, sehe ich ihn.
akkianurpok, do.
akkianut, zur, nach ber anbern Seite.
akkiptingne, uns gegenüber.
akkipsingne, inus. do.
akkilerēk, zwei einanber gegenüberstehenbe Menschen, Berge 2c.
akkilera, mein Gegenübersitzenber, Gegner.
akkerara, do.
Akkigarpok, SS. & CS.,
Akkigek, ik, it, ein Schneehuhn.
akkigivik, vīk, vit, ein großes Schneehuhn, Ripper (Tetrao albus).
akkigilek, līk, līt, Baumripper. (Ranabisches Walbhuhn Tetrao canadensis).
akkigiarak, kāk, kel, ein junger Ripper.
akkigiarārsuk, suit do.
akkigerkut, tik, tit, europäische Hühner.
akkigerpok, t. SS., er bekommt Ripper.
akkigiliarpok, t. SS., er geht nach Rippern, wenn er gehört ober gesehen, baß ba ober bort welche sinb.
akkigisiorpok, t. SS. & CS., er geht auf Ripperjagb, sucht Ripper, CS. do. für ihn.
akkigersivok, j. SS., er siehet, finbet Ripper.
akkigerōtivok, j. SS., es ist ohne Ripper.
akkigēsakpok, t. SS., es gibt wenig Ripp.
akkigerukpok, t. SS., er will Ripper, verlangt barnach.
akkigeruērpok, j. SS., er will keine Ripper, verlangt nicht mehr barnach.
akkigilerkemavok, j. SS., er bekommt viele Ripper. [wenig Ripper.
akkiginikinārpok, j. SS., er bekommt
Akkilukarpok, t. SS., es hat Einrisse, Ungleichen, ein Tau, Zwirn 2c.

akkiluktak, tak, tet, Teiche mit ungleichen Stränben, ob. sonst was wie ein Loch unb ungleich eingerissen ist, it, was sonst ungleich ist, wie Zwirn, Garn 2c.
akkiluktut, Name eines Teiches oben im Lanbe, mit so zerrissenem Stranbe.
Akkingmikpa, t. CS. & SS., erstößt, fährt, prallt gegen was, ber Winb, Sonnenstrahlen, Regen u. s. w. (SS. mit mut).
Annore akkingmikpok iglomut.
akkingmigut, tik, tit, eine Wanb zum Anstoßen bes Winbes.
akkingmiulavok, j. SS., bie Kugel ober sonst was fährt an, stößt wiber unb prallt zurück. [Echo.
akkimuksivok, j. SS., es gibt Wiberhall,
akkinnijarpok, t. SS., es gibt Wiberschein, spiegelt sich ab, it, ber Ofen ober bie Sonne wirft bie Wärme bagegen.
akkinārsivok, j. SS., er, es scheint, ist helle: Segel unb sonst weiße Sachen, wenn bie Sonne bagegen scheint.
akkinārsivok, j. SS., er wärmt sich an ber Sonne ober Ofen (mit mut), sekkerngub akkinārtipa, bie Sonne erwärmt.
akkinartitsivok,
akkinalerpok, es wirb warm.
akkinak, bie Wärme, bie Sonnenseite, iglub akkinanga inub akkinanga, bie Seite, von ber er sich erwärmen läßt.
akkisukpok, t. SS., bie Sonne, ber Monb, scheinen beim Auf- unb Niebergang wiber bie Wolken, ob. wiber ben klaren Himmel, erhellen, erleuchten; erröthen bieselben, (bas Wort wirb baher gebraucht bei Morgen- unb Abenbröthe) baß sie Wiberschein auf bie Erbe geben, Kakkak akkisukpok, ber Berg ist erleuchtet.
akkisugut, tik, tit, ein Schirm über ber Lampe, ber Wiberschein geben soll u. gibt.
akkisugutilerpok, t. SS., ber Tag, bie Sonne fängt an seinen Wiberschein zu geben, gegen bie Berge 2c. (mit mut).

akkisuktipa, t. CS., es erhellt, erleuchtet ihn, gibt ihm Widerschein.
akkisungnek, næk, nerit, das Erhellen, der Widerschein.
akkisungninga, sein Widerschein.
akkisuguserpok, t. CS. & SS., er versiehts mit einem Schirm, SS., es erleuchtet den Schirm (das Licht, mit mik).
akkisugusēvok, SS. do.
akkisut, tik, tit, etwas, wogegen die Sonne, das Licht, scheinen soll, damit es Widerschein macht. (Wie akkisugut.)
akkisuserpok, t. SS. & CS., er macht so etwas, SS., das Licht wirft seinen Schein gegen den Schirm (mit mik).
akkisusēvok, j. SS. do.
akkisugvigiva, j. SS. inus., es erhellt, erleuchtet ihn, gibt ihm Widerschein, der Schirm.
akkisuktigiva, t. SS. inus., es, das Licht, hat den Schirm dazu, daß es Widerschein gibt.
Akkigarpuk, t. SS. & CS., etwas tragen mit einander, akkigarpa aipangeta, er hilft ihm seinen Kajak ɔc. tragen, Akkigarpak kajanga, sie 2 tragen seinen Kajak, SS. (car. Sing.) akkigarpuk, manche, akkerarpuk kajanganik, sie 2 tragen seinen kajak.
akkigaut, tik, tit, eine Tragbare, ob. auch nur ein Stock, Stange, woran man etwas zu zweien trägt, akkerautik.
akkigarvik, vik, vit, der Weg, worauf man so trägt, u. Zeit, wenn man trägt.
akkigariakortovok, t. SS., es muß weit getragen werden. [weit getragen werden.
akkigariakipok, t. SS., es braucht nicht
Akkiksarpok, t. SS., es ist ihm weich (mit mik). Innuk una akkiksarpok kakkojamik, diesem Menschen ist der Schiffszwieback weich, kiblut akkiksarpok kejungmik.
akkigiva, j. SS. inus. do.
akkigisārpa, t. CS. do. recht schnell.

akkiliva, j. CS., er macht es weich, (Nahrungsmittel).
akkilēvok, j. SS. do. (mit mik) laut es.
akkiliartorpa, t. CS., es macht es weich, geht, beißt stark dagegen, obgleich es hart ist (eine Säge ɔc.).
akkiliartuivok, j. SS. do.
akkipok, t. SS. (aggipok), es ist weich, Eisen, Holz, Blei ɔc.
akkitok (aggitok), tuk, tut, Blei ob. sonst was Weiches.
akkilokipok, t. SS., es legt weichen Schnee, schneiet bei gelindem Wetter, wenn der Schnee sogleich schmilzt.
akkilokāk, kæk, ket, der weich gefallene Schnee.
akkilokiarkipok, t. SS., es schneiet ein wenig, do.
akkilokākipok, t. SS., do. [Boden.
akkilupiak, āk, et, Roth im Wege, weicher
akkilupik, pīk, pit, do.
akkilupingmut mauvok, er sinkt mit einem Fuß in den Roth, Dreck.
Akkikak, kæk, ket, ein vertrocknetes Stück Walfisch-Fleisch, it, überhaupt das Fleisch vom Schwanz des Weiß- u. Walfisches, weils weicher ist, wie das andere Fleisch.
Akkinaukpok, t. SS., er ist wohl beleibt, hat wieder zugenommen, nachdem er krank war ob. gehungert hatte (gilt nur bei Menschen).
Akkipa, t. CS., er übertrifft ihn (hauptsächlich im Laufen, Werfen ɔc.), beim Arbeiten heißt es mehr pitikipa, doch ist es bei Manchen einerlei.
akkitsivok, j. SS., er kommt ihm zuvor, übertrifft (mit mik) aipaminik akkitsivok.
akkerksoivok, j. SS., er übertrifft immer, ist immer zuvor (wird nicht allgemein verstanden).
akkerksoinarpok, t. SS., er ist dazu, zum übertreffen, do. do.
akkersorpa, t. CS., er übertrifft ihn.

Akkisartorpa, t. CS., er thut was für ihn, was jener nicht vermag, unterstützt ihn. Jesusib akkisartorpāligut tokkoligilaung mattigut, Jesus hat uns abgelöst, ist an unsere Stelle getreten, da er für uns gestorben ist.
akkisartuivok, j. SS. do.
Akikpa, t. CS. & SS., er bringt es, ihn in Ordnung, hat's fertig, SS., es ist in Ordnung gebracht.
ākēvok, j. SS., er bringt in Ordnung, (mit mik) hat es fertig.
ākiksimavok, j. SS. CS., es ist fertig, in Ordnung gebracht, ist genesen, CS., er hat es do.
ākiksorpa, t. CS., er macht es zurechte, bringt ihn, es in Ordnung (ist damit beschäftigt).
ākiksoivok, j. SS. (mit mik) do.
ākiktipa, t. CS. do. er macht es in Ordnung, bringt es ins Geschick.
ākikŭtsivok, j. SS. do. (mit mik).
ākiksuīpok, t. SS., er, es ist unverbesserlich. [zu sein.
ākikkörpok, t. SS., es scheint gebessert
ākiksarpa, CS., er hilft ihm zur Besserung.
ākiksavok, j. SS., es ist in der Besserung.
ākiksoingorpok, t. SS., er hat das in Ordnung bringen satt, ist es müde.
ākiksoitipa, t. CS., er stellt ihn an, befiehlt ihm, irgend etwas in Ordnung zu bringen.
ākiktikumāt! o daß es einen in Ordnungs-, Zurechte-Bringer hätte!
Akkipserak, kæk, ket, ein Stück vom Seehund, unter den Rippen, wo keine Knochen sind.
akipserauvok, j. SS., es ist ein Stück.
akipserkarpok, t. SS., er bekommt ein solches Stück zu seinem Theil.
Akkiserpa, t. CS., er legt beim Schießen die Hand auf, it, er legt den Kopf auf was.
akkisiarpok, t. CS., er legt die Flinte auf, it, er liegt mit dem Kopfe auf dem Kissen, ob. Stück Holz ɪc.

akkit, tik, lit, Kopfkissen, etwas unter den Kopf.
akkitiksak, sæk, set, etwas zum Kopfkissen. [Kopfkissen.
akkitigiva, j. SS. inus., er hat es zum
akkisertorpok, t. SS. & CS., er macht das Kopfkissen zurecht, CS., er macht es für ihn zurechte (einen andern) ob. für eine Sache, die darauf ruhen soll.
Akkivingavok, j. SS., er, es liegt halb umgestürzt, ein Boot, Schüssel, Teller ɪc.
Akkipsikpok, t. SS. & CS., er, sie näht von einer Seite zur andern, sticht so durch.
akkipsiva, akkipsēvok, do.
Akkoak, ak, at, akkoanga, seine, die Stelle an den Teichen, wo er ausfließt, it, der Unterleib am Menschen, um die Blase herum. [Ball, Stein ɪc.
Akkopa, t. SS. inus., er fängt es auf, einen akkoksivok, j. SS. do. (mit mik.)
Akko, kuk, kut, das Hintertheil des Schiffes ɪc.
akkua, sein Hintertheil, des Schiffes, Bootes ɪc.
akkuanepok, t. SS., er ist im Hintertheil.
akkūt, tik, tit, das Steuerruder.
akkordlek, luk, lit, das Segel oder sonst was, hinten auf dem Schiff.
okkōpok, aggūpok, t. SS. & CS., er steuert das Boot, Schiff. [mann.
akkōtok, aggōpok, luk, tut, der Steuer
akkosoak, āk, et, die Kajüte auf einem Schiff.
Akko, kok, kut, die 2 Seitenlatten, Leisten unten am Gerippe eines Fellboots.
Akkuk Dual, die zwei äußeren Latten an einem Fellboote, am Boden.
Akkut, tik, tit, der hintere Schwanz an den Weiberpelzen.
Akkovlēkpok, t. SS., er sinkt in die Knie, it, der Nebel fällt herunter, es klärt sich auf.
akkovipok, t. SS., aggovipok, er, ein Mensch, sitzt niedergekauert, auf b. Beinen.
akkovitsiarpok, t. SS. do. ganz bequem.

akkopivok, j. SS., er, es, ein Thier, liegt, hat sich gelegt, niebergelauert.
akkoviartorpok, t. SS., er setzt, lauert sich nieder auf den Beinen (wie die Weiber beim Nähen).
akkovlēngavok, j. SS., er ist in die Knie gesunken, steht, geht gebückt, mit gesunkenen Knien.
akkumnilävok, j. SS., er sinkt öfters, hintereinander, in die Knie, biegt sich auf und nieder.
akkomnilakpok, do. (einmal).
akkungavok, j. SS., er sitzt ganz auf, auf den Waden (gebogene Knie).
akkopsarpok, aggopsarpok, t. SS., er, es biegt sich um, ein Mensch, wenn er schwer trägt, ein Nagel, Keil ꝛc. beim Einschlagen.
akkopijok, uk, ut, eine Schnecke, Schneckengehäuse, it, ein niebergelauertes Thier.
akkovitsertorpok, t. SS., er, sie geht auf die Seite, um ihre Nothdurft zu verrichten.
Akkordlek, læk, lit, ein Anhängsel an den Weiberpelzen.
Akkoverniarpok, t. SS. & CS., er kauft Eßwaaren von den Menschen, sucht zu kaufen.
akkoverpok, t. SS. & CS., er hat gekauft do.
akkovianga, sein Gekauftes.
akkoviak, āk, et, akkoviavinek, næk, nerit, von den Menschen gekaufte Eßwaaren.
Akkonnarpok, t. SS., es ist dazwischen, langt nicht bis hin, ist weder das noch das.
akkonnartok, tuk, tut, etwas, das dazwischen ist, z. B. zwischen zwei Längen, zwischen zwei Farben, daher auch ein Crossfox.
akkonnagiva, j. SS. inus., es ist ihm bazwischen, will es wohl, und will auch wieder nicht.
akkonnagosukpok, t. SS. do. (mit mik). er ist so in der Mitte von zwei Sachen,

akkonagsuktok, einer der weder gut noch schlecht sein will, ein lauer Christ.
akkorngænnepok, t. SS., er unter ihnen.
akkorngænne, unter ihnen.
akkonaplingne, unter uns.
akkonapsingne, unter euch.
akkorngælligut, zwischen ihnen durch.
akkorngækut, zwischen ihnen zweien durch.
akkonūkivok, j. SS., es ist dazwischen, reicht nicht (hat gleichen Sinn mit akkonnarpok).
akkonnarnek, næk, nerit, das Dazwischen-Ungleichsein, nicht einig.
akkonnanivut, unser Ungleich-, Uneinssein.
akkupa, t. CS., er mengt es unter was anders.
akkutsivok, j. SS., er mengt durcheinander (Mehl, Erbsen, Worte ꝛc.).
akkusimavok, SS. & CS., es ist gemengt.
akkutovuk, j. SS., akkutovut, sie stehen weitläufig, es hat großen Zwischenraum.
akkulaiput, t. SS., es geschieht oft, ist nahe beisammen.
akkulairksavok, j. SS., es geht schnell, der Athem, die Ruder ꝛc., sind kurze Zwischenräume.
akkunerugarpok, t. SS., es ist gemengt, vermengt, melirt, hat verschiedene Farben durcheinander, das Eis, wenn's Wasser hat ꝛc.
akkublersivok, akkuvlersivok, j. SS., es fängt an vermengt zu sein, Regen, Schnee, Hagel untereinander ꝛc.
akkublerēkput, t. SS., sie sind durcheinander. [unter einander.
akkullerēktipait, CS., er setzt, stellt sie
akkutsarērpok, t. SS., es ist schon gemengt.
akkulerōrpok, t. SS., es ist noch nicht ganz fertig, ist noch dazwischen, z. B. wenn den Rennthieren ihre Haare noch nicht ganz fertig sind ꝛc.
akkulerutat, der Name des Monats November, weil da die Renuthiere solche Haare haben.

akkuliovok, j. SS., er ist der Mittelste von dreien oder mehreren.
akkulek, lik, lit, der, das Mittelste.
akkuliub luglis, der, das Nächste, beim Mittlern. [den Augen.
akkuliak, æk, et, das Nasenbein zwischen
akkuliakattak, ein Mittelland.
akkulivik, vīk, vit, die mittlere Spitze am Lachsstecher.
akkunársivok, j. SS., es fängt an bald so, bald so zu sein, z. B. im Frühjahr das Wetter, die Sonne, bald warm, bald kalt.
akkunairsivok, j. SS., es fängt an, nicht mehr dazwischen, oder bald so bald so, sondern beständiger zu sein. [Sturm.
Akkunak akkunaksoak, heftiger Wind,
akkunakpok, t. SS., es ist starker Wind, Sturm. [haltend, es stürmt immer.
akkunainarpok, t. SS., der Sturm ist an-
akkunaksiorpok, t. SS., er geht, fährt im Sturm.
akkunarosukpok, t. SS., der Wind macht sich zurechte, neigt sich zum Sturm.
Akkunakpa, t. CS., er beschädigt, verletzt ihn (hauptsächlich innerlich), (SS., ingeminik).
akkunaivok, j. SS. do. (assiminik).
akkunaktipa, t. CS., er macht, verursacht, daß er (jener) beschädigt, verletzt wird, SS., akkunartipok ingminik, er beschädigt sich selber (mit Fleiß) (auch wenn er sich selber im Lichte steht).
akkunaktiauvok, j. SS., er ist beschädigt worden, durch irgend etwas, von Jemand, z. B. er wird wohin gesendet und fällt, ob. soll was tragen, und ist ihm zu schwer.
Akkunneka, einige Zeit, einerlei mit akkunit. [aus.
akkunneka mulluvok, er ist etwas lange
akkunnersoak, akkunevaksoak, sehr lange.
akkunnekälerpok, t. SS., es fängt an lange zu bleiben.

akkuniogiva, j. SS. inus., es dauert, währt ihm lange.
akkuniokserpok, t. SS. do. (mit mik).
akkunnīt, lange, akkunērpok, es ist lange.
akkunnērsiariva, j. SS. inus., er wartet auf ihn, es, daß es besser mit ihm werde, dauert ihm lange, bis es besser mit ihm wird.
akkunērsēvok, j. SS. do. (mit mik).
Aklak, læk, let, ein schwarzer Bär.
Aklairarpok, t. SS. & CS., es geht, hat hat ein Lüftchen, CS., der Wind weht ihn wiederholt sanft an, it, er fächelt ihn an, mit etwas.
aklairpok, t. SS. & CS., es hat ein Lüftchen, CS., der Wind weht ihn sanft an (einmal).
aklaïradlarnæk! mache nicht Wind.
Akligak, kæk, kel, ein Wurfpfeil mit einer kleinen Blase.
Aklorpök, t. SS. & CS., er nimmt was von der Gasterei mit nach Hause (mit mit, mik).
aklöriva, j. SS. inus. do.
aklögak, was mitgebrachtes.
Akluvok, j. SS., er ist arm, aklunek, Armuth. [Reichthum.
akluipok, t. SS., er ist reich, aklujnek,
aklujorivok, j. SS., er dünkt sich arm.
Aklunak, tsæk, näk, set, nat, ein Tau, Strick (von Leder und Hanf).
aklunaujak, jäk, jet, etwas, das einem Strick, Tau ähnlich ist, z. B. Rautabal.
Akpá, pæk, pet, eine Torb-Alke (Seevogel) (Alka torda).
akparak, kæk, kol, eine junge Alke.
akpapok, t. SS., er bekommt Alken.
akpatorpok, t. SS., er isset Alken.
akpaliarpok, t. SS., er geht hin zu den Alken. [Summe (Alka Alle).
akpaliärsuk, sük, suit, Zwerg-Alk, kleine
Akpa siehe äktorpa.
Akpaivok, j. SS., er schläft sehr fest, it, er ist gestorben (doch selten).

Akpapok, t. SS., er läuft, ein Mensch, gilt besonders beim Kommen noch etwas in der Ferne (selten).
akpangerpok, t. SS., er springt, läuft (gilt im Gewöhnlichen).
akpasukpok, do.
akpaliopuk, put, sie zwei oder sie laufen neben einander car. Sing.
akpaliutivuk, vut, do.
akpalektorpok, t. SS., er stolpert, springt, weil er an was stößt ob. hängen bleibt, vorwärts, it, er nimmt einen Anlauf.
Akpaksalerpok, t. SS., er, es läuft hurtig ab, das Wasser, wenn balb Ebbe ist ɿc.
Akparpok, t. SS., er, es senkt sich, wird, kommt niedriger, z. B. der Schnee beim Thauwetter, der Vogel aus der Luft, ein Mensch, wenn er vom Stuhl oder sonst einer Anhöhe herunterkommt.
akpartipa, t. CS., er senkt es, z. B. er schüttelt Mehl, Erbsen, Pulver, damit es sich setzen, senken soll. Akpariatileruk! laß es ein wenig sinken.
akpaumivok, j. SS., er, es ist niedriger.
akpaumijarpok, j. SS., es schwingt sich, führt auf und nieder, z. B. Schwingwellen.
akpaumijartipa, j. CS., er schwingt es, wirft es auf und nieder, die Wellen das Boot ɿc.
akpalävok, j. SS., es senkt sich oft, das Eis ɿc.
akpalerpok, j. SS., es senkt sich das Eis, (beim niedrigen Wasser, bei Ebbe).
Akpärpok, t. SS. & CS., er geht und ruft Jemand, sagt, was ihm gesagt worden ist.
akpärtipa, t. CS., er sagt ihm, was er sagen soll, sendet ihn.
akpartitsivok, t. SS. do.
akpauligiva, j. SS. inus., er hat ihn, es (eines andern Worte, Werke ɿc.) zur Erzählung, zum Herumtragen.

akpaupa, t. CS. do. Johanese akpaupa, er geht und erzählt, redet vom Johannes.
akpaujivok, j. SS. do. (mit mik).
Kiblumik akpaujilerit, geh und erzähle, sage von der Säge.
Akpitsivok, j. SS., er singt, spielt vor.
akpitsijok, juk, jut, ein Vorsänger, Vorspieler (wird nicht allgemein gekannt, sondern manche sagen apkosēvok).
Akpingek, īk, it, eine Landschnepfe.
Aksakok, kuk, kut, der Theil des Armes vom Ellenbogen bis zur Achsel (auch bei Landthieren).
aksakoarpok, t. SS. CS., er bekommt einen solchen Theil vom Vorderbein, vom Renntbier, Bären ɿc., it, er zerbricht den Oberarm, CS., er ihn ihm.
Aksalikpok, t. SS. & CS., er reibt, zerreibt was mit den Händen, z. B. Korn-Aehren ɿc., er reibt irgendwo an sich. Ijine aksalikpa, er reibt sein Auge.
aksaligak, kæk, ket, etwas so Geriebenes.
Aksarnek, der Nordschein.
aksarnerpok, t. SS., Nordschein.
aksarnekarpok, es hat Nordschein.
Aksärnek, das Strömen der See (NB. vom Lande nach der See, umgekehrt illersärnek).
aksärnivaksoadlarpok, t. SS., es hat, ob. b. See hat sehr starke Strömung hinaus.
aksärnidlarpok, t. SS. do.
Aksärpa, CS., er nimmt ihm was, beraubt ihn (mit oder ohne Gewalt).
aksärnikpok, t. SS. do. (mit mik u. mit).
aksarnipunga illingnik, savingmik.
aksarnipunga savingmik illingnit.
aksärnigariva, j. SS. inus., er raubt es, nimmt es weg.
aksärnigakarpok, t. SS. do. (mit mik). z. B. Sagujet aksärnigariveit Johanesemit, oder Johannesib salujakolingit aksärnigarivit, er hat bem Johannes Bretter geraubt, und er hat bem Johannes seine Bretter geraubt.

aksärnigauvok, j. SS., es ist genommen, geraubt.
aksärnigaujok, jæk, jut, Geraubtes, Genommenes.
aksärtauvok, j. SS., er wird beraubt. Johanese aksartauvok, perkutiminik, Johannes wird seines Eigenthums beraubt. [genommenen Sachen.
aksärtaujutigijakka, meine mir geraubten, aksärnigaujutigijakka, do.
Akjartorpok, t. SS. & CS., er trägt Sachen, Bretter, Steine, Schinbeln ꝛc. (ist damit beschäftigt). [nimmt's mit.
aksarsivok, j. SS., er trägt etwas, aksareksak, säk, set, Sachen, die mitgenommen werden sollen. Manche Eskimos machen bei diesen Wörtern aus dem ersten s ein j und sagen akjartorpok ꝛc.
Aksárpa, t. CS., er rollt, wälzt oder wendet es einmal um.
aksaivok, j. SS. do.
aksävok, t. SS., er wälzt sich, ein Mensch, Seehund, Ball, it, wenn einer sich selber beim Gehen hin und her wirft.
aksalakpok, t. SS., er, es wälzt sich ein wenig. [(völlig).
aksakävok, j. SS., er, es wälzt sich aksakätipa, t. CS., er wälzt, rollt es fort.
aksakatitsivok, j. SS. do.
aksak, akjak, sæk, set, ein Ball.
aksaujak, k, jet, was Ballähnliches, ein Knaul.
aksaujimavok, j. SS., er, es ist zusammengerollt, auf einen Knaul gewickelt.
aksaujivok, j. SS., er wickelt Zwirn oder sonst was auf einen Knaul, it, der Schlitten wälzt ihm um, daß das Unterste oben kommt.
aksaujiariva, j. SS. inus., er wickelt es zusammen, macht ein. Knaul, Ball daraus.
aksaujauvok, j. SS., er wird vom Schlitten geworfen, der Schlitten wird umgeworfen. [oder auch ein Seehund.
aksädlarpok, t. SS., er, der Ball rollt fort,

aksalloak, utsæk, utset, āk, et, do. eine Rolle, Block.
aksaut, tik, tit, eine Walze.
aksalloajok, juk, jut, ein Rad, Wagenrad.
aksarosukpok, t. SS., er hat Lust herunter zu rollen.
aksarniusavok, j. SS. do.
aksagēkut, tik, tit, eine Hinderungssache, daß es nicht rollt, ein Stück Holz unter ein Faß, it, ein Bein am Kajak, wo der Unak darauf liegt, damit er nicht herunterrollt.
aksagēkusiorpok, t. SS. CS., er macht, sucht etwas zum Unterlegen, daß es sich nicht wälzt, CS. do. für einen andern.
aksagēkuserpa, t. GS., er versieht es mit einer Unterlage, daß es sich nicht wälzt.
aksagēkusēvok, j. SS. do. (mit mik).
Aksororpok, t. SS., er zieht hart an einem Tau, ist im Arbeiten anhaltend, it, der Wind, Schneegestöber ist anhaltend.
aksoroviksakarpok, j. SS., es hat eine Zeit, wo man stark, anhaltend sein muß.
aksut, sehr, tüchtig, stark, it, sei du stark! ob. laß birs gut gehen. aksutik! do. euch zwei; aksuse! euch do. it, gilt es auch als Frage, ob eine Sache arg sei.
aksorsoak, sehr tüchtig, sehr viel, sehr stark.
Aksivik, vīk, vīt, ein Ort, wo das Kehricht, Spülwasser ꝛc. ausgeschüttet wird.
Aksivok, j. SS., er hat reichlich, vollauf zu Essen.
aksinarpok, t. SS., es ist zum Vollaufhaben; wenn es auf einem Lande allerhand gibt.
aksivakpok, j. SS., er pflegt reichlich zu Essen zu haben.
aksivalaukpok, j. SS., er hat immer reichlich zu Essen gehabt.
Aksorotiva, j. SS. inus., er greift ihn stark an, begegnet ihm kräftig (Menschen oder Sache).
aksorotjivok, j. SS., er zieht stark, braucht Gewalt, gegen was oder Jemanden.

Akso   **Akto**

aksorosingavok, j. SS., er ist stille, wenn er hört, daß ein anderer ausgescholten wird ꝛc., weil er fürchtet, es möchte ihm auch so gehen, fürchtet grobe Behandlung, it, die Heiden, wenn sie einen Todten haben.

aksorosingagivok, j. SS., er (ein anderer) ist auch stille, do. fürchtet sich auch.

aksorotijauvok, j. SS., er ist stark, kräftig, schnöde, grob behandelt worden.

aksorotjeariva, j. SS. inus., er macht es ihm so, daß es nur mit Gewalt kann gefrigt werden ꝛc.

aksorortiksalliariva, j. SS. inus. do.

aksorotjearijauvok, j. SS., es ist so gemacht, daß Gewalt dazu gehört, es fort-, fest-, oder loszukriegen.

aksororosukpok, t. SS., er ist aufgelegt, kräftig anzugreifen, ihm stark zu kommen.

aksoronarpok, t. SS., es ist dazu, daß Anstrengung dazu gehört, z. B. wenns mit einem Schlitten hinauf geht ꝛc.

aksoronarsivok, j. SS. do.

aksokipok, t. SS., er geht seine Stärke probiren (weil er schwach ist), (wird nicht viel verstanden).

aksonikipok, t. SS., er strengt sich nicht an (aus Faulheit oder Schwäche).

aksoronikpok, t. SS. do.

aksorotivuk, vut, car. Sing., sie ringen mit einander, probiren ihre Stärke.

aksorungnarpok, t. SS., er kann sich anstrengen, kann tüchtig sein.

Aksukpa, t. CS., er, sie schläfert ein Kind ein, bringt es zur Ruhe.

aksuksivok, j. SS. do.

aksuksimavok, j. SS. & CS., es ist eingeschläfert, das Kind, CS., er hat es eingeschläfert.

Aksulliut, der Name des Monats December.

Akjuk,

Aktajakpok, t. SS., er schlendert herum, achtet die Arbeit nicht.

aktajatuinarpok, t. SS. do.

Aktängitorpok, j. SS., er schafft Fleisch, Nahrungsmittel ins Haus (mit mik).

aktangitoariva, j. SS. inus. do.

aktaijipok, t. SS., er bringt Fleisch heraus.

aktaijeariva, j. SS. inus. do.

aktäk, täk, tat, Fische, Fleisch, was wieder zum Hause herausgebracht ist zum Aufheben. [wieder hinaus soll.

aktäksak, sak, set, Fische, Fleisch, was

aktarnerlukko, kuk, kut, das Auskehricht, was nichts mehr werth ist, bloß zum Hinauswerfen.

Aktok, tuk, tut, eins der größten Thiere, von jeder Gattung. [Größe gleich.

aktokatigiva, j. SS. inus., er ist ihm an

aktikuarēk, aktikularēk, 2 ganz Gleiche.

aktikuarēlaktarpuk, t. SS., sie sind nicht ganz gleich. [aktok.

aktutitorpok, t. SS., er ist groß wie ein

Aktorpok, t. SS., er schreit ā, wenn die Hunde vor den Schlitten stille liegen sollen.

Aktorpa, t. CS., er zieht ihm (einem Thiere) die Haut ab. [thiere.)

aktuivok, j. SS. do. (hauptsächlich Rennaktugak, kæk, ket, ein abgezogenes Rennthier ꝛc.

āktut, lik, tit, ein Schlachtmesser.

äkpa, t. CS., er zieht einem Thiere, hauptsächlich einem Vogel die Haut ab.

öksivok, j. SS. do. (mit mik).

ägērpok, j. SS. & CS., es ist abgezogen, das Thier, CS., er hat es ihm abgezogen.

äksimavok, j. SS. & CS. do.

Aktorpa, t. CS., er rührt, greift es an, stößt an ihn an.

aktuivok, j. SS., er rührt, stößt an.

aktortipa, t. CS., er stellt, rückt es an.

aktuavok, j. SS., es stößt, drückt auf, an.

aktuajutivuk, vut. car. Sing., sie rühren, stoßen an einander.

aktorlāva, j. CS., er stößt ihn.

aktorlaivok, j. SS. do. (mit mik).

aktorlauvok, j. SS., er wird angerührt, es liegt was an ihn an.

Aktorpa, t. CS., es ist ihm schwer, zu schwer, kanns nicht kriegen, machen.
aktorosukpok, SS. do. (mit mik).
aktornarpok, t. SS., es ist schwer, ist zum Schwerfein, z. B. wenn eine Last zu groß ist.
aktorsakpok, t. SS., die Last, die er trägt, drückt ihn, es wird ihm sauer, it, die Krankheit wird ihm lästig, schwer.
aktoriva, j. CS. do.
aktorsarlipa, t. CS., er, es drückt ihn, machts ihm sauer (die Last, ob ein Mensch dem Andern.
aktorsalaitipa, t. CS., er überwindet ihn mit Worten, sagt ihm die Wahrheit, daß er schweigen muß.
aktorsalaititsivok, j. SS. do.
aktulerpok, t. SS., er, der Kranke fühlt sich schwer, ist dem Tode nahe.
Aktuilitak, tæk, tet, ein Wasserpelz von Fell oder Darm.
akuilitakpok, t. SS., er hat den Wasserpelz an.
akuilitartürpok, t. SS., er hat einen neuen Wasserpelz.
Alavok, j. SS., er stöhnt vor Schmerzen.
ärusukpok, t. SS., er klagt, jammert.
ärusutigiva, t. CS., er klagt über ihn, es.
Alla, læk, let, ein Land-Indianer.
allakarpok, t. SS., es hat Indianer.
Allagaiksarpok, t. SS., er vergegenwärtigt sich etwas im Geiste, stellt es sich vor, als wenn ers sehe (mit mik).
allagaigiva, j. SS. inus. do.
Allakapsäk, sæk, set, Papier, Schreibpap.
allakapsajak, jak, jet, Papier um etwas hineinzuwickeln.
allakapsäksak, sæk, set, etwas, um Papier daraus zu machen.
allakapsarpok, t. SS., er sagt: Papier.
Alläk, alläksak, sæk, set, ein Stück Leder zum Besohlen der Stiefel, über die ganze Sohle.
alla, allatuinak, ein kleines Stück, das nicht über die ganze Sohle weg geht.
allaksak, säk, set.
allatürpok, t. SS. & CS., er flickt die Sohle, setzt einen Fleck darauf.
alläktürpok, t. SS. & CS., er besohlt, setzt eine ganze Sohle auf den Stiefel.
allaingarpok, t. SS. & CS., er läuft auf der bloßen Fußsohle, hat keine Sohle mehr an den Stiefeln.
Alläjälernek, das Wenden des Tages, das Abenddämmern, die Abenddämmerung.
allajalerpok, t. SS., es fängt an Abend zu werden, der Tag wendet sich weg.
allangorpok, t. SS., die Sonne wendet sich weg, geht in den Schatten, Sekkinek allangorpok.
allangoarpok, t. SS. & CS., er steht ihn nicht an, wendet sich halb von ihm weg, weil er ihm nicht gewogen ist, ihn nicht hören will ic.
allangoarlauvok, t. SS., er wird nur von der Seite angesehen, es wird sich von ihm abgewendet.
allarpa, t. CS., er wendet sich ganz von ihm, sieht ihn nicht an, läßt von ihm ab.
allaivok, j. SS. do. Allaruk! wende dich von ihm! allairit ominga! wende dich von diesem!
alläromairpa, t. CS., er will nicht von ihm ablassen, sich nicht von ihm wenden.
allaumavok, t. SS. & CS., er hat sich ganz weggewandt. (sich nur immer weg.
allartuinarpok, t. CS. & SS., er wendet
allartaililerpok, t. SS. & CS., er wendet sich nicht, fängt an ihm zugewendet zu sein.
allajoarpok, t. SS., er will nicht da sein, will wo anders hin, aus Blödigkeit.
allajoatsainaromavok, j. SS., er will immer wo anders hin, aus Furcht und Blödigkeit.
Alläkarpok, t. SS. & CS., er, es kommt zum Vorschein, ein Mensch, Sonne, Schiff, Schlitten x., CS., es kommt mir zum Vorschein, alläkarpänga.

allakauvānga, j. SS. inus., er bringt mir was zum Vorschein, wird mir sichtbar.
allakaujivok uvamnik do.
allakauliva, j. SS. inus. do.
alláakàrterpok, t. SS. & CS., er geht hervor ins Freie, sieht sich um, CS., sieht sich nach was um.
allakaurérpok, t, SS. & CS., er sieht sich um (still sitzend oder stehend).
allukaumivok, allakaumisərpok, t. SS., er kommt aus dem Verborgenen hervor, die Sonne aus den Wolken, ist aber noch nicht ganz sichtbar.
allakausärpa, t. CS., er sieht nach ihm, ob es nicht sichtbar ist. Savik allakausärpara, ich sehe mich nach dem Messer um, suche es. [er ihn auch.
allakausarivok, j. SS. & CS. do. CS.,
allakausijarpok, t. SS. do.
Allakivok, j. SS., er, der Himmel ist sichtbar, ist klar.
allakilidlalerpok, t. SS., er, der Himmel fängt an klar zu werden, ist beinahe klar.
Allanniovok, j. SS., er ist wie ein Fremder, ein Abgewendeter, ist ein Sonderling, anders wie Andere, z. B. wenn unter mehreren Kindern eins durch seine Arten, gute oder böse, sich besonders auszeichnet 2c.
allaneriva, j. SS. inus., er hat ihn zu dem, der nicht zu ihm gehört.
allannekarpok, t. SS.; es hat einen, der sich so auszeichnet, it, es hat einen, der dahin nicht gehört, der fremd ist, wo er sich befindet.
allannioligiva, j. SS. inus., er hat ihn zu dem, der sich gegen ihn besonders auszeichnet, it, er hat ihn zum Fremden, der eigentlich nicht zu ihm gehört.
Allaperngarpa, t. CS. inus., er lauert, paßt auf, um ihm unbemerkt (während jener dabei ist) etwas zu thun ob. zu nehmen, it, es, er verschwindet ihm unvermuthet aus dem Gesicht. Tuktut allaperngar-

pānga, die Renthiere sind mir unbemerkt plötzlich verschwunden, ob. sie haben sich meiner Ansicht unvermuthet, unbemerkt entzogen.
allaperngaivok, j. SS. do. (mit mik).
allaperngatigiva, j. SS. iuus., er hat ihn zu dem, der ihm unvermuthet, unbemerkt etwas nimmt, thut, verschwindet 2c.
Allarterut, lik, lit, ein Handtuch.
allarut, tik, tit, irgend ein Lappen zum Wischen.
allarterpa, t. CS., er wischt, trocknet ihn ab.
allarterivok, j. SS. & CS. do. CS., den auch.
Allek, laek, lik, lit, ein Riemen, der zum Seehundsfang gebraucht wird, woran Blase und Harpun (Naulak) befestigt ist.
alliksak, saek, set, ein Riemen, der zu Obigem soll gebraucht werden.
Allek, lik, lit, das Unterste von Sachen, die aufeinander liegen.
allerekpuk, put, sie liegen aufeinander.
alliovok, j. SS., er ist das Unterste.
alliaeksak, saek, set, etwas zur Unterlage, z. B. Reisig unter die Pritsche.
allivut, unsere (Leute) die unter uns wohnen.
allijitorpok, t. SS., er legt die Unterlager.
allinermiotakarpok, t. SS., er hat Verborgenes unter dem Bett, Unterlager.
allinniliovok, j. SS., er hat eine Seite zum unten liegen (nemlich etwas Halbrundes).
allinelik, lik, lit, halbrunde Sachen, Felle 2c.
alliupa, t. CS., er legt es ganz unten.
alliutiva, j. CS. do.
alliujivok, j. SS. do.
allinek, naek, nerit, (allininga, feine) die Seite von einer Sache, die unten liegt,
allinivut, unsere untere Seite.
Allianak, etwas, woran man sich mit Vergnügen erinnert, wenns lange vorbei ist, Vergnügliches.
allianarpok, t. SS., es ist vergnüglich zu sehen, hören ob. sich daran zu erinnern.

Alli   **Allu**

allianaipok, t. SS., es ist unvergnüglich, sich daran zu erinnern.
alliapok, t. SS. & CS., er erinnert sich an ihn zum Vergnügen, SS., er hat Vergnügen am Erinnern.
alliagiva, j. CS., er hat ihn zum Vergnügen in der Erinnerung.
alliasukpok,   do.
alliagijakarpok, allialjijakarpok, er hat Vergnügen (mit mik) an der Erinnerung, und an der Gegenwart. (Manche Eskimos wollen dieses Wort nur für die Vergangenheit, wenn man sich an früher Erlebtes mit Wohlgefallen erinnert, gelten lassen, andere dagegen lassen es für alle Zeiten gelten.
Allëkut, tik, tit, etwas zum Narren, zum Spott habendes.
allëkutigiva, j. SS. inus., er hat ihn zum Narren, spottet seiner.
allëkutekarpok, t. SS. do. (mit mik) einen Menschen oder sonst was.
Alligartorpok, t. SS. & CS., er verliebt sich in was.
alligartornikpok, t. SS.   do.
alligartoriva, j. CS., er hat es, ihn zu dem, worin er sich verliebt hat.
alligartutsainarpa, j. CS., er ist beständig in ihn verliebt.
Alligok, kuk, kut, Kristal.
Allikpok, t. SS. & CS., er, es reißt (nämlich Kleider ꝛc., bei einem Strick heißt es kiktorarpok), CS., er zerreißt es (einmal).   [reremat).
alliktorpa, t. CS., er zerreißt es (mehr-
alliktortak, tæk, tet, eine zerrissene Sache.
Allingitärpok, t. SS., er weicht aus, geht aus dem Wege (mit mik).
allingitariva, j. SS. inus., er geht ihm aus dem Wege.
allingigiva, j. SS. inus., er hat ihn zu dem, dem er ausweicht, dem er aus dem Wege geht.
allingiserivok, j. SS. & CS.   do.

allingisärpa, t. SS. inus., er schreckt ihn ab, gibt ihm was ab, daß er nicht wieder kommen, es nicht wieder so oder so machen soll.
Alliptorpok, j. SS., sie abortirt.
alliptuak, æk, et, eine unzeitige Geburt.
Allivakpok, t. SS., er, es geht, fährt ab, entfernt sich.
allivariarpok, t. SS. & CS., er entfernt sich ein wenig, CS., er entfernt es, setzt es aus dem Wege, allivariarit, geh ein wenig aus dem Wege.
allivarialärsukpok, SS. & CS., er bringt, stößt es, irgend was, ein wenig von sich.
Allijiva, SS. & CS., er achtet es nicht mehr, nemlich den Schmerz, daß ihm Jemand gestorben, oder sonst was Werthvolles verloren hat (SS. mit mik).
Allivut, siehe bei allek das Unterste.
Alloak, æk, et, ein schwarzer, weicher, Reißblei ähnlicher Stein.
Allukpok, t. SS. & CS., er, ein Mensch, leckt, ißt Rennthier-Magen, it, ein Hund leckt irgend was, CS., er (Mensch oder Thier) leckt es (einmal).
alluksivok, j. SS., er (ein Mensch) leckt.
alluktorpok, t. SS. & CS., er leckt (mehreremal).   [daraus fressen.
allukvik, vīk, vīt, ein Gefäß, wo die Hunde
allupaut, tik, tit, ein zurecht geschnittenes Stück Holz ꝛc., das man statt Löffel braucht.
allupsaut, tik, tit, ein Löffel.
allupsausivok, j. CS. & SS., er macht ihm einen Löffel.
allupsauserpa, j. CS., er versieht ihn mit einem Löffel, gibt ihm einen.
allupsausëvok, j. SS. (mit mik).
allupsak, sæk, set, Suppe ꝛc., was mit einem Löffel gegessen wird.
allupsärpok, t. SS., er ißt Suppe.
allupsartorpok, t. SS.   do.
allupsariva, j. SS. inus., er hat es zur Suppe, oder es ist seine Suppe [roffen.
Allukiæk, Nierenfett, bei Seehunden u. Wal-

Allu   **Amē**   **25**

Allok, lūk, luit, die Fußsohle, das Unterste, die Bahn (Fußsohle von Mensch und Thier, der Schlittenkuffen ihre Bahn, ihr Unteres).
allungudlarpok, t. SS., er ist müde an den Fußsohlen, thun ihm weh vom Gehen.
allorluk, luit, Roth, der sich beim Gehen an die Sohlen festsetzt, überhaupt Roth, in dem man gehen muß.
Allunganek, næk, nerit, ein vorstehender, ober auch nur so steiler Felsen ob. Schnee, daß man nicht hinauf kann.
allunganiovok, j. SS., es ist ein steiler ober vorspringender Felsen, ob. Schnee.
Ama, mehr, fernerhin, wiederum.
Amaivok, j. SS., er ist wie benebelt, taumlich, vom Tabakrauchen ic.
Amāk, tsæk, ätset, eine Wurzel vom Baum, nemlich die entfernteren dünnen Wurzelchen.
amaksoak, suit, große, lange do.
amatārsuk, sūk, suit, kurze, kleine do.
Amōma, mak, D., Kinderspeise, Muttermilch, Mutterbrust.
amāmakpok, t. SS. & CS., es trinkt an der Mutterbrust. [das Kind.
amāmaklipa, t. CS., sie stillt, tränkt es,
amāmaktitsivok, t. SS., do.
amōmagviovok, j. SS., es wird an ihr getrunken (vom Kinde).
amāmaktauvok, j. SS., es wird an ihr (der Mutter) vom Kinde getrunken.
Amaut, tik, tit, die Kappe an einem Weiberpelz.
amārpok, t. SS. & CS., er, sie steckt sich was in die Kappe (SS. mit mik).
amārtipa t. CS., er, sie steckt es ihm in die Kappe (mit mik).
amārlitsivok, j. SS. do.
amarganjak, jæk, jet, ein Korb.
amaulik, līk, lit, ein Männchen vom Eibervogel, weil der hinten am Kopf aussieht als wenn er eine amaut hätte.
amauligak, kæk, ket, ein Schneespore.

Ammer (heißt so, weil er was Ähnliches vom Eibervogelmännchen hat).
amautaujak, jak, jet, ein großer Frauenkragen.
Amarok, kuk, kut, ein Wolf.
Amautaujak, jæk, jet, oder amautelik, ein großes Rennthier (dieses Thier wird nur dem Namen nach gekannt und ist vermuthlich eine Fabel).
Amerkärpuk, put, car. Sing., sie brauchen ein Werkzeug ic. wechselweise.
Amek, mæk, armgit, ein Fell (allgemeiner Name), it, der Ueberzug vom Fellboot oder kajak.
amerpok, t. SS. & CS., das Boot, Kajat, ist überzogen, CS., er überzieht es, ihn.
amērsivok, j. SS. do.
amiutiksak, sæk, set, etwas, wofür man will überziehen lassen, Nahrungsmittel ic.
amertarpok, t. SS. & CS., es ist neu überzogen, CS., er überzieht es neu.
amertōrivok, j. SS. & CS. do.
amīngudlarpok, es hat nach langer Zeit einmal wieder einen neuen Ueberzug.
amīarpok, t. SS. & CS., er, sie näht den Ueberzug.
aminiksarpok, t. SS. & CS. do.
amērpok, t. SS. & CS., er nimmt den Ueberzug ab.
amērsivok, j. SS., es ist der Ueberzug abgezogen.
amiksak, sæk, set, ein Fell zu einem Boots- oder Kajaks-Ueberzug.
aminek, næk, nerit, ein alter, abgezogener Boots-Ueberzug.
amerak, kak, ket, die Rinden eines Baumes, eines Gewächses.
ameraijarpa, er macht ihm die Rinde ab.
ameraijaivok, SS. do. (mit mik)t.
amērsarpok, t. SS. & CS., er schlägt ihn, daß die Haut abgeht, it, zieht geschwinde den Kajak ab.
amērlartauvok, j. SS., es ist beschädigt, zum Theil ohne Fell, Haut.

amēdlarpok, t. SS. & CS., er ftößt, fchlägt ihm viel Haut irgendwo ab.
amēdlāva, j. SS., er ftößt, fchlägt ihm an mehreren Stellen die Haut ab.
Amertak, täk, tet, ein verzinntes Blechgeschirr.
amertaijak, jäek, jet, Weißblech.
amertaijaliorpok, t. SS., er macht Blecharbeit.
Amiako, kuk, kut, ein Ueberbleibfel.
amiakovinek, nīk, verngit. do.
amiakokarpok, t. SS., es hat was Uebriggebliebenes.
amakultekarpok, t. SS., er hat noch Uebriggebliebenes, was fein ift.
amiakokartipa, t. CS., er läßt es ihm übrig bleiben.
amiakovok, j. SS. & CS., es ift übrig, CS., er läßt ihm was übrig. amiakovagit ominga, ich habe dir diefes übrig gelaffen. [zu wenig.
Amigarpok, t. SS., es reicht nicht zu, ift
amigariva, j. SS. inus., es reicht ihm nicht zu.
amigaksarpok, t. SS. do. (mit mik).
Amipok, t. SS., es ift fchmal.
aminikipok, t. SS., es ift etwas zu fchmal.
aminivok, j. SS., es ift auch wieder fchmal.
aminārpok, t. SS. & CS., er, es ift fchmal, CS., er macht es fchmal.
aminārsivok, j. SS. do.
aminārkutivok, j. SS. & CS., er nimmt ein zu fchmales, CS. do. für ihn.
Amilanikolerpok, t. SS., er, es weint, ein Kind, ohne rechte Urfache. [ihn.
Amipok, t. SS. & CS., er übergeht, vergißt
ōmigiva, j. SS. inus. do.
ōmiksarpok, t. SS. do. (mit mik).
Amisut, tik, tit, ein Haufe, Trupp, Heerde Seehunde, Fifche, auch viele Worte.
amisurartauvok, j. SS., es wird ihm viel gefagt.
amisurarpok, t. SS. & CS., er fagt ihm viel.

amisulijok, juk, jut, einer der viele Worte hat. [viel.
amisuliutiva, j. SS. inus., er fagt ihm
amisuliutjivok, j. SS. do. (mit mik).
Amna, intr., apsoma, trans., ber, diefer (der nicht fichtbar ift).
amnārpok, t. SS., er fagt amna.
Amōmajok, juk, jut, eine Art Mufchel.
Amuarpa, t. SS. & CS., er zieht es an fich, Fifchfchnur, Anker ic. (SS. mit mik).
amuarsivok, j. SS. do. (mit mik).
amuvok, j. SS. & CS., er zieht das Segel auf, CS., er hat es herangezogen.
amusivok, j. SS., er hat herangezogen (mit mik).
Anāna, næk, net, die Mutter.
anānalàek, lit, zwei, die eine Mutter haben.
anāneksak, eine Stiefmutter. [fie ftirbt.
anānairpok, t. SS., er hat keine Mutter,
anānatsiak, æk, et, die Großmutter.
anōnagijarpok, j. SS., er, fie artet, ähnelt ihrer, feiner Mutter nach (mit mik).
anānagijariva, j. SS. inus. do.
Ananauvok, j. SS., er, es ift fchön, herrlich.
ānanak, nāk, nerit, das Schöne.
ānanaunek, næk, nerit, das Schönfein, die Schönheit.
ōnanausivok, j. SS. & CS., es wird fchön, CS., er macht es fchön.
ananausēvok, j. SS. do. (mit mik).
ōnanaugiva, j. CS., er hält es für fchön.
ānanaukserpok, t. SS. do. (mit mik).
ōnanaunārkutivok, j. SS., er nimmt ein zu Schönes.
ōnanautigiva, j. SS. inus., er hat es zur Schönheit, zu dem, was ihn fchön, herrlich macht.
ōnanausigiva, j. SS. inus., er macht es, ein anderes, auch fchön.
ānanausia, feine Schönheit (wenn fie nicht bekannt ift, wenn man fie nicht weiß) fonft:
ōnanauninga, feine Schönheit, Herrlichkeit.
Anātigivok, j. SS., das gefchmolzene Blei, Zinn tropft, wenn der Tigel ein Loch

hat ꝛc., it, er, es hat starken Durchfall,
daß es ist wie Wasser. [von Süden.
Ane, in Süden, aunga, nach Süden, angat,
angna, der, das im Süden, intr. aksoma
trans.
akkoa, Pl. trans. & intrans.
auna, südlich von uns, durch.
akkunangarpok, t. SS., er kommt von
denen im Süden.
aungarpok, t. SS. er geht nach Süden.
aksomuna, durch den, akkutiguna, durch
die im Süden.
Āneralautigiva, t. CS., er verlacht ihn sehr.
āneralautekarpok, t. SS. do. (mit mik).
āneralakpok, t. SS., er lacht sehr.
aneraladiarpok, t. SS. do.
Angajokāk, kæk, kajet, Aeltern, der Aeltesten, it, der Befehlshaber auf einem Lande, nach welchem sich die Uebrigen richten.
angajokariva, j. SS. inus., er hat ihn zum Vater oder Mutter, it, er hat ihn zu dem, der ihm Gutes erweiset, der väterlich für ihn sorgt.
angajokauvok, j. SS., er ist der Befehlshaber.
angajokauninga, seine Aeltestenschaft, Väterlichkeit. [recht weiß).
angajokaujusia, do. (wenn mans nicht
angajokērnek, næk, nerit, ein Kind, das seine Aeltern besucht, b. wo anders wohnen.
angajuk, jūk, jut, älterer Bruder oder ihre ältere Schwester. [Schwester.
angajua, sein älterer Bruder, ihre ältere
angajugiva, j. SS. inus., er hat ihn zum älteren Bruder, sie sie zur älteren Schw.
angajuklek, læk, lik, dlit, das Aelteste, von Geschwistern und auch sonst.
angajukliovok, j. SS., er ist der Aelteste.
angajukliovolit uvamnit, du bist älter als ich.
angajungok, uk, ut, Schwager der der Frauen ältere Schwester hat.
angajungora, mein Schwager do.

angajungogiva, j. SS. inus., er hat ihn, ist sein Schwager do.
Angavok, j. SS., er, es ist aufgebogen, Klammer, Haken ꝛc. [auf.
āngatipa, t. SS. inus., er biegt den Haken
Angak, āk, ot, Onkel, Mutter Bruder.
angagiva, j. SS. inus., es ist sein Onkel, er hat ihn dazu do.
anga, sein Onkel, Mutter Bruder.
Angalukpok, t. SS., er hext, ruft den Torngak, bösen Geist herbei, it, er sagt nicht ordentlich zu. [meister.
angakok, kuk, kut, ein Zauberer, Hexenangakövok, j. SS., er ist ein Zauberer.
angekoktorpok, t. SS. & CS., er zaubert über einen Kranken oder sonst was.
angekoksarpok, t. SS. & CS.
angekoksak, angokoksauvok, er ist zum Hexenmeister, zum Zauberer bestimmt.
angekotipa, j. CS., er lernt ihm die Zauberkunst.
angekolitainartok, juk, jut, die anfangen, sich mit Hexen zu beschäftigen. [bern.
angekoarpok, t. SS., er hört auf zu zau=
Angerarpok, t. SS., er geht nach Hause, it, geht aus der Zeit. [Hause geht.
angorartovok, j. SS., er ist es, der nach
angerarserpok, t. SS., er verlangt nach Hause, heimzugehen, geht ohne Aufenthalt.
angerarsimavok, j. SS., er ist nach Hause, it, ist aus der Zeit gegangen.
angergautiva, j. CS., er trägt, nimmt es mit zu Hause.
angergautsivok, j. SS. (mit mik) do.
Angernek, næk, nerit, die Zusage, das Jasagen.
angerpok, t. SS. CS., er giebt sein Ja=wort, verspricht es so und so zu machen, zu thun. [sagt nicht zu.
angingilak, t. SS. & CS., er verspricht nicht,
angāvok, j. SS., er sagt oft zu, gibt oft sein Jawort.
angātigēkpuk, sie stimmen mit einander, geben sich einander Antwort.

angervigiva, j. CS., er verspricht ihm, sagt ihm zu.

angerut, tik, tit, die Versprechung, Zusagung, die Ursache dazu.

angersarpok, t. SS. & CS., er verspricht schnell, CS., er macht, daß jener ja sagt, es zugibt.

angertak, tæk, tet, Versprochenes.

angerutigiva, j. CS., er hat es zur Versprechung (mit mut). Savik una angerutigivara illingnuit, ich verspreche dir dieses Messer, ober ich verspreche dieses Messer zu dir.

angerutekarpok, t. SS. do.

angerusek, sik, sit, die Versprechung, das bloße ā sagen.

angeruseriva, j. CS., er hat, daß er ihm (einem Andern) verspricht, zusagt.

angervikpok, t. SS. & CS., er sagt von ganzem Herzen zu, gibt sein völliges Jawort. [steckt, heimlich, nicht offen.

Angējivok, angijivok, j. SS., er ist verangijijovok, j. SS., er ist ein Verheimlicher.

angijigiva, j. SS. inus., er hat ihn zu dem, der ihm etwas verheimlicht.

angiariva, j. SS. inus., er verheimlicht es (die That).

angiak, æk, ket, etwas Verheimlichtes.

angiakarpok, es hat etwas Verheimlichtes.

angijijokarpok, t. SS., es hat einen Verheimlicher.

angigupa, angigutiva, j. CS., er verheimlicht ihm. Nerkiksakanerminik angigutiva, er verheimlicht ihm sein Lebensmittel haben. [verheimlicht.

angigutsivok, angigutjivok, t. SS., er

Angēnarpok, t. SS., er hat nichts bekommen, gefangen, kommt unverrichteter Sache zu Hause. [fer, Scheere ꝛc.

Angēpok, t. SS., er, es ist stumpf, ein Messer,

Angipok, t. SS. & CS., er, sie besohlt Stiefel.

angiut, tik, tit, eine Schneidenabel zum Besohlen.

angiutiksak, sæk, set, etwas zur Schneidenabel, ein Stück Draht.

Angivok, j. SS., er, es ist groß.

anginek, næk, nerit, die Größe, das Großsein. [Größte.

angnek, næk, nerit, der, das Größere.

anginersak, sæk, set, der Größere.

anginersauvok, j. SS., er ist größer, uvamnit, als ich. [wächst.

angijororpok, t. SS., er wird größer,

angijororvigiva, j. SS., er hat es zum Ort, wo er aufwächst.

anginersautipa, t. CS., er macht es größer, hält es größer, werther. Assianit tamainit, Jesuse anginersautitsomavara, vor ober von allem andern will ich Jesum für das Größeste, Wertheste halten.

angigiva, j. SS. inus., es ist ihm groß.

angiksarpok, t. SS. do. (mit mik).

anginersamik, mehr, ein Größeres (Acc.) besonders, anginersamik pijomavunga, ich will ein Größeres, mehr haben. Anginersamik pijariakarpok omætlivut tunnerguttaukovlugit Piulijiptingnut, es ist besonders, ob. vor allem nöthig, daß unsere Herzen eine Gabe ob. Opfer für den Heiland werden.

anginerpāk, pāek, pait, der Größeste, Allergrößte.

anginerpauvok, anginerpāngovok, j. SS., er, es ist der, das Größte, Allergrößte.

anginerōvok, j. SS., er ist der Größte, it, es ist größer.

anginārkutivok, j. SS., er nimmt ein zu Großes ober zu vlel.

angiluarpok, t. SS., es ist zu groß, it, es ist größer als ein anderes.

Angiujak, jæk, jet, ein Nagelkopf ꝛc.

angiujatarpa, t. CS., er macht einen neuen Kopf baran, nietet es, SS., es hat einen neuen Kopf.

angiujaktarivok, j. SS. & CS., er macht

einen neuen Kopf (mit mik), CS., er macht ihm auch einen neuen Kopf.
angiujakpa, t. CS., er macht ihm einen Kopf.
angiujēvok, j. SS. (mit mik). do.
Angivipok, t. SS., es ist durch und durch naß.
angipávok, j. SS., es ist nicht ganz durch naß. [naß.
angivitiva, t. CS., er macht es ganz
Angmalorikpok, t. SS., er, es ist rund, voll. Takkek angmaloriksikpet aularomavogut, wenn der Mond rund, voll ist, wollen wir weggehen.
angmaloriksaut, tik, tit, ein Zirkel.
angmalokitāk, tāek, tet, etwas rundes.
Angmagokpok, t. SS., er hat den Wind von der Seite. [fische.
Angmajak, jæk, jet, eine Art kleine See-
Angmarpok, t. SS. & CS., es ist offen, CS., er macht es auf.
angmaivok, j. SS. do. (mit mik).
angmarvik, vīk, vit, der Oeffnungsplatz, Eingang.
angmanek, næk, nerit, eine offene Stelle an irgend etwas, der Mund und alle Oeffnungen an einer Creatur von See- und Landthieren.
angmartak, tāck, tet, was Geöffnetes.
angmartaunek, næk, nerit, das Geöffnetwerden.
angmangitok, tuk, tut, etwas, das keine Oeffnung hat, it, ein röthliches Weichthier, Seegeschöpfe, an welchem keine Oeffnung zu bemerken ist.
angmarlerpok, t. SS., er hat Friesel.
angmartertut, Friesel.
Angmut, hinunterwärts. [steil.
angmuarpok, t. SS., er geht hinunterwärts,
angmuangavok, j. SS., es geht hinunterwärts, schräg (ein Weg).
Angoarpok, t. SS., er rudert auf einem Boot mit einem kurzen Ruder, womit man blos ins Wasser schlägt (wie beim Walfischfang).

angoarte, tik, tit, ein solcher Ruderer.
angoartigiva, j. SS. inus., er hat ihn zum Ruderer.
angöt, tik, tit, ein solches kurzes Ruder.
angötik, Dual, die zwei vorderen Flossen an einem Fisch, des Fisches Ruder.
angōsivok, j. SS. & CS., er macht oder bekommt solche Ruder. [nes do.
angosiarsukpok, t. SS., er macht ein kleines
Angö! laß das bleiben! mache nicht so! ꝛc.
angörpok, t. SS. CS., er sagt: laß es, CS., er sagt es ihm.
Angölerpok, t. SS., er hat nöthig, sein Wasser zu lassen ꝛc.
Angubvak, væk, vait, eine Art Seegras.
Anguilersávok, j. SS., er ist beständig, geschäftig in dem, was er vor hat, geht immer auf Jagd ꝛc., it. ein Kranker leidet beständig (selten). [ein Vogelfell ꝛc.
Angulavok, j. SS. & CS., er laut es aus,
angulak, læk, let, eine ausgelaute Sache (die noch naß ist), sonst angulamajok, juk, jut. [kauen.
angulaksak, sæk, set, etwas zum Aus-
Angusallok, luk, lut, ein nicht ganz ausgewachsener Rennthierbock, u. überhaupt ein Bock.
Angut, tik, tit, eine Mannsperson, it, das männliche Geschlecht von Creaturen, it, der Vater, anguta, sein Vater (wird aber selten gebraucht).
angutimarik, rīk, rit, ein erwachs. Mann.
angutauvok, j. SS., er ist ein Mann, it, ein tüchtiger Mann, d. h. der geschickt in seinem Geschäft ist.
angutaujak, jæk, jet, etwas, einem Mann ähnliches. [Mann.
angutitsiak, æk, et, ein hübscher, schöner
angutainak, næk, nait, nur ein Mann, nur Männer, it, ledige Männer.
angutausugiva, j. GS., er denkt groß von ihm, hält ihn für einen tüchtigen Mann, it, er hält ihn für einen Mann, d. h. nicht für eine Frau.

angutiärsuk, sūk, suit, ein kl. Knäbchen. angutiviak, āk, et, ein Männchen von Vögeln.
angutaunek, næk, nerit, do.
angutaukattigēkpuk, car. Sing. put, zwei Knäbchen, nicht von einer Mutter, die aber von einer Hebamme zur Welt gebracht sind, it, zwei Männer, die bei einander sind, zwei Brüder ꝛc.
anguniarpok, t. SS., sie, eine Weibsperson, trachtet den Männern nach, lebt in Hurerei. [tauschen Männer.
angutekattigēkpuk, put, car. Sing., sie
angutaumijarpok, t. SS., er grunzt, ist gewaltig.
anernelumijarpok, do.
angutigiva, j. SS. inus., er hat ihn zum Manne, der erwerben kann.
Anguvok, j. SS. & CS., er kriegt, bekommt einen Seehund, CS., er holt ihn ein, it, er bekommt den Seehund.
angusivok, j. SS., er holt ein (mit mik).
angutivok, j. SS., er macht sich zum Einholer, d. h. geht schneller, kingorlek angutivok sivorlerminut.
angumagivok, j. SS. & CS., er hat ihn, einen andern, auch eingeholt ob. erworben.
angujigiva, j. SS. inus., er hat ihn zum Erwerber, der für ihn erwirbt, für ihn fängt, indem er nichts bekommt.
angujekarpok, t. SS. do. (mit mik).
angumalerpok, t. SS. & CS., er fängt an Seehunde zu erwerben.
angusuipok, t. SS., er erwirbt nicht, bekommt keine Seehunde.
anguvik, vīk, vit, die Zeit, Ort, Seehunde zu fangen. [hunde zu fangen.
anguviksauvok, j. SS., es ist Zeit, Seeangupsarpok, t. SS., er hat wieder, zum zweitenmal erworben, angupsapsarpok, oftmals. [viel.
angugajukpŏk, t. SS., er erwirbt oft und
angugajuipok, t. SS., er erwirbt selten, nicht oft.

angugajukivok, j. SS., er erwirbt auch oft.
anguilerpok, t. SS., er zieht den Harpun ꝛc. an dem geworfenen Thiere hin und her, damit es völlig stirbt.
angavigak, itsæk, itsot, eine Lanze, womit die Seehunde geworfen werden, nachdem sie mit dem igimak und tokkak schon geworfen sind.
anguvigarpa, t. CS., er wirft den Seehund mit dieser Lanze, tödtet, erlegt ihn vollends.
anguvigarnerpok, t. SS. do. (mit mik).
anguvigarsarpok, t. SS. & CS. do. (mehreremal).
Aniavok, j. SS., er hat Schmerzen, leidet.
āniatitak, tæk, tet, ein Leidender, Gemarterter. [ninga, sein.
ānianek, næk, nerit, das Leiden, ōniaāniak, æk, et, Schmerz, Leiden, ānianga, sein. [Schmerzen nehmen zu.
āniarorpok, SS., er leidet mehr, die ōniamavok, j. SS., der Schmerz ist fertig.
ōniajuksak, sæk, set, einer der leiden soll.
āniatigiva, j. CS., er leidet für ihn, um seinetwillen. [Schmerz.
āniangorpok, t. SS., er ist müde von āniarusek, āniarusia, sein Leiden (wenns nicht bekannt ist). [zen, peinigt ihn.
ōniatipa, t. CS., es macht ihm Schmerāniatitsivok, j. SS., er peinigt.
āniatitāksauvok, j. SS., er ist einer, dem Schmerzen gemacht werden sollen.
änernarpok, t. SS., es ist zum Wehethun, thut wehe.
änerpok, t. SS. & CS., er thut sich wehe (beim Fallen, Stoßen ꝛc.), CS., er thut ihm wehe. [wehe.
änerpadlarpok, t. SS., es thut ihm sehr ōnertauvok, j.SS., es wird ihm wehe gethan.
änertertauvok, j. SS. do. wiederholt.
änerpalakpok, SS., er verursacht ihm Schmerzen, thut ihm wehe.
ōnilakpok, t. SS., er hat wenig Schmerzen, fühlt nur wenig.

ānīlakteradlarpok, t. SS., er hat sehr große Schmerzen.
ānerēkut, ānerēkutiksak, sæk, set, etwas, was Schmerzen verhindern soll.
āniasiut, tik, tit, Arzenei. [Arzenei.
āniasiutigiva, j. SS. inus., er hat es zur
āniasiusiorpok, t. SS.&CS., er macht Arzenei zurechte, it, er sucht, holt welche.
āniasiusiorte, Apotheker.
āniasiusiortipa, t. CS., er befiehlt, sendet ihn, Arzenei zu bereiten.
āniasiorte, tik, tit, ein Arzt.
Annāk, Koth von Menschen und Thieren.
annārpok, t. SS., er verrichtet seine Nothdurft.
annārosukpok, t. SS., es drängt ihn.
annāngek, ik, it, eine Dreckfliege.
Annaivok, j. SS. & CS., er bekommt das nicht, was er geschossen, geworfen, kommt ihm davon.
annākpok, t. SS., es ist das Thier fehlgeschossen, ob. doch nicht tödtlich verwundet, geht davon, it, ein Mensch war verloren, für todt gehalten, und doch wieder gefunden; hat sich von der Krankheit wieder erholt, ist aus der Noth errettet.
annāsávok, annāksávok, j. SS., das Thier wird verscheucht. annasáliniarnago! verscheuch ihn nicht!
annālergassavok, j. SS. do.
annápikpok, t. SS., er, es (Mensch oder Thier) lebt wieder auf, ob er gleich beinahe todt, beinahe am Verscheiden war.
annápigarpok, zur Noth do.
annátipa, t. CS., er errettet ihn aus der Noth (wo er sonst nicht mehr wäre davon gekommen, hauptsächlich mit Nahrungsmitteln), it, er verjagt das Thier.
annāktorpok, t. SS. & CS., (meistens anertorpok) er ist aus der Noth, hat erworben, nachdem sie vorher Mangel gehabt, CS., er hilft ihm aus der Noth (mehreremal).
annāktuivok, j. SS. do. (mit mik).

annertuivok, . do.
annerpaliorkipok, t. SS., er hat, nachdem er vorher gehungert, zuviel gegessen, ist krank davon geworden, it, wenn er was Ungewohntes ißt.
annerpaliorkinarpok, t. SS., es ist zum Krankwerden, das Zuvieleffen oder Ungewohntes effen.
Annajanarpok, t. SS., es ist mißlich, gefährlich, z. B. auf einen schwachen Schlitten schwere Sachen zu laden, oder in ein schlechtes Gefäß, Faß, Oel zu schütten ꝛc.
annajanangitok, Neg., eine Sache die was aushalten kann, wo man nicht zu fürchten braucht, daß sie leicht zerbricht.
annajagiva, j. CS., er schont ihn, es, geht vorsichtig und behutsam mit ihm um.
annajagosukpok, t. SS., er schont, geht vorsichtig, behutsam mit etwas um (mit mik).
annajagosuinarpok, t. SS. do. immer.
annajagitaipok, t. SS., er geht unbehutsam, sorglos, nicht schonend mit etwas um.
annajagitaitok, tüt, tut, einer, der nichts schont, ein Unbehutsamer, Sorgloser.
annajagitakpok, t.SS. wie annagosukpok. [tiger.
annajagitaktok, ein Behutsamer, Vorsichannārluk, annārluāluit, das Schwarze auf dem Eise, Koth, Seegras ꝛc.
anārlotokak, kāk, ket, das letzte, alte, schwarze Eis, was im Frühjahr von Norden kommt. [zankt.
Annārtorpok, t. SS. & CS., er widerstrebt,
annārtortuivok, t. SS. do. (selten).
annārtotivakpuk, put, car. Sing., sie pflegen einander zu widerstreben, pflegen mit einander zu streiten.
annārtorosukpok, t.SS., er ist aufgelegt zum Widerstreben, zum Streiten (mehr anārtorajukpok).
Annauva, t. CS., er schlägt ihn (einmal).
annāunikpok, t. SS. do. (mit mik).
annaulerpa, t.CS., er schlägt ihn (mehrm.).

annaulernikpok, t. SS. do.
annaulak, annautaksak, sæk, set, ein Stock, ob. sonst was, zum Schlagen.
annaujak, jæk, jet, einer der geschlagen wird ob. ist.
annaujigĕkpuk, put, car. Sing., sie schlagen sich einander mit etwas. |zimmers.
Anne, nik, nit, ihr Bruder, eines Frauenannigiva, j. SS. inus., es ist ihr Bruder, ober sie hat ihn zum Bruder.
anninga, ihr Bruder. annigĕk, Bruder und Schwester zusammen.
Aunernek, næk, nerit, der Geist.
annernēngerpok, t. SS., er hört auf Geist zu haben.
annersarpok, t. SS., er holt Athem.
annersarnek, nak, nerit, der Athem.
annersauminek, næk, nerit, ein Seufzer.
annersaumivok, j. SS., er seufzt.
annertorivok, j. SS. & CS., er holt Athem (im Gewöhnlichen, und annersarpok, wenn der Athem vorher angehalten), CS., er haucht ihn an.
annerterknssavok, er athmet ein.
annertekussavigiva, er athmet es ein.
annersailingārpok, t. SS., er hält den Athem an.
annernekipok, t. SS., er hat, bekommt wenig Geist, einen kleinen Geist (wenn eins wieder auflebt, als auch, wenn sich der Geist erst verliert).
annerterituinarpok, t. SS., er holt nur Athem, lebt nur so dahin, thut weder Gutes noch Böses, it, er ist ein Guter.
annernelumijarpok, t. SS., er grunzt, brummt.
Annergătsiak, æk, et, ein eben Neugeborenes (Mensch ob. Thier).
annergatsiangovok, j. SS., es ist ein do.
Annerpanarpok, t. SS.. es ist ihm recht, gesund, daß er getriegt, gestraft worden ist (gilt bei Mensch und Thier), z. B. wenn ein Thier angeschossen davonlaufen will und dann doch getriegt wird, so heißt

es annerpanamĕk! es ist recht, überhaupt wenn eine Sache gut, recht ist.
annerpagiva, j. CS., er gönnt ihm die Strafe, hält es für recht, daß er gestraft worden, überhaupt er hält eine Sache für recht, für gut.
annerpalivok, j. SS. do. (mit mik).
annerpaginiarasugiva, j. CS., er hält ihn für strafbar.
annerpanarasugiva, j. CS. do.
annerpanaipok, t. SS., er ist falsch, redet nicht die Wahrheit, sondern hat verschmitzte Worte, it, eine Peitsche haut falsch, weil sie zu leicht ist 2c. (überhaupt, wenn ein Werkzeug nicht gut ist).
annerpanākivok, j. SS. & CS., es trifft zu bei ihm, sagt wie es ist, z. B. wenn er sehr fällt, thut er sich wehe, CS., es trifft zu, was er ihm sagt. annerpanakĕvok, j. SS. do. (mit mik).
annerpanākitorajarpok, t. SS., es scheint bei ihm zuzutreffen.
Annēnek, næk, nerit, Loch, Riß an einem Hause, wo man durchsehen kann.
annēlik, lik, lit, ein Haus mit Löchern.
Annēliniovok, j. SS., er ist einer, der fast beständig draußen ist, der nichts nach der Kälte frägt, it, sein Gesicht ist schwarz und braun von der Luft und Kälte.
Anneriva, j. CS., er erwählt ihn, sondert ihn von andern aus.
annerijauvok, annerimavok, j. SS. & CS., er wird, und er ist erwählet.
annerosukpok, t. SS., er erwählt (mit mik).
annerijak, jæk, jet, ein Erwählter.
annerije, jik, jit, ein Erwähler.
annerijiga, intr., annerijima, trans.. mein Erwähler.
Annerta! endlich! das ist gut, daß das und das geschehen. Annerta taimāk tikkinavil, das ist gut, daß du endlich glücklich gekommen bist (wird hauptsächlich gebraucht, wenn Gefahr gewesen).

annerta aularlungilagut, zum Glück sind mir nicht ausgegangen (weils gleich) angefangen hat zu stürmen).
annertānarpok, t. SS., es ist zum annerta sagen, es ist gut, dankenswerth, daß es glücklich abgelaufen.
Annertorpok, t. SS. siehe bei anoivok.
Annerupa, t. CS., er beneidet ihn, ist mißgünstig.
annerutsivok, j. SS. do. (mit mik).
annerutiva, j. CS. do.
annerutigiva, j. CS., er beneidet ihn auch (nemlich einen zweiten), it, er hat es zur Ursache, die oder jene Sache, warum er jenen beneidet (mit mik).
Annikipok, t. SS., es währt eine Sache kurz, it, es ist wenig von einer Sache.
annikitomik pivok.
annertovok, j. SS., es währt lange.
annertogiva, es währt ihm lange.
annertuksarpok, j. SS. do.
annikigiva, j. SS. inus., es währt, ist ihm zu kurz, oder ist ihm kurz.
annikiksarpok, t. SS. do.
annigorpok, t. SS. & CS., es ist vergangen, ist davongekommen, CS., er entgeht ihm. Ukkallub omajuksiorle annigorpa, der Haase ist dem Jäger entgangen, entgeht ihm, omajoksiorlib ukkalek anigoiva.
annigopok, t. SS., es ist fertig, ist abgethan. Ist dasselbe wie annigorpok.
annigotivok, do. (wenns vorher was gehabt hat).
annigoivok, j. SS. & CS., er entgeht, entkommt ihm, uvlomik annigoivok, der Tag ist ihm entgangen (ohne daß die Arbeit gemacht ist), it, eine Frau die geboren hat (die Geburt ist ihr vorüber).
annigortotivok, j. SS., es, er ist schnell, bald entgangen, z. B. einer Krankheit, ob. ein Thier ob. Mensch, der schnell davon geht, mitten durch die Menschen.
annigortigiva, j. SS. inus., er hat es zu

dem, dem er entgeht, was er bald überstanden, z. B. einer Krankheit.
Annivok, j. SS., er geht zum Hause 2c. hinaus.
onnirpa, CS., er bringt, trägt etwas hinaus.
annitipa, t. CS., er macht daß es hinausgeht, gebracht wird, befiehlt es.
annititsivok, j. SS. do. (mit mik).
annitsivok, j. SS., er schafft, trägt hinaus.
annitsingorpok, t. SS., er ist des Hinaustragens müde.
annijuīpok, t. SS., er geht nie heraus.
annivik, vik, vit, die Zeit, Stelle zum Ausgehen.
annivigiva, j. SS. inus., er hat es zum Ausgang, zur Ausgangszeit, it, er geht zu ihm hinaus. [gang.
onniviksiorpok, t. SS., er sucht den Ausannigiarpok, t. SS., er geht ein wenig heraus (besonders wenn einer noch nicht gut kann). [aus.
annijarpok, t. SS., er geht früh hinaus,
annijajovok, j. SS. do.
annijaivok, j. SS., er geht, fährt nicht früh aus (selten).
anninasarpok, t. SS. do.
annijajuipok, t. SS., er geht nie früh aus.
uvlab annijajokotinga, der Morgenstern (wird nicht allgemein verstanden), kausiut, ober nuijajojok.
uvlub annijokototinga, der Abendstern (wird nicht allgemein verstanden).
annerkönarpok, t. SS., es ist so kalt, daß das Herausgehen zu fühlen ist.
annerkonarungnaipok, t. SS., es ist nicht mehr kalt, man fühlt es nicht mehr wenn man zum Hause hinausgeht.
annigajuīpok, t. SS., er geht selten aus.
annigajukpok, t. SS., er geht häufig, oft aus. annigoarpok, do.
Anniovok, j. SS., es ist eine Fläche (an trgend etwas).
annek, næk, nerit, eine Fläche do.
annilipok, t. SS., er kommt an eine Fläche.

annektangoak, œk, ot, ein Berg, der oben eine Fläche hat.
annisimavok, j. SS., es ist ganz eben, gleiche, wagerecht. [Hemb 2c.
Annorak, tsek, tset, ein Kleid, Hosen,
annorarpok, t. SS. & CS., er zieht Klei-der an, CS., er zieht ihn an. [do.
annorariartorpok, SS. & CS., geht hin
annorërpok, t. SS. CS., er ist ganz ange-kleidet.
annorairpok, t. SS. & CS., er ist ohne Kleider, ausgekleidet, CS., hat ihn fertig ausgekleidet.
annorairsivok, j. SS. do. (mit mik).
annorairsivok, j. SS. & CS., er hat seine Kleider verloren, CS., er verliert sie ihm, SS. it, (mit mik) er hat ihn fertig aus-gekleidet.
annorairsinerpok, t. SS. do. (mit mik), er verliert ihm die Kleider.
annorërlipa, t. CS., er befiehlt, sagt ihm, sich auszukleiden.
annorarërlipa, t. CS., er läßt sich ihn ankleiden, befiehlt ihm, sich anzukleiden.
annoraijarpa, t. CS., er zieht ihm die Kleider aus, it, nimmt sie ihm.
annoraivok, j. SS., er kleidet aus (mit mik), nimmt die Kleider weg.
annorartipa, t. CS., er kleidet ihn, giebt ihm Kleider.
annorartitsivok, j. SS. do. (mit mik).
annoraingärpok, t. SS., er hat keine Klei-der an, sie sind naß, zerrissen 2c.
annoraingárpok, t. SS. & CS., die Klei-der sind ihm naß, verdorben, zerrissen 2c., CS., er macht ihm die Kleider so, zerreißt, verdirbt sie ihm. Sillabub annorain-gárpa.
annorërutivok, t. SS. & CS., er macht ihn ohne Kleider, SS., er ist ohne Klei-der, hat keine, sind verdorben.
annorërutjivok. t. SS. do. (mit mik).
annorërutsauvok, t. SS., er ist ohne Kleider gemacht.

annorëruljak, jæk, jet, einer, der keine Kleider mehr hat, dem sie genommen oder verdorben sind.
annoravinek, næk, verngit, ein altes, zerrissenes Kleidungsstück, oder auch nur ein Stück davon.
annorarikpok, t. SS., er hat gute Kleider.
annoratsiak, ek, ot, ein schönes, hübsches Kleid. [Kleider.
annoratsiakarpok, t. SS., er hat schöne
annoralukpok, t. SS., er hat schlechte, häßliche Kleider. [kleidet.
annoratsiarikpok, t. SS., er ist schön ge-
Anno, uk, ut, ein Hunde-, Pferde-Geschirr.
annuva, t. CS., er schirrt den Hund an.
annujivok, j. SS. do. (mit mik).
Annoro, der Wind. [zu haben.
annordlorpok, t. SS., es fängt an Wind
annordlarpok, t. SS., es ist sehr windig.
annorekarpok, t. SS., es hat Wind, ist windig. [Wind.
annoretarpok, t. SS., es hat aufs neue
annogaladlörpok, t. SS., der Wind weht von verschiedenen Seiten.
annorosiorpok, t. SS., er geht, fährt im starken Wind.
annorkliortipa, t. CS., der Wind überfällt ihn auf der See oder auf dem Lande, it, das Feuer. [sauer.
Annüipok, t. SS., er ist trübsinnig, finster,
annütiva, j. CS., er macht ihn trübsinnig, finster.
annütjivok, j. SS. do. (mit mik).
annütivuk, vut, car. Sing., sie sind trübe, finster gegen einander.
annutsungnaipok, t. SS, er ist nicht mehr trübsinnig, finster.
Annüsingorpok, t. SS., er will es nicht mehr so machen, wie bisher, hat, weil er bei dem bisherigen was Schweres erfah-ren, den Muth, die Lust dazu verloren: ist gleichsam aus Erfahrung klug geworden.
annüsingorsarpa, t. CS., er sucht ihn in dem, was er vorhatte, zu verhindern,

Annü　　　　　　　　　**Apŏ**　　35

sucht ihn dazu unwillig zu machen, it, von dem Schlechten abzuwenden.
annüsingortipa, t. CS. do. er hat ihn so gemacht. [eine Frage 2c.).
Apperivok, j. SS. & CS., er frägt (etwa
appertsorpok, t. SS. & CS. do. (wenn viel oder mehr zu fragen ist).
appertsut, tik, tit, eine Frage.
appertsutigiva, j. CS., er hat es zur Frage.
apperkut, tik, tit, eine Frage.
apperkutekarpok, t. SS., er hat eine Frage (mit mut und mik).
appertsutekarpok, t. SS., er hat Fragen.
apperkutigiva, t. CS., er hat es zur Frage.
Apiksipok, t. SS., es ist gut, dichte, ist nahe daran, it, es bringt gut hinein, ein Werkzeug, das Beil ins Holz, der Naulak in den Seehund 2c.
apiksitipa, t. SS., er paßt eine Sache gut an, drängt es gut hinein.
apiksititsivok, j. SS., apiksēvok, j. SS. do. (mit mik).
Apkallajok, eine Ameise.
Apkarpok, t. SS., er isset geschwind.
apkallavok, j. SS. do. (besonders Fleisch).
apkautiva, j. SS. inus., er verzehrt, isset es ihm geschwinde weg, it, er verzehrt die Speise schnell.
apkaujivok, j. SS. do. (mit mik).
apkautigiva, j. SS. inus., er verzehret, isset es geschwinde.
apkalairsarpok, t. SS., er ist sparsam, theilt seine Sache ein.
apkalairsarut, tik, tit, eine Sache die erspart, zurückgehalten wird.
apkalērsarutigiva, j. SS. inus., er hat es zurückgelegt, zur Vorsorge aufbewahrt.
Apkut, tik, tit, Weg, wo man durchkann.
akposinek, næk, nerit, ein gemachter od. getretener, wirklicher Weg.
apkosiniāluk, luk, luit, ein schlechter, beschwerlicher Weg, it, ein langer oder breiter Weg. [Bahn.
apkosiorpok, j. SS., er macht Weg,

apkotekarpok, t. SS., es hat Weg.
apkotigiva, j. SS. inus., er hat es zum Wege.
apkosarpok, t. SS. & CS., er nimmt den Weg wo vorbei, (SS. mit mut).
apkosarivok, j. SS. & CS. do. (mit mik). CS. do. auch bei ihm (einem andern). [Weg.
apkotetovok, j. SS., es ist der einzige
apkotauvok, j. SS., er, es ist der Weg.
apkoteliorpok, j. SS., er macht Weg, Bahn.
apkotiksarsiorpok, t. SS., er sucht Weg.
Apok, t. SS. & CS., er bringt es ihn hin, SS., es ist gebracht, auf die Frage: atsilaurolloarka? āpok.
ātsivok, j. SS., er bringt.
ātipa, t. CS., er läßt es fortbringen.
āniva, t. CS., er bringt den auch fort.
ātilaularpa, t. CS., er wird so gut sein, und es fortbringen lassen.
ālaularpa, t. CS., er wird so gut sein und es fortbringen.
ātauvok, t. CS., es wird gebracht.
ātauvigiva, j. SS. inus., er hat es zur Stelle, od. es ist die Stelle, wo er hingebracht wird. [wird.
ātauvigijanga, sein Ort, wo er hingebracht
Aporpok, t. SS. & CS., er stößt wider was, SS. (mit mut).
apornikpok, t. SS. do. (mit mik).
aportipa, t. CS., er setzt ihm was in den Weg.
aporsarpok, t. SS. & CS., er stößt sich ein wenig (der Schmerz davon geht bald vorüber), CS. do. ihn. [stoßstelle.
aporvik, vīk, vit, aporviksak, Anaporviksalipok, t. SS., er kommt an eine Anstoßstelle.
Apōlivok, j. SS., er stößt an, wird stutzig, z. B. über eine gefährliche, plötzlich entdeckte Stelle im Wege, wo er hineinfällt, oder auch über seine, als auch anderer Worte und Werke, it, er giebt Anstoß durch irgend etwas Unrechtes (mit mut).

apŏpok, t. SS., do.

apŏvigiva, apŏtivigiva, j. CS., er ſtößt bei ihm an, ſagt ober thut was, was dem Andern nicht gefällt, b. h. was Unrechtes.

apŏsimavok, j. SS., er iſt angeſtoßen, bei Andern, u. auch erſchrocken, über ſich ſelbſt.

apŏsimajungnaipok, t. SS., er ſtößt nicht mehr an, hat richtige Gedanken, giebt keinen Anſtoß mehr.

apŏtijungnaipok, t. SS. do.

Appakapa, t. CS., er ſieht ihn, bemerkt ihn unvermuthet. [(mit mik).

appakaivok, j. SS., appakatsivok, do.

appakartipa, t. CS., er thut ihm die Augen auf, macht ihn ſehend.

Apumak, die zwei Latten oben am Kajak.

apumaksak, sæk, set, Holz zu ſolch. Latten.

Aput, tik, tit, Schnee im Allgemeinen.

apivok, j. SS., es ſchneiet. [Schnee.

apijajovok, j. SS., es macht, legt früh

apijomavok, j. SS., es will ſchneien.

apinerpok, j. SS., es iſt mit Schnee bedeckt, ohne es bemerkt zu haben.

aputauvok, j. SS., er iſt beſchneiet, hat Schnee an den Kleidern ꝛc. [deckt.

aputsauvok, j. SS., er iſt mit Schnee bedeckt.

aputairpok, t. SS. CS., es hat keinen Schnee, CS., er macht es frei von Schnee.

aputairsivok, j. SS. do. (mit mik).

aputaitomat illileruk, lege es hin, wo kein Schnee iſt.

apigiarpok, t.SS., es legt ein wenig Schnee, it, fängt eben an zu ſchneien. [Schnee.

apusivok, t. SS., es legt auf einmal viel

apingnarungnarpok, j. SS., es ſchneiet, ſtöbert beſtändig, der Winter nimmt kein Ende.

apingnatsainarpok, t. SS. do.

aputsautipa, t. CS., er läßt es verſchneien, legts hin, daß es verſchneiet.

aputserivok, j. SS., er arbeitet am Schnee.

Apudlo, luk, luit, kleine Fiſche, junge Forellen in den Flüſſen, it, ein Baum der keine Spitze hat.

Apterpok, t. SS. & CS., er ſondert ihn ab, er ſondert ſich ab, apterivok, j. SS. & CS. do. (SS. mit mik).

aptersimavok, j. SS., apsimavok, j. SS., er, es iſt abgeſondert, abgeſchieden.

aptipa, t. CS., er ſondert es, ihn ab, ſcheibet ihn aus.

apterivok, j. SS. & CS. do. (mit mik), CS., ihn auch. [ſich, trennen ſich.

apteriutivuk, vut, car. Sing., ſie ſcheiden

Ariak, tsæk, tset, die Schultern, der obere Theil des Rückens bis nach vorne.

āritsorivok, t. SS., er hat Schmerzen im Rücken, bei den Schultern herum.

ārianga, ſeine Schultern an einander.

Arksak, argsak, sæk, set, Aſche, Pulver.

arksatervik, vik, vit, die Pulverpfanne.

arksakaut, tik, tit, das Pulverhorn.

arksaterpa, t. CS., er ſchüttet Pulver auf die Pfanne, it, in die Flinte.

arksatevok, j. SS. do. (mit mik).

Ariupa, t. CS., er iſt einer Sache überdrüſſig, z. B. Eſſen, Arbeit, Lernen, ein Kleid ꝛc. einen Menſchen.

ariutipa, i. CS., er macht ihm etwas überdrüſſig.

ariutsivok, j. SS., er iſt überdrüſſig (mit mik). Nerkemik innungmiglo aglat ariutsivok, er iſt das Fleiſch und ſogar auch den Menſchen überdrüſſig.

ariutsinek, næk, nerit, der Ueberdruß.

ariugutivuk, vut, car. Sing., ſie ſind einander überdrüſſig, ſcheiden ſich, der Mann von der Frau.

Arkanget, die Zahl 11.

Arktaivok, j. SS. & CS., er raubt, plündert, nimmt mit Gewalt, CS., er beraubt ihn.

arktautigiva, SS. inus., er nimmt, raubt es.

arktautekarpok, SS. do.

arktaijok, juk, jut, ein Räuber.

arktaije, jik, jit, do.

arktaijiovok j. SS., er iſt ein Räuber.

arktainikpok, t. SS., er raubt (mit mik).

arktarpa, t. CS., er beſtiehlt, beraubt ihn.

Arl   Arn   37

Arliarijaipok, t. SS., er bekümmert sich um alles, nimmt alles, alle Arbeit wahr (gilt im guten und schlechten Sinne), geht von einer Arbeit zur andern, auch ohne die erstere fertig zu haben.
arliariva j. SS. inus.; es ist ihm zu viel, er kann es nicht auf einmal thun, fortbringen, er verläßt etwas.
arliarpok, arliadlarpok, t. SS., er, sie hat viel zu thun, hat alle Hände voll, kann nicht alles tragen, machen, verläßt etwas (mit mik).
arliarniko, kuk, kut, arliarijak, jāk, jet, verlassene Sachen, die nicht konnten gethan, mitgenommen werden, weils zu viel war.
arlikpok, t. SS. & CS., es fehlt an nichts, ist groß, nicht zu wenig, nicht zu klein, CS., er achtet es für das Größte.
arliktauvok, j. SS., er, es wird groß gemacht, geachtet.   [so ist.
arklisitauvok, j. SS. do. indem es nicht arlisitakk! Welch ein Großes! spottweise, weils etwa groß genannt und doch nicht so ist.   [das Allergrößte.
arligiva, j. CS., er hält, achtet es für
arlingnarpok, j. SS., es ist groß, zum Großnennen (wird für alles gebraucht, was wegen seiner Größe und Hinlänglichkeit bewundert wird).   [Große.
arlingnarlotōvok, j. SS., es ist das einzige
arlingnartokutigiva, j. SS. inus., er hat es zu seiner eigenthümlichen größten Sache.
arlingoarpok, t. SS., er nennt es leichtsinniger Weise groß, gut, lobt Jemanden mit falschem Herzen.
Arlok, luk, luit, ein Schwertfisch.
Arlörpok, t. SS., er sieht in die Höhe.
arlungavok, t. SS., er steht über sich sehend.
arlorvigiva, j. SS. inus., er blickt zu ihm in die Höhe.   [in die Höhe sehen.
arlungangorpok, t. SS., er ist müde vom
arlungörpok, t. SS., er sieht nach langem Warten zum erstenmal in die Höhe.

arloalàkpok, t. SS., er nickt mit dem Kopf in die Höhe (sagt: ja, ohne zu reden).
Arpok, t. SS., er hält inne aus Müdigkeit und sagt ōk!
Armgasak, sōk, sət, ein Fuchs zwischen roth & cross., allerhandhärig.
Arnak, nāk, net, eine Frauensperson.
arnamarik, rīk, rīt, eine erwachsene und eine tüchtige do.
arnā, arnānga, seine, ihre Mutter (dieses, sowie auch angutā, sein Vater, werden von jüngeren Leuten, besonders in Süd-Labrador, zwar wenig gebraucht, doch von den meisten gekannt).
arnaunek, arngnaujok, juk, jut, Weibchen von Rippern und bergl. Vögeln.
arnaviak, āk, et, das Weibchen von Eidervögeln.
arnaul, tik, lit, Weiber, Kleider.
arnainait, nur Weiber.   [mit sich.
arnalijarpok, t. SS., er führt eine Frau
arnaliarpok, t. SS., er geht hin zu Weibern.
arnaluarpok, t. SS., er hält sich nicht zu seiner Frau, weil er keine Liebe zu ihr hat (selten).
arnarniarpok, t. SS., er trachtet den Weibern nach, treibt Unzucht.
arnaksauvok, j. SS., es ist eine Frauensache.
arnakosijarpok, t. SS., er läuft (in schlechter Absicht) den Weibern nach, it, er hat ihm eigen gehörige Frauenspers. bei sich.
arnakosijautigiva, j. SS. inus. do.
arnakoligëkpuk, put, car. Sing., sie treiben Weibertausch.   [Weiber.
arnangëpok, t. SS., er denkt nicht auf
arnarorlerpok, t. SS., sie fängt an mannbar zu werden.
arnaukattigëkpuk, put, sie zwei, oder sie sind Mädchen von einer Hebamme zur Welt gebracht, it, zwei Frauenspersonen, die irgendwo bei einander sind.
arnaliakarpok, t. SS., sie (innullijok) hat ein Mädchen zur Welt gebracht.

Arn

arnalinnga, iśt (innullijab) gebrachtes Mädchen, it, einer Mutter ihr geborenes Mädchen. [Amulet.
Arngoak, æk, ol, ein Anhängsel, Abgott,
Arra, ein Zuruf, wenn die Hunde vor dem Schlitten links gehen sollen.
Arrinak, Geruch, Gestank von verfaultem Fleisch ɔc., u. von nassen Sachen, Kleidern.
arrinakpok, t. SS., es stinkt nach solchem Verfaulten. [faultem.
arrinarnipok, t. SS., es riecht nach Ver-
arrinauvok, j. SS., es stinkt.
arrinarnek, næk, nerit, der Gestank, wenns wenig riecht. [ein Gestank!
arrinarnimēk! arrinarnitalik! o welch
Arusukpok, s. bei älavok.

Arvanget, die Zahl 6.
arverningot, das, der 6te.
arvingerput, sie sind 6.
arvinemit aggarlut, 7.
arvortanget, 16.

} Diese Zahlen werden von Vielen nicht mehr verstanden, doch sind sie richtig.

Arvek, væk, verit, ein Walfisch.
arverpok, t. SS., er bekommt einen Walfisch, it, auch nur eine Redensart, wenn Jemand was Großes bekommen.
arverpāk, pāek, pait, ein sehr großer Walfisch. [fischfang, hinter ihm her.
arvengniarpok, t. SS., er ist auf Wal-
arverliarpok, t. SS., er geht zum Walfisch. [Hoffenthal.
Arvertok, ein alter Eskimo-Wohnplatz bei
Arvertarpok, t. SS., er geht, wandelt herum (die Eskimos sagen: agvertarpok).
arvertartigiva, j. SS. inus., er hat ihn zum Leiter, Führer, it, er hat ihn zum Herumgeher, den er sendet.
arvertajekpok, j. SS., er geht, wandelt sunaluinarmut, it, er lavirt mit einem Boot, Schiff.
Asit, wieder einmal, wie gewöhnlich.
Assallut, lik, tit, eine Art Schüssel für den Seehunds-Riemen (allik) auf dem Kajak.

Ass

Asserorpok, j. SS. & CS., er, es verbirbt, geht zu Grunde, it, ist verloren, CS., er verbirbt es, richtet es zu Grunde.
asseroivok, j. SS., er verbirbt, richtet zu Grunde (mit mik).
asseroarivok, j. SS. do. (wiederholt).
asserorsarpa, t. CS., er verbirbt es, ist damit beschäftigt.
asserorsaivok, j. SS., er verbirbt, hat Verderben gleichsam zu seinem Geschäft.
asserornek, næk, nerit, d. Verdorbensein.
asseroinek, næk, nerit, das Verderben, etwas verderben.
asserorsainek, næk, nerit, do.
asserortaut, tik, tit, ein Instrument, womit etwas verdorben wird.
asseroavok, j. SS., er, es verbirbt, er, es will gleichsam zu Grunde gehen, hilft nichts bei ihm.
Asso, anders, ein anderes, ein anderer.
assekarpok, t. SS., es hat ein anderes.
assiga, mein Anderer, der neben mir, mit mir ist, intr. [dir ist, intr.
assitit, dein Anderer, der neben dir, mit
assia, sein A. do. ihm do. ihm do.
assivut, unser A. do. uns do. uns do.
assise, euer A. do. euch do. euch do.
assingit, ihr A. do. ihnen do. ihnen do.
assiga okauligivara, ich rede von meinem Anbern oder Nebenmann.
assima, mein Anderer, der mit mir ist, trans. assēngma.
assivit, dein, assikpit, deine zwei do. trns.
assiet, sein, assikita, seine zwei do.
assime, ₌ assingme, ˌ ˎ ˎ
assipta, unser, assīpta, unsere zwei
assimnuk, unser beider, assīmnuk, unser beider do. trans.
assipse, euer, assiptik, euere do. do.
assiptik, euer beider, assīptik, euer beider zwei do. trans.
assingeta, ihr, assikita, ihr zwei do.
assikita, ihr beider, assīkita, ihr beider zwei do. trans.

assimik, ihr (rec.), assingmik, ihre zwei do. [ober kommt mir zuvor.
Assima inginrpānga, mein Anderer kam, assimne, nul, in, bei, zu meinem Andern.
assimne, ⸺ ⸺ meinen zwei ⸺
assingne, ⸺ ⸺ ⸺ ⸺ beinem ⸺
assikingne, ⸺ ⸺ ⸺ ⸺ beinen zwei ⸺
assiane, ⸺ ⸺ ⸺ ⸺ seinem ⸺
assikkingne, ⸺ ⸺ ⸺ seinen zwei
assiptingne, ⸺ ⸺ ⸺ ⸺ unserm ⸺
assīptlingne, ⸺ ⸺ ⸺ ⸺ unsern zwei ⸺
assipsingne, ⸺ ⸺ ⸺ ⸺ euerm ⸺
assingænne, ⸺ ⸺ ⸺ ⸺ ihrem ⸺
Assimne kennerniarpolit, du wirst bei meinem Andern, oder bei einem andern als mir suchen.
Assimnut ainiarpolit, du wirst zu meinem Andern, oder zu einem Andern als mir gehen.
assinepok, t. SS., er ist wo anders, ist aus.
assinēkitakpok, t. SS., er ist lange aus.
assinenikipok, t. SS., er ist kurz aus.
ussinuarpok, t. SS., er geht wo anders hin.
assinuarvigiva, j. SS. inus., er hat es zum Platz, wo er hingeht.
assivārpok, t. SS., er zieht auf ein ander Land, wo anders hin.
assivnut, lik, lit, das Mittel, woburch man wo anders hinkommt, Boot, Schlitten rc.
assiniarpok, t. SS., er geht zu einer andern Frau, oder sie zu einem andern Mann.
assigukpok, t. SS. CS., er will, verlangt was anderes, als er hat.
assisukpok, t. SS. do. [bere haben.
assianēlavok, j. SS., er sagt, er will an⸗
assikisak, sæk, set, etwas anderes an dessen Stelle.
assiksannikalloarpok, t. SS., er hat wohl was anderes (allerhand), wenn jenes zer⸗ brochen ist.
assiksakaralloarpok, t. SS. do.
assēnak, die Veränderung zum Schlechten, der schnelle Tod. [Tod rc.
assōnauvok, j. SS., er ist der schnelle

assēnarmut pijauvok, er ist schnell (an der Krankheit) gestorben.
assēnelliarpok, t. SS., er thut, handelt ungescheut, geht nicht wie er sollte, it, der Schlitten geht anders, wie der Fuhrmann will.
assiningavok, j. SS., er ist in Ohnmacht.
assinēlatsivok, j. SS., er ist mit seinen Gedanken abwesend, wo anders, it, er hat jemand, der aus ist (mit mik).
assīnejiariva j. SS. inus. do.
assiagut, durch was anderes.
assilēvok, j. SS., er ändert, ist anders, verändert seine Gesinnung (zum Guten und zum Schlechten), innosorminik assilēvok.
assilitjaipok, t. SS., es wird nicht anders, verändert sich nicht.
assiovok, j. SS., er, es ist verloren.
assiojivok, j. SS. & CS., er verliert, CS., er verliert es.
assiotailiva, j. CS., er verhindert, oder sorgt dafür, daß es nicht verloren gehe.
assiojitailivok, j. SS. & CS. do.
assiojariak, das Verlorengehen.
assōnelliartovok, j. SS., er ist einer der ungescheut handelt, thut.
assōnelliarvigiva, j. CS., er handelt thö⸗ rigt gegen ihn, it, der Schlitten do.
asserkotsivok, j. SS., er, es nimmt einen andern Weg, der Mensch, Wasser, Ge⸗ danken, Liebe und bergl. m. [daneben.
asserkotipa, t. CS., er richtet, leitet es
asserkoljivok, j. SS. do.
asserkotsitipa, t. CS., er macht, daß er (jener) einen andern Weg nimmt, andere Gedanken bekommt.
assillivok, j. SS., er, es weint, weils ge⸗ schmält wird, nimmt es übel.
assinnativa, j. SS. inus., er trägt es aus, bringt es wo anders hin.
assinuljivok, j. SS. do. (mit mik).
assimuarlipa, t. SS. inus. do. Worte.
assimuarlitsivok, j. SS. do.

Assernek, næk, nerit, das was am vordern Ende des Kajaks, nahe an der Spitze, in die Höhe steht.
asserninga, sein do.
Assimautak, tæk, tet, ein Holz, worüber die Felle geschabt, it, ein Bret, worüber die Maschen der Netze gestrickt werden.
Asso, also, so, so ist die Sache, ach so.
atsona, so, ach so ist es.
atsona tamna.
Atâta, tâk, tet, der Vater.
atâtatsiak, âk, et, der Großvater.
atâtaksak, sæk, sot, der Pflegevater, Stiefvater. [Vater.
atâtagiva, j. SS. inus., er hat ihn zum
ataïpok, t. SS., er hat keinen Vater mehr, ist vaterlos. [Vater nach.
atatagijarpok, t. SS., er, sie artet dem
atâtalik, lœk, ggit, der einen Vater hat.
atâtak! mein Vater! (beim Rufen.)
Atsæktatsâjok, juk, jut, ein kleiner Landvogel, Hudsons-Meise.
Atsikpok, t. SS., er, es ist unten, in der Tiefe (wo es ist).
atsiktomepok, t. SS., er, es ist ganz unten.
atsingnerpâk, pæk, pait, der, das ganz unterste, wenn nemlich an einem Berge, oder in einem Thale, Häuser, Steine u. dergl. mehr, nach einander folgen.
Atsuk, ich weiß es nicht, u. ich glaube es nicht.
atsugorpok, t. SS., er sagt atsuk.
Atsuilik, lik, lit, ein gesunder Mensch, und überhaupt alle Sachen, Arbeiten ꝛc., die keinen Fehler haben.
atsuilivok, j. SS., er, es ist ganz gesund, gut im Stande, irgend eine Sache.
atsuiliovok, j. SS., er ist ein gesunder Mensch, es ist eine sich im guten Zustande befindliche Sache.
atsuilisuipok, t. SS., er ist nie recht gesund, it, eine Sache ist nie in gutem Zustande.
Atsungersorpa, t. CS., er macht, bindet es fest.
atsungersuivok, t. SS. do. (mit mik).
atsungerpok, t. SS. & CS., er hat es befestigt, SS., es ist fest, befestigt.
atsungersivok, j. SS. do.
atsungersut, tik, lit, ein Instrument oder Sache, um etwas damit festzumachen, anzuziehen.
atsungersutiksak, sæk, set, do.
Atta, unten, attâ, sein Unteres, was unter ihm ist.
attiga, mein, attit, dein, attivut, unser,
attise, euer, attinget, ihr Unteres, attimne, unter mir.
attingne, unter dir, attipsingne, unter euch ꝛc. Es können allerdings hier nur die Nebenwörter zeigen, ob vom Namen, oder vom Unteren geredet wird, z. B. tamna attingēlok neksaruk, nimm das, was unter dir liegt, mit.
attanē, unten, attanēpok, es ist, liegt unten.
attaupa, t. SS. inus., er geht, fährt, fließt, kriecht unter ihm durch.
attautsivok, j. SS. do. (mit mik).
attâgut, unten durch.
attânut, nach unten, unter ihm.
Attanek, næk, nerit, eine sehr schmale Stelle, Uebergang von einer Seite des Wassers zur andern (ein sehr schmales itiublek ꝛc.).
attannekidlarpok, t. SS., es hängt sehr schmal zusammen (was es auch ist, Land, Eis, Kleid ꝛc.).
attavok, j. SS., es hängt an, ist fest daran.
attaligēkpuk, put, car. Sing., sie hangen an einander.
attavigiva, j. SS. inus., er, es hängt fest an ihm, läßt nicht ab (gilt für Gutes und Böses). [dem er anhängt.
attatigiva, j. SS. inus, er hat es zu dem,
attangorpok, t. SS. & CS., es ist ganz ab, hängt nicht mehr an einander, CS., er schneidet, bricht oder reißt es von einander, was nur noch eben zusammenhing.
attaniksarpa, t. SS. inus., er unterlegt, flickt eine dünne Stelle an irgend etwas aus.

attaniksaivok, j. SS. do.
attaniksautiksak, sæk, set, etwas, ein Fleck, Stück Bret, etwas Netzgarn und dergl. m., zum unterlegen, ausbessern.
Attannek, næk, nerit, ein Befehlshaber, König, Herrscher (der die Sache am besten weiß).
attanniōvok, j. SS., er ist ein Herrscher ic.
attanerijauvok, j. SS. do.
attannerōvok, j. SS., er ist der größte Herrscher (der, der am besten, sehr gut rathen kann).
attannivaksoak, soāk, suit, ein sehr großer do.
attanneriva, j. CS., er hat ihn zum Herrscher, wird von ihm beherrscht ob. berathen.
attanekarpok, t. SS. do. (mit mik).
attannerijak, jæk, jet, ein Herrscher, Rathgeber.
atterijanga, sein Herrscher, Rathgeber.
attannerije, jīk, jlt, einer dem gerathen wird, ein Unterthan.
attannerijinga, sein Untergebener, der zu ihm kommt und Rath bei ihm sucht.
attannerijigiva, j. CS., er hat ihn zu dem, den er berathet, beherrscht.
attannerijekarpok, j. SS. do.
attannionek, næk, nerit, die Herrschaft, das Berathen. [rathen.
attannioninga, seine Herrschaft, sein Berathaniovik, vīk, vit, Reich, Königreich.
attoniovinga, sein Reich oder Platz, worin er der Berather ist. [um Rath.
attannioriarpok, j. SS., er geht und frägt attanniotivigiva, j. CS., er rathet ihm, oder beherrscht ihn.
attanniorpok, j. SS. & CS. do. (SS. mit mik).
attannertorpa, t. CS. do.
attannertuivok, j. SS. do.
attannioruligiva, j. SS. inus., er rathet die Sache an (mit mut).
attanniotivigijaujomangilak, t. SS., er will sich nicht rathen lassen.

attanniotivigijaujomangitok ikkajortaujungnanginivok, wer sich nicht rathen läßt, dem ist auch nicht zu helfen.
attannilaunga, rathe mir.
attannertorlaunga, do.
attanniotiviojok, juk, jut, einer der berathen, regieret, beherrscht wird.
attannertuinek, ein Rath. [ner Rath.
attannertuitsiarnek, ein angenehmer, schöner
Attæk! wohl an, greift an!
attauk, das ist gut, daß es so ist, thue, mache so (wenn man nemlich hört oder sieht, daß jemand das oder jenes gemacht, oder machen will, oder das oder jenes bekommen, und man seine Zustimmung dazu gibt).
Attangusivok, j. SS., er ist fest in seinem Vornehmen, in seinen Gedanken, läßt sich durch nichts hindern, ist strenge in seinen Befehlen.
attanguserpok, j. SS. do.
Attārpok, t. SS., er ist aus der Bucht, aus dem Lande nach der See zu gezogen.
attārnerpok, t. SS. do. ohne daß mans weiß). [herunter.
attersarpok, t. SS., er geht, fährt, zieht attersautipa, t. SS. inns., er bringt es mit herunter, vom Berge ic.
attersaujivok, j. SS. do. (mit mik).
Attartorpok, t. SS. & CS., er borgt, leihet von einem Andern, SS. do. (mit mik).
attartoriva, j. SS. inus., er hat auch dieses geborgt.
attarsivok, j. SS., er borgt, leihet von Jemand (mit mik), (im Anfange.)
attarsiviovok, j. SS., er ist die Stelle, der Platz, wo man was borgt.
attarsivigiva, j. SS. inus., er hat ihn zum Vorgeplatz.
attartorvigiva, j. SS. inus. do. (wenn er die Sachen länger hat).
attartugak, kæk, ket, geborgte Sachen.
attartugauvok, j. SS., es ist eine geborgte Sache, er ist ein Miethling.

attartugariva, j. SS. inus., er hat es geborgt, hat es zur geborgten Sache.
attartortipa, t. CS., er borgt ihm etwas (mit mik). [mik].
attartortitsivok, j. SS., er verborgt (mit
attartortautipa, t. CS., er verborgt, leihet es (mit mut).
attartortautitsivok, j. SS., er verborgt es (mit mik & mut), attartortautitsivok ullimaumik Johannesemut, er borgt dem Johannes ein Beil; attartortitsivok Johannesemik ullimaumik do.
attarsiakipa, t. CS., er borgt aus an ihn.
attarsiakitipa, t. CS. do. (wie attartortipa). [(während es geschieht).
attarsiakititsivok, j. SS., er leihet aus
Attaruipok, t. SS., er ist anhaltend, fleißig ꝛc.
attaruilivok, j. SS. do., fängt an.
attaruilivigiva, j. SS. inus., er hat es zudem, woran er fleißig, anhaltend ist.
Attausek, die Zahl 1, attausek kaiteksauvok, eins soll kommen.
attautsit, Pl., eins was aus vielen besteht, z. B. ein mit Hunden bespannter Schlitten, ein Haufen Holz ꝛc.
attausēnak, nur eins, attausēnauvok, j. SS., es ist nur eins.
attausekasak, beinahe nur einer, einzeln.
attausiovok, j. SS., es ist eins, einer.
attautsekut, zugleich, auf einmal.
atautserarpok, t. SS., er bekommt eins.
Attaupa, t. SS. inus., er geht unter ihm durch (siehe bei atta).
attautsivok, j. SS. do. (mit mik).
attaugarpok, t. SS., er schlägt einen Strich über sich herum und springt darüber.
allautarpok, do. [sagt atté!
Atté! wohlan, thue so. attepok, t. SS., er
attetōk! ach thue doch so, laß es doch so fein.
Attek, tik, tit, der Name, ein Name.
akkit, dein Name (selten attit).
atterēk, car. Sing., zwei, die einen Namen haben. atterēkpuk.

attekarpok, t. SS., er hat einen Namen.
attekapsārpok, t. SS., er hat einen zweiten, andern Namen.
atserarpa, t. CS., er giebt ihm einen Namen.
atserut, tik, tit, ein Name der nach Jemandem, einem Lebenden oder Todten, gegeben ist. Simonib asteruta, er, der nach dem Simon genannt. Simon nutarārsungmik atserutelik oder atserutautelik, Simon hat ein Kind, das nach ihm genannt ist.
atsertarpa, t. CS., er giebt ihm einen neuen Namen, Spottnamen (attertarpa).
atsertorpa, t. CS., er giebt ihm viele Namen.
attera, intrans. atterma, trans., mein Name, und mein Namens-Bruder.
Atterartārpok, t. SS., er legt was unter und neben das Feuer, Steine ꝛc., damit es nicht um sich greife.
Attivok, j. SS. & CS., er hat das Kleidungsstück an, er hat es an, CS., er hat (das Kleidungsstück) angezogen.
attisivok, j. SS. do.
attigivok, j. SS. & CS., er hat es auch an, SS., er zieht das Jäckt auch an.
attigipsariva, j. SS. inus., er zieht es über ein anderes an, trägt mehrere Kleidungsstücke über einander.
attitipa, t. CS., er zieht ihn an.
attigipsarpok, t. SS. do. er hat mehr als ein Kleid, mehr als eine Jacke, Hose ꝛc. übereinander an.
attigē, ik, it, eine Eskimo-Jacke, Kleid von Zeug.
attikliorpok, t. SS. & CS., er macht ein Jäcket, CS., er macht es für ihn.
attiklivok, j. SS. do. er macht ein Kleid, Jacket.
attigēksak, sūk, set, Zeug zu einer Eskimo-Jacke.
Attitōvok, j. SS., es ist tief, die Kappe am Pelz, it, ein Netz, it, es ist weit bis zur Seekante.
attikipok, t. SS., es ist die Kappe am Pelz

Atti   **Au**   43

ꝛc. nicht tief, it, ein Netz hat nicht viele Maschen in die Tiefe. [kommt nahe.
attiglivok, j. SS., die Seekante ist nahe,
attitorpok, j. SS., die Seekante entfernt sich.
Attorpok, t. SS. & CS., er braucht, bedient sich einer Sache. [braucht.
attortaugajukpok, t. SS., es wird oft gebraucht.
attortaugajuipok, t. SS., es wird selten gebraucht. [ist zu brauchen.
attoráksauvok, j. SS., es ist brauchbar,
attoránerpok, SS., es ist vergnüglich zu brauchen. [brauchen.
attoranēpok, es ist nicht vergnüglich zu
attoránerivara, j. SS. inus., ich brauche es mit Vergnügen.
attoránēgivara, j. SS. inus. (Neg.)
attorkipok, SS. & CS., er braucht es lange.
attorsinnarpok, j. SS., es wird endlich gebräuchlich, in Gebrauch genommen.
attorsauvok, j. SS., es wird gebräuchlich, leiblich, geht noch an (Mauja, Sturm, Stöberwetter ꝛc.).
attortausuērpok, t. SS., es ist nicht zu brauchen, ist unbrauchbar.
attorsaujungnaipok, t. SS., es ist nicht mehr zu brauchen. [Sache.
attultōk, t. SS., eine neue, ungebrauchte
attuarpa, t. CS., er braucht, bedient sich seiner, z. B. Eis, Wald, Weg, worüber oder worauf er geht, it, Schriften, die er lieset.
attuarsivok, j. SS., er lieset Schriften.
attuagak, kæk, kel, ein Buch, Briefe, Eis, Wald ꝛc., eine Sache, wo was nachzufolgen, zu suchen ist.
attukiupa, t. CS., er, sie macht Kleider für ihn, die er brauchen soll (ist bloß für Kleider). [nicht allgemein verstanden.
attukiutsivok, j. SS. do. Diese werden
attuinauvok, j. SS., es ist fertig zum Brauchen.
attuinarulipa, t. CS., er macht es, richtet es an, daß es zum Gebrauch fertig ist.
attuinaruterivok, j. SS. & CS. do.

attuinarupa, t. CS., er hat es zum Gebrauch zugerichtet, fertig gemacht.
atuinaruivok, j. SS. do.
Attuarnek, der Nordwind.
attuarnerpok, t. SS., es wehet Nordwind.
attuarningak, N.-W.-Wind.
attuarningorpok, t. SS., es wehet Nordwest-Wind. [leder.
Attungaksak, sæk, set, Stiefelsohlen, Sohlattungerpok, t. SS. & CS., er besohlt Schuhe oder Stiefel, CS., er besohlt sie (die Stiefel ꝛc.).
Attunīt, ein jedes für sich.
attunērpuk, put, car. Sing., sie zwei, ob sie haben jeder einerlei zugleich bekommen, haben einerlei Arbeit, Hlunatik attunīt kiojuksauvut, sie sollen alle, ein jeder für sich, antworten.
Aubvek, abvak, vit, eine Raupe.
Aujak, jäk, jet, der Sommer.
aujauvok, j. SS., es ist Sommer.
aujalerpok, j. SS., es fängt an Sommer zu werden. [mer.
aujaudlarpok, t. SS., es ist völlig Somaujēvik, vik, vit, ein Sommerplatz.
aujivok, t. SS., er verbringt den Sommer dort.
Auk, Zuruf, wenn die Hunde vorm Schlitten rechts gehen sollen.
Aukak, nein (siehe bei naukak).
Auk, agguk, aggut, Blut.
auglukpok, t. SS., er hat ungesundes Blut.
autsiarikpok, er hat gesundes Blut.
aukpok, t. SS., er hat Nasenbluten, it, es thauet.
aukivok, j. SS., er blutet auch (ein anderer), it, es thauet wieder.
aukortovok, j. SS., es blutet sehr.
aungnikipok, t. SS., er blutet wenig.
aukipok, t. SS., er blutet lange.
aukivok, j. SS., er hat Blut an sich gekriegt, an seine Kleider.
aulik, læk, ggit, etwas Blutiges.
aurorpok, t. SS. & CS., er blutet sehr,

CS., er verurſacht, daß ein anderer blutet, verwundet ihn. [geblutet.
aurorsimavok, j. SS. & CS., er hat ſehr
augokpok, t. SS., er blutet oft.
augoarpok, t. SS. do.
auktorpok, t. SS., er ißt Blut.
aukejarpa, t. CS., er beblutet ihn, macht ihn blutig.
aukejaivok, j. SS. do.
aukejarsimavok, j. SS. & CS., er iſt ganz blutig, CS., er hat ihn beblutet.
aunārpok, t. SS., er blutet aus einer Wunde.
aungerpok, t. SS. & CS., er hört auf zu bluten, hat kein Blut mehr, CS., er macht ihn ohne Blut.
aungĕrotivok, j. SS. & CS., er iſt ohne Blut, CS., er macht ihn ohne Blut.
aungeliktipok, SS. & GS. do.
autit, ein Sack mit Blut gefüllt, ein Blutſack.
aukserpok, t. SS., es thaut auf, ſchmilzt (im Hauſe).
auksarpok, t. SS. & CS., er, es zerſchmilzt, der Schnee ꝛc., CS., er zerſchmilzt es, ihn, in der Hand.
auksēariva, j. SS. inus., er ſchmilzt es.
auksēvok, j. SS. do.
auksitipa, t. CS. do.
auksivok, j. SS., es ſchmilzt.
aupsarkattarpok, t. SS., es thaut ſchnell hintereinander. [wenn die Sonne kommt.
aumakattarpok, es wird weich, thaut auf
aumanersidlarpok, t. SS., es thaut ſehr ſchnell. [gethautem.
aumalianikpok, t. SS., es riecht nach Auf-
aukanersávok, j. SS., er ſucht ſich zu erwärmen, macht dieſes oder jenes, um nicht frieren zu wollen.
aukanersartok, einer der zum Ofen oder in die Sonne geht, um ſich zu erwärmen.
aukanitipok, t. SS., er erhitzt ſich.
aumajalivok, j. SS., es fällt weicher Schnee.
aupallukpok, t. SS., es iſt roth, blutroth.
aupallorikpok, t. SS., es iſt ſchön roth.

aupallungnikipok, t. SS., es iſt wenig roth, röthlich.
aupallukitak, täk, tet, was röthliches.
aupalluktak, täk, tet, do.
aupallangavok, t. SS., es iſt bräunlich-roth.
aupallerpok, t. SS., er erröthet vor Scham.
aupallitsengoak, äk, et,. Abendröthe.
aupallitsengoakpok, t. SS., es hat Abendröthe. [darüber hin (ein Vogel).
Auksārpok, t. SS. & CS., er fliegt, ſchwebt
auksārvigiva, j. SS. inus., er ſchwebt über ihm.
Auktoktak, täk, tet, ein Vogelneſt von kleinern Vögeln, überhaupt der Anfang von allen Vogelneſtern.
Auktorpok, t. SS., ein Rennthier ſchreit.
Aulajitigiva, j. SS. inus., er täuſcht ſich an ihm, hält es für das, was es nicht iſt, weil es jenem ganz ähnlich iſt.
aujalitiksarpok, t. SS. do. (mit mik).
Aulajivok, j. SS. & CS., es kommt ihm wieder ins Gedächtniß, erinnert ſich an was, was er aus der Acht gelaſſen.
Aulavok, j. SS., er, es bewegt ſich, aulajuipok, Neg. [j. SS. do.
aulapa, t. CS., er bewegt es, aulatjaivok.
aulatsivok, SS., leitet es, beſorgt, leitet eine Sache.
aulatak, täk, tet, eine Sache oder Menſch, der bewegt, geleitet wird.
aulasuadlarpuk, t. SS., er, es bewegt ſich.
aulasauserpa, t. CS., er macht ihm ein bewegliches Zeichen; z. B. bei einer Verwahrungsſtelle ꝛc.
aulasausĕvok, j. SS. do.
aulajarpok, t. SS., es bewegt ſich.
aulasijarpok, t. SS., es bewegt ſich langſam hin und her, ein Menſch oder eine Sache. [Bewegung.
aulajadlarpok, t. SS., es iſt ſehr in
aulatsivok, j. SS., er bringt es in Bewegung, leitet es (mit mik).
aulatsaut, tik, tit, ein Inſtrument, etwas damit in Beweg. zu ſetzen, ein Rührlöffel.

Au 45

aulatailivok, j. SS. & CS., er, es ist unbeweglich, CS., er macht es unbeweglich, verhindert das Bewegen, it, er bewegt es nicht..
aulatjaitailivok, SS. do. (mit mik).
aulatsitipa, t. CS., er macht ihn zum aulatsije, zum Beweger, Leiter.
aulatsijungortipa, t. CS., er macht ihn zum aulatsijok.
aulängavok, j. SS., er fühlt Schmerz ob. Müdigkeit beim Bewegen, Gehen, ist langsam.
aulängaipok, t. SS., er ist immer in Bewegung, activ in seinen Geschäften, it, er fühlt nichts beim Bewegen.
aulatsingorpok, t. SS., er ist vom Bewegen müde.
aulavikipok, t. SS., es ist wenig Platz zum Bewegen, man kann sich kaum bewegen.
aulavikortovok, j. SS., es hat viel Platz zum Bewegen, ist geräumig, ein Haus ꝛc.
Aularpok, t. SS., er geht, fährt, reiset ab.
aulärpok, t. SS., er reiset ab mit seiner ganzen Familie.
aularlipa, t. CS., er sendet ihn weg.
aularutigiva, j. CS., er hat ihn zur Ursache des Ausgehens, um für ihn was zu suchen.
aulartitak, tāk, tet, ein Gesendeter.
aulartitæksak, sāk, set, einer der sich zum Gesandten, zum absenden eignet.
aulartitauvok, j. SS., er wird weggesandt.
aulariutipa, t. CS., er sendet ihn zum erstenmal, oder nachdem er lange nicht gewesen, wieder aus.
aularutiva, j. CS., er führt, nimmt eine Sache mit sich, macht, daß es mit fort kommt.
aularutjivok, j. SS. do. (mit mik).
aulartailivok, j. SS. & CS. er geht nicht fort, CS., er verhindert jemand am Fortgehen. [fortgehen.
aularomērpok, t. SS., er will nicht mehr

aulalagotivok, j. SS., er geht doch noch weg, nachdem er es schon aufgegeben.
aularutsauvok, j. SS., er, es wird weggeführt, z. B. ein Fuchs, Wolf, die Falle ꝛc. [gehen müde.
aulangorpok, t. SS., er ist vom Ausaulæt, Pl., ein beladener Schlitten oder Boot, das fortgeht und alles mitnimmt.
autarkatlauvok, j. SS., er geht, oder ist mit ausgegangen.
aulakattigiva, er geht mit ihm aus.
aulatjagut, tik, tit, die Ursache zum Ausgehen.
aulatjagutigiva, j. CS., er hat es zur Ursache des Ausgehens, Bewegens, um ihm zu helfen.
aulatjaivok, j. SS., er sendet zum Ausgehen, it, er bewegt (mit mik), es ist das SS. von aulapa.
aulatjaijutigiva, j. SS. inus., er hat ihn zum Ausender, zu dem, der ihm etwas bewegt. [gehen, er bewegt sich wenig.
aulajaipok, j. SS., er, es kann nicht weit
aulatjairpok, t. SS., er, es ist unbeweglich, bleibt auf der Stelle liegen, ein Thier wenns geschossen ist ꝛc.
aulatjairsimavok, j. SS. do.
aulaivok, j. SS. & CS., er giebt es fort, verhandelt es ꝛc.
aulajavok, j. SS., es nahet sich die Zeit, wo er ausgehen wird, er wird bald ausgehen.
aulajaraklivok, j. SS. do.
Aulaumajarpok, t. SS., er hat langwierige, große Schmerzen, er ist nahe am Tode, wirft sich vor Schmerzen hin und her.
aulaumajarlipa, t. CS., er macht ihm do.
aulaumajartitsivok, j. SS.
Aulasagak, kæk, kel, ein Fisch, der mit der Angel gefangen.
aulasarpok, t. SS., er fischt mit der Angel.
aulasariartorpok, t. SS., er geht, fährt Fischen. [im Fischen, fischt oft.
aulasarajukpok, t. SS., er ist anhaltend

aulasarajuipok, t. SS., er fiſcht ſelten.
aulasarvik, vik, vit, der Fiſchplatz, it, die
Zeit zum Fiſchen.   [zum Fiſchen.
aulasarviksauvok, j. SS., es iſt die Zeit
aulasangorpok, t. SS., er iſt des Fiſchens
müde.
Aulutivok, j. SS., er fördert ſich mit ſeiner Arbeit. Sullijaksane aulutivigiva.
aulujivok, j. SS. do. (mit mik), einen Menſchen, treibt ihn an.
aulutitipa, t. CS.   do.
Aungniarpok, t. SS. & CS., er kriecht auf dem Eiſe nach einem Seehunde.
auktūt, tik, tit, eine Stange, Werkzeug, womit der Seehund, ōtok, geſtochen wird.
aungniartak, tāk, tet, ein Seehund, nach dem gekrochen wird.
augaliarpok, t. SS. & CS., er bekommt den Seehund, nach dem er gekrochen (SS. mit mik).
auksarepok, t. SS., er, der Seehund, geht unter, ehe der Kriecher zu ihm kommt, iſt keine Sache mehr zu ſtechen.
auksak, ūk, set, ein Seehund der nicht untergeht, ſondern geſtochen wird.
aujuipok, t. SS., er bekommt keinen ōtok, iſt unvermögend.
aujuvok, j. SS., er bekommt den ōtok, bekommt oft.
Aumako, kuk, kut, eine todte Kohle.
auma, mæk, māt, glühende Kohle.
aumauvok, j. SS., es iſt glühende Kohle.
aumainauvok, j. SS., es iſt nur Kohle (hat kein Holz mehr).
aumalik, læk, ggit, ein Feuerbrand.
aumaitūt, tik, tit, eine Feuerſchaufel.
aumauksiariva, j. SS. inus., er macht es glühend, Eiſen ꝛc.
aumauksēvok, j. SS. do.   [bergl.
aumaupok, t. SS., es iſt glühend, Eiſen u.
aumauksimavok, j. SS. do. [Betten.
Aumek, mik, mit, Betten, aumititit, deine
Aumnerlovok, j. SS., es hält ſich lange, ſtreckt ſich weit ins Jahr (Speiſen).

Aunerpok, t. SS., er, es verfault, fault, ohne es zu wiſſen, Holz ꝛc.
auvok, j. SS., es iſt faul, verfault.
aungaipok, t. SS., es iſt nicht faul, iſt geſund.
aukangaipok, t. SS. do.
aukangavok, j. SS., es fängt eben an ein wenig zu faulen.
aunek, næk, nit, etwas Verfaultes.
auniovok, j. SS., es iſt was Verfaultes.
Aupalukpok, aupalitsengoak ſ. bei auk.
Aurangavok, j. SS., er geht, ſitzt gebückt.
aurakpok, t. SS.
Auvek, vik, vit, eine Dachſparre.
auviksak, sæk, set, ein Stück Holz, was ſo eine Dachſparre geben ſoll, oder zum Dach am Eskimohauſe dienen ſoll.
Auvek, væk, vit, eine kleine ſchwarze Raupe (ſiehe aubvek).
Avagosukpok, t. SS., er theilt mit (mit mik), iſt wohlthätig.
avagiva, j. SS. inus. do. er theilt ihm mit, iſt wohlthätig gegen ihn.
avagije, jik, jit, der Wohlthäter, Gütige.
avagijigiva, j. SS. inus., er hat ihn zum Wohlthäter, zu dem, der ihm Gutes thut.
avagijekarpok, t. SS. do. (mit mik).
Avalakitsak, sæk, set, Birkengeſträuche.
Avalavok, j. SS., er ſchreit, lärmt, weint ſehr.
avālakivok, j. SS., er erhebt plötzlich ein Geſchrei, fängt an zu weinen.
Avalákpok, t. SS. CS., er, der Kajak oder Boot, geht nicht wie der Führer will, er treibt, durch Wind oder Strom, ab von ſeinem Cours, it, er trennt ſich von denen, mit welchen er ging, und geht für ſich.
avalaksarpok, t. SS. do.
avalalerpok, t. SS. do. fängt an.
avalaksarvigiva, j. SS. inus., er hat es zum Ort wo er hingeht oder fährt, nach, dem er das Land oder die andern, bei benen er war, verlaſſen. Puijo avaláksarvigiva, er trennt ſich und fährt zu dem Seehunde.

avalerkok, kuk, kut, ein Flußarm, der sich trennt von seinem Fluß.
avakutak, tăk, tet, eine Insel im Fluß.
Avalut, ein Zaun, Gehege um was herum.
avaluliorpok, t. SS., er macht einen Zaun, Gehege um etwas herum.
avata, außen, auswendig herum, avatä, seine Außenseite. [herum.
avatane, an der Außenseite, auswendig
avatiga, meine Außenseite, avatimne, um mich herum.
avatiptingne, um uns herum.
avamut, nach allen Seiten herum.
avakopa, t. CS., er geht, fährt an ihm herum.
avakotsivok, j. SS. do. (mit mik).
Avat, tik, tit, ein Glied an Händen oder Füßen 2c.
avaserivok, j. SS., er hat Gliederschmerz.
Avaloriva, j. SS. inus., er überführt ihn seiner Unachtsamkeit, schmält, straft ihn deshalb, it, er fühlt seinen Muth an einem andern, schmält, schlägt oder zerbricht es, aus Aerger, Unlust, weil er vorher von einem andern überwunden worden ist, im Wortwechsel oder im Handgemenge.
avaloksärpok, t. SS. do. (mit mik).
Avamukpok, t. SS., er geht herum und erzählt überall in den Häusern, was nicht sein sollte.
Avamuakpok, put, t. SS., er ist zerstreut, in Gedanken, wohnt zerstreut, geht, läuft viel zu andern Leuten.
avamurakpok, j. SS., er geht viel aus, herum, it, er redet viel zu denen, die um ihn herum sind. Issumaga avamuakpok, mein Geist ist zerstreut.
avävavok, j. SS., er ist unruhig, hat keine Ruhe an einem Orte zu bleiben, z. B. bei seinen Hausleuten, wenn ihm dieselben unleidlich sind, it, er geht fleißig aus, auf Jagd 2c., it, ein Hund der viel fort geht.

Avane, im Norden, apkonane, bei denen im Norden.
apkoa, die in Norden, amna, intr. der im Norden.
apsoma, tavaksoma, trans. do. do.
avangat, von Norden, avunga, nach N.
avanesiktokut, weiter nach Norden durch.
avanesiktokut ainiarpotit, du wirst weiter nördlich durch deinen Weg nehmen.
Avängavok, j. SS., er ist träge, faul, schlafmützig, wie an den Kopf geschlagen.
avängaipok, t. SS., er ist munter, fleißig, mit seinen Augen überall.
avärpok, t. SS. & CS., er ist tobt, infolge von Kopfschmerzen, CS., er schlägt, schießt ihn an den Kopf.
avärniarpok, t. SS., er leidet am Kopf.
avartaivok, j. SS. do. (mit mik).
Avapa, t. CS., er erwürget ihn.
avalipa, t. CS. do.
avapok, er erwürget sich mit einem Strick.
avatsivok, j. SS., er erwürget assiminik.
avätitauvok, j. SS., er wird mit einem Strick 2c. erwürget.
avàusijarpok, t. SS., er ist mit einem Strick 2c. umschlungen, um den Hals.
avautjarpok, t. SS. & CS., er wird losgebunden, der Strick vom Halse wird gelöset, CS., er macht ihm den Strick los.
avàtitjarivok, j. SS. & CS. do.
Avapsilavok, j. SS., es macht Falten wie Spitzen.
avapsilaksak, sæk, set, Spitzensache.
Avatak, tăk, tet, eine Seehundsblase, die zum Seehundsfang gebraucht wird.
avatakpak, păk, pait, eine große Blase zum Walfischfang.
Avatsitarpok, t. SS., er, es liegt nur an beiden Enden und nicht in der Mitte auf.
avatsilavok, j. SS., es liegt an den Enden hin und wieder auf.
Avgoarpa, t. SS. inus., er zertheilt es, bricht (Nahrungsmittel) von einander, in mehrere Stücke.

avgoarivok, t. SS. & CS., er zertheilt auch dieses, SS., er zertheilt (mit mik).
avgorpa, t. SS. inus. do.
avgoivok, j. SS. do.
Avikpa, t. CS., er scheidet, theilt ihn, es.
aviksivok, SS. do.
avipa, avitipa, t. CS., er scheidet, sondert ihn ab, SS., er scheidet sich von was, von seinen Angehörigen ꝛc.
avitsivok, j. SS. do. (mit mik).
aviugavok, j. SS., er ist geneigt, sich zu scheiden, arriuisigame.
aviutivuk, vut, sie scheiden sich von einander, trennen sich.
avilernerpok, t. SS. CS., er, es ist abgeschieden, es ist auseinander, abgesondert, ohne daß man es wußte.
aviviktärpa, t. CS., er theilt es ein, zeichnet es vor, wo es soll getheilt werden.
aviviktarivok, j. SS. & CS. do.
aviktarvik, vik, vit, ein Scheideplatz, wo man sich scheidet, nachdem man bisher mit einander gegangen, it, ein Scheideweg.
averngoarpok, t. SS., es ist geschieden, er geht ein wenig von einem andern ꝛc.
averngoatipa, t. CS., er setzt ihn etwas beiseite, von einem andern weg (Mensch oder Sache).
avillia, avillianga, ihre Nebehfrau.
avilliarëk, zwei Weiber, die einem Manne gehören. [den Ohren.
Aviojivok, j. SS., es klingt, gellet ihm in
Avilorpok, t. SS., er klopft an irgend was an.
avilortarpok, t. SS., er klopft oft an, it, eine Uhr schlägt. [(Leming).
Avingak, æk, et, eine große Art Mäuse
Aviternarpok, t. SS., die Speise ob. Trank würgt, mundet nicht, weil es verdorben ist.
Avok, j. SS., er lacht überlaut (hat die Lachsucht), lacht so lange, bis ihm die Thränen fließen.
äneralakpok, er lacht etwas überlaut.
ädlarpok, t. SS. do. sehr.
äneraladlarpok, er lacht sehr überlaut.

äneralautigiva, j. SS., er lacht überlaut über ihn.
äneralautekarpok, t. SS. do.
Avungautit, tik, tit, die bei den Ohren geflochtenen und nach hinten gebundenen Zöpfe der Weiber.
avungausijarpok, t. SS., sie trägt solche Zöpfe, die nach hinten gebunden sind.
Avusukpok, t. SS., er ist lüstern, will nicht was vorhanden ist. [zu essen.
avugëksivok, . SS., er hat Verschiedenes
Avujok, juk, jut, ein junger Netsek.
avanek, näk, nît, alles was von Thieren früh, vor der Zeit geworfen wird.
avunit, der Name des Monats Februar, weil in demselben die Netsit werfen.

B.

Baptijut, tik, tit, die Taufe.
baptijutekarpok, t. SS., es hat eine Taufe.
baptipa, t. CS., er tauft ihn.
baptitsivok, j. SS., er tauft (mit mik).
baptitak, täk, tet, der Täufling.
balitäksak, säk, set, ein Taufcandidat.
baptitauvok, j. SS., er wird getauft.
baptitautipa, t. CS., er läßt ihn taufen, verursacht, daß jener getauft wird.
baptitaukova, j. CS. do. (SS. ingminik).
baptitsijut, tik, tit, das Taufgefäß.
baptiterivok, j. SS., er tauft, hat das Taufen zu seinem Geschäft.
baptiterijok, der Täufer.
baptitautitsomavok, baptitaukojomavok, er will sich taufen lassen (mit mut).
Jesuse baptitaukolaukpok oder -tilaukpok Johannesemut, Jesus ließ sich vom Johannes taufen.
Biereljorpok, t. SS., er braut Bier.
biereliortivinek, næk, verngit, Träber.
biereliorniluko, kuk, kut, do.
biereliorte, tik. tit, der Brauer.
biereksak, sæk, set, Malz.

E.

Ē! es ist wunderbar! Ausruf, wenn jemand was Wunderbares, Erfreuliches hört und sieht.
ērpok, t. SS., er wundert sich, sagt ē!
Eak! ach das ist verdrießlich! Ausruf, wenn jemand was Verdrießliches, Unangenehmes sieht oder hört, oder selbst fehlt.
eake! do. noch etwas verdrießlicher.
Egarpok, t. SS., er lehnt sich an (mit mut).
egarvigiva, j. SS. inus., er lehnt sich an ihn.
egarvik, vīk, vit, eine Stelle, wo man sich anlehnt.
egangavok, j. SS., er ist angelehnt.
egartarpok, t. SS., er lehnt sich wiederholt an, biegt sich vor- und rückwärts.
egarlāvok, j. SS. do.
egarlākpok, t. SS., er lehnt sich einmal, ein wenig an.
egautivuk, car. Sing., sie zweil lehnen sich an einander.
Egipa, t. CS., er wirft ihn fort, von sich.
egitsivok, j. SS., er wirft weg (mit mik).
egitak, tāk, tet, ein Weggeworfenes.
egitauvok, j. SS., es wird weggeworfen.
egisimavok, j. SS. & CS., es ist weggew.
egitaksak, sāk, set, etwas zum wegwerfen.
egitaksauvok, j. SS., er, es ist zum wegwerfen.   [(mit mik).
egiokaivok, j. SS., er wirft (viel) hin
egiokārpeit, t. SS. inus. car. Sing. do. er, sie, z. B. Brennholz.
ēva, j. CS., er hat es weggeworfen, eigentlich, vergißt es, läßt es aus der Acht.
ējauvok, j. SS., es wird, ist weggeworfen, vergessen, aus der Acht gelassen. (Diese zwei letzten Worte haben ihren Ursprung jedenfalls eher vom Verschlucken, als vom Wegwerfen, und heißen: er hats verschluckt, verschmerzt, vergessen.
Eguaksivok, j. SS. siehe iguaksivok.
Egiangusādlarpok, t. SS. siehe igiangusādlarpok.

Ekalluk, lūk, lult, eine Lachsforelle, orkaluk hört man meistens.   [apudlo.
ekallugak, kæk, ket, eine junge do. it,
ekallukpok, t. SS., er bekommt Lachsforellen.
ekalluktorpok, t. SS., er speiset Forellen.
ekallukarpok, t. SS., es hat Lachsforellen.
ekalluliarpok, t. SS., er geht, führt zu den Forellen.   [rellen geht.
ekalluliak, sæk, et, einer der nach Forellen.
ekalluksoak, āek, et, eine große Forelle, it, eine Art Haifisch.   [Hai.
ekalluvak, væek, vait, ein wirklicher
erkalluisakpok, t. SS., es hat wenig Forellen.
Elikārpok, t. SS. CS., es versengt am Feuer, CS., er bratet es in der Pfanne.
ēliktarpok, SS. do. wenns verbrennt.
ēlikārvik, vik, vit, eine Pfanne.
ēlikaut, tik, tit, do. do.
Elisēpok, t. SS., er, sie herzt, nach der Heiden Meinung, einen andern todt, it, ist boshaftig.
elisērpa, t. CS. do.
Eniarpa, t. SS. & CS., er wirft eine Schnur, mit Speck daran, ins Wasser, um Roger zu fangen.   [ral. von ipek).
Epkit, Unflath, Roth, Unreinigkeit (der Pluepkējarpa, j. CS., er reinigt ihn, befreit ihn von der Unreinigkeit.
epkējaivok, j. SS., er reinigt (mit mik).
Jesusib aungeta epkējarpātigut ajorniktünpnit, das Blut Jesu reinigt uns von unsern Sünden.
epkejaut, tik, tit, etwas das reinigt.
epkejautiksak, sāk, set, do. Seife rc.
epkejautiksariva, j. SS. inus., er hat es zum Reinigungsmittel. Jesusib aunga epkejautiksarivavut ajorniptingnit, das Blut Jesu haben wir zum Reinigungsmittel für unsere Sünden.
epkerpok, t. SS., er, es ist rein, erpkerpok hört man meist.
epakpok, t. SS. & CS., es ist unrein.

Epummerpok, t. SS., er hat den Mund zu. epumingavok, j. SS. do. nicht so fest.
epumerlorpok, t. SS., er hält seinen Mund sehr fest zu. epumerlarpok, t. SS., er macht den Mund auf und zu.
Epupok, t. SS & CS., er rudert.
eput, lik, lit, ein Ruder zu einem Boot.
epuvik, vik, vit, die Stelle, die Zapfen, worin die Ruder liegen.
epuluksak, sæk, set, einer der rudern soll.
epungorpok, t. SS., er ist müde vom Rudern.
eputseriarpok, t. SS., es rudert sich leicht (ein Boot).
eputserēpok, t. SS., es rudert sich schwer fort.
Erchavik, vīt, Eingeweide.
erchavingit, seine und ihre Eingeweide.
erchavērpa, t. CS., er nimmt ihm das Eingeweide aus. [nommen.
erchavērtauvok, j. SS., er wird ausge-
Ergitipa oder erkitorpa, t. CS., er zieht etwas ein, macht es kleiner, näher zusammen, talline ergitipa, er zieht seinen (ausgestreckten) Arm zurück. Tingergautet erkiterpeit, er zieht die Segel ein, macht sie kleiner.
ergiterivok, erkiterivok, j. SS. do.
erkiligak, kak, ket, Eingezogenes, Zusammengebundenes.
Erdligiva, j. CS., er ist behalten auf ihn, es, hält es werth. [tend (mit mik).
erdlikpok, t. SS., er hält werth, ist behal-
erdlingnarpok, t. SS., er, es ist werthgeschätzt. [gras.
Erdlojak, jāk, jet, das hochstengeliche See-
Erginailivok, j. SS., es ist trübe, dunkel (Spiegel, Wetter ꝛc.), daß man nichts in der Ferne sehen kann.
erginaipok, t. SS. do.
erginarpok, t. SS., es ist klar, helle, daß man in die Ferne sehen kann ꝛc.
ergerpok, j. SS., er, es ist sichtbar, kommt hervor, präsentirt sich (ein Schiff,

Mensch ꝛc.), wenns noch nicht zu erkennen ist.
ergiartorpok, t. SS., er, es scheint nahe zu sein, hört sich so an, z. B. wenn man eine Stimme oder sonst was hört, ohne Jemanden zu sehen (indem es aber weit ist). [der Ferne.
ergiariva, j. SS. inus., er sieht etwas in
ergisukpok, t. SS., do.
Diese zwei Letztern werden wenig gekannt, doch aber von Manchen.
Ergut, lik, tit, ein Bohrer zum Eisen bohren.
erguliksak, sæk, set, etwas, ein Stück Felle ꝛc., zu so einem Bohrer. [Eisen.
ergumigarpok, t. SS. & CS., er bohrt
Ergutiva, j. SS. inus., er, es versteckt sich vor ihm, it, er versteckt ihm was, ergutiva savingmik.
ergojivok, j. SS., er versteckt sich.
ergusimavok, SS. & CS., er ist versteckt, CS., er hat ihn versteckt.
ergutsauvok, j. SS., es ist vor ihm versteckt. ergutsaumavunga tapsamunga, ich bin vor ihm versteckt.
Ergorpa, t. CS., er spült, schweift es (irgend was) ab, it, die Wellen oder der Fluß spülen es mit fort.
ergorsivok, j. SS. do. er spült, wäscht was ab (mit mik).
ergortauvok, j. SS., es wird abgespült, abgewaschen, it, mit-, fortgespült.
ergortautipa, t. CS., er läßt es abspülen.
ergortorpa, t. CS., er wäscht es (Wäsche, Felle ꝛc.).
ergortuivok, j. SS. do. (mit mik).
ergortūt, Waschbrühe.
ergovikpok, t. SS., es ist rein abgewaschen, abgespült, it, ein Busch, der ganz umgehauen, das Land und die See, wenn es gar keine Omajut darauf und darin giebt ꝛc. Bei einem Busch, der ganz umgehauen, meist errivikpok.
ergolerkipa, t. CS., er schweift es ab, Wäsche, die schon gewaschen ist.

Erg **Erk** 51

ergolerkĕvok, j. SS. do. (mit mik).
Erinna, näk, nait, der Ton. [Tobie.
erinnanga, sein Ton, Gesangstimme, Meerinnaakarpok, t. SS., er hat eine Stimme
do. [Stimme.
erinnakipok, t. SS., er hat eine leise
erinnarikpok, t. SS., er hat eine starke
Stimme.
erinnakortovok, j. SS. do.
erinnatsiarikpok, t. SS., er hat eine
schöne Stimme. [häßliche Stimme.
erinnalukpok, t. SS., er hat eine schlechte,
erinnaliorpok, t. SS., er macht Noten.
erinnaksavok, t. SS., er hat keine gute
Stimme (gilt besonders bei der Jugend).
erinaluakijarpok, t. SS., der Vogel macht
Stimme. [ein Mensch ob. Thier.
erinaluakivok, j. SS., er macht starke St.,
Erinnigiva, j. SS. inus., er hält ihn für
zu langsam, wünscht, daß er schneller sei.
erinnesukpok, t. SS., er hält es für zu
langsam, wünscht schneller zu sein, ist eilig.
erinninarpok, t. SS., es ist zum Langsamgehen, z. B. eine Anhöhe hinauf, es ist
verlangend, daß es schneller gehen möchte.
erinninangilak, t. SS. Neg.
erinnesuavok, j. SS., er ist eilig.
erinnesuatipa, t. CS., er macht ihn eilig.
erinnesärpa, t. CS. do.
erinnesarivok, j. SS. & CS. do. (mit mik).
erinnitsakpok, t. SS., er wird auf einmal
eilig. Andere sagen: erinesukpok.
errinitaipok, t. SS., er zaubert.
Eripjevok, j. SS., er ist an den Füßen
durch und durch naß.
Eripakpok, t. SS. & CS., die Kleider oder
Fell werden naß, CS., er macht einen
Pelz ic., oder hartes Fell naß, daß es geschmeidig werde. [sind ganz naß.
eripavok, j. SS., ein Fell oder Fellkleider
Eritarpok, t. SS. & CS., er rupft ihm
(dem Felle) die Haare, oder dem Vogel
die Federn aus (SS. mit mik).
eritäksak, säk, set, etwas zum rupfen.

eritäk, täk, tŏl, ein Vogel, Fell ic. wo daran gerupft wird.
oritärerpok, t. SS., es ist fertig gerupft.
erivipok, t. SS., es ist kahl, hat nichts
mehr, ein Fell, Vogel, das Land ist wie
gerupft, hat keinen Baum, kein Gras mehr.
Erkä, seine Gegend, eine Gegend, erkänē,
in der Gegend.
erkägut, durch die Gegend. [Gegend.
erkaupa, t. CS., er kommt, geht durch die
erkautsivok, j. SS. do. (mit mik).
erkärdlok, lik, līt, Nachbarn, die in der
Gegend ic. wohnen.
erkärdlorĕk, ret, car. Sing., die nach
einander wohnen.
erkärdleriva, j. SS. inus., er hat ihn zu
dem, der in seiner Gegend etwas weiter
abwohnt.
Erka, der Grund des Meeres und der Flüsse.
erkano, auf dem Grunde.
orkapukitak, täk, tat, Wasser-Käfer.
erkakótsivok, j. SS., er geht auf dem
Grunde.
erkagorpok, t. SS. do.
Erkaktetik, lik, n, ein schwarzes Stiefelfell.
erkakte, die Haarseite vom Fell, ohne Haare,
it, die linke Seite eines Brettes.
Erkannaktok, tük, tut, eine Sache, die zu
achten ist, die was zu bedeuten hat, wo
was daran liegt.
erkannarpok, t. SS., es ist zu achten, es
hat was zu bedeuten.
erkanairsavok, SS. & CS., er sucht seine
Arbeit fertig zu machen, ist ihm angelegen
(SS. mit mik).
erkanairpok, t. SS. & CS., es ist fertig,
it, es ist nichts mehr daran gelegen.
erkannangilak, t. SS., es hat nichts zu
bedeuten, hat nicht viel zu sagen.
erkosukpok, t. SS., er achtet es sehr, es
hat für ihn was zu sagen, zu bedeuten,
ist ihm was daran gelegen (mit mik).
erkagiva, j. CS. do.
apperitiunarpunga ajornarpet erka-

sulungitunga, ich frage nur, wenns unmöglich ist, so hats für mich nichts zu sagen, nichts zu bedeuten.
orkasutigiva j. SS., er hat es zu dem, was für ihn was zu sagen, zu bedeuten hat.
orkasungnek, Angelegenheit, Eifer.
Erkarpok, t. SS. & CS., er schluckt, nimmt Medicin, trinkt Wasser, oder schluckt sonst was wiederholt. Ist der Plur. von ēvā.
Erkarpa, t. CS., er erinnert sich an ihn, es.
orkaivok, j. SS., er erinnert sich (mit mik).
erkarsàkpa, t. SS. CS., er denkt, sinnt über ihn, es nach, was ihm entfallen war.
erkarsarnek, Nachsinnen über das, was einem entfallen ist. [schnell an ihn.
erkarsarpa, t. CS., er erinnert sich bald,
erkarsaut, tik, tit, der Gedanke.
erkarsautigiva, j. CS., er denkt über eine Sache nach, hat sie zum Gegenstand des Denkens (wie erkarsàrpa.)
erkaitipa, t. CS., er erinnert ihn an was.
erkaititsivok, j. SS. (mit mik).
erkaumava, j. SS. & CS., er denkt daran, hat es im Gedächtniß.
erkaumanarpok, j. SS., es ist denkenswerth, es ist daran zu denken.
erkaumajaksak, säk, set, eine Sache, an die man denken soll.
erkaumajaksariva, j. CS., er hat es zur Erinnerungssache, zur Sache, worüber er denken soll.
erkartorpa, t. CS., er richtet ihn, führt ihm sein Betragen, seine Vergehen ic. zu Gemüthe, erinnert ihn an alte Sachen (mit mut).
erkartortipa, t. CS., er läßt ihn an alte Sachen erinnern, macht, daß er gerichtet wird. [erinnern läßt.
erkartolitsijok, einer der an alte Sachen
erkartuisivok, j. SS., er erinnert sich, er findet es, fällt ihm ein, eine alte Sache, die er beinahe vergessen.
orkartuivok, j. SS., er richtet, erinnert an alte Sachen (mit mik).

erkartuivik, vik, vit, ein Gerichtsplatz, Zeit.
erkartuivigiva, j. CS., er richtet ihn, vergilt ihm seine Thaten, erinnert ihn seiner alten Sachen. [zum Richter.
erkartortigiva, j. SS. inus., er hat ihn
erkartortak, täk, tet, ein Gerichteter, einer der an alte Sachen, Gutes und Böses, Erfreuliches und Unerfreuliches, erinnert wird, it, eine alte Sache, an die erinnert wird.
erkartortitok, einer der sich selber an alte Sachen erinnert, sich sein vergangenes Leben vors Gemüthe führt ic., erkartorte assiminik.
erkartortiga, mein Richter, der mir alte Sachen vorhält.
erkartuijotiksak, sak, set, eine alte Sache, an die erinnert werden soll.
erkartuivigiva, j. SS. inus., er erinnert ihn an seine alte Sache, Begebenheit ic. Innuk tamna erkartuivigivara illuserivalauktanganik, ich erinnere diesen Menschen an sein früheres Betragen. Johannesib inub oma illuserivalauktanga erkartorpa tapsomunga.
Erkarsarvik, vik, vit, ein Platz, wo man vom Lande aus fischt, die Leine weit ins Wasser wirft und ruckweise an sich zieht.
erkarsàrpok, t. SS. CS., er fischt mit einer Angel vom Lande aus.
erkarsaligarpok, t. SS., er bekommt, angelt einen Fisch.
Erkattarpa, t. CS., er wirft ihn hin.
erkattaivok, j. SS. do. (mit mik).
(Wenn er vorher schon viel hingeworfen.)
erkavak, väk, vait, ein Paar Lederhandschuh mit Stulpen (eigentlich Airkavàk).
airkavaugak, kak, ket, solche Handschuh ohne Stulpen.
Erkeasukpok, t. SS., er ist träge, faul, weil er müde, schläfrig ist.
erkeagiva, j. CS., er macht aus Müdigkeit oder Schläfrigkeit seine Arbeit nicht.

erkeatsortovok, j. SS., er ist immer schläfrig, träge, faul.
erkeasuktovok, j. SS. do.
erkeangorpok, t. SS., er ist, wird lässig aus Müdigkeit, nachdem er lange gearbeitet, die Hunde lange gezogen haben.
erkeatsorkipok, t. SS., er ruht wenig, ist immer geschäftig.
erkeangongilak, do.
erkeaklängajok, juk, jut, einer der schläfrig ist und sich zusammen nickt.
erkinanarpok, t. SS., es ist zum Nachlässigsein, wenn die Sache, Arbeit zu viel beucht.
erkinauvok, j. SS., er ist faul, nachlässig.
erkinaipok, t. SS., er geht mit Lust an die Arbeit, oder da und dort hin, ist fleißig, munter, emsig.
erkinaisartipa, t. CS., er treibt ihn an.
erkinākivok, j. SS., er macht, bekommt es nicht ıc., weils ihm unverhofft kommt.
erkinākivigiva, j. SS. inus. do.
erkinariva, j. SS. inus., er hält es für zu viel, die Arbeit, für unmöglich, ob. den Weg für zu weit, und achtet es deshalb gar nicht.
erkinarosukpok, t. SS. do.
Erke, erkik, erkit, der Mundwinkel und inwendig im Munde bis hinten hin, erkinga, sein Mundwinkel.
erkimiak, erkimiaksak, sæk, set, etwas in den Mund zu thun, zum Kauen, Tabak ıc.
erkimiarpok, t. SS. & CS., er kauet etwas, hat Tabak ıc. im Munde.
Erkekok, kuk, kut, der kleine Finger.
erkokomigarpuk, car. Sing., sie ziehen sich gegenseitig mit dem kleinen Finger, probiren ihre Stärke.
Erkek, kik, kit, Laufe-Saamen.
Erkelersengovik oder ikkilersengovik, der Name einer Insel bei Nain Hilsbury eiland.
Erkianaipok, t. SS., es; er ist bankenswerth, a) die Eßwaaren, die einer gibt,

und b) derjenige, welcher sie gibt (gilt hauptsächlich nur für Essen).
erkianairpok, t. SS., er dankt, sagt: erkianai.
erkiannai! es ist dankenswerth.
erkianaigiva, j. SS. inus., er dankt für das bekommene Essen, it, dem, der es geschenkt hat.
erkianaijuligiva, j. SS. inus., er hat es, (die weggeschenkte Sache) zur Ursache, daß ihm gedankt wird. [bogen.
Erkiangavok, j. SS., er, es ist krummgeErkiāktarpa, t. CS., er hält ihn an, erkiaktaivok, SS. Fisch ıc,
erkiāktak, tāk, tet, eine angehalte Sache.
erkiāktautit, Sachen die sich in einander haken, also Heftel und Häkel.
erkiāktipa, t. SS. inus., er hält es ein.
erkiaruljarpa, CS., er hält den Haken los.
Erkiërtorpok, t. SS., er ist sehr vergnügt, höchst erfreut. [spornt ihn an.
erkiertuserpa, t. CS., er ermuntert ihn,
erkiertusēvok, j. SS. do. (mit mik).
Erkimiak, siehe bei Erke.
Erkingavok, j. SS., er, es ist zusammengeschrumpft, ein Fell ober auch ein Mensch, dem die Haut zusammengeschrumpft.
erkivok, j. SS., es trocknet, schrumpft ein.
erkitipa, t. CS., er trocknet es ein, zieht es ein.
erkingatipa, t. CS., er schrumpft, macht ihn zusammen, it, er macht die Hände zu, aggane erkingalipeit; niuka erkingatipāka, ich mach meine Kniee krumm.
erkisulängavok, j. SS., es ist kraus, Haare ıc., erkisulängajolik, ein Krauskopf, Lockenkopf.
erkisulingavok, j. SS., es ist vielfach zusammengeschrumpft. (Bei manchen Estimos werden diese zwei Wörter aber dem Anschein nach viel mit einander verwechselt.)
Erkipa, t. CS., er umgreift, umfaßt es, ihn (mit einem Arm).

Erk

erkitsivok, j. SS., er umſpannt (mit mik).
erkingmivok, j. SS. do.
erkisimiarpok, t. SS. & CS., er umfaßt ihn, es mit beiden Armen.
Erkjukpok, t. SS., die Flamme der Lampe weht hin und her, nicht gerade in die Höhe.
Frklarpà, t. CS., er ſpaltet es ab, irgend wo eine Ecke, z. B. ein Stück vom Nagel des Fingers oder ſonſt irgend was.
erklarsivok, j. SS. do. (mit mik).
erklarsimavok, j. SS. & CS., es iſt abgeſpalten.
Erklerpak, pāk, pait, ein Backenzahn.
Erklerterpa, t. CS., er macht die Flamme an der Eskimo-Lampe größer, länger an der Lampe hin.
erlervik, die Vorderſeite der Lampe.
Erkliuput, Pl., ſie gehen neben einander (Menſchen und Thiere).
erkliutivut, do.
Erklo, luk, luit, der Maſtdarm.
erkloekivok, j. SS., der Maſtdarm iſt ihm herausgetreten.
Erklojak, ōk, et, breitblättriges Seegras.
Erkokpok, t. SS., er geht in ſein (eigen) Haus, it, der Vogel geht auf ſein Neſt.
orkoksimavok, j. SS., er iſt auf ſeinem Neſt, er iſt in ſein (eigen) Haus gegangen.
erkoksēvok, j. SS., er lauert einen Vogel ab, wartet, daß er auf ſein Neſt gehen ſoll, um daſſelbe ausfindig zu machen.
erkoksiariva, j. SS. inus., er wartet auf den Vogel bis er auf ſein Neſt geht, um ihn zu fangen.
Erkōk, kut, kut, die Hinterſchenkel, Afterbacken bei Vögeln und andern Thieren, it, der hintere Theil an den Hoſen.
erkunga, erkogik, ſeine Afterbacken.
orkolijärpok, t. SS., er, das Thier oder Vogel, hat ein Zeichen, was Weißes am After.
Erkogolek, lik, lit, ein Graurückiger, Steinſchmätzer.
Erkomavok, j. SS., er iſt wachend, munter.

erkomatsiarpok, t. SS., er iſt recht munter beſonnen. [Wachen geneigt.
erkomagosukpok, t. SS., er iſt zum
erkomasungovok, j. SS. do. ſchläft die ganze Nacht nicht.
erkomatipa, t. CS., er macht ihn munter.
Erkomatipa, t. CS., er drückt, zieht die Blaſe unters Waſſer, der Seehund ꝛc.
erkoliva avalak, er zieht die Blaſe unter.
Frkot, tik, lit, erpkotiksak, erkotiksak, sāk, set, Maculatur, etwas z. abwiſchen.
erkorpa, t. CS., er w. ihm ben Nullok ab.
erkorsivok, j. SS. do.
Erkōllākpok, t. SS., er, es iſt locker, ſitzt nicht feſt, z. B. ein Meſſer im Heft.
Erkovok, j. SS., es iſt nicht gleich viereckig, ſondern ſchräg.
erkungavok, j. SS., es iſt ſchräg, z. B. ein ſchräger Simshobel.
erkoirilakpok, j. SS., es ſteht, liegt, ſitzt nicht gerade, ſondern ſchräg, ein Boot, Kajal im Waſſer ꝛc.
erkoirilatipa, t. SS., er legt es ſchräg hin.
erkotipa, t. CS., er macht es ſchräg.
erkolāvok, er verzieht ſein Geſicht, machts einſeitig.
Erkpävok, t. SS., er iſt unruhig, läuft überall hin; kommt von erparpok.
Erksak, sæk, set, der hintere Theil des Backens.
erksarpa, t. CS., er ſchlägt ihn an den Backen, oder gibt ihm eine Ohrfeige.
erksarnikpok, t. SS. do.
erksaroivok, j. SS. do.
erksamigarpok, t. SS. & CS., er hat den Backen in die Hand gelegt, legt ihn, den Backen an, CS., er hält ihm den Backen.
erksartakpa, t. CS., er gibt ihm Ohrfeigen (mehrere).
erksartaivok, j. SS. do. (mit mik).
Erksarok, kuk, kut, die Herzgrube.
orksarungovok, j. SS., er hat Herzbeſchwerden.
erksakerivok, j. SS. do.

Erk   **Ern**   **55**

Erksingavok, j. SS., er hat in die Höhe stehende äußere Augenwinkel (wird nicht viel verstanden). [fam.
Erksivok, j. SS., er fürchtet sich, ist furcht-erksigiva, j. CS., er fürchtet sich vor ihm.
erksinarpok, t. SS., es ist fürchterlich, Furcht erregend. [terlich.
erksinaipok, t. SS., er ist nicht fürch-erksinek, die Furcht, das Fürchten.
Erksukpok, t. SS. & CS., er trägt was auf den Schultern.
erksuktipa, t. CS., er legt ihm was auf die Schultern (mit mik).
erksugak, kæk, ket, eine Schultern-Last.
erksugäksak, säk, set, etwas zu einer Bürde. [Tragen auf den Sch.
erksungorpok, t. SS., er ist müde vom erksuktautipa, t. CS., er legt es auf (mit mut). [Kreuzschnabel.
Erkungālok, luk, luit, ein Landvogel,
Erlingnek, næk, nerit, die Verweigerung, das Verweigern.
erlikpok, t. SS., er weigert sich, das oder jenes zu thun, zu geben, zu nehmen.
erligutiva, t. CS., er verweigert ihm (mit mik), panniminik erligutiva, er verweigert ihm seine Tochter, il, er verweigert dem Seehund, daß er ihn nicht ins Loch zieht. (Ivlerkutiva ist dasselbe.)
erligutsauvok, j. SS., es wird ihm verweigert. [dem, was er verweigert.
erligutigiva, j. SS, inus., er hat es zu
Ermikpok, t. SS. & CS., er wäscht sich das Angesicht, CS., er wäscht ihm das Gesicht.
Ermalit, litik, lilit, ein Stück Fell in den Kajak zu legen, um darauf zu sitzen (besonders Bärenfell). (Bei einigen Eskimos gilt es bloß für das unterste Stück auf dem Boden des Kajaks.) ermaliksak, ermalitiksak, Stück Fell.
Ermgusek, sik, sit, ein Becher, Trinkgeschirr.
ermgusiārsuk, sūk, suit, ein kleiner Becher.

ermgomavok, j. SS. & CS., er trinkt, leert mehrere Becher aus (SS. mit mik).
Ernektóvok, ernetóvok, j. SS., er, es ist zu dick, mit einer Hand zu greifen, zu umfassen, zu nehmen.
ernekipok, t. SS., er, es ist nicht zu dick, ist zu fassen; manche sagen: imnoktóvok.
Ernek, næk, nīk, nerit, nīt, der Sohn.
erninga, sein Sohn.
erneriva, j. SS. inus., er hat ihn zum Sohn, er ist sein Sohn.
ernivok, j. SS., sie gebieret (mit mik).
erniariva, j. SS. inus. do.
ernimalerpok, t. SS., sie hat eben geboren.
erniovok, j. SS., es ist der, ob. ein Sohn.
ernisukpok, t. SS., sie ist in Kindesnöthen.
ernisuksēvok, j. SS., sie verrichtet Hebammendienste.
ernisuksējok, eine Hebamme.
erniangovok, j. SS., er, der Mensch ist geboren. [ort.
ernivik, vīk, vīt, die Geburtszeit, Geburts-erngutak, tāk, tet, ein Enkel. [Enkel.
erngutariva, j. SS. inus., er hat ihn zum
ernertarpok, t. SS., er, sie bekommt einen Sohn.
ornortariva, j. SS. inus., er, sie bekommt ihn, den Sohn.
erningaut, tik, tit, das erstgeborene Kind.
orniangokārtok, tuk, tut, do.
ernelianga, ihr, von ihr geborner Sohn.
erniksak, sæk, set, ein Stief- oder angenommener Sohn. [durch den Tod.
ernērpok, t. SS., er verliert den Sohn
ernērsivok, j. SS., er verliert den Sohn durch irgend was. [Gliedern.
Erngalimavok, j. SS., er ist müde an allen
Erngarpok, t. SS., es läuft aus, ein Faß, Gefäß.
erngaut, tik, tit, das Ausgelaufene.
erngautaujak, Syrup. [Baum.
Erngnāk, das Mark oder Kern aus einem
Erngevok, j. SS., er ist fertig mit dem, was er vor, unter Händen hat.

erngejarērivok, j. SS., er ist mit seiner Arbeit schon wieder fertig.
erngejajovok, j. SS., er ist mit seiner Arbeit früh, schnell fertig.
Ernikāvok, j. SS, er wirst Steine aufs, übers Wasser, die immer auffahren und weiter gehen. Andere sagen: Ingnikāvok.
Errorpok, t. SS. & CS., er wäscht Hemden, Kleider ꝛc., siehe bei ergórpok ꝛc.
errortorpa, t. CS., er wäscht ihn, es (wenn mehreres ist). [do.
errortuivok, j. SS., er wäscht (mit mik).
errorsivok, j. SS. do.
errorsilorikpok, t. SS., er wäscht gut, rein.
errorvik, errorsivik, enne Waschstelle, wo einmal gewaschen wird.
errortuivik, vik, vit, eine Stelle, wo in der Regel gewaschen wird, Waschplatz.
errortut, errortuliksak, sæk, set, Waschbrühe, Lauge.
Erparpok, t. SS., es fällt, gibt sich auseinander, ein Faß und dergl., wenn die Reifen abgehen.
erpartaijok, eine Flinte die streut.
erparēkut, tik, tit, eine Verhinderung, daß etwas nicht auseinandergeht, z. B. die Nabe am Rad ꝛc.
Ervgarpok, j. SS., er schießt gerade in die Höhe (mit einem Pfeil).
ervgautauvok, j. SS., es wird gerade in die Höhe geschossen.
ervgallorpok, t. SS., die Flagge weht geradeaus. Dieses letzte Wort wird eigentlich wenig verstanden, sondern sagen issingavok.
Esarok, Isarok, kuk, kut, ein Flügel, Fittig.
csaroktorsoak, æk, uit, ein großes Flügel.
esarokoriovok, j. SS., er hat große Flügel.
csarokipok, j. SS., er hat kleine Flügel.
csarolik, lik, ggit, etwas mit Flügeln versehen.
issavok, j. SS., er, der Vogel federt sich.
issaulerpok, t. SS., er hat keine Fed. mehr.

esakuarpok, t. SS. & GS., der Flügel ist ihm gebrochen.
esakomēpok, t. SS., es ist am Flügel.
Esivok, j. SS., er schluckt, isset (mit mik).
ēsinek, næk, nerit, das Schlucken, Schling.
ēva, j. CS., er schluckt, verschlingt es, it, er verschmerzt es, läßt es aus der Acht.
ējaksak, sæk, set, etwas zum Schlucken, Medicin oder auch Nahrungsmittel.
ēsijut, ēsijutiksak, etwas was hilft zum Schlucken, z. B. eine Trinkflasche bei einem Kinde, oder wenn ein Kranker nur etwa noch durch ein Rohr etwas zu sich nehmen kann.
ēgiarkpok, t. SS., er schluckt ein wenig.
egiangusōdlarpok, t. SS., er hat Lust, Fleisch ꝛc. zu essen, it, er ist fleischlich.

G.

Gude, Gott.
gudiovok, j. SS., es ist Gott.
Gudionek, das Gottsein, die Gottheit.
Gudetuak, der einige Gott.
Gudigiva, j. CS., er hat ihn zu seinem Gott.

H.

Hai! ein Zuruf, wenn man Jemand sieht, der zu einem kommen, oder aufmerken soll, auf das, was man ihm sagen will.
Hau, hau, ein Zuruf für die Hunde, wenn dieselben sollen gefüttert werden, und sonst zu locken.
Huit! ein Zuruf für die Hunde, wenn dieselben vor dem Schlitten geradeaus, gut voran laufen sollen.
huitorpok, t. SS., er ruft den Hunden zu huit.

J.

Jagatsivok, j. SS., er treuzt mit dem Boot, Schiff hin und her, weils keinen Wind hat.

Jarravok, j. SS. & CS., er bratet Fleisch, Fische 2c. bloß am Feuer.
jarratauvok, j. SS., es wird gebraten.
jarravinek, næk, verngit, Gebratenes, etwas davon.
Javianarpok, es ist fürchterlich, zu fürchten. (Wird wohl nur in Olak verstanden, weil es von dem Worte Javranät — ein Land in der Nähe von Olak — herrühren soll, wo vor Zeiten ein Indianer gleiches Namens gewohnt — gōk, der sich durch seine Stärke und sonstiges Betragen gegen die Eskimos in hiesiger Gegend sehr fürchterlich gemacht.
Iblorpok, t. SS., er bekommt krumme Beine.
iblungavok, j. SS., er hat krumme Beine.
Iblukterut, tik, lit, ein Schränkeisen, ein Werkzeug, um die Säge damit weiter zu stellen. [SS., sie ist geschränkt.
iblukpok, t. SS. & CS., er hat sie geschränkt,
iblukterpok, t. SS. & CS., er schränkt die Säge, stellt sie weiter (SS. mit mik).
Ibjangovok, j. SS., er ist engbrüstig, hat kurzen Athem.
ibjangortudlarpok, t. SS., er ist ganz außer Athem, müde, nachdem er lange gehustet oder bergl., ganz engbrüstig. Siehe bei Jppivok.
Ibvuarpok, t. SS., er verzerrt das Gesicht, den Mund, wenn er weint ob. auch sonst.
Jbvuangavok, j. SS. [Mund.
ibvuartipa kanine, er verzieht seinen omilárpa kēnane, er verzerrt das ganze Gesicht. [Gesicht.
kēnane erkorlötipa, er verzerrt das halbe
Idluarpok, t. SS., er, es ist gut, recht, gerecht, bequem.
idluarsivok, j. SS. & CS., er wird gut, recht 2c., CS., er hat ihn, es recht, gut gemacht.
idluarsēvok, j. SS. do. (mit mik).
idluariva, j. CS., er hält ihn, es für gut, recht, es ist ihm recht.
idluaksárpok, t. SS. do. (mit mik).

idluarnersauvok, j. SS., es ist besser als (comperativ) mit mut & mit. Jllingnut idluarnersauvok, es ist besser für dich. Jllingnit idluarnersauvok, er ist besser als bu. [fer als 2c.
idluarinersariva, j. CS., er hält ihn besser
idluarinersakarpok, t. SS. do. (mit mik & mit). Tamna idluarinersarivara iksomanget, diesen halte ich für besser als jenen (der ba sichtbar ist).
idluarsarpa, t. CS., er macht ihn zurechte, bringt ihn, es in Ordnung.
idluarsaivok, j. SS. do.
idluarsaut, tik, tit, idluarsautiksak, sāk, set, ein Mittel zur Besserung.
idluarsautigiva, j. SS. inus., er hat es zum Besserungsmittel.
idluarsautiksariva, j. SS. inus. do.
idluangilak, t. SS., er, es ist nicht gut, es ist nicht recht. [böse.
idluipok, t. SS., er, es ist schlecht, unrecht,
idluilukpok, t. SS., er ist sehr schlecht, it, nur unpäßlich. [recht, es paßt ihm nicht.
idluigiva, j. CS., er hält es für schlecht, un-
idluiksarpok, t. SS. do.
idluigosukpok, t. SS. do. (mit mik).
idluituillivok, j. SS., er thut Unrecht, Böses, übel. [Uebelthat.
idluitullinek, næk, nerit, das Sündigen,
idluinek, næk, nerit, das Uebel, Unrecht, Sünde.
idluitullijok, ein Uebelthäter.
idluitulliarpok, t. SS., er geht hin, Unrecht, Böses zu thun.
Idlŭlukak, kāk, ket, ein Fisch, der sich in den Teichen aufhält und von Forellen lebt (jedenfalls ein Hecht).
Idlōk, lüt, lut, ebenfalls ein Fisch in den Flüssen und Teichen. [Fenster.
Igalák, læk, let, oder latsek, latset, ein
igalaijarpok, t. SS. & CS., er zerbricht, zerschlägt das Fenster, CS., er ihm do.
igalaijaivok, j. SS. do. (mit mik).
Igalaujak, āk, et, Schwimmhaut d. Vögel.

Igak, äk, ait, eine Küche.
igavok, j. SS. & CS., er kocht, bratet.
igajok, igaje, ik, it, ein Koch.
igamēpok, t. SS., er ist in der Küche.
igamavok, j. SS. & CS., es ist gekocht, ist nicht roh.
igavaktorpok, t. SS. & CS., er bratet was, ohne Kessel, auf heißen Steinen.
igavik, vik, vit, ein Heerd, Feuerstelle.
igalek, lik, lit, ein Schornstein, Ofenröhr.
igaliksak, sāk, set, Ziegelsteine. [Griebe.
igamajok, jak, jut, igamajovinek, eine
Iggäk, iggait, Pl., Schnee-Brille.
Igiakomijarpok, t. SS., er jauchzt vor Freuden. zen do.
igiakomisukpok, t. SS., er möchte jauch-
Igiak, itsek, itset, der Schlund im Halse von Mensch und Thier.
igitserivok, j. SS., er hat Halsweh, Schmerzen im Schlunde.
igiakoleridlarpok, j. SS., er hat einen sehr bösen Schlund.
igēngarpok, t. SS., er ist heiser, vom Schnupfen ꝛc., vom Schreien, Rufen heißt es katjeksimavok, katjarēkpok.
igiangusakpok, t. SS., er ist lüstern, wenn er Speise sieht, it, ist wollüstig.
Iggimak, mäk, mait, ein Werkzeug von Wallroßzahn, worauf der Harpun (lōk-kāk) gesetzt wird.
iggimivok, j. SS. & CS., er macht einen
iggimak, CS., er macht ihm einen.
Iggipok, t. SS., der Fluß schwillt an, vom schnellen Thauen oder vom Regen.
Iggissimavok, j. SS., er ist willig, Alles zu thun, schont sich nicht, ist ergeben. (Kommt wohl von egipok.)
Iggunak, riechendes Fleisch u. dergl. etwas mürbe, und Mehl u. dergl., was bumpfig ist. [ist mürbe, bumpfig.
iggunauvok, j. SS., es riecht etwas,
iggunarpok, t. SS. do.
iggunangilak, t. SS., es riecht nicht, ist nicht mürbe.

igsauvok, j. SS., es ist reichlich mürbe, ist aber noch eßbar. (Letzteres wird nicht allgemein verstanden.)
Iggulek, līk, lit, ein Biß im Seehundsfell, vom Seehund selbst gebissen, it, Mücken-Bisse und Stiche (beim Menschen).
iggulitak, tæk, tet, ein so gebissenes Fell.
Igjorpok, t. SS., es ist geronnen, steif (Oel, Blut ꝛc.), siehe igsorpok.
Iglek, lik, lit, die Pritsche, Schlafstelle.
iglermepok, t. SS., er ist auf der Pritsche.
iglitsiariksivok, j. SS., er macht sich die Pritsche hübsch zurechte.
iglinga, seine Pritsche.
iglelik, līk, lit, einer, der eine Pritsche hat, it, eine weibliche Forelle die im Teiche ihre bestimmte Wohnung hat, wo sie immer männliche Forellen hin holt.
Iglerojak, jæk, jet, der Tritt an der Fuchs-falle.
iglernak, näk, nait, ein Absatz oder etwas Vorstehendes an den Fellen, Tritte, wo man auftreten kann und Absätze an allerhand Sachen.
Iglerteropa, j. CS., er führt ihn bei Seite.
iglertertipa, t. CS. do.
iglerterpok, t. SS., er geht bei Seite, um was zu machen, was nicht gehört ob. gesehen werden soll.
Igliak, itsek, itset. Noohaub inninga, der Mutterleib oder Gebärmutter.
iglianga, sein. Nutaraub inninga.
Iglo, luk, lut, ein Haus.
igloliorpok, t. SS. & CS., er baut ein Haus, CS., für ihn.
iglolivok, j. SS. & CS. do.
igloliortok, einer, der sein oder eines andern Haus baut.
igloliorte, tik, tit, ein Zimmermann, einer der Häuserbauen zu seinem Geschäft hat.
iglokariōtorpok, t. SS., er geht, um ein Haus haben zu wollen (macht ein fertiges Haus oder baut sich ein Schneehaus).
iglovigak, gäk, ket, ein Schneehaus.

iglovikamopok, t. SS., er ist im Schnee-
haufe.
iglogasait, beinahe viele Häufer (Dorf).
iglogaseksuit, viele Häufer (Stabt).
igloksoak, äk, ail, ein großes Haus, it,
ein Eskimo-Winterhaus.
iglokipok, t. SS., es ist klein, das Haus.
iglokarkikpok, t. SS., er ist immer, beständig im Haufe, aus Faulheit, ob. wenn
er von Jugend auf dort ist.
iglölarrivok, j. SS. do. aus allerhand
Ursachen, Krankheit :c.
iglomiok, uk, ut, Bewohner eines Haufes.
iglomiokattigëkput, fie sind Einwohner
von einem Haufe, gegenseitige Mitein-
wohner.
iglotärpok, t. SS. CS., er baut ein neues
Haus, CS., er ihm do.
iglotärivok, j. SS., er baut auch, wieber,
ein neues Haus.
iglogiva, j. SS. inus., er hat es zu seinem Haufe, Wohnung.
iglokarpok, t. SS. do. (mit mik).
iglomevigiva, j. SS. inus., er wohnt ba-
felbst; wenn er kein eigen Haus, sondern
bei andern Leuten wohnt, wo er jedoch
hingehört. [Lande, wo er ein Haus hat.
iglokarvigiva, j. SS., er hat es zum
igloksuisinariokarpok, t. SS., es ist jetzt
gerade Zeit, ins Winterhaus zu ziehen.
igloksuinarpok, t. SS., es ist zum Ein-
ziehen ins Winterhaus. [terhaus.
igloksuiterpok, t. SS., er zieht ins Win-
Iglu, uk, ut, eins von Sachen, wo zwei zu-
fammengehören.
iglua, fein anderes, von zweien die zusam-
mengehören. Suitib iglua, des Ohres
fein anderes.
iglugëk, zwei einerlei zusammengehörende,
z. B. Brillengläser u. bergl. m.
iglugëkpuk, car. Sing. & Pl., fie zwei
gehören zusammen.
iglukangilak, t. SS., es hat kein ihm Zu-
gehöriges, z. B. beim Wipsägeschneiden.

iglukipok, j. SS., er, es ist kleiner, als
das andere, von zwei zufammengehören-
den Sachen, z. B. ein Handschuh.
iglutut, beide mit einander. [nauvok.
igluīnak, blos eins von den zweien, iglui-
igluane, an feinem andern, auf feiner anbern Seite. [fetzten Seite.
igluanut, zu, nach der andern, entgegenge-
igluīnārnut, nur zu bem einen, auf die eine
Seite. [braucht nur eins.
igluīnārpok, es ist nur auf der einen Seite,
iglutorpok, t. SS., er greift mit beiden
Händen. [Hand.
igluinartorpok, t. SS., er greift mit einer
iglutotilugo tiguloruk, greif es mit beiden
Händen.
igluinārvigiva, j. SS. inus., er hat nur
bie eine Seite zu feinem Platz, das eine
zum Object. Jesuse igluinārvigitsai-
naromavara, ich will Jesum nur beständig zu bem einigen Object haben.
igluvakpok, t. SS. & CS., er geht auf bie
eine Seite, andere Seite, CS., er fetzt,
bringt es auf die andere Seite.
iglusikpok, igluvasikpok, t. SS., er, es
ist mehr nach der einen Seite, ist aus
der Mitte heraus. (Ersteres wird nur
bei einzelnen Sachen gebraucht, z. B.
wenn ein Seehund in der Bucht ist.)
Igsarpa, t. CS., er hat ihn zum Muster,
Vorbild, ist daran.
igsarsivok, j. SS. (mit mik), er formt,
bilbet, richtet sich nach jemand.
igsariva, j. SS. inus., er hat ihn, auch
einen andern zum Muster, Vorbilde,
folgt ihm, ist daran.
igsageksak, säk, set, ein Vorbild, wonach
man sich richten soll.
igsarcksariva, j. SS. inus., er soll ihn
zum Vorbild, Muster haben, dem er folgen soll, wird.
igsarsukpok, t. SS., er folgt, fährt in
eines andern Spur. (Blos für Folgen
in der Spur.)

iguaksivok, j. SS., er fährt zuerft, macht Bahn für die Folgenden. (Wird nicht von allen verstanden.)
Igjorpok, t. SS., es erkaltet, wird steif, gerronnen do.
igjormavok, j. SS., es ist steif, kalt, gerronnen do. [do. noch nicht ganz.
igjoraksimavok, j. SS., es ist steif, kalt,
igjokak, kāk, kát, geronnenes Blut.
igjokeokpok, t. SS., es ist geronnen Blut.
Igsuk, suit, männlicher Samen, Semen viril. [der männlichen Fische.
igsugaujak, jæk, jet, die Milch, Samen
igsugarkutauvok, j. SS., der Fisch ist mit der Angel in die Milch gehauen.
igsugaugutauvok, do.
igsugērtauvok, igsugaujertauvok, j. SS., er ist verschnitten, seines Samens beraubt, ein Fisch. [Landthier.).
igsuērtauvok, j. SS. do. (ein Mensch ob.
Igunauvok, siehe iggunauvok.
Igupterpa, t. CS., er nimmt es auseinander, Zaum, Blaseinstrument, ein Kleidungsstück und was es ist.
iguptorivok, j. SS. CS., er nimmt es wieder, auch do., SS., er nimmt auseinander (mit mik).
igumipa, t. CS., er nimmt es wieder auseinander (weil er gefehlt hatte ꝛc.), igumisōk, was man auseinander zu nehmen pflegt.
igumitsivok, j. SS. do. (mit mik).
igupjarkpa, t. CS., er zupft es auseinander, zieht es auf, z. B. ein Netz ꝛc., it, er wickelt Zwirn ab.
igupjaivok, j. SS. do. (mit mik).
igupjaksimavok, t. SS. & CS., es ist aufgezogen, gezupft, CS., er hat es aufgezogen, abgewickelt.
igupjaktauvok, j. SS., es wird aufgezogen, auseinander genommen, abgewickelt.
Igupsak, sāk, sel, eine Wespe.
igupa, t. CS., sie, die Wespe, sticht ihn.
igupserpa, t. CS. do. (soll besser sein).
igupsēvok, j. SS. do. (mit mik).

igupsakpok, t. SS., er bekommt ob. tödtet eine Wespe.
Igut, tik, til, ein Bugsprit auf einem Schiff, it, der Stachel einer Biene, Wespe ꝛc.
igula, sein Bugsprit, it, sein Stachel, der Fliege, Wespe.
Igvertorpa, t. CS., er invitirt, ruft ihn, in sein Haus oder auf sein Land zu kommen.
igvertuivok, j. SS., er ladet ein (mit mik).
igvertortauvok, j. SS., er ist invitirt worden. (Diese werden nicht allgemein verstanden, doch hin und wieder.)
Igvēpok, t. SS., es ist gerade recht, weder zu weit noch zu enge. (Wird nicht von allen verstanden.)
igvēkarpok, t. SS. do. pivikarpok.
igvikipok, t. SS., es ist enge, wenig Platz.
igvikortovok, t. SS., es ist geräumig, viel Platz.
igvikliorpok, t. SS., er hat wenig Platz, kann sich kaum rühren, igvikliorkit? aukak ikvēkarpunga, ist dirs enge? nein, ich habe gerade Platz genug, bin gerade recht.
Igvinēgosukpok, t. SS., er ist mißgünstig, gönnt niemand anders etwas, ist eifersüchtig.
igvinēgiva, j. CS., er gönnt ihm nichts.
igvinēgitailiva, er gönnt ihm.
igvinegosungnek, Mißgunst, Eifersucht.
igvinegosunginek, Gönnen. [aber auch.
Igvit, bu, der, dich, dem, igvilletauk, du illingnik, Acc., bu, illiangnik pijomavok, er will dich.
illingnut, Dativ oder Termil., zu dir, illingne, Loc., bei dir.
illingnit, Abl., von dir, illikut, Vialis., durch dich.
illiktut, wie du:
Ijarovak, vāk, vait, der Augapfel.
ijarovairpok, t. SS., er ist ohne Augapfel geworden, verliert den Augapfel.
ijarovaujak, jāk, jet, die wie Kristal glänzenden Spitzen am Schnee, oder

Ija   **Ija**

sonst glänzende runde Dingerchen an manchen Steinen.

ijarovaujàkpok, t. SS., es ist glänzend, kristalähnlich, z. B. Steine, die so viele glänzende Pünktchen haben, überhaupt alles, was so wie Kristalpünktchen glänzt.

ijaroanarpok, t. SS., es ist angreifend, schmerzlich für die Augen, z. B. beim Regnen oder Schneien, Stöbern, gegen den Wind zu gehen.

ijárul, lik, til, die Ursache, daß das Auge schlecht ist, aussieht, oder verdorben wird.

ijarusijarpok, t. SS., er hat was an ob. um die Augen, seine Augen sehen schlecht aus, es ist ihm an den Augen zu sehen, daß ihm was fehlt.   [zu sehen.

ijautik, tit, eine Brille, Ursache um besser

ijē, ījik, ījit, das Auge, ijīka, meine Augen.

ījikik, deine, ījik & ījigik, seine Augen.

ījitīk, euer beider, ījisse, euere Augen.

ījivuk, unser beider, ijivut, unsere Augen.

ījingit, ihre Augen, ijigik, ihr beider do.

ījigiva, j. SS. inus., er hat ihn zum Auge, der für ihn sieht.

ījitovok, j. SS., er hat große Augen.

ījikipok, t. SS., er hat kleine Augen.

ījigīkpok, t. SS., er hat große Augen.

ījitsiarikpok, t. SS., er hat gute, schöne Augen.

ījilukpok, t. SS., er hat schlechte Augen.

ījikortovok, j. SS., er ist an einem Auge beschädigt, hat nur ein Auge. [Augen.

ijingmikpa, t. CS., er winkt ihm mit den

ijingmingnikpok, SS. do.   [do.

ijingmiksarpa, t. CS., er winkt ihm schnell

itjē, itjīk, itjit, etwas im Auge.

ītjivok, j. SS., er hat was ins Auge bekommen.   [Auge heraus.

itjēvok, itjērpok, j. SS., es ist aus dem

ījisiorpa, t. CS. & SS., er sucht ihm das ins Auge gefallene heraus zu nehmen, nimmt es ihm heraus.

ijipok, t. SS., er hat ein schiefes Gesicht, die eine Seite ist todt, unbeweglich.

ijainivok, j. SS. & CS., er sieht durchs Fenster oder durch sonst ein Loch heraus oder herein, CS., er sieht ihm durchs Fenster oder durch ein Loch zu.

ijainivik, vik, vit, ein Ort, wo man herein oder heraus sieht, ein Fenster ꝛc.

ijainirsarpok, t. SS., er sieht durchs Fenster (öfters ijainivok einmal).

Ijerpa, t. CS., er verbirgt es, ihn.

ijerksivok, j. SS., er verbirgt (mit mik).

ijertorpa, t. CS. do. unter mehrern Sachen.

ijertuivok, j. SS. do.

ijerartorpok, t. SS., er verbirgt sich, geht aus dem Gesicht. [zum Verbergungsort.

ijervigiva, j. SS. inus., er hat es, ihn

ijervilliut, lik, tit, ein Instrument, die Zarge am Faß ꝛc. damit zu schneiden, ein Verbergungsortmacher.

ijervik, vīk, vit, ein Verbergungsort, it, eine Zarge am Faß.

Ijiligak, käk, ket, vielleicht Manche issiligak, Würmer die sich im verfaulten Seegras aufhalten.

Ijorpok t. SS., er lacht.   [was.

ijutigiva, j. CS., er lacht über ihn, über

ijoriva, j. CS. do. hauptsächlich über einen Menschen.

ijoralautigiva, j. CS., er hat ihn zur Ursache des Lachens (wenn er sehr lachen muß).   [ijutigiva.

ijorosutigiva, j. CS. do. ist einerlei mit

ijortipa, t. CS., er macht, bringt ihn zum Lachen.

ijornarpok, t. SS., er, es ist lächerlich.

ijoroarpok, t. SS., er lacht gleich.

ijukörpok, t. SS., er scheint zu lachen.

ijoroalagiva, t. CS., er hat ihn zur Ursache des Lachens (nachdem er vorher nicht gewollt, aus Unzufriedenheit, Betrübniß ꝛc.).

ijoroalagitipa, t. CS., er bringt ihn wieder zum Lachen (etwa ein Kind, das vorher weinte, oder einen Erwachsenen, der böse, unzufrieden über ihn ist).

ijoroalakpok, t. SS., er lacht auf (nachdem es ihm vorher nicht zum Lachen war).
ijoroalakivok, j. SS., er lacht immer wieder auf.
Ijuk, Dual, Testikuli.
Ijukarpok, j. SS., er glutscht, gleitet ab, herunter.
Ikajorpok, t. SS. & CS., er hilft, hilft ihm.
ikasortigiva, j. SS. inus., er hat ihn zum Helfer. [gefällig.
ikatsorikpok, SS. & CS., er ist behülflich,
iknjortiksak, sōk, sot, etwas zur Hilfe, Helfer. [Hilfe.
ikajortiksauvok, j. SS., es ist etwas zur
iknjortaujomavok, j. SS., er will geholfen werden. [der.
ikajortigēkpuk, put, sie helfen sich einander.
ikajutivuk, vut, do.
ikarkattautivuk, do.
ikajorkattigēkpuk, put, sie helfen mit einander.
ikajorte, tik, tit, ein Helfer, Gehilfe.
ikajortiga, intr., ikajortima, trns., mein Helfer.
ikajortikomāt! o hätte es doch einen Helfer.
ikkajusek, sik, sit, Arbeitslohn.
ikajusiarpok, t. SS., er trägt mit einem Tragband an der Stirn, Kopf; [band.
ikajusiorpok, t. SS., er macht ein Tragikkajut, tik, tit, ein Tragband über die Stirn.
Ikarilik, līk, lit, Rothbrüstel, Wanderdrossel (Turdus migratorius).
Ikārpok, t. SS., er fährt, setzt über eine Bucht, See oder Fluß.
ikāk, æk, ait, Balken am Hause ob. sonst, die herüber liegen.
ikausivok, j. SS., er macht eine Brücke,
ikkautisivok, er findet eine Brücke.
ikaut, tik, tit, eine Brücke (ober Gelegenheit, Ursache um herüber zu kommen).
ikātiorpok, er macht eine Brücke, ikārkattarvik, Brücke.
ikauksak, sāk, set, ikautiksak, etwas zur Brücke, Brückensache.

ikaupa, t. CS., er nimmt ihn, es mit her über.
ikautjivok, j. SS., er nimmt mit (mit mik).
ikautjaksak, sāk, set, etwas, was mit hinüber genommen werden soll.
ikārtorvik, vik, vit, der Platz, wo man gewöhnlich überfährt oder geht, wo Steine im Fluß liegen.
ikargak, gāk, gait, do. die Stelle der Bucht oder des Flusses, wo man überzusetzen pflegt.
ikek, kāk, ikerkit, die Mitte einer Bucht ober eines Flusses, kōb ikinganepok, er ist in der Mitte des Flusses.
ikekipok, t. SS., es ist schmale Ueberfahrt, die Bucht ꝛc.
ikerktovok, j. SS., es ist breit do.
Ikkek, kik, kit, ikkiksak, sāk, set, etwas unter den Hebel zu legen, wenn man etwas damit in die Höhe wiegt.
Ikinek, ikerngit, abgebrannte Bäume.
Ikjulanek, næk, nerit, die dicken Wolken, Bank an der Seekante, erksulanek.
ikjulanekarpok, t. SS., es hat do.
Ikkak, kāk, kait, ein Fensterrahm, Fensterstock in einem Eskimo-Hause.
ikkallivok, ikkalliorpok, t. SS. CS., er macht ein Fenster, CS., er macht für ihn ein Fenster.
Ikkarpok, t. SS., es ist nicht tief, ist seichte, das Wasser, der Schnee. [den Grund.
ikkarikpok, t. SS., er, es stößt, kommt auf
ikkarilangavok, j. SS., es stößt beinahe auf den Grund. [in die See reicht.
ikkarojāk, ōek, et, seichter Grund der weit
ikkarok, kuk, kut, eine Klippe im Wasser.
Ikke, kik, kit, das Zahnfleisch, ikkinga, sein.
ikkelukpok, t. SS., er hat böses Zahnfl.
ikkelerivok, t. SS., er hat Schmerzen am Zahnfleisch. [Zahn eine Wunde macht).
ikkikka, mein Zahnfleisch, Pl. (weil jeder
Ikke, kik, kit, eine Wunde, gehauen oder gestochen ꝛc. [Wunde.
ikkersoak, æk, ot oder suit, eine große

ikkitovok, j. SS., er hat viele Wunden.
ikkikortovok, j. SS., es ist eine große W.
ikkilik, lĭk, lit ob. ggit, ein Verwundeter.
Ikkilītōvok, j. SS., er ist der einzige, der Wunden hat.
ikkilerpa, t. CS., er verwundet ihn, SS., sich selbst (mit Fleiß), im entgegengesetzten Falle heißt es killerpok, er verwundet sich. [mik).
ikkilersivok, j. SS., er verwundet (mit ikkilēvok, j. SS. do.
Ikkilertipa, t. CS., er läßt ihn verwunden, macht, daß er verwundet wird.
Ikkē! es ist kalt, hat Kälte.
ikkērtokarpok, t. SS., es hat einen, der sagt: es hat Kälte.
ikkērpok, t. SS., er sagt: ikkē!
Ikkek, ikkit, die spröden, röthlichen Streifen in manchen Fichtenbäumen.
Ikkerasak, sāk, set, eine Durchfahrt, Sund.
ikkerasārsuk, sūk, suit, eine schmale Durchfahrt. [Durchfahrt, Graben.
ikkerasallivok, j. SS., er macht eine ikkerasalliak, itsek, itsit, eine gemachte Durchfahrt.
Ikkergak, æk, et, eine Stellage, etwas darauf zu verwahren, Boot, Kajak, Fleisch.
Ikkerngoak, utsek, utset, Socken, ikkerngoaksak, etwas dazu.
Ikkērterpok, t. SS., er, es ist sehr widerspenstig, spröde, z. B. getrocknete Fische rc. (Wird nicht allgemein verstanden).
Ikkētojok„ juk, jut, eine Ohr-Eule, Uhu.
Ikkiakudlarpok, t. SS., ikkiakorpok, t. SS., er steht, schielt schräg herunterwärts vor sich hin, kann einen nicht ansehen.
Ikkiakpa, t. CS., er schneidet ihn, es der Länge nach durch, Holz, Steine rc., er spaltet es.
ikkiaksivok, t. SS. do.
ikkiarivok, j. SS. do. (einmal.)
ikkiva, j. CS., er hat es los, abgespalten, hustet los (einmal).

ikkitsivok, j. SS. do.
ikkiaitsivok, j. SS., er spaltet, hustet was (mehreres) los.
ikkiavok, j. SS., er kriegt was los beim Husten, spaltet gleichsam Schleim ab.
ikkitjako, kuk, kut, Abgespaltenes (der Länge und Breite nach Durchschnittenes.
ikkitjanga, sein (des noch feststehenden) Abgespaltenes. [was so gespalten ist.
ikkiatak, tāk, tet, ein Stein oder Brett, ikkiatalik, lik, lit, ein Stein, Klotz der Risse hat, wovon sich Platten abspalten lassen.
ikkiatarnek, næk, nerit, das Abspalten.
ikkiarērpuk, put, sie sitzen auf-, aneinander.
ikkiataliksimajorvinek, næk, verngit, do. das, wovon was abgespalten ist.
ikkiatsivik, vik, vit, die Stelle, wo was abgespalten wird.
Ikkiak, itjæk, itjet, eine Weste, Unterkleid, it, der Busen, it, die Seite des Berges, ikkianga. [terkleider.
ikkiarēksivok, j. SS., er hat mehrere Unikkianganepok, t. SS., es ist in seinem Busen.
Ikkingut, tik, lit, ein guter Freund, der mit einem andern zugleich und an einem Orte aufgewachsen.
ikkingutinga, sein Jugendfreund.
ikkingutigiva, j. SS. inus., er hat ihn zum Jugendfreunde.
ikkingutigēkpuk, put, car. Sing., sie sind Jugendfreunde und Genossen mit einander.
Ikkivok, j. SS., er steigt ein, in ein Schiff, Boot, Pferd rc., setzt sich auf einen Wagen, Schlitten rc. [daraufdo.
ikkilipa, j. CS., er setzt ihn hinein, ikkikova, j. CS., er heißt oder läßt ihn einsteigen.
ikkiokarpok, t. SS., er hat Eingestiegene.
ikkimavok, j.SS., er ist eingest., aufgesessen.
ikkivigiva, j. SS. inus., er steigt bei ihm ein, hat es, ihn zum Ort des Einsteigens.

ikkivigigiarpa, j. SS. inus., er steigt ein wenig bei ihm ein, setzt sich ein wenig auf.
ikkit, tik, til, eine Brücke ober Treppe, die man anlegt, um ins Boot ꝛc. zu steigen.
Ikkivok, j. SS., es ist angezündet, ein Licht, Lampe ꝛc.
ikkipa, t. CS., er zündet es an.
ikkitsivok, j. SS., er zündet an (mit mik).
ikkitjut, tik, til, ein Span ohne Schwefel.
ikkisōk, suk, sut, ein Brennglas, it, ein Schwefelholz.
ikkitsijut, tik, til, do. ein Brennglas.
Ikkiput, car. Sing., sie sind wenig.
ikkiglivut, do. sie werden wenig.
ikkinārpeit, t. CS., er macht sie wenig, zu wenig.
ikkitokulluit, die wenigen, armen Dinger.
ikkimijut, auch die wenigen, die dort noch sind.
Ikkoma, mæk, mæt, Feuer.
ikkomaliorpok, t. SS., er macht Feuer an.
ikkomavok, j. SS., es brennt, flammt.
ikkomaksak, säk, set, Brennholz, Feuerung.
ikkoālamarilerpok, t. SS., es brennt völlig gut. [stelle.
ikkoālavik, vīk, vīt, eine Feuerstelle, Koch-
ikkomaluarnipok, t. SS., es schmeckt, riecht nach Feuer, das Essen, es ist schlecht gekocht. [zum Kochen.
ikkoālatiksak, sæk, set, Feuerung, Holz
ikkoālajuksak, sāk, set, Holz zum Kochen, it, der Koch. [it, er, sie kocht.
ikkoālavok, j. SS., es brennt (das Feuer),
ikkoalävok, j. SS., die Lampe brennt zu sehr.
ikkoālalagutivok, j. SS. & CS., er kocht, er kocht es, nachdem ein anderer schon gekocht, ober auch, nachdem die Zeit zum Kochen da ist, ober er vorher nicht gewollt hat.
ikkoaleutigiva, j. CS., er kocht für ihn.
ikkoālajaksak, säk, set, etwas zum Kochen.
ikkoalamavok, j. SS., es ist fertig gekocht.

Ikkordlek, ein Teich, durch welchen die Rennthiere ihren Weg haben und auf die andere Seite schwimmen.
ikkorpok, t. SS., er geht im Sommer ins Land auf Rennthierjagd, zu einem solchen Teiche.
ikkorlermiut, ikkorlermetut, die im Sommer bei solchem Teiche sind, um Rennthiere zu jagen.
ikkorlermut aijut, die zu jenem Teiche auf Rennthierjagd gehen.
ikkoriartovik, der Name des Monats Juli, weil da die Jäger dorthin auf Jagd gingen.
Ikkōtak, tāk, tet, ein Draufbohrer.
ikkōtaktorpok, t. SS., er bohrt mit einem Draufbohrer. [schemel.
Ikkovrak, rāk, ret, eine Fußbank, Fuß-
ikkovgak, āk, et, etwas zum Unterlegen.
ikkogrikpa, t. CS., er legt einer Sache was unter.
ikkogriksivok, j. SS. do. (mit mik).
Ikkublavok, j. SS., es ist erträglich, die Schmerzen haben nachgelassen, der Wind und Kälte haben nachgelassen, die See ist ruhiger.
ikkubliarpok, t. SS., die See ist ganz ruhig.
ikkublialiomilukpok, t. SS., der Wind hat nachgelassen, es hat aber noch Wellen.
ikkublialarikpok, t. SS., es ist ganz stille, spiegelglatt.
ikkublarnersauvok uvlome ikpotsamit, es ist heute stiller ober weniger kalt als gestern.
Ikkupiak, āk, et, ein Theil, wenn man sich in etwas theilt. (Viele Eskimos sagen, das gelte nur bei Kindern, bei Erwachsenen aber aitusiak ober ningersiak.
ikkupikpok, t. SS., er bekommt Theil (ohne Bezahlung).
ikkupiktipa, t. CS., er gibt ihm Theil.
ikkupikutsivok, j. SS. do. (mit mik).
ikkupiakipa, t. CS., er gibt ihm Theil.
ikkipiakitauvok, j. SS., er hat T. bekom.

Ikku   **Iksa**

ikkupimajarpok, t. SS., er nimmt seine Theile mit, hat an mehreren Theil genommen.
ikkupiksiariva, j. SS. inus., er wartet auf ihn, ob er was bekommen wird.
ikkupiksēvok, j. SS. do. (mit mik).
Ikkusik, utsik, utsit, ein Ellenbogen.
ikkusilukpok, t. SS., er hat einen bösen Ellenbogen.
ikkuikpok, t. SS., er stößt sich an den Ellenbogen, wenn er fällt, stößt sich damit in die Seite.
ikkutsiarpok, t. SS. & CS., er stößt sich an den Ellenbogen, CS., er ihn.
ikkusingmikpok, t. SS. & CS., er stößt sich an den Ellenbogen beim Fallen, CS., er stößt ihn mit dem Ellenbogen.
ikkusingmēvok, j. SS. do. (mit mik).
ikkusilerpa, t. CS., er bindet dem Hunde einen Vorderfuß in die Höhe, it. dem Menschen einen Arm.
ikkusersimavok, j. SS., der Fuß ist aufgebunden, it. der Mensch trägt seinen Arm im Tuch.
ikkusingmigarpok, t. SS., er stützt sich auf den Ellenbogen. [stützens müde.
Ikkusingorpok, t. SS., er ist des Aufikkut, lik, tit, ein Tragband für den Arm.
Iklervik, vīk, vīk, ein Kasten, Kiste, Sarg.
iklerviliorpok, t. SS. & CS., er macht einen Kasten, CS., er für ihn.
iklervilianga, sein, iklerviliara, mein gemachter Kasten. [etwas.
Ikligukpok, t. SS., er hat Lust, Appetit zu
ikligiva, j. SS. inus., er verlangt, gelüstet nach ihm (nach Speisen oder auch er nach ihr und sie nach ihm).
ikligosukpok, t. SS., er ist aufgelegt zum Lüsternsein, it. die bösen Lüste regen sich in ihm. [appetitlich, angenehm.
iklingnarpok, t. SS., es ist sehr lüstern,
iklingnaipok, t. SS., es ist unappetitlich.
ikligijak, jāk, jet, eine Sache, nach welcher man gelüstet.

ikligukulliat, die bösen Lüfte, Neigungen.
ikligunek, næk, nerit, do.
ikligujuērtipa, t. CS., er nimmt ihm den Reiz. Tarnisse ikligujuērtissigik.
ikligutaillivok, j. SS., es gelüstet ihm nicht.
ikligiktailliva, j. CS., er verlangt, gelüstet nicht nach ihm.
ikliguktaillitipa, t. CS., er verhindert, macht, daß er nicht gelüstet.
Ikpeksak, gestern, ikpeksāne, vorgestern.
ikpeksanipsak, vor vorgestern.
ikpeksalivok, j. SS., er, es ist seit vorgestern, ist heute gerade so wie gestern.
ikpeksaligame mersorpok, er, sie näht seit gestern daran, ikpeksaneligama kädlarpunga, da ich seit vorgestern nichts gegessen, hungert mich sehr.
Ikpet, lik, tit, eine Einschiebleiste, am Tischblatt ꝛc. [Beutel.
Ikpiarsuk, sūk, suit, eine Tasche, kleiner
ikpiarsungmetsiutiva, t. SS. inus., er steckt es in die Tasche. [mik).
ikpiarsungmetsiutjivok, j. SS. do. (mit
Ikpigāk, æk, et, Sandhügel, kleine.
ikpik, pīk, pit, größere Sandhügel.
ikpigaitsiangovok, j. SS., es (der Strand oder Land) hat schöne Sandhügelchen.
Ikpigivok, j. SS. & CS., er fühlt, fühlt es, z. B. Schmerzen, oder auch sein Elend oder Wohlsein.
ikpigosukpok, t. SS., er hat Anwandlung von Schmerzen, ist aufgelegt zum Fühlen.
ikpingniavok, j. SS., er empfindet Schmerzen, wenns viel und anhaltend ist.
ikpinguerpok, j. SS., er empfindet etwas, wenig. [fühlbar.
ikpinguertipa, t. CS., er macht es ihm
ikpiginarpok, t. SS., es ist fühlbar.
ikpigiumijarpa, t. CS., er fühlt es zum Voraus.
Iksarvik, vīk, vīt, eine Boot-Brücke, wo man mit dem Boot anlegt.
Iksartorpok, t. SS. & CS., er setzt die Querhölzer und Reifen für den Boden

9

des Kajaks, auch die Pa in kochendes Wasser, damit sie sich biegen.

iksaut, tik, tit, der Kessel, wohinein die Sachen gesteckt werden. [Bank.

Iksivautak, täk, tet, ein Stuhl, Schemel, iksivavok, j. SS., er sitzt, hat sich gesetzt.

iktorpok, t. SS.. er setzt sich.

iksivautsersimavok, j. SS., er hat sich gesetzt, sitzt bereits.

iksivautsipsarpok, t. SS., er macht noch einen oder mehrere Sitze zurecht.

iksivautarsuit, die 3 im Dreiangel stehenden Sterne am Vorderfuß des großen Bären.

Iksōmavok, j. SS., es ist steif, gefroren, geronnen, Speck u. bergl. Siehe igjorpok.

Iksuk, ük, uit, die Spitze des Messers oder andern bergl. Werkzeuges, die im Hefte steckt.

iksunga, seine Spitze. [Spitze.

iksullivok, j. SS. CS., er macht so eine iksuktarpa, t. CS., er macht die Spitze wieder gut, erneuert sie.

iksuktarsivok, j. SS. do. (mit mik).

Iktarikpok, t. SS., es ist schwer, hat Gewicht. (Wird nicht allgemein gekannt.)

Iktervik, vīk, vīt, das Querholz hinter dem Rücken, am Eingang des Kajaks.

Iktokerikpok, t. SS., es ist viereckig.

iktokeriksaut, tik, tit, ein Winkelhaken.

Iktorak, käk, ket, der Toft oder Bank in einem Boot. [Bank.

iktoraksak, sök, set, etwas zu so einer

Iktōrpok, t. SS., er ist blöde, schämt sich.

iktōrnarpok, t. SS., es ist schamhaftig, zum Blödewerden. [Blödesein.

iktornangilak, t. SS., es ist nicht zum

iktoriktaipok, t. SS., er ist frech, unverschämt (gilt immer im frechen Sinne, denn im Gegentheil wird gesagt: iktōrlungilak, er ist nicht blöde).

iktovikpok, t. SS., er schämt sich sehr, ist sehr blöde.

Iktukpok, t. SS., es brauset, der Wind, die See 2c.

iktutakadlarpok, t. SS., es hat Brausen, die See, der Wind 2c.

iktulijarpok, t. SS., sie, die See, der Wind brauset, führt Brausen mit sich.

iktok, iktungnek, das Brausen.

iktulijarnek, do. [Bohrer 2c.

Iktovok, j. SS., es ist dick, z. B. Nabel,

iktūkipok, t. SS., es ist dünne, fein (wird auch bei Sachen gebraucht, die leicht aus laufen, als Syrup, Oel 2c.).

Iksoma, der dort in der Nähe (sichtbar) trans., ingna, do. (intr.) nach Norden oder hinterm Rücken.

iksomät, der dort in der Nähe (sichtbar) intr., iksomät kailauril, bu, der mir stehender, komm her.

ikiksoma, der dort ist sichtbar (südlich), trns.

ikingna, der dort ist sichtbar (südl.), intr.

ikunga, dort (nach Süden) hin.

ikungarpok, t. SS., er geht südlich, geht dort hin.

Ila!? ist es nicht so? ist es wirklich so? 2) in der That, in Wahrheit, ila assioniarpogut, in der That, wir werden verloren gehen; ila ōnanauvok, ja, es ist wirklich schön.

ilakoarle! ja, das ist so, ich kenne es, weiß wie sich die Sache verhält; ilaila, ja, ja.

Illaijarpok, t. CS., er kämmt sich die Haare, er kämmt ihn (mit dem weiten Kamm).

illaijaivok, j. SS. do. (mit mik).

illaijaut, tik, tit, ein weiter } Kamm.
illaigut, tik, tit, ein enger }

illairpa, t. CS., er kämmt ihn (mit dem engen Kamm).

illainikpok, t. SS. do. (mit mik).

Illa, lak, let, Angehörige, Verwandte.

illagēt, Pl., Sachen und Menschen die sich vereinigt haben, die zusammen gehören, eine Gemeine.

illagēkput, t. SS. car. Sing., sie sind mit einander verein., verbunden, eines Sinnes.

illagēvinek, næk, verngit, ein Ueberbleibsel von einer Sache.
illagēngnek, Gemeinschaft, Verbundenheit.
illagēngninga, seine ⎫
illagēngnivut, unsere ⎬ Gemeinschaft.
illagēngniptingnut pitilauvok, er ist in
unsere Gemeinschaft aufgenommen.
illagēktokut, tik, tit, ein eigenthümliches
Volk, Gemeine.
illagēktokutigiveit, j. CS., er hat sie zu
seinem Eigenthums-Volke.
illagēlertoksauvok, vut, car. Sing., sie
sind eine Sache, mit einander in Gemeinschaft zu sein.
illagivn, j. SS. inus., er ist mit ihm, it,
hat ihn zum Verwandten.
allakarpok, t. SS., er hat Mitgefolge, it,
er hat Freundschaft, Verwandte, Anhang,
it, eine Sache, als Silber, Gold, Wein 2c.,
ist nicht rein, hat was bei sich.
illauvok, j. SS., er ist mit, folgt mit.
illaukojominarpok, t. SS., es ist wünschenswerth, geheißen, oder erlaubt zu
werden, mit zu folgen.
illaukojominaipok, t. SS. Negativ.
illanga, illagik, illangit, seine Angehörigen, Verwandten, intrans.
illangeta, illakita, illangita, do. trans.
illaga, illäka, illakka, meine do. intrns.
illama, illāngma, illama, meine do. trns.
illet, illākik, illatit, deine do. intr.
illavit, illākpit, illavit, deine do. trans.
illavut, illākput, illavut, unsere do. intr.
illapta, illäpta, illapta, unsere trans.
illasse, illäkse, illasse, euere do. intr.
illapse, illäptik, illapse, euere do. trans.
illane, illängne, illane, seine V. reciprok.
illanga, illagik, illangit, werden, so wie
auch die transitiv., auch in dem Sinn
gebraucht, um Einige, oder Theile von
Vielen, oder von einer Sache auszu-
drücken, z. B. Oma illanga pijomavara,
ein Theil von diesem will ich haben;
tapkoa illagik kailaulik, zwei von die-

sen laß kommen; ukkoa illangit, einige
von diesen.
illanget, einer von ihnen, intrans. inuit
illanget; nappartut illanget perkuti-
givara, einer von den Bäumen ist mein
Eigenthum.
illaita, trans., einige; illama illaita nek-
sarniarpat, einige meiner Angehörigen
werden ihn oder es mitnehmen; illangita
illaita mittautigivätigut, einige von
seinen Leuten verspotten uns.
illatigut, manche, einige von uns; angutit
angalauralloarput, illatigulle pi-
laungilagut, die Männer haben wohl
erworben, aber ein Theil, oder einige von
uns haben nichts bekommen; illaptigut,
durch oder über unser Land.
illainangit, nur einige, illainapkut, ich
bloß theilweise, illainakut, du theilweise,
illainapsigut, ihr, illainangagut, er.
illainārpok, j. SS., er gibt nur einigen.
illaveit, j. CS., er thut zu ihnen, vermehrt
sie. Ist es nur eins, so heißts: alperpa
(mit mik).
illajivok, j. SS. do. er vermehrt, thut zu
seinen Leuten, Angehörigen oder zu seinen
Sachen noch mehr.
illatipa, t. SS. inus., er befiehlt, daß hinzugethan werden soll.
illaliutiva, j. CS., er thut ihn zu andern
hinzu (mit mut).
illaliutjivok, SS. do.
illannārpok, t. SS. & CS., er ruft jemand
zu sich (um ihn zum Knecht 2c. haben zu
wollen).
illakungorpok, t. SS., es ist verstümmelt,
ist ein Theil davon ab (von einem leben-
digen oder leblosen Wesen, oder auch eine
Familie hat ein Glied verloren).
illako, kuk, kut, ein Stück, was von einer
ganzen Sache ab, los, getrennt ist.
illakssaitorpok, SS., er holt sich welche in
seine Gesellschaft, die bei ihm wohnen,
oder ihm helfen sollen.

illaksak, säk, set, einer der zu andern hinzu kommen soll, der, das helfen soll.
illaksarēkpuk, put, car. Sing., sie sind weitläufig mit einander verwandt, gehören zusammen.
illaseariva, j. SS. inus., er nimmt ihn zu sich, ihm einstweilen zu helfen ꝛc.
illaksarsivok, j. SS. do. (mit mik).
Illolliorpok, t. SS. & CS., er nimmt ihn an, auf (SS. mit mik). Jedenfalls gehört dieses auch zu den Vorigen, und sollte vielleicht illalior— heißen, indessen hört man bei den meisten Eskimos ein e.
illanāk, næk, neril, ein Freund (der liebste Angehörige). [Freunde.
illanāriva, j. SS. inus., er hat ihn zum
illanākarpok, t. SS. do. (mit mik).
illanarpok, t. SS. do.
illanärnarpok, t. SS., er ist freundlich, zur Freundschaft reizend.
illannerpok, do.
illanärnarnek, næk, neril, die Freundlichkeit, Herzlichkeit, das zur Freundschaft reizen. [hat gelinde, freundliche Worte.
illanērsarpok, t. SS. & CS., er ist gelassen,
illanarēkpuk, put, car. Sing., sie sind Freunde mit einander.
illanärpok, t. SS., er ist befreundet (mit mik) (ganz wie illanakarpok).
illanāngovok, j. SS., er ist Freund, ist ein Freund (mit mut). [Freund.
illanärsarsiorpok, t. SS., er sucht einen
Illäne (stammt jedenfalls auch von illa ab, indem man zuweilen illangane in demselben Sinne hört), zuweilen, manchmal, dann und wann.
Illōk, ádjak, ádjet, ein Lappen worauf.
illäksäk, illaksäk, set, ein Lappen ꝛc. zum Flicken.
illarpa, t. CS., er flickt es, ihn.
illarsivok, t. SS. do. (mit mik).
illärtorpa, t. CS., er setzt ihm (mehrere) Lappen auf, flickt mehreres an ihm.
illaktuivok, j. SS. do.

illatsēvok, j. SS. do. (wird wenig gehört).
illāksimavok, j. SS., illammavok, j. SS., es ist geflickt.
illäktauvok, j. SS., es wird ihm ein Fleck aufgesetzt, er wird ausgebessert, ist ausgebessert worden, it, Gesundheitsumstände sind gebessert. (Für letzteren Sinn selten.)
illängēnak, ganz befleckt, mit Lappen besetzt.
illängēnauvok, j. SS., es besteht nur aus darauf geflickten Lappen.
illänekenk, ein Kleid ꝛc. aus bloßen Lappen zusammengesetzt.
illänekeakpok, t. SS., er flickt, setzt aus vielen Stücken zusammen.
illänekitjet, Flecken zum Zusammensetzen.
Illakemavok, j. SS., er ist verwickelt, verwirrt, Zwirn, Stricke, Gedanken ꝛc.
illakemanek, näk, neril, die Verwickelung.
illaketlärpok, j. SS., es ist sehr verwickelt, it, er ist in seinem Gemüthe sehr verwickelt, verwirrt, durcheinander.
illakudsarpa, t. CS., er macht es auf, bringt die Verwickelung in Ordnung.
illakudsarivok, t. SS. & CS., er wickelt auseinander, macht in Ordnung (mit mik).
illairsivok, illaisivok, j. SS., er klärt die Hundestricke (gilt blos für Hundestricke).
illairpa, illaipa, t. CS., er bringt es in Ordnung, klärt, wickelt es auseinander (wird in diesem Sinne nur von Wenigen verstanden, sondern gilt meistens nur für Kämmen mit einem engen Kamm: siehe illaijaut).
Illakosek, sik, sit, ein Stachelschwein.
Illakungorpok, siehe bei Illak.
Illangerpok, t. SS. & CS., er, es nimmt ab, wird weniger (der Mond, illangārpok), CS., er nimmt davon ab, macht es weniger.
illangūrpok, SS. & CS., es wird weniger, z. B. kochendes Wasser, der Mond ꝛc., CS., er nimmt einen Theil davon für sich.
illangaivok, j. SS. do. (mit mik & mit).
illangairsivok, j. SS. do. illangersivok.

illangertaunerpok, t. SS., er, es ist schon nicht mehr ganz, es ist schon davon genommen.
illangutivok, SS., er nimmt Theil an einer Sache, die angeschafft werden soll, steht mit an (mit mul).
illangutivigiva, j. SS. inus. do. er steht un mit ihm, nimmt Theil mit ihm.
illangautigiva, j. SS. inus., er hat es zu seinem, von ihm abgenommenen Theil, es gehört zu ihm, ist von ihm abgenommen.
illangaijutigiva, j. SS. inus., er hat es zum Instrument, womit er etwas davon abmacht, oder auch Bezahlung, wodurch er ein Stück von einer Sache erhält. Kiblut illangaijutigivara sntojamik, die Säge habe ich zur Ursache oder zum Instrument, um dadurch ein Stück oder einen Theil von dem Brett zu bekommen, orksuk una illangaijutigijomavara sennaukamik, diesen Speck will ich zur Ursache haben, um einen Theil von dem Mehl zu bekommen.
illangēvok, j. SS., er nimmt wenig davon ab; besonders von harten Sachen (illangaivok).
illangiutivigiva, j. CS., er hat Theil, Antheil von ihm, der Sache.
illangiutivikarpok, t. SS. do. (mit mik).
illangiutivok, j. SS. do. (mit mil).
illangailakpok, t. SS., er bekommt nur wenig Theil.
illakunarpok, t. SS., er bekommt Theil von einer Sache, die in einige Theile getheilt wird. [reren Sachen Theil.
illakunavok, j. SS., er bekommt von mehillangakattarpok, t. SS. & CS., er bricht ein Stück nach dem andern ab, theilt ab, SS., es wird oft weniger.
illangiutivok, j. SS., er hat Theil daran, was getheilt wird.
illangiusiariva, j. SS. inus., er hat es zu seinem Antheil.
illangiusiak, āk, et, ein bekommenes Theil.

illangiutitipa, t. CS., er gibt ihm Theil daran. [gehabter.
illangiutovinek, næk, verngit, Antheil,
illakpok, t. SS., er ist nicht vergnügt, weil er nichts bekommen. [bekommen.
illangavok, j. SS. do. weil er nur wenig
Illapsukpok, t. SS., er hat Mitleiden, ist bewegt. (Dieses soll mehr heißen: er nimmt Theil an seinem Ergehen, Freuden und Leiden. [nem Ergehen.
illapsugiva, j. CS., er nimmt Theil an seiillapsunarpok, t. SS., er ist zur Theilnahme erregend.
illapsugosukpok, t. SS., es ist zum bemitleiden, er ist zur Theilnahme bereit.
Illaujak, jäk, jet, eine Art Seegras, it, gefährliches Eis auf den Teichen, wenn sie aufthauen.
Illauksimavok, j. SS., es hat sich was angesetzt, ist unrein, z. B. Schlittenkuffen-Bahn, Messer 2c.
illaunek, næk, nerit, das, was bei einem Messer 2c. beim Brauchen anklebt.
illaungnējarpa, t. CS., er macht die Unreinlichkeit, das Angesetzte weg.
illaungnējaivok, j. SS. do. (mit mik).
Illejarpa, t. CS., er züchtigt ihn, schlägt ihn oft. [(mit mik).
illejaivok, j. SS., er züchtigt, thut wehe
illejartigiva, j. SS. inus., er hat ihn zum Züchtiger. [Kopf.
Illekettamarpok, t. SS., er schüttelt mit dem
Illēnaivok, j. SS., er, es ist nur so hingelegt, vergessen worden, wo es hingelegt ist.
illēnarpa, t. CS., er legt es nur so hin, achtet es weiter nicht.
illēnaijariak, das nur Hinlegen, illēnaijarianga nellonalungilak kamagingikupko, es ist gewiß, daß es nur hingeworfen wird, wenn ichs nicht achte.
illēnartauninga nellovara, ich weiß nicht, wo es hingeworfen ist.
illēnarsimangilak, t. SS., es liegt da nicht von ungefähr, ist nicht nur so hingeworfen.

Illerasungnek, næk, neril, die Schüchternheit, Blödigkeit. [sich vor ihm.
illeragiva, j. CS., er scheut sich, schämt
illerasukpok, t. SS. do. er scheut sich, ist schüchtern (mit mik).
illeranarpok, t. SS., er ist einer, vor dem man sich scheuen muß, sich zu fürchten hat.
illeranarsivok, j. SS., er wird so, daß man sich vor ihm scheuen muß, blöde zu ihm ist. [für schüchtern, blöde.
illerasugasugiva, j. SS. inus., er hält ihn
illerasugasuklivok, j. SS. do. (mit mik).
illerasugut, tik, tit, die Ursache zum Scheuen, Blödesein. [sache do.
illerasugutekarpok, t. SS., er hat Ur-
illeratsärpok, t. SS. (mit mut), er beträgt sich so, daß man sich vor ihm scheuen muß.
illeratsärvigiva, j. SS. inus., er beträgt sich gegen ihn so, daß er (jener) sich vor ihm scheuen muß.
illeratsärtut, solche, die sich so betragen, daß man sich vor ihnen scheuen soll.
illeratsulukpok, t. SS., er läßt sich nichts sagen, befft gleich wieder, wenn er auch mit Recht irgend was gesagt bekommt.
illeratsärpok, t. SS., er besorgt Verdacht (weil er dies und jenes gemacht) erwartet, daß er wird angefahren werden.
Illerset, plur., abgespaltener, zum Nähen zurechte gemachter Rennthierzwirn.
illersaujet, plur., ein Bündel, wo vieles beisammen ist, wie Perlen 2c.
Illiarsuk, sūk, suit, ein Waisenkind.
Illikterpok, t. SS. & CS., er schneidet zu, ein Kleid 2c. [schlecht zu.
illikternilukpok, t. SS, er schneidet
illikternirikpok, t. SS., er schneidet zu, groß zu.
illiktitorikpok, t. SS., er schneidet gut zu.
illikterut, tik, tit, ein Muster, Modet zum Zuschneiden.
illikteratigiva, j. SS. inus, er hat es zum Muster.

illikteraksak, sæk, set, etwas zum Zuschn.
illikterlak, tæk, tet, was Zugeschnittenes.
Illillertorpa, t. CS., er steht ihm bei, hält mit ihm.
illillertuivok, j. SS. do. (mit mik).
illigiva, j. SS. inus. do. do.
Illimanarpok, t. SS., er, es ist zu befürchten, Menschen, Thiere, Wetter 2c., wovor man sich zu fürchten hat.
illimanarsivok, j. SS., er, es macht sich so, daß es zu befürchten ist.
illimarsukpok, t. SS., er ist furchtsam vor etwas, er denkt, es möchte was kommen, was ihm schädlich sein könne.
illimagiva, j. SS. inus. do.
illimasutigiva, j. CS., er ist besorgt um ihn (wie pingigiva).
Illingavok, j. SS., er thut so, macht so, es ist so. Taimak illingavok, so ist es, so hat er es gemacht.
illingasek, sīk, sit, die Beschaffenheit (besonders der Gedanken). [Wesen.
illingasinga, seine Beschaffenheit, Thun,
illinganek, næk, nerit, der Zustand.
illinganinga, sein Zustand.
Illijinek, næk, nerit, das Hinlegen.
illijivok, j. SS., er legt hin (mit mik).
illiva, j. CS., er legt es hin, SS., es ist hingelegt, z. B. auf die Frage: Illijaugalloarka? Antw.: illivok.
illijartorpa, t. CS., er geht es hinlegen, it, er begräbt ihn, den Todten.
illijartorvik, ein Begräbnißplatz, oder sonst ein Platz zum Hinlegen.
illijijartorpok, t. SS. do.
illijak, jæk, jet, eine hingelegte Sache.
illijauvok, j. SS., es wird, ist hingelegt worden.
illimavok, j. SS. & CS., es ist hingelegt.
illissivok, j. SS., siehe illijivok. Letzteres soll besser sein.
illiorkavik, vīk, vit, ein Repositorium oder sonst ein Platz, dazu gemacht, um etwas hinzulegen.

illiorkapait, t. SS. inus., er legt sie hinein, pflanzt sie.
illiorkaivok, j. SS., er legt hin, hinein, in einen Kasten 2c., it, er pflanzt, steckt in die Erde.
illiorkaidlarpok, t. SS., er legt viel ein.
illiutäkpok, t. SS. & CS., er legt oft vor, macht Alles schnell zu Ende.
Illingnik, siehe igvit, illiktut, wie du.
Illingnek, næk, nerit, ein schwarzer Streifen zwischen den Nähten an den Pelzen der Weiber, auf dem Rücken.
Illingitut, tik, tit, die Ursache, so und so, das und das zu thun.
illingitutigiva, j. SS. inus., er hat ihn, es zur Ursache, so oder so zu thun.
illingitutekarpok, t. SS., er hat eine Ursache, so oder so zu thun. (Diese werden wenig verstanden.)
Illiorpok, t. SS. & CS., er macht es also, legt es hin, thut ihm so und so; taimak illiorpok, so macht er es. Imāk illiorpätigut, also macht er es mit uns, it, er beschuldigt ihn der Untreue.
illioriva, j. CS. do. er sie, oder sie ihn.
Illiorut, tik, tit, ein Bohrer.
Illiorumiktorpok, t. SS. & CS., er bohrt etwas durch. [lernt, gefaßt.
Illipok, t. SS. & CS., er hat eine Sache geilinniarpok, t. SS. & CS., er lernt, lernt es, gibt sich Mühe zum Lernen.
illisaraipok, t. SS. & CS., er lernt schnell, faßt es geschwind.
illinniarto, tik, tit, ein Schüler, Jünger.
illinniartiga, illinniartitara, mein Schüler, intrans.
illiniartima, illinniartitama, do. trans.
illiniartipa, t. CS., er lehrt ihn.
illinniartitsivok, j. SS., er lehrt.
illiniartitsijok, juk, jut, ein Lehrer.
illinniarvik, vīk, vit, ein Schulhaus.
illitsoriva, j. CS., er hat es gefaßt, gelernt, denkt, daß ers versteht. (Wird nur hin und wider verstanden.)

illinasugiva, j. CS.
illinek, æk, et, einer der es weiß, gefaßt hat, z. B. ein Thier kennt die Fuchsfalle und hütet sich davor.
Illipauvok, j. SS., er ist geizig, karg, gibt nicht gerne was weg, ist sparsam mit seinen Sachen. [euch zwei.
Illipse, ihr, euch, euer, illiptik, ihr, euer, illipsingne, bei euch, illiptingne, bei euch zwei, Localis. [zwei, Ablativ.
illipsingnit, von euch, illiptingnit, von euch
illipsingnut, zu euch, illiptingnut, zu euch zwei, Terminalis. [zwei, Vialis.
illipsigut, durch euch, illiptigut, durch euch
illipsingnik, euch euer, illiptingnik, euch euer zwei, Ac. u. Mod.
illipsetut, wie ihr, illiptiktut, wie ihr beide.
Illissimanek, næk, nerit, die Weisheit, das Klugsein, Gefaßthaben.
illissimavok, j. SS. & CS., er ist weise, CS., er kennt, weiß ihn, es, hat es gefaßt.
illissimajok, juk, jut, ein Weiser, Gelehrt.
illissimajartārpok, t. SS., er bekommt Neues zu wissen.
illissimnjatariva, j. CS. do.
illissava, j. CS., er bringt ihm Wissenschaft bei, richtet ihm den Sinn auf Wissenschaften, it, er sucht es zu lernen.
illissimatiksak, sæk, set, was zur Wissenschaft.
illissimatiksakarpok, t. SS., er hat was zur Wissenschaft, Weisheit.
illissimaligiva, j. SS. inus., er hat es zur Ursache der Weisheit.
illussimajutigiva, do. sein Aufpassen, Aufmerken.
illissimalersautigiva, j. SS. inus., er hat es zur Beförderung, weiser, gelehrter zu werden.
illissimanarpok, t. SS., es ist zu wissen.
illissimanersauterpok, t. SS., er, es, das Kind wird klüger, bekommt Verstand.
illissimajauvok, j. SS., es ist bekannt, man weiß es.

illissimaipok, t. SS., er hat keinen Verstand, ist unwissend, it, er handelt unverständig.
illissimangērpok, t. SS., es vergeht ihm der Verstand, das Bewußtsein, bekommt die fallende Krankheit (bei Manchen gilt es auch für Ohnmacht).
illissimailingavok, j. SS., er ist schwach am Verstande. [Erkennen.
Illitarksinek, næk, neril, die Kenntniß, das illitarksivok, j. SS., er kennt. Illitarksivunga tapsominga, ich kenne ihn.
illitariva, j. CS., er kennt ihn, weiß ihn, es.
illitarnarpok, t. SS., es ist kenntlich, leicht zu kennen.
illitarnamēk! o, das ist kenntlich, da hats was Bekanntes. [niß.
illitarksitipa, t. CS., er setzt ihn in Kenntilitarksitigiva, j. SS. inus., er hat es zu dem, woran er ihn erkennt (mit mik).
illitarksitekarpok, do. (mit mik).
illitarsijungnarsivok, j. SS., er bekommt Erkenntniß, kann es wissen.
illitarsijungnarsitipa, t. CS. do.
Illo, luk, lut, der Reif, Frost inwendig an den Fenstern, Wänden ic., it, das Inwendige an irgend was.
illovok, j. SS., es ist inwendig mit Reif, Frost ic. belegt.
illokarpok, t. SS., er hat ein Inneres.
Illoreut, tik, tit, eine Schleuder von einem Riemen.
illorearpa, t. CS. & SS., er wirft ihn, er wirft mit so einer Schleuder.
Illorēkpuk, put, car. Sing., sie fechten mit einander.
illortorpuk, put, car. Sing., illortutivuk, vut, sie fechten mit den Armen gegen einander, it, die Bären, Rennthiere fechten mit den Vorderfüßen, oder Letztere auch mit den Hörnern gegen einander. Letzteres heißt indessen bei vielen Leuten: naksungmigautivuk, vut. Ueberhaupt werden diese Worte auch nur hin und wider verstanden.

Illomut, nach inwendig, oder überhaupt von der Rechten zur Linken, im Gegentheil von sillamut, nach auswendig, oder von der Linken zur Rechten.
illua, sein Inwendiges, illuane, in ihm, illuagut, Vialis. [Vialis.
illuga, mein do., illumne, in mir, illupkut,
illuit, dein do., illungne, in dir, illukut, V.
illuse, euer do., illupsingne, in euch, illupsigut, Vial.
illuvut, unser do., illuptingne, in uns, illuptigut, Vialis.
illungit, ihr do., illungine, do., illungitigut, Vialis.
illune, sein do. (rec.), illumine (Loc.), illumigut (Vialis). [do.
illutik, ihr do., illumingne, do. illumikut, illūkópok, t. SS., er hat innerliche Schmerzen.
illūkótut, die innerlichen Schmerzen.
illuartārpok, t. SS., er steckt was an die innere Seite in die Stiefel oder unter die Kleider, weil sie Löcher haben. (Dies Wort ist auch ziemlich unbekannt.)
Illumiok, uk, ut, das Innere, der Kern von einer Sache.
illumiovok, j. SS., es ist das Innere, oder das, was in ein Gefäß hinein gethan ist.
illumepok, t. SS., er, es ist inwendig drinnen, ein Kern in der Nuß ic.
illumerpa, t. CS., er erfüllt ihn. Illumerpa kuviasungnermik, er erfüllt ihn mit Freude. [nik.)
illumēvok, j. SS. do. (mit mik). (assimiillumertauvok, j. SS., er wird erfüllet (mit mut & mik), z. B. Gudemut illumertauvok Anernermik ajunginermik, er wird durch oder von Gott erfüllet mit dem heiligen Geist. Hier sei bemerkt, daß auch im Eskimoischen, wie im Grönländischen mik nicht immer der Accusativ, sondern häufig der Modalis ist, wie z. B. hier, und mit heißt.

illumilerpok, t. SS. & CS., er ist erfüllt ꝛc., wie illumikpa und illumigiva.
illumiävok, j. SS., er ist ganz erfüllt, so, daß ers nicht mehr vergessen wird, hauptsächlich Worte. (Dies Wort wird verst., aber wie es scheint wenig gebraucht.)
illumigörpok, t. SS., er ist ganz erfüllt, geht durch sein Inneres, denkt nach ohne zu reden.
illumiutsauvok, j. SS., er, es ist in etwas eingefüllt.
illumörpok, t. SS., es bringt inwendig hinein, z. B. Schnee unter die Kleider, it, die Knie stehen nach inwendig.
illumerkarpok, t. SS., er hat was in sich, hat was, womit er erfüllt ist. Gutes oder Böses.
illumikpok, t. SS. & CS., er ist damit erfüllt, er hat es in sich, imek illumikpara.
illumerpok, t. SS. & CS., er leert es aus.
illumik, mĩk, eine Sache womit man erfüllt ist. Gutes oder Böses.
illumigiva, j. SS. inus., er hat es zur Fülle, ist davon, damit erfüllt.
illungövok, j. SS., er schmachtet, verlangt sehr nach Essen, weil er hungert, fühlt heftiges Nagen.
illungudlarpok, t. SS. do. (stärker wie niggorpok).
Illuva, j. CS., er umgibt, umringt ihn.
illumava, j. CS., er hat es umgeben (ist aber noch immer umringt).
illujivok, j. SS., er umringt (mit mik).
illumajangit, ihre, die sie umringen, umgeben.
illumajingit, ihre, von denen sie umgeben, umringt werden.
illujauvok, j. SS., er wird umringt.
illujaumavok, er ist umringt.
illuliativa, j. CS., er schließt es mit ein in was anderes, z. B. einen Brief.
illuliutjivok, j. SS. do. (mit mik).
illuliutjauvok, j. SS., es ist eingeschlossen, ist in was andern drinn.

Illunata, intr., wir alle, illunapta, trans.
illunamasiata, do., illunarsoata, do.
illunase, ihr alle, illunapse, do.
illunamasiase, do., illunarsoase, do.
illunaita, sie alle, illunatik, do.
illunamasiatik, do., illunarsoatik, do.
(Diese werden außer illunatik wenig gebraucht, doch hin und wieder; meist wird sonst für diese Fälle tamapta, tamapse ꝛc. gebraucht, z. B. tamapta perkutivut néksartauvut, unser aller Eigenthum wird mitgenommen.)
illuanakasatik, sie beinahe alle.
illunät, das Ganze. Omæt illunät, das ganze Herz.
illunänut (Loc.), illunane, allenthalben, überall.
illunänepok, t. SS., er ist allenthalben.
illunaine, bei ihnen allen, illunainut, zu do. Term.
illunainik, Acc. do., illunainit, Abl., illunaitigut, Vialis. [mich ganz.
illunara, intr., mein Ganzes, illunarma, illunamne, in do., illunamnut, zu do., illunapkut, durch.
illunarpit, dein Ganzes.
illunarme, sein do. [der do.
illunarmik, ihr do., illunaptik, euer beiillunaptitut, wie wir alle.
illuëngarpok, t. SS., er ist ganz.
illuëngardlune änertauvok, es wird ihm überall, an seinem Ganzen, Schmerz gemacht.
illuëngardlutit tunnilerit Jesusemut, gib dich ganz Jesum hin. [aus.
Illulivok, j. SS. & CS., er hohlt, gräbt was illulilerpa, t. CS. do. [gehohlt.
illutärpok, t. SS. & CS., er hat es ausillulimajok, jok, jut, etwas Ausgehöhltes.
illulik, līk, lit, etwas das hohl ist.
illulinok, nik, nit, das Aushöhlen.
illulitjut, tik, tit, ein Instrument zum Aush.
Illukipok, t. SS., er, es ist flach, nicht tief ausgehohlt.

10

illutóvok, j. SS., er, es ist tief (ausgehöhlt), z. B. ein Teller, Schüssel, Schaufel ꝛc.

Illuliksak, sæk, set, etwas zum Einladen, Einfüllen in etwas Hohles, it, Blei zu Kugeln.

illulek, læk, lit, eine Kugel.

illulilik, læk, ggit, eine Flinte, die geladen ist, it, ein Gefäß, in welchem sich irgend was befindet.

illuliksakaut, tik, tit, ein Behältniß, Sack, um Blei für Kugeln hineinzuthun; illulerkaut, ein Sack für Kugeln.

illulertorpa, t. CS., er ladet die Flinte, it, er füllt ein Gefäß mit irgend etwas.

illulertuivok, j. SS. do.

illulerpa, t. CS., er hat geladen, das Gefäß gefüllt.

illulévok, t. SS. do. (mit mik).

illulérpa, illulëjarpa, t. CS., er räumt das Gefäß aus, nimmt die Ladung aus der Flinte.

illuliksëropok, t. SS., es geht das Blei für Kugeln zu Ende, oder sonst irgend was geht zu Ende, womit ein Gefäß gefüllt werden sollte.

illulerkut, lik, tit, ein Gefäß, um was hinein zu thun, Kessel, Flasche, Faß ꝛc.

Illuerga, seine, nemlich der Insel ihr Land, was vor ihr liegt, dem festen Lande zu, z. B. kikkertaksoab illuernganopok, er, es befindet sich am festen Lande, inwendig von kikkertaksoak. Illuergata. (trans.)

Illutak, tæk, tet, ein Vorderstück an den Hosen, d. h. die Beine, it, die innere Seite am Aermel.

illutaksak, sæk, set, etwas zu einem Vorderstück, oder was nach innen soll, im Gegentheil von nach außen, was sillate heißt. [daran fehlt.

Illuitok, t. SS., etwas Ganzes, wo nichts

illuitóvok, j. SS., er, es ist ein Ganzes. illuitomik pijomavunga, ich will ein Ganzes haben.

Illuilek, das feste Land.

illuilerlukivok, j. SS., es ist trübe (vor Kälte ꝛc.) überm festen Lande.

Illuivok, j. SS., er bekommt böse Augen (im Frühjahr), vom Blinken des Schnees.

illukpok, t. SS. do.

illugiarnarpok, t. SS., das Wetter fängt an die Augen böse zu machen.

illunarsinialerpok, t. SS. do., illunarsilerpok.

illuniarkornadlarpok, t. SS., das Wetter scheint sehr zum böse Augen machen zu sein.

Illukē! ein Ausruf, wenn was bewundert wird, was Angenehmes ob. Unangenehmes.

illukiarata! o was Wunderbares, Arges ꝛc.

illokeopok, t. SS., er macht, daß man sich über ihn wundern und illukē! sagen muß. Uebrigens wird das Wort auch in diesem Sinne noch wenig verstanden.

Illulukpok, t. SS., er ist ungehalten.

illulugvigiva, j. CS., er ist ungehalten über ihn.

Illungertornek, das von allem Entblößtsein, das Ganzsein.

illungertorpok, t. SS., er verlangt; es mangelt ihm an allem; hat außer dem, was man sieht, nichts mehr, it, es ist ganz, fehlt nichts an ihm, ist von Natur so (rein). Omamut illungertorlomut kädlarpunga Jesusemut, mit ganzem, brünstigem Herzen hungere ich nach Jesum. Jesuse illungertorvigivara.

illungertuinarpok, t. SS., er ist nur ganz darauf (auf irgend was) gestellt, oder auch: er fühlt sich schwach.

illungerlut, lik, tit, die Ursache zum Verlangen, zur Inbrunst ꝛc.

illungerlutigiva, j. CS., er hat es zur Ursache des Verlangens, der Inbrunst, z. B. Armuth, Schwachheit ꝛc.

Illupäk, pæk, pat, ein Unterkleid.

illupiarutak, tæk, tet, Futter oder innere Bekleidung in einer Sache.

illupiarutsorpa, t. CS., er bekleidet eine Sache inwendig, versieht es mit Futter.
illupiarutsēvok, j. SS. do.
illupiarutekarpok, t. SS., er hat Unterfutter. [Unterfutter.
illupiarutaksalipa, t. CS., er gibt ihm
illusekarpok, t. SS., er hat Gewohnheiten, Sitten, Gebräuche.
illusek, sæk, sit, Gewohnheit, Gebräuche.
illuserlukpok, t. SS., er hat schlechte Gebräuche, il, wenn er dem Körper nach herunterkommt. [Gewohnheiten.
illusitsiarikpok, t. SS., er hat hübsche
illusiliojalerpok, t. SS., es scheint, er fängt an Gewohnheiten zu haben (nemlich schlechte), z. B. hungert jetzt, was früher nie der Fall war.
illusiksak, illutsiksak, etwas zum Gebrauch, eine Sache, Gewohnheit, nach der man zu streben hat.
illutsertarpa, er beschuldigt, nennt Gewohnheiten von ihm, die er nicht gehabt.
illutsertuivok, j. SS. do.
illusiksaungitok, eine Sache, die man sich nicht zur Gewohnheit machen, die man nicht brauchen sollte.
illusörpa, t. CS., er nimmt seine Gewohnheiten an, z. B. Atataga illusërpara,
illutsēvok, j. SS.
Illutorsimavok, j. SS., es ist gebrochen, des Sterbenden Auge. Ijik illutorsimaauk, die Augen sind gebrochen.
Illuvok, vik, vit, ein Grab (ein Platz, wo man ganz eingeschlossen ist).
illuvilliorpok, t. SS., er macht einen Sarg.
illuverksivok, j. SS., er begräbt (mit mik).
illuverpa, t. CS., er begräbt ihn.
illuvermepok, t. SS., er ist im Grabe.
illuverkakattigiva, j. SS. inus., er liegt bei ihm im Grabe.
Imaipok, t. SS., es ist so, wie folgt, das heißt.
Imanuelemik attekarpok, imaipok: Gudib illagväligut, er heißt Immanuel, das ist, das heißt: Gott mit uns.

imæk, so also, imæk pilerit, thue so (wie es nun folgt).
imallivok, j. SS. & CS., er macht es also.
imailingavok, j. SS., es verhält sich also. Diese werden hauptsächlich beim Wiedererzählen gehörter Worte gebraucht.
imaituarpok, t. SS., imailingatuarpok, es verhält sich, oder es ist lange Zeit so, bleibt so..
imaituinarpok, t. SS., es ist nur so.
imailiviovok, j. SS., er ist es, dem es so und so geht.
imakka! ei wie, o wie wird es sein, il, sollte es etwa sein; imakka takpane kilangmolerupta, ei wie wird es sein, wenn wir oben im Himmel sein werden, imakka teriæniakarpet, akkigikarpellonet, akkillerniarpagit, sollte es etwa Füchse oder Ripper haben, so werde ich dich bezahlen.
imalulo-una, laß es so sein, ob ich gleich darnach verlange (nemlich wenn er's nicht bekommt).
imale, do.
ima-una, ich möchte es wohl gerne haben.
ama-una, wiederum bekommt der was.
Imaingertāk, tæk, tet, Sumpf-Ohr-Eule (Strix brachiotus).
Imangerpok, t. SS., er hört auf zu weinen.
imangorsarpa, t. CS., er macht, daß er (jener) aufhört zu weinen.
imangersaivok, j. SS., er stillt das Weinen, tröstet, stellt zufrieden (mit mik).
imangertipa, t. CS., imangortitsivok, j. SS. do., er hat ihn rc.
imangorsaut, tik, tit, ein Mittel zum Stillen des Weinens.
Imaukanek, næk, nerit, eine Blase vom Brennen oder Zugpflaster.
Imorngövok, es ist uneben, hat inwendig Ungleichen, ist eingedrückt (wird hauptsächlich bei Blechwaaren gebraucht).
Imgernek, das Singen.
imgerpok, t. SS., er singt.

imgerut, tik, tit, imgerutiksak, sæk, set, ein Gesang, Lied.
imgerutigiva, j. CS., er hat es, ihn zum Gesang. [vor.
imgervigiva, j. CS., er singt ihm was
Immak, mæk, maksuit, Salzwasser, das Meer.
imarbik, bīk, bit, das Meer, Ocean.
imarbiksoak, suit, do. [Meer.
imarbiksiorpok, t. SS., er fährt auf dem
immakut, zu Wasser, durchs Wasser.
immārpok, t. SS., er ertrinkt.
imakorpok, t. SS., er geht durchs Meer.
immarokpok, t. SS., es hat Wasser auf dem Eise, im Frühjahr.
immakarpok, t. SS., es hat Wasser.
immaktóvok, j. SS., es hat viel Wasser.
immakipok, t. SS., es hat wenig Wasser.
immatóvok, j. SS., es hat nur nahe am Lande, im Schutze, Wasser.
immagukpok, t. SS., es zieht Wasser ein, das Boot, die Stiefel c.
immaktōtit, das Schneewasser, was im Frühjahr so überall fließt. (Wird nicht allgemein verstanden.)
immakternok, imättinēk, nik, nit, das Wasser auf dem Eise, wenn der Schnee thaut. (Wird ebenf. nicht allgem. verst.)
immaksuk, sūk, sut, Sumpf.
imaksukorpok, t. SS., er geht durch S.
imaksusiorpok, SS., er geht im Sumpfe.
immaingarpok, t. SS., es hat kein Wasser mehr, wird wenig.
immaijarpa, t. CS., er schöpft, pumpt das Wasser aus.
imaijaivok, j. SS. do.
Immaktorlarpok, t. SS., das Seehunds-Loch ist groß.
immaktorlerivok, j. SS. do., der Mensch macht es, um den Seehund herauszukriegen.
Immane, neulich, vor Kurzem.
immanelivok, j. SS., es ist seit neulich so.
Immek, merngit, süßes Wasser.

immerpok, t. SS. & CS., er trinkt, CS., er trinkt es.
imerpa, t. CS. inus., er füllt es, ein Gefäß, mit Wasser c.
imersēmavok, j. SS. & CS., es ist gefüllt.
imēvok, j. SS., er füllt (mit mik).
imipa, t. SS. inus., er gibt ihm zu trinken, reicht ihm das Gefäß.
imitsivok, j. SS. do. (mit mik).
immerukpok, immerosukpok, t. SS., er ist durstig.
immerosungnarpok, t. SS., es ist zum Durstigwerden, z. B. warme Witterung, schwere Arbeit c.
immertarpok, t. SS., er holt Wasser.
immertautigiva, t. CS., er holt Wasser für ihn, it, er hat es zum Wasser-Gefäß.
immertaulekarpok, j. SS. do. (mit mik).
immertarvik, vik, vit, ein Brunnen, Platz, woher man Wasser holt.
immektárnerpok, t. SS., er holt Wasser, oder hat geholt, ohne daß mans weiß.
immekaut, tik, tit, ein Schlauch oder Ledersack, um Wasser auf der Reise darin zu haben.
immektaut, tik, tit, ein Gefäß, Eimer, Faß c. zum Wasserholen.
immekkarvik, vik, vit, ein Gefäß, um Wasser darin aufzuheben.
immertipa, t. CS., er tränkt ihn, hält ihm das Trinkgefäß zum Munde, oder schüttet das Wasser auf etwas.
immertlitsivok, j. SS. do. (mit mik).
immērpok, t. SS., es hat kein Wasser mehr, it, es ist leer, das Gefäß.
immororpok, t. SS., er macht es ohne Wasser, leert es aus, das Gefäß.
immerorpok, t. SS., es wird zu Wasser, das Eis, der Schnee.
immeruerērpuk, t. SS., er trinkt das Gefäß nicht leer, trinkt wenig, läßt übrig für einen andern.
immekpállerpok, t. SS., es bekommt zu viel W., wird zu dünn, Erbsen, Mehl c.

immerualakivok, j. SS., er wird durſtig vom Eſſen, vom Gehen.
immerualakilipa, t. CS., es macht ihn durſtig (ſalziges Eſſen).
immerajukpok, t. SS., er trinkt oft.
imerogajupok, do.
imerogajuipok, er trinkt ſelten.
immerijartorpok, t. SS., er geht trinken.
immerdlãrsivok, j. SS., er hat die Augen voll Waſſer, ſie füllen ſich mit Thränen. (Wird nicht allgemein verſtanden.)
immiksaitorpok, t. SS. & CS., er holt Waſſer, nemlich im kleinen Gefäß, um ſo daraus zu trinken.
immiksaitungorpok, t. SS., er iſt müde vom Waſſerholen. [viel.
immingovok, j. SS., er trinkt übermäßig
immernikipok, t. SS., er trinkt wenig.
immingorpok, j. SS., er iſt müde vom Trinken, hat es ſatt.
immingõrpok, t. SS., er trinkt nach langer Zeit zum erſtenmal wieder.
immertorpok, imertudlarpok, t. SS., er trinkt viel, ſäuft (wie immingovok). (Wird wenig gebraucht, obgleich es allgemein verſtanden wird.)
immialuk, luit, ſtarke Getränke, Rum ꝛc.
immisèvok, j. SS., er wäſſert was ein, Salzfleiſch ꝛc.
immitsertipa, immisitipa, t. CS. do.
immisiariva, j. SS. inus. do.
immisiangovok, j. SS., es iſt weich vom Einwäſſern, z. B. Zwieback. [ferig.
immersungnikpok, es riecht, ſchmeckt wäſ-
immisimavok, j. SS., es iſt ganz mit ſüßem Waſſer durchzogen geweſen und davon hart geworden (Felle, Stiefeln ꝛc.).
immeksimavok, j. SS., er hat fertig getrunken. [zum Trinken zurecht.
immiksalliorpok, t. SS., er macht was
immiorpok, t. SS., er ſchmilzt Schnee.
immiornerluko, eingeſchmolzener Schnee, der wieder aus dem Keſſel herausgenommen wird.

immiugak, kæk, ket, das Waſſer von geweſenem Schnee.
immiorutiksak, sæk, sot, Holz zum Schneeſchmelzen.
Immerkotailak, læk, let, Arktiſche oder nördliche Seeſchwalbe (Sterna arctica).
Immorkatak, tãk, tet, die Dünnen ganz unten.
Immerarpok, er looſet, ſpielt um was, d. h. ſie drehen ein rundes Ding, mit einem Zeichen verſehen, herum, und vor welchem das Zeichen ſtehen bleibt, der hat gewonnen. [verſpielt.
immerarlukpok, t. SS., er ſpielt ſchlecht,
immeraut, tik, tit, ein Loos, Würfel ꝛc.
immerautigivæt, j. SS. inus., ſie looſen um ihn.
Immiavok, j. SS., es klingt, ſchallt nach, ein Faß, Höhle, menſchenleerer Raum, Glocke ꝛc., immianek, næk, norit, Nachklang.
imingnarpok, imingnarsivok, j. SS., es iſt zum Schallen, es iſt ſo ſtille in der Luft, daß man von Ferne jedes Geräuſch hört. Puije akkarpok, kukkiut immingnarsiudlarmet, der Seehund ging unter, weil es ſo ſtille war, oder iſt, daß der Schuß von ferne gehört wurde.
immiarpallakpok, t. SS., es gibt einen Nachklang, z. B. ein leeres Faß, wenn daran geſtoßen wird, klingt hohl.
imingnailaksiorpok, t. SS., es klingt bumpf, iſt nicht weit zu hören.
imingnaut, tik, tit, die Urſache, daß der Schall weit zu hören iſt, z. B. ſchönes, ſtilles Wetter, isseriak ꝛc.
imingnarsiorpok, t. SS., es hört ſich von ferne, es ſchallt ihm aus der Ferne zu, klingt helle.
Immikpok, t. SS., es fällt zuſammen, ein Haus, Schneehaus ꝛc. [men.
immikivok, j. SS., es fällt wieder zuſam-
imiksimmavok, es iſt zuſammengefallen.
imiktipa, t. CS., er ſtürzt, wirft es zuſammen.

imikalāmavok, j. SS., es hat Beulen ob. zusammengedrückte Stellen (kleine).
imikanek, næk, nerit, Beulen an einem metallenen Gefäße.
immipkāmnvok, j. SS., es hat mehrere große Beulen.
imipkarpa, t. SS. inus.. er macht ihm, dem Blech, eine Beule.
imipknivok, j. SS. do.
imikalava, j. SS. inus. do., mehrere.
Immuk, immuit.
immuktorpok, t. SS., er trinkt Milch.
immuērpok, t. SS., sie hört auf, Milch zu haben.
Immulokarpok, t. SS., er hat Runzeln, Falten im Gesicht ıc.
immulortusidlarpok, t. SS., er bekommt viele Runzeln im Gesicht, wird recht runzlich vor Alter.
Immuvok, t. SS. & CS., er ist zusammengewickelt, ein Tuch, Netz ıc., CS., er wickelt es zusammen.
immujivok, j. SS., er wickelt zusammen (mit mik).
immuserpok, t. SS. & CS., es ist eingewickelt, in einem Umschlag, CS., er wickelt es ein, macht einen Umschlag darum.
immusēvok, j. SS., er wickelt ein (mit mik). [Sache.
imut, tik, til, ein Umschlag an einer
immutiksak, sæk, set, etwas zu einem Umschlag.
immutigiva, j. SS. inus., er hat es zum Umschlag, worein er ob. es gewickelt ist.
immujarpa, t. CS., er wickelt es aus, macht den Umschlag weg.
immusersimavok, j. SS. & CS., es ist eingewickelt. [wickelt.
immusertauvok, j. SS., es wird eingeImnauvok, j. SS., es ist steil, jähe.
imnāk, næk, nerit, eine steile Klippe.
imnaksiorpok, t. CS. & SS., er klettert auf einen steilen Fels.
imnartorpok, t. SS. & CS. do.

Imna, intr., ipsoma, trans., ber, jener, von dem die Rede ist, unsichtbar.
ipkoa, Pl. jene, trans. u. intr.
Imusivok, j. SS. & CS. (mit einem m). er bezahlt ihn für das, was er für ihn gethan (SS. mit mik).
imuliksak, sæk, set, Bezahlungssache.
Ingalekpok, t. SS. & CS., er geht daran vorbei, geht oder kommt nicht auf ihn zu.
ingalegiarpok, t. SS. & CS., er geht nicht auf ihn zu, fängt sich an zu wenden.
Ingergavok, j. SS., er bewegt sich voran, geht ob. fährt wohin (auch ingergarpok).
ingergarnek, næk, nit, der Strom in der See, it, das Reisen; ingergarnermēpok, er ist beim Strom (meistens hört man: ingergannek).
ingergaupok, t. SS., das Boot oder die Wolle zieht voran.
Ingergarnek, der natürliche Lauf, Gang. Bei diesem Wort haben die Eskimos in dessen ganz verschiedene Ansichten, Manche lassen es gelten daß z. B. ingergárniplingue auch: „in unserm natürlichen Zustande" hieße; Andere dagegen behaupten, es hieße nur: bei oder in, während, unserm Fortbewegen, Reisen, und für den natürlichen Zustand gelten nur die Folgenden:
ingergat, der gewöhnliche, natürliche Gang, z. B. ingergat iglomut ālauruk, bring es gleich ins Haus, ohne es vorher anders wo hin zu legen.
ingergárma, mein Natürlichsein (auch ohne das letzte r, ingergama, u. so bei allen).
ingergárpit, dein Natürlichsein.
ingergárme, sein do.
ingerápta, unser do. (auch ingergapta).
ingergamnuk, unser beider do.
ingergapse, euer beider do.
ingergarmik, ihr beider do., z. B. ingergárma njorpunga, von Natur bin ich schlecht oder unvermögend. ingorgāma taimaipunga, ich bin von jeher, von

Anfang oder von Natur so. ingergâme piungimet, weil er von Natur oder von jeher nichts taugt.
Inge, die mittelste Spitze, membrum Gerel foem.
Ingmuksivok, j. SS., es paßt gut in einander, Sachen. (Wird nur von Wenigen verstanden.)
Ingiarpa, t. CS., er kommt ihm zuvor 2c.
ingiarsivok, j. SS. do.
ingiarsinek, das Zuvorkommen.
ingtarkatte, tik, tit, ein Gefährte, Mitwanderer, auch die Frau.
ingiarkattiga, mein Gefährte, meine Frau.
ingiakatla, sein Gefährte.
ingiakattauvok, j. SS., er geht mit in Gesellschaft.
ingiarkatlautivok, car. Sing., sie thun was mit einander um die Wette, gehen, rudern 2c.
ingiarkattigiva, j. SS. inus., er hat ihn zu seinem Gefährten (auch der Mann die Frau, und umgedreht).
Ingipok, t. SS., er setzt sich nieder, ein Mensch.
ingisimavok, j. SS., er sitzt, ist sitzend.
ingitsomavok, j. SS., er will sich setzen.
ingisarpok, t. SS., er setzt sich schnell, um bald wieder aufzustehen.
ingivigiva, j. SS. inus., er hat es zu seinem Sitz, Stuhl, Bank 2c., auch den bloßen Boden.   [des Sitzens.
ingiutigiva, j. CS., er hat es zur Ursache
ingiuserkpok, j. SS. do. (mit mik).
ingiutekorpok, t. SS. do. (Letztere gebräuchlicher.)
Ingiulikpok, t. SS., es hat Schwingwellen oder Grundschwellen.
ingiulik, lek, lit, eine Schwingwelle.
ingiuliksiut, tik, tit, der Schwingwellen-Vogel, die Kragen-Ente (Anas histrionica).
Ingiorpok, t. SS. & CS., er singt mit, lernt singen, folgt beim Lesen.
Ingme, euch selbst, ingmut, zu mir, ingmit, von mir, ingmepok, t. SS., er ist bei mir, ingmik tunnivunga.
ingminut, er zu sich selbst, ingminut piva, er nimmt ihn zu sich.
ingminik, sich selbst, von sich selbst, ingminik okarpok, er redet von sich selbst, ingminik përpok, es geht von selbst weg oder ist weg, abgegangen, ingminik pivok, es ist von selbst gekommen (irgend eine Wehthat, Krankheit 2c.).
ingminit, von sich, ingminit piva, er thut es von sich.
ingmine (Loc.), bei, in sich selbst, ingmine issumavok, er denkt bei sich selbst.
ingmikut (Vialis.), durch sich selbst, kallugiak ingmikut kappitiva, er durchsticht oder stach sich selber mit dem Speer.
ingmigut, er für sich selbst, alleine, ingmigut illijaule, laß ihn abgesondert, für sich alleine gelegt werden.
ingmikorpok, t. SS., er ist für sich alleine, abgesondert, it, er geht durch sich selbst, denkt bei sich über was nach.
ingmikorlarpok, t. SS., er thut oft etwas für sich allein, während andere nichts zu thun haben, z. B. ißt oder arbeitet.
ingmikorlartut, Leute, die oft was alleine mit einander thun, z. B. Versammlung haben 2c.
ingmignik (Ac.), ingmingnut (Ferm.), ingmikut (Vialis.).   [selbst.
ingmingnit (Abl.), sie sich selbst, für sich
ingmignat appertsutikerput, sie befragen sich untereinander.
ingminënakivok, j. SS., er handelt für sich selbst, thut nur nach seinem Sinn.
ingmerpok, t. SS. CS., es macht sich von selbst. (Scheint in diesem Sinne nicht viel verstanden zu werden, sondern soll heißen: er macht einen Weg in einem Tage, wie ingmikaulavok.)
ingmigolingavok, j. SS., er, es ist, liegt oder steht für sich alleine.

ingmigolitipa, t. CS., er thut, stellt es, ihn für sich alleine.
ingmigolivok, j. SS. & CS. do. SS., es ist für sich alleine.
ingmikŏvok, j. SS., er seine Reise fort, geht, fährt in einem Tage auf mehrere Länder.
ingmikaulavok, j.SS. & CS., er geht ob. fährt durch, in einem Tage nach einem Laube, z. B. von Hebron nach Ofak, apkut tamanna ingmerpara ob. ingmikaulavara, ich habe biesen Weg in einem Tage gemacht.
Ingnak, næk, nait, ein Feuerstahl.
ingnakpak, t. SS., er schlägt Feuer.
ingnakpallak, læk, lait, Funken.
ingnakpallaut, tik, tit, Feuersteine.
ingnapallăvok, j. SS., es sprühen Feuerfunken aus dem Schornstein. [zeug.
ingnavik, vīk, vik, ein Gefäß zum Feuer-
ingnarorpok, t. SS., es leuchtet das Seewasser (bei finsterer Nacht, wenn es bewegt wird).
ingapallaivok, j. SS., es fahren ihm Funken aus ben Augen.
Ingna, der da (in der Nähe hinter mir, nach Norden).
iksoma, (trans.) do.
Ingnek, ingnæk, ingnet, ein Stück spröbes Eisen, Stahl, ein Stein.
ingnekpok, t. SS., es ist spröbe.
ingniovok, j. SS. do. (Letzteres soll besser sein.) [Brühe.
Ingnek, nīk, nik, ausgelaufener Thran,
ingnausivok, j. SS., ber Sped in einem Sack schmilzt, wird Brühe.
ingnililerpok, t. SS. do. [Sped.
ingnausinek, nīk, nit, Brühe unterm losen
ingnĕrpok, t. SS., er, ber Sped ist ausgelaufen. [Ausschmelzen.
ingnausijuksak, sæk, set, Sped zum
ingnausitsieksak, sæk, set, do.
Ingnerarpa, t. SS. & CS., er setzt, legt sich auf ihn, kommt auf ihn.

ingnerartauniarane! laß nichts darauf gelegt werben.
ingnerarnikpok, SS.
Ingunga, hinter, ingungarit, gehe hinter mich, it, borthin, wohin man zeigt.
Ingnisärpa, t. CS., er sendet ihn geschwinde, sagt ihm, baß er schneller, fleißiger sein soll.
ingnisarivok, j. SS. & CS. do.
Innapa, t. CS., er nöthigt, bittet ihn, forbert ihn zu etwas auf.
innatsivok, j. SS. do. (mit mik)., innatsinek, Aufforberung.
innatsartorpa, t. CS., er geht hin ihn do.
innatsiartorpok, t. SS. do. (mit mik).
innatak, tæk, tet, einer ber gebeten, befohlen, aufgeforbert wirb.
innatara (intr.), innatama, mein Gebetener Aufgeforberter.
innatit, do., innativit, bein do.
innatanga, do., innatangeta, sein do.
innatane, do., innatame, do., recip.
innatavut, do., innatapta, unser do.
innatasse, do., innatapse, euer do.
innatangit, do., innatangita, ihr do.
Innarpok, t. SS. & CS., er legt es um, auf die Seite, Korb, Schrank ic., er legt sich nieber, ein Mensch auf sein Lager, b. h. auf die Seite, it, eine Sache, Korb ic., liegt auf ber Seite.
innangavok, j. SS., er liegt auf seinem Lager, überhaupt er liegt auf ber Seite, it, irgenb etwas liegt auf ber Seite.
inartipa, t. CS., er wirft ihn um auf die Seite, einen Menschen.
inariarpok, t. SS., innariartorpok, t. SS., er geht sich nieber-, schlafenlegen, auf die Seite legen.
inangatuinarpok, t. SS., er liegt beständig (aus Faulheit) auf seinem Lager.
inarvik, vīk, vit, ein Lager, Schlafstätte.
inautiva, j. SS. inus., er fällt ober legt sich mit bem was er trägt ober hat hin.

inanjivok, j. SS. do. er, fie geht mit dem Kinde zugleich schlafen, um nachher, wenns Kind schläft, wieder aufzustehen.
inarvigiva, j. SS. inus., er hat es zu seiner Schlafstätte.
inākivok, j. SS., er fällt auf die Seite (Mensch u. Thier oder auch eine Sache).
Innangẽrpa, t. CS., er tritt an seine Stelle.
innangẽvok, j. SS. do. (mit mik).
innangẽnek, næk, nerit, das an eines andern Stelle treten.
innangẽrtara, intr., inangẽrtama, trns., meiner, an deffen Stelle ich trete.
innangẽrtiga, intr., innangẽrtima, tr., mein Ablöſer, Stellvertreter, der an meine Stelle tritt.
Inækopok, viele sagen inerkopok, t. SS., es ist ihm schön, allerliebst, nieblich, angenehm (mit mik).
innerkogiva, j. CS., er, es gefällt ihm, beucht ihm schön, allerliebst, angenehm.
innerkonarpok, t. SS., es ist schön, nieblich, angenehm, allerliebst.
innerkonartok, etwas Schönes, Angenehmes, Allerliebstes.
innerkonaidlarpok, es ist sehr häßlich oder unangenehm.
Innerko! ei das ist nicht schön! Ausruf wenn Jemand was sieht, was ihm nicht gefällt.
Innellok, luk, luit, ein Darm von einer Creatur.
innellugak, kæk, ket, getrocknete Därmer.
innelloartorpok, t. SS., er speifet Därmer.
inellutset, Kairolit und Netsit Därmer.
Inneroinek, næk, nerit, die Unverdrossenheit, Beharrlichkeit.
inneroipok, t. SS., er ist unverdrossen, beharrlich, macht fort, bis er seinen Zweck erreicht.
inneroilautiva, inneroilaupa, t. CS., er ist beharrlich auf ihn, läßt nicht ab, redet ihm zu, unverdrossen so oder so zu machen, bis der Zweck erreicht ist.
ineroilautigiva, j. CS. do.

inneroilarpok, t. SS. do. (mit mik).
inneroilautjauvok, j. SS., er ist willig gemacht, thut wie ihm gesagt ist.
Innerpok, t. SS. & CS., er, es ist fertig, hat seine Reise, ist völlig das, was es werden kann und soll, CS., er macht es fertig, bringt es zu Stande.
innersivok, j. SS., er macht fertig, bringt zu Stande (mit mik). [fertig.
innersimavok, j. SS. CS., es ist ganz
innersimangilak, t. SS. Negativ.
inningilak, t. SS. do., inningila, t. CS., er hats nicht fertig gemacht. [fertig.
innidlasinalerpok, t. SS., er ist endlich
innernasarpok, t. SS. CS., er wird langsam fertig, CS., er macht es langsam fertig.
innertorpeit, t. CS., er macht sie fertig (wenns viele sind, indem innerpa, peit meist nur für wenige gebraucht wird), it, innertorpa, er hält ihn für fertig, b. h. benkt, daß er, der Kranke, nicht mehr länger leben wird.
innonerminik innertorpok, er hält sein Leben für fertig. (Wird wenig gebraucht, sondern meistens kollærpa.)
innertuivok, j. SS. do. (mit mik), it, es beucht, währt ihm zu lange, gibt deshalb die Hoffnung auf, zweifelt, ob das, was er erwartete, auch noch kommen wird.
innertunarsivok, j. SS., es macht sich so, wird zweifelhaft, weil es so lange währt.
Innerterpa, t. CS., er warnt ihn, vor dem und jenem.
innerterivok, j. SS. & CS., do. (mit mik).
innerterinek, næk, nerit, das Warnen, die Warnung.
innerterseriarnek, næk, nerit, das Sichwarnenlaſſen.
innerterserjarpok, t. SS., er gibt der Warnung Gehör.
innerterserẽpok, t. SS., er läßt sich nicht warnen, gibt kein Gehör. [Voraus.
innertiumijarpa, t. CS., er warnt ihn zum

11

Inne, nik, nit, eine Stube, Ort, Stelle, Gleis vom Schlitten, der Ort, die Stelle, wo man sich gerade befindet.

inniksak, sæk, set, ein Platz, wo man sich künftig befinden soll oder wird.

inniksariva, j. SS. inus., er soll oder wird es zur Wohnung oder zum Aufenthaltsorte haben.

innigiva, j. SS. inus., er hat es zum Aufenthaltsort, zur Wohnung.

innigijigiva, j. SS. inus., er hat ihn zum Einwohner, in sich.

inniksallivok, j. SS. & CS., inniksalliorpok, t. SS. & CS., er macht eine Wohnung, einen Platz, CS., für ihn do.

inniksalligivok, j. SS. & CS., er macht auch, CS., auch für ihn do.

innisivok, j. SS. CS., er findet einen Aufenthaltsort, Stube, CS., er seinen, SS. it, es paßt gut, in einander passen.

inisitipa, t. CS., er setzt es, legt es so hin, daß es recht gut paßt.

inisititsivok, SS. do.

iniksarsivok, j. SS. & CS., er findet einen künftigen Aufenthaltsort oder Wohnung, CS., er findet eine für ihn (assine).

inniksarsiorpok, t. SS. & CS., er sucht sich einen Aufenthaltsort, CS., er sucht eine für ihn (assine). [nung.

innitörpok, t. SS., er hat eine neue Wohnillerosimavok, j. SS., er verbirgt sich in seinem Nest, it, es versinkt in den Schnee oder ins Gras ꝛc., daß man nichts mehr davon sieht.

inilerotivok, j. SS. CS., es ist versunken, z. B. etwas, was auf dem Schnee lag.

innitóvok, j. SS., er hat einen großen, weiten Raum, z. B. auch die Säge, wenn sie weit geschränkt ist.

innikipok, t. SS., er, es hat wenig, einen engen Raum.

inninārpok, t. SS., er will nur da, auf der Stelle sein, weil das sein Lieblingsplatz ist (mit mik).

inninōriva, j. SS. inus., er hat es zu seinem Lieblingsplatz.

innināra, iningnāra, mein angenehmster Ort, mein Lieblingsplatz.

innelukpok, t. SS., es ist ein schlechter Platz, ist nicht gemüthlich, ist unbequem.

innilapok, t. SS., er legt sich zur Ruhe.

innilangavok, j. SS., er, es bleibt an seinem Ort, geht nicht davon weg, ruht (auch die Gedanken).

innilangakojauvok, j. SS., es ist ihm befohlen, gesagt, erlaubt, an einem Orte zu bleiben, sich schlafen zu legen.

innilagosukpok, j. SS., er will da, wo er sich befindet bleiben, will sich schlafen legen.

innilaigosukpok, t. SS., er ist unruhig, wirft sich beim Sitzen oder Liegen hin und her.

innisijungnangerpok oder innisijungnangilak, j. SS., er kann keine Ruhe finden, kann gar nicht stille, ruhig sein (ein Kranker und auch wen sonst etwas beunruhigt).

Innek, das tiefere Wasser am Strande, der Rand, wo der Grund nicht mehr zu sehen ist.

Innervik, vīk, vīt, ein Rahmen, um Felle ꝛc. zum Trocknen darauf auszuspannen.

innerpok, t. SS. & CS. (mit schwach ausgesprochenem r, wogegen bei dem innerpa, er machts fertig, das r scharf ausgesprochen wird), er spannt es, das Fell aus auf den Rahmen, SS., er spannt aus (mit mik). [vom Rahmen.

inniujarpa, t. CS., er nimmt das Fell ab

inniujarivok, j. SS. & CS.

innerlak, tåk, tet, ein Fell, was gerade ausgespannt wird.

inniak, innitsek, innitset, ein Fell, das aufgespannt steht.

inniangovok, j. SS., es ist ein aufgespanntes Fell.

inniaksak, sæk, set, es ist ein Fell, welches aufgespannt werden soll.

inniut, tik, tit, die Schnüre oder Riemen womit das Fell angezogen, aufgespannt ist.

inniuliksak, säk, set, Schnüre ob. Stricke, die zum Aufspannen der Felle gebraucht werden sollen.

innivok, j. SS. & CS., SS., es ist hingelegt, CS., er spannt ein Fell oder befestigt dasselbe irgendwo in der Luft aus, nicht auf den Rahmen, it, legt es nur ausgebreitet hin, ohne zu befestigen.

innijivok, SS. do.

innitak, tet, car. Sing., eine Horde über über der Lampe, worauf die Kleider getrocknet werden.

innitjivok, j. SS. & CS., er macht eine solche Horde, CS. do., für ihn.

inniva, j. CS., er legt es auf die Horde (eine Sache).

innijivok, SS. do. (mit mik).

inniukarpeit, t. SS. inus., er legt, hängt Sachen auf, Fische, Wäsche rc.

inniukaivok, j. SS. do. (mit mik).

inniukavik, vīk. vit, Fischstangen oder sonstige Stellage, um was daran aufzuhängen, Waschleine rc.

iniukaivik, vik, vit, eine trockene, schneelose Stelle, um was hinlegen zu können.

Innoksipok, t. SS. & CS., es langt nicht mehr hin, ist auseinandergewichen, ein Gelenke und allerhand, it, es ist zuviel davon genommen, beim Zuschneiden rc., daß es zu klein geworden ist, CS., er verrückt es ihm, daß ers nicht kriegen, erlangen kann, macht ihn zu klein, oder schneidet, macht es zu klein, zu kurz.

inoksēvok, j. SS. do.

innoksitipa, t. CS. do.

innoksititsivok, j. SS. do. (mit mik).

innokpa oder innorpa, t. CS., er erlangt es nicht, kann es nicht erreichen, kann es mit seinen Gedanken nicht erlangen, begreifen, kann das Ziel nicht erreichen.

innoksarpok, t. SS. do. (mit mik).

inuornarpok, t. SS., es ist unerreichbar, zu weit, zu hoch.

innoksavok, j. SS. siehe innoksarpok.

innoksalaivok, j. SS., er erreicht es nicht, kommt nicht bis hin, worauf er treten ob. woran er sich anhalten will, und stolpert oder fällt, it, der Wind fällt, hält nicht an bis man angekommen ist.

Inokoajunalik, siehe bei innukoarpok.

Innungnāgivok, SS. & CS., er stellt einen andern auch wegen dem, was er unnütz gegen ihn geredet, zur Rede.

innungnavok, j. SS. & CS. do., it, wie innungnarpok.

innungnäjigiva, j. SS. inus., er hat ihn zu dem, der ihn wegen do. zur Rede stellt.

Innuk, nūk, nuit, ein Mensch (ein Eskimo), it, das Junge im Ei.

innuvok, j. SS., er lebt, ein Mensch.

innuluarpok, t. SS., er lebt besonders gut gegen andere, wird aber. ganz fürs Gegentheil genommen, und bedeutet im Gebrauch immer: er ist, er lebt schlechter wie ein anderer.

innulerpok, t. SS., er fängt an zu leben, wird geboren.

innulorvik, innuvik, vīk, vit, die Geburtsstätte, Tag. [lebt.

innōnek, næk, nerit, das Leben, was man

innōsek, sīk, sit, das Leben (im Gegensatz von Tod).

innōsera, mein, inōtsit, dein, inosinga, sein Leben.

innōkul, tik, tit, eigenthümliche, eigene Leute, angenommene Kinder.

innukutigiveit, j. SS. inus., es sind seine eigenen Leute, oder er hat sie zum Eigenthum.

innukattetik, tit, ein Mit- ob. Nebenmensch.

innukattigiva, j. SS. inus., er hat ihn zum Nebenmenschen, zum Nächsten.

innukattigēngnek, næk, nerit, die Mitmenschen- oder Nächstenschaft.

innūt, tik, tit, Lebensunterhalt.

innütigiva, j. SS. inus., er hat es zum Lebensunterhalt.
innütetovok, j. SS., er, es ist das einzige Leben, Lebensunterhalt. [neh.
innutigijak, jæk, jet, Lebensmittel, Arzeinnutiksarsivok, t. SS. & CS., er findet Lebensunterhalt, CS., er verschafft ihm, versieht ihn mit Lebensunterhalt (gilt blos für Hungerzeit).
innüjaut, innugüt, tik, tit, die Ursache zum Leben. [zum Leben.
innügutauvok, j. SS., er ist die Ursache innügutekarpok, t. SS., es hat Ursache zum Leben.
innüguligiva, j. SS. inus., er hat es, ihn zur Ursache des Lebens, Lebensmittel, oder jemand der ihm was gibt.
innügumut issokangitomut, zur ewigen Ursache des Lebens oder Lebensursache; innötsemut issokangitomut, zum ewigen Leben. [ren.
innüoksukpok, t. SS., er ist jung an Jahinnmitsuk, sük, suit, ein junger Mensch, Knabe oder Mädchen, auch junge Hunde.
innuosukpok, do.
innütsukka, meine Jugend (nicht kleine Kinder), junge Leute.
innütsutit, deine jungen Leute.
innüsuktangit, seine, innüsuktose, eure jungen Leute. [Leute.
innusuktovut, unsere Jugend ob. jungen
inaungorpok, t. SS., er wird ein Mensch, it, er ist groß gewachsen.
innungotigiva, j. SS. inus., er ist um seinetwillen Mensch geworden, oder wird Mensch. Jesusib innungotigivatigut, Jesus ist Mensch für uns geworden.
innuarpok, t. SS. & CS., er tödtet einen Menschen, CS., er tödtet ihn.
innuartok, tuk, tut, ein Mörder, Todtschläger.
innuarutigiva, t. CS., er hat ihn zur Ursache, daß er jemanden tödtet.
innuktorpok, t. SS., er ißt Menschenfleisch.

innuktomavok, j. SS., er ißt immer, oft Menschenfleisch. [fresser.
innuktomajok, juk, jut, ein Menschen-
inuktarikpok, t. SS., er hat einen erwachsenen, verständigen Menschen getödtet.
innuktak, täk, tet, ein getödteter Mensch.
innuktauvok, j. SS., er ist getödtet.
innukoarpok, t. SS., er ist ein alter Mensch (doch jünger wie der folgende).
innukoajunatik tokkokattarput, oft sterben welche, ohne alt zu sein.
innutokauvok, j. SS., er ist ein alter, betagter Mensch.
innutsiarpok, j. SS., er lebt hübsch, gut (ist ordentlich im Betragen 2c.), ist menschenfreundlich.
innutsiak, æk, et, ein hübscher, schöner, freundlicher Mensch.
innutsiangovok, j. SS., er ist do.
innukipok, t. SS., es hat wenig Menschen, z. B. draußen bei schlechtem Wetter, silla inukipok.
innutovok, j. SS., es hat viele Menschen.
innuksivok, j. SS., er sieht, findet, trifft Menschen an.
innulipok, t. SS., er stößt zu Menschen, kommt zu Menschen, trifft Menschen an.
innüpsalerpok, t. SS., er fängt wieder an aufzuleben (wird nicht allgem. verstanden).
innügollerpok, t. SS., er fängt an erwachsen zu werden.
innujomatsudsiarikpok, t. SS., er will gern ein ordentliches Leben führen, will nicht in Gefahr kommen.
innojomatsorikpok, t. SS. do.
innulukpok, t. SS., er ist nicht wohl gestaltet, it, er ist ein schlechter Mensch.
innutovok, j. SS., er ist alleine, ist der einzige Mensch, hat niemand bei sich.
innuigutivok, j. SS., es ist ohne Menschen, ein Haus oder Ort, sind weggezogen oder ausgestorben.
innuerpok, t. SS., es hat keinen Menschen, Herrn mehr.

innuerniojok, juk, jut, eine Sache von Verstorbenen, die keinen Herrn mehr hat.
innugiarput, es sind viele Menschen.
innuisōkpok, t. SS., es hat wenig Menschen. [vom andern Lande.
innuitorpok, t. SS., er geht, holt Menschen
innuksarpok, t. SS. do.
innuktarkpok, t. SS., er führt Menschen mit sich, fährt Menschen (wenn es zu sehen ist).
innuilak, lāk, Einöde, Wüste.
innuilarsiorpok, t. SS., er geht in der Einöde.
innuiliorpok, t. SS., er ist in der Einsamkeit.
innuilārkosimavok, j. SS., er ist allein (beim Kajauvoken oder Einbrechen).
innuilārkotivok, j. SS., er findet keine Menschen im Hause oder auf dem Lande, wo er hingeht.
innuilligiarpok, j. SS., er geht ein wenig allein in die Einsamkeit.
innukangitok, innukajuitok, eine Einöde, wo es keine Menschen gibt.
innukangitulliarpok, t. SS., er geht in die Einsamkeit.
innukangitomēpok, innukajuitomopok, t. SS., er ist in der Wüste, Einöde, wo keine Menschen sind.
innujoriva, j. SS. inus., er hält es für einen Menschen, glaubt, daß er noch lebe.
innokipok, innokitarpok, t. SS., er lebt lange.
innujak, jæk, jet, etwas einem Menschen Aehnliches, z. B. irgend am Felsen, an einem Baume oder sonst wo.
innujarpok, t. SS., er sieht einem Menschen ähnlich.
innungoak, āk, et, eine Puppe, ein aus Holz ob. Stein gemachtes Bild von einem Menschen, it, Bilder, Porträte.
innujiorpok, t. SS., er macht Bilder, Puppen.
innujalliorpok, t. SS. do.

innugagoligak, kæk, kel, ein Zwerg, kleiner Mensch (fabelhaft).
innumarik, rīk, rit, ein völlig erwachsener Mensch, it, ein tüchtiger Mann in seinem Wesen und Wirken. [Mensch, Riese.
innukpāk, pæk, pait, ein sehr großer
innuksiarnēpok, t. SS., es ist nicht vergnüglich ihn zu treffen, denn er ist nicht freundlich gegen den, der ihn antrifft, zu ihm kommt.
innuksiariarnērpok, t. SS., es ist vergnüglich, ihn zu treffen.
innungmaumivok, j. SS., er wird wieder lebendiger, munterer (wenn er vorher schläfrig oder krank gewesen).
innungmaumisārpa, t. CS., er macht ihn munter, [zu leben.
innunasuarpok, t. SS., er sucht so ob. so
innuliva, j. CS., er heilt ihn, macht ihn gesund. [(mit mik).
innuliklerpok, t. SS., er macht gesund, heilt
innūlijok, innuliklerte, ein Arzt, der gesund macht, heilt.
innullijok, eine Hebamme (die das Kind gebracht hat).
innūlijak, jōk, jet, ein Genesener, Geheilter, it, ein aus dem Wasser gezogener.
innūlije, jik, jit, ein Arzt. [Arzt.
innulijiga, intr., innulijima, trans., mein
innulijut, tik, tit, Arzenei.
innulijaujuliksak, sæk, set, etwas zur Heilung, Ursache zur Errettung.
innulijaujuliksariva, j. SS. inus., er hat es zur Ursache der Errettung, Heilung; Medicin oder sonst was.
innulijutigiva, j. SS. inus., er hat es zum Errettungs- ob. Genesungs-Mittel, wodurch er gerettet, geheilt ist.
innulinikpok, t. SS., er bringt zum Leben. (Wird besonders gebraucht, wenn einer beim Kajauvoken oder Einbrechen die Besinnung verloren und wieder zum Leben gebracht wird.) (Wird nicht allgemein verstanden.)

innulertak, læk, tel, den Eskimos Gehöriges, von ihnen Gemachtes.
innungnārpok, t. SS. & CS., ein Thier ist zuthulich, anhänglich zu einem Menschen. Kingmek unnua innungnārpok uvamnik.
innugaivok, j. SS. & CS., er zieht ihn auf, erzieht ihn (SS. mit mik).
innungangoak, āk, et, die Zehen und Finger.
innugangutsek, sæk, set, do. aggangma innuganguangit, meine Finger, oder die Finger meiner Hände. illikama innuganguangit, meine Zehen. likkerma innuganguanga, ein Glied meines Zeigefingers.
Ipaklukpok, t. SS., es ist verdreht, in einander gewachsen, z. B. Holz, it, wenn des Menschen Gedanken recht verdreht sind.
ipagikpok, t. SS., es ist gerade gewachsen, spaltet sich gut, das Fleisch ist schön geschnitten. [einem Baum.
ipak, pæk, pet, die Jahre, Abern an
ipatsiarikpok, t. SS., wie ipagikpok.
Ipaksivok, j. SS. & CS., er hat es gefaßt, recht begriffen, weiß es.
ipaksitsiarpok, t. SS. & CS., er kennt, weiß es recht gut.
ipaksilitainarpok, t. SS. CS., er hat es jetzt erst gefaßt, begriffen.
Ipek, pæk, epkit, Unreinigkeit, Schmutz.
ipàkpok, t. SS. & CS., es ist unrein, CS., er macht es unrein. (Manche ipperpok und andere ipekpok.)
ipaktovok, j. SS., es ist sehr unrein, Pelz, Kleider ꝛc. (Manche ipertovok).
ipatuksak, sæk, set, reine Sachen (wörtlich: zum Beschmieren).
ipērupok, t. SS. & CS., es ist rein, die Unreinigkeit ist weg.
ipērulivok, j. SS. & CS., es ist rein, CS., er reinigt es.
ipērpa, t. CS. do.

ipērsivok, j. SS., er reinigt (mit mik).
iperutjivok, do. [Knochen ab.
ipinējarpa, t. SS. inus., er nagt den
ipinejaivok, j. SS. do. (mit mik).
Ipinelik, lik, lit, ein Knochen, woran sich noch ein wenig Fleisch befindet.
ipektotipa, t. CS., er läßt es, ihn unrein machen, oder will es nicht gewaschen haben.
ipektotitsivok, j. SS. do. (mit mik).
ipārpa, t. CS., er leckt den Topf oder sonst ein Geschirr, wo Essen darin war, aus (Hund oder Mensch).
ipārtuksak, sæk, set, einer der den Kessel oder Topf rein machen soll, d. h. das Angesetzte abkratzen oder mit den Fingern abstreifen soll.
Iplukterpok, t. SS. & CS., er schränkt die Säge, setzt sie weiter. Siehe iblukterut.
Ipikpok, t. SS., es ist scharf, schneidet gut.
ipiksarpok, t. SS. & CS., er macht es scharf, Messer, Beil ꝛc., SS., es ist scharf gemacht.
ipiksaivok. j. SS. do. (mit mik).
ipkēpok, t. SS., es ist stumpf.
ipkēlivok, j. SS., es fängt an stumpf zu werden.
ipkēnarpok, t. SS., es ist zum Stumpfmachen, es macht stumpf.
ipakut, tik, tit, scharfes Werkzeug.
ipakuta, ipakutinga, sein scharfes Werkz.
Ipkoa (pro.), jene (nicht sichtbar).
Ipo, puk, put, ein Stiel an einer Schaufel ꝛc.
ipuak, tsek, tset, ein Heft am Messer ꝛc.
ipuaksak, sæk, set, etwas zu einem Heft.
ipuksak, sæk, set, etwas zu einem Stiel.
iputsiarikpok, t. SS., es hat einen schönen Stiel, it, Heft, ein kl. Messer.
ipuatsiarikpok, t. SS., es hat ein schönes Heft, ein Schwerdt.
ipuanga, sein Heft; ipunga, sein Stiel.
Ipōk, t. SS., er ist. Gilt hauptsächlich als Anhang; nappartotan-ipok, er ist wie ein Baum.
Ipperak, kak, ket, der Riemen am Naulak.

ipperkerpa, t. CS., er macht ihn zurechte, den Riemen am Naulak.
Ipperärpok, t. SS., er geht durchs Wasser, watet durchs Wasser, wenns nur bis an die Knöchel reicht.
ipperausiva, j. CS., er macht ihm dichte Stiefel, womit er durchs Wasser waten kann.
ipperarutigiva, j. CS., er watet mit ihm durchs Wasser, z. B. er trägt ihn vom Boot ans Land.
ipperutekarpok, SS. do.
ipperārtoarpok, t. SS., er geht, watet im Wasser, ohne Kleider. [achten.
Ipperainek, das Fahrenlassen, Nichtmehr-
ipperaivok, j. SS., er läßt fahren, legt ab (mit mik).
ipperarpa, t. CS., er läßt ihn fahren, achtet ihn, es nicht mehr, legt es ab (Gewohnheiten, Kleider 2c.).
ipperartak, tæk, tet, etwas was man fahren läßt, nicht mehr achtet.
Ipperartorpa, t. CS., er schlägt ihn mit der Peitsche.
ipperartugak, kæk, ket, ein mit der Peitsche Durchgehauener.
ipperautak, tāk, tet, eine Peitsche.
ipperautsiorpok, t. SS. & CS., er macht eine Peitsche, CS., er macht eine für ihn.
ipperartornikpok, t. SS., er peitscht (mit mik).
ipperartutiva, j. CS., er schüttelt es aus, ab, die Kleider wo Schnee daran hängt, schlägt sie gegen was; wird es bloß geschüttelt, so gilt ipsortorpa.
ipperartutivuk, car. Sing., sie fahren aus Bosheit über einander her und schlagen sich mit der Peitsche.
Ipperigutivok, j. SS., er ist zufrieden gestellt, es ist eine Sache wieder in Ordnung gebracht, ist an seinem Platz. (Wird nur in letzterem Sinne allgemein verstanden.)
Ippervik, vīk, vit, ein Ohr an einem Kessel, woran der Henkel befestigt ist.

ippervilertauvok, j. SS., es werden Ohren an den Kessel gemacht.
ippek, pīk, pīt, der Henkel an einem Kessel.
ippekarpok, t. SS., der Kessel hat einen Henkel.
ippertarpa, t. CS. SS., er macht ihm (dem Kessel) einen Henkel, SS., der Kessel hat einen Henkel.
ippertarivok, j. SS. & CS. do.
ippiutak, tæk, tet, der Strick an einer Fuchsfalle u. dergl., it, der Hundestrick, woran er zieht.
Ippivok, j. SS., er ist erstickt, ertrunken im Wasser, it, es ist ihm zum Ersticken, ist ganz außer Athem.
ippitipa, t. CS., er erstickt, ertränkt ihn.
ippinarpok, t. SS., es ist zum Ersticken, die Hitze, Rauch, Wasser 2c.
ipjiariva, j. CS., er bringt ihn außer Athem, SS., er bringt ihn außer Athem durch Eile, it, er läßt ihn ersticken, rettet ihn nicht.
ippijariva, j. CS. do.
ipjivok, j. SS. do.
ipsorarpuk, put, car. Sing., sie ersticken mit einander, zugleich, ertrinken zugleich.
ipsorarivuk, vut, car. Sing. do. (auch).
ipsengovok, siehe ibjangovok, es ist ihm zum Ersticken, er ist engbrüstig.
ipjangonarpok, t. SS., das Haus, die Luft ist zum Ersticken.
ipjak, jæk, jet, eine im Wasser erstickte Creatur, Forellen.
ippitilak, tāk, tet, do. Seehunde.
ipjaktorpok, t. SS., er isset erstickte Forellen, Seehunde 2c.
ippitak, tæk, tet, siehe ibpitak, eine erstickte Creatur, die durch irgend etwas erstickt worden, z. B. ein Fuchs in der Falle, ist aber ein Thier von selber erstickt, so ist es ein ippijok, it, heißt ein Mensch ein ippitak, der durch irgend was, aber nicht mit Fleiß erstickt worden ist, z. B. eine Mutter ihr Kind im Schlafe, oder

wenn jemand in einen Kasten ginge, und der Deckel zufiele und er darin erstickte.
ippipa, t. CS., er erst. ibn (pijarinanele).
ippitipa, do.
Ipsummerpok, t. SS., er spricht vieles, hört nicht auf zu reden, it, eine Sache weht vom Winde hin und her.
ipsumertorpok, t. SS. do.
ipsumilukpok, t. SS. do.
ipsumilāvok, j. SS., es wehet, schüttelt etwas, eine Sache hin und her, dann und wann, z. B. ein Fell vom Winde.
ipsumāvok, ipsumagalāvok, j. SS. do.
ipsorpa, t. CS., er schlenkert, schüttelt es einmal.
ipsortorpa, mehrmal. ipsortuivok.
ipsaivok, SS. do.
Ipte, der Saft irgend einer Sache, einer Frucht, eines Baumes 2c.
iptekarpok, t. SS., es hat Saft.
iptitsiarikpok, t. SS., es hat schönen Saft.
iptelukpok, t. SS., es hat schlechten Saft.
ipterutivok, j. SS. & CS., er, es ist ohne S.
iptējartauvik, ein Kelter.
iptējaivik, vīk, vīt, do. (besser.)
ipterilikpok, t. SS., es ist ausgetrocknet, hat nur wenig Feuchtigkeit, der Fluß, Land, Kleider; aber nicht ganz trocken.
ipteriliktipa, t. CS., er trocknet ihn aus, macht den Fluß 2c. trocken.
Iptorikpok, t. SS., er stottert.
iptorērpok, er stottert nicht mehr.
Issagutak, tæk, tel, Strahlen. Sekkerngub issagutangit, Sonnen-Strahlen.
issagutarpok, t. SS., es strahlet.
Issakava, t. CS., er schlägt ihn mit der Ruthe.
issakaivok, j. SS., er schlägt mit der Ruthe (mit mik).
issakaut, tik, tit, eine Ruthe.
issangnek, næk, neril, eine Klafter.
issakpok, t. SS. & CS., er streckt die Hand aus, CS., er klaftert es, mißt es (streckt einmal die Arme darüber aus), it, er streckt die Hand nach ihm.

issaktak, tæk, tet, etwas das geklaftert, gemessen ist.
issākpok, t. SS., er streckt den Arm in die Höhe, it, ein Faß fällt auseinander, d. h. die Dauben.
issaktorpa, t. CS., er klaftert es, streckt Arme mehreremal darnach aus.
issakattarpa, do.
issakterpok, t. SS. & CS., er klaftert, mißt es (SS. mit mik).
issangavok, j. SS., er hat die Arme ausgestreckt (beide), steht ausgespannt da.
issāngavok, j. SS., er hat den Arm nach oben gestreckt, steht mit nach oben gestrecktem Arm, it, die Faß-Dauben liegen ausgestreckt.
issamivok, j. SS., er hat den Arm ausgestreckt, um nach etwas zu greifen, oder hält etwas hin.
issautiva, j. CS., er hält es hin, zu jemanden (mit mut), zum Nehmen.
issārutiva, j. CS., er hält es in die Höhe, daß es gesehen werden soll.
Issavok, j. SS. (siehe essavok), der Vogel kann nicht fliegen, er hat sich gefedert, it, ein Mensch, wenn er leicht an den Armen müde wird. nukkekangimut.
issammavok, j. SS. do. (hula).
Isaluk, lūk, luit, ein Haken, Gimpel (Pirr-
Isseralerpok, t. SS., das Ei ist faul.
Isseriak, der Rauch, blaue Nebel im Sommer (Höhenrauch). [rauch zu haben.
isserialerpok, t. SS., es fängt an Höhenisseriangilerpok, t. SS., der Höhenrauch fängt an zu vergehen.
Issek, sik, sit, der Rauch, Dampf vom Feuer, ikkomaub issinga.
isserluk, do.
isserlukpok, t. SS., es raucht.
isserlungnarpok, t. SS., es ist zum Rauchen, z. B. nasses Holz, stilles, trübes Wetter.
isserikpok, t. SS., es raucht sehr.
isserluanitipa, t. CS., er räuchert es.

isserluatitsivok, isserluanititsivok, j. SS., er räuchert. [werden sollen.
isseritsiak, siet, Sachen die geräuchert
issiularpok, t. SS., die Lampe raucht.
issiuläk, lait, der Rauch von einer Lampe.
issiarnipok, t. SS., es riecht, schmeckt nach Rauch.
Issek, ēt, īt, das Fell über dem Niutak (ein Reifen mit einem Fell überspannt), was beim Seehundsfang gebraucht wird.
Issiligak, ijiligak, kæk, ket, Würmer, die im Seegrase (verfaultem) zu sein pflegen.
Issiterpok, t. SS. & CS., er bearbeitet, gerbt ein Fell, Rennthierfell ıc., issiterlak, ein gegerbtes Rennthierfell.
issiterivok, j. SS. & CS., er bearbeitet, gerbt auch ein Rennthierfell.
issipsivok, j. SS. & CS., er breitet ein Rennthierfell aus zum Trocknen.
issiptak, tŏk, tet, ein ausgebreitetes Rennthierfell, zum Trocknen.
isserkut, tik, tit, ein Schaber, von einem Stückchen Blech gemacht, um ein Rennthierfell damit zu gerben.
Issivipok, t. SS. & CS., er hat es ausgebreitet, SS., es ist ausgestreckt, ausgebreitet.
issivitsivok, j. SS., er breitet, macht auseinander (mit mik).
issivitsiarpok, t. SS. & CS., es ist hübsch, gut ausgebreitet, CS., er breitet es gut aus.
issipterpok, t. CS., er breitet etwas aus.
issipterivok, j. SS. & CS. do.
Issivsorpok, t. SS., er redet leise, wispelt (mit mut).
issivsutiva, t. CS., er redet leise mit ihm.
issivsutjivok, j. SS do. (mit mik).
issivsorvigiva, j. CS. do.
issivsutivok, er redet leise zu sich oder mit sich selber. [mit einander.
Issivsutivuk, vut, sie reden gegenseitig leise
Issivsukpok, t. SS. (ist eins mit issivsorpok).

issivsorarpok, t. SS., er redet oft leise.
Isso, suk, sut, der Anfang, das Ende.
issuanit issuanut, von (seinem) Anfang bis zu Ende.
issokangitomit issokangitomut, von Ewigkeit zu Ewigkeit.
issokangilak, t. SS., es hat kein Ende.
issurēpok, t. SS. do., sein Ende ist weggenommen.
issukliovok, j. SS., er ist der Aeußerste, vom Anfang ob. Ende.
issuklioliva, j. CS., er macht ihn zum Aeußersten, SS., er sich selbst.
issuklek, læk, lit, der Erste oder auch der Letzte in einer Reihe.
issukliub tuglia oder aipa, der Zweite, nach dem Ersten oder nach dem Letzten.
issuklik tugliak, der Dritte.
issurartunek, der Vorderhund. [hund.
issurartuniovok, j. SS., er ist Vorderissuarpok, t. SS. & CS., das Ende ist entzwei, CS., er macht das Ende entzwei.
Issorpok, t. SS., es ist dick, trübe; Wasser und sonst Flüssigkeiten, und das Wetter, wenns regnet (beim Schneien heißt aber das Trübesein: niptaipok).
issorksivok, j. SS., es wird bick, trübe do.
issuērpok, t. SS., es ist nicht mehr trübe, ist helle, klar.
issungilak, t. SS., es ist helle, klar.
issuērsiariva, j. SS. inus., er klärt es ab.
issuērsēvok, j. SS. do. [Sinn.
Issuma, mæk, mait, Gedanken, Meinung,
issumanek, das Denken, das Gemüth.
issumavok, j. SS., er denkt; imāk issumavunga, also, oder so denke ich (wie nun folgt).
issumangnik, pīt, thue dein Belieben oder deinen Sinn.
issumangnut, pīt, thue nach deinem Belieben, Sinn.
issumamnik, mein Sinn, issumapkut, durch meinen do. [migut, sein do.
issumaminik, sein do. recipr., issuma-

12

issumaplingnik, unser do., issumapligut, in, durch do. [gut, do.
issumapsingnik, euern do., issumapsi-
issumamingnik, ihren do., issumamikut, in, durch.
issumamingnik, ihr zweier Sinn.
issumagiva, j. CS., er gedenkt seiner.
issumakarpok, t. SS. do. (mit mik).
issumagijungnaipa, er gedenkt seiner, es nicht mehr.
issumagijungnaivigiva, j. CS, er gedenkt bei ihm an nichts mehr, vergibt ihm. Nalekab ajornimnik issumagijungnaivigivänga, der Herr vergibt mir meine Sünden.
issumatärpok, t. SS., er hat neue Gedanken, ändert seinen vorigen Sinn.
issumatärtipa, t. CS., er macht ihn do.
issumakortóvok, j. SS., er ist großmüthig.
issumatóvok, j. SS. do., gut, in seinen Gedanken verständig ꝛc.
issumakipok, t. SS., er ist kleinmüthig, alles verdrießt ihn gleich, ist hochmüthig, hat ein armes Gemüth.
issumagikpok, t. SS., er hat gute Gedanken, ein gutes Gemüth.
issumalukpok, t. SS., er denkt schlecht, hat ein schlechtes Gemüth.
issumatóvok, j. SS., er denkt klug, hat kluge Gedanken, klugen Sinn.
issumaluëpok, t. SS., er denkt nichts Richtiges, ist dumm.
issumalorikpok, t. SS., er ist gutdenkend.
issumaloriksivok, j. SS., er wird gutdenkend.
issumangerpok, t. SS. do.
issumairotivok, j. SS. & CS., er ist ohne Gedanken, CS., er macht ihn do.
issumaksorpa, t. SS. inus., er denkt sehr an ihn, es geht hin und besieht es.
issumaksuivok, j. SS. do.
issumaksoariva, j. SS. inus. do.
issumasivok, j. SS., sein Sinn ist sehr darauf gerichtet gewesen, weils ihm aber abgeschlagen worden, will ers auch nicht mehr, obgleich ers jetzt haben könnte; ist andern Sinnes geworden.
issumasivigiva, j. SS. inus., er will von ihm nichts, oder jenes nicht haben, weils ihm vorher abgeschlagen wurde, obgleich ers jetzt haben könnte.
issumasitigiva, j. SS. inus., er will es, eine Sache oder einen Menschen, nicht haben, weil er ihn vorher haben wollte, ganz darauf gerichtet gewesen, und ihm abgeschlagen worden ist. [gedacht.
issumagijauvok, j. SS., es wird seiner
issumagijaujungnainek, næk, nerit, das nicht mehr Gedachtwerden oder die Vergebung.
issumagijomairpa, t. SS. inus., er will nicht mehr daran gedenken.
issumasiorpa, t. CS., er forscht seine Gedanken aus.
issumasiorivok, j. SS. & CS. do.
issumasiortauvok, j. SS., es werden seine Gedanken ausgeforscht.
issumaksarsiorpok, t. SS., er sucht in seinen Gedanken, denkt über was nach, was und wie er thun will.
issumajarpok, t. SS., er hat allerhand Gedanken, denkt zum voraus über das und jenes, it, denkt kummerhaft.
issumaumijarpok, do.
issumajejumijarpok, t. SS. do.
issumajarut, tik, tit, die Ursache zum Kummerhaften Denken, oder zum voraus.
issumajarutigiva, j. CS., er hat ihn zur Ursache, gedankenvoll zu sein, hat ihn zur Bekümmerniß.
issumaliorpok, t. SS., er macht sich Gedanken, will nicht so, wie ihm erlaubt oder befohlen ist, will z. B. nicht mitessen, weil es so schon wenig ist.
issumaliorvigiva, j. SS. inus., er macht sich Gedanken über ihn, geht nicht hin, um sich etwas zu holen.
issumaliorutigiva, j. SS. inus., er hat

ihn, es (die Sache) zur Ursache, daß er
sich Gedanken macht. Nerke issuma-
liorutigavara Johanesemik; ich mache
mir Gedanken, oder habe das Fleisch zur
Ursache, mir Gedanken zu machen beim
Johannes.
issumagijarnerpok, t. SS., es ist schön
zu bedenken, issumagijarnerpok tapsomunga.
issumagijarnēpok, t. SS. Negativ, wenn
er z. B. jemand was abgeschlagen, oder
sonst was Unangenehmes gemacht.
issumagijarneriva, j. SS. inus., er denkt
mit Vergnügen an ihn.
issumakavikpok, t. SS., er hat nur einen
Gedanken, ist unveränderlich in dem, was
er vorgenommen (gut oder schlecht).
issumalukavikpok, t. SS., er denkt unveränderlich aufs Schlechte.
issumakakarpok, t. SS., er hat etwas in
seinem Gemüthe von langer Zeit her.
issumatokakarpok, t. SS. do., er hat
alte Gedanken.
issumakarpok, t. SS., er hat Gedanken.
issumakangilak, t. SS. Negativ.
issumakarviovok, j. SS., er ist der, auf
den man Gedanken hat.
issumanarpok, t. SS., er, es ist so bedeu-
tend, es in Gedanken zu haben, er, es ist
gedenkenswerth.
issumanasuarpok, t. SS., er denkt, überlegt, wie das oder jenes anzustellen, an-
zufangen, auszuführen sei (wenns unmöglich zu sein scheint).
issumanerlukpok, j. SS., er offenbart
seine Gedanken nicht, denkt was, ohne es
zu sagen, it, er hat schlechte Gedanken
gegen seinen Nebenmenschen.
issumagijaksauvok, t. SS., er, es ist eine
Sache, daran zu denken, an die gedacht
werden soll.
issumailingavok, j. SS., er denkt unordentlich; ist simpel an Verstand.

issumainakivok, j. SS., er handelt nur
ganz nach seinem Sinn.
issumainākigivok, j. SS., er denkt, handelt auch blos nach seinem Sinn.
issumainākititaujok, juk, jut, einer, den
man ganz nach seinem Sinn gehen und
handeln läßt.
issumamalerpok, t. SS., er fängt an fertige Gedanken zu haben, ist mit Besinnen
fertig.
issumagimalerpa, t. CS. do., er hat sich
fertig wegen, oder über ihn besonnen.
issumerpa, t. CS., er verleiht, gibt ihm
andere Gedanken.
issumevok, j. SS. do. (mit mik).
issumertorpa, t. CS., er denkt etwas neues
über ihn, was nicht wahr ist, denkt falsch.
issumertuivok, j. SS. do.
issumagiumijarpa, t. CS., er bedenkt ihn
zum Voraus.
issumaumijarpok, j. SS. do. (mit mik).
Itjuarpa, t. CS., er äffet ihm nach; macht
ihm seine Worte, Geberden und Gewohnheiten nach.
itjuarsivok, j. SS. do. [Hause.
Itok, tūk, tuit, ein alter Mann, Aeltester im
ītōvok, j. SS., er ist ein alter Mann.
ītuksasovok, j. SS., ītuksasōk, ein Mann
von mittlerem Alter.
ītuksak, sæk, set, ein Mann etwas älter
wie ein ītuksasōk.
Itsak, vor langer Zeit.
itsaksoak, vor sehr langer Zeit, vor Alters.
itsarnitak, tæk, tet, eine Sache die vor
Alters geschehen.
itsavaksoangorpok, t. SS., es ist vor
sehr langer Zeit, vor Alters geschehen.
itsellivok, j. SS., es ist von Alters her so.
Itje, Kälte, Frost.
itjekarpok, t. SS., es hat Kälte.
iljilerpok, t. SS., es fängt an kalt zu
werden.
iljililuarpok, t. SS., die Kälte nimmt zu,
es ist kälter als es vorher war.

itsengiarpok, t. SS., itsengerpok, t. SS., die Kälte läßt nach, es regnet nach vorhergegangener Kälte. [lange kalt.
itjitudlarpok, t. SS., es ist sehr kalt,
itsekipok, t. SS., es ist nicht kalt, es ist nicht lange kalt.
Itsek, ik, it, der Dotter im Ei, it, der Rauch, der bei einem Erdbeben aus der Erde aufsteigt.
itsekarpok, t. SS., es hat Rauch vom Erdbeben, it, das Ei hat ein Dotter.
Itset, car. Sing., ein fertiggenähtes Zelt.
itseksak, sæk, set, ein Zeltfell, Fell zum Zelt.
itseksakut, tik, tit, vorräthige Zeltfelle.
itseksakuttekarpok, t. SS., er, es hat vorräthige Zeltfelle.
Itsorpok, t. SS., er geht hinans, um sich umzusehen :c. (Nordisch).
itsuarpok, t. SS. & CS., er sieht zur offenen Thüre oder Fenster hinein, it, er ist im Boot und sieht ins Wasser, oder auf dem Eis und sieht nach dem Grunde, CS., er besieht es durch die Thür, Fenster :c.
itsuarijartorpok, t. SS., er geht irgendwo hinein zu sehen, durch irgend eine offene Stelle.
itsuartorpok, t. SS., er sieht wiederholt durch, beim Forellenfang auf zugefrorenen Flüssen oder Teichen.
itsuarsivok, j. SS. do., wie itsuarpok. (mit mik).
itsuarvik, vik, vit, ein Ort, Ritz, Loch, wo man durchsehen, hineinsehen kann, it, wo man den Grund im Wasser sehen kann.
itsuartüt, tik, tit, eine lange Stange, die Fische damit auf dem Grunde zu stechen.
Ittagiva, j. CS., er geht behutsam mit ihm um.
ittaktorpok, t. SS., er macht behutsam, vorsichtig (auch auf Jagd).
ittaktaipok, t. SS., er ist nicht behutsam, vorsichtig.
ittaktornarpok, t. SS., es ist behutsam,

vorsichtig damit umzugehen, beim Münehmen oder Machen.
ittangnarpok, t. SS. do., es erfordert vorsichtig damit zu sein, z. B. ein Fenster, weils leicht zerbricht.
Ittaumijarpok, t. SS., der Seehund, Weißfisch :c. geht, nachdem er untergegangen, langsam, kommt nicht bald wieder zum Vorschein.
ittaumijangilak, t. SS., er kommt öfters, um Athem zu schöpfen.
Ittek, tæk, erkit. ein Seeigel, it, die Kerbe am Podex.
Itterlek, læk, let, ein flaches Thal zwischen Bergen, was auf einer Seite, oder keinen Ausgang hat. [zu ittersak).
itterlaluk, luit, ein großes do. (gehören
Itterlerarpok, t. SS., es biegt sich auf und nieder, das Eis, das Wasser, die Wellen.
Itterngujak, jæk, jet, ein Teller.
Itterpok, t. SS. & CS., er geht ein, CS., er geht zu ihm und dem Hause ein, it, er trägt ihn oder es herein, it, der Schuß ist ins Thier gegangen. SS.. ittersivok ominga.
itterviк, vīk, vīt, eine Pforte, Oeffnung zum Eingehen, it, die Zeit zum Eingehen.
itterviksak. do.. Gelegenheit zum Eing.
itterviksauvok. SS., es ist Gelegenheit do.
itterviksakarpok, t. SS., es hat Eingang, hat eine Thür.
itterviksakngilak. t. SS., es hat keinen Eingang, hat keine Thür.
ittertarvik. vīk, vīt, ein Eingang, Thor, Thüre, wo man immer pflegt ein- und auszugehen.
ittertarviovok, j. SS., es ist ein Eingang.
ittervigiva, j. SS. inus., er hat es zum Eingang, it, geht zu ihm ein.
ittertipa. t. CS., er bringt ihn herein, einen Menschen, der aber selber geht, sagt ihm oder führt ihn.
itteriartorpok, t. SS. & CS., er geht hin und bringt, trägt, schafft es, ihn herein.

ittärpok, t. SS. & CS., er (Menſch oder Thier) bricht mit Gewalt in ein Haus, Zelt oder Land ein, CS., er, ſie brechen bei ihm ein.
ittärtipeit, j. CS., er macht do.
ittärtitſivok, SS. do.
ittärtauvok, j. SS., es iſt eingebrochen worden, durch Hunde oder Menſchen.
ittātſivok, j. SS., er ſchafft, trägt Sachen herein (nemlich wenn viel hereinzuſchaffen iſt, denn bei einer oder wenig Sachen iſt ittertſivok).
ittākpeit, t. CS. do.
ittidlamariksinalerpok, t. SS., er geht endlich ein, nachdem er lange gewollt.
ittāvok, j. SS. & CS., der Wind bringt durch die Ritzen des Hauſes, der Rauch durch die Ritzen des Ofens ꝛc. Annorib ittāvātigut killakut.
ittalojorpok, SS. & CS., der Rauch.
itteroksingavok, j. SS., die Stimme ſchnappt über, verſagt. [Erde.
ittersak, sæk, set, ein Loch, Spalte in die
ittersallivok, j. SS. CS., er macht ein Loch, CS., für ihn.
Itterok, kuk, kut, Urin.
itterorterpok, t. SS. & CS., er macht was mit Urin reine, Felle ꝛc., SS., es, das Fell, iſt mit Urin abgewaſchen.
itterorterivok, j. SS. & CS. do.
itteroarpa, t. CS., er ſchmiert ein Fell mit Urin.
itteroarivok, j. SS. & CS. do.
Ittiblek, lit, lit, eine Landenge, ſchmaler Landſtrich, wo auf beiden Seiten See iſt.
ittibliliarpok, t. SS., er geht, fährt nach einer Landenge.
ittibsarpok, t. SS., er geht, fährt über eine ſchmale Landenge.
ittibsorpok, t. SS., er geht, fährt über eine breite Stelle von einem Waſſer zum andern. Dieſe beiden gelten bei vielen ganz gleich.
ittibsoavok, j. SS. & CS., das Waſſer,

die Welle fährt über die Landſpitze, oder Schiff, Boot.
Ittiblimavok, j. SS., er redet im Schlafe, Traum (auch wachend, wenn er nicht recht weiß, was er thut).
Ittiblaksak, sæk, set, Speck in die Lampe.
Ittiggak, kæk, ket, ein Fuß vom Menſchen oder Thier.
ittiggaja, jäk, jet, die Zehen oder Klauen der Vögel.
ittiggatóvok, j. SS., er hat große Füße.
ittiggakipok, t. SS., er hat kleine Füße.
ittiggaijorpok, t. SS. & CS., er friert an den Füßen.
ittiggaierpok, t. SS. CS. do. und er hat die Füße verloren.
ittiggagutik, Dual., tit, Plur., ein Paar Schuhe von abgetrennten Stiefeln.
ittiksak, säk, set, ein Oberblatt zu einem Schuhe, Stiefel.
ittiggaktārpa, t. CS., er macht ihm (dem Stiefel) neue Füße, neue Vorſchuh.
ittigaktarivok, j. SS. & CS. do.
ittigāluk, luk, luit, Europäiſche Schuhe.
ittingmikpa, t. CS., er tritt ihn mit der Fußſpitze.
ittingmēvok, j. SS. do. (mit mik).
ittingmingnikpok, t. SS. do. (mit mik).
ittingmiktārpa, t. CS. do. wiederholt.
ittingmiktarivok, j. SS. & CS. do.
ittingmigvigiva, j. CS. do. wie itting-mikpa. [auf die Füße.
ittikittārpok, t. SS., es langt, reicht bis
ittiggamūk, mæk, met, niedrige Schuhe, Pelzſchuhe zum Ueberziehen.
ittiggamālivok, j. SS. & CS., er macht Schuhe, CS., er macht Schuhe für ihn.
ittiggamajijok, juk, jut, ein Schuhmacher.
ittigāluliorle, do.
Ittigarpok, t. CS. & SS., er bringt das Werkzeug, die Kugel nicht ordentlich ins Fleiſch des Thiers, es prallt ihm zurück, oder iſt zu ſchwach und bringt nicht ein.

Ittiktarpok, t. SS., er hat Durchfall, Diarrhöe.
illiktarnarpok, t. SS., es reizt zum Durchf.
ittiktarnarpok, luk, lut, etwas zum Abführen, eine purganz.
Ittimak, mäk, met, das Innere der Hand.
ittimiarpok, t. SS. & CS., er hat, trägt was in der hohlen oder flachen Hand.
Ittimnärpok, t. SS., der Strick am Togak reißt im Loch.
Ittivok, j. SS., es ist tief, das Wasser, Loch, Wimbe rc.
ittijomut, zu der Tiefe.
illivi, etwas auf der andern Seite des Landes rc. liegendes, z. B. von hier die Hudsons-Bay.
ittivivut, die andere Seite unseres Landes.
ittiviplingneput, sie sind jenseits unsers Landes.
ittivimiok, uk, ut, die auf der andern Seite, jenseits des Landes wohnen, z. B. die in der Hudsons-Bai.
illivigĕk, gĕt, cor. Sing., zwei oder mehrere Sachen oder Menschen, die auf beiden Seiten sind, ein Land, Berg rc. zwischen sich haben, auch Schriften, die ein Blatt zwischen sich haben, die sich auf den Seiten gegenüber sind.
ittiviklivut, unsere jenseits unseres Landes Wohnenden.
Ittimnek, næk, neril. die Steine, die in einem Fluß liegen.
ittimnelik, līk, līt oder ggit, Fluß, der viele Steine hat.
Ittukĕ! ein Ausruf, wenn man sich über irgend etwas wundert: o, zum Erstaunen!
ittukiaratta! o, sehr zum Erstaunen!
ittukiarartauvok, j. SS., er wird bewundert.
ittukiaratalava, j. CS., er sagt ittukiarata wegen ihm.
ittukērpok, j. SS., er sagt ittuki!
Ittumalik, līk, maggit, ein Affenstecher.
ittumaliktak, tæk, tet, eine gestochene Alte,

oder sonst was, das mit so einem Pfeil gestochen worden.
ittumakpok, t. SS., der Tokak oder Igimak gehen los oder zerbrechen, wenn der Seehund rc. geworfen ist.
Ivajäk, jĕk, jet, das Fleisch unter der Kehle des Walfisches.
Ivajaiva, j. CS., er bestiehlt ihn; ivajainikpok, SS. do. Markusib Boase ivajaiva. Markusib Boasib perkulingit ivajaijutigiveit, M. stiehlt B.'s Sachen.
ivajaijauvok, j. SS., er wird bestohlen.
ivájárpok, t. SS. & CS., er nimmt Sachen, die ein anderer nicht mehr achtet, weggeworfen hat.
ivājarpok, t. SS. & CS., er nimmt was Unerlaubtes.
ivajāngovok, j. SS., es ist gekriegt, fortgenommen, gestohlen.
ivajāngonerpok, t. SS. do. (ohne daß man es weiß.)
ivōjartauvok, j. SS., es wird weggenommen (gestohlen).
ivájártauvok, j. SS. do. do. (was man nicht mehr achtete.)
Ivakkarpok, t. SS., es (ein Hund od. sonst ein Thier) springt im Trabe, nicht im Gallop.
Ivalo, luk, luit. eine Sehne vom Rennthier, Seehund rc. (die als Zwirn zum Nähen gebraucht werden).
ivaluniarpok, t. SS., er bemüht sich, Rennthier-Sehnen zu bekommen.
ivalusivok, j. SS., er bekommt, kauft Rennthierzwirn. [von ihm do.
ivalusiniarvigiva, j. SS. inus., er kauft
ivaluksivok, j. SS., er spaltet Zwirn, macht es zum Nähen zurechte.
ivaluksak, sæk, set, europäischer Zwirn.
ivnluksaija, jäk, jet, Flachs rc. zu Zwirn.
ivaluksalliorpok, t. SS., er macht Zwirn.
ivaluksalliorvik, vīk, vīt, ein Spinnrad.

Ivavok, j. SS. & CS., er brütet, ein Vogel.
ivajorpok, t. SS. & CS., er fängt einen brütenden Vogel.
ivajorniarpok, t. SS. & CS., er bemüht sich einen zu fangen, do.
iväniarpok, t. SS. & CS., er bemüht sich, etwas zu erwärmen, steckt es deshalb unter die Kleider, oder legt sich darauf.
Iva, ivæk, ivet, ein schwarzer Seehund. Kairolik, ein junger.
Iverlipa, t. CS., er setzt es ein, eine Thür, Fenster, Aermel ꝛc., in ihre Löcher, einen Bein- oder Armbruch, daß er wieder richtig sitzt, einen Zaun, die Löcher an einem Netze ꝛc., d. h. wenns gut paßt.
iverpa, t. CS. inus., er setzt, drängt sich in die Stiefel, Kleider ꝛc., wenn sie steif oder zu klein zu sein scheinen.
iversivok, j. SS. do. (mit mik).
ivertorpok, t. SS. & CS., der Wind füllt die ganze Bucht aus, bläst hinein (während es anderswo keinen Wind hat).
Ivgut, lik, tit, siehe bei ivsorosukpok.
Ivik, vīk, vit, Strand-Gras.
iviksukak, kãk, iviksuket, Pl., Gras insgemein.
iviksukaitorpok, t. SS., er holt Gras.
iviksiorpok, t. SS., er sucht Gras, Strandgras.
ivitorpok, t. SS., er holt Strandgras, dürres Gras, kellimajut.
iviktarpok, t. SS., er holt Strandgras, rupft es aus. [Land].
iviksukivok, j. SS., es wird grün (das
iviksukaktãrpok, t. SS. do.
iviksukataut, lik, tit, eine Sichel, Sense, it, Grastuch.
iviksiorut, lik, tit, do.
ivillerpok, ivikpok, t. SS. & CS., er wischt sich die Hände ab, mit Gras oder Sägespänen ꝛc., wenn Oel oder dergl. daran ist.
Iviangek, ik, it, die Brust, Brüste.
ivianginga, iviangigik, ihre Brüste.

iviangerlukpok, t. SS., sie hat böse Brüste.
ivitarpa, t. CS., er streicht es roth an, färbt es roth.
ivitarivok, j. SS. & CS. do. (CS., wieder oder auch).
ivitak, tæk, tet, rothe Farbe.
ivitagæk, kæk, ket, Rothgefärbtes.
ivitangavok, j. SS., es ist röthlich.
Ivjúvok, j. SS., es ist dick, grob; Tuch, Leinwand, Brett. [anderes.
ivjunersak, sæk, set, dickeres, als ein
ivjunersauvok, j. SS., es ist dicker, als do.
ivjutorpok, SS., es ist an einer Seite dicker, paßt nicht, eine Thür ꝛc.
ivjuvsiva, j. SS. inus., er macht es dicker.
ivjuvsijēvok, j. SS. do.
Ivjutak, tæk, tet, ein Hebel.
ivjuakpok, t. SS. & CS., er hebt etwas mit dem Hebel (SS. mit mik).
Ivleriva, j. CS., er hält es werth, ist behalten darauf.
ivlersivok, j. SS. do.
ivlernarpok, t. SS., es ist werth zu halten.
Ivsok, suk, sut, ein Stück Erde, Rasen.
ivsorpok, t. SS. & CS., er belegt es mit Erde, Rasen.
ivsorsivok, t. SS. do.
Ivsaruserpa, t. CS., er bindet einer Creatur das Maul zu, oder sonst was, das es nicht auffperrt.
Ivsarut, lik, tit, eine Zwinge.
ivsarusövunga, j. SS. do. (mit mik).
Ivsorosukpok, t. SS., es ist ihm unrein, er nimmt sich in Acht davor, um sich nicht zu beschmieren (mit mik).
ivsoriva, j. CS. do. [rein.
ivsornarpok, t. SS., es ist beschmiert, univsornaipok, t. SS., es ist rein.
ivsornaigiva, j. SS. inus., er hält es für rein, rührts nicht an.
ivsornaigosukpok, SS. do.
ivsornaitipa, t. CS., er macht es rein.
ivgut, lik, tit, etwas zum Abwischen für die Hände.

Ivulukpok, es brauset, macht einen Schall Kabla, läek, let, Hunde-Beeren (Arbutus in der Luft, als wenns donnerte, it, die Flinte.
ivulungnek, næk, nerit, das Dröhnen, Brausen beim Erdbeben, it, der Knall einer Flinte 2c.
Ivugak, kæk, ket, eine graue Ente (Krietente) (Anas acuta).
Ivuvok, j. SS., das Eis treibt am Strande zusammen, übereinander und zerbricht.
ivujauvok, j. SS., es ist das Eis zusammengetrieben, zerquetscht.

K.

Kā, SS. inus., känga, sein Oberstes, das Oberste. (Kā wird für sich nicht verstand.)
kängane, Loc., auf seiner Oberfläche.
känganut, Term., auf zu seinem Obern, oben darauf.
kängagut, Vialis., über ihm hin.
kätsiarikpok, t. SS., er, es ist schön gleiche, die Außenseite, Oberfläche, it, große Oberfläche.
kārlukpok, Negativ, do.
Kātuināvok, kātuinarpok, kātuinauvok, SS., er ist oberflächlich in seinem Sinn, gibt nicht acht, wenn ihm etwas gesagt wird, denkt, es hätte auf ihn keinen Bezug.
Kāne, braußen, kanga (intrs.), kaksoma (trns.), kakkoa, der, die draußen, (Vial.), auswendig, oben durch.
kaungarpok, er geht hinaus.
kaunga aleruk, bring es hinaus.
kauna pit, geh durchs Freie.
käneniarpok, t. SS., er wird draußen sein.
Kabsarpok, t. SS. & CS., er schabt Felle, d. h. den Speck herunter.
kabsarnek, nerit, das Abschabsel, der vom Fell abgeschabte Speck und Fleisch 2c.
kabjarvik, vik, vit, eine Schabbank.
kabjaut, ein Werkzeug zum Schaben.
Kabsek, jik, jit, der Scheitel, s. kavsek.

lapponica).
Kablarne, nik, nīt, der Gestank von einer Lampe, wenn sie von selbst auslöscht, ob. ausgeblasen wird.
kablarnipok, t. SS., es riecht, stinkt nach ausgelöschter Lampe.
Kablo, luk, lut, die Augenbrauen.
kablukortōvok, j. SS., er hat große Augenbrauen. [braunen.
kablukipok, t. SS., er hat kleine Augenkablorsorpok, t. SS., er blinzt wiederholt mit den Augen.
kablukealerpok, t. SS., er blinzt, blickt einmal. Ijik kablukealerningangne, in einem Augenblick. [päer.
Kablunak, næk, nāt, ein Ausländer, Europ.
kablunauvok, j. SS., er ist ein Ausländer, Europäer.
kablunaktak, læk, tet, eine ausländische Sache, Tuch, Leinewand, Holz 2c., it, Europäern Gehöriges.
kablunaklavinek, næk, verngit, ein Stück von irgend einer europäischen Sache.
kablunarnipok, t. SS., es riecht nach Europäern ob. europäisch.
kablunarsungnipok, t. SS. do.
Kabvik, vīk, vīt, ein Dachs.
kabvikpok, t. SS., er bekommt einen D.
kabvinerpok, t. SS. do.
kabviaitsiak, itsek, itset, auch āk, et, ein Marder.
Kachimiovik, vīk, vīt, ein Ort, Platz, auch die Zeit, wo sich die Männer zur Unterredung, Berathung versammeln.
kachimiuk, ut, die Rathsversammlung. Rathsherrn.
kachimiolerput, car. Sing., sie versammeln sich zum Rath ob. zur Unterredung.
kachitorlek, lik, lit, ein Versammlungsplatz, wo man sich berathschlaget.
Kachorlek, lēk, lit, oder kakkorlek. Messing.
Kachvak, väk, vait, Treibeis.

Kad   **Kaib**

Kadlagiarpok, t. SS., er räuspert sich, huftet (einmal).

kadlartorpok oder käklartorpok, do. (mehreremal), gilt bei Menſch u. Thier.

Kakörvigiva, j. SS. inus., die Welle bricht ſich am Lande oder an einem Brecher.

kakörtoksuit, kakörtut, die Wellen, die auf einem Brecher oder ſeichten Stelle zu ſehen ſind, die da platzen.

kärvigiva, j. SS. inus., die Welle bricht ſich am Boot, Schiff ꝛc. Siehe kärpok, es platzt.

kakärsitauvok, j. SS., die Wellen brechen daſelbſt immer und wiederholt, es hat Brandung.

Kággárpok, t. SS., er wird, iſt krank von Schreck, it, aus Heimweh (wird nicht allgemein verſtanden).

kaggaut, tik, lit, der Schreck, das Heimweh, das einen krank macht.

kaggautigiva, j. SS. inus., er hat ihn (den Schreck ꝛc.) zur Urſache des Krankſeins. [gudlarpok, do., ſehr.

Kaggòrpok, t. SS., er ſchreit laut, kag-kaggorsarpok, t. SS., der Seehund grunzt, macht Stimme, it, der Menſch macht dem Seehunde nach.

Kagitlakpok, t. SS., er fällt in ein mit Schnee ꝛc. zugedecktes Loch, it, der Wolf fällt in die für ihn gemachte Grube.

Kagitarkörtok, der Name einer Inſel.

Kagle, lik, lit, Grind auf einem Schaden.

kaglairpok, t. SS. & CS., er ſtößt, macht ſich den Grind ab, CS., er macht ihm den Grind weg.

kaglekarpok, t. SS., es hat Grind.

Kaglivok, j. SS. & CS., es nähert ſich, ein Schiff, Eis, Tod, Zeit ꝛc., wenns noch ferne iſt.

knglijaroklivok, SS. & CS., er, es nahet ſich, CS., ſich ihm.

kaglilorpok, t. SS. & CS., es fängt an ſich zu nähern.

Kagujautipa, CS., er richtet es ſo ein, daß

es bis auf den Morgen langt, ob. hält ihn auf, daß er erſt bei Tages-Anbruch abgeht oder ankommt.

kajujauvok, j. SS., er, es iſt von geſtern bis auf heute gekommen, it, er erreicht den Ort nicht, ehe es Tag iſt; ober: der Morgen erreicht ihn, er wird erreicht.

kagutsau- oder kagujauniarungnaipok, t. SS., es wird den Morgen nicht erreichen, ein Kranker ꝛc.

kagujaungilak, t. SS., der Morgen erreicht ihn nicht (auf dem Wege), ſondern iſt vor Morgen angekommen. Nanē kagujaulaukise? Wo hat euch der Morgen erreicht? wenn ſie nemlich bei Nacht gehen oder fahren, it, Nahrungsmittel, die heute aufgezehrt werden.

Kagver, kagvirpok, t. SS. & CS., er iſt hinaufgeſtiegen auf einen Berg, Anhöhe, Stuhl ꝛc., Wolken, Nebel, Gedanken ꝛc. ſind aufgeſtiegen.

kagvarpok, t. SS. & CS.   do.

kagvalerpok, t. SS. & CS., er ſteigt hinauf.

kagvilerpok, t. SS. & CS.   do.

kagvirsarpok, t. SS. & CS., er iſt ſchnell irgendwo hinaufgeſtiegen.

kagvirtipa, t. CS., er hats, oder er hat ihn irgendwo hinaufgeſetzt.

kagvartipa, t. CS. do., er ſetzt es, ihn irgendwo hinauf.

kagvarsaut, tik, lit, ein Mittel, das erweicht, in die Höhe zieht.

kagvariarpok, t. SS. & CS., er iſt ein wenig auf- oder höher geſtiegen, kagvariartorpok, SS. & CS., er geht, hinaufzuſteigen, CS., er geht und legt irgend etwas höher, daß es nicht einſchneit oder von den Wellen erreicht wird.

Kagvipiularutivok, j. SS., der Ripperhahn ſchreit nach dem Huhn, indem er aufſliegt oder ſich ſetzt.

kagverpipiukpok, t. SS. do., er macht Stimme.   [das Ermahnen.

Kaiblainek, nēk, nerit, die Ermahnung,

Kaib

kaiblaivok, j. SS., er ermahnt (mit mik).
kaiblarpa, t. CS., er ermahnt ihn.
kaiblartorpa, t. CS., er ermahnt ihn wiederholt, anhaltend.
kaiblartuivok, j. SS. do. (mit mik).
Kaibsarpok, t. SS., er, es geht noch voran, wenn er, es gleich stehen sollte ob. wollte, ein Mensch, beim Springen, ein Schiff, wenn die Segel weg sind 2c., it, er rutscht aus und fällt vorwärts.
kaibsangavok, j. SS. do., ein wenig.
kaibjaivok, j. SS., es dreht sich ihm vor den Augen.
Kaigaksut, lik, lit, ein Sprachrohr.
kaigarsukpok, t. SS. & CS., er ruft laut, CS., ihn, aus der Ferne. [zu.
kaigarsugvigiva, j. CS., er ruft ihm laut
Kaihluarpok, t. SS. & CS., er schiebt vor sich her, CS., er schiebt es vor sich her.
kaibluarkattautik, lit, ein Schubkarren.
kaiblut, lik, lit, ein Ladestock, ob. Fuchsbrett 2c., was man in was anderes hineinsteckt.
kamipa, t. CS., er schiebt es von sich, it, versenkt den Nagel.
kaimitsivok, j. SS. do. (mit mik).
kaimitsit, lik, lit, ein Versenker, Versenknagel.
kaipa, t. CS., er bringt es, gibt es her, macht es kommen.
kaitsivok, j. SS. do. (mit mik).
kaitsivigivatigut, j. SS. inus., er bringt uns (mit mik).
kaivaksarpa, kaivaksava, j. CS., er ruft ihn (ist ganz einerlei mit kaigarsukpa, nur daß Ersteres näher sein kann und nicht so laut ist).
kaivaksaivok, j. SS. do. (mit mik).
kaikova, j. CS., er ruft ihn, heißt ihn kommen, läßt ihn kommen.
kaikojivok, j. CS., er heißt kommen, läßt kommen (mit mik).
kaivok, j. SS., er kommt, kaisungárpok, t. SS., er kommt das letzte Mal.

Kaiv

kaisárpok, t. SS., er kommt eilig, schnell.
kainasárpok, t. SS., er kommt langsam, kommt lange nicht.
kaijaraklivok, j. SS., es nähert sich.
kájomasia, sein Kommen, kaininga, kaijarianga. [der Fluß.
kaijublikpok, t. SS., es fließt schnell,
kaijumikpok, t. SS. do. (Ersteres wird nicht allgemein verstanden.)
kaitsovok, kaisukpok, t. SS., er kommt (tapsomunga), um ihm Böses zu thun (Mensch u. Thier), it, er geht oft zu ihm.
kaitsovigiva, j. SS. inus., er kommt in schlechter Absicht auf ihn zu, ihn zu beißen, zu tödten, zu schlagen 2c. [per Noth.
kaigadlarpok, t. SS., er kommt zu knap-
Kaimgok, uk, ut, das Eis an den Stränden.
kaimgoäluk, luit, do.
Kairajukpok, t. SS., es ist glatt, eben, blank, glänzt. [glänzend.
kairajuksarpa, t. CS., er macht es glatt,
kairajuksaivok, j. SS. do. (mit mik).
kairajuksaut, lik, lit, ein Instrument zum Glattmachen.
kairavökpok, t. SS., es ist schön glatt.
kairavädlarpok, t. SS. do. sehr.
Kairolik, lik, lit, bei Manchen Pl. kairoggit, eine Art Seehunde (Phoca Grönlandica), it, ein Birkenbaum.
kairoliärsuk, suk, suit, ein jähriger Seehund von dieser Art.
kairoläk, läek, let, ein ganz junger Kairolik.
Kairosuk, sük, suit, eine Höhle im Felsen.
Kairtok, tuk, tut, ein Felsen.
Kaivalerpok, t. SS. & CS., er geht, fährt um ihn herum, SS., es dreht sich herum (einmal). [Insel.
kaivaloivok, j. SS. do. (mit mik), Berg.
kaivipok, t. SS. & CS., er, es dreht sich rund um (vielemal), CS., er dreht es herum, sich um ihn, ober geht um ihn herum, um einen Menschen, Haus 2c. (mehrmals.)

kaivitsivok, j. SS., er geht um was herum (vielmal).
kaivitipa, t. CS., er dreht ihn, es herum.
kaivitok, tuk, tut, ein Schleifstein (etwas, das sich dreht).
kaiviut, tik, tit, eine Korbe.
kaivivik, vik, vit, das Gestelle, Schleiftrog.
kaivititsivok, j. SS., er dreht was herum (mit mik).
kaivlipok, t. SS., es dreht sich im Wasser, macht Streifen, z. B. wenn die Forellen ziehen.
kaivalorkivok, j. SS., es dreht sich schnell, ein Schleifstein u. dergl.
kaivalluarpok, j. SS. do., was sich horizontal herumdreht.
Kajak, kainæk, kainet, ein Manns-Boot.
kajaktorpok, t. SS. & CS., er fährt im Kajak, CS., er befährt es, das Wasser.
kajaktornarpok, t. SS., es (das Wetter) ist schön zum Kajakfahren.
kajaujak, jæk, jot, ein Spiel Kajak.
kajnijakpok oder auch: kajärpok, SS. & CS., er verliert die Kajak, der Kajak zerbricht, durch irgend etwas, CS., er ihn ihm.
kajarsivok, t. SS. & CS., er ist ohne Kajak, verliert den Kajak, durch irgend etwas, ohne daß er zerbrochen.
kajairpok, SS. CS., er ist ohne Kajak, weil er ihn verhandelt hat, CS., er handelt ihm den Kajak ab.
kajauvok, j. SS., er schlägt um, kantert im Kajak.
kajaluariva, j. SS. & CS., er hat ihn zu einem guten Kajak, geht ihm gut.
kajaluarpok, SS. do.
kajaluarkivok, SS., kajaluarkigiva, SS. inus., er ist ihm schlecht do.
kajakovik, vik, vit, eine Stellage, um den Kajak darauf zu legen.
kaijakovilliarpok, t. SS., er geht zur Kajaks-Stellage; kaijakovilliarutsi-
vok, tiva, CS. (mit mik), er geht was auf die Stellage legen.
kajaktojuilerpok, t. CS., er fängt an wenig, nur noch dann und wann, im Kajak zu fahren.
kajaktojuërpok, t. SS., er hört ganz auf Kajak zu fahren.
kajaktorviksauvok, j. SS., es ist Zeit, Gelegenheit, im Kajak auszufahren.
kajaktoriva, j. CS., er fährt auch in der Gegend, SS., er fährt auch Kajak.
kajaksiut, tik, tit, das Werkzeug zum Seehundsfang.
kajariak, itsek, itset, ein Canoe, wie die Land-Indianer brauchen. [Kajak.
kajagiva, j. SS. inus., er hat ihn zum
kajáunarpok, t. SS., er hat eines andern Kajak, ist jetzt sein.
kajanáriva, j. SS. inus., er hat ihn zu seinem liebsten Kajak.
Kajeängavok, j. SS., er, es ist nicht ganz weiß, Sohlleder, Fell, Wasser.
kajärpok, t. SS., es ist schön weiß, Sohlleder, Nelloak 2c.
kajértalik, lik, ggit, ein Kajak- ob. Boots-Ueberzug, der ganz weiß ist.
Kajovok, j. SS., er, es ist gelblich-roth (Fuchsfelle).
kajok, juk, jut, ein rother Fuchs, it, Blutsuppe, Kaffee, überhaupt alle Brühen bei gekochten Nahrungsmitteln, Fische und Fleisch.
kajoangavok, SS., es ist blaß-röthlich, flachs-röthlich, Haare; bei Holz 2c. aupa-langavok.
kajoktorpok, t. SS., er ißt Blutsuppe, oder das Dünne von gekochtem Fleisch, it, er trinkt Kaffee.
katsiorpok, t. SS., er kocht Blutsuppe, Kaffee 2c.
katsiorikpok, t. SS., er ist schön roth, der Fuchs.
kajutak, læk, tet, ein Blechel 2c., womit man die Suppe schöpft.

kajutārsuk, sük, suit, ein fl. Blechel, Schöpfer.
Kājorpok, t. SS., es ist ihm zu kalt zum Hinausgehen, die Kälte greift ihn an, mag nicht hinausgehen.
kājornarpok, t. SS., es ist nicht zum Hinausgehen, weil die Kälte zu sehr angreift.
kajoriva, j. SS. inus., sie, die Kälte greift ihn sehr an, oder er hat sie zum Hinderniß, daß er nicht hinausgeht.
Kajungernek, näek, nerit, der Trieb, das Verlangen.
knjungerpok, t. SS., er verlangt, sehnt sich nach was (mit mik).
kajungeriva, j. SS. inus., er verlangt nach ihm (selten).
kajungervigiva, j. SS. inus. do.
kajungerijak, jæk, jet, eine Sache, nach der man sich sehnt.
kajungertipa, t. CS., er macht ihm Lust, Verlangen, reizt ihn.
kajungertitsivok, j. SS. do. (mit mik).
kajungernarpok, t. SS., es ist anziehlich, Verlangen machend.
kajungersaut, tik, tit, etwas zum Reizen, Reizungsmittel, kajungersautiga, für andere zu reizen.
kajungersautekarpok, t. SS., er, es hat Reizungsmittel, es hat was, was andern Reiz, Trieb macht.
knjungersautigiva, j. CS., er hat es, ihn zum Reizungsmittel, zu dem, womit er andere antreibt, womit er andern Verlangen macht.
kajungersārpa, t. CS., kajungersava, j. CS., er reizt ihn, macht ihm Verlangen.
kajungersaivok, j. SS. do. (mit mik).
kajungerut, tik, tit, die Ursache des Verlangens.
kajungerutiksak, sæk, set, etwas zur Ursache des Verlangens.
kajungerutigiva, j. CS., er hat es zur Ursache des Verlangens. Tarnima

piulijauninga kajungerutigivara Jesusemut, die Errettung meiner Seele habe zur Sache des Verlangens nach Jesu.
kajungerutiksariva, j. CS. do.
kajungerutiksakarpok, t. SS., er hat eine Ursache zum Verlangen.
kajamiksarpa, t. CS., er reizt ihn (ist einerlei mit kajungersarpa).
kajungerviksak, sæk, set, die Zeit, der Ort, Mensch, wohin das Verlangen geht.
kajungerviksariva, j. SS. inus., er hat es zur Zeit, zum Platze, wonach er verlanget.
kajungersauserpa, t. CS., er versieht ihn mit einem Reizungsmittel, lockt ihn mit etwas an sich (Mensch u. Hund).
kajungersausēvok, j. SS. do.
kajungilarpok, t. SS., er verlangt, sehnt sich anhaltend.
Kajumikpok, SS., er weint sehr und anhaltend; wird auch beim Trinken gebraucht, wenn es gut schmeckt, wenn einer recht durstig ist; es läuft schnell herunter, it, ein Fluß.
kajumigiva, j. CS., er beweint ihn sehr.
kajumijutekarpok, t. SS. do.
Kajusivok, j. SS., er nimmt es sich vor, beschließt, von nun an so und so zu thun, stellt seinen Sinn so.
kajusimavok, j. SS., er hat es völlig beschlossen, bestimmt, daß er so und so thun will.
Kǖk, kätjœk, katjet, ein Unterbett, kebbik karlo, Decke u. Unterbett. Das k recht aus der Kehle.
kāra, mein, kānga, sein Unterbett.
kāngerpok, t. SS., sein kǟk wird genommen, er verkauft ihn.
kāksak, sæk, set, etwas zur Unterlage, Unterbett.
kāriva, j. SS. inus., er hat es zur Unterlage.
Kǟk (langes, hartes k.), der Hunger, siehe kākpok.

Kákitarpok, t. SS., es wackelt eine Sache, weils bloß in der Mitte aufliegt.
Kakkak, kæk, kct, ein Berg.
kakkaksoak, soāk, suit, ein großer Berg.
kakkársuk, suk, suit, ein kleiner Berg.
kakkarolák, lāk, lait, ein Hügel.
kakkalliarpok, t. SS., er geht auf den B.
kakkairsivok, j. SS., er sieht den Berg nicht mehr, weils zu weit, oder weils trübe ist.
kakkakserpok, t. SS., er geht auf dem Berge (besonders Thiere).
Kakkamajárpok, t. SS., es jauchzt oder hüpft vor Freuden, ein Kind.
kakkavok, j. SS. do.
Kakkerluarpok, t. SS., er ist besonders vergnügt, weint vor Freuden.
kakkerluangavok, j. SS. do., beinahe.
Kákkákpok, t. SS. & CS., er trägt was auf dem Kopfe, it, auf dem Halse.
Kakkerluk, lūk, luit, der Ort unter dem Kinn, bei Menschen und Thieren.
kakkerlukpok, t. SS., er hat Ausschlag ic. unter dem Kinn.
Kakkepok, t. SS., es ist unansehnlich, nicht schön, bezieht sich auf Fellwerk, Menschen und Wasser.
kakkengilak, t. SS., es ist nicht häßlich, nicht unklar. [Fell, Oel ic.
kakkiákpok, t. SS., es ist schön weiß.
kakkiáksivok, SS., es wird klar, schön, Oel, Wasser, Wetter.
kakkiáksikōlauniarpok, t. SS., es wird zuerst gebleicht sein, schön werden.
kakkerservik oder kakkersēvik, vīk, vit, ein Bleichplatz oder eine Stange, et' was daran zu hängen, daß es bleichen soll.
kakkerpok, t. SS. & CS., es ist schön gebleicht, CS., die Luft bleicht ihn, das Fell ic.
kakkersévok, j. SS. do.
kakkersiutiva, j.SS. inus., er, der Mensch, bleicht es.
kakkersiudjivok, j. SS. do.

Kakkerksivok, j. SS., er, (das) Auge thränt, es beißt in den Augen, Seife, Wasser.
kakkerksinárpok, t. SS., es ist beißend für die Augen.
Kakkersorpok, t. SS. & CS., SS., die Erde ist frei von Schnee gemacht, CS., der Wind führt Erde und Schnee davon, reißt es los, macht die Erde frei.
kakkersoivok, SS. do.
kakkersortauvok, j. SS., die Erde ist frei von Schnee gemacht, der Wind hat ihn davon geführt. [Thun ic.
Kakkialerpok, t. SS., es gereut ihn, sein kakkialerutigiva, j. CS., er hat es zur Ursache des Gereuens.
kakkialervigiva, j. CS., er bereut es bei ihm (mit mik).
Kakkiarnarpok, t. SS., er ist elend im Arbeiten, ist unvermögend.
kakkiarnaipok, t. SS., er ist nicht mehr unvermögend, ist im Stande, was zu thun
kakkiarnailivok, j. SS. do., fängt an tüchtig zu sein.
kakkiarpa, t. CS., er tadelt ihn, hält sich über seine Arbeit auf, weil er denkt, er könne es besser machen, SS., er tadelt sich selbst, thut ihm leid, daß er das und jenes nicht genommen.
kakkiardlivok, j. SS. do. (mit mik).
kakkiarivok, j. SS. & CS. do., jenen auch.
kakkiartorpa, t. CS., er macht ihm seine Arbeit, die jener nicht machen kann. Ist ganz wie akkisartorpa.
kakkiartuivok, j. SS. do. (mit mik).
kakkiartuije, jik, jit, kakkiartorte, lik, tit, ein Unterstützer, Vertreter, Heraushelfer.
kakkiartiga, mein Unterstützer, Vertreter.
kakkiartut, tik, tit, eine Sache, womit einem aufgeholfen wird, wodurch man tüchtig gemacht wird.
kakkiartutigiva, j. CS., er hat es zu dem, was ihn aus seinen armen Umständen herausgeholfen hat.

kakkiartortigiva, j. CS., er hat ihn zum Aufhelfer, Unterstützer.
kakkiartortekarpok, t. SS., er, es hat einen Aufhelfer, einen Herausreißer.
kakkiartortigēkpok, put, car. Sing., sie helfen sich einander auf, heraus.
Kakkikpok, t. SS.&CS., er schnaubt die Nase, CS., er schnaubt ihn. Manche: kakkipok.
kakkigut, tik, tit, ein Schnupftuch.
kakkik, kīk, kit, Nasenloth.
kakkiviak, itsek, itset, der Spatium zwischen dem Munde und der Nase.
Kakkilalatsivok, die Hand, der Fuß ist eingeschlafen, it, er bekommt wie Nadelstiche hin und wieder im Fleisch ic., es tribbelt ihm. [bestürzt.
Kakkilārpok, t. SS., er entsetzt sich, wird
kakkilangavok, j. SS., er ist bestürzt.
kakkiladtarpok, t. SS. do., sehr.
Kakkilasak, sāk, set, kleine Fische mit Stacheln.
Kakkivok, j. SS.&CS., er sticht sich, CS., er sticht ihn, es.
kakkitiva, t. CS., er sticht die Nadel an.
kakkititsivok, j. SS. do. (mik).
kakkisivok, j. SS., er sticht ihn, es (mit
kakkivik, vīk, vit, ein Nadelkissen, Nadelbüchse.
kakkijorpeit, t. CS. car. Sing., er heftet sie zusammen.
kakkijuivok oder jusivok, j. SS., er heftet (mit mik).
kakkijarpok, t. SS. & CS., die Nadel geht los, CS., er nimmt die Nadel heraus.
kakkilaut, tik, tit, etwas Stachliches, Dornen ic.
Kakkiytuarsivok oder kakkibluarsivok, er fühlt Stiche in sich, vom Gehen, Laufen (Milz-Stechen).
Kakkivok, j. SS., er steigt aus dem Wasser, aufs Eis, ans Land ic., Mensch ob. Thier, it, er steigt aus seinem Elend, lernt sich selber zu helfen.

kakkipa, kakkitpa, t. CS.. er hilft ihm ans Land ic. steigen, it, er hilft ihm aus seinem Elend, seiner armen Lage heraus.
kakkitauvok, j. SS., es wird ihm ans Land geholfen, er wird aus seinem Elend herausgerissen, it, er ist ans Land gelegt.
kakkitigiva, j. SS. inus., er hat ihn zum Herausreißer, zum Retter aus der Noth.
kakkivigiva, j. SS. inus., er hat es zum Aussteigeplatz, it, er steigt über ihn, z. B. über seinen Herrn, wird größer, bedeutender als er.
kakkinarsivok, j. SS., es ist schön zum Aussteigen (das Wetter), für den Seehund aufs Eis.
Kakkivak, vak, vait, ein Lachsstecher.
Kakkoak, tjek, tjet, das knöcherne oder hölzerne Knöpfchen am Ende des Nogit oder Vogelpfeils. [kāne.
Kakkoa, trns. & intr., die draußen, siehe
Kakkojak, jāk, jet, Schiffsbrod.
kakkojáksak, sūk, set, etwas zu Brod, Getraide.
kakkojaktorpok,t.SS.,er ißt Schiffsbrod.
kakkojaliorpok, t. SS., er bäckt Schiffsbrod.
kakkojaliorvik, vīk, vit, ein Backhaus.
kakkojiorvik, vīk, vit, do.
kakkojáksatalik, līk, ggit, ein Getraidehaus, Kornāhre.
Kakkoarpok, t. SS.&CS., er, der Hund, Fuchs ic. nagt an einem Knochen, an irgend etwas Hartem, frißt sich durch, it, der Fuchs in der Falle beißt sich das Bein ab.
kakkörpok, t. SS. CS. do., er zerbeißt ihn, den Knochen, frißt ein großes Loch wo hinein.
kakkolarpok, t. SS. & CS., er, der Mensch, ißt etwas Hartes; Knochen, Biskuit ic., was Stimme macht, kracht beim Zerbeißen.
Kakkonek, nāk, nerit, der Zapfen in ein Loch.

Kakkorlek. fiehe Kachorlek.
Kakkorpok, t. SS., er, es ist weiß.
kakkoangavok, j. SS., es ist weißlich, nicht ganz weiß.
kakkorlak, tāk, tet, was Weißes, ein weißer Fuchs. [langa.
kakkorlanga, fein Weißes, ijib kakkor-
kakkorsivok, j. SS., es wird weiß.
kakkorsitipa, t. CS., er macht es weiß.
kakkorsititsivok, j. SS., er macht weiß.
kakkorsarpa, t. CS., er macht es weiß.
kakkorsaivok, j. SS. do. (mit mik).
kakkorsaut, tik, tit, ein Mittel zum Weißmachen.
kakkornarpok, t. SS., es reift, die Kälte macht das Land weiß.
kakkornak, näk, net, Reif.
Kakkorpa, t. CS., er schießt über ihn (das Ziel) weg.
kakkorsivok, kakkotsivok, j. SS. do.
kokkorsitipa, t. CS., er macht, daß er darüber hinwegschießt.
Kakkuluk, lük, luit, oder kakkorluk, ein Eis-Sturmvogel (Procellaria glacialis), ein ziemlich großer weißer Vogel mit krummem Schnabel.
Kakkugo? wenn? Futurum, kakkugo pilārka? wenn wird es geschehen?
kakkugokiak, ich weiß nicht wenn, wer weiß wenn.
kànga? wenn? Præt. & Futurum, kànga mānclauka? wenn war er hier? kànga kaijomōrka? wenn wird er kommen?
kàngakiak, wer weiß wenn, es ist ungewiß.
kakutikut, bisweilen, dann und wann.
Kākpok, t. SS., er hungert, ist hungrig.
kāk (letztes k hart), Hunger, kāklo, u. der Hunger.
kāngnek, næk, net, das Hungern, der Hunger.
kāngnera, mein Hunger oder Hungern.
kālerpok, SS., er fängt an zu hungern.
kākluarpok, t. SS., er ist besonders hungrig, will besonders gerne essen.

kāluarpok, t. SS., er ist hungriger, oder hungert mehr wie ein andermal.
kāluarpogut achänomit, wir hungern mehr wie voriges Jahr. [stätte.
kāvik, kaviksak, sæk, set, eine Hunger-
kāgungnaisautiksak, sāk, set, was zur Sättigung.
kāktipa, t. CS., er macht ihn hungrig, nimmt ihm entweder feine Nahrungsmittel, oder theilt ihm, dem Dürftigen, nichts mit.
kāktitauvok, j. SS., er ist ausgehungert worden oder wird ausgehungert.
kaksitauvok, j. SS., er wird mehr vom Hunger mitgenommen, wie ein anderer.
Kakparpok, t. SS., er schlägt das Tau über die Schultern, um es stark anzuziehen.
kakpagiarpok, do., ein wenig.
Kāksau, sauk, saut, rothkehlicher Seetaucher (Colymbus septentrionalis).
Kāksoavok, j. SS., er bekommt Blasen in die Hände, von der Arbeit 2c.
kāksokpok, t. SS., er bekommt eine Blase.
kāksok, uk, ut, eine Blase in den Händen, vom Arbeiten.
kāksornek, nīk, nit, do., das Blasenhaben.
Kaksoma (trans.), der draußen, siehe käne.
Kāksùkpok, t. SS., es ist weiß geworden, z. B. Knochen, die ausgebleicht sind, it. er hat weißliches Haar.
kaksuktalik, taggik, taggit, ein Kajat, dessen Ueberzug ganz weiß ist. Wird nur hin und wieder verstanden, sagen kajértalik. [Knochen, Kajat.
kaksutauvok, j. SS., er ist weiß, ein
Kaksungaut, tik, tit, das Band unter der Amaut, zum Heraufbinden derselben, z. B. wenn sie kleine Kinder tragen und einen großen Pelz haben.
kaksungarpok, t. SS., sie trägt ein solches Band.
kaksungausivok, j. SS. & CS., sie macht sich ein solches Band, CS., er oder

sie macht für jemand anders ein solches Band.

Kaksutilik, līk, liggik, tiggit, ein Seehund, Kairolik, der einen Sattel hat, sowie auch der Kabvik.

Kallangavok, j. SS., er geht krumm, Mensch und Thier, it, eine Sache ist krumm, bogenförmig; Brettkante, die Nase eines Menschen ꝛc.

Kallak, läk, lait, Krätze, Ausschlag, Grind.

kallakkarpok, t. SS., er hat die Krätze.

kallaujarpok, t. SS. & CS., die Krätze, der Ausschlag ist weg, CS., er nimmt ihm die Krätze, den Ausschlag weg, heilt ihn.

kallaksiut, tik, tit, Schwefel und Syrup oder dergl., was gut für die Krätze.

kallākkallink, æk, át, Ausschlag (gewöhnlicher).

Kallapok, t. SS., es ist abgekocht, fertig.

kallasalerpok, t. SS., es wallet, ist im Kochen.

Kallasek, sǟk, set, der Nabel.

kallasinga, sein Nabel.

Kallavok, j. SS. & CS., er setzt, legt sich auf ihn, kommt oben auf ihn; Mensch oder Sachen (SS. mit mik).

kallojauniarane, laß nichts auf ihn, es, gelegt werden, laß nichts darauf kommen. Ist einerlei mit ingnerarpok, t. SS. & CS. (Letzteres wird mehr gebraucht.)

kallerpa, t. CS, er legt eins auf ihn.

kallēvok, j. SS. do. (mit mik).

kullekarpok, t. SS., es hat was oben darauf. [auf einander.

kullerekpuk, put, car. Sing., sie liegen

kallereklipeit, car. Sing., er legt drei, oder mehrere auf einander.

kallerektitsivok, j. SS. do.

kallerektokarpok, t. SS., es hat aufeinander liegende Sachen.

kalliutivok, SS. & CS., er macht sich zum Obersten, CS., er legt es oben auf.

kalliutjivok, SS. do.

kalliutivigiva, j. SS. inus., er setzt sich auf ihn, oder er ist oben auf ihm.

kollek, kallēk, līt, das Oberste, was oben auf liegt.

kallinga, sein Oberstes, oder was auf ihm liegt, steht.

kallinganēpok, t. SS., es ist auf seinem Obern, auf dem, was auf ihm liegt, steht.

kallerak, kallerkāk, ket, Sachen, die für sich zusammengebunden sind, und auf dem Schlitten ꝛc. aufeinandergeschnürt werden.

kalleralik, līk, git, einer, der viele Sachen übereinander trägt.

kallerusek, sak, set, die Kruste vom Schnee, auf dem Eise, wenns Wasser durchgebrungen ist, it, von Schwären, wenn die Materie herauftritt, überhaupt von allen Sachen, wenn das Auswendige faul oder schlecht wird. Iglovut kallerusekarpok, unser Haus ist auswendig schlecht, faul.

kallerusinga, sein (verdorbenes) Aeußeres.

kallinek, näk, nerit, das Aeußere, äußere Gestalt von einer Sache.

kallininga, seine äußere Gestalt, Außenseite.

kallinekut (Vialis.), dem Aeußern nach.

kallinipkut, nach meinem Aeußern, äußern Gestalt.

kallinekarpok ānanamik, er, es hat ein schönes Aeußeres, eine schöne Gestalt.

kalleruselik, līk, lit, etwas, das auswendig verdorben, schlecht ist.

kallertorpa, t. CS., er legt ihn auf, auf andere Sachen.

kallertuivok, j. SS. do.

Kallēmavok, j. SS., es werden schlechte Sachen von ihm, lügenhafter Weise, erzählt, wird was auf ihn gelegt.

kallēvigiva, j. SS. inus., er beschuldigt ihn, lügenhafter Weise, schlechter Sachen, legt ihm was zur Last (einmal). [holt.)

kallēmavigiva, j. SS. inus. do. (wiederkallēviovok, j. SS., er erzählt lügenhafte Dinge, legt etwas zur Last (mit mut).

Kallergak, die Stimme, die der Schlitten auf dem Eise, oder auch ein Wagen auf dem Lande rasselt. kamutik kallergangit.
kallergalliarpok, t. SS., der Schlitten oder Wagen macht Stimme, rasselt.
Kallerpok, t. SS., es donnert.
kallidlarpok, do., sehr.
kallimarikpok, t. SS. do.
kalluk, lūk, luit, ein Donnerschlag.
kallimarik oder **kalluksoak,** āk, suit, do., starker.
kallingoarpok, t. SS., er macht donnerähnliche Stimme, brüllt, ein Bär, Hund ic.
Kalliokarpok, t. SS., ein Renntierfell hat schlechte oder auch verschiedene Haare. (Wird nicht allgemein verstanden.)
Kallikattārpok, t. SS. & CS., er, ein Fuhrmann, schleppt die Füße auf der Erde, damit es langsamer gehen soll, it, er schleift, schleppt auf der Erde, Kleider ic.
kallitarpok, t. SS. do.
kallikapsivok, -serpok, j. SS., er schleift die Füße beim Gehen.
Kallipok, t. SS. & CS., er bugsirt, einen Seehund, Holz ic.
kallitak, tōk, tet, das, was bugsirt wird.
kallitāksak, sāk, set, eine Sache zu bugsiren, die geschleppt werden soll.
kallitauvok, j. SS., er, es wird bugsirt.
kallut, tik, tit, ein Schlepptau.
Kallugiak, tsek, itset, ein Speer, Lanze mit Widerhaken.
kallugiarnek, næk, norit, Speer-Stich.
kallugiaksoak, āk, suit, ein großer Speer.
kallugiarpa, t. CS., er sticht ihn mit einem Speer.
Kalluvok, j. SS. & CS., er schöpft (irgend was Flüssiges), CS., er schöpft es.
kallusivok, j. SS. do. (einmal.)
kallut, tik, tit, ein Schöpfer, Gefäß zum Schöpfen. [womit man schöpft.
kallutaui, tik, tit, **kallutak,** irgend etwas,

kallutiksak, sāk, set, etwas zu einem Schöpfer.
kallunek, næk, norit, abgeschäumtes Fett.
kallutaujak, jūk, jet, die schaufelförmigen Zacken am Renntierhorn.
Kalluseriarpok, t. SS., er macht einen Umweg, geht nicht geradeaus.
Kamgak, āk, et, die Knöchel am Fuß.
kamgalerivok, j. SS., er hat Schmerzen am Knöchel.
Kamma, takamma, SS. inus.
kammanē (Loc.), drinnen, **takammanēpok,** er ist drinnen.
kamanget (Abl.), von innen.
kamūna (Vialis.), durch innen.
kamunga (Term.), hinein; **kamunga pit,** komm hinein.
kamna (intr.), der drinnen; **kapkoa,** Pl. (trans. & intr.)
kapsoma (trns.), do., **kamna kaile,** laß den, der drinnen ist, kommen; **kapsoma kaikovōnga,** der drinnen ist, hat mich gerufen. [kanane.
kapsomane (Loc.), bei dem drinnen, **kapkapsomangát** (Abl.), von dem drinnen, **kapkonangát,**
kapsomūna (Vialis.), durch den drinnen, **kapkutigūna.**
kapsomunga (Term.), zu dem drinnen, **kapkonunga.**
kapsominga (Acc.), dem drinnen, **kapkoninga.** [genbwo.
Kamanārsuk, der Name eines Teiches irgendwo.
Kammanek, næk, norit, ein, einem Teiche ähnliches Loch in einem Fluß.
kammaneovok, j. SS., es ist ein teichähnliches Loch.
Kammavok, j. SS., er gibt Acht, paßt auf.
kammatsiarpok, t. SS., er gibt gut Acht auf Alles. [ihn.
kammagiva, j. CS., er achtet, merkt auf
kammatsorikpok, t. SS., er gibt munter Acht, merkt es sich gut, was andere thun.

kammagijaujomavok, j. SS., er will ge=
 achtet werden.
kammasautiva, j. CS., er macht ihn so,
 daß auf ihn geachtet wird (SS. ingminik).
kammasautjivok, j. SS. do.
kammagije, jik, jit, einer der Acht gibt.
kammagijiga (intr.), meiner, der auf mich
 merkt, Acht auf mich gibt.
kammagijigiva, j. SS. inus., er hat ihn
 zu seinem Achtgeber.
kammagingitsertorpa, t. CS., er thut,
 als wenn ers nicht achte.
kammangitsertorpok, t. SS. do. (mit
 mik).
kammangitsertornek, Langmuth.
kamagijigituariva, j. SS. inus., er hat
 ihn zum einzigen Achtgeber, der Acht auf
 ihn gibt.
Kamgoivok, j. SS., er schnarcht.
Kammik, mīk, mit, ein Stiefel.
kammikpok, t. SS. & CS., er hat die
 Stiefel an, CS., er hat ihm Stiefel angezogen.
kammiktorpok, t. SS. & CS., er zieht die
 Stiefel an, CS., er ihm.
kammiksimavok, j. SS., er ist gestiefelt.
kammilàrpok, t. SS. & CS., er zieht die
 Stiefel aus, CS., er zieht ihm die Stiefel aus.
kammilärpok, t. SS., er hat keine Stiefel
 an, ist barfuß.
kammilasukpok, t. SS., er geht barfuß.
kammiorpok, t. SS. & CS., er macht
 Stiefel, CS., er macht für ihn.
kammiliorpok, t. SS. & CS. do.
kamiortigiva, j. CS., er hat sie zur Stie-
 felmacherin.
kammikamak, mǟk, mǟt, geborgte Stiefeln, die zu groß sind.
kammikamǟrpok, t. SS., er trägt solche
 geborgte, zu große Stiefeln.
kammiluarsivok, j. SS., er trägt geborgte Stiefeln, die recht sind.
Kamutik, D., tit, ein Schlitten, Wagen.

kamutisarpok, kamutaitorpok, t. SS.,
 er holt einen Schlitten.
kamugärsuk, D., suit, ein Kl. Handschlitten.
kamuljarpok, t. SS., der Schlitten zerbricht ihm.
kamusiktorpok, SS., er geht sehr schwer,
 der Schlitten, ist schlecht gemacht.
kamusiktangitak, t. SS., der Schlitten
 geht leicht, ist gut gemacht.
Kammipok, t. SS. & CS., es ist ausge-
 löscht, Feuer, Licht ꝛc., CS., er löscht
 es aus.
kammilerpok, t. SS., es ist am Verlöschen.
kammingavok, j. SS., es brennt nicht,
 ist nicht angezündet.
kammisuipok, t. SS., er löscht nie aus.
Kamniarpok, t. SS & CS., er sucht Fische
 zu stechen.
Käne, draußen, siehe bei Kä.
Känek, ein leerer Platz unter der Schlafstelle,
 unter der Pritsche.
Künga, sein Oberstes, obendarauf, s. bei kā.
Kànga? wenn? Præt. & Futurum.
kanga ovanëlauka? kanga ovungar-
 niarka?
kängakiak, man weiß nicht wenn.
kängame? wenn doch?
kängale? do. (besser.)
känga taimak? wenn wird das geschehen?
 wenn nemlich von etwas die Rede war.
kangauvok, SS., es war vor einiger Zeit.
kangaupet, wenn einige Zeit vorüber ist.
Kangǟvok, j. SS., es fällt ab, der Schnee
 von den Kleidern, oder die Haare fallen
 aus.
kängala, lǟk, lēt, Rennthierfelle vom Winter, die Haare leicht gehen lassen.
kängätipeit, t. CS., er schüttelt sie ab.
kängätitsivok, j. SS., er schüttelt ab, sich
 die Kleider ꝛc.
Kangävik, vik, vit, der Platz, worauf man
 etwas säet ob. ausstreut (siehe kangävok).
kangävigiva, j. CS., er hat es, ihn zum
 Ort, wo man etwas hinsäet, streuet.

kangāsorpeit, t. SS. inus., er säet sie, streuet sie aus.
kangāsoivok, j. SS. do. (mit mik).
kangāsuliksak, sūk, set, Samen oder Sand, der ausgesäet werden soll.
kangaut, tik, lit, Samen, der ausgesäet ist.
kangānekut, tik, tit, kangānekovinok, næk, verngit, Verstreutes, Brodkrumen, Wasser, Blut ꝛc., was nur so auf den Boden gefallen ist.
Kangārpok, t. SS., er ist empfindlich, verdrießlich, weil er das, was er erwartete, nicht bekommen, oder wenn ein anderer mehr bekommen, wie er, oder wenn ihm einer was zerbricht, verdirbt. Illau kojaunginine kangārutigiva, sein nicht erlaubt worden, mitzugehen, hat er zur Ursache des Empfindlichseins, oder er ist darüber empfindlich, daß ihm nicht erlaubt worden, mitzugehen.
kangūrnarpok, t. SS., er, es ist zum Empfindlichwerden, zum Verdrießlichwerden.
kangārsaranepok, t. SS., er wird nicht leicht verdrießlich, empfindlich.
Kangasinak, næk, nait, der ganze Rand um den Mund, die Lippen.
Kāngorpok, t. SS. & CS., er geht, fährt vorüber.
kāngeromakorpok, t. SS. & CS., es scheint, er will vorbeifahren.
kangiupok, t. SS. & CS., er übergeht die Zeit, die er achten sollte, der Ort, wo er hinsollte.
kangiutivok, j. SS. & CS. do.
Kangērpok, t. SS., er verkauft seinen Kāk, siehe bei Kāk.
Kangerpok, t. SS.&CS., es ist das Oberste, Schlechte vom Wasser ꝛc. weggenommen, CS., er nimmt es weg, schöpft das Oberste weg.
kangersivok, j. SS., er nimmt das Oberste weg (mit mik).
Kangatlarpok, t. SS. & CS., er steigt, fährt in die Höhe, steht nicht auf dem Boden, CS., er hebt es in die Höhe, z. B. die Füße, und alles, was man vom Boden in die Höhe hebt.
kangatlarlipa, t. CS., er hebt es mit Gewalt in die Höhe, z. B. ein Tischblatt vom Gestelle.
kangatlartauvok, j. SS., es wird in die Höhe gehoben.
kangatlajok, juk, jut, alles was hängt, in der Höhe hängt, schwebt, nicht aufsteht.
kangatlarvik, vīk, vit, ein Haken, wo man was daran hängt.
kangatjarpok, t. SS., es klingt hohl, ist zu hören, daß eine Sache nicht aufsteht, liegt, z. B. Eis, Fußboden, hohler Baum, Faß ꝛc.
Kangerdluk, lūk, luit, eine Bucht, Bay.
kangerluksoak, kangerdlualuk, luit, eine große Bucht.
kangerdluārsuk, sūk, suit, eine kl. Bucht.
kangerdliungajok, juk, jut, ganz kleine Bucht, wo die See nur einen kleinen, teichartigen Einschnitt ins Land bildet.
kange, nach dem Lande, die Landseite.
kangivarpok, t. SS., er geht, fährt von der See aus in die Bucht, it, er geht in einem Galimo-Hause von der Thüre aus in eine Abtheilung des Hauses.
kangivakpok, t. SS., die Sonne geht nach Westen.
kangia, SS. inus., das westliche Ende einer Sache, eines Hauses, Gartens, Teiches ꝛc.
kangianepok, t. SS., es ist an seinem Westende, it, es ist landeinwärts von ihm.
kangimut (Term.), dem Lande nach Westen zu.
kangimuarpok, t. SS., er geht westwärts die Bucht hinauf.
kangivut, unsere Westseite, von uns landeinwärts.
kangipline, im Westen von uns.
kangillivut, unsere westlich Wohnenden im Hause und überhaupt nach Westen Wohnenden.

kangillinävut, das Land etwas weiter von uns nach Westen.
kangillinäptingne, etwas weiter von uns nach Westen.
kangillek, lik, llit, die westlich Wohnenden.
kangivarpa, t. SS. inus., er geht im Eskimo-Hause von der Thüre aus zu ihm, der am Ende des Hauses, oder weiter im Hause wohnt.
kangivanga! komm her zu mir, komm näher, komm weiter nach Westen!
kangivaksinga! kommt ihr! do.
kangivalauniarpok, t. SS., er wird gerne zur Pritsche hingehen, it, von der See in die Bucht, zum Kaufmann, zum Handeln ꝛc. gehen.
kangivarvik, vīk, vit, die Zeit, wo man (nemlich die Eskimos) von der See, vom Frühjahrsplatz nach dem Lande, der Bucht zurückkehrt.
kangivaut, tik, tit, die Ursache, warum man von der See aus zu Hause, in die Bucht geht.
kangivautigiva, j. CS., er kommt um seinetwillen (etwa eines Kranken ꝛc.) von der See zu Hause.
kangivautiga, meine Ursache, von der See aus heimzukehren.
kangivauta, seine do.
kangivautet, deine do.
kangiva, der Name einer Bucht auf der andern Seite unsers Landes.
kangivarmepok, t. SS., er befindet sich dort, in jener Bucht, in kangiva.
Kangēsukpok, t. SS., er wird etwas gewahr, merkt etwas von einer Sache, wittert, vermuthet etwas (mit mik).
kangēksarpok, t. SS. do. (mit mik).
kangēksatsengimarikpok, er wird durchaus nichts davon gewahr, merkt gar nichts.
kangēsungnek, kangēksarnek, das Bemerken, Gewahrwerden, Vermuthen.
kangēsuktipa, t. CS., er läßt ihn etwas merken, macht daß er etwas merkt, vermuth.

kangēgiva, j. CS., er merkt, vermuthet, wittert etwas bei ihm, wird bei ihm gewahr, daß dies ober jenes sein möchte.
kangēsugvigiva, j. SS. inus., er hat ihn zu dem, wodurch er etwas von jemand wittert (mit mik).
kangēgijaksak, säk, sei, der Platz, oder der, wo man glauben, denken kann, daß er etwas haben könnte.
kangēgijeksarsiorpok, t. SS., er sucht den Platz auf, von welchem er halb gehört, daß es etwas, Spuren ꝛc. hätte.
kangēnarpok, t. SS., es ist da was zu vermuthen; wo man z. B. gehört, daß es Spuren hätte und wo es immer was zu haben pflegt.
kangēnaipok, t. SS., es ist nichts zu vermuthen, nichts zu merken.
Kangianga, seines Bruders Kind.
kangiak, äk, et, Bruders Kinder.
kangiagiva, j. SS. inus., es ist seines Bruders Kind.
kangiakarpok, t. SS., er hat Bruders Kinder.
Kangmarpok, t. SS. & CS., er lockt die Hunde zusammen. (Manche sagen, es sei auch für Menschen zu brauchen, um sie an sich zu locken.)
Kangusungnek, näk, nerit, das Schämen, die Scham.
kangusukpok, t. SS., er schämt sich.
kangugiva, j. CS., er schämt sich vor ihm.
kangugijak, jäk, jet, einer, vor dem man sich schämt. Gude kangugivara, ich habe Gott zu dem, vor dem ich mich schäme.
kangunarpok, t. SS., es ist schamhaftig, es macht, daß man sich schämen muß. Gude kangunarnerpangōvok, Gott ist der, der einem am meisten Scham einflößen soll.
kangunarlok, tuk, tut, das Schamhaftige, was einem Scham verursacht.
kangusut, tik, tit, Schande, Scham.

kangusutiksak, sök, sot, Schamsache.
kangusuligiva, j. CS., er hat es, ihn zur Schmach, zur Ursache des Schämens.
kangusujuipok, t. SS., er ist unverschämt, schämt sich über nichts.
kangusuktuksauvok, j. SS., er ist eine Sache, sich zu schämen, sollte sich schämen.
kangusütiga, meine Schande.
Kangutatāvok, j. SS., es gibt Stöße beim Fahren, weil der Boden uneben ist.
kangutalikpok, t. SS., er wird unwohl, krank, von der starken Bewegung beim beim Fahren.
Kanna, der, das da unten (in der Nähe).
kannane (Loc.), takannane, da unten (etwa blos auf dem Boden, oder unten am Strande und auch noch weiter nach Osten zu).
kannanepok, takannepok, t. SS., er ist da unten.
kannunga (Term.), hinunter.
kannangat (Abl.), von unten, von der See.
kannuna (Vial.), da unten durch, takannuna, do.
Kannaijok, naitsuk, naitsut, auch juk, jut, eine Ulke.   [Ulke.
kannaijuvik, vīk, vit, eine große Art
kannaijorak, käk, ket, eine junge Ulke.
kannaijojak, jäk, jet, ein Fisch, einer Ulke ähnlich.
kannikitok, tuk, tut, eine kleine Ulke mit kleinem Maul.
Kannāk, näk, nat, das Wadenbein, d. h. das ganze vordere Bein, vom Fuß bis zum Kniegelenke, it, ein Ankerstock. (Das Schienbein für sich heißt kingarok, und der zweite Knochen heißt amilerak.)
Kannak, nök, nait, eine Zeltstange.
kannakpok, t. SS., er hat eine Zeltstange aufgestellt, oder legt eine Stange irgendwo quer hinüber.
kannaktorpok, t. SS.; er stellt Zeltstangen, ist damit beschäftigt, um das Zelt aufzurichten, it, er legt sonst Stangen über was.

Kānaujak, jäk, jet, eine Cabine, Kajüte in einem Boot; die Kajüte im Schiff: akkoksoak.
Kannek, nīk, nit, der Mund.
kannerlukpok, t. SS., er hat einen bösen Mund, hat Ausschlag daran.
kannikipok, t. SS., er hat einen kleinen Mund, it, er redet nicht viel, hat kein geschwätziges Maul.
kanerkortovok, j. SS., er hat einen großen Mund, redet viel.
kannerkituinarpok, t. SS., sein Mund ist nur zu klein, die Bissen sind zu groß dafür.
kannekarpok, t. SS., er hat einen Mund, it, er hat ein böses Maul.
Kannerpok, t. SS., es schneiet.
kannilerpok, t. SS., es fängt an zu schneien.   [schneien.
kannilerungnarpok, t. SS., es kann
kannilidlartokarpok, t. SS., es hat großes Schneewetter.
kannék, der Schnee während es schneit.
Kannimanek, das Kranksein.
kannimavok, j. SS., er ist krank.
kannimanarpok, t. SS., es ist zum Krankwerden, z. B. Okkiok tamanna kannimanarpok, dieser Winter macht Kranke (wenns viele hat).
kannimataīpok, t. SS., er ist nie krank.
kannimasaraipok, t. SS., er wird schnell, oft krank.   [unwohl.
kannimalukpok, t. SS., er ist ein wenig
kannimalungnarpok, t. SS., es ist zum Unwohlwerden, Unwohlmachen.
kannimalukörpok, t. SS., er scheint unwohl zu sein.
kannimakitarpok, t. SS., er ist lange, anhaltend krank.
kannimatipa, t. CS., er macht ihn krank, steckt ihn an, oder sonst auf irgend eine Art.
kannimasek, sīk, sit, die Krankheit.
kannimasērnernek, näk, nerit, eine angeerbte Krankheit.

kanimasērnorpok, t. SS., er hat eine angeerbte Krankheit (mit mik).
Kannimorpok, t. SS. & CS., die Luft ist dick mit Nebel angefüllt, daß man nicht weit sehen kann, CS., er kommt dem, das er werfen, schießen oder sonst fangen will, sehr nahe.
Kanningajarpok, t. SS., er ist böse, zornig (wörtlich: die Gedanken kommen plötzlich aus der Nähe, überrumpeln ihn), kommt von kanningarpok.
kanningajarnek, næk, nerit, das Bösewerden, der Zorn.
kanningajarvigiva, j. CS., er ist zornig, böse über ihn.
kanningaumajarpok, t. SS., er ist sehr böse, zornig.
Kannipok, t. SS. & CS., er, es ist nahe, CS., er kommt ihm nahe.
kannilerpok, SS. & CS., es nähert sich.
kanninärpok, SS. & CS., er kommt im Vorbeigehen nahe.
kanningarpa, t. CS., er kommt ihm unvermuthet nahe, begegnet ihm unvermuthet was.
kaningaivok, SS. do. [nahe.
kannigiva, j. SS. inus., er hat es, ihn
kanniksarpok, t. SS. do.
kannitome (Loc.), in der Nähe, kannitomut (Ter.).
kanningitome (Loc.), in der Ferne, kaningitomut (Ter.), nach der Ferne.
kanningitok, kanningitak, täek, tet, das nicht Nahe.
kanningitanga, sein nicht Nahes.
kanningitanganepok, t. SS., es ist in der Ferne von ihm.
kannitanganepok, t. SS., er ist in der Nähe von ihm.
kanninginasugiva, j. SS. inus., er hält nicht für nahe.
kanniorpok, t. CS. & SS., er kommt nicht weit, nur bis in die Nähe (beim Fortgehen), CS., er bringt es in die Nähe.

kannilarpok, t. SS. & CS., er begleitet, CS., er ihn ein Stück Weges, in die Nähe.
kanniva, j. SS. inus., er schafft ihn zum Voraus in die Nähe, b. h. dahin, wo er nachher hin will.
kannijivok, j. SS. do., er schafft zum Voraus Sachen dahin, wo er nachher wohnen will.
kannijijokarpok, t. SS., es hat welche, die vorher Sachen fortbringen, z. B. Netze auf den Netzplatz. [hören.
kannimgutokpok, t. SS., er ist weit zu
Kannivaut, tik, tit, das dünne Häutchen zwischen den Eingeweiden und der Herzkammer, Brustfell.
Kannok, wie, auf welche Weise (gilt als Frage ohne Frage), kannok piniartuksauvik? wie soll ichs machen? kannok illinganiarnimnik nellovunga, wie es mit mir werden wird, ist mir unbekannt.
kannongme? wie aber? (wenn jener gefehlt hat).
kannoēpok, t. SS., er ist nicht, wie er sein sollte, hat einen Fehler, es fehlt ihm etwas.
kannoēka? fehlt ihm etwas? wie ist es.
kannoēlungilak, es fehlt ihm nichts.
kannoēngilak, do.
kannoētomik pilauka? was für einen hat er bekommen? kajomik, einen Rothen.
kannoētok pilaukauk? was für einen hat er bekommen? kajok, einen Rothen. Silla kannoēka? wie ist das Wetter? und: fehlt dem Wetter was? Appertsoruk kannoēmangæl, frag ihn, wie es ist, und: frag ihn, ob ihm was fehlt.
kannoētipa, t. CS., er macht ihn fehlerhaft.
kannoēlivok, j. SS., er ist nicht recht im Geschick, fängt an.
kanoēliva? wie hat er gesagt, wie stehts mit ihm.
kanoēlivit? wie sagst du.
kannoēlingavakkiak, kannoēpakkiak, ich oder man weiß nicht, wie es mit ihm

zu stehen pflegt, was er zu haben pflegt.
kannoktōk! ach wie! laß es werden.
kannoktōlerpok, t. SS., er wünscht wie.
kannōktok pigilago! ach! laß nichts haben!
kannoktōk innolerta Nalekab kuviagijanganut, ach, daß wir bem Herrn zur Freude leben möchten; kannoktōk pitakarkonago Nalekamut innojomangitomik; kanoktok pitakaniarane ic. do., ach, daß es doch keinen hätte, der nicht dem Herrn zur Freude leben will.
Kannujak, jāk, jet, Kupfer.
kannujerivok, j. SS., er arbeitet am Kupfer.
Kannungek, æk, et, eine Art Föhren-Holz.
Kapkoa, die drinnen, siehe bei kamane.
Kappiartipok, t. SS., die Luft macht, daß sich eine Sache in der Ferne groß präsentirt.
kappialārpok, t. SS., es präsentirt sich groß in der Ferne.
kappiálávok, j. SS. do. (etwas weniger.)
Kappianarpok, t. SS., es ist jämmerlich, quälend, drückend, Angst machend.
kappianartovik, vīk, vit, die Qualstätte, der Platz, die Zeit, die Qual macht, die Hölle. [schrecklich!
kappianamēk! o wehe! o Qual! Pein!
kappē.! wehe! Diese beiden Ausrufungsworte werden übrigens viel aus bloßer Verwunderung gebraucht, bei ganz gewöhnlichen Sachen, z. B. wenn jemand was Schönes, Häßliches oder irgend was Ungewöhnliches sieht.
kappiaisukpok, t. SS., er ist bekommen, verlegen, in Noth, hat Angst.
kappiasungnek, næk, nerit, die Noth, Verlegenheit, das in Noth sein, Angst haben, Angst.
kappiagiva, j. CS., er hat es, ihn zum Jammer, zu dem, was ihn drückt, was ihm Angst macht.

kappiagijak, jōk, jet, was Drückendes, Nothmachendes, Angstmachendes.
kappiagijauvok, j. SS., es ist was, was Angst verursacht, z. B. steile Felsen, böse Thiere ic.
kappiagijara, das, was mir Angst, Noth, verursacht.
kappiaktoavok, j. SS., er hat anhaltende, sehr große Angst, Qual.
kappiaktoadlarpok, t. SS. do.
Kappitak, lāk, tet, der Oberste, Capitain.
kappitauvok, j. SS., er ist ein Capitain.
Kappipok, t. SS., er zieht über das Attigē den Pelz oder Kollitak an. Bei den Nordländern gilts überhaupt nur vom Kollitak, SS., er hat ihn an.
kappitak, lāk, tet, ein Oberpelz.
kappitipa, t. CS., er zieht ihm den Oberpelz an.
Kappiva, j. CS., er sticht ihn mit einem Spieß, Messer ic. (einmal.)
kappisivok, SS. do.
kappinek, nāk, nerit, eine gestoch. Wunde.
kappinivinek, nāk, verngit, eine Narbe von einer gestochenen Wunde.
kappimavok, j. SS., er ist gestochen.
kappijanvok, j. SS., er wird gestochen.
kappinersoak, kappimanersoak, ōk, suit, eine große Stichwunde.
kapput, tik, tit, ein Spieß, Stecher.
kapporpa, t. CS., er sticht ihn mit einem Speer, Messer ic. (mehreremal.)
kappornikpok, t. SS. do. (mit mik).
kappokarpok, t. SS, & CS. do.
kappōk, ūk, ūit, eine Stichwunde (einerlei mit kappinek).
kappokaut, tik, tit, eine Gabel.
kappokalatsivok, j. SS., er bekommt, fühlt wie Stiche in sich.
kappokataukörpok, t. SS., es scheint, als wenn er innerliche Stiche bekäme.
kappotiva, j. SS. inus., er steckt es hinein, z. B. einen Stock, Stange, Pfahl ic. in die Erde.

kapposivok, j. SS. do., kappojivok.
kappomitarpok, t. SS. & CS., er steckt was auf einen Stock, Gabel oder Spieß (SS. mit mik). [das Meer.
Kapoakivok, j. SS., es schäumt der Fluß, kapok, der Schaum auf dem Wasser, Bier ꝛc.
kapoalivok, j. SS., er schäumt aus dem Munde, ein Mensch, der die fallende Krankheit hat ꝛc.
kapokipok, t. SS., es hat wenig Schaum.
kapokortovok, t. SS., es hat großen, vielen Schaum.
kapangavok, j. SS., er redet, oder ist nur Schaum, ist nichts daran.
kapungavok, er erzählt nichts Glaubwürdiges, es ist alles nur wie Schaum.
kapoktun ituinauvok, er, es ist nur wie Schaum.
kapokarpok, t. SS., es hat Schaum.
kapoktalik! da hat es Schaum! (Wird etwa bei einem Menschen gesagt, der viele und schöne Worte macht und wo man weiß, daß nichts daran ist.)
Kapsit? wie viel?
kapsiovæt? wie viel sind ihrer?
kapsiovut, car. Sing. & Dual., es sind ihrer einige wenige (weniger denn 20).
kapsertuinauvut, es sind nur einige wenige.
kapsine (Loc.), kapsinnik (Acc.).
kapsinnut (Term.), ainiarkit? zu wie vielen wirst du gehen?
kapsinit (Abl.).
kapsitigut (Vial.), durch wie viele.
kapserarka? wie viele hat er bekommen.
kapserarērivok, j. SS., er hat schon gefragt, wie viele.
kapsikkiak, wer weiß, wie viele.
Kapsoma (trans.), der drinnen ist, siehe kamane.
Kardlok, luk, luit, die Unterlippe.
kardlangak, alsok, aiset, die Unterlippe vom Walfisch.
kardloarpok, t. SS. & CS., er schneidet

von der Unterlippe des Walfisches, it, er zieht den Wasserpelz, Akkuilitak, beim Kajakfahren über den Rand des Lochs am Kajak, daß Wasser nicht eindringen kann, überhaupt alles, was man mit einem Darm oder Leder zubindet.
Karōlek, lit, lit, ein Grönländer.
Karrasarēk, Zwillinge, karrasarēvinek.
Karngoarpok, t. SS., es spielt, ein Kind auf der Pritsche.
Kàrkok, kuk, kut, getrocknetes Eingeweide.
karkuttorpok, t. SS., er speiset getrocknetes Eingeweide (und überhaupt alle gekochte und vertrocknete Fleisch-Sehnen).
karkkosakpok, t. SS., er holt dergl.
karkotakpok, er nimmt mit.
kakotokpok, t. SS., er hat das Gesicht erfroren.
Karlik, D. lit, Pl., ein Paar Hosen.
karliksak, sök, set, Zeug zu ein Paar Hosen.
karliktorpok, t. SS. & CS., er zieht die Hosen an, CS., er zieht sie ihm an, it, er verzehrt die Hosen.
karlerpok, t. SS., er hat die Hosen an.
karlikpok, SS. & CS. do.
karlingerpok, t. SS. CS., er zieht die Hosen aus, ist ohne Hosen, CS., er zieht sie ihm aus.
karlikörtovok, j. SS., er hat große Hosen.
karlikipok, t. SS., er hat kleine Hosen.
karlikitovok, t. SS. do.
karliorpok, t. SS. & CS., er macht Hosen, CS., ihm.
karlilliorpok, t. SS. & CS. do.
karlēlitak, täk, tet, ein Paar lange Hosen, die bis unten an den Fuß gehen.
karlikalāk, D. lat, die N. Weiber-Hosen.
karlenärpok, t. SS., er hat nur Hosen an.
Karmak, mäk, mait, eine Mauer von Rasen und Steinen, it, der Sohlen-Theil am Stiefel, der oben zu sehen ist.
karmaliorpok, t. SS., er macht eine Mauer oder eine Rasen-Wand.

karmaksak, säk, set, Rasen und Steine, wovon eine Mauer gemacht werden soll.
karmaritak, täk, tet, die Balken, die in einem Eskimo-Hause auf der Mauer liegen, worauf das andere zu stehen kommt.
Kārpok, t. SS., CS., eine Blase, Darm, Flasche; it, die Wellen brechen, platzen.
kārvigiva, j. SS. inus., die Welle bricht sich am Schiff oder Boot.
karkattartoksoäluit, karkattartoksuit, die großen Wellen, die so am Lande hinauffahren und sich brechen.
karkattarput, t. SS., sie brechen wiederholt über die Wellen.
kārnelik, lik, ggit oder lit, ein Boot oder Schiff, das die Wellen durchschneidet, so, daß das Wasser weiß wird.
Karritak, tāk, tet, das Gehirn.
karritaktorpok, t. SS., er speiset Gehirn.
Karsok, suk, sut, ein Pfeil, karkjok.
karsivok, t. SS. & CS., er macht Pfeile, CS., er macht ihm Pfeile.
Karsusak, säk, set, eine Fischangel.
karsusarsivok, t. SS., er kauft oder findet eine Fischangel.
Kassēpok, t. SS., er ist boshaft, böse.
Kassigiak, itsek, itset, eine Art Seehunde mit gesprenkelten Haaren (Phoca annellata). [von dieser Art.
kassigiaitsiak, öt, et, ein junger Seehund
kassigiarpok, t. SS., er bekommt einen solchen Seehund.
kassigiënak, naek, nerit, einer, der ganz in solche Felle gekleidet ist.
kassigiaitsiagajak, jāk, jalluit, schöne **kassigiaitsiak-Felle.**
kassigiaitsialliut, der Name des Monats Juni, weil in demselben die kassigiet ihre Jungen werfen.
kassigiaksoakangilak, t. SS., es hat keinen großen kassigiak (wird blos gebraucht, wenn einer den Seehund, nachdem er geschossen, nicht bekommt).

kassigiavinek, nāk, verngit, Fleisch vom Kassigiak.
Kassilivok, j. SS., es schmerzt ihn, eine weiche hautlose Stelle. [do. sehr.
kassililukpok, t. SS., kassilidlarpok, **kassilnarpok,** t. SS., es beißt, ist beißend, verursacht Schmerzen.
Kassukpok, t. SS., der Wind hat nachgelassen, ist stiller. [lassen.
kassuakivok, j. SS., er hat ganz nachgelassen,
katsuksavok, j. SS., er scheint nachlassen zu wollen. [Wind.
kassumivok, j. SS., er ist weniger, der
kassuvok, j. SS. & CS., ein Strick, Tau ꝛc. ist schlaff, hat nachgelassen, CS., er läßt ihn nach.
kassungavok, j. SS. do.
kassutipa, j. SS. inus. do.
Katak, tek, tet, ein Eimer von Blech oder Holz.
katalliorpok, t. SS. & CS., er macht Eimer.
kataujak, jāk, jet, ein Faß.
kataujaitorpok, t. SS., er holt Fässer.
kataugak, käk, ket, ein Maulkorb für einen Hund ꝛc., it, ein altes, fast unbrauchbares Gefäß.
Kātek, tik, tit, der Knochen am Ende des Seehundsstechers, mit einer Höhlung, worin der Igimak feststitzt.
kätsitipa, kätsiterpa, t. CS., er wirft ihn, den Stecher, bis an den kätek in den Seehund (mit mut).
kätjetervigiva, j. SS. inus., er wirft ihn, den Seehund, daß der Naulak und Igimak ganz hineinfahren.
kötsititauvok, j. SS., er, der Igimak, ist bis an den kätek hineingestochen.
kätsivok, j. SS. & CS., er macht einen kätek, CS., er macht ihm einen.
kätersivok, j. SS., er findet oder kauft einen kätek.
Katjak, äk, jait, einer, der sich leicht in Gefahr begibt. [nach was.
Katjärpok, t. SS., er verlangt, sehnt sich

kaljāriva, j. SS. inus., er verlangt nach der oder der Sache, will sie gerne haben.
kaljārvigiva, j. SS. inus., er verlangt nach ihm, dem Menschen, oder nach irgend einer Stätte.
kaljārtigiva, j. SS. inus., er hat ihn zu dem, der nach ihm verlangt.
Katjareksimavok, j. SS., er ist heiser vom Schreien, hat tiefe Stimme bekommen.
katjarekpok, t. SS., er hat tiefe Stimme do.
Katjukpok, t. SS. & CS., er klopft etwas, zerstampft es, SS., er klopft.
katjugvik, vīk, vit, ein Amboß, auch ag-vik, it, ein Hauklotz.
Katsikpok, t. SS., es ist uneben, höckerig.
katsiktak, tæk, tet, etwas Unebenes, Höckeriges.
Katsak, katsakle, ja freilich, gewiß.
Katlaipok, t. SS., er, es hat eine feine Stimme, feinen Ton.
kattitōvok, j. SS., er hat eine tiefe St.
Katsungaipok, t. SS., er ist im Ernst auf eine Sache gestellt, gerichtet.
katsungavok, t. SS., er hat nachgelassen, es ist ihm nicht recht Ernst.
katsungagiva, j. SS. inus., er ist nicht im Ernst auf ihn gerichtet, verlangt es, ihn nicht zu haben.
katsungaigiva, j. SS. inus., er will es, ihn gern haben, ist ernstlich darauf gerichtet.
katsungagijauvok, j. SS., es wird nicht sehr nach ihm verlangt.
katsungaut, lik, til, die Ursache, warum einer nicht im Ernst darauf gerichtet ist.
katsungautigiva, j. CS., er hat es zur Ursache, daß er nicht im Ernst darauf gerichtet ist.
katsungainek, næk, neril, der Ernst.
Káttāk, tǎk, tet, die Thürpfosten, das Ganze zusammen.
kattaub kollā, die obere Thürschwelle.
kattaptingnepok, t. SS., er, es ist an unsern Thürpfosten.

Kattakpok, t. SS., er ist blaß, immer.
kattaktipok, t. SS., er wird blaß, erblaßt.
kattaksilerpok, t. SS., er erblaßt vor Schmerz, Sachen bleichen aus.
kattaktilipa, t. CS., er, es macht ihn blaß.
Kattalungavok, j. SS., er ist niedergeschlagen, schlägt die Augen nieder, aus Mißvergnügen.
kattalungavigiva, j. CS., er schlägt aus Mißvergnügen über ihn die Augen nieder.
Kattangut, tik, til, Geschwister, Brüder, Schwestern.
kattangutigiva, j. SS. inus., er hat ihn zum Bruder, Schwester.
kattanguttauvok, j. SS., er ist ein Bruder oder sie ist eine Schwester (mit mut).
kattangutaunek, nǎk, neril, das Bruder-, Schwestersein.
kattanguligēk, gēt, car. Sing., gegenseitige Geschwister.
kattanguligēkput, t. SS., sie sind Geschwister zusammen. [Kinder.
kattanguliarsuk, sük, suit, Geschwisterkattanguliarsugēkput, sie sind Geschw. Kinder zusammen (mit mut).
kattanguliārsugiva, j. SS. inus., er hat zum Vetter oder Cousine.
kattanguliga, kattanguma od. kattangutima, mein Bruder oder Schwester.
Kattekpok, t. SS. & CS., es fällt herunter,
kattakpok, CS., er wirft es herunter (macht es fallen, mit Fleiß).
kattaivok, j. SS., er läßt fallen (mit mik) (mit Fleiß und nicht mit Fleiß).
katteklipa, t. CS., er wirft es, das auf irgend etwas steht, herunter, il, er läßt das Segel herunter, läßt den Todten herunter ins Grab.
katteklitsivok, j. SS. do.
katteksimavok, j. SS., es ist heruntergefallen.
kattaimavok, j. SS., es ist heruntergefallen und verloren gegangen.
kattengnerpok, t. SS. & CS., es ist her-

untergefallen, ohne daß mans wußte, CS., er hats herunter geworfen.

kattogoarpok, t. SS. & CS., es fällt oft herunter.

kattaigoarpok, t. SS., er läßt oft was fallen, wirft oft was herunter.

kattallerpok, t. SS., es fängt an zu fallen, ist im Fallen.

kattegiarpok, t. SS. do.

katterarpeit, t. CS., er läßt sie fallen, wirft sie herunter, streut, säet hin.

kattarnaivok, j. SS. do. [Sache.

katteklak, täk, tet, eine heruntergeworfene

kattengnek, näk, nerit, das Fallen (herunter). Meistens hört man bei allen diesen kattak.

Kattersinek, näk, norit, das Sammeln.

kattersivok, j. SS., er sammelt (mit mik).

kattipeit, t. SS. inus., er sammelt sie (setzt sie beisammen).

kattersorpeit, t. SS. inus., er sammelt sie auf, z. B. allerhand Sachen, die auf dem Boden herumliegen.

kattersoivok, j. SS., er sammelt zusammen.

kattersivik, vīk, vit. Sammelplatz, und Zeit, Ernte.

kattivuk, vut, car. Sing., sie sind beisammen, zusammengekommen, z. B. kajaktortut.

kattitipeit, t. CS., er bringt sie zusammen, verbindet sie mit einander, copulirt sie.

kattititsivok, j. SS., er fügt zusammen, copulirt. [gesetztes.

kattititäk, tet, car. Sing., ein Zusammen=

kattititäksäk, set, car. Sing., Sachen, die zusammengesetzt, gefügt, copulirt werden sollen.

kattinek, näk, nerit, das Zusammenkommen, Menschen und wo Flüsse in einander fließen 2c.

kattimavik, vīk, vik, Sammelplatz, Zeit, Kirche.

kattimavut, car. Sing., j. SS., sie sind versammelt.

kattimakattauvok. j. SS., er ist mit versammelt.

kattitsungarpeit, t. CS., er sammelt sie zum letzten Male.

katterkassintipeit, t. CS., er thut sie, sammelt sie mit hinzu.

katterkassintjivok, j. SS. do.

kattimgavut, car. Sing., sie sind beisammen, wohnen beisammen; verschiedene Familien.

Kattigoliungavok, j. SS., es ist rund, abgerundet, wie eine Rippe (nicht ganzer Zirkel).

kattigoliungatipa, t. CS., er macht es rund.

kattigārpok, t. SS., er hat einen Buckel, einen Bogen, z. B. ein Brett 2c., it, ein Sechund 2c. streckt den Rücken, den Buckel zum Wasser heraus.

kattigarninga, sein Buckel.

kattik, tik, tit, das Fleisch an den Rippen, nach inwendig zu (bei Mensch u. Thier).

kattikipok, t. SS., er hat wenig Fleisch inwendig an den Rippen.

kattikak, Dual., kot, Pl., car. Sing., der ganze Rumpf eines Menschen oder Thiers, so weit als die Rippen gehen.

kattikakka, mein Rumpf, Körper, soweit die Rippen gehen.

Kattivok, j. SS., er stößt sich an den Kopf.

kattinek, nak, norit, eine Beule vom Stoßen.

Kattutekarpok, t. SS., es hat zusammengebundene (nicht eingewickelte) Sachen, oder es hat ein Band.

kattute, tik, tit, das Band, womit Sachen zusammengebunden sind.

kattusēvok, j. SS., er koppelt, bindet Sachen zusammen.

kattuserpeit, t. CS., car. Sing., er sie do.

kattusersimavut, t. SS. & CS., car. Sing., sie sind zusammengebunden.

kattusertauvuk, t. SS., sie werden zusammengebunden.

kattutjauvok, j. SS., es kommt alles auf

ihn, z. B. alle reben zu ihm, ober auch, sie vereinigen sich und bringen ihn um.

kattutjivuk, vut, car. Sing., sie reben sammeln alle zu ihm, auf ihn (mit mut).

kattutivæt, t. SS. inus. do., sie versammeln sich alle bei ihm, ober reben alle zu ihm.

kattutijak ober **kattutjak**, jäk, jet, eine Sache, die gemeinschaftlich angeschafft ist.

kattutjavut ober **kattutijavut**, unsere gemeinschaftlich angeschaffte Sache, z. B. Schleifstein, Säge 2c.

kattutějarput, t. SS. inus., er binbet zusammengebunbene Sachen los.

Kātuinārpok, j. SS., er ist oberflächlich in seinem Sinn, Wesen (siehe bei Kä).

katuinauvok, j. SS. do.

Kaugaksīt, sisīk, sisīt, irgenb eine Sache, ein Stück Holz ober Stein, womit man was zerschlägt. [Knüppel.

kautak, täk, tet, ein hölzerner Hammer,

kautaliorpok, t. SS., er macht einen Hammer.

kaugakpa, t. CS., er zerstößt, zerklopft es.

kaugaksivok, j. SS. do. (mit mik).

kaukpa, t. CS., er schlägt einmal auf ihn, es.

kauksivok, j. SS. do.

kaugaktauvok, j. SS., es wirb zerschlagen, zerquetscht.

kauktauvok, j. SS., er wirb gequetscht, ein Mensch ober Sache, wirb einmal geschlagen, z. B. wenn Jemanb beim Klopfen auf bie Finger schlägt.

kauktak, täk, tet, ein solcher Gequetschter, Geschlagener.

kaugarsivik, vīk, vit, ein Klotz, Tisch, worauf geklopft, etwas zerschlagen wirb, z. B. ein Specktisch.

Kaujivok, j. SS. & CS., er weiß, CS., es.

kaujimavok, t. SS. & CS., es ist ihm bekannt. [kanntsein.

kaujimanek, næk, norit, das Wissen, Bekanntsein.

kaujijauvok, j. SS., es wirb gewußt, er wirb gekannt.

kaujijaunerpok, j. SS., es wirb gewußt, ohne bag mans bachte, wußte.

kaujimajak, jäk, ket, bas, was gewußt wirb.

kaujimangerpok, t. SS., er weiß nichts mehr von sich, ist ohnmächtig.

kaujimamarikpvk, t. SS. & CS., er weiß völlig, CS., er weiß es völlig, gut, genau.

kaujimangojarpok, er ist verwirrt.

kaujisārpa, kaujisňva, j. CS., er thut es ihm kund, it, mit der Ruthe, züchtigt ihn.

kaujisaivok, j. SS., er macht bekannt (mit mik) do.

kaujimasarpa, t. SS. & CS., er weiß, CS., er unterrichtet ihn, macht es ihm kund, besonbers ein Kinb.

kaujisārpok, t. SS. & CS., er weiß schnell, CS., er weiß es schnell, geschwinbe.

kaujimajaksak, säk, set, eine Sache, bie man erfahren soll (noch nicht weiß).

kaujimajotōvok, j. SS., er ist der alleinige Wisser.

kaujijōriva, j. SS., er benkt, hält ihn ba für, bag er es wisse, SS., er hält sich bafür.

kaujinasugiva, j. CS. do.

kaujitipa, t. CS., er thut es ihm kunb, sagt es ihm.

kaujititsivok, j. SS. do., ominga kaujititsivok illingnik.

kaujijōriva, j. CS., er pflegt es zu wissen.

kaujijongovok, j. SS. do.

kaujivakpok, t. SS. & CS. do.

Kauk, Sing. & D., kaut, bie Haut von einem Walroß, il, bas Weiße im Ei, kaunga.

Kauk, Sing. & D., kaut, pl., bie Stirne.

kaura, meine; kaut, beine; kause, eure;

kaunga, seine Stirn.

kaurut, kaurutik, ūk, tit, ein Stirnbanb.

kaungovok, j. SS., **kauleriviok**, er hat Schmerzen an ber Stirn.

kaumigak, äk, et, ein Kissen, wo man mit ber Stirn barauf liegt.

kaumigarpok, t. SS., er legt bie Stirn auf.

Kauktungajak, jäk, jet, eine Muschelart, die sich an Steine und große Fische setzt.

Kaulerpok, t. SS. & CS., er dehnt die Stiefel, oder sonst dergl., aus, steckt was hinein, it, er zieht das Werkzeug in der Wunde des Seehunds hin und her.

kaulerivok, j. SS. & CS. do., er steckt etwas hinein, in ein Loch, füllt das L. aus.

kaugut, kaulerut, kauliut. tik. tit, ein Stocher, um etwas damit auszubohren, ein Holz zum Ausdehnen der Stiefel. (Ersteres wird am meisten gebraucht.)

kauvok, j. SS. & CS., es fährt ihm (nicht mit Fleiß) die Pfeife oder sonst dergl. in den Mund, CS., er steckt es (das Loch) voll mit etwas, z. B. omunga kauvara, mit diesen fülle ich es (das Loch) aus (einmal, wenns oft geschieht, so heißt es **kaulerpara**).

kausivok, j. SS., er steckt hinein (mit mut und mik), omunga kausivok ominga.

kaumivok, j. SS., er ist eingesteckt, z. B. hat die Hände in der Tasche.

kaumijok, juk, jut. ein, in eine Oeffnung, Loch, Ohr ꝛc., Hineingesteckter.

kaujak, jäk. jet. eine Oeffnung, Loch, Ohr ꝛc., wo was hineingesteckt ist.

kaujauvok, j. SS., es wird, ist was hineingesteckt, in die Oeffnung, it. es kommt der Schnee durch die Ritzen, Schlüsselloch ꝛc. ins Haus, it. er wird vom Winde oder Kälte durchdrungen.

kautakpok, t. SS., er, der Wind oder Kälte bringen ein.

Kau, kauk, kaut, der Tag, das Morgenlicht.

kaulerpok, t. SS., es fängt an zu tagen, es fängt an helle zu werden.

kaumalerpok, t. SS. do., wenn es schon etwas heller, lichter ist.

kaugiarpok, t. SS., es fängt soeben an zu tagen.

kaujaraklivok, j. SS., es nahet sich der (wenns noch finster ist).

kaugiarsungärpok, t. SS., es ist das Letzte vom Anfang des Tages, es wird bald helle.

kautuasinalerpok, t. SS., endlich wird es Tag (wird gebraucht, wenn Jemanden, einem Kranken ꝛc., die Nacht lang wird).

kaut tamät, alle Tage. **kaut nungulugit**, do., zu Ende.

kaut tappilugit, alle Tage, alle miteinander.

kaupegomitak, täk, tet, Holz, Essen, Trinken, was für morgen sein soll.

kaupegomitara, mein für morgen Aufgehobenes.

kautsiutijak, jäk, jet, Arbeit, die für morgen bestimmt ist.

kautsiulivara, j. CS., dieses will ich morgen machen.

kautsiutjivok, j. SS. do. (mit mik).

kaupet, 2. Conj., wenn es taget, b. h. morgen.

kaupsarpet, do., wenns zweimal getaget, b. h. übermorgen.

kaupsapsarpet, do., wenns dreimal getaget, b. h. über übermorgen.

kaumarpok, t. SS. & CS., es ist eben helle, CS., er leuchtet ihm, nämlich das Licht, die Sonne.

kaumaivok, j. SS., es leuchtet, macht helle do. sekkerngub kaumarpäligut. sekkinck kaumaivok uvaptingnik.

kaumartipa, t. CS., er leuchtet ihm, macht es ihm helle, hält ihm ein Licht hin.

kaumartitsivok, j. SS. do. (mit mik).

kaumaksarpa, t. CS., er macht es ihm helle, leuchtet ihm.

kaumaksaivok, j. SS. do., er macht helle, leuchtet, macht Licht.

kaumarulivok, j. SS., es ist nicht völlig helle, z. B. wenn die Sonne hinter dicke Wolken geht, oder auch Mondlicht.

kaumavok, j. SS., es ist helle, lichte, durchsichtig.

kaumagalakpok, t. SS., es ist wenig helle.

kaumangavok, j. SS., es ist halb durchsichtig.

kaumagiartauvok, j. SS., es wird ihm
etwas heller gemacht, it, eine Lampe wird
heller gemacht.
kaumatingörpok. kaumatingudlarpok,
t. SS., es wird nach langer Zeit einmal
wieder helle.
kaumalak, läk, lct, lait, der Blitz.
Kaumailitak, täk, lct, ein breiter Gürtel
um die Lenden, bis weiter herunter, der
bei den Eskimos gebraucht wird, wenn
der Pelz nicht bis über die Hosen geht,
denn so heißt die offene Stelle kauma.
Kaumgoivok, j. SS., er schnarcht im Schlafe.
Kauna (Vialis.), durch die Luft, siehe käne.
Kaurolek, lik, lit, auch läk, lct, ein Käfer,
Motte, it, ein Thier, was ein Zeichen,
schwarz oder weiß, auf der Stirn hat.
Kauserpok, t. SS., es, er ist groß.
kausek, sek, sit, die Nässe, Feuchtigkeit.
kausertipa, t. CS., er macht es naß.
kauserlitsivok, j. SS. do. (mit mik).
kausertailivok, j. SS. & CS., er ber
wahrt vor Nässe.
kausilertailivok, j. SS. & CS. do.
kautsiovok, j. SS., es ist feucht, naß,
grün, nicht verdorrt (gilt nur bei Holz).
kautsermik, nasse Kleider.
Kavangarnek, Süd-Ost-Wind.
kavangarnarpok, t. SS., es weht do.
kavangarningak, Süd-Süd-Ost-Wind.
kavangarningavok, es weht do.
Kavängovok, j. SS., er hat keinen Appetit
zum Essen. [gels.
Kaverpiutek, tik, tit, der Kamm eines Vo-
Kaveroak, kok, kut, das Trommelfell in
den Ohren.
kavervakpok, t. SS., er ist betäubt, vom
starken Geschrei, Knallen rc.
Kavinitsiak siehe kabviaitsiak.
Kavisek, sik, sit, die Schuppen eines Fisches.
kavisilik, lik, lit, ein Lachs, ein Fisch mit
Schuppen.
kavisilikpok, t. SS., er bekommt einen
Lachs.

kavisiliktorpok, t. SS., er speiset Lachse.
kavisililliorpok, t. SS., er kocht Lachse.
kavisiliksiorpok, t. SS., er sucht Lachse,
ist darauf aus, welche zu fangen.
havjanek siehe kabjarnek.
Kavsek, jek, jit, der Scheitel, Wirbel, siehe
kabsek.
kabserkopa, kabsorokpa. t. CS., er
schlägt ihn auf den Scheitel.
kabjeroivok, j. SS. do.
Kavjektök, tük, tüt, eine Enten-Art mit
einem Federbusch auf dem Kopf (gök).
(Wird im Norden nicht gekannt.)
Kavungnariarpok, t. SS., er geht in den
Wald Holz hauen. [Walde.
kavungnarpok, t. SS., er haut Holz im
Kearut, tik, tit, ein Harpun zum Walfisch
stechen.
Kearuvipok, t. SS., die Sonne blickt eben
durch die Wolken.
Këavalinok, näk, nerit, eine nasse Stelle
neben einer Schneewebe (im Sommer).
Këanek, näk, norit, das Weinen, Heulen.
këavok, j. SS. & CS., er weint, CS., er
beweint ihn, besonders Verstorbene.
këasùngòvok, j. SS., es ist ihm weiner-
lich.
këagiva, j. CS., er weint über ihn, aus
Betrübniß, weil er ihn beleidiget, oder
auch aus Mitleiden.
këagajukpok, t. SS., er weint sehr viel, oft.
köangorpok, t. SS., er hört nicht auf zu
weinen.
këamersorpa, t. CS., er macht ihn weinen.
këamersuivok, j. SS., er macht weinen;
entweder durch seinen betrübten Zustand,
oder daß er Jemand wehe thut.
këatudlarpok, t. SS., er weint oft.
këatóvok, do.
këagaluludlarpok, t. SS., er thut, wie
wenn er weinen wollte, aber nicht recht
kann.
këngalakpok, do.
kearchamut, korgamut, aus vielem oder

durch vieles Weinen, z. B. kergamut ijigik puvilerpuk, seine Augen sind geschwollen von vielem, oder durch vieles Weinen.
kĕadlarpok, t. SS., er weint sehr.
kĕangorpok, kĕangolakpok, t. SS., er ist müde vom Weinen.
kĕakpikpok, t. SS., der Moger schreit.
kĕaksukpok, t. SS., der Wind heult, brauset in den Bergen, Bäumen (wenn man ihn von ferne hört).
kĕaksuk, das Sausen, Heulen des Windes. Annorib kĕaksunga.
kĕaksulerpok, t. SS., der Wind fängt an zu heulen.
kĕaksuliakidlarpok, t. SS., es fängt an tüchtig zu sausen, zu heulen, kommt immer näher.
kĕangolavok, j. SS., kĕangoladlarpok, t. SS., es pfeift, brauset, sauset eine Kugel oder ein Stein, wenn er geworfen wird, ein fliegender Vogel, ein Stock, den man in die Luft schlägt ꝛc.
kĕangok, das Sausen eines fliegenden Vogels, Steines, einer Kugel ꝛc.
keangovok, j. SS., er sauset do.
Kebbik, ĭk, it, eine Decke, Oberbett.
kebbiksak, sæk, set, etwas zu einem Oberbett.
kebbikpok, t. SS. & CS., er deckt sich zu, CS., er ihn.
kebbilikpa t. CS., er versieht ihn mit einer Decke, schenkt ihm eine Decke.
kebbiktipa, t. CS., er gibt ihm eine Decke.
keblariktok, tuk, tut, eine Tanne.
Keblerpok, t. SS., es glänzt.
keblernarpok, t. SS., es macht glänzend.
keblerikpok, t. SS., es ist schön glänzend.
kebleriksarpa, t. CS., er macht es glänzend.
kebleriksaivok, t. SS. do.
kebleriksaut, tik, tit, ein Mittel, um glänzend, blank damit zu machen.
keblersivok, j. SS., es wird blank.

keblernikipok, t. SS., es glänzt wenig.
keblerkijak, jāk, jet, Katzensilber, Marienglas.
Kebvĕrpok, t. SS., der Vogel hält die Flügel ausgebreitet stille, wenn er herunterfährt oder auch sonst.
Kebvialaivok, j. SS., er vertritt das Kniegelenke, tritt es zu weit zurück.
Kēdlarpok, siehe bei kĕmitikpok.
Kēilerpok, t. SS., er ist todt, siehe kēlitak.
Kējiva, j. SS. inus., er, der Hund, reißt ihm etwas aus der Hand (siehe kēsivok).
Kejuk, juk, juit, Holz.
kejuksatuinauvok, j. SS., es ist nur Brennholz.
kejungniarpok, t. SS., er arbeitet am Holz.
kejulerivok, j. SS. do. [holz.
kejaktarpok, t. SS., er trägt, holt Brennkejuitorpok, t. SS., er holt Holz (etwa so in die Stube).
kejuksorpok, t. SS. do.
kejuktautipa, t. CS., er trägt Holz für ihn.
kejuktangórpok, t. SS., er ist müde vom Holztragen.
kejuktangörpok, t. SS., er trägt, holt zum erstenmal Holz.
kejuksungnipok, kejnksungnerpok, t. SS., es riecht nach Holz. [isches).
kejuvik, vĭk, vit, Fichtenholz (europäkejulinek, nāk, nerit, eine verbrannte Rinde am Brod, heißt auch aumalinck.
ketjiorpok, t. SS. & CS., er macht Holz klein, CS., er zerhaut, zersägt es.
ketjerivok, j. SS. do., er macht Holz klein, it, er holt Holz aus dem Busch.
ketjiornek, næk, norit, das Holz klein machen.
Kellaumgujak, jæk, jet, eine Kette.
Kellakpok, t. SS. & CS., es ist gebunden, CS., er bindet es (nach einer Seite herum).
kellaruserpa, t. CS. do. (einmal herum.)
kellarudsĕvok, j. SS. do.

kellaksorpa, t. CS., er binbet ihn, es (mehreremal herum).
kellaksuivok, j. SS. do.
kellarudsarpok, t. SS. & CS., er ist losgebunden, CS., er löset ihn, macht ihn los.
kellarudjarivok, j. SS. & CS. do., CS., er ihn auch.
kellarudjarijok, kellarudjarsijok, das Loßbinden. [gebunden.
kellarudjauvok, j. SS., er wird mit ein.
kellarut, tik, tit, ein Band, Strick zum Binden.
kellärtet, ein Gebund Rennthierfelle.
kellaktet, ein Gebund Fische 2c., die nur nach einer Seite herum gebunden sind, die kein Kreuzband haben
kellavok, j. SS. & CS., der Hexenmeister bindet den Kranken 2c., über den er hexen will.
Kellellugak, käk, ket, ein Weißfisch.
kellellugakjingak, kak, ket, Speck vom Weißfisch.
kellellugaut, tik, tit, ein Sack mit Weißfisch-Speck gefüllt.
Kellertit, der Haar-Zopf der Weiber.
kelleksiut, tik, tit, das Haar-Band do.
Kellok, uk, uit, ein Land-Aas.
kelloksivok, j. SS., er findet ein Land-Aas.
Kellularak, kak, ket, der Drücker an der Flinte, it, eine Guitarre, Zitter 2c.
kellulak, do. [los.
kellulerpok, t. SS. & CS., er drückt, zieht
Kelluvok, j. SS & CS., er zieht an, hält sich fest, zieht sich an was heran, CS., er zieht ihn heran, errettet ihn, it, er spannt den Bogen, it, ein Brett, Fell 2c., wenn es zu nahe ans Feuer kommt, verzieht sich, zieht sich zusammen, it, der Krampf zieht ihn zusammen.
kellujivok, j. SS., es zieht ihn der Krampf.
kellumivok, j. SS. & CS., er spannt den Bogen, it, er zieht sich lange an was heran, hält sich fest.

kellungnek, kellunganek, näk, neril. Krümmung, Verziehung.
kellukkarpok, t. SS., es hat Verziehungen, Krümmungen.
kellukkasiariva, j. SS. inus., er spannt es ein, oder beschwert es, damit es die rechte Krümmung bekommt.
kellukkangavok, j. SS., er, ein Mensch oder sonst was, steht verschoben, krumm zusammen.
kellukkakattarpok, t. SS., es hat viele Krümmungen, Verziehungen.
kellungomivok, j. SS., es graut, zieht ihn gleichsam vor Furcht, an gefährlichen Stellen 2c.
kellungomijarpok, t. SS., es graut, zieht ihm in den Gliedern, zum Voraus, wenn er an irgend eine gefährliche Stelle denkt.
kellujauvok, j. SS., ein Mensch wird er löset, heran-, herausgezogen, it, ein Brett oder dergl. wird von der Sonne, Feuer 2c krumm gezogen.
kellukipok, t. SS. & CS., er hat sich was verzogen; z. B. wenn jemand durch heftiges Anziehen, Schmerz im Rücken, Brust oder sonst wo bekommt, CS., er zieht es mit Gewalt an.
kellukkangavok, j. SS., es hat Krümmen, ein Messer, Eisenstange 2c.
kellukitärpok, t. SS., es spannt, zieht, ist zu enge.
kelluavok, j. SS., es juckt, bebt, bewegt sich von selber. [von ihm.
Kemmakpa, t. CS., er verläßt ihn, es, geht
kemmaivok, j. SS., er verläßt (mit milk und mut). Savingmik kemmaivok tapsomunga, er verläßt das Messer bei ihm.
kemaijarpa, t. CS., er geht ihm aus dem Wege, meidet ihn, ein gefährliches Thier oder Menschen.
kemaijarnerpok, t. SS. do. (mit milk).
kemaktauvok. j. SS., er, es wird, ist verlassen.

kemmaktak, tak, tet, ein Verlaffener.
kemmaktanga, fein Verlaffener, den er verlaffen.
kemmaktinga, fein Verlaffer, der ihn verläßt.
kemmakte, tik, tit, ein Verlaffer.
kemmaktigiva, j. SS. inus., er hat ihn zum Verlaffer, zu dem, der ihn verlaffen, es ift der ihn verlaffen.
kemariutivuk, vut, fie verlaffen fich einander, fcheiden fich.
kemmako, kuk, kut, Verlaffenes, was nicht mehr geachtet wird.
kemmako, kuk, kut, Verlaffenes, was noch geachtet, nachgeholt werden wird.
kemmagak, kak, ket. do.
kemmakotinga, fein Verlaffenes.
kemmakotigiva, j. SS. inus., er hat es zum Verlaffen, es ift fein Verlaffenes.
kemmakovigiva, j. SS. inus., er verläßt ihm was, läßt ihm was zurück, nemlich Kleider, Nahrungsmittel ꝛc. (mit mik).
kemmakosevok. j. SS., er verläßt do. Tuktuvinermik kemmakosevok illaminut, er läßt Rennthierfleifch zurück für feine Angehörigen.
kemmariva, j. SS. inus. (ift einerlei mit kemmakovigiva).
kemmarēvok, kemmakēvok, j. SS do.
kemmakoseak, āk, et, Verlaffenes, was einem zurückgelaffen wird von dem, der fort geht. [nes.
kemmakoseanga, fein ihm Zurückgelaffe-
kemmakoseariva, j. SS. inus., er hat es zu feinem ihm Zurückgelaffenen, oder es ift fein ihm Zurückgelaffenes.
kemmatullivik, vik, vit, ein Haus oder zurecht gemachter Platz, um dafelbft was zurückzulaffen, was zu verwahren.
kemmatullivilliorpok, t. SS., er baut ein Proviantbaus oder eine Verwahrungsftätte.
kemmatullivilliarpok, t. SS., er geht ins Verwahrungshaus.

kemmatulliotiva, t. SS. inus., er bringt es in die kemmatullivik, ins Aufbewahrungshaus.
kemmatulliotjivok, j. SS., er fchafft Sachen in die kemmatullivik (mit mik).
kemmatullivok, j. SS. do.
kemmatulliosimajok, juk, jut, Sachen, die in der kemmatullivik, in einer gemachten Verwahrungsftätte find.
kemmatok, tuk, tut, Sachen, die draußen nur fo im Schnee ꝛc. aufbewahrt werden.
kemmatulliarpok, t. SS., er geht zu dem (im Freien) nur fo aufgehobenen.
kemmatorsarpok, t. SS., er holt das draußen Aufbewahrte.
Kemmāvok. j. SS. & CS., er flieht, CS., er flieht von ihm.
kemmanek, näk, nerit, das Fliehen, die Flucht.
kemmāninga, feine Flucht.
kemmājanga, feiner, von dem er geflohen.
kemmajinga, feiner, der von ihm geflohen.
kemājak, jäk, jet, einer, von dem Jemand fortgelaufen, geflohen.
kemmājauvok, j. SS., es ift ihm fortgelaufen, er ift der, von dem Jemand geflohen.
kemātuinarpok, t. SS., er flieht nur, ohne daß was ift, daß er Urfache hat.
kemmänerpok, t. SS., er ift geflohen (ohne daß mans noch wußte).
kemmāje, jik, jit, einer, der flieht.
kemmāvigiva. j. SS. inus., er flieht zu ihm.
kemmājivok, j. SS. & CS., er entflieht ihm (SS. mit mik).
Kemmerdluk, luk, lut, der Rücken des Menfchen, vom Kreuz bis an den Hals, über dem Rückgrad. [fchmerzen.
kemmerdlerinek, nak, nerit, Rücken-
kemmerdlerivok, j. SS., er hat Rückenweh.
kemmerdluarpa, t. CS., kemmerdluiliva, j. CS., er fchlägt ihn auf den Rücken.

Kemmergovok, j. SS. & CS., er beschauet, betrachtet, CS.. er beschauet, betrachtet es.
kemmergotipa. t. CS., er gibt ihm was zum Ansehen, zum Beschauen (mit mik), ominga kemmergotipa. er zeigt ihm dieses.
kemmergotitsivok, j. SS. do.
kemergojautipa, t. CS., er zeigt dieses (mit mut). Aglait kemmergojautipeit tapkonunga, er läßt die Schriften durch sie betrachten.
Kĕmitingnek, nak. nerit, das Sehnen, Verlangen. [was.
kĕmitikpok, t. SS., er sehnt sich nach
kĕmitigvigiva, j. SS. inus.. er sehnt sich nach ihm.
kĕmititigiva, j. SS. inus., er hat ihn zu dem, der sich nach ihm sehnt.
kĕpok, t. SS., er sehnt sich nach etwas Flüssigem, er ist durstig.
kĕdlarpok, t. SS. do. sehr.
kĕniarpok. t. SS. do.
Kemmukserpok, t. SS.. er fährt mit einem Schlitten, Wagen.
kemmuksit! einen kemmuksīt, zwei oder mehrere. Ausruf, wenn ein Schlitten herangefahren kommt und erst sichtbar wird, heißt also: ein Schlitten!
kemmukpok, t. SS., er zieht am Schlitten, Mensch oder Hund.
kommukserarpok, t. SS., er fährt nur so zum Vergnügen mit dem Schlitten herum.
kammutisarpok siehe kammutik! ein Schlitten. [Hund.
kemmualavok, j. SS., er zieht gut, ein
kemmualnipok, t. SS., er zieht schlecht.
kemmugiorsarpa, t. SS. inus., er lernt ihn an, den Hund.
kemmugiorsaivok, j. SS., er lernt junge Hunde an (mit mik).
kemmuksikut, Sing., kemmuksitigut, Pl., zu Schlitten.
kemmuksiutiva, t. SS. inus.. er bringt ihn, es zu Schlitten wohin, er nimm ihn mit.
kemmuksiutjivok, j. SS. do. (mit mik).
kemmuksiutigiva, j. SS. inus., er hat ihn zu dem, mit dem er fährt, der ihn mitnimmt, it, er hat es zum Kleide, worin er fährt, z. B. einen Kolitak, den er sich blos zum Schlittenfahren hält.
Kĕnak, nak, nerit, das Angesicht, it, die Seite eines Messers ꝛc., und der Stahl am Pfannendeckel eines Flintenschlosses.
kĕnatannak, ein breites Gesicht.
kĕnanga, sein Gesicht, seine Schneide ꝛc.
kĕnarsimavok, er hat Schmerzen im Gesicht, es ist geschwollen.
kĕnerivok, j. SS., er hat Gesichtsschmerzen.
kĕnatsiarpok, t. SS., er hat ein schönes Gesicht, it, es hat gute Schneide, die Säge, das Messer ꝛc.
kĕnarikpok, t. SS., er hat ein großes Gesicht.
kĕnakortóvok, j. SS. do.
kĕnarlukpok, t. SS., er hat ein häßliches Gesicht, it, es hat schlechte Schneide.
kĕnarsiva, j. SS. inus., er siehet sein Gesicht, z. B. ikingna kinauva? Wer ist der, der da südlich zu sehen ist? kĕnarsingilara, ich sehe sein Angesicht nicht. [Gesicht.
kĕnakipok, t. SS., er hat ein kleines
kĕnangovok, j. SS., er läßt das Gesicht hängen, will etwas nicht ansehen, eine Wunde, einen Todten, oder aus Scham, weil ihm was gesagt wird ꝛc.
kĕnöngogiva, j. SS. inus., er schlägt das Gesicht vor ihm nieder, kann ihn nicht ansehen, schämt, ekelt sich ꝛc., oder alterirt ihn.
kĕnüngotiva, j. SS. inus., er macht ihn, daß er das Angesicht niederschlägt, daß er nicht ansehen kann.
kĕnävok, j. SS. & CS., er sieht sich nach was um, späht aus.
kĕnäjarpok, t. SS. & CS. do.

kĕnajauvok, j. SS., man hat sich nach ihm umgesehen, es wird nach ihm gesehen.
kĕnajariva, j. SS. inus., er entdeckt, sieht es, nach was er sich umgesehen, oder sonst was.
kĕnaksarpa, t. SS. inus., er macht es, Säge, Messer ꝛc., scharf.
kĕnaksaivok, j. SS., er schärft (mit mik).
kĕnailitak, tâk, tet, ein Messer, Säbel, Scheide, it, ein Flor oder dergl. vors Gesicht, daß es nicht erfriert oder von der Sonne verbrannt wird.
kĕnarok, kuk, kut, das Fell vom Seehundskopf, it, der Speck.
kĕnarokpa, t. CS., er thut ihm weh im Gesicht.
kĕnaroivok, j. SS. do. (mit mik).
kĕnárpa, t. CS. do.
kĕnârnikpok, t. SS. do.
kĕnaujak, jâk, jet, etwas mit einem Gesicht, Geld ꝛc.
kĕnaujarsuk, sùk, suit, eine K. Münze.
Kengasarpok, t. SS. & CS., er macht mit dem Streichmaß Striche, Ritzen ins Holz ꝛc.
kengasak, sàk, set, ein Streichmaß, Zeicheneisen für Fässer ꝛc.
Kĕngaingok, der Dampf in Luft von Kälte und Wind, it, das trübe Wasser am Strande, wo ein Fluß in die See fließt.
kĕngaingolerpok, t. SS., die Luft dampft von Kälte und Wind.
Kennajukpok, t. SS., er ist wüthend, vor Schmerz ob. sonst einer Ursache (Mensch und Thier).
Kennerpok, t. SS. & CS., er sucht, CS., sucht ihn, wählt ihn aus.
kenneriarpok, t. SS. & CS., er geht suchen do.
kennerivok, j. SS. & CS., er sucht wieder.
kennigak, kak, ket, einer, der oft gesucht wird.
kennertak, tàk, tet, ein Gesuchter, Auserwählter.

kennersimajok, juk, jut, do., ein fertig Gesuchter und ein Auserwählter.
Kennerdlek, lûk, lit, eine Mandel am Halse.
Kennuajok, juk, jut, rauchfüßiger Bußard (Talco lagopus).
Kennuënek, die Geduld.
kennuëpok, t. SS., er ist geduldig.
kennuëdlarpok, do. sehr.
kennuërsarpok, t. SS., er wird bald, geschwind geduldig.
kennuëtipa, t. CS., er macht ihn geduldig.
kennuëvigiva, j. CS., er hat Geduld mit ihm.
kennualâlatsivok, j. SS. & CS., er neckt, plagt ihn, aus Vergnügen, und macht ihn ungeduldig (besonders ein Kind).
kennumarilerpok, er ist ganz ungeduldig, hat es ganz satt, das Gehen, Fahren, Arbeiten ꝛc., oder anderer Leute Thun.
kennujiariva, j. SS. inus., er übt Geduld an ihm, an einem Kinde, was immer wieder schreit, oder an sonst was, was immer wieder entzwei geht; erfüllt sein Begehren.
kennujivok, j. SS. do. (mit mik).
kennujiara, meiner, an dem ich Geduld übe.
kennujianga, seiner do. [Begehren.
kennuakipa, t. CS. do., er erfüllt sein
kennuvok, j. SS., er ist ungeduldig, launig.
kennnlipa, t. CS., er macht ihn ungeduldig.
kennuksarpa, t. CS. do.
kennuksnivuk, j. SS., er macht ungeduldig.
kennukavok, j. SS. do.
kennukajuipok, t. SS., er reizt nie zur Ungeduld, zum Zank, ist friedliebend.
kennulerpok, t. SS., es fängt an zu weinen, wird ungeduldig (ein Kind).
kennungavok, j. SS., es ist ungeduldig, weint nur (aus Unwohlsein).
kennutigiva, j. SS. inus., er hat ihn zu dem, gegen den er ungeduldig ist, ohne daß jener darauf achtet, d. h. er übt seine Launen an ihm aus.

kennutekarpok, t. SS., er hat Launen, ist launig, knurrig, ungeduldig.
konnualōvok, j. SS., er ist bald ungeduldig (ein Kind weint bald, wenn es geneckt wird).
Kennugiva, j. SS. inus., er schickt ihn fort (aus Liebe und Haß).
kennugosukpok, t. SS., er schickt fort, ist geneigt dazu.
kennuksorpa, t. SS. inus., er schickt ihn, fort, will ihn nicht bei sich haben (oftmals).
kennuksorivok, j. SS. & CS. do., CS., er schickt ihn auch fort, will ihn auch nicht bei sich haben. [geschickt.
kennugijauvok, j. SS., er wird fort-
Kennuvok, j. SS., er bittet, bettelt.
kennuvigiva, j. SS. inus., er bittet ihn (mit mik).
kennujutigiva, j. CS., er bittet für ihn was.
kennuariva, j. SS. inus., er bittet um dieses (mit mit). Savik una kennuarivara illingnit, ich bitte mir dieses Messer von dir aus.
Keoksungnilerpok, t. SS., es stinkt, riecht der Renntierbock.
keoksungnek, näk, nerit, ein Renntierbock in der Brunstzeit.
Keoraliktorpok, t. SS. & CS., er hat sich geritzt, er, es hat Kreller, Ritzen, CS., er ritzt ihn.
keoraliktuivok, j. SS., er ritzt (sunamik assiminik).
Kepaloak, lutsek, tutsel, die inwendigen Augenwinkel, neben der Nase.
Kepivok, j. SS. & CS., es ist zusammengedreht, z. B. Netzgarn, CS., er dreht, verdreht es, hat es gedreht.
kepisivok, j. SS. do., er dreht etwas zusammen, z. B. ein Tuch rc.
kepsarpa, t. SS. inus., er dreht es zu, Garn oder Schraubzwinge, Schraube.
kepsalloarpa, t. SS. inus. do.
kepsalloarivok, j. SS. & CS. do.
kepjaivok, t. SS. do. (mit mik).

kepsalutipa, t. CS., er dreht ihm was aus der Hand.
kepsalutjivok, SS.
kepsarsimavok, j. SS. & CS.
kepsalloarsimavok, do., es ist zu, es ist angeschraubt.
kepjaujarpa, t. CS., er dreht es auf.
kepjaujarsivok, j. SS. do. (mit mik).
kepingavok, j. SS., es ist verdreht, windschief rc., Brett, Stiefel rc.
kepingalukpok, t. SS. do.
kepjalloak, äk, et, eine Schraube, auch Flintenkräzer.
kepsalloaliorut, tik, lit, ein Schraubenschneidezeug.
kepsalloarut, tik, lit, ein Schraubenzieher.
kepsimavok, j. SS., er ist verdreht, verwirrt in seinen Gedanken (ist einerlei mit kevipok). [lenksam.
Kepeserpok, t. SS., er ist widerstrebend, un-
Kēpok, kedlarpok, t. SS., er sehnt sich nach etwas Flüssigem, ist durstig, schmachtet.
Keppallivok, j. SS., es geht, fällt in eine Vertiefung, oder hinter was, daß man es nicht sehen, kriegen kann.
kepperorpa, SS. inus.
kepperukpok, SS. do., er sticht was aus, daß es ein Loch gibt.
Keppitak, tūk, tet, ein Bündel, zusammengebundene Sachen, die ein Kreuzband haben. [bet do.
keppipoit, t. CS., er bindet sie in Bün-
keppitsivok, j. SS. do.
keppisimavok, j. SS., es ist gebunden.
keppitjujarpok, t. SS. CS., es geht von selbst los, irgend etwas Zusammgebundenes, CS., er bindet, schnürt es los.
keppitjut, tik, lit, ein Strick, um etwas damit zusammen, in Bündel zu binden.
keppitjuta, fein (des Bündels) Strick, womit es gebunden ist.
keppijaujarpok, t. SS., es sieht aus, wie wenns gebunden wäre, indem es rot

Kep   Ker

nicht so ist, it, er ist mißmuthig, er scheint in seinem Innern wie gebunden zu sein.

Kepsaliktuliva, j. SS. inus., er schlenkert ihn, es mit der Hand von sich (Thier od. Mensch).

kepsaliktutjivok, j. SS. do. (mit mik).

Keppumigiva, j. SS. inus., er will ihn nicht sehen, ist böse über ihn, schickt ihn fort.

keppimugosukpok, t. SS. do. (mit mik).

keppujukpok, t. SS. do.

Keptairpok, t. SS., er hat ausgeschlafen, ist munter, vom Schlaf erwacht.

keptairsarpa, t. CS., er macht ihn munter.

keptaingavok, j. SS., er ist munter, nicht schläfrig.

keptainganek, die Munterkeit.

Kepvialaivok, siehe Kepvialaivok

Keratanek, nãk, nerit, das Steife, die Steifigkeit, Ungeschmeidigkeit.

keratavok, j. SS., es ist hart, ungeschmeidig (Felle und Zeuge).

keratangavok, j. SS., er ist wie steif, erstarrt.

kerataumivok, j. SS., er erstarrt gleichsam vor Furcht, Verwunderung.

keratanarpok, j. SS., es ist zum Steifmachen (die Sonne, Kälte ꝛc.).

kerksokakpok, j. SS., er, der Schnee hat eine Kruste.

kerksokak, die gefrorne Schneekruste.

kersokpok, t. SS., er ist steif gefroren, der Schnee, in welchem sich Spuren befinden. |sind gefroren.

kerkoksimavui, j. SS., sie, die Spuren

kersok, das Gefrorene, die Kruste auf dem Eise (im Frühjahr).

kersoksimavul, j. SS., sie sind an einander gefroren, z. B. Seegras, Fleisch ꝛc.

kersorningane od. **kertoningane aularomagalloarpunga**, indem es (das Eis) eine Kruste hat, wollte ich wohl abfahren.

kerkokpok, t. SS., er, der Schnee ist noch

so weich oder so hart, daß nur noch so eben die Spuren zu sehen sind.

kerkailovok, j. SS., es ist nicht hart, ist geschmeidig (wird nur für Kleider und Stiefel gebraucht, die noch ganz neu, noch ungebraucht sind).

Kercherpa, t. CS., sie, die Kälte, friert es, (ein Fell) aus.

kerchitsivok, j. SS. do.

Kerka, die Mitte von einer Sache, seine Mitte, SS. inus.

kerkagut (Vialis.), durch die Mitte, mitten durch.

kerkagorpok, t. SS., er, es geht durch die Mitte.

kellerarpok, t. SS. & CS., es ist in der Mitte, CS., er theilt es in zwei Hälften. Siehe kellek.

kellerarerpok, t. SS. & CS., es ist die Mitte vorbei, es ist Mittag vorüber, CS., er hat es schon getheilt, uvlub

kerka, die Mitte des Tages, uvlub **kellerkangu**, die Hälfte des Tages.

Kerketerpok, t. SS., er hat Frostbeulen.

kerketertuavok, j. SS., er hat viele do.

kerketak, lãk, tait, eine Frostbeule.

Kerkojak, jãk, jet. Seegras insgemein.

kerkuavinaluk, lũk, luit, verfaultes Seegras.

kerkojaktarpok, t. SS., er fährt Seegras.

Kerlerpa, kerliva, j. CS. inus., er schiebt, drängt was (ein Messer, Brechstange ꝛc.) hinter oder unter ihm durch, z. B. einen Baum, Kasten ꝛc., um ihn, es loszureißen, oder auch nur so.

kerdlerutiva, j. CS., er schiebt es, z. B. ein Brecheisen oder sonst etwas, unter, zwischen was, SS., er drängt sich durch, it, **kerdlerutivok**, er drängt sich wo hinein, fällt einem andern in die Rede ꝛc.

kerdlerutitipa, t. CS. do.

kerdleruljivok, j. SS., er schiebt, steckt etwas zwischen was (mit mik).

kerdlarkipa, t. SS. inus., er steckt, schiebt

es wo unter (wo es sich beinahe drängt), Essen ꝛc.

kerdlorkitakpok, t. SS., es ist hineingesteckt (unter oder hinter), daß es nicht gekriegt werden kann.

kerlova, j. SS. inus., er schiebt was unter ihm durch, z. B. Iklervik kerlovara satomajut, ich dränge, schiebe unter dem Kasten durch, mit einem Brett. Ist einerlei mit kerlerpa, nur daß kerlova nur für unten durch gilt, it, er schießt unter ihm, dem Ziele, durch.

kerlujivok, j. SS., es geht unten durch, z. B. Wasser unterm Schnee, unter der Erde ꝛc., it, er drängt, schiebt unten, ob. wo es fest ansteht, was zwischen ihn, z. B. Iklervingmik kerlujivunga savingmut, ich dränge, schiebe unter oder hinter dem Kasten durch, mit einem Messer.

kerlojauvok, j. SS., es geht unter ihm, dem Ziele, durch; es wird unter ihm was durchgebrängt.

kerlutivok, j. SS. & CS., der Seehund geht unterm Eise durch, CS., er schiebt, drängt es, Stiefel, Kleider oder was es ist, unter einen angespannten Strick, z. B. unter den nakkiterut am Schlitten.

kerlutitsivok, j. SS., kamingnik kerlutitsivok nakkiterumut, er steckt die Stiefel unter den Schnürstrick.

kerdlokutak, täk, tet, eine Sache zwischen was zu stecken, daß es fest wird, steht.

kerlokusertorpa, t. CS., er steckt was zwischen, unter ihn, es, daß es nicht weicht.

kerlokusertaivok, j. SS.

kerlosarivok, j. SS., es geht hurtig unten durch, nemlich der Nordwind, im Frühjahr, nachdem Landwind gewesen (gilt nur hauptsächlich dafür).

kerdlukarpok, t. SS., er kommt nicht durch, ist zu dick, findet Hindernisse (wird nur im Negativ gebraucht).

kerdlakangilak, t. SS., er drängt sich durch, überwindet die Hindernisse, bemüht sich durchzukommen.

kerdlakarata itterluksauvogut killangnut, wir müssen uns in den Himmel hineindrängen, durch nichts stören lassen, alle Hindernisse überwinden, mit ganzem Ernste darnach trachten.

Kerngut, tik, tit, ein Perspectiv (kommt von kennerut). [Perspectiv.

kerngumigarpok, t. SS., er sieht durchs

kerngusijarpok, t. SS. do. (Dieses wird mehr gebraucht.)

kerngumikpa, t. CS., er sieht ihn, es durchs Perspectiv.

Kernek, nak, neril, das Schwarze.

kernerpok, t. SS., er, es ist schwarz.

kernertak, täk, tet. ein Schwarzes, Schwarzer (Neger, Fuchs ꝛc.).

kernertauvok, j. SS., er ist ein Schwarzer.

kernilerpok, t. SS., er, es wird schwarz.

kernersarpa, t. CS., er macht es schwarz, färbt. [schwarz.

kernersnivok, j. SS., er macht, färbt

kernertut, schwarze Inseln bei Ofak und Nain.

kernangavok, j. SS., es ist schwärzlich.

Kersorpok, t. SS., er hat die fallende Krankheit.

kersorlok, tuk, tut, einer, der die fallende Krankheit hat.

Kertovok, j. SS., er hat graue Haare.

kertojok, juk, jut, ein Greis.

Kertuserpa, t. CS., er umwindet, bindet oder nagelt es, was zerbrochen war, macht es steif.

kertusevok, j. SS., er umwindet, macht steif (mit mik).

kertusersimavok, j. SS., es ist umwunden, genagelt, steif gemacht do.

kertutekarpok, t. SS., es hat was, was es steif macht.

kertutiksak, säk, set, ein Stück Holz, Nagel ꝛc., um eine zerbrochene Sache wieder steif damit zu machen.

kertusijarpok, t. SS., er hat einen Steifmacher, einen Verband an sich, z. B, einer, der die Arme gebrochen.

kertutangavok, j. SS., er ist steif, der Mensch, er ist wie umwunden.

kertutak, täk, tet, kertute, tik, tit, eine Sache, womit eine Sache steif gemacht ist, z. B. eine Leiste über ein zerbrochenes Brett, eine Schiene beim Arm- oder Beinbruch ıc.

kertutaksimavok, j. SS., er, es ist geschient, umwunden, er hat einen Verband.

kertutarsimavok, j. SS., der Verband, die Schiene ist entzwei.

kertutartuksauvok, j. SS., es muß einen neuen Verband, neue Schiene bekommen.

kertutareksauvok, j. SS., es ist eine Sache zum Schienen, muß geschient werden.

kertusereksauvok, j. SS. do.

Kĕsinek, näk, nerit, das Beißen, der Biß.

kĕsivok, j. SS., er beißt, ein Mensch, Thier, it, eine Beißzange, das Eis, wenns aneinander stößt und was dazwischen kommt.

kĕva, j. CS., er beißt ihn, it, er schraubt es ein, SS., das Holz beißt gegen die Säge, es klemmt.

kĕjauvok, j. SS., er wird gebissen, es wird eingeschraubt.

kĕjaunck, näk, nerit, das Gebissenwerden, it, die Bißwunde.

kĕsidlarpok, t. SS., er beißt sehr, ein Hund, Mensch.

kĕsukpok, t. SS., er beißt immer, ist geneigt zum Beißen, ein Hund oder sonstiges Thier.

kĕjiva, j. SS. inus., er (der Hund) reißt ihm was aus der Hand, beißt ihm sein Fleisch ıc. weg.

kĕjinikpok, t. SS. do., kingmek uvamnik kĕjinikpok erkalukotimnik, der Hund hat mir meine Forelle entrissen, aus der Hand gebissen.

kĕjijauvok, t. SS., es wird ihm vom Hunde was aus der Hand geschnappt, gebissen.

Kessertut, tik, tit, Reißig, dünne Zweige von den Bäumen. [Strauch.

kessertutaujak, jæk, jet, Wachholder-Sache, womit eine Sache steif gemacht Kessuk, der Dampf aus der See, von der Kälte, wenn er zufrieren will. [See.

kessukpok, t. SS., es raucht, dampft die Kesserpok, t. SS. & CS., er speit, spuckt (ein wenig von sich), CS., er spuckt ihn an (einmal).

ketserarpa, t. CS., er spuckt ihn an (mehreremal). [t. SS. do.

ketseraivok, j. SS., ketserarnikpok, ketserartauvok, j. SS., er wird angespien. [er ihn (einmal).

Kessukpok, t. SS. & CS., er kratzt, CS., ketsukpok, t. SS. & CS. do. (mehrmal), it, es geht ihm der Nagel vom Finger, kukkinga ketsukpok.

ketsungnikpok, t. SS., er kratzt.

ketsuk, ük, uit, Gekratztes, it. ein Nägelgeschwür.

Kĕta, ein wenig, wenig von einer Sache, it, noch so eben recht, z. B. kĕta tikkipogut, wir sind noch so eben gekommen. Wenn nemlich der, zu dem man wollte, eben fortgehen, oder das, was man suchte, eben gefressen oder fortgetrieben werden wollte.

kĕtale, aber wenig, aber nur so eben.

kĕtatuank, nur wenig, it, nur blos deswegen, sillakidlarmet tikkipogut ketatuak, blos weil schönes Wetter ist, sind wir angekommen (sonst würden wir nemlich noch nicht da sein). Nalekak pairilaungmattigut innovogut sulle kĕtaluak, blos weil der Herr uns (als Hirt) verpfleget hat, sind wir noch am Leben.

kĕtauvok, j. SS., es ist wenig.

kotaulerpok, t. SS., es fängt an wenig zu werden.

kĕtarsuk, kĕtaluarsuk, ganz wenig.

Këterpok, t. SS., er ringt mit dem Tode, ist nahe am Tode; nimävok, tuppaktorpok oder tuppajnkpok und këterpok. Diese drei Zustände folgen auf einander, und këtérpok ist das nächste zum Tode.

Këtilak, täk, tet, ein Zugelnissenes, Zugemachtes, z. B. Fuchsfalle, Beißzange 2c.

këtipak, t. SS. inus., er drückt sie zwei zu, kneift sie zu.

këtitsivok, j. SS. do.

këtlerpok oder këlerpok, t. SS., er beißt die Kinnladen zusammen, d. h. er ist todt.

Ketjerivok, j. SS., er macht Holz klein (siehe kejuk).

Ketserivok, j. SS., siehe bei kettek.

Kettek, tik, tit, auch kerkit, die Mitte des Menschen über den Lenden, wo er sich biegen kann, das Kreuz, it, die Mitte von allen Sachen.

kettinga, seine Mitte; ketterkanga, seine Hälfte.

ketterarpok, t. SS. & CS., es ist in der Mitte, des Tages 2c., CS., er theilt es in zwei Hälften, in der Mitte durch.

kotteraivok, j. SS., er theilt in der Mitte (mit mik).

ketterarërpok, t. SS. & CS., es ist an der Mitte vorbei, CS., er hat es schon getheilt.

ketterut, tik, tit, ein Gurt, Leibband.

ketteruserpa. t. CS., er legt ihm einen Gurt an, gürtet ihn.

ketterusëvok, j. SS., er gürtet (mit mik).

ketterusersimavok, j. SS., er ist gegürtet.

ketterlukpok, t. SS., er hat ein böses Kreuz, thut ihm weh.

ketlilerivok, j. SS., ketserivok, j. SS. do., er hat Kreuzschmerzen.

ketterdlek, lĩk, lĩt, der Mittelfinger, it, überall der Mittlere.

ketterdlermëk, mĩk, mĩt, ein Fingerring.

Kettikpok, j. SS., er ist leichtsinnig, scherzhaft (nicht gerade aufs Böse).

ketligajukpok, t. SS., er ist aufgelegt zum Scherzen.

kettilakpok, t. SS., er scherzt ein wenig.

kettiplaipok, t. SS., er ist ernsthaft, scherzt nicht.

kettingnek, nak, nerit, der Scherz.

Kettorgok, gŏk, gut oder guit, der Knorpel an der Gurgel, torklub kettorgunga.

kettorgolerivok, j. SS., er hat Schmerzen an der Gurgel, im Schlunde, beim Husten, Schnupfen.

Kettukpok, t. SS., es ist weich, geschmeidig, Pelzwerk und alles, was sich sonst hin und herbiegt.

kettullivok, j. SS. & CS., es fängt an geschmeidig zu werden, CS., er hat es geschmeidig gemacht.

kettumaksarpa, t. CS., er gerbt es, macht es geschmeidig.

kettumaksaivok, j. SS., er gerbt.

kettumajaërpok, t. SS., es wird nicht weicher, geschmeidiger.

kettulimajok, kettumajok, jük, jut, gegerbte, weichgemachte Sachen.

kettumaseksak, säk, set, Sachen, Felle, die gegerbt, weichgemacht werden sollen.

kettusukpok, t. SS., er ist schwach, wackelig, Mensch oder Thier.

Këujavok, j. SS., er friert, es ist ihm kalt.

këujanek, das Frieren.

këovok, j. SS., er ist erfroren, it, er friert sehr.

keujariakarpok, t. SS., er hat sehr was Frostiges (muß frieren, indem andere nicht frieren). Wird immer gebraucht mit dem Zusatz äsit.

këumatsinlerivok äsit, er ist wieder am Erstarren vor Kälte. | burtig.

këujasaraipok, t. SS., er friert leicht.

këujatövok, j. SS. do.

këujasarëpok, t. SS., keujanasärpok, t. SS., er friert nicht leicht, schnell.

këujanarpok, t. SS., es ist zum Frieren, ist kalt.

këujanaksarpok āsit, es ist wieder schnell zum Frieren. Im Frühjahr, wenn die Nächte kalt sind und es nachher bald warm wird.

këujanarkutsauvok, j. SS., er ist einer der frieren wird, den man nicht hinauslassen darf.

këungomivok, j. SS., es schauert ihm, ist ihm kalt vor Furcht, Angst.

këujatuilisavok, j. SS., er härtet sich ab gegen die Kälte.

Keverpok, t. SS. & CS., er biegt den Kopf rückwärts, it, die Thüre dreht sich herum, CS., er zieht den Hahn auf.

kevertipa, t. CS., er dreht die Thüre, it, biegt ihm den Kopf zurück.

kevertaut, tik, tit, Thürbänder, Charniere.

keviarpok, t. SS. & CS., er wendet sich um, sieht hinter sich ob. seitwärts, CS., er wendet sich nach ihm.

keviakattarpok, t. SS. & CS. do., oft.

keviarakpok, t. SS. & CS., er wendet sich hin und her, sieht oft, wiederholt hin und her.

keviangavok, j. SS., er bleibt lange in umgewandter Stellung.

kiviaksarpa, t. CS., er macht, daß er sich umwendet.

kevingavok, j. SS., er, es hängt nach hinten über.

Kevipok, t. SS., er ist seiner Sinne nicht mehr mächtig, ist verwirrt, vor Bosheit oder Scham.

kevitok, tuk, tut, einer, der sich in der Verwirrung das Leben nimmt.

kevilerpok, t. SS., er fängt an in Verwirrung, Verzweiflung zu gerathen.

kivisimalukpok, t. SS., er ist wie verwirrt, will nicht gehen noch kommen.

kevisaraipok, t. SS., er wird schnell finster, verdreht, unwillig.

Kia (trans.), wer, wessen, jemand; kia sennalauktanga? wessen Gemachtes ist, es? kia sennalaukauk? wer hat es

gemacht? kia una sennajomaguniuk nakudlarajarpok, wenn dieses jemand machen wollte, der wäre dankeswerth.

kiale? wer aber? kiakiak, ich, oder man weiß nicht wer.

kina (intr.), wer, wen, jemand; kina una? wer ist dieser? kina kennerkiuk? wen suchst du? kina kennerpara tillijomajara, ich suche jemand, den ich senden wollte. [du?

kinauva? wer ist er? kinauvit? wer bist kinauvaruk, frag ihn, wer er ist, wie er heißt.

kinauviruk, frag ihn: wer bist du?

kinausia tussarlaungilara, ich habe nicht gehört, wer er ist.

kiname, kime (Loc.), bei wem, bei jemand.

kinamut, kimut (Ferm.), zu wem, zu do.

kinamik, kimik (Acc.), wen, do.

kinamit, kimit (Abl.), von wem, von do.

kinakut (Vial.), durch wen, durch do.

Kiasik, kiatsik, kiatsit, das Schulterblatt, Schulterbein, it, die Finnen von einem Walfische.

Kiækpok, t. SS. & CS., es ist verbrüht, verbrannt, mit heißem Wasser oder von der Sonne, daß die Haare, die Haut von etwas herunter geht, CS., er brüht es mit heißem Wasser, um die Haare oder Haut herunter zu machen.

kiæk, die Wärme, Hitze.

kiækarpok, t. SS., es ist warm, hat Wärme.

kiæksaut, tik, tit, ein Ofen.

kiægukpok, t. SS., er schwitzt leicht, ist ihm heiß (ein nicht recht Gesunder).

kiægungnek, nak, nerit, der Schweiß, das Schwitzen.

kiæklipkarpok, t. SS., er schwitzt. (Ist einerlei mit dem Vorigen.)

kiæklipkarnek, näk, nerit, der Schweiß, das Schwitzen.

kitsijarpok, t. SS., siehe bei kilserpok.

kiængēserpok, t. SS., er kühlt sich ab, ist ihm zu warm, geht ins Kühle.

17

Kiblikpok, t. SS. & CS., es ist hineingegangen, hat es durchbrungen, CS., er durchbringt es, thut seine Wirkung.
kiblēvok, j. SS., er, es durchbringt (mit mik).
kiblingnikpok, t. SS. do. do.
kiblēnek, nak, nerit, das Durchbringen.
kiblējotovok, j. SS., er ist der einzige Durchbringer.
kibliktigiva, j. SS. inus., er hat es zu dem, was ihn durchbringt, z. B. Aniasiut una kibliktigivara, diese Medicin habe ich zum Durchbringer, d. h. sie durchbringt mich. Aniasiutib oma kiblikpānga, diese Medicin durchbringet mich.
kiblingnarpok, kibliktaunarpok, t. SS., er ist durchbringend, durchschneidend.
kiblikanarpok, t. SS., es ist zum Einbringen, Eintreten; weicher Schnee oder Erde.
Kiblut, tik, tit, eine Säge.
kiblorpok, t. SS. & CS., es ist abgeschnitten, CS., er schneidet es (Holz) mit der Säge, it, einen Strick, Tau mit dem Messer. [mik].
kibluivok, j. SS., er schneidet ab (mit
kiblormiktorvik, vīk, vit, eine Sägemühle, it, ein Sägebock.
kiblormiktorpok, t. SS. & CS., er schneidet mit der Säge, CS., er schneidet es. [schnitt.
kiblormiktornek, nāk, nerit, ein Sägen-
kiblormiktornerluko, kōk, kut, Sägespäne.
kiblormiktorkattigökpuk, put, sie schneiden miteinander.
kiklormiktungorpok, t. SS., er ist müde vom Schneiden.
kiblormiktungörpok, t. SS., er schneidet zum erstenmal.
Kibjarpa, siehe kepjarpa.
Kibviarpok, t. SS. & CS., er stopft, füllt aus, CS., er, es, ein Loch in der Erde, ein Vogel rc.

kibviarut, kibvit, tik, tit, etwas zum Einstopfen, Ausfüllen.
Kigavik, vīk, vit, Wanderfalke (Falco peregrinus).
Kigerngok, ūk, uit, die zwei hintern Eden im Zelt, Winterhause.
Kigerpok, t. SS. & CS., er, der Hund rc., frißt, zerbeißt etwas Hartes, als Strick, getrocknetes Fell rc.
kigertauvok, j. SS., er, es wird abgebissen, gefressen.
kigiva, j. SS. inus., er, der Hund frißt, zerbeißt ihm was. [fressen.
kigijauvok, j. SS., es wird ihm was gekigijak, jāk, jet, einer dem was, Stricke rc., gefressen wird.
kigertak, tāk, tet, ein abgebissener, zerfressener Strick rc. [Höhe.
Kiggerpok, t. SS., er springt, hüpft in die kiggertarpok, t. SS. do., wiederholt.
kiggertagidtarpok, t. SS., er hüpft, springt sehr.
Kiggailarpok, t. SS., er hält oft inne, ruht aus, weils ihm zu warm wird, beim Gehen, Springen rc. (Mensch u. Thier.)
Kiggorpa, t. SS. inus., er verräth es ihm, sagt ihm das, was jener über ihn gesagt, wieder.
kiggoivok, j. SS., er verräth, hinterbringt.
kiggoije, jik, jit, ein Hinterbringer, Ohrenbläser.
kiggoinerartausongovok, j. SS., er pflegt ein Ohrenbläser, Hinterbringer genannt zu werden.
kiggorivok, j. SS., er hinterbringt wieder.
kiggötigiva, j. SS. inus., er hat ihn zum Verräther, Hinterbringer, der es ihm wiedersagt.
kiggotigiva, j. SS. inus., er ist sein Verräther, er hat ihn zu dem, den er verräth, dessen Worte er dem Dritten wieder bringt.
kiggoerkärpok, t. CS., er hat es eher verrathen, als ein anderer.

kiggoinerpok, t. SS., er hat es verrathen, hinterbracht, ohne daß mans wußte.
kiggortauvok, j. SS., es wird ihm verrathen. [räther.
kiggortigijauvok, j. SS., er wird ver-
kiggotigijauvok, j. SS., er wird verrathen.
kiggotelik, gik, ggit, einer, der einen Hinterbringer hat; **kiggötelik** tapsominga oder **kiggötekarpok** tapsominga, er hat diesen zum Hinterbringer.
Kiggut, tik, tit, Steinhaufen, Haufen aufeinander gesammelter Steine. Wird nicht allgemein verstanden und soll nur für Ziegelsteine gelten.
kiggunepok, t. SS., er ist unter, oder bei Ziegelsteinhaufen.
Kigiak, itsek, itsot, ein Bieber.
Kigikpok, t. SS., es steht stille, hört auf, wird gestillt (Nasenbluten, Blutgang, Blut, Wasser ꝛc.). [Stillestehen.
kigitipa, t. SS. inus., er bringt es zum
kigititsivok, j. SS. do.
kigitsungnangerpok, t. SS., er kann nicht mehr zum Stillestehen kommen.
Kiglavok, j. SS., er, es ist schnell, eilig im Gehen, Springen, Fahren; ein Mensch, Boot ꝛc., wenns in der Ferne gesehen wird, daß es schnell ist.
Kiglo, lik, lit, eine Grenze, d. h. ein Absatz, Vorsprung, Rand um etwas, wo dasselbe nicht mehr weiter geht.
kigligiva, j. SS. inus., er hat es zum Rande, kiglinga. [stecktes Ziel.
kiglilivik, vīk, vīt, eine Grenze, vorge-
kigliliviksak, säk, set, der Platz, wo die Grenze sein soll. [Grenze.
kiglilervigiva, j. SS. inus., er hat es zur
kiglilik, līk, līt, etwas mit einem Rande, Absatz, Gesimse versehen.
kiglililerpok, t. SS., er kommt bis an den Rand, ans Ende, auch beim Nähen einer Sache, wenn der Rand, die Kante gemacht wird.

kiglilikpok, t. SS. do.
kiglimörpok, t. SS., er erreicht das Ziel, kommt bis dahin, als man kommen sollte, it. ein Mensch erreicht das richtige Alter, stirbt nicht in seiner Jugend oder in seinen besten Jahren.
kigligikpok, t. SS., er redet die Wahrheit, sagt so, wie es von vorne an ist;
kigligiktomik okarpok.
kiglilukpok, t. SS., er redet falsch, sagt nicht, wie es von vorne, vom Rande her ist.
kiglilingmik okarpok, er sagt das Ganze, bis ans Ende, an den Rand, die ganze Wahrheit.
kiglingsnik okarpok, do.
kigligiksautigiva, j. CS., er sagt es, wie es ist, der Wahrheit nach (mit mut).
kigligiksarpok, t. SS., **kigligiksautekarpok,** do. (mit mik und mut).
kigligiutiva, j. CS., er sagt ihm die Wahrheit der Sache.
kigligiutsivok, j. SS., er sagt die Wahrheit (tapminga).
kigligiutigiva, j. CS., er erzählt, sagt die Wahrheit nach, von ihm.
kiglissiniarpok, t. SS. & CS., er erforscht die Wahrheit, CS., er erforscht die Wahrheit von ihm.
kiglissiniarvik, vīk, vīt, die Zeit, der Ort, wonach geforscht wird.
kiglissivok, j. SS., er weiß es gut, weiß die ganze Sache, versteht wie es ist.
kiglimerorpok, t. SS. & CS., er geht gründlich, der Wahrheit nach zu Werke; nimmt alles mit, was da ist; macht alles, was zu machen ist; kommt bei allen Sachen bis ans Ziel.
Kiglok, das Verkehrte, das was dagegen ist; **kiglob anneriva,** er wählt das Verkehrte; **kiglokut pivok,** er geht durchs Verkehrte. Diese werden nur von Leuten aus Norden gebraucht und verstanden, gehören aber zu den Folgenden.
kiglormut, zum Verkehrten, dagegen,

eigentlich nur gegen das Gute, Rechte. (Von manchen Eskimos wird dieses Wort zwar vom Bösen zum Guten und umgedreht genommen, es ist aber aus dem Grunde des Worts zu ersehen, daß es eigentlich nur gegen das Rechte ist.)
kiglomōrpok, t. SS., er wendet sich auf die andere Seite.
kiglornipa, t. CS., er ist ihm entgegen, theilt nicht seine Ansicht, sucht ihn zu verbessern.
kiglornēvok, j. SS. do. (mit mik). Diese gelten auf beide Weise, wenn der, dem widerstanden wird, recht hat, und umgekehrt.
kigloksarpa, t. CS., er wendet, richtet ihn auf die andere Seite.
Kiglukpok, t. SS., er rächet sich, vergilt Böses mit Bösem.
kiglugvigiva, j. SS. inus., er rächet es an ihm, thut ihm, wie jener ihm zuvor gethan.
kiglugviovok, j. SS., es wird an ihm gerächt, was er einem andern zuvor gethan.
kigluksimavok, j. SS., es ist an ihm gerächt worden. [ihm.
kiglugiva, j. SS. inus., er rächet sich an
Kiglo, lūk, luit, die Endspitzen an einem Fellboot.
Kigusivok, j. SS. & CS., oder kiusivok, t. SS. & CS., er antwortet, CS., er antwortet ihm. Ist einerlei mit kiuva.
kigusek, sōk, sit, die Antwort.
kiusinek, kigusinek, das Antworten.
kiguserpa, t. CS., er antwortet für ihn.
kigusēvok, j. SS. do. (mit mik).
Kigut, tik, tit, ein Zahn, it, Lampen-Putzig, kolliub kigutinga.
kiguserivok, j. SS., er hat Zahnweh.
kigusivok, j. SS., er kriegt, bekommt Zähne (ein Kind).
kigutaijarpok, t. SS. & CS., er friert an den Zähnen, it, er, es verliert die Milchzähne, CS., er zieht ihm do.

kijutaujak, jāk, jet, etwas einem Zahn ähnliches, it, die weißen Quarzsteine.
Kigutangornak, uāk, nol, Blau- oder Heidelbeere.
kigutangornakut, tik, tit, Heidelbeer-Sträucher. [Beeren.
kigutangornaujak, jāk, jet, Wachholder-
kigutangornaujakut, tik, tit, Wachholder-Sträucher.
Kijikpok, kijilerpok, t. SS., er scheut, fürchtet sich was zu sagen, zu reden, sich auszusprechen, weil er kein gut Gewissen hat, oder weil er denkt, er könnte ausgeschmält werden.
kijigiva, j. SS. inus., er fürchtet, scheut sich vor ihm, mag nichts zu ihm sagen, weil er kein gut Gewissen hat ic.
kijigijak, jāk, jet, einer, vor dem man sich scheut, der gefürchtet wird, vor dem man nicht reden mag. [fürchten.
kijingnarpok, t. SS., er ist zu scheuen, zu
Kikkarpok, t. SS., er steht stille, thut nichts, hat nichts, verbleibt einerlei, kommt in der Besserung nicht weiter. [stockt ihn.
kikkartipa, t. CS., er macht ihn stillestehn,
kikkartuinarpok, t. SS., er hat nichts vor, steht nur stille.
kikkariak, das Stillestehen, nichts Vorhabenwerden.
kikkariana, mein, kikkarianga, sein Nichtsvorhabenwerden.
kikkarnek, nak, norit, das Stillestehen, Nichtsvorhaben, Innehalten.
kikkarkattarpok, t. SS., er hat öfters nichts vor, macht oft nichts.
kikkongatārpok, t. SS., er trägt das Nichtsthun gleichsam an sich, b. h. er hat selten was vor.
kikkalākpok, t. SS., er hält nur wenig inne, stille. [stille.
kikkailakpok, t. SS., er hält nie inne,
kikkailak, jāk, lol, ein Fleißiger, nie Innehaltender.
kikkajuitok, tuk, tut, do.

Kikkergak, gāk, ket, die Stimme vom Gehen, das Knistern, Rauschen der Füße (im Schnee und überall).
kikkergallijarpok, t. SS., es macht Stimme vom Gehen, man hört Stimme, Knistern.
kikkergalliarpok, t. SS., er macht Rauschen, Knistern mit seinem Gehen.
kikkergakarpok, t. SS., es hat Knistern, Stimme vom Gehen:
kikkeranarpok, t. SS., es ist sehr zum Stimmehaben, auf Sand oder gefrorenem Schnee.
kikkerailisarpok, t. SS., er geht leise, auf den Zehen, damit es nicht knistert.
Kikkiok, itsok, itsot, ein Nagel von Eisen oder Holz, it, Eisen überhaupt.
kikkiervik, vīk, vit, eine Schmiede.
kikkitjerivok, j. SS., er arbeitet an Eisen.
kikkiekpok, t. SS. & CS., es ist angenagelt, CS., er nagelt es an (mit einem Nagel).
kikkieksivok, j. SS. do.
kikkiektorpa, t. CS., er nagelt es an (mit mehreren Nägeln.
kikkiektuivok, j. SS. do.
kikkiektortauvok, j. SS., es wird genagelt.
kikkiektorsimavok, j. SS., es ist genagelt.
kikkiektortaunek, kikkiektornek, nak, nerit, Nägelnarben.
kikkielliara, mein Nagel, den ich mache.
Kikkēngavok, j. SS., er hat die Hände auf den Rücken gelegt.
kikkēngauserpa, t. CS., er bindet ihm die Hände auf den Rücken.
kikkēngausēvok, j. SS., er bindet jemand die Hände auf den Rücken (mit mik).
kikkēngausertauvok, j. SS., es werden ihm die Hände anf den Rücken gebunden.
kikkēngautjarpok, t. SS. & CS., die Hände auf dem Rücken sind losgegangen, CS., er bindet ihm die Hände los.

Kikkik, kīk, kit, eine Scharte, Riß, Sprung in einem Beil, Messer 2c.
kikkimavok, j. SS., es hat Scharten 2c.
kikkiva, j. SS. inus., es macht ihm Scharten, nemlich das harte Holz oder Eisen.
kikkisivok, j. SS. do.
kikkijautipa, t. SS. inus., er, der Mensch, bricht es aus, macht ihm Scharten, dem Messer 2c., während ers braucht.
kikkijautitsivok, j. SS. do.
kikkivok, j. SS., es bricht aus, bekommt Scharten.
kikkinga, seine Scharte, Sprung.
Kikkipa, t. CS., er übergeht ihn, theilt ihm nichts mit, sendet ihn nicht fort, gibt es nicht weg, während alle andern was bekommen, weggesendet oder fortgegeben werden. [mik).
kikkitsivok, j. SS., er übergeht (mit kikkitak, tāk, tet, ein Uebergangener oder Uebriggebliebener.
kikkitauvok, j. SS., er wird übergangen, ist ein Uebriggebliebener.
kikkitakarpok, t. SS., er hat Uebergangene oder Uebriggebliebene; allauserlonēt
kikkinago, nicht einen übrig zu lassen oder zu übergehen.
kikkitsinek, nak, nerit, das Uebergehen, Uebrigbehalten.
Kikkulek, lik, lit, ein Seehundsloch, woburch der Seehund herauf kommt, um sich aufs Eis zu legen.
kikkulivinek, nak, verngit, ein solches Loch, wobei ein Seehund gelegen hat.
Kikkutekarpok, t. SS., er hat Spaß mit Jemandem, etwas zum Spott.
kikkutigiva, j. SS. inus., er hat seinen Spaß mit ihm, etwa einem Kinde.
Kiklak, lāk, lait, ein Sägenzahn, it, der Feilenhieb.
kiklakortōvok, j. SS., es hat große Zähne, groben Hieb.
kiklakipok, t. SS., er hat kleine Zähne, kleinen, feinen Hieb.

kiglaliorpok, t. SS. & CS., er macht ihm Zähne, Kerbe.
kiglatarpa, t. CS. do., er kerbt es aus, macht ihm Zähne.
Kiklo, luk, lut, eine Feuerstelle, Dreifuß.
kiklulivok, j. SS., er macht eine Feuerstelle, Feuerheerd, it., kiglo, das inwendige Fleisch rc. am Rückgrabe, bei Fischen und andern Thieren.
Kikparpa, t. CS., er rückt es an den Rand; auf dem Tische, im Eskimohause, auf der Pritsche rc., it. er bringt, schafft was an die Seekante. Kajanne kikparpa, er bringt seinen Kajak an die Seekante, an den Rand des Eises.
kikpasikpok, t. SS., er ist am äußersten Rande.
kikpaivok, j. SS., er rückt etwas auf der Pritsche an den äußersten Rand, it, wenn einer auf dem Eise fischt, und der Fisch an der Kante erscheint und an die Angel geht, dann wird von der Angel gesagt kikpaivok, und heißt hier soviel als sakkēvok.
kikparlauvok, j. SS., er, es wird an den Rand gerückt, gebracht. [Rand.
kikpartipa, t. CS., er rückt, setzt es an den
kikpariarpa, t. CS., er rückt es etwas weiter an den Rand.
Kiksarnok, näk, nerit, die Betrübniß, das Betrübtsein.
kiksarpok, t. SS., er ist betrübt.
kiksarnarpok, t. SS., es ist betrübend, Betrübniß erregend.
kiksartipa, t. SS., er betrübt ihn.
kiksartitsivok, j. SS., er betrübt.
kiksariva, j. CS., er ist betrübt über ihn.
kiksaut, kiksarut, tik, lit, Ursache zur Betrübniß.
kiksautigiva, j. CS., er hat es, ihn zur Betrübniß.
kiksarutigiva, j. CS. do.
Kiksaut, tik, lit, das Netz von Mensch oder Thier.

Kiksimigarpa, t. CS. SS., er sieht ihn über die Schulter an, sieht ihn scheel an, SS. do. (mit mik).
Kiksoma, trans., kikkoa, der, die draußen vor der Thür.
Kiktitarvik, vīk, vit, ein Loch im Eise, wodurch man mit einem Gefäß, das an einen Strick gebunden ist, Wasser schöpft, it, eine Wagschale.
kiktitaut, tik, tik, ein Strick, Kette an und mit einer Wagschale, it, an und mit einem Gefäß, um damit Wasser aus der Tiefe zu schöpfen.
kiktitautik, eine Wage ins Ganze.
Kiktorarpok, t. SS. & CS., er reißt ab, ein Strick, Bindfaden, CS., er reißt ihn ab, zerreißt ihn.
kiktoraivok, j. SS. do. (mit mik).
kiktoratsimavok, j. SS. & CS., er ist zerrissen, abgerissen, CS., er hat es do.
kiktorkako, kuk, kut, ein abgerissenes Stück, oma kiktorkakos, diesem sein Abgerissenes, d. h. wovon es abgerissen ist; oma kiktorkanga, do.
kiktokauvok, j. SS., es ist das abgerissene Stück (mit mut).
kiktorautjauvok, j. SS., es wird ihm sein Strick zerrissen (mit mik).
kiktorautivok, j. SS. & CS., er reißt (bei der Arbeit) seinen Strick ab, SS., mit mik, er reißt sich ab.
kiktorautjivok, j. SS., es wird ihm sein Strick abgerissen (mit mut & mik). Puijemut kiktorautjivunga (allimnik), durch den Seehund ist mir mein Wurfriemen abgerissen.
Kiktorlak, itsek, itset, eine Mücke, Mustite.
Kiktorsak, säk, set, kiktorsasagait, Pl., Flügel habende Ameisen.
Kikut! trans. & intr, welche; kikut tillijomavakka, ich will welche senden; kikut tikkipänga, es sind welche zu mir gekommen; kikut? welche?
kikunne (Loc.), bei welchen.

Kiku **Killo** 135

kikunnut (Term.), ju welchen.
kikunnik (Acc.), welche.
kikunnit (Abl.), von welchen.
kikutigut (Vial.), durch welche.
kikunnēniarkit? bei welchen wirft du sein?
 Atsuk, nellovunga kikunnut illalli-
 ortaugalloarmangarma, ich weiß es
 nicht, ich bin ungewiß, ob ich von welchen
 aufgenommen werde.
Killak, lāk, lait, der Himmel, das Firma-
 ment, it, der Gaumen bei Mensch und
 Thier.
killaliarpok, t. SS., er fährt gen Himmel.
killangmiok, uk, ut, ein Himmels-Be-
 wohner.
killangmiovok, j. SS., er ist ein Bewohner des Himmels.
killangmēpok, t. SS., er ist im Himmel.
killaksórpok, t. SS., der Himmel klärt
 sich auf, bekommt hin und wieder klare
 Stellen.
killamoarnek, der Horizont.
killamoarpok, t. SS., er, es ist am Horizont, er ist nahe am Himmel, it, die
 Spuren, Fußtapfen im Schnee erheben
 sich, wenn die Sonne den Schnee herum
 wegthaut.
killamoariatorpok, er geht an den Horizont, killaklo, u. der Himmel.
killangmuarpok, t. SS., er geht in den
 Himmel.
Killak, lāk, lait, ein Loch in irgend etwas.
 Hierbei gehört eine starke Betonung des
 ersten l, und bei Anhängung eines
 Suffixum verwandelt sich das k in r,
 killarlo.
killakarpok, t. SS., es hat ein Loch.
killaijarpok, t. SS. & CS., er flickt, macht
 die Löcher zu.
killapatakpok, es hat viele Löcher.
killādlarpok, j. SS. do.
killapatōktārpa, er durchlöchert es.
killapataulipok, j. SS., es bekommt viele
 Löcher.

killāpalatsivok, j. SS., der Wind heult
 durch ein Loch.
Killaut, tik, tit, eine Trommel, Pauke.
killausijarpok, t. SS., er trommelt.
killausivok, j. SS. & CS., er macht eine
 Trommel.
killauvallukpok, t. SS., es trommelt.
killautisivok, j. SS., er lauft oder findet
 eine Trommel.
Killamik, über eine kleine Weile, in Kurzem.
killamiovok, j. SS., es ist eine kleine Weile.
killamiojungnaipok, t. SS., es hört auf,
 eine kleine Weile zu sein.
killanarpok, t. SS., er verlangt sehr,
 wünscht daß dieses oder jenes bald sein
 möchte.
killanariva, j. SS. inus., er verlangt sehr
 nach ihm, wünscht ihn, es bald.
Killaujak, jāk, jet, ein Sieb. (Wird nicht
 allgemein verstanden.)
Killek, lak, let, eine Wunde, Ritz, Schnitt.
killerpok, t. SS. & CS., verwundet sich,
 CS., er verwundet ihn.
killernek, nak, nerit, eine Wunde, geschnitten ꝛc.   [Wunde.
killerok, kuk, kut, eine Narbe von einer
killivinek, næk, verngit, do.
killertipa, t. CS., er macht, daß er sich
 schneidet, stößt ihn.
killeksimavok, j. SS., er ist geschnitten,
 verwundet.   [gehauen.
killertauvok, j. SS., er wird geschnitten,
killekipok, t. SS., er ist ein wenig verwundet, geschnitten oder gehauen.
killiadlarpok, t. SS. & CS., killiavok,
 j. SS. & CS., er bekommt viele Wunden, verwundet sich sehr, CS., er verwundet ihn, bringt ihm mehrere Wunden bei.
killerniarnarpok, t. SS., es ist schneidend,
 ein Strick, Henkel ꝛc., wenn man was
 Schweres davon trägt.
Killermīk, mēk, mēt, zwei zusammengebundene Kajake.

killermīkpuk, die zwei Kajake sind zusammengebunden; killermīkut ikkarpok, er fährt über mit zwei aneinandergebundenen Kajaks.
killermiutiva, j. SS. inus., er bringt ihn hinüber, fährt ihn mit zwei aneinandergebundenen Kajaks.
killermutjivok, j. SS. do. (mit mik).
killermiojauvok, j. SS., er wird gefahren, wohingebracht, mit zwei aneinandergebundenen Kajaks.
Killigarpok, t. SS. & CS., er schabt die Haare von einem Fell trocken, it, er schabt die Schlittenkufen oder sonstiges Eisen reine.
killigaut, tik, tit, ein Stück Eisen, Messer, Feile, um damit Haare vom Fell, oder Eisen abzuschaben.
killiutak, täk, tet, ein Schnittmesser oder auch ein Stück Holz, Eisen, Stein ɾc., um etwas damit abzuschaben.
killiorpa, t. CS., er schabt es (streicht einmal darüber hin).
killiorsivok, j. SS. do.
killiortorpa, t. CS., er schabt es ab, reine, das Wasser von den Kleidern ɾc.
killiortuivok, j. SS., er schabt, macht rein (mit mik).
Killek, killēk, īt, die, die am östlichsten wohnen und was am östlichsten, am weitesten nach der See ist; im Eskimohause am nächsten bei der Thür.
killikulluk, lük, luit, der, das Kleine am weitesten nach der See, Insel, Berg, Teich ɾc.
killiovut, j. SS., sie sind am weitesten nach der See, im Eskimo-Hause am nächsten bei der Thür.
killiane, an dem, was vor ihm, dem Hause oder Insel ɾc., nach der See zu liegt; killia, das, was vor ihm, nach der See zu liegt; killivut, unsere von uns seewärts wohnenden. [men, it, Fischbein.
Killikpa, t. CS., er schneidet, spaltet Rie-

killitsivok, j. SS. do.
killitjut, tik, tit, ein Messer zum Riemenspalten.
killitæksak, säk, set, ein Fell, aus dem Riemen sollen geschnitten werden.
killimavok, j. SS., er, der Strick, ist fertig gespalten.
killimajut, Pl., fertige Stricke.
Killulek, läk, let, der, das Hinterste (im Zelt und überall).
killumetok, der auf der hintersten Stelle.
killuvasikpok, t. SS., es ist am weitesten nach hinten.
killuvarpa, t. CS., er setzt es an die hinterste Stelle.
killuvariarpa, t. CS., er setzt es etwas weiter nach hinten.
killuvaivok, j. SS., er setzt es hinten hin (mit mik).
killuvarnikpok, t. SS. do.
killaleroktuk, tut, die hinten, hintereinander sind. [nach hinten.
killumullivok, j. SS., er legt sich den Kopf
Killuk, lük, luit, eine Naht am Kleide, Kessel ɾc. [Nähte.
killulukpok, t. SS., er, sie macht schlechte
killukarpok, t. SS., es hat eine Naht.
killuarpok, t. SS. & CS., die Naht ist aufgetrennt, CS., er trennt sie auf.
killuarsivok, j. SS. do. (mit mik).
killuarsimavok, j. SS., es ist aufgetrennt.
Killukpok, t. SS., er bellet, ein Hund.
Kimaktūt, tik, tit, ein Heft an einem Weibermesser, am Ullo.
kimaktüserpa, t. CS., er versieht das Messer mit einem Heft, setzt das Heft daran.
kimaktusēvok, j. SS. do.
kimaktusivok, j. SS. & CS., er macht ein solches Heft, CS., er macht ihm, dem Messer, eins.
kimalek, lak, let, ein kleines Weiber- cb. sonstiges Messer.
Kimikpa, t. CS., er erwürgt, erhängt ihn.

kimitsivok, j. SS. do. (mit mik).
kimiksartorpa, t. CS., er geht ihn aufhängen, erwürgen.
kimitsijariak, das Hängensollen, Erwürgtwerdensollen.
kimitauvok, j. SS., er wird gehängt, erwürgt.
Kimnarpok, t. SS., es ist stark, kräftig, wirksam. (Dieses wird im Norden nicht verstanden, ob im Süden?)
Kimuksuk, sük, suit, die Absätze an den Schneeweben, nachdem es gestürmt hat.
Kimnerpok, t. SS., es trennt sich ab, das Eis und der Wind treibt es ab.
kimnidlarpok, t. SS. do.
Kimniarpok, t. SS. & CS., er durchhauet oder durchschneidet einen Baum, haut ihn um, it, er durchschneidet eine gefährliche Stelle im Wege, d. h. geht darüber hin.
Kina, wer, siehe kia.
Kinangovok, j. SS., er will, kann es nicht sehen, siehe könangovok.
Kinatäsivok. j. SS., er geht, fährt langsam.
kinatagut, tik, tit, ein Hemmschuh, ein dickes Tau in Form eines Ringes, der unter den Schlitten geworfen wird, damit der Schlitten gehemmt wird.
kinatagusierpok, t. SS. & CS., er wirft den Hemmschuh, CS., er wirft ihn ihm unter, dem Schlitten.
kinatagusijarpok, t. SS., er braucht den kinatagut.
Kingak, ãk, et, die Nase.
kingärpa, t. CS., er stößt, schlägt ihn an die Nase. [Nase.
kingaingorpok, t. SS., er redet durch die
kingakikut, durch die Nase, durch beide Naslächer.
kingarnikpok, kingarsivok, j. SS., er stößt, schlägt ihn an die Nase (mit mik).
kingalik, kingaliksoak, ein Seepapagei.
kingakorpok, t. SS., es geht durch die Nase, beim Kranken, das, was er trinken will 1c.

Kingaingok, uk, ut, der Dampf in der Luft von Kälte und Wind, f. kengaingok.
Kingarak, kak, ket, das Schienbein.
kingararpok, t. SS. & CS., er stößt sich an das Schienbein, CS., er stößt, schlägt ihn daran (einmal).
kingararsivok, j. SS. do. (mit mik).
kingarartarpa, t. CS., er stößt, schlägt ihn (mehrmals) do.
kingarartaivok, SS. do.
kingagärnek, nak, nerit, eine Beschädigung am Schienbein.
kingagärnerpok, t. SS., er hat sich ans Schienbein gestoßen.
Kingarpok, t. SS., es blendet ihn.
kingarnarpok, t. SS., es ist blendend, die Sonne, wenn sie auf den weißen Schnee scheint, it, die Sachen eines Verstorbenen, wenn man sie nicht haben will, wenn man sich davor fürchtet.
kinganarsivok, j. SS., es wird blendend.
kingarsarpa, t. CS., er blendet ihn.
kingarsaivok, j. SS. do. (mit mik).
kigariva, j. SS. inus., er hat es zu dem, das ihn blendet, zum Blender; sekkinek kingarivara, it, er will die Sache des Verstorbenen nicht.
kingarijauvok, j. SS., es wird nicht geachtet, wird verlassen (die Sache des Verstorbenen).
kingarosukpok, t. SS., er hat nicht Lust, von den Sachen des Verstorbenen etwas zu nehmen.
kingarosuktipa, t. CS., er macht ihn so do.
Kingerpok, t. SS., er schneidet ein Loch ins Schneehaus.
Kingikpok, t. SS., er, es ist hoch, ein Berg, Thurm, Sonne.
kingidlarpok, t. SS., es ist sehr hoch.
Kingmalikpa, t. CS., er laut einen Riemen 1c.
kingmalẽvok, j. SS. do. (mit mik).
Kingmautik, tit, eine Beißzange.
Kingmok, mik, mit, ein Hund.
kingmekarpok, t. SS., er hat Hunde.

18

kingmokuttekarpok, t. SS., er hat eigene Hunde.
kingmērpok, t. SS., er hat den Hund weggegeben oder verkauft.
kingmejarpok, t. SS. do. Pl.
kingmekarungnaipok, t. SS., er hat keine Hunde mehr.
kingmērniksimavok, j. SS., er braucht eines andern Hunde.
kingmērniksimajariak, das Brauchen der Hunde eines andern.
kingmisiorpok, t. SS., er sucht Hunde.
kingmētorpok, t. SS., er holt Hunde.
kingmisarpok, t. SS. do.
kingmisuk, sük, suit, ein Hundefell.
kingmikaut, tik, tit, Hundefutter.
Kingmekuak, äk, et, die hintern Ecken an den Schlittenkuffen, it, der Fersenknochen bei Menschen und Thieren.
Kingmiak, äk, itsek, et, itset, ein Holz in den Mund zu nehmen, um den Drillbohrer dagegen zu stemmen.
kingmiarak, kak, ket, ein Zaum, ein Mundgebiß.
kingmiakpok, t. SS. & CS., er hält was im Munde, trägt was (Mensch od. Thier), it, er beißt, klemmt das Holz, die Säge.
Kingmik, mæk, met, die Ferse am Fuß.
kingmingmikpa, t. CS.. er stößt ihn mit der Ferse.
kingmingmiksivok, j. SS. do. (mit mik).
kingmingmingnikpok, t. SS. do.
kingmingmiktaivok, j. SS., er schlägt mit einer Ferse an den andern Fuß.
Kingminak, näk, net, Preiselbeeren.
kingminakul, lik, tit, Preiselbeer-Kraut.
kingminaajak, jäk, jet, wilde Johannesbeeren.
kingminaujakut, lik, tit, Johannesbeer-Sträucher.
Kingminguak, äk, ujet, die Samenköpfe an den Tannen- und Lerchen-Bäumen.
Kingmuarpok, kingmullivok rc., siehe kitsikpok.

kingmusangmivok, j. SS.., kingmusarpok do.
Kingna, Sing., kikkoa, der, die draußen vor der Thür.
kiksoma, trans.
Kingnivok, j. SS., er verwahrt Fleisch, Fische rc. unter Steine.
kingniariva, j. SS. inus., er verwahrt es unter Steinen.
kingnijartorpok, t.SS., er geht verwahren.
kingniariartorpa, t. SS. inus., er geht es verwahren.
kingnekarpok, t. SS., er hat Verwahrtes, Seehunde rc.
kingninerpok, t. SS. do.
kingnersüt, tik, tit, eine Brechstange; eine Stange, um solche verwahrte Sachen damit unter den Steinen hervorzuholen.
Kingok, uk, ut, die Stelle zwischen den Augen.
kingorlukpok, t. SS., er macht ein finsteres Gesicht, zieht die Stirne in Falten.
kingolugiva, j. CS., er ist finster, betrübt über ihn, zieht seinetwegen die Stirn in Falten.
kingolugijauvok, j. SS., es wird seinetwegen ein finsteres, betrübtes Gesicht gemacht, die Stirne in Falten gezogen.
kingorlingavok, j. SS.. er kann die Augen nur wenig aufmachen, vor Blenden oder auch vor Betrübniß.
kingorluk, lük, luit, mit Fleiß gezogene Falten in der Stirne.
Kingök, uk, uit, Seefloh oder Seelaus.
kingokpāk, pāk, pait, eine Art Krebse ohne Scheeren.
Kingomava, j. SS. inus., es fehlt ihm etwas, oder er vermißt etwas (was er früher gehabt, und bei manchen auch, was er nicht gehabt).
kingomaklerpok, t. SS. do. (mit mik).
kingonertóvok, j. SS., er vermißt sehr jemand, mit dem er gewohnet und gute Freunde sind, der aber nun nicht mehr da ist.

kingonertugiva, j. SS. inus., er vermißt ihn, benkt viel an ihn (der nicht mehr bei ihm ist).

Kingu, hinten; in der Bucht, in einem liegenden Faß, in einer Höhle, an der Flinte, und bei allem, was einen Eingang hat.

kingua, sein hinteres Ende; der Bucht, der Höhle, Flinte ꝛc.

kinguane (Loc.), an seinem hintern Ende.

kingumut (Term.), nach hinten; in der Höhle, Flinte, Bucht.

kingumit (Abl.), pivok, er, es kommt von hinten (im Eskimohause).

kingurlek, lǣk, lit, der Letzte Hinterste.

kingurliovok, j. SS., er ist der Letzte, Hinterste.

kingurlerpok, t. SS., er folgt hinten nach, geht hinten.

kingurleriva, j. SS. inus., er hat ihn hinter sich.

kingurlermik, ein andermal, nachher (soll es geschehen).

kingurlerpǣk, pǣk, pait, der Allerletzte.

kingurlerpauvok, j. SS., er ist der Allerletzte.

kingurlerpaujomik, kingurlerpāmik, zu allerletzt, zum letzten Mal.

kingurlerēk, rēt, car. Sing., zwei, oder mehrere hintereinander.

kingurlerēkpok, put, car. Sing., sie sind, gehen hintereinander.

kingulerēktipeit, t. SS. inus. car. Sing., er stellt sie hintereinander.

kingurlerēktilugit, sie nacheinander, vom Ersten bis zum Letzten.

kingurliopa, t. CS., kingurliotiva, j. CS., er macht ihn zum Letzten.

kingarárpok, t. SS. & CS., er kommt nach ihm (mit mik), CS., er kommt hinter ihm, zu spät, trifft ihn nicht mehr an.

kinguraivok, j. SS., kinguraidlarpok, t. SS., er kommt hinterher, kommt zu spät.

kinguvasikpok, t. SS., er kommt nach.

kingunamne, kingunapkut, hinter, nach mir.

kingunimne, kingunipkut, do. do.

kingunerne, kinganikut, hinter, nach dir.

kingurninganc, kinguningagut, hinter, nach ihm.

kingurngane, kingurngagut, do. do.

kingunaplingne, niplingne, kingunaptigut, nipligut, hinter, nach uns.

kingunapsingne, nipsingne, kingunapsigut, nipsigut, hinter, nach euch.

kingurngænne, kingurngattigut, hinter, nach ihnen.

kinguningine, kinguningittigut, do. do.

Der Gebrauch dieser Wörter ist bei manchen Eskimo ziemlich einerlei, ob sie sagen kingunimne kaivok, oder kingunipkut kaivok, er kommt, oder kam nach mir. Andere haben darin indessen einen Unterschied, und sagen, daß Ersteres überhaupt hieße, daß er nach mir, und Letzteres, daß er auf mich gefolgt sei. So ist es auch bei manchen einerlei, ob man sagt kingunapkut oder kingunipkut ꝛc.; andere indessen sagen bei -nipkut wisse man ober hat man gewußt, was nachher sein würde, bei -napkut aber nicht.

kingunapkut tikkinerpok, er ist nach mir gekommen, ohne daß ich was wußte.

kingurngane und kingurngagut werden auch impersonalis für „nachher" gebraucht. [mir.

kingunera, intr., kingunima, tr., das nach

kingunit, do., kingunivit, do. do. dir.

kingurnga.

kingurninga, do., kingurninget, do. ihm.

kingurnivut, do., kingurnipta, do. uns.

kingurnise, do., kingurnipse, do. euch.

kinguninget, do., kinguningeta, das nach ihnen; kinguninga okumaidlalaukpok uvaptingnut, das, nach ihm (die Zeit, das Leben) ist uns sehr schwer gewesen, oder war sehr schwer für uns.

King   Kinn

kingurlera, intr., kingurlerma, tr., mein Nachfolger.
kingurlit, do., kingurlivit, do. sein do.
kingullia, do., kingurlingela, do. sein do.
kingurlinga, do.   do.   do.
kingurlivut, do., kingurlipta, do. unser Nachfolger. |do.
kingurlise, do., kingurlipse, do. euer
kingurlinget, do., kingurlingela, do. ihre Nachfolger.
kingurpiatorpok, t. SS., er geht rückwärts.
kingumuarpok, t. SS. do.
kingurpiosarpok, t. SS., er weicht, geht rückwärts (nicht mit Fleiß).
kingorlerpok, t. SS., er geht hinterher.
kingurngagolerpok, t. SS., er kommt nach ihm, folgt ihm.
kingurngapkolerpok, t. SS., er kommt nach mir, geht hinter mir her.
kingurngujivok oder kingormgujivok, j. SS., er bekommt hinterlassene Sachen, d. h. er erbt was (mit mik). [erbt.
kingormgujijok, juk, jut, ein Erbe, der
kingormgujijuksak, säk, set, ein Erbe, der erben soll.
kingormgutijeksak, säk, set, ein Erbe, Erbtheil, das man kriegen wird, soll.
kingormgutijak, jäk, jot, ein Erbtheil, was man schon bekommen hat.
kingormgutivara, j. CS., ich habe es geerbt.
kingormgulijauvok, j. SS., es ist ein Erbstück, es ist geerbt worden.
kingormgulijeksautipa, t. CS., er ererbt es (mit mut), uvomnut.
kingormgutigiva, j. SS. inus., er erbt es wieder, d. h. der Vorhergehende hatte es geerbt, und nun erbt es dieser auch.
kingormgujigivara, j. SS. inus., er ist mein E., der meine Sachen bekommen wird.
kingormgujikattauvok, j. SS., er erbt was mit einem andern, ist Miterbe.
kingormgujikattekarpok, t. SS., er hat einen Miterben.

kingormgujikattogēkpuk, pal, sie erben mit einander.
kingurārpa, t. SS. inus., er kommt hinter ihm her, nachdem jener fort ist, und bestiehlt ihn.
kingurārnikpok, t. SS. do.
kingurarsartorpa, t. SS. inus., er geht gleich hinten nach ihm, und stiehlt ihm was.
kingurarsartuivok, j. SS. do.
kingurpa, t. SS. inus., er kommt ihm zu spät, nämlich seiner ihm gestohlenen Sache, trifft sie nicht mehr an.
kinguivok, j. SS., er kommt (für die Sachen) zu spät, sie sind gestohlen.
kinguväk, vät, vait, ein Nachkomme, Kind, Frucht.
kinguvānga, sein, kinguvangit, seine Nachkommen.
kinguvaksaisekpok, t. SS., er hat wenig Nachkommen. [men.
kinguväkarpok, t. SS., er hat Nachkom-
kinguvaksarsivok, t. SS., er bekommt Nachkommen.
kinguvaksarsiorpok, t. SS., er sucht Nachkommen zu bekommen.
kingunervik, vīk, vil, der Ort, den man verläßt. [Stube.
kingunervinga, sein hinterlassener Platz,
kinguvaksalivok, j. SS., er bekommt, bringt eine Frucht, Nachkommen.
kinguvaksaliorpok, t. SS., er bringt viele Frucht, Nachkommen.
Kingunorivok, j. SS., er blutet so stark aus der Nase, oder aus einer Wunde, daß er schwach davon wird.
Kinnāvok, j. SS., es macht naß, schmierig, läuft aus, Speck, Geschwüre ꝛc.
kinnūk, ausgelaufenes Oel, Materie ꝛc.
kinnākarpok, t. SS., es hat dergl.
kinnālukpok, t. SS., es verunreinigt den Fußboden, ein Kind.
Kinnangagiva, j. CS., er ist böse, verdrießlich über ihn, weil es ihm schwer den

ihm gemacht wird, SS., er ist böse, verdrießlich über sich, daß er das, was er machen wollte, nicht kann.

kinnakpok, t. SS., er ist verdrießlich, weils ihm schwer gemacht wird.

kinnagiarpok, t. SS. & CS., er fängt an verdrießlich über ihn zu sein (weil er von jenem geplagt wird).

kinnaksārpa, t. CS., er plagt ihn, macht ihn böse, verdrießlich.

kinnaksaivok, j. SS. do.

kinnavigiva, j. SS. inus., er ist schwer, verdrießlich über ihn.

kinnangavok, j. SS., er ist verdrießlich.

Kinnek, nik, nit, der vordere Zipfel am Pelz, überhaupt der Schooß, worin man was trägt. [Schooß.

kinnermikpok, t. SS., es ist in seinem

kinnermikpok, t. SS. & CS., er trägt es im Schooß.

kinnermilikpa, t. CS., er gibt, schüttelt ihm was in den Schooß.

kinnermiliksivok, j. SS. do.

Kinnerpok, t. SS., es ist hübsch dick, nicht wässerig; Mehlsuppe, Erbsen 2c.

kinnersivok, j. SS., es wird, kocht sich, dick. [dicker.

kinnerpalliavok, j. SS., es wird immer

kinnersitipa, t. SS. inus., er macht es dick, thut mehr Mehl 2c. hinein.

Kinniva, j. SS. inus., er hält ein Kind ab, daß es seine Nothdurft verrichtet.

kinnissivok, j. SS. do. (mit mik).

Kinnipok, t. SS. & CS., es ist eingeweicht, Felle, Wäsche 2c., CS., er weicht es ein (gilt blos bei Rennthier- und andern Fellen, die zum Aufspannen zu trocken geworden sind).

kinnitsivok, j. SS., er weicht ein, feuchtet an, pauktaujuksennik.

kinnitsēvok, j. SS. do., er weicht ein (mit mik).

kinnitsiutiva, j. CS., er weicht es ein, kinnitsiatjivok.

kinnipavok, j. SS., es ist durchweicht.

Kinnuak, ūk, et, das ganz dünne erste Schlickereis, wenns anfängt zuzufrieren.

kinnuarpok, t. SS., das Wasser bekommt Schlickereis.

kinnualivok, j. SS. do.

Kinnumarilerpok, s. kennumarilerpok.

Kiovok, j. SS. & CS., er antwortet, kionek, das Antworten.

kiomajutivok, vut, car. Sing., sie antworten einander (weil sie nicht einig sind).

kigusek, sik, sit, die Antwort.

Kipkarpok, t. SS. & CS., er naget einen Knochen, Bein ab (Mensch od. Thier).

Kippalivok, j. SS. & CS., er ist widerstrebend, aufrührerisch, will gewaltig sein.

kippalidlarpok, t. SS. & CS. do. sehr.

kippalo, luk, lut, ein Matrose, Sclave (gewaltige Leute, die aber einen Anführer haben, dem sie folgen). [vok.

Kipparikpok, t. SS. & CS., siehe bei kippi-

Kippilukpok, t. SS. & CS., er schlägt es ihm ab, SS., er schlägt ab, thut, gibt nicht, was von ihm verlangt wird (wörtlich: er schneidet schlecht ab, macht Einwendungen).

kippilungavok, j. SS. & CS., er willigt nicht ganz ein, macht etwas Einwendungen.

Kippipok, t. SS., er ist entweder todt, oder wird bald sterben, vor Heimweh, Sehnsucht nach Verstorbenen oder Abwesenden.

kippinerpok, t. SS., er, es verkommt, weils die Angehörigen verloren.

kippinek, nak, norit, verkommene Leute, die klein bleiben, weil ihnen die Angehörigen, Eltern zu früh gestorben.

kippilerpok, t. SS., er hat das Heimweh, fängt an dürftig, elend zu werden, aus Verlangen nach seinen Verstorbenen.

kippiniarpok, t. SS., er verlangt sehr, wird krank aus Verlangen nach dem, das oder der nicht mehr vorhanden, auch Speisen, die er früher bekommen.

kippijutigiva, j. SS. inus., er hat ihn,

das, an dem er hing, der, das aber nicht mehr vorhanden, zur Ursache der Sehnsucht, des Heimwehs, des Krankseins.
kippivigiva, j. SS. inus. do., er hat Heimweh nach ihm.
kippitserpa. t. SS. inus., kippitsiva, er, es macht ihm Heimweh, nemlich der Verstorbene oder Abwesende, oder auch nicht zu habende Nahrungsmittel, an die man gewöhnt gewesen, Tabak ꝛc.
kippitsivok, j. SS. do.
kippitservigiva, j. SS. inus., er hat Heimweh nach ihm (ist einerlei kippivigiva).
kippijuipok, t. SS., es rührt ihn nicht, er hat keine Sehnsucht, sein Heimweh, nach seinen Verstorbenen, oder sonst nicht mehr Vorhandenem.
kippiniartotut–ipok, er ist wie einer, der Heimweh hat.
Kippipa, t. CS., er bindet ihn, es.
kippitsivok. j. SS. do. (mit mik).
kippitjut, tik, tit, eine Bande.
Kippivok, j. SS. & CS., es ist abgeschnitten, CS., er hat's abgeschnitten, abgehauen.
kippisivok, j. SS., er hat abgeschnitten ob. abgehauen.
kippijauvok, j. SS., es ist abgeschnitten oder abgehauen worden.
kippiniarpa, t. CS., er schneidet oder hauet es ab.
kippijavinek, nak, verngit, ein Abgeschnittenes.
kippilaukpa, t. CS., er hatte es abgeschnitten, gehauen.
kippako, kûk, kut, ein Abschnitt, Abfall.
kippanga, sein Abgeschnittenes, d. h. von dem abgeschnitten. Satujah kippanga.
kippak, pàk, pait. der Theil, welcher abgeschnitten ist von einer Sache.
kippagiksaut, tik, tit, ein Winkelmaß ob. Schmiege (um damit vorzureißen, daß es schön abgeschnitten werden kann).
kipparikpok, SS. & CS., es ist winkelig,
ist im Winkel abgeschnitten, CS., er schneidet es winkelig.
kippariksivok, j. SS. do.
kippariksarpa, t. SS. inus., er schneidet, macht es winkelig, weil es nicht gut war.
kippariksaivok,|j. SS. do.
kippipsarpa, t. CS., er schneidet es mehrmals ab.
kipjaut, tik, tit, kipsautik, D., eine Scheere.
kipsarpok, t. SS. & CS., er schneidet etwas mit einer Scheere.
kippaujárpa, t. SS. & CS., er macht einen Einschnitt hinein, SS., es hat keinen Einschnitt.
kippaujársivok, j. SS. do.
kipput, tik, tit, kippisijut, ein Messer, um etwas damit durchzuschneiden.
Kippukpuk, car. Sing., sie treffen nicht zusammen, gehen aneinander vorbei, sind nicht gleiche.
kippungavuk, car. Sing., sie sind nicht gleich, das eine ist kürzer, breiter ꝛc.
kippungautivut, Pl.
kipputipeit, kippungatipeit, t. SS. inus., er macht sie ungleich, stellt sie schief gegeneinander, die Segel und allerhand; apposinīk kippungajuk, ein Kreuzweg.
Kippujungavok, j. SS., er kann seine gelernte Sache nur theilweise, fehlt oft beim Hersagen, it, stößt an beim Reden, weil er die Worte nicht recht weiß.
kippujungajungnaipok, t. SS., er kann seine Aufgabe gut hersagen, hört auf dabei zu fehlen.
Kipput, tik, tit, eine Mauer, Damm quer über einen Fluß, um Forellen zu fangen.
kipputaujet, Steine, Dämme im Wege, wo man geht oder fährt.
Kissak, sàk, set, ein Anker.
kissarpok, t. SS. & CS., er ankert, CS., er ankert es, das Boot, Schiff.
kissaut, tik, tit, ein Ankertau oder Kette.
kissarvik, vīk, vit, ein Ankerplatz.

Kiss 143

kissaijarsivut, j. SS. & CS., sie verlieren den Anker, CS., sie verlieren ihn ihm.
Kisserivok, j. SS., es regnet so fein (ist einerlei mit minnivok).
Kissik, sīk, sit, ein Seehundsfell mit Haaren (blos Seehundsfell).
Kissiane, alleine, aber es sei dann; von kisse, alleine.
kissima, ich alleine.
kissivit, du alleine.
kissime, er alleine, trans. & intrans.
kissiet, er alleine, intr. (Acc.)
kissime sennava, er macht es alleine.
kissime kaivok, er kommt alleine.
kissime tillijauvok, er wird alleine gesendet; kissiet ist hier jedenfalls richtiger, man hört aber beides.
kissiet tillivara, ihn alleine sende ich. ominga kissianik tilliklerpung, diesen alleine sende ich.
kissipta, wir alleine, trans. & intr.
kissimnuk, wir zwei alleine.
kissipse, tr. & intr., ihr alleine.
kissiptik, do., ihr zwei alleine.
kissimik, do., sie alleine (activ).
kissēta, intr., sie alleine (passiv). (Acc.)
kissēngnik, tr. & intr., sie zwei alleine.
kissēnik (Acc.), sie alleine; akkuninga kissēnik pijomavunga. [haben.
kissima pijomavara, ich alleine will ihn
kissima pijomavānga, er will blos mich, mich allein haben.
kissimauvunga, ich bin allein, kissiovunga, do. [er ist allein.
kisseovotit, du bist allein, kissimeovok, kisseviovotit, do., kissitovok, do.
kissiovogut, wir sind allein, kisseovose, ihr seid allein.
kissemeovogut, do., kissimeovose, do.
kissemeovut, sie sind allein, kissimeovuk, sie zwei sind allein.
kisseovut, do., kisseovuk, do.
kissiovlutik kaijuksauvut, diese, sie allein sollen kommen.

kissiovlutik kaijuksauvuk, sie zwei alleine sollen kommen.
kissimnut kaivok, er kommt blos zu mir.
kissimnik pijomavok, er will blos mich, oder mich allein. · [mir.
kissimne kennerpok, er sucht blos bei kissimnit pilaukpok, er hat blos von mir bekommen.
kissipkut (Vial.), durch mich allein.
uvamnut kissiane kaivok, er kommt allein blos zu mir. Dagegen heißt es in der 3. Person: tapsomunga kissia n u t. Tapsomanget kissianit; tapsominga kissianik; tapsomuna kissiagut. Ebenso ist es im Plural: uvaptingnut kissiane issumakarpok, er hat blos Gedanken zu uns, oder zu uns alleine; tapkonunga kissēnut, blos oder alleine zu ihnen; illipsigut kissiane, blos oder alleine durch euch; tapkutiguna kissētigut, blos alleine durch diese oder sie, z. B.: Nappartutigut tapkutiguna kissētigut pivok, auch kissiatigut, er ist blos oder alleine durch diese Bäume gekommen.
kissingnut, zu dir allein, kissianut, zu ihm allein.
kissiptingnut, zu uns alleine, kissipsingnut, zu euch allein.
kissēnut, zu ihnen allein.
kissiarpok, t. SS. & CS., er denkt blos auf eins (SS. mit mik), kukkiumik kissiarpunga, ich denke blos auf eine Flinte, nemlich zu kaufen, will daher anders nichts, kukkiut kissiarpara, do.
kisserngorpok, t. SS. & CS., kissingorpok, er ist für sich allein, CS., car. Sing., kisserngornpōt, sie lassen ihn allein, b. h. sie sind alle gegen ihn; kisserngortauvok, es wird ihm von allen widerstanden. [gelassen.
kissingortitauvok, j. SS., er wird allein
kisserngautiva, j. SS. inus., kisserngārpa, t. SS. inus.

kissermiutiva, j. SS. inus., er bekommt ihn, es allein, macht es allein.
kissimeotiva, j. SS. inus. do.
kissermiutjivok, j. SS. do. (mit mik).
kisserngarsivok, j. SS. do. do.
Kitserpok, t. SS., es ist heiß, die Sonne, Luft, Ofen.
kitsidlarpok, t. SS., es ist sehr warm do.
kiljakejak, jæk, jet, ein freies Feuer irgendwo.
kitjakejarpok, t. SS., er wärmt sich bei solch einem Feuer. Die Eskimos sagen indessen auch häufig so, wenn sie sich am Ofen 2c. wärmen; doch hört man für sich am Ofen oder Sonne wärmen auch: akkinársivok.
kitjarpok, t. SS., es ist warm; Wasser ehe es kocht, das Wetter, wenns bewölkt dabei ist.
kitsijarpok, t. SS., er schwitzt. Manche Eskimos sagen, das gelte blos für im Gesicht; andere dagegen sagen, daß es überhaupt gelte, wenn ein Gesunder aus Anstrengung 2c. schwitzt.
kitsijarnek, nœk, nerit, der Schweiß.
kitjingēserpok, t. SS , er kühlt sich ab. Gilt hauptsächlich für Rennthiere, bei Menschen wird mehr kiængēserpok gebraucht.
Kitsikpok, t. SS., es ist weit entfernt, nach der See zu, Insel, Seekante 2c.
kitte, die Seeseite.
killivut, alles was von uns aus nach der See zu liegt.
killa, seine Seeseite, des Hauses, Landes, der Insel, des Berges 2c.
kittāmiok, uk, ut, einer, der an der Seekante, und der im Hause an der Seeseite wohnt.
kittanēpok, t. SS., er ist, befindet sich nach der See zu.
kingmusangmivok, j. SS., er ist nach Osten, nach der See zu gerichtet, Mensch, Zelt 2c.

kingmullivok, j. SS. do.
kingmuarpok, t. SS., er geht, fährt nach der See zu.
kingmusarpok, t. SS., er dreht, legt sich auf der Pritsche so, daß er seitwärts mit dem Kopfe nach dem Fußboden gerichtet ist.
kingmusāngovok, j. SS., er liegt so quer auf der Pritsche.
Kitsukpok, t. SS., der Seehund sinkt, wenn er geworfen oder geschossen ist.
Kittipeit, car. Sing., t. CS., er zählet sie.
kittitsivok, j. SS., er zählt, it, buchstabirt.
kittikassiutingila, j. CS., er zählt ihn nicht hinzu.
kittiksauvut, j. SS., car. Sing., sie sind zu zählen, es sind nicht so viele.
kittiksaungilet, t. SS., car. Sing., sie sind nicht zu zählen, die Menge ist zu groß.
kittitak, tāk, tet, eine Zahl.
kittitsinek, das Zählen.
Kittorngak, āk. et, ein Kind.
kittorngariva, j. SS. inus., er hat ihn zum Kinde, es ist sein Kind.
kittorngakarpok, t. SS., er, es hat Kinder.
kittorngivok, j. SS., sie zeugt, bekommt Kinder.
kittorngisuipok, t. SS., sie bekommt keine Kinder.
kittorngiariva, j. SS. inus., sie zeugt ihn, es.
kittorngiak, æk, et, das gezeugte Kind.
kittorngianga, ihr gezeugtes Kind.
kittorngatarpok, t. SS., sie, er bekommt Kinder.
kittorngērpok, t. SS., er verliert die Kinder, hört auf welche zu haben.
kittorngautipa, t. CS., er macht ihn zum Kinde (mit mut).
kittorngarēk, rēt, car. Sing., Vater oder Mutter und Kind. [ihn.
kittorngarēktipa, t. SS. inus., er macht
kittorngailerkivuk, SS., car. Sing., sie wünschen Kinder zu bekommen.

kittorngarikorpa, t. SS. inus., er hat ein fremdes Kind als Kind angenommen.
kittornganäk, næk, näril, liebste Kinder vor andern.
kittorngan:ira, mein liebstes Kind.
kittorngalerkivuk, sie haben viele Kinder.
Kivalek, der Name von den Plätzen der alten Eskimo-Häuser bei Okak, nebst dem davorliegenden Theile der Bucht.
Kivakkitak, tåk, tet, ein Seehund, der auf einer schwimmenden Eisscholle liegt.
Kiverpok, t. SS. & CS., er füllt einen Sack, z. B. mit Speck.
kiverdlugo, ihn zu füllen.
Kivgak, äk, et, ein Diener, Knecht oder Magd.
kivgauvok, j. SS., er ist ein Diener.
kivgariva, j. SS. inus., es ist sein Diener.
kivgartorligiva, j. SS. inus., er hat ihn zum Diener, der ihn gerade bedient.
kivgartorpok, t. SS. & CS., er dient, CS., er dient ihm.
kivtorvigiva, j. SS. inus., er hat ihn zur Stelle, zum Ort, wo er dient, wo er etwas für einen andern ausrichtet.
kivgaunikipok, t. SS., er dient nur wenig.
kivgaijungnaipok tapsomunga, er ist sein Diener nicht mehr; wörtlich: er ist kein Diener mehr zu ihm.
kivgartorungnaipok tapsominga, er dient ihm nicht mehr.
kivgartornek, nak, neril, das Dienen, der Dienst.
Kivgáluk, lük, luit, eine Moschus-Ratte.
Kivikpa, t. CS., er hebt was vor sich in die Höhe.
kiviksivok, j. SS. do.
kivgumiarpok, t. SS. & CS., er umfaßt etwas mit einem oder beiden Armen, und hält es in die Höhe, z. B. ein Kind.
Kívit, lik, lit, ein Sentloth, Sentblei.
kivivok, j. SS., er sinkt unter.
kivilipa, t. CS., er versenkt es.
kiviserpa, t. CS., er versieht es mit einer Beschwerung, einem Sentblei, und versenkt es so.
kivisëvok, j. SS. do.
kivingavok, j. SS., es ist nur so eben zu sehen, ist beinahe gesunken.
kivjokpok, kivsokpok, t. SS., es bringt, sinkt ein (Flüssigkeiten).
Kivilerpok, t. SS., die Hosen sinken, fallen ihm herunter.
kivilerekut, tik, tit, Hosenträger.
kivilingavok, j. SS., er geht mit herunterhängenden Hosen, it, ein Rennthierbock ist recht fett, hat an den Schenkeln gleichsam Hosen herunterhängen.
Kivinek, das Wasser, was durchs Senken des Eises aufs Eis tritt, unter dem Schnee.
kiviniovok, j. SS., es ist solches Wasser.
kivinekarpok, t. SS., es hat Wasser auf dem Eise.
Kivsigak, kak, ket, ein schwärzlicher Stein, dem Feuersteine ähnlich.
Kivsarpok, siehe kipsarpok.
Koajukut, tik, tit, das schwarze Moos auf den Felsen.
Koak, kutjak, kutjet, Gefrorenes, Fleisch, Beeren ec.
koakpok, t. SS., es ist gefroren, friert.
koalerpok, t. SS., es fängt an zu gefrieren.
koalivok, j. SS., der Schnee gefriert beim Schneien.
koaktorpok, t. SS., er isset Gefrorenes.
koaktarpok, t. SS., er holt Gefrorenes, bringt mit.
koangitorpok, t. SS. do., er holt.
koaitårpok, t. SS., er rutscht aus, fällt beinahe hin.
koipok, t. SS., er rutscht aus und fällt hin, auf Glatteis und sonst ebenem Boden.
koarivok, j. SS. do.
koitajärnarpok, t. SS., es ist glitschig, zum Ausrutschen.
konsak, das Glatteis.
kossauvok, j. SS., es ist Glatteis.

19

koaksovok, j. SS., es ist gefroren (wenns schon länger gefroren ist).
koajuipok, t. SS., es friert nie, Spiritus, Theer ꝛc.
koajuilok, Theer.
Koaksuk, sük, sut, eine Kante an etwas.
koaksovok, j. SS., es ist eine Kante an etwas, an einem Brett, Nagel, Berg ꝛc.
koaksukarpok. t. SS., es hat Kanten.
koakjulik, lik, ggit, etwas mit Kanten versehen, Bauholz, Schneidenadel ꝛc.
koakjulliva, j. CS., er macht ihm eine Kante.
koaksulliorpa, t. CS. do., mehrere.
koaksertorpa, t. CS. do. do.
Koanek, nak, net, eine Art Seegras, das die Estimos essen.
Konktak, täk, tet, Würmer in den Eingeweiden, bei Kindern und Erwachsenen.
Koaksärpok, t. SS., er erschrickt, fährt zusammen.
koaksangavok. j. SS., er befindet sich in einem erschrockenen, ängstlichen Zustande.
koaksaumijarpok, t. SS., er ruft, schreit vor Angst, oder auch vor Freude.
koaksaumivok, j. SS., er ist wie erschrocken.
Koarak, äk, koakel, eine ganz kl. Weide, die kaum fingerlang wird (Salix herbacca).
Ködovok, j. SS., er setzt die Füße einköludlarpok. t. SS. do., sehr.
Koëriarpok, t. SS., er hustet (einmal); ist einerlei mit kadligiarpok.
koëriorpok, t. SS., er hustet vielmal, hat Husten.
koëroalakinarpok, t. SS., es reizt zum Husten, macht Husten, etwas stark riechendes ꝛc.
koëroalakivok, j. SS., er muß husten, von dem was er riecht oder schmeckt.
koëroalakitipa, t. CS., es macht ihn husten; der Geruch, Geschmack ꝛc.
koërtornarpok, t. SS., es veranlaßt ob-

bereitet wirklichen Husten, z. B. Schnupfen, Verkältung ꝛc.
Kogjuk, jük, juit, ein Schwan.
Koilertasukpok, t. SS., es ist ihm wie zum Erschrecken, weil er hört, daß welche fort und dahin gegangen sind, wohin er hatte mitgehen wollen.
koilertavok, j. SS., er ist erschrocken, weil er hört, daß die, mit welchen er ausgehen wollte, fort sind.
koilertasariva, j. SS. inus., er hat ihn, ben, mit welchem er ausgehen wollte, der aber fortgegangen, zum Schreck, erschrickt über ihn.
koilertasuavok, j. SS., er ist erschrocken, do., und macht deshalb eilig.
Koilerpok, koisivok, j. SS., er läßt Wasser.
koisukpok, t. SS., es drängt ihn das Wasser.
koisupä, mich drängt das Wasser.
Kokevok, j. SS., er bekommt was zwischen zwei Zähne.
kokeavok, j. SS., zwischen mehrere.
Kök, guk, gut, ein Fluß, Bach.
köksoak, äk, suit, ein großer Fluß, Strom.
kogärsuk, sük, suit, ein kl. Fluß, Bach.
köliarpok. kökearpok, kökerpok, er geht zum Fluß, zu den Forellen.
kögalatsiak, äk, et, ein Fluß der tief und schön in seinen Ufern beisammenfließt.
kökpok, t. SS., es läuft, fließt; ein Fluß ꝛc.
korlorpok, t. SS., es läuft, träufelt (stark) vom Dach, Felsen ꝛc. herunter.
korlolavok, j. SS. do.
korlolalinek, nak, nerit, ausgetrocknete, oder auch noch etwas Wasser habende Flußbette, besonders auch solche Stellen zwischen Felsen und auch sonst, wo das Regenwetter durchs Ablaufen Spuren hinterläßt.
kökkalerivok, j. SS., es fließt wieder, hat wieder einen Fluß.
körlukpok, t. SS., er, der Fluß, bildet einen Wasserfall.

körluktok, luk, tut, ein Wasserfall.
köklivok, kökilivok, j. SS.. der Fluß wird klein, it. gilt kökilivok für alle Gefäße, Sachen, die abnehmen, nach einer oder beiden Seiten enger werden.
kökilivalliavok, j. SS.. er nimmt immer ab, wird immer enger, kleiner.
kokliorpok, t. SS.. er, der Mensch, Thier, drängt sich durch was enges.
kökliuliarkivok, j. SS.. er drängt sich zum erstenmal durch was durch.
kokliungörpok, t. SS. do.
körluarpok, t. SS., es fließt langsam, irgend was.
korliarpok, t. SS. do., er, es geifert, es fließt ihm aus dem Munde, it. das Harz fließt aus den Bäumen.
korliak, âk, et. Tannenbalsam (ausgelaufenes Harz). [tin.
korliavinek, nak, verngit, do.. Terpen-
Kokkoviarpok, t. SS.. er pfeift mit dem Munde.
Koksalävok, koksalakpok, t. SS., er fährt zusammen, erschrickt, it. ein Stein oder bergl., was losgerissen wird, fängt an sich zu bewegen, erschrickt gleichsam.
koksalangniarpok, t. SS., er, es wird erschrecken.
koksalengniarpok, do.
koksalangniarkörpok, t. SS., es scheint, er, es wird erschrecken, zusammenfahren, sich bewegen.
koksalävigiva, j. SS. inus.. er hat ihn zum Platz, wo er erschrickt, vernimmt seine Worte und will sie befolgen.
koksalaut, lik, tik, die Ursache zum Erschrecken.
koksalautigiva, j. CS.. er hat es, ihn zur Ursache des Erschreckens, Zusammenfahrens.
koksanarpok, t. SS., es ist ängstlich, Schrecken erregend.
koksalaivok, auch pok, t. SS.. er erschrickt nicht, fährt nicht zusammen, was es auch geben mag, ist leichtsinnig, ungehorsam ꝛc.
koksalnitok, tuk. tut, einer, der nicht erschrickt. Daher wirds im Gewöhnlichen für einen gebraucht, der aller bösen Thaten fähig ist, über nichts erschrickt, was er auch Böses thun mag.
koksasukpok, t. SS.. er erschrickt bald, ist ihm bald ängstlich, weil er fürchtet, was Unrechtes zu thun, bestrebt sich zu folgen, will besser werden.
koksasumarikpok, t. SS.. er ist völlig, oder sehr ängstlich, fürchtet sich sehr, etwas Unrechtes zu thun.
koksasuktipa, t. CS.. er macht ihn so do.
koksasugiarpok, t. SS.. er fängt an zu erschrecken, ängstlich zu sein, besser werden zu wollen, ist aber nicht weit her.
Koksukpok, t. SS., er, es wird gepreßt, auf die schmale Seite zusammengedrückt, ein Mensch im Gedränge, ein Blech ꝛc.
koksungavok, j. SS.. es ist gepreßt, zusammengedrückt.
koksuktipa, t. CS.. er quetscht, preßt, drückt es zusammen.
Körksukpok, t. SS., er macht starke Stimme, schreit (einerlei mit kaigarsukpok).
körksudlarpok, t. SS. do. (sehr.)
körksomavok, t. SS., er schreit, ruft viel.
Köktorak, knk, ket. der Oberschenkel, der Theil vom Knie bis zum Hüftgelenke.
koktoraijarpok, t. SS., er friert am Oberschenkel, it. es ist zerbrochen.
koktoralerivok, j. SS.. er hat Schmerzen am Oberschenkel.
koktorarpok, t. CS.. er stößt, thut sich weh am Oberschenkel, er stößt, schlägt ihn, thut ihm weh am Oberschenkel.
koktorarivok, j. SS. & CS.. er thut weh am Oberschenkel, assiminik. CS.. er thut ihm auch weh.
Kolläkpok, t. SS.. er zweifelt.
kollärnarpok, t. SS.. es ist zweifelhaft, Zweifel erregend.

kollárnarsivok, t. SS., es wird zweifelhaft.
kollárnaipok, t. SS., es ist nicht mehr zweifelhaft.
kollarnangilak, t. SS., es ist nicht zweifelhaft (von Anfang an).
kollárpa, t. CS., er zweifelt an ihm.
kollariva, j. CS., er bezweifelt ihn auch oder wieder.
kollálerpa, t. CS., er bezweifelt ihn, es einen Kranken, ob er wieder aufkommen, oder ob sonst etwas gelingen wird.
kollalëvok, j. SS. do. (mit mik).
Kollek. lëk. fil, das Oberste über etwas, it, eine Lampe, weil dieselbe im Eskimohause über dem Fußboden erhöht ist; kleine Lampen die ganz auf dem Fußboden stehen, werden auch allek genannt.
kolliga, das, was über mir ist; kollera, eine Lampe. (Den Unterschied scheinen die Eskimos zu machen, daß sie bei der Lampe, besonders wo es ein Suffix hat, zwei scharfe l aussprechen. Dagegen bei „über einem" nur schwach betonte, oder wie nur ein l.
kollit, das über dir. [(recip.)
kolla und kollinga, das über ihm; kolline,
kollivut, das über uns.
kollise, das über euch.
kollinget, das über ihnen; kollitik, recip.
kollimnëpok, t. SS., er ist über mir.
kollingnëpok, t. SS. do. dir.
kollanepok. t. SS., es, er ist oben; kollane wird überhaupt viel als impersonalis für „oben" gebraucht, wiewohl man sich das Untere davon immer denken muß.
kollanit (Abl.), von oben, nemlich aus dem obern Stockwerk oder aus dem obern Schafte eines Schrankes.
kollanut (Term.), nach oben hinauf; kollanut ālauruk. bring es, ihn hinauf.
kollipkut (Vialis.), über mir durch; kollipkorpok oder kollipkut pivok, es geht über mir durch oder hin.

kollikut, es geht über dir hinweg ob. durch.
kolliptigut, über uns durch; kolliptigorpok, es geht über uns durch oder hin.
kolliptingnorpok. t. SS., es kommt über uns.
kollinginne kollænne, über ihnen.
kollingittigut, über ihnen hin, durch; kollatigut.
kollerpāk, pǣk, pat, das Alleroberste.
kollaupa, t. SS. inus., er geht über ihm weg, hindurch.
kollautsivok, j. SS. do. (mit mik).
kongmut (von kollimut), hinaufwärts.
kongmuarpok, t. SS., er geht hinaufwärts (gerade in die Höhe).
kongmuangavok, SS., es geht schräg in die Höhe, hinaufwärts; ein Weg.
kongmuartipa, t. SS. inus., er führt, wirft ihn in die Höhe.
kollangiarpok, t. SS. & CS., er schwebt über etwas (mit mik), CS., er, es schwebt über ihm, bleibt über ihm.
kollangiartipa, t. SS. inus., er macht, daß etwas über ihm schwebt, sendet etwas oder jemand hin.
kollangerpa, t. SS. inus., er, es kommt, schwebt über ihm (wenns erst hinkommt).
kollangiupok, t. SS. do., tapsomunga.
kollangiulivok, j. SS. do.
kollangiutitipa, t. SS. inus., er hält es in die Höhe, über was (mit mut). Aggane kollangiutitipeit tapkonunga, er hebt oder hob seine Hände auf über sie.
kollangiutsatorpok, t. SS., kollangiulijartorpok, t. SS. & CS., er geht hin, um sich über etwas zu begeben, z. B. wenn ein Kind oder sonst was gefallen ist, und er hingeht, sich über daßelbe bückt und es aufhebt. [sich.
kolloriva, j. SS. inus., er hat ihn, es über
kollárpa, t. SS. inus., er deckt es mit was anderm zu, als wie die Ränder sind, von dem was zugedeckt wird, z. B. wenn

ein Schneegraben mit Brettern zugedeckt wird, oder Seitenwände von Stein und Bretter od. Felle ꝛc. darübergedeckt wird.

kollāriva, j. SS. inus.. er hat es zum Deckel, zur Bedeckung, z. B. wenn sich jemand ein Loch in den Schnee ꝛc. macht, um darin zu schlafen ꝛc., und es mit irgend etwas, Fellen, Brettern ꝛc., zudeckt.

kollăk, lăk, let, ein Loch im Schnee, od. in die Erde, od. mit Steinen gemacht, um darin zu schlafen, und oben mit Fellen oder Rasen zugedeckt.

kolleroak, æk, et, irgend ein Gefäß, was an die Wand gehängt wird, um etwas hineinzuthun.

kollerutsivok, vīk, vit. ein Schaft; wo man was in die Höhe legt, ein Schrank mit Fächern, ein Repositorium.

kollĕk, lŭk, lot, der ganze Rücken eines Menschen. Heißt so, weil, sobald sich der Mensch vorwärts bückt, der Rücken oben und die Brust unten ist.

kollĕga, mein, **kollĕnga**, sein Rücken.

kollipsiut, tik, tit, ein Gefäß, über die Lampe zu hängen oder zu stellen, um darin zu kochen.

kollipserpok, t. SS., er kocht in einem Gefäß über der Lampe.

Kollekulliak, āk, et, Halbschwimmfüßiger Regenpfeifer (Charadrius simipalmatus).

Kolleligak, kæk, ket, ein kleiner Fisch, eine Art Heringe.

Kollelik, ggik, ggit, Silber-Möra.

Kollitak, tăk, tet, ein Oberpelz von Rennthierfellen.

kollitarlarpok, t. SS., er trägt oder hat einen **kollitak** bei sich, ohne ihn anzuhaben. [pelz an.

kollitarsiuavok, j. SS., er hat den Ober-

kollitarpok, t. SS. & CS., er zieht den **kollitak** an, CS., er zieht ihn ihm an.

kollitarlārpok, t. SS., er hat einen neuen Oberpelz.

Kolliut, tik, tit, eine Stulpe an einem Ueberhandschuh. [Stulpen.

kolliutiksak, sāk, set. Leder zu solchen

Kolluksugut, tik, tit, ein Kiel an einem Fahrzeug.

Kollusuk, sŭk, suit, ein Vogel-Rücken.

kollutsukpok, t. SS., er bekommt Theil am Vogel-Rücken, it. an den Backenknochen des Walfisches.

Komak, māk, mait, eine Laus.

komakarpok, t. SS., er hat Läuse.

komaktorpok, t. SS., er frißt Läuse.

komuktauvok, j. SS., er ist ganz verlauset, ganz von den Läusen zerfressen, ist ganz elend davon.

komaijarpok, t. SS. & CS., er kämmt sich die Läuse herunter, befreit sich von den Läusen, CS., er ihn do.

komairpa, t. CS. do.

komikpok, t. SS. & CS., er juckt, reibt sich, CS., er ihn. Gilt überall wo etwas juckt.

Komĕkpok, t. SS. & CS., er zieht den Arm aus dem Aermel zurück an den Leib, CS., er zieht ihn ihm zurück.

komĕklipa, t. CS., er macht, daß er (ein anderer) den Aermel auszieht, befiehlt es ihm.

komĕngavok, j. SS., er geht herum mit ausgezogenen Aermeln.

komĕngaujivok, j. SS., er verbirgt etwas, ein Messer ꝛc., unter den Kleidern, während er die Aermel ausgezogen hat (mit mik). [es do.

komĕngautiva, j. SS. inus., er verbirgt

Kŏmikpok, t. SS. & CS., er macht die Beine zusammen, it. eine Scheere, Zange oder dergl. zu, CS., er faßt es mit der Zange oder mit dergl.

kŏmigaut, tik, tit, eine Feuerzange.

kŏmingavok, j. SS., er drückt, hält die Beine zusammen.

kŏmingauserpa, t. CS., er bindet ihm die Beine zusammen.

kōmingausēvok, j. SS. do. (mit mik).
kōmiklugo aileruk, hole es mit der Zange, oder mit zwei Stäben (die man aneinander drückt und die Sache dazwischen nimmt). Wenn nemlich eine Sache wo hineingefallen, oder sich wo befindet, wo mans mit der Hand nicht kriegen kann, oder heiß ist.
Komiovok, j. SS. & CS., er hebt was für einen Abwesenden auf, Fleisch oder sonst was (SS. mit mut & mik). Nerkemik komiovok Johanesemut, er holt Nahrungsmittel auf für den Johannes.
komiojaujomavok, j. SS., er will etwas für sich aufgehoben haben.
komiusivok, j. SS., er hebt jemand was auf von dem, was für ihn selbst sein sollte.
komiomavok, t. SS. & CS., er hebt längere Zeit was auf für jemand.
komākivok, j. SS., er behält nichts für sich, hebt nichts für sich auf, sondern theilt alles aus.
komergotigiva, j. SS. inus., er hebt es, die Speise ꝛc., auf, für den der kommen wird (mit mut).
komerguserpok, j. SS. do.
komiutigiva, j. SS. inus. do.
Kommak, māk, mail, ein See-Wurm, it, Spul-Wurm? wohl eher Bandwurm.
Kommunione, das heil. Abendmahl.
komunionemēpok. t. SS., er ist beim Abendmahl. [nicant.
komunionetak. lǣk. tet, ein Commu-
komunionetæksak, sǣk. set, ein Abendmahls-Candidat.
Komnerlukpok. t. SS., es spaltet schlecht, krumm.
komnerpok, t. SS., es spaltet gut, gerade.
komnertauvok, j. SS., es ist gespalten. (Diese gehören zu koppivok.)
Kongesek, sik, sit, der Hals, Nacken (bei Mensch und Thier).
kongesertusärpok, t. SS., er streckt den Hals, macht einen langen Hals.

kongeselitak, lǣk, tet, ein Halstuch.
kongeselitakpa, t. CS., er bindet ihm ein Halstuch um, SS., sich selbst.
kongeselerivok, j. SS., er hat einen bösen Hals.
kongeseruserpok. t. SS., der Kipper verändert seinen Hals, bekommt andere Federn.
kongeseruserairpok, t. SS., er hat seinen Hals schon verändert, hat schon andere Federn.
kongeseksiut, lik, tit, Medicin für den Hals, it, eine Halsschlinge.
kongeserlivok, j. SS., es thut ihm der Hals weh vom Aufliegen, wenn er den Kopf wo auflegt.
Kongiarolik, līk, ggit, ein Hund mit weißem Hals, während der Körper anders ist, it, ein Art Raupe.
Kongmēngak, äk, at, der Haarstrauß der Weiber, wenn sie alle nur nach hinten gebunden sind, und vorne keine Zöpfe haben.
kongmēngarpok, t. SS., sie geht mit so einem Haarstrauß.
kongmēngaut, lik, tit, ein Haarband dazu.
Kongmut (Term.), hinauf (s. bei kollek).
Kongolek, līk, tit, Sauerampf (Rumex diggnus).
kongoleksiorpok, t. SS., er sucht S.
kongolektorpok, t. SS., er ißt do.
kongoliujak, jǣk, jet, Löffelkraut (Cochlear). [kraut.
kongoliujartorpok, t. SS., er ißt Löffel-
Kongnak, nǣk, nǣt, eine Spalte in den Felsen oder in der Erde.
kongnek, nīk, nīt, eine Spalte im Eis, nahe am Strand; zwischen den Steinen.
Könitipa, t CS., er klemmt, steckt es wo zwischen (wie kerlutiva).
Konomivok, j. SS., er kann das oder jenes nicht essen, weil ers nicht vertragen kann, weils ihm Unbehagen macht, it, auch Reden und allerhand, was einem Unbehagen verursacht.

konomigiva, j. SS. inus., es verursacht ihm Unbehagen.

konomeriva, j. SS. inus. do.

konomitipa, t. CS., er macht ihn unbehaglich.

Kūpa, t. SS. inus., er macht es, eine Sache, z. B. Haus ꝛc., kleiner wie es vorher war, macht es enger.

kōtsivok, j. SS. do. (mit mik).

kōruserpa, t. SS. inus., er macht es enger, indem er blos inwendig was hineinmacht, und das Aeußere läßt wie es ist.

korusēvok, t. SS. do. (mit mik). Diese sind alle mit kōkivok, kōkilivok verwandt.

koniko, kuk, kut, Ueberbleibsel von dem was kleiner gemacht, abgeschnitten worden.

Koppako, kuk, kut, ein abgespaltener Theil; Hälfte von einer Sache, die in die Länge getheilt ist; wird auch beim Tage und Jahr gebraucht.

koppaujak, jāk, jet, ein Riß, Bruch an Geschirr, Holz ꝛc. der Länge nach, der nicht durchgeht.

koppaujiva, j. SS. inus., er macht einen Sprung hinein.

koppaujēvok, SS. do.

koppakorukpok, t. SS., der Mond nimmt ab, ist bis auf die Hälfte gekommen; geht durch die Mitte; bei allen Sachen, wenn nur noch die Hälfte vorhanden ist.

koppakova, j. CS., er gibt ihm die Hälfte.

koplorpok, t. SS. & CS., er hat mehrere Spalten, Risse, CS., er spaltet es mehreremal. [(mit mik).

kopluivok, j. SS., er spaltet mehreremal

koplukpok, t. SS., es spaltet die Erde vom Frost, it, das Holz von der Sonne.

koplut, der Name vom Monat Januar, weil da die Erde Risse, Spalten vom Frost zu bekommen pflegt.

kopterpok, t. SS. & CS., es spaltet von selbst, CS., er spaltet es. (Ist einerlei mit koppiva.)

koppivok, j. SS. & CS., es ist gespalten, hat einen Riß, CS., er spaltet es einmal.

koppisivok, j. SS., er spaltet einmal (mit mik).

koppisimavok, j. SS., es ist gespalten.

kopperpok, t. SS. & CS., es spaltet, breitet sich aus, z. B. ein Buch, wenn's aufgemacht ist, it, eine Heerde Ripper, die auseinander fliegt, auch Menschen, die auseinander gehen, Schrot aus der Flinte.

koppinek, nak, nerit, ein Riß, Spalt an etwas, it, der Haarscheitel der Weiber.

koppēngatipa, t. SS. inus., er hält etwas auf, z. B. ein Buch.

koppijarēkut, tik, tit, etwas zur Verhinderung des Spaltes.

koppiterarpok, t. SS. & CS., er blättert, schlägt die Buchseiten um.

koppiterpa, t. SS. inus. do.

koppiterivok, j. SS. & CS. do., CS., er sie auch.

kopperautiva, t. SS. inus., er hat es zur Ursache des Spaltens ob. Zurückschlagens, z. B. wenn beim Beeren- oder Pflanzensuchen die Sträucher zurückgeschlagen werden, so heißt es: paunget kopperautiveit.

kopperarpeit, t. SS. inus., er schlägt sie zurück, auseinander; Sträucher, Gras, die Haare ꝛc. [leicht.

kopsikpok, t. SS., es spaltet sich gut,

kopsēpok, t. SS., es spaltet sich schwer.

koppiluarpok, t. SS., der Mond ist bis zur Hälfte gekommen im Zunehmen.

koppiupok, t. SS., er hat ganz nasse Haare, spalten sich vor Nässe (Mensch und Thier).

kopperiarēkut, tik, tit, ein Band um den Kopf, zur Verhinderung, daß die Haare nicht ins Gesicht fallen, daß sie nicht brauchen weggestrichen zu werden.

kopperiarpeit, t. SS. inus., er wischt, streicht sich die Haare aus den Augen, auf die Seite.

Koppernoakpak, pæk, pait, Alpen-Lerche
  (Alauda alpestris).
Koppernoarniut, lik, tit, Neuntödter,
  grauer Würger (Lanius exubitor).
Koppernoaksoak, āk, suit, kanadaischer
  Heher (Corvus canadensis).
Kopperok, uk, gut, eine Made. [Maden.
koppergoksimavok, j. SS., es ist voll
kopperujak, jāk, jet, ein Loch am Kajak
  oder Fellboot, das einer Made ähnlich
  sieht und nur braucht genäht zu werden
  ohne illaksamik.
Koppugak, gāl, gat, Riefen, Streifen der
  Länge nach an irgend etwas, an Tuch,
  Kaliko ꝛc.
koppugarpok, t. SS., es hat Streifen.
kopput, tik, tit, die Milchstraße, it, weiße
  oder schwarze Riefen, Streifen, die sich
  wie Spalten an den Felsen hinziehen.
Koptarpok, t. SS., er sitzt eingehöbert, ein
  Vogel, Hase ꝛc., it, ein Mensch, wenn er
  sich so zusammenzieht, weils ihm kalt ist.
korkok, kuk, kut, irgend ein schmales,
  enges hohes Gefäß.
korluktok, tūk, tut. ein Wasserfall.
korliarpok, t. SS., er, es geifert, es fließt
  langsam wo herunter.
korliak ꝛc. (siehe bei kōk.)
Korkupa, t. SS. inus., er schießt links an
  ihm (dem Ziele) vorbei.
korkutsivok, j. SS. do. (mit mik).
Koriariva, j. CS., er hat ihn, es zum Ekel
  (wie nubviorutigiva).
korlarpok, t. SS. do. (mit mik).
Körok, kuk, kut, eine Kluft, enges Thal,
  Nuth in einem Brett.
köroksiorpok, t. SS., er geht durch eine
  enge Schlucht.
körkerpok t. SS. & CS., es, das Brett,
  ist fertig genuthet, CS., er nuthet es.
körkëvok, j. SS., er nuthet, macht einen
  korok.
körkertuivok, j. SS., er stößt mehrere
  Nuthen hinein (mit mik).

korkertorpa, j. CS. do.
Korksukpok, t. SS., es ist gelb.
korksuktak, tāk, tet, Sachen von gelber
  Farbe.
körksuklāngavok, j. SS., es ist gelblich,
  nicht ganz gelb.
Korvik, vīk, vit. ein Nachttopf.
Kole, lik, lit, schönes flaches Land, dicht am
  Strande hin.
kolerorpok, t. SS., er geht am Lande hin,
  während die andern fahren.
Kolsek, sik, sit. das Hüftgelenke, die inwendige Seite vom Hüftknochen, wo das
  Hüftgelenke dran sitzt.
kolsinilakpok, t. SS., er bekommt beim
  Theilnehmen ein solches Stück, wo ein
  kolsek daran ist, wo das Gelenke noch
  aneinanderhängt (bei Seehunden).
kolsinarpok, t. SS., er bekommt beim
  Theilnehmen blos das Theil, woran sich
  der kolsek befindet.
Kolsikpok, t. SS., es ist hoch (gilt auch
  schon im Hause für etwas, was oben ist).
kolsiktok, tuk, tut, etwas, das hoch
  oben ist.
kolsiktomëpok, t. SS., er, es ist auf der
  Höhe, auf etwas Hohem, Berge, Baume ꝛc.
kogvasikpok. t. SS., es ist zu hoch (um
  es kriegen zu können).
Kotsoalakpok, t. SS., er ist etwas niedergeschlagen, ist nicht vergnügt, weil ihm
  was gesagt worden, was ihm nicht gefällt.
kotsoalāvok, j. SS. do. (mehr), hat gleichsam den Muth verloren.
Kottiorpok, t. SS., der Moger macht Stimme.
kottiolāvok, t. SS. do. (viel.)
Koverserpok, t. SS., er hat den Staar,
  oder vielmehr einen oder mehrere weiße
  Flecken im Auge.
koversak, sāk, set. das Weiße im Auge.
koversarlukpok, t. SS., er hat rothe
  Augen, das Weiße im Auge ist roth.
koverte, tik, tit, ein weißer Fleck auf dem
  Auge.

kovertekarpok, t. SS., er hat Flecken im Auge.
Kovivok, j. SS. & CS., es ist geschüttet, CS, er gießt, schüttet es aus (etwas Flüssiges).
kovisivok, j. SS. do., er schüttet, gießt aus (mit mik). [wenig.
koverarsokpa, t. CS., er begießt es ein
koverarpa, t. CS., er begießt ihn, es (mehrmals).
koveraivok, j. SS., er begießt (mit mik).
kovialakpok, t. SS. & CS., er schüttet mehr als er will, es kommt ihm auf einmal heraus.
kovernrvik, vīk, vit, der Platz, wo man etwas hinschüttet.
koveraut, lik, tit, ein Gefäß, womit man ausschüttet, gießt, eine Gießkanne 2c.
kovivik, vīk, vit, ein Trichter.
koveriva, j. CS., er begießt es, ihn (einmal).
koverövok, j. SS. do. (mit mik).
Kublo, luk, lut, der Daumen.
kublolerivok, j. SS., er hat einen bösen Daumen.
Kubsusivok, j. SS., es schmerzt, wenn man was erfroren, sich gebrannt oder geschnitten hat.
Kuglualakpok, t. SS, er, es juckt ein wenig.
kuglualävok, j. SS., er juckt stark, wenn einer eine Wunde 2c. hat und daran geschnitten wird 2c. [jucken.
kuglualälerpok, t. SS., er fängt an zu
Kuglugiak, itsek, itset, ein Wurm, Schlange.
kuglugiangojarpok, t. SS., es ist einer Schlange ähnlich.
Kuglukpa, t. SS. inus., er macht es doppelt, bricht eine Sache, ein Fell, Papier 2c. einmal zusammen.
kugluksivok, j. SS., er bricht was zusammen (mit mik).
kuglungavok, j. SS., es ist zusammengebrochen, gelegt.
Kuglungajok, jūk, jut, Knospe an Gewächsen.

Kugsaunak, näk, net, ein aalähnlicher Fisch.
Kugsautak, tāk, tet, ein Keil.
kugsauserpa, t. CS., er setzt einen Keil darauf, um es zu spalten oder fester zu machen.
kugsausēvok, j. SS. do. (mit mik).
kugsausijarpok, t. SS., es hat einen Keil, sitzt einer drinn.
Kugvartipa, t. SS. inus., er hebt beim Stehen oder Gehen den Rock in die Höhe.
kugvangatipa, t. SS. inus. do., er hält.
Kugviorpok, t. SS., er weint, thränt.
kugve, vek, vit, Thränen.
Kuik, kuggik, kuggit, die Steißknochen am Seehunde.
kuinikpok, t. SS., er bekommt ein solches Hinterstück.
Kuināgiva, j. CS., er verabscheut ihn, es.
kuinārpok, j. SS., er verabscheut (mit mik).
kuinārosukpok, j. SS. do.
kuinangnarpok, t. SS., er, es ist ekelhaft, verabscheuungswürdig.
kuinangnaluk! lūk! luit! abscheulicher! häßlicher!
kuinälupa! kuinarsuapā! o welch ein Abscheulicher! Häßlicher!
Kuinarpok, t. SS., er ist kitzlich.
kuinarsarpa, t. CS., er kitzelt ihn.
kuinarsarnikpok, t. SS. do.
kuinangnek, der Kitzel.
Kuinivok, j. SS., er ist fett, ist gut bei Leibe.
kuikterkojomava, j. CS., er will ihn lassen fett werden.
Kuingěnge, ek, et, ein Schwein.
kuingěnginrak, kak, ket, ein junges Ferkel.
Kujak, jāk, jet, die mittlere Latte am Boden des Kajaks. [Latte.
Kujāk, die Schnur eines Bogens, womit er gespannt wird.
kujänga, seine Schuur.
Kujagiva, j. CS., er bankt ihm.
kujalivok, j. SS. do. (mit mik).
kujalinek, näk, nerit, das Danken, der D.

kujanak, eine Abkürzung von kujanarpok, es ist dankenswerth, reizt zum Danken.
kujalijut, tik, tit, die Ursache zum Danken.
kujalijutigiva, j. CS., er hat es zur Ursache des Dankens.
kujagijauvok, es wird ihm gedankt.
kuliserpok, t. SS., er gibt etwas aus Dankbarkeit (mit mik).
kujaliservigiva, j. SS. inus., er gibt ihm etwas aus Dankbarkeit.
kutsaservigiva, j. SS. inus. do.
kutsaserpok, t. SS. do.
kujnne, es hat nichts zu sagen, ist einerlei.
Kujnpigak, käk, ket, das Rückgrad.
kujapitnavut, car. Sing., sie gehen oder stehen in einer Reihe hintereinander (wie das Rückgrad).
kujapitnärsudlarput, do., die Rennthiere.
Kukärpok, t. SS., es ist nicht gut zu sehen, ein Boot, Kajak ꝛc., wenns nahe ans Land, ins Dunkele kommt.
kukäk, tsek, tset, das Dunkele, Schwarze vom Schatten des Landes am Strande herum.
kukängavok, j. SS., es ist schwarz, dunkel, sieht aus wie das Dunkele am Strande herum; ein Land, wo sich kein Schnee befindet, während alles herum weiß ist.
Kukkerpok, t. SS. & CS., er schießt, CS., er schießt es.
kukkiut, tik, tit, eine Flinte, ein Knaller, Ohrenschaller.
kukkiutsoak, äk, suit, eine Kanone.
kukkiarpok, t. SS., er schießt oft hintereinander.
kukkeavok, t. SS., es prellt, schellert in den Händen, wenn man mit einem Hammer ꝛc. auf etwas schlägt.
kukkertauvok, j. SS., es ist geschossen worden.
kukkerviksauvok, j. SS., es ist der Platz, Zeit zum Schießen, z. B. die See, wenns keine Wellen hat. [zu erreichen.
kukkereksauvok, j. SS., es ist zu schießen,
kukkiutsivok, j. SS., er lauft eine Flinte.
kukkiusitsivok, j. SS., er bringt eine Flinte wohin.
kukkiulitsivok, j. SS. do. (mit mut).
kukkingoarpok, t. SS., er spielt als wenn er schösse mit etwas, einem Stocke ꝛc.
kukkuarpok, t. SS., er schreit, macht starke Stimme, wie wenns schösse; um von jemand gehört zu werden, oder um Seehunde, Vögel ꝛc. zu betäuben.
kukkiumavok, j. SS., er, der Seehund ob. Vogel, ist ganz betäubt vom starken Geschrei, das gemacht worden, achtet auf nichts, läßt sich nur so kriegen.
kukkernerpok, t. SS., es schallt in die Ohren. [Zehe.
Kukkik, kik, kit, ein Nagel am Finger oder
kukkikipok, t. SS., er hat kleine Nägel.
kukkiktovok, j. SS., er hat große Nägel.
kukkerkortovok, j. SS. do.
kukkèjarpok, t. SS. & CS., er schneidet sich die Nägel, CS., er schneidet ihm die Nägel.
Kukkujavok, j. SS., er kann nicht gut gehen, ist wackelig, kann nicht stille halten beim Schießen ꝛc.
Kukkukpa, t. CS., er feuert mit einem glühenden Eisen oder Feuerbrande eine Kanone ab.
kukkuksivok, j. SS. do.
Kuksalnipok, t. SS., er ist leichtsinnig, kann unerschrocken allerhand Schlechtes ausüben. Siehe koksalaipok.
Kuksiovok, j. SS., er ist zart, kann keine Kälte vertragen. (Gehört zu kussovok).
Kuktorak, kak, ket, siehe koktorak.
Kullavak, vak, vait, ein Rennthier, das an der Seite Weißes hat, während es auf dem Rücken braun ist.
kullavarpok, t. SS., er bekommt ein solches Rennthier.
kullavük, väk, vüt, ein Art Rennthiere, die es im Norden geben soll,
Kullusuk siehe kollusuk.

Kulluarpok, t. SS., er hat Blähungen, es kollert, poltert ihm im Leibe.
kulluarligivok, j. SS., es kollert viel, sehr.
kulluarkattarpok, t. SS. do.
Kullumerpuk, put, car. Sing., sie singen gegen einander, ein heidnischer Gebrauch bei ihren Lustbarkeiten.
Kungavok, j. SS., er lächelt, lacht, ohne Stimme zu machen.
kungapok, t. SS. & CS., er lächelt ihn an (SS. mit mik).
kungatsungovok, j. SS., es ist ihm zum Lachen.
kungatailivok, j. SS. & CS., er lächelt nicht, CS., er lächelt ihn nicht an.
kungatailitipa, t. CS., er verhütet, verhindert ihm das Lächeln.
kungasijareriva, j. SS. inus., er lächelt ihn gleich wieder an, nachdem er ihn z. B. vorher geschmält.
kungaivok, j. SS. & CS., er bringt ihn zum Lachen (SS. mit mik).
kungasivok, j. SS. & CS., er fängt an zu lächeln, lächeln.
Kungiarpok, t. SS. & CS., er sieht einem andern zu (nicht ganz nahe); ist einerlei mit takkonarpok, wird auch von Rennthier-Jägern gebraucht, wenn sie den Thieren von ferne zusehen.
Kungok, der weiße Widerschein vom Treibeis in der See.
kungokarpok, t. SS., es hat Widerschein vom Eis.
Kunnigok, kuk, kut, Eider-Dunen.
kunnikerivok, j. SS., er macht Eider-Dunen rein.
Kunnigartitarkpok, t. SS. & CS., er stößt wider das Land, ein Boot, Kajak; oder zwei Boote stoßen an einander (SS. mit mut). Umiab nuna kunnigartitarpa, durch Wellen.
kunnigartitärpok, t. SS. & CS., der Nebel oder Wolken stoßen gerade wider den Berg.

Kunnikpok, t. SS. & CS., er setzt die Nase wogegen, beriecht@, CS., er setzt die Nase wider seine Nase, beriecht ihn, küßt ihn.
kunningnikpok, t. SS. do. (mit mik).
kunnigiarpa, t. CS., er kommt ihm mit der Nase etwas näher, nicht ganz bis an seine Nase.
Kunnullerpok, t. SS., es verwelkt, verdorret; eine Blume, Gras ic.
Kunnugiva, j. SS. inus., er ist unwillig gegen ihn, den Menschen, it, gegen die Sache, will es nicht thun, nicht haben.
kunnuvok, j. SS., er ist unwillig, macht Einwendungen.
kunnunek, nak, nerit, die Unwilligkeit.
kunnutóvok, j. SS., er will lange nicht, ist lange unwillig.
kunnunikipok, j. SS., er ist kurz, nicht lange unwillig.
kunnutuipok, t. SS., er ist niemals unwillig, ist immer willig.
kunnusaraipok, t. SS., er ist gleich, bald unwillig, verdrossen.
kunnugijauvok, j. SS., es wird ihm sein Wille nicht gethan, it, die Sache wird nicht gewollt.
kunnujutigiva, j. CS., er will es nicht hergeben.
kunnujutigijauvok, j. SS., es wird nicht zugelassen, es wird nicht hergegeben.
kunnuengavok, j. SS., er ist halb unwillig, macht etwas Einwendungen.
Kupkevok, j. SS., er hat was zwischen den Zähnen, auf einer Stelle.
kupkeavok, j. SS. do., auf mehreren St.
kupkilivok, j. SS. & CS., er stochert sich die Zähne.
kupserkopok, t. SS., er hat stumpfe Zähne, von sauern Beeren ic.
kupserkonarpok, t. SS., es macht die Zähne stumpf, ist Zähne stumpf machend.
Kupsokpok, t. SS., es will nicht zuheilen, eine Wunde.
Kusseksiak, Zinn.

Kuss   Kuv

Kusserpok, t. SS. & CS., es tropft, CS., es tropft auf ihn, der Tropfen betropft ihn (einmal).
kusserlauvok, j. SS., er wird betropft.
kusserlautipa, t. CS., er betropft ihn, läßt Tropfen auf ihn fallen.
kusservigiva, j. SS. inus., es tropft auf ihn, oder in ihn, es; ein Gefäß das untergesetzt ist.
kussogak, kæk, ket, Eiszapfen am Dach ꝛc.
kutsitakarpok, t. SS., es hat Stellen, wo es durchtropft.
kutte, tik, tit, ein Tropfen.
kuttokpok, t. SS. & CS., es tropft, CS., der Tropfen betropft ihn. (Ist ganz einerlei mit kusserpok.)
kuttolerpok, t. SS., es fängt an zu tropfen.
kuttekarpok, t. SS., es hat Tropfen, Stellen wo es tropft.
kuttekipok, t. SS., es tropft wenig.
kuttekortovok, j. SS., es tropft sehr, hat große Tropfen.
kutligiva, j. SS. inus., es tropft auf ihn, der Tropfen (mehreremal).
kuttailitak, tæk, tet, etwas zur Verhinderung, damit es nicht durch oder auf etwas tropft.
Kussovok, j. SS., er ist niedergeschlagen, ganz stille, wegen Frieren.
Kutjarpok, t. SS., er fällt mit dem Kopfe unterwärts, er bückt den Kopf herunter.
kutjangavok, t. SS., er befindet sich in der Stellung, hängt mit dem Kopf herunter.
Kutsaserpok, siehe bei kujagiva.
Kutsinek, næk, nit, der Knochen vom Kreuz bis zum Rückgrade, die Lendenwirbel. [an do.
kutsineterivok, j. SS., er hat Schmerzen
kutsinanarpok, t. SS., er bekommt einen solchen Knochen zu seinem Theil.
Kutserlak, tæk, tet, streifköpfiger Fink (Fringilla).
Kutjinek, nak, nerit, ein ausgetrocknetes Flußbett, oder was nur noch wenig Wasser hat.
kutjiorpok, t. SS., er gräbt, macht einen Wassergraben.
kutjerpok, t. SS., es läuft stark, das Wasser, der Fluß ist voll, läuft über.
Kutsok, suk, sut, Harz, Pech, Kolipbonium.
kutsukpa, t. CS., er verpicht es, das Boot ꝛc.
kutsusivok, j. SS. do.
Kuttakpok, t. SS., er redet undeutlich, stotterhaft, fehlerhaft.
kuttaipok, t. SS., er redet deutlich, verständlich, richtig.
kuttangnerarpa, t. CS., er nennt ihn einen stotterhaften, schlechten Redner.
kuttangavok, j. SS., er ist mangelhaft in seinem Thun, vermag das oder jenes nicht.
kuttangavigiva, j. SS. inus., er vermag es nicht zu thun, auszurichten.
Kuttorsuk, die vier Sterne: Castor und Pollux in den Zwillingen, und Sectatrix und Capella im Fuhrmann.
Kuttuk, lük, tut, die zwei großen Beine am Halse der Fische, it, beim Menschen der Knochen vorne herüber, von einer Schulter zur andern (die Schlüsselbeine).
Kuviasungnek, nāk, neril, die Freude.
kuviasukpok, t. SS., er ist vergnügt, fröhlich.
kuviagiva, j. CS., er freut sich über ihn.
kuviagijanga, das, worüber er sich freut.
kuvianarpok, t. SS., es ist vergnüglich, verursacht Freude.
kuyianartovik, vik, vil, eine Zeit oder Ort, welcher Freude verursacht, fröhlich macht.
kuvianaipok, t. SS., es ist unvergnüglich.
kuviasuklipa, t. CS., er macht, bereitet ihm Freude.
kuviasut, tik, tit, die Ursache zur Freude.
kuviasutigiva, j. CS., er hat es, ihn zur Ursache der Freude.
kuviasutekarpok tapsominga, do.

kuviasugvigiva, j. SS. inus., er hat es zur Stätte, zur Zeit, worüber er sich freut (auch einen Menschen); kattimavik kuviasugvigivara, die Kirche ist der Ort, an dem ich meine Freude habe.
kuviasumijarpok, t. SS., er freut sich zum Voraus über was.
kuviasumijarutigiva, j. SS. inus., er freut sich zum Voraus darauf.
kuviasumijarnek, die Vorfreude.
kuviasugviknrpok, t. SS., er, es hat eine Zeit, Ort zur Freude.
kuviasuālukpok, t. SS., er ist vergnügt, freut sich über schlechte Dinge.
kuviasutivuk, vut, car. Sing., sie erfreuen sich einander.
kuviagiutivuk, vut, sie freuen sich über einander.
kuviasnkattigēkpuk, put, car. Sing., sie freuen sich gemeinschaftlich über etwas.
kuviasuīnarpok, t. SS., er ist immer vergnügt. [vergnügt.
kuviasunginarpok, t. SS., er ist nie
kuvianarkejakangilak, t. SS., er, es hat keine größere Freude, Vergnügen.
kuvianarkejanga, seine größere Freude.
kuvianailivok, j. SS., er ist mißvergnügt.
kuvianailitigiva, -jutigiva, CS. do., über ihn.
kuvianailisarpa, t. CS., er macht ihn mißvergnügt.
kuvianailisaivok, j. SS. do., ob. kuvianailisarivok, SS. & CS.
kuvianaigiva, j. CS, er ist mißvergnügt über ihn.
kuvianaiksarpok, t. SS. do. (mit mik).
kuvianailiorpok, t. SS. do.
kuviansigosukpok, t. SS. do.

L.

NB. Es gibt in der Eskimo-Sprache weder Hauptwörter noch Zeitwörter die mit L anfangen, aber es gibt drei Suffixa Conj.,
die damit anfangen, und die sollen hier angeführt werden: [uns.
le, aber, sondern; uvaptingnulle, aber zu lo, und, auch; uvangalole, aber ich auch; uvangalo, und ich.
lonēt, entweder, oder, weder; nellisk pijomaviuk tamnalonēt unalonet? Welchen von den zweien willst du haben, diesen oder jenen?

M.

Machnk, āk, ait, Lehm, Thon, it, Porzellan und irdene Geschirre. [Lehm.
machaliorpok, t. SS., er arbeitet Thon, machaliorto, tik, tit. ein Töpfer.
machaijarpok, t. SS. & CS., er zerbricht ein irden Geschirr.
Machisárpok, t. SS., es macht kleine Wellen, wenig Bewegung auf der See.
Machovik, der Name einer Bucht im Süden, in welcher die 4 ersten Brüder in Labrador ein Haus bauten.
Machujárpok, t. SS., er läuft, geht, fährt nach, fährt zuletzt.
machutiva, t. SS. inus., er bringt es, was vergessen ist, nach.
machujivok, j. SS. do. (mit mik), it, machujivut, sie sagen mit dem Schlitten den Renntieren nach.
machutilaungilak, t. SS., er ist nicht mit fortgekommen, ist zurückgeblieben.
Maggangavok oder machangavok, SS., weil es wahrscheinlich von machak herrührt, weil derselbe unrein ist. Die Stimme ist unrein; bei Menschen und Instrumenten.
Magguk, zwei; maggovuk, es sind zwei.
magguit, zwei im Pluralis, z. B. zwei Schlitten, zwei Herden Renntiere, zwei Paar Stiefel ɩc.
magguingövut, j. SS., es sind zwei do.
maggurarpok, t. SS.. er bekommt zwei.
maggoertorpok, t. SS., er thut eine Sache

zweimal; maggoertorlune kaitsilaukpok, er hat zweimal gebracht.
magguīnak, nur zwei; magguīnauvuk, es sind nur zwei.
maggulivok, j. SS., es ist zweifach.
maggulimavok, j. SS. do.
magguliavinek, nāk, nerit, ein Zwilling.
Maglonngovok, j. SS., er ist schwer, nicht vergnügt, weil ihm widerstanden wird.
magloariva, j. SS. inus., er widersteht ihm, achtet ihn nicht.
magloarijauvok, j. SS., es wird ihm widerstanden, er wird nicht geliebt, geachtet. Im Ganzen werden diese Wörter nicht viel gebraucht und nur von einigen verstanden, und gelten hauptsächlich für solche, die gehorchen sollten nnd nicht wollen.
Maipok, t. SS., es ist weich, empfindlich, zart; die Haut auf einer zuheilenden Wunde, it, das Inwendige der Hand bei einem, der keine Arbeit gewohnt, it, er thut sich leicht weh, kann nicht viel vertragen.
māktorpok, t. SS., er hat keine Schmerzen mehr, die Wunde ist zugeheilt.
māktóvok, j. SS., er ist stark, nicht zart, thut als wenn nichts wäre, wenn er sich auch weh thut, z. B. ein Kind, wenn es hinfällt oder sich stößt.
mākpok, t. SS., er schreit, ein Hund, wenn er geschlagen wird.
Majangaipok, t. SS., er fällt nicht leicht, steht fest auf den Füßen, beim Gehen, Klettern.
majangavok, j. SS., er steht nicht fest auf den Füßen, fällt leicht.
Majokak, kŏk, ket, eine Anhöhe, wo es hinaufgeht. [steile Anhöhe.
majokakollak, lāk, lait, eine kurze aber
majorakallakpok, t. SS., er geht, fährt eine steile Anhöhe hinauf.
majorajak, jæk, jet, eine flache Anhöhe, wo es allmählich hinaufgeht; majorajangavok, es geht flach hinan.

majorpok, j. SS. & CS., er ist oben, ist auf den Berg oder Anhöhe, Haus gestiegen (mit mut), CS., er ist auf ihn, einen Berg, Haus ıc. gestiegen.
majortipa, t. CS., er hat ihm hinaufgeholfen.
majoarpok, t. SS., er steigt hinauf, auf eine Leiter, Treppe, Baum ıc. (SS. mit mut), CS., er steigt auf ihn, es, den Baum, Treppe, Haus ıc.
majorangavok, j. SS., es geht hinauf, ein Weg (wie kongmuangavok).
majorarpok, t. SS. & CS., er geht hinauf, auf eine Anhöhe, Berg (SS. mit mut).
majoraut oder majut, lik, tit, eine Stufe, Leiter, Treppe.
majoarvik, vīk, vit, der Platz, wo man hinaufgeht oder zu gehen pflegt, wo man die Leiter ıc. hinstellt.
majupa, t. SS. inus., er bringt es herauf, auf den Berg oder im Hause.
majutjivok, j. SS., er trägts, bringts hinauf (mit mik).
majokakadlarpok, t. SS., es hat viele Anhöhen, steile Stellen hinaufzusteigen.
majogarpok, majogadlarpok, t. SS., er ist nur zu knapper Noth hinaufgekommen.
Makkaipok, t. SS., er ist abwesend, ist ausgegangen.
makkaisivok, j. SS., er ist soeben aus.
makkaijiariva, j. SS. inus., er hat ihn abwesend, eihen seiner Angehörigen.
makkaikattauvok, j. SS., er ist in Gesellschaft abwesend, aus.
makkaije, jik, jit, einer, der immer abwesend, aus ist.
Makkairpok, t. SS. & CS., es ist abgedeckt, hat keine Decke, obere Schaale mehr; ein Schwär, Schneehaus, Fluß, Teich unt See, wenn das Eis fort ist ıc., CS., er deckt es ab, nimmt die obere Decke weg do.
makkaisivok, j. SS. do. (mit mik).

makkaidlarpok, t. SS., es ist sehr aufgebrochen, abgedeckt.
Makkak, käk, kel, der obere Theil der Hirn- oder Kopfschaale eines Menschen, und davon sind die vorhergehenden abgeleitet.
makkārpa, t. CS., er schlägt oder stößt ihn oben auf den Kopf.
makkarnikpok, t. SS. do.
makknilivok, j. SS. & CS., er hat Schmerzen an der Hirnschale, CS., er beschädigt ihm die Hirnschale.
Makkēvok, j. SS., es öffnet sich, bricht auf, ein Geschwür, die Materie kommt heraus, it, die Sohle trennt auf.
makkélerpa oder makkélipa t. SS. inus., er drückt die Materie, Milch heraus.
makkélerivok, j. SS. & CS., er melkt, it, er drückt Materie aus, CS., er sie auch.
makkejivok, j. SS., es ist ihm die Sohle unterm Stiefel los.
Makkiarpok, t. SS., es reißt ein, das Holz beim Hobeln 2c., geht sehr gegens Holz. (Vielleicht sagen Manche makkijarpok).
makkialavok, j. SS. do. (aber etwas weniger.) . [ein.
makkialakpok, j. SS., es reißt ein wenig
makkiarēkut, tik, tit, ein Doppeleisen; etwas das das Einreißen verhindert.
makkiarēkutelik, lik, ggit, ein Doppelhobel.
makkiarnek, nak, nerit, das Einreißen, gegens Holz gehen.
Makkikipok, t. SS. & CS., er trägt einen Kajak oder Boot auf dem Kopf, d. h. steckt den Kopf hinein und läßt den Kajak oder Boot auf den Schultern ruhn (SS mit mik).
Makkipok, t. SS. & CS., er steht auf vom Liegen, CS., er richtet ihn auf.
makkitsivok, j. SS., er richtet etwas auf (mit mik).
makkitterpok, t. SS., er richtet sich auf.
makkitipa, t. CS., er richtet ihn auf.

makkitavok, j. SS., es steht aufgerichtet, ein Geschirr, it, er sitzt aufgerichtet, ein Kranker, it, er ist auf, ein Gesunder, liegt nicht, it, allerhand Sachen, die aufgerichtet an ihrem Platze hängen, liegen, it, er lehnt sich auf, er widerspricht, wenn ihm (auch mit Recht) etwas gesagt wird.
makkitatipa, t. CS., er stellt es aufgerichtet hin, ein Geschirr, Bett 2c.
makkitatigiva, makkitautigiva, j. SS. inus., er hat ihn, es zur Aufrichtung, hilft ihm dazu, daß er auf den Beinen sein kann, z. B. einen Stock oder einen Führer.
makkitalakpok, t. SS., er richtet sich ein wenig auf, hebt den Kopf in die Höhe beim Liegen.
makkitsuērpok, t. SS., er steht nicht viel mehr auf, vor Schwäche, ein Kranker (doch dann und wann).
makkitsuipok, t. SS. do.
makkijuipok, t. SS., er steht nie mehr auf.
makkinek, næk, nerit, das Aufstehen, die Auferstehung.
makkivik, vik, vit, die Zeit zum Aufstehen.
makkiviksiut, tik, tit, eine Sache, die man zu Ostern braucht.
Makkitek, tik, tit, die Hüfte oder äußere Seite des Becken-Knochens.
makkitējarpok, t. SS., er friert an den Hüften.
makkitelerivok, t. SS., er hat Schmerzen an der Hüfte.
makkitēlivok, j. SS. & CS., er beschädigt ihn an der Hüfte, thut ihm weh.
Makkoa, tamakkoa, tr. & intr., diese, dieser, diesen, in einiger Entfernung, ists nahe so heißts ukkoa.
makkonunga (Term.), zu diesen.
makkoninga (Acc.), diese; makkoninga kennerpunga, diese suche ich. Auch mitunter Modalis, mit diesen.
makkonanget (Abl.), von diesen.
makkonane (Loc.), bei diesen.

makkotigŭna (Vial.), burch biefe.
makkotitunak, wie biefe.
Makkojungnek, der Ekel.
makkojukpok, t. SS., er ekelt sich vor etwas (mit mik). [vor ihm.
mukkojugiva, j. CS., er hat einen Ekel
makkojungnarpok, t. SS., es ist ekelhaft, Ekel erregend. [ekelhaft.
makkojungnarsivok, j. SS., es wird
Makkutiva, j. SS. inus., er ist stärker wie sein Gegner, er überwältigt ihn, il, es ist ihm zu enge geworden, das Kleidungsstück, er ist herausgewachsen.
makkutjivok, j. SS. do. (mit mik).
makkutjauvok, j. SS., er ist überwältigt.
Makparpok, t. SS. & CS., es ist flach, platt zusammengedrückt, CS., er hat es zusammengedrückt, il, er macht das Buch zu, il, er legt ein Brett, Stein ꝛc. auf die flache Seite.
makpasivok, j. SS., er drückt flach, platt (mit mik).
makpartak, tăk, tet, etwas Zusammen-, Plattgedrücktes.
makpartauvok, j. SS., es ist zusammen-, plattgeschlagen, gedrückt, ein Eisen ꝛc.
makpasimavok, j. SS. do.
makpangavok, j. SS., es liegt flach auf (ein Brett ꝛc.).
Makperpa, t. SS. inus., er macht ein Buch, Kasten ꝛc. auf, einmal, il, er hebt ein Brett, Stein ꝛc. auf einer Seite in die Höhe, wie wenn er einen Deckel aufhöbe, während es auf einer Kante aufsteht.
makpersivok, j. SS. do.
makperterpa, t. SS. inus. do. (mehreremal), makperterivok.
makpiterarpeit, t. SS. inus. do., er blättert sie herum.
makpertak, tăk, tet, ein aufgemachtes Buch, Kasten ꝛc.
makpertigæksak, säk, set, eine Sache zum Aufmachen, Aufschlagen.
Makpiakidlarpok, t. SS. & CS., die Wol-

ten legen sich breit, werden dünn, öffnen sich, der Himmel schaut durch, CS., der Wind vertreibt die Wolke, öffnet sie.
makpiakēvok, j. SS. do.
Makpitorak, kak. ket, ein Hosen-Latz.
Makpilitak, täk, tet, eine Schindel oder etwas, was theilweise auf ein anderes befestigt wird.
makpilikpa, t. SS. inus., er heftet, näht oder nagelt es auf ein anderes, daß das andere nur zum Theil zugedeckt wird.
makpilikserpa, t. SS. inus., er verschindelt das Haus, il, er stößt ihm die Haut los, daß dieselbe nur noch hängt.
makpiliksersimavok, j. SS., es ist verschindelt, das Haus, il, er hat sich die Haut wo abgestoßen, dieselbe hängt nur noch so daran.
makpiliksertauvok, j. SS., es wird verschindelt, it, es wird ihm die Haut losgestoßen.
makpiliksōpok, j. SS., er verschindelt.
makpiliktairpa, t. SS. inus., er reißt die Schindeln vom Hause, oder sonst was, was auf etwas sitzt, los.
makpiliktnirtauvok, j. SS., die Schindeln sind vom Dach herunter, es ist ohne Schindeln gemacht worden, il, es wird oder ist die losgestoßene Haut ganz abgerissen oder geschnitten worden.
maksivok, j. SS., es ist los, ein Zahn, der Nagel vom Finger. Manche sagen auch makluarsivok.
maksuarsivok, j. SS. do.
maksigoarpok, t. SS., es geht oft ab, los. (Hat nicht viel Sinn.)
Mäkpok, mälavok, j. SS. siehe bei maipok.
Mäkjuk, jūk, jet, die obere dünne Haut auf der Schwarte des Walfisches. Weißfisches.
Maksarpa, t. SS. inus., er stellt ein Kind zufrieden, puschelt es, singt und schüttelt es, daß es stille wird.
maksarsivok, j. SS. do.

maksartauvok, j. SS., es wird geschüttelt, eingesungen, ein weinendes Kind.
maksausarpok, t. SS. & CS., er stellt zufrieden, CS., er stellt ihn zufrieden, einen Erwachsenen. (Wird nur hin und wieder verstanden.)
Maksuavok, j. SS., er ist aufgelebt, muthig.
maksuatipa, t. CS., er macht ihn muthig.
maksualuarpok, t. SS., er ist muthiger, aufgelebter als früher, oder als ein anderer.
maksuserpok, t. SS. & CS., er macht ihn muthig, vergnügt, gibt ihm zu essen ꝛc.
Maksulivok, j. SS., es hat Wellen, durch Wind und Strom verursacht, die sich einander begegnen. (Wird wenig verstanden).
Maktak, läk, tet, die Haut oder Schwarte von einem Walfische oder Weißfische ꝛc.
Mäktorpok, t. SS., er hat keine Schmerzen mehr.
maktovok, j. SS. (siehe diese bei Maipok).
mälavok, j. SS., er schreit bald, ein Hund, wenn er geschlagen wird.
Malleroarpok, t. SS. & CS., er verfolgt ein Landthier, macht leise, um es zu beschleichen.
mallersorpa, t. SS. inus., er verfolgt ihn, den Seehund oder Vogel, fährt ihm auf dem Wasser nach.
mallersuivok, j. SS. do.
mallerërpa oder malleraipa, t. SS. inus., er schießt ihm sein Gejagtes, Verfolgtes weg (mit mik), malleraipa puijemik.
mallerainikpok, j. SS. do.
mallerërtauvok, j. SS., es wird ihm sein Gejagtes weggeschossen.
mallersoaligarpok, t. SS. & CS., er bekommt das, was er verfolgte, Seehund, Vögel ꝛc.
malleroaligarpok, t. SS. & CS. do., auf dem Lande, Rennthier, Hase ꝛc.
mallere, ik, it, etwas Eingeholtes, Gekriegtes.

mallikpok, t. SS. & CS., er folgt, artet ihm nach, it, er thut, was ihm befohlen, folgt ihm wohin nach (SS. mit mik).
malligàrneriva, j. SS. inus., er folgt ihm gerne, ist angenehm, ihm zu folgen.
malligarnerpok, SS., es ist angenehm, ihm zu folgen.
malligarnëpok, Neg. [nicht.
malliksarëpok, SS., er folgt durchaus
malliksariarpok, SS., er ist willig, folgt gerne. [befolgt es.
mallingnikpok, t. SS. do., er folgt nach,
mallingniarpok, t. SS. & CS., er wird folgen.
malligiarpok, t. SS. & CS., er folgt ein wenig, fängt an.
malligeksak, sñk, set, etwas, das man befolgen soll, zur Richtschnur haben soll, z. B. die Gebote Gottes.
malligeksariva, j. SS., er hat es zur Vorschrift, zu dem, das er befolgen soll.
malliktak, läk, tet, einer, dem nachgefolgt wird.
malliktavinek, nak, nerit, ein Rennthier, was vom Wolf verfolgt worden ist.
malliktartsivok, j. SS., er findet, trifft ein Rennthier, was vom Wolf gejagt wird.
mallikallekpok, t. SS. & CS., er folgt oft, und allerhand Dingen.
malligoarpok, t. SS. & CS. do.|
malliksarpok, t. SS., er folgt welchen, die fortgehen, nach.
Mallik, lek, lit oder ggit, eine Welle auf dem Wasser.
malliksoak, äk, suit, eine große Welle.
malliksiorpok, t. SS., er fährt in den Wellen.
Mallugosungnek, näk, nerit, das Gewahrwerden, Merken.
mallugosukpok, t. SS., er wird was gewahr, merkt dieses oder jenes bei jemanden (mit mik).
mallugiva, j. CS., er wird was bei ihm gewahr.

mallugosutigiva, j. SS. inus. do.
mallungnarpok, t. SS., es macht sich merkbar, es ist zu merken.
mallungnarsivok, j. SS., es fängt an sich merkbar zu machen.
mallugosungmijarnek, nak, nerit, das Vorgefühl.
Mamakpok, t. SS., es schmeckt gut.
mamariva, j. SS. inus., es schmeckt ihm gut, ist wohlschmeckend für ihn (Nahrungsmittel oder Worte).
mamarijak, jāk, jet, etwas, das für wohlschmeckend gehalten wird.
mamaksarpok, t. SS. CS., es schmeckt ihm gut (mit mik), CS., er macht es wohlschmeckend, SS. mamaksaivok, do. (mit mik).
mamajivok, j. SS. do.
mamaksarnek, nāk, nerit, der Wohlgeschmack.
mamaronarpok, t. SS., es scheint wohlschmeckend zu sein, sieht lecker aus. Wenn man gar nicht weiß, wie es sein wird, wenns aber gewiß so zu sein scheint, so heißts:
mamakorpok, t. SS., es scheint wohlschmeckend zu sein.
mamarnarpok, t. SS., es macht es gutschmeckend, Gewürz, Syrup 2c.
mamaksivok, j. SS., es wird wohlschmeckend.
mamaksiva, -sitipa, t. CS., er hat es wohlschmeckend gemacht.
mamaksaut, tik, tit, etwas Süßes, Zucker 2c.
mamaipok, t. SS., es schmeckt schlecht.
mamaigiva, j. SS. inus., es schmeckt ihm schlecht, nicht gut; Nahrungsmittel oder eines anbern Wort.
mamaiksarpok, t. SS., es schmeckt ihm nicht (mit mik), die Speise oder Rede, er stößt sich daran.
mamailisarpa, t. SS. inus., er sagt ihm Reden, die ihm nicht schmecken, schlecht schmecken; er macht es unschmackhaft.

mamailisaivok, j. SS. do. (mit mik).
mamailivok, j. SS., es fängt an schlecht zu schmecken, ist verdorben.
mamailiorpok, t. SS., es schmeckt ihm nicht. (Ist ganz einerlei mit mamaiksarpok).
mamaigijak, jāk, jet, etwas, das für schlechtschmeckend gehalten wird.
mamaiksaut, tik. tit, Anstoß gebende Reden, schlecht schmeckende Sachen, z. B. Galle. (Wird wenig gebraucht.)
Mamailokut, tik, tit, wilder Rosmarin, Ledum.
Mamāk, matsek, matset, der weiße Käse, worin die Barten des Walfisches festecken.
Mamme, ik, it, die Fleischseite an einem Fell.
mamminga, mamia, seine Fleischseite.
mammeroa. mammerkuk, kut, das dünne Häutchen unter dem Felle der Rennthiere 2c.
mammilingavok, j. SS., es liegt ausgebreitet (ein Fell, Tuch, Papier).
mamiliktipa, t. SS. inus., er legt es flach ausgebreitet hin. (Ist einerlei mit makparpa).
mammilikpok, t. SS., es hat eine Haut.
mammipok, t. SS., es ist zugeheilt, eine Wunde hat eine Haut bekommen.
mammitipa, t. SS. inus., er heilt es zu.
mammingaipok, t. SS., es ist nicht zugeheilt.
mammisaraipok, t. SS., es heilt schnell zu.
mamminasarpok, t. SS., es heilt langsam, lange nicht zu.
mapsēpok, t. SS., es heilt ihm (bem Menschen) schwer, es bleiben ihm die Wunden lange offen. [was.
mapsikpok, t. SS., es heilt ihm geschwinde.
Manaksimavok, j. SS., der Seehund liegt mit dem Kopfe hinten über, über dem Wasser.
Maná, nun, jetzt; manakullonēt, eber jetzt gleich.

manakut, nun jetzt gleich.
manalonēt, oder jetzt.
mananitak, täk, tet, etwas, das jetzt oder auch vor Kurzem geschehen oder gekriegt ist.
manamit (Abl.), von nun an.
manamik okarpunga, ich rede von jetzt.
manamut (Term.), bis jetzt.
Māne, tamane, hier.
mōnēpok, tamānēpok, er, es ist hier.
māneninga, sein Hiersein.
maunga (Term.), hierher; tamaunga.
māngāt, auch; māngāmit (Abl.), von hier.
mauna (Vialis.), hier durch.
maungārpok, t. SS., er kommt hierher.
maunōrpok, t. SS., er kommt hier durch.
mānejut, tik, tit, die Ursache des Hierseins.
mānejutiva oder maungautiva, j. SS. inus., er hat es hierher gebracht, hat es zur Ursache des Hierseins oder Herkommens.
mānejutjivok, j. SS., maungautjivok, SS. do.
mānejutigiva, j. CS., er hat es zur Ursache des Hierseins; das was er holen 2c. will.
mānejutekarpok ominga, do.
mānejutituariva, j. CS., er hat es zur einzigen Ursache des Hierseins.
mānelaulakpok, t. SS., er war nicht lange, kurz hier.
maunārnek, das Hierdurchkommen; maunārninga, sein Hierdurchkommen.
maungangāk, lieber hierher.
maungangārit, komm lieber hierher.
maunāngārpok, t. SS., er geht lieber hierdurch.
Mangarpa, t. CS., er verläumdet ihn, redet Sachen von ihm, die nicht wahr sind, Gutes oder Böses.
mangerpa, t. CS. do.
mangatsivok, j. SS., er verläumdet.
mangatsinek, nak, nerit, das Verläumden, die Verläumbung.

mangatsininga, sein Verläumden.
mangatigiva, j. CS., er hat ihn zum Verläumder, er ist sein Verläumder.
mangatsijigiva, j. CS. do.
mangatsije, jik, jet, ein Verläumder, der zu verläumden pflegt.
Mangavok, j. SS., es geht leicht los, heraus.
mangaipok, t. SS., es geht nicht los, heraus, ist fest, verstockt, hart. Omættivut mangaidlarput, unsere Herzen sind sehr hart, verstockt.
mangailivok, j. SS., es wird do.
Mangertornek, nak, nerit, Rost.
mangertorpok, t. SS., es ist rostig.
mangertornejarpa, t. CS., er befreit es vom Rost, schabt ihn ab.
mangertornejaivok, j. SS. (mit mik).
Mangiarpok, t. SS. & CS., er ißt was Gefrorenes, nagt daran, wenns eben soweit aufgethaut ist, daß etwas abzubeißen geht.
Mangiptak, täk, tet, Pflaster, ein geschmiertes Pflaster, it, ein bloßer Lappen oder bergl., um eine unreine Stelle damit zuzudecken, wohin man sich setzen 2c. will.
mangiptaksak, säk, set, Pflaster, Salbe, it, Leinwand, worauf Salbe geschmiert werden soll, it, ein Lappen, der auf eine beschmierte Stelle soll gelegt werden.
mangipsiut, tik, tit, der Faden, womit das Pflaster aufgebunden ist.
mangipsiutiksak, säk, set, Bindfaden, der zum Verbinden soll gebraucht werden.
mangipserpa, t. CS., er verbindet ihm (eine) Wunde, it, er legt ihm etwas, Lappen, Fell 2c., unter, damit er nicht beschmiert wird.
mangipsēvok, j. SS. do. (mit mik).
mangipsertorpa, t. CS., er verbindet ihm (mehrere) Wunden.
mangipsertuivok, j. SS. do.
mangipsevigiva, j. CS., er verbindet ihn, den Verwundeten.
Mangok, uk, ut, die Wurzel der Haare, Zähne, it, bei Bäumen und sonstigen

*

Gewächsen das, was gerade vom Stamme
herunter, unter der Erde sitzt.
mangua, feine Wurzel; mangungit, ihre.
mangukpok, t. SS., es steckt fest, Haare,
Borsten in der Bürste, Gewächse in der
Erde, ein Beilstiel 2c.
manguktipa, t. CS., er steckt, macht es
fest, wo hinein.
Mangupok, t. SS., der Schnee ist weich,
wässerig.
manguserpok, t. SS., er wird feucht,
wässerig, weich. (Gilt hauptsächlich für
Gefrorenes im Hause.)
manguksavok, j. SS. do., der Schnee
draußen, oder auch sonst Gefrorenes.
manguksomilorpok, t. SS., er fängt an
etwas weicher, wässeriger zu werden, der
Schnee.
Manna, tamanna, dieses, dieser (intr.),
mattoma (tr.) (für leblose Sachen).
Mannek, marnit, Lampendocht; Moos, welches die Eskimos dazu brauchen.
Mannepok, siehe bei mannikpok, und
ebenso mannernak.
Mannik, nīk, nū, ein Ei.
mannilliarpok, t. SS., er geht, fährt nach
Eiern (wenn er weiß, wo welche sind).
manniksioriarpok, t. SS., er geht, fährt
nach Eiern, um welche zu suchen.
manniksarpok, t. SS., er holt Eier.
manniktorpok, t. SS., er ißt Eier.
mannilerkivok, j. SS., er findet, trifft
viele Eier.
mannölerkivok, j. SS., er wünscht, daß
es viele Eier haben möchte.
manniksivok, j. SS., er findet Eier.
Manniartorpok, t. SS., es ist sehr zahm,
läßt sich sehr nahe kommen (ein Thier),
ist zahm gemacht.
mannimivok, j. SS., es ist zahm, läuft
nicht fort, wenn man hinkommt, hält sich
gleichsam hin, um getriegt werden zu
wollen.
manniva, j. CS., er hält, reicht es hin, setzt

es hin, daß es für jemand parat ist, z. B.
ein Gefäß, um was hineinzuthun, Eßsachen, die Ohren, um zu hören.
mannivok, j. SS., es ist zahm, läuft nicht
zurück, wenn es zu einem kommt, läßt sich
kriegen, hält sich hin.
mannisarpa, t. SS. inus., er macht es
zahm, d. h. hetzt über es, daß es sich
kriegen läßt. (Könnte vielleicht für Beten
eben so gut gelten.)
mannisaivok, j. SS. do.
mannisavok, j. SS., er wird gekriegt,
überwältigt (einer, der stark sein wollte).
mannisivok, j. SS., mannijivok, j. SS..
er hält hin (mit mik), setzt hin, daß es
parat ist.
mannijivigiva, j. SS. inus., er hält ihm
was hin (mit mik).
mannimavok, j. SS. & CS., es ist parat,
es hält sich hin.
mannimitipa, t. CS., er hält es, einen
Sack, Topf 2c., auf, um was hineinzuhaben.
Mannigorpa, t. SS. & CS., er hat ihn getröstet, SS., er ist getröstet.
mannigoivok, t. SS. do. (mit mik).
mannigornikpok, j. SS. do.
mannigoijut, tik, tit, der Trost, womit
man tröstet, b. h. etwas, das man gibt,
um zu trösten.
mannigotjut, tik, tit, do.
mannigoijutigiva, j. CS., er hat es zum
Gegenstand, womit er tröstet (mit mut).
mannigorutigiva, j. SS. inus., er hat es
zum Trost. Savik una mannigoijutigiva tapsomunga, dieses Messer hat er
zum Gegenstand des Trostes für ihn, womit er ihn tröstet.
mannigoijok, juk, jut, ein Tröster, der
einmal tröstet.
mannigoije, jik, jit, ein Tröster, der zu
trösten pflegt.
mannigorte, tik, tit, do.
mannigortigiva, j. SS. inus., er ist sein
Tröster, er hat ihn zum Tröster.

mannigoijigiva, j. SS. inus. do.
mannigornek, nak, nerit, der Trost.
mannigornoriva, j. SS. inus., es ist sein
Trost, er hat es zum Trost.
mannigorlaujutigiva, j. SS., er hat es
zu dem, wodurch er getröstet worden.
mannigorneksivok, j. SS., er findet Trost.
mannigorneksiorpok, t. SS., er sucht
Trost.
mannigorlauvok, j. SS., er wird getröstet,
ist getröstet worden.
mannigorvigiva, j. SS. inus., er hat es
zum Trostplatz, wo er getröstet wird.
Mannigopok, mannigotivok, j. SS., er
ist demüthig, widerspricht nicht, wenn
ihm etwas gesagt, oder auch unrechter
Weise was beschuldigt oder ausgeschmält
wird ꝛc.
mannigotinek, Demuth.
Mannikpok, t. SS., es ist gleiche, eben, glatt.
manniksivok, j. SS., es wird glatt.
manniksarpa, t. CS., er macht es gleiche,
eben, glatt.
manniksaivok, j. SS. do.
manniksaut, mannerisaut, tik, tit, ein
Hobel oder sonst ein Werkzeug zum
Glattmachen. [geteisen.
manniksait, tik, tit, ein Platt- oder Bü-
manniksaivik, vīk, vīt, die Mandel, Rolle.
mannerak, kak, ket, eine Ebene, Land
oder Eis.
mannēpok, t. SS., es ist uneben, ungleiche, rauh.
mannēlak, lāk, let, eine Unebene, Ungleiche.
mannētok, tuk, tut, das Unebene, Ungleiche.
mannernak, näk, nait, Abertnoten, Erhöhungen im Fleisch.
mannernapok, t. SS., er hat solche Knoten.
mannernakarpok, t. SS. do.
Manno, der Kragen vorn an einem Eskimo-
Pelz.
mannoa, sein, des Pelzes, Kragen.
mannoak, äk, manutset, eine Thürschwelle.

Mannorlivok, j. SS., er senkt sich, der
Schnee, durch Nässe, it, alles was sich
senkt in einem Gefäß, z. B. Mehl, Erb-
sen ꝛc.
Mannorlorpok, t. SS., seine Kräfte lassen
nach, er ist abgespannt, wird langsamer
im Gehen oder Arbeiten, die Kräfte sinken.
Mapkikpok, t. SS., es ist schön weiß, ein
Fell auf der Fleischseite.
mapkēpok, t. SS., Neg., es ist nicht schön.
Mapko, kuk, kut, die Stellen am Boden-
holz des Kajaks, wo die Bügelreisen
hineinzustehen kommen.
Mapkullukpok, t. SS., es platzt, rasselt vom
Regen, Hagel aufs Dach.
Mapsak, säk, set, die Milz.
mapsanga, seine do.
Mapsēvok, siehe bei mamipok.
Maptovok, es ist dick, stark; Tuch, Leinwand ꝛc., it, ein Mensch ist standhaft,
stark in seinem Thun.
maptokipok, t. SS., es ist dünne, nicht
stark, Tuch, ein Fell ꝛc.
maptonek, nak, nerit, die Dauerhaftigkeit,
Standhaftigkeit.
maptokinek, nak, nerit, die Unstand-
haftigkeit. Anmerkung: Manche wollen diese Wörter nicht für Menschen gelten lassen, sondern sagen, da müsse es
maktovok heißen; bei andern ist es wieder einerlei.
Marnek, marngnek, nak, nerit, Eiter.
marnekarpok, t. SS., es hat Eiter, eine
Wunde.
Massakpok, t. SS., es ist weiches, nasses
Wetter, schneiet und regnet untereinander, der Schnee ist ganz naß.
massak, massangnek, der weiche naßfal-
lende Schnee.
massalerak, das neue noch ganz weiche
Eis auf dem Salzwasser.
massalerauvok, j. SS., es ist mit Wasser
durchzogener Schnee.
Massik, sīk, sīt, ein Querholz im Kajak,

vorne über den Knien, it, die rothen Gräten in den Fischköpfen.

massiktorpok, t. SS., er ißt Fischgräten.

Massilersivok, j. SS., er hat Schmerzen, thut ihm weh, irgend an einer hautlosen Stelle.

Matsuk, suk, suit, eine Falte am Eskimo-Stiefel.

matsulerpok, t. SS., er hat solche Falten, der Stiefel.

matsusertorpeit, t. SS. inus., er, sie näht sie, solche Falten.

Mattärpok, t. SS. & CS., er ist ausgezogen, CS., er hat ihn ausgezogen.

mattarpok, t. SS. & CS., er zieht sich aus, CS., er ihn.

mattangavok, j. SS. & CS., er macht sich die Kleider locker.

mattängavok, j. SS. & CS., es sind ihm die Kleider, dem Hunde das Geschirr locker geworden.

mattängajauvok, j. SS., es sind ihm die Kleider locker gemacht.

mattörsorpok, t. SS., er ist lange ausgezogen.

mattärsortipa, t. CS., er macht, daß er lange ausgezogen sein muß, hat ihm etwa die Kleider weggenommen.

mattaropok, j. SS., der Hund streift sich das Geschirr ab.

mattartauvok, j. SS., er wird ausgezogen, dem Hunde wird das Geschirr abgemacht.

mattörtauvok, j. SS., er ist ausgezogen worden 2c.

mattarëkut, tik, tit, eine Schnalle, it, ein Strick am Hundegeschirr, um den Bauch herum, daß sich der Hund dasselbe nicht abstreifen kann.

Mattoma, tamattoma, dieser, dieses (trns.), (leblose Sachen.)

mattomane, tamattomane (Loc.), bei diesem, diesem Mal.

mattomuna, tamattomuna (Vialis.), durch dieses.

mattomangát, tamattomangát (Abl.), von diesem.

mattomunga (Term.), zu diesem.

mattominga (Acc.), dieses.

mattotunak, wie dieses.

Mattuvok, j. SS. & CS., es ist zugedeckt, CS., er deckt es zu, und hat es zugedeckt.

mattujivok, j. SS., er deckt zu.

mattuërpok, t. SS. & CS., es ist aufgedeckt, CS., er deckt es auf, und hat es aufgedeckt.

matterërsivok, j. SS., er deckt auf.

mattu, tuk, tut, ein Deckel.

mattuksak, säk, set, etwas zum Deckel.

mattumavok, j. SS., es ist verdeckt, zugedeckt.

mattusërpa, t. CS., er versieht es mit einer Decke, wickelt es ein, verbindet eine Wunde bloß mit einem Lappen 2c.

mattusepok, j. SS. do.

mattuliotivok, j. SS. & CS., es hat einen Deckel, eine Decke bekommen, CS., er versieht es mit einem Deckel.

Maujak, jäk, jet, der Satz vom Oel.

mauja, tiefer, weicher Schnee, Sumpf.

maujavok, j. SS., er watet im Schnee, Sumpf.

maujasiorpok, j. SS. do.

mauvok, j. SS. do., ein Tritt.

maujanarpok, t. SS., es ist mauja machend, das Wetter.

maujakarpok, t. SS., es hat mauja.

maujauvok, j. SS., es ist mauja.

Maulerpok, t. SS. & CS., er ist auf dem dünnen Eise auf dem Seehundsfang, sucht Seehundslöcher, CS., er sucht ihn, den Seehund, zu dem Loch zu jagen, wobei er steht, d. h. er geht herum, während jener aufpaßt.

mauleriarpok, t. SS. & CS., er geht aus aufs dünne Eis, um Seehundslöcher zu suchen, CS., er geht zu ihm, um ihm den Seehund zuzutreiben.

maulervik, maulerviksak, säk, set, den

Ort, die Zeit, um auf dem dünnen Eise nach Seehunden zu gehen.

maulerviksakarpok, t. SS., es hat eine Zeit, Gelegenheit, um auf dem dünnen Eise Seehunde zu fangen.

Maunak, nāk, nait, die harte Haut in den Händen und an den Fußsohlen.

Maunga und mauna siehe bei Mäne.

Mavsakpok, t. SS. & CS., er schabt von einem Felle die mamme herunter.

Merdlertorpok, t. SS., er zerbricht, verdirbt eine geborgte Sache.

Merkalavok, t. SS., er läuft, zieht immer herum, von einem zum andern, bleibt nirgends (Mensch und Thier).

Merkillárpok, t. SS., die Wellen brechen über, wälzen aufs Land zu.

Merkok, kuk, kut, eine Feder (nicht aus dem Flügel), Haare von Thieren, Blätter an kleinen Gewächsen und überhaupt alle niedrigen kleinen Gewächse.

merkokarpok, t. SS., es hat Haare, Federn; das Land kleine Gewächse ꝛc.

merkoalukarpok, es hat verschiedene Haare, alte und neue durcheinander.

merkoërpok, t. SS. & CS., er ist kahl, hat keine Haare, Federn ꝛc., CS., er hat ihn kahl gemacht.

merkotsiarikpok, t. SS., es hat schöne, dicke Haare.

merkolukpok, t. SS., es hat häßliche H.

merkoijarpa, t. SS. & CS., er macht ihn kahl, reißt ihm die Haare, Federn ꝛc. heraus, ist damit beschäftigt, SS., er, es läßt die Haare, Federn gehen.

merkoijak, jäk, jet, etwas, was die Haare gehen läßt.

merkosavok, j. SS., er tauft oder findet Federn. [dern, Haare ꝛc.

merkisavok, j. SS., er bekommt neue Fe-

merkiangovok, er hat bekommen do.

Merkul, tik, lit, eine Nähnadel.

merkugārsuk, sük, suit, eine kleine Nadel.

merkulekaut, tik, lit, eine Nadelbüchse.

Merngorpok, t. SS., er ist müde. (Wird nicht gebraucht, sondern dient blos zur Bildung der andern Worte.)

merngortorpok, t. SS., er ist müde.

merngortuivok, j. SS., er ist müde vom Liegen, die Stelle wo er aufliegt thut ihm weh.

merngosukpok, t. SS., er ist lange müde.

merngonarpok, t. SS., es ist zum Müdewerden, müdemachend.

merngorēpok, t. SS., er wird nicht müde.

merngoërserpok, t. SS., er ruht aus.

merngoërserosukpok, t. SS., er verlangt auszuruhen. [Zeit.

merngoërservik, vīk, vil, eine Ruhestätte,

merngoërpok, t. SS., er ist ausgeruht.

Merrajok, ein kleines, neugeborenes Kind; die Nordländer sagen merdlertok.

Merriarpok, t. SS., er bricht sich.

merriarnarpok, t. SS., es ist Brechen erregend, ekelhaft.

merriangovok, j. SS., es ist ihm übel, brecherlich.

merriarnek, nak, neril, das Brechen.

merriartak, tāk, tel, Gebrochenes.

Mersorpok, t. SS. & CS., er näht, CS., er näht es.

mersorte, tik, lit, ein Nähter, Nähterin.

mertortigiva, j. CS., er ist sein Nähter, hat ihn zu seinem Nähter.

merksortiva, mersortiva, j. CS., er näht für ihn.

merksojivok, j. SS. do. (mit mik).

mersorgäksak, mersoráksak, sök, set, was zum Nähen,

merksarpok, t. SS. & CS., er näht Hundegeschirre, überhaupt: er näht Striche an einander.

merkut (siehe oben). [Wolf ꝛc.

Miagörpok, t. SS., er heulet, ein Hund,

Mianeriva, j. SS. inus., er hütet was, wacht bei was. Manche sagen es gelte für Kinder und allerhand Sachen, andere dagegen sagen, es gelte blos für Thiere.

mianersivok, j. SS., er hütet (mit mik).
mianersijok, juk, jut, ein Hirte.
mianerije, jik, jit, ein Hirte, deffen Geschäft es ist.
Mikkakpok, t. SS. & CS., er nagt das Fleisch an etwas ab, nagt an etwas; eine Maus, Fuchs ꝛc. (Manche sagen nur die Mäuse.)
mikkanikut, tik, tit, Abgenagtes.
mikkaksimavok, j. SS., es ist von den Mäusen zernagt, zerfressen.
mikkikpok, t. SS. & CS., er beißt ab, reißt mit den Zähnen was ab; Mensch, Hund, Rabe ꝛc., CS., er beißt einmal davon.
mikkipa, t. SS. inus. do. (mehreremal).
mikkiksivok, j. SS., er beißt ab (mit mik).
mikkiksimavok, j. SS., es ist zerbissen, abgefressen, von den Raben, Hunden, Füchsen ꝛc.
mikkiarpok, t. SS. & CS., er beißt, frißt etwas davon ab; ein Rabe, Hund, Fuchs ꝛc.
mikkaktorpok, t. SS. & CS., er, ein Mensch, rückt zurechte, beim Nähen, zieht mit den Zähnen daran, dehnt es.
Mikkigak, kak, ket, Ungekochtes; Fleisch, Fische ꝛc, überhaupt alle rohen Sachen, Kartoffeln, Erbsen ꝛc.
mikkigauvok, j. SS., es ist roh, ungekocht.
mikkigaktorpok, t. SS. & CS., er ißt Ungekochtes, Rohes. Nakkatanarit mikkigaktorpakka, ich esse die Rüben roh.   [Trittfalle.
Mikkigiak, itsek, itset, eine Fuchsfalle.
mikkigiarpok, t. SS., er geht in die Falle, der Fuchs, Wolf ꝛc.
mikkigiarsimavok, j. SS., er ist in der Falle gefangen.
mikkigitjiarpok, t. SS., er geht zur Falle.
mikkigitjerpok, t. SS., macht die aufgestellte Falle wieder zurechte, macht den Schnee darauf locker ꝛc.

mikkigitjeriartorpok, t. SS., er geht mit der Falle aus auf Fuchsfang.
Mikkilerak, kak, ket, der Goldfinger.
Mikkivok, j. SS., er, es ist klein.
mikkidlarpok, sehr do.
mikkinek, das Kleinsein, die Kleinheit, der Kleine.
miklivok, j. SS. & CS., er macht es kleiner, d. h. kürzer; ein Kleid, Faß u. dergl. m., SS., es ist kürzer.
miklilertitsivok, er verkleinert.
mikkilitsivok,   do.
miklilévok,   do.
miklijak, jăk, jet, ein Kürzergemachtes.
mikkilivok, j. SS. & CS. do., wie mikmikkigiva, j. CS., er ist für ihn zu klein.
mikkigosukpok, t. SS. do. (mit mik).
mikkiksarpok, t. SS. do.
mingnek, nīk, nit, der Kleine (nicht Kleinste), ist einerlei mit mikkinek.
mingnerovok, j. SS., er ist der Kleinste.
mingnerojok od. mingnerpak, pāk, pāt, der Kleinste.
mikkinerojok, juk, jut, do.   [klein.
mikkinärpa, t. SS. inus., er macht es zu
mikkinärsivok, j. SS.   do.
mikkinärivok, j. SS. & CS. do., CS., er es auch.   [Kleines.
mikkinarkütivok, j. SS., er nimmt ein zu
mikkinersak, săk, set, ein Kleineres.
mikkinersauvok, j. SS., es ist kleiner (als ein anderes).
mikkinersautipa, t. CS., er macht es kleiner (als ein anderes oder als es vorher war).
mikkinersautivok, vut, sie halten sie gegenseitig ein jedes für das Kleinste.
mikkerkiva, j. SS. inus., er ist größer wie jener, oder er hat ihn zu seinem Kleineren; mikkerkijara, mein Kleineres, der kleiner ist wie ich; mikkerkijanga, sein Kleinerer.
mikkerkijakarpok, t. SS. (tapsomianga) do., er hat ihn zu seinem Kleinern.

miklisaut, tik, tit, eine Sache, womit man etwas kleiner macht, z. B. die Stricke an den Segeln, womit dieselben eingebunden werden.

miklisautiksak, sāk, set, Stricke die dazu sollen gebraucht werden, ober auch sonst was, was soll gebraucht werden, um eine Sache kürzer damit zu machen.

Mikkīrngovok -olivok, j. SS., es ist das letzte Kind, das kleinste, jüngste.

mikkīrngok, ūk, uit, das letzte Kind, letzt gelegte Ei, zuletzt ausgebrütete Vögelchen.

mikkīrngunga, ihr letztes oder kleinstes Kind.

mikkīrngogiva, j. SS. inus., es ist ihr letztes oder kleinstes Kind.

Miklerdlek, lēk, lit, der Erste in der Reihe, der Vorderste auf uns zu.

miklerdliub tuglia, der Zweite.

Mikliak, āk, et, die Nabelschnur eines Kindes.

Miklinkattigēkpuk, put, car. Sing., sie haben eine Mutter, sind von einer Mutter.

Miksekārpok, t. SS., es ist Wahrheit, hat Grund, ist so wie gesagt worden. Im Norden, wie z. B. schon in Hebron, machen viele Eskimos damit keinen Unterschied zwischen miksekarpok.

miksekārnek, nik, nelit, die Wahrheit.

mikselik, lik, lit, etwas das Grund, Wahrheit enthält, nach der Seite Gerichtetes, wie gesagt worden.

mikseliksōvok, j.SS., es ist Wahrhaftiges.

miksekārtōvok, j. SS. do.

miksekārtoriva, j. SS. inus., er hält es für Wahrheit. [Wahrheit.

miksekārtipa, t. CS., er macht es zur

miksekārtilsivok, j. SS. do.

Mikso, SS. inus. Dieses wird für sich nie gebraucht, ist aber das Stammwort sowohl der vorhergehenden als nachfolgenden Wörter, und heißt wohl die Wirklichkeit, die einem zugewandte Seite, die man sehen, fühlen oder sich denken kann.

miksekarpok, t. SS., es hat eine einem zugewandte Seite; läßt sein Vorhandensein bemerkbar werden, z. B. die Sonne, wenn ihre Wärme zu fühlen ist. Dagegen heißt es in den kürzesten Tagen: „sekkinek miksekangilak", die Sonne hat keine Wirklichkeit, keine Wahrheit. Ebenso heißt es von einem geheizten Ofen: „kieksaut miksekarpok", und dagegen von einem kalten: „miksekangilak".

miksā, das was vor ihm hin liegt.

miksiga, das was vor mir hin liegt.

miksit, do. dir do.

miksivut, do. uns do.

miksise, do. euch do.

miksinget, do. ihnen do.

miksivut maujakadlarpok, vor uns hin hat es viel weichen Schnee; miksivut perksidlarpok, vor uns hin stöbert es sehr.

miksane, vor ihm, in seiner Nähe, nach der auf uns gerichteten Seite.

miksanut (Term.), gerade auf ihn zu, z. B. auf die Frage: nanē tækkolaukiuk? tetsik miksāne, nahe bei dem Teiche auf uns zu. Namut torarka? Wohin ist seine Richtung? aupalluktub miksanut, nach der auf uns zu gerichteten Seite, von aupaluktok. Nakit ailaukiuk? Woher hast du es geholt? ittiblersub miksanit, von vor ittiblersoak.

miksiptingne (Loc.), vor uns hin.

miksiptingnut (Term.), auf uns zu.

miksipsingne, vor euch; miksipsingnut, auf euch zu. Wenn gefragt wird: nanē naipilaukiuk? wo hast du ihn getroffen? und es heißt: kikkertaujab miksiptingne, von kikkertaujak auf uns zu; so ist das näher nach uns zu als kikkertaujab miksane.

miksausarpa, t. SS. inus., er geht dagegen, auf ihn zu, ohne daß er es sieht, z.

8. wenn jemand kommen soll und man geht ihm, ehe er zu sehen ist, entgegen, it, wenn einer auf der Jagd was merkt und geht darauf zu, bevor er's sieht.

miksausarivok, j. SS. do.

miksaupa, t. SS. inus., er geht neben ihm zu, geht an ihm vorbei; ein Mensch, Thier oder auch der Schuß, wenn er neben dem Ziel auffährt.

miksausivok, j. SS. do.

Miklerdlek, der Erste, Vorderste auf uns zu.

Miktauvok, j. SS., er, oder ihm ist nichts mitgetheilt worden. (Siehe bei minnipok).

Millärpok, t. SS. & CS., es ist an der Kante ausgebrochen, ein Geschirr, CS., er bricht, schlägt es an der Kante, am Rande aus (einmal).

millärsivok, j. SS. do., er bricht, stößt, schlägt eine Scharte hinein (mit mik).

millärsimavok, j. SS., es hat Scharten am Rande.

milläkterpa, t. SS. inus., er bricht, stößt, schlägt Scharten hinein (mit Fleiß).

millakterivok, j. SS. do. (mit mik).

millärkattarpok, t. SS. & CS., es hat mehrere Scharten, CS., er macht mehrere Scharten hinein (nicht mit Fleiß).

Millak, läk, lait, ein Fleck am Seehundsfell, it, Flecke im Gesichte eines Menschen, Sommersprossen ic.

millakarpok, t. SS., es hat Flecken, das Fell, it, er hat Flecken im Gesicht.

millaktovok, j. SS., es hat große und viele Flecken.

millakipok, t. SS., es, er hat kleine und wenig Flecken.

millaktak, läk, tet, ein Fleckiger (Mensch ob. Seehund).

millaktauvok, j. SS., er ist ein Fleckiger.

Millornek, das Werfen mit Steinen oder sonst was.

millorninga, sein Werfen do.

millorpok, t. SS. & CS., er wirft mit Steinen (mit mut & mik), CS., er wirft ihn mit Steinen ic. (mit mut). Ujarkennut millorpok tapsominga, er wirft ihn mit Steinen. Ujarkennut pillorpa, do.

milloriartorpok, t. SS. & CS., er geht mit Steinen werfen, CS., ihn werfen.

millorvigiva, j. SS. inus., es ist sein Werfplatz, er hat es zum Platz, wo er wirft.

milloriutivok, SS. & CS., er wirft Steine, Holz ic., CS., er wirft es (wenn jemand nach nichts wirft).

millut, tik, tit, ein Stein, Stück Holz, Knochen ic. zum Werfen.

millutigiva, j. SS. inus., er wirft mit ihm nach etwas (mit mik & mut). Saunek millutigiva tapsominga, er warf oder wirft ihn mit dem Knochen; — — tapsomunga, er warf nach ihm mit dem, oder einem Knochen.

Millugak, kak, ket, der Floß hinten am Schwanz eines Fisches.

Millukatlak, läk, tet, Baum-Blätter, Erlen ic.

Millugiak, itsak, itset, eine schwarze Fliege, die zu saugen pflegt.

Millukpa, t. CS., er saugt ihn, es aus.

milluksivok, j. SS., er saugt (einmal).

milluarpok, t. SS. & CS., er saugt (wiederholt), it, er raucht Tabak, zieht oder saugt die Pfeife aus.   [fliegen.

millugiarärsuk, suk, suit, kleine Sand-

millugiärsuk, suk, suit, kleine Sand-

Mimmek, mak, mit, der Hinterschinken eines Thieres, it, der Schenkel eines Menschen.

miminga, sein Hinterschinken.

miminärpok, t. SS., er bekommt eine Keule oder Hinterschinken (wenn er dabei gewesen, während ein anderer ein Renuthier ic. bekommen).

Mimmernak, näk, net, die Wurzel eines Baumes, d. h. die dicken, welche ganz am Stamme sitzen.

mimmerninga, seine Wurzel.
Mingerpok, t. SS. & CS., er springt mit einem Ansatz über etwas, oder von etwas herunter ohne Ansatz, mit beiden Füßen zugleich; über, auf oder von etwas heruntergehüpft heißt: missikpok.
mingidlarpok, t. SS. & CS., er macht weite Sprünge über was hinüber.
mingerlorpok, t. SS. CS, er springt beim Laufen oft über was. [gemein.
Mingeriak, itsek, itset, kleinere Fische ins-
Mingigärpok, t. SS., es ist noch so eben mit einem Ende zwischen was gequetscht, sitzt soeben noch dazwischen, z. B. wenn der Umschlag um ein Buch nur noch soeben ums Buch geht, oder sonst ein Umschlag nur noch eben übereinandergeht, it, wenn man ans Ende was darauf setzt.
mingiksimavok, SS., es ist mit einem Ende zwischen was gequetscht, zwischen eine Thüre, Schublade, oder wenn was darauf gesetzt ist.
mingigupa, t. SS. inus., er quetscht es mit einem Ende zwischen was, macht z. B. den Koffer zu und quetscht etwas dazwischen, oder setzt etwas darauf.
mingigutiva, t. SS. inus. do. [ein.
mingigutsivok, j. SS., er quetscht etwas
mingigutjauvok, j. SS., es ist eingequetscht.
Mingiktorpok, t. SS., das Schiff, Boot, Seehund c. macht beim Fortbewegen eine Straße im Wasser, stößt das Wasser vor sich auseinander, daß es einen Zickzack macht.
mingiktorninga, sein Straßemachen im Wasser (des Kajaks c.).
Mingoarpok, t. SS. & CS., es ist angestrichen, gefärbt, CS., er streicht es an, färbt es.
mingoarsivok, mingoarivok, j. SS., er streicht an, färbt (mit mik).
mingoarsilipa, t. SS. inus., er befiehlt ihm, oder macht, daß er anstreicht.
mingoarut, tik, lit, Farbe, Salbe.

mingoarutiksak, säk, set, etwas zur Farbe, Salbe.
mingoarlak, läk, let, das Angestrichene.
mingoarsimavok, j. SS., es ist fertig angestrichen.
mingut, tik, lit, ein Pinsel oder ein Lappen zum Anstreichen.
mingoarutaulipa, t. SS. inus., er streicht, schmiert Farbe, Pflaster, Seife auf etwas.
Mingovok, j. SS., es stübert bei gelindem Wetter, macht naß, schmierig.
mingukpok, t. SS. do.
mingolualovok, j. SS. do. sehr.
Mingok, uk, ut, eine Art schwarze Käfer.
Minivok, j. SS., es stiebt aus dem Nebel, regnet ganz fein. Kisserivok ist dasselbe.
mine, nik, nit, feiner Regen.
Minarpok, t. SS. & CS., er nimmt Eßsachen mit nach Hause, ißt entweder nicht alles auf, oder nimmt alles mit, was er bekommt, CS., er nimmt ihm was mit, it, sagen Manche, es gelte auch für Arbeit, und hieße: er thut es selber.
minariva, j. SS. inus., er nimmt es mit (nerke).
minaumiva, j. SS. inus., er überläßt ihm was (mit mik). Nerkemik minaumivagit, ich überlasse dir das Fleisch. Sullijeksamik minaumivagit, ich überlasse dir die Arbeit. Karlingnik minaumivagit, ich überlasse dir diese Hosen.
minaumiklerpok, t. SS.; er überläßt, achtet selber nicht; Arbeit, Nahrungsmittel oder was es ist. Nerkiksaminik minaumiklerpok tapsominga, er überläßt ihm sein Essen.
minaumikliutigiva, j. SS. inus., er überläßt es, die Arbeit oder was es ist. (assiminut.)
minautigiva, j. SS. inus. do.
Kittorngakka minautigivakka illingnut, ich überlasse dir meine Kinder. (Nach meinem Tode, oder wenn ich auf Reisen gehe.)

minaumiutivuk, vut, car. Sing., sie
überlassen sich gegenseitig was, z. B. wenn
die Eßsachen zu wenig scheinen, will der
eine nicht essen, wills dem andern allein
überlassen, während der andere dasselbe
thun will, it, auch die Arbeit.
minausiutiva, j. SS. inus., er überläßt
die angefangene Arbeit ꝛc. einem andern.
Minnipa, t. CS., er theilt ihm nichts mit,
beim Essen oder wenn sie von der Jagd
kommen ꝛc.
minnitsivok, j. SS., er theilt nicht mit.
minnivok, j. SS. & CS. do., CS., er
theilt ihm nichts mit.
minnitsivok, das t etwas weicher ausgesprochen, heißt im Norden von Labrador
(auch in Hebron): er theilt mit; ebenso
minipa (etwas weicher ausgesprochen):
er theilt ihm mit.
minnitauvok, j. SS., es wird ihm nichts
mitgetheilt.
miktauvok, j. SS. do.
Mipok, t. SS., er setzt sich wohin, ein Vogel.
mitsartorpok, t. SS., er fliegt hin, sich zu
setzen.
mitsimavok, j. SS., er hat sich gesetzt.
mivigiva, j. SS. inus., er setzt sich auf
ihn, es, oder er hat es zum Ort, wo er
sich setzt.
Miperpok, t. SS. & CS., er wartet, um was
zu empfangen, z. B. wenn gegessen wird,
bleibt er stehen, um auch was zu empfangen, CS., er wartet auf ihn, daß er
ihm was geben soll, (nerkemik suna-
miglonēl) Nahrungsmittel ob. sonst was.
mipeariva, j. SS. inus., er wartet auf
das, was er empfangen soll oder zu em-
fangen gedenkt. Nerke mipeariva, er
wartet auf ein Stück Fleisch. Karlik
mipearivok, er wartet auf ein Paar
Hosen.
miperkitārpok, -kitādlarpok, t. SS. &
CS., er muß lange warten, CS., auf ihn,
ehe er etwas bekommt.

miperkipok, t. SS. & CS. do., er muß
lange warten, aber etwas kürzer wie das
Vorstehende.
Mippikumigarpok, t. SS., er kann sich
kaum setzen, sitzt ganz auf einer Ecke.
Missalerak, vom Wasser durchzogener
Schnee, wenn das Wasser nur noch wenig ist.
Missaktak, tæk, tet, die Kettenblume (Le-
ontodon Taraxacum), wird im Frühjahr als Salat gebraucht.
Missarpok, t. SS., er schmatzt mit dem
Munde beim Essen.
missaktak, täk, tet, ein kleiner Landvogel,
wird so genannt, weil er schmatzt.
Misserak, von selbst ausgelaufener Thran,
wo der Speck in Säcken gemacht hat.
Missiarnek, nak, nerit, das Ableugnen,
Nichtgestehen.
missiarpok, t. SS., er leugnet.
missiarutigiva, j. CS., er verleugnet,
leugnet es (mit mut).
missiatigiva, j. CS. do. [mut].
missiutekarpok, t. SS. do. (mit mik &
missiupa, t. CS. do.
missiutiva, j. CS. do.
Illuserivalauktane missiarutigiveit
tapsomunga, er leugnet seine gehabten
Gewohnheiten gegen ihn ab. Pinniar-
nerminik missiutekarpok tapsomunga, do., er leugnet seine Werke
gegen ihn ab. Okauserilauktaminik
missiarutekarpok tapsamunga, do.,
er leugnet seine gehabten Reden gegen
ihn ab.
missiarvigiva, j. SS. inus., er verleugnet
es vor ihm.
missiarvikarpok, j. SS. do. (mit mik).
Okauserilauktaminik missiarvigiva.
er leugnet seine gehabten Reden vor ihm
ab. Okauserilauktaminik missiarvikarpok tapsominga, do.
missiutiva, j. CS, er leugnet ihn, es, sagt
es nicht, wenn er auch was von ihm weiß.

missiutjivok, j. SS. do. (mit mik).
Johannesib [se] Leopolde [mik]
missiutiva [missiutjivok] Jakomut,
Johannes leugnet ben Leopold gegen den
Jakob.
missiarkova, j. CS., er heißt ihn leugnen.
missiarkojivok, j. SS. do.
missiarvigijak, jāk, jet, einer, dem was
abgeleugnet wird.
Missiginek, nak, nerit, das Innewerden,
Gewahrwerden, Empfinden (ist fast gleich
mit mallugosungnek).
missigivok, j. SS. & CS., er kriegt was
inne (mit mik), CS., er kriegt es inne,
hat ein Gefühl davon, wird es gewahr.
Tikkininga missigilaungimarikpara,
ich habe von seinem Kommen gar nichts
inne gekriegt, bin gar nichts gewahr ge=
worden.
missigitipa, t. CS., er macht, daß er's
inne, gewahr wird, empfindet (mit mik).
missigititsivok, j. SS., er macht inne, do.
missiginersarilerpa, t. SS. inus., er
fängt an, ihn, es mehr inne zu werden.
missigijak, jōk, jet, das Innegewordene,
Gewahrgewordene.
missigijara, mein Innegewordenes.
Missikpok, t. SS. & CS., er springt wo
herunter oder herauf (mit beiden Füßen
zugleich). [mal].
missiktarpok, t. SS. & CS. do. (mehrere=
missiktarkattarpok, t. SS. & CS. do., oft.
Missukpa, t. CS., er tunkt es ein.
missuksivok, j. SS. do. (mit mik).
missukattarpok, t. SS. & CS., er tunkt
(nicht mit Fleiß) oft ein, z. B. beim Boot=
fahren, CS., er tunkt es oft ein.
miseraut, tik, tit, Oel, um hineinzu=
tunken.
Mitsuksoak, āk, et, der Thau.
mitsukpok, t. SS., es ist feucht, bethaut,
nicht ganz naß.
mitsuktipa, t. CS., er befeuchtet es.
Mittaut, mittaumik (Acc.), der Spott.

mittautigiva, j. CS., er verspottet oder
spottet ihn.
mittautekarpok, t. SS. do. (mit mik).
mittautigijauvok, j. SS., er wird ver=
spottet. Bei den Eskimos hört man
auch viel:
mittautauvok, Ersteres ist aber richtiger.
mittautigimut, aus, mit, durch Spott.
mittautekarmut, do.
mittautekarnek, das Spotthaben.
mittakpok, t. SS., er treibt Scherz, Spott.
mittagvigiva, j. CS., er treibt Scherz
mit ihm.
mittagvikarpok, t. SS. do. (mit mik).
Mittek, tik, tit, nördlich im Pl. auch mer=
kit, ein Eidervogel.
mitterniarpok, t. SS., er trachtet Eider=
vögel zu bekommen, ist hinter ihnen her.
mitterpok, t. SS., er bekommt einen Eider=
vogel.
mittertorpok, t. SS., er ißt Eidervögel.
mittersiorpok, t. SS., er sucht Eidervögel.
mittilerkivok, j. SS., er bekommt viele,
er trifft viele Eidervögel.
mittilerkemavok, j. SS., er hat viele
Eidervögel bekommen.
mittērlerkivok, j. SS., er wünscht sich
Eidervögel.
mittertaisakpok, t. SS., er bekommt we=
nig Eidervögel.
mittertuarpok, t. SS., er bekommt einen
Eidervogel.
mittertuamavok, j. SS., er bekommt viele
do. (Ist ganz gleich mit -lerkemavok).
mitterluk, lūk, luit, eine Art wilde Enten.
mitternorkok, kuk, kut, das Weibchen.
Mitterivok, j. SS. CS., er flechtet enge,
schön, CS., er flechtet es schön, dicht.
mitterimarikpok, t. SS., es ist dicht,
schön geflochten.
Mittilik, līk, lit, ein Gespenst.
mittiliovok, j. SS., es ist ein Gespenst.
mittilionasugiva, j. SS. inus., er hält es
für ein Gespenst.

Mitluk, tūk, tut, kleine Stücken Eis in einem Loch, das man zum Fischen gemacht.
Morērpa, t. SS. inus., er schleift es.
morērsivok, j. SS., er schleift (mit mik).
morēpok, t. SS., es ist dünne geschliffen.
morēudlovok, j. SS., es ist dick, die Schneide ist zu sehen. [stein.
morērsit, lik, lit, ein Wetzstein, Schleifmorērsevik, vīk, vit, eine Schleifstelle.
Morsukpok, t. SS., er geht, fährt tief hinein in den Schnee, Machak, oder Spalte ꝛc.
morsuktipa, t. CS., er steckt es, versteckt es in den Schnee ꝛc. [stecktes.
morsuktigak, kak, ket, was Hineingemorsugvik, vīk, vīt, eine Stelle, Spalte, Riß, da man was hineinsteckt.
Muggulārpok, t. SS., er ist unwillig zum Ziehen (ein Hund), will umbrehen und heult, it, er heult aus Vergnügen.
Mulle, lik, lit, die Brust-Warze, it, das äußere Ende, die Schaufel am Bootsruder.
mullinga, seine Warze, it, des Ruders Schaufel.
Mulluvok, j. SS., er bleibt lange aus.
mulludlarpok, t. SS. do., sehr lange.
mullunek, das lange Ausbleiben.
Mungovok, auch mungorpok, j. SS., er ist muthlos, niedergeschlagen.
mungungavok, j. SS. do. (etwas weniger).
Mumikpok, t. SS. & CS., es ist verkehrt, umgedreht, CS., er wendet, dreht es um. (Gilt nicht bei Gefäßen und Fahrzeugen, dieselben umzustürzen, sondern bei allem, was eine Aushöhlung hat und umgestürzt werden soll, wird pussikpok gebraucht; soll aber nur der Vordertheil nach hinten ꝛc. gedreht werden, so heißt es auch mumiklugo, it, er wechselt die Stiefeln; sie wechseln ab, beim gemeinschaftlichen Tragen eines Kessels ꝛc. Mumilauluk, laß uns abwechseln.
mumiksivok, j. SS., er wendet, kehrt um (mit mik).

mumiktipa, t. CS., er läßt es umdrehen, wenden.
mumiksimavok, j. SS., es ist umgedreht, umgewendet, it, es ist eine Sache verkehrt.
mumiktauvok, j. SS., es wird umgewendet.

N.

Nā-ŏk, Ausruf eines Kranken oder dem sonst etwas wehe thut; o weh! (Nā wird nicht allgemein verstanden.)
nänärpok, t. SS., er sagt na! o weh!
Nablissivok, j. SS., es paßt gut in oder aufeinander, z. B. ein Zapfen in ein Loch, Fässer ineinander ꝛc.
nabligiva, j. SS. inus., es ist ihm zu enge, Jacke, Hosen ꝛc., liegt ganz an, it, das Haus ist ihm zu enge; nablinga, seine Enge, des Hauses ꝛc.
nablitipa, t. CS., es liegt ihm an, das Kleidungsstück.
nablipok.
nablivok, j. SS., es liegt ihm ganz an, ist zu enge, ein Kleidungsstück, it, das Haus (mit mik).
nablissimavok, j. SS. do., it, es liegt ihm das Kleidungsstück ganz an (mit mik).
nablissitipa, t. SS. inus., er macht es passend. [mik].
Nachovok, j. SS., er verachtet etwas (mit nachogiva, j. CS., er verachtet ihn.
nachogijak, jäk, jet, ein Verachtetes.
nachonarpok, t. SS., es ist verächtlich.
nahosōrpok, t. SS., er verachtet schnell etwas.
nahogijariva, j. CS., er verachtet ihn immer wieder, nachdem er ihn vorher verachtet.
nachoginasuarpa, t. CS., er sucht, besieht es, ob was daran zu verachten, auszusetzen ist.
Nachvarpok, t. SS. & CS., er findet, CS., finder es.

Nægl   Naip   175

nachvartauvok, t. SS., es ist gefunden.
nachvaiva, j. SS. inus., er findet das, was ein anderer versteckt hat, z. B. gestohlenes Gut..
nachvaimava, j. SS. inus. do., er hat es gefunden.
nachvainikpok, t. SS. do. (mit mik).
nachvartauvik, vīk, vit, der Ort, wo was gefunden wird.
Næglikpok, t. SS. & CS., er liebt, CS., er liebt ihn. NB. Diese könnten eben so gut nāgl. geschrieben werden, indem die Eskimos fast durchgängig so sagen, und nur höchst selten hört man einen nægl. aussprechen.
nægligiva, j. CS. do., er liebt ihn, aber etwas mehr wie Vorhergehendes.
næglingnikpok, t. SS. do. (mit mik).
nægligosukpok, t. SS., er ist zum Lieben aufgelegt.
næglingnek, næk, nerit, die Liebe.
næglikte, tik, tit, ein Liebender.
nægliktak, tāk, tet, einer, der geliebt wird.
nægliktiga (intr.), nægliktima (tr.), meiner, der mich liebt.
nægliktara (intr.), nægliktama (tr.), mein Geliebter, den ich liebe.
nægligije, jik, jit, do., ein Liebender, stärker wie Voriger.
nægligijak, jāk, jet, einer, der geliebt wird.
nægligijiga (intr.), nægligijima (tr.), meiner, der mich liebt.
nægligijara (intr.), nægligijama (tr.), mein Geliebter, den ich liebe.
næglingnarpok, t. SS., er ist liebenswürdig.
nægliktauvok, j. SS., er wird geliebt.
nægligijauvok, j. SS. do.
nægliktekarpok, nægligijekarpok, es hat einen Liebenden, einen der liebt.
næglingniktokarpok, t. SS. do.
nægligijekangilak, t. SS., es hat keinen der liebt.
nægligijaksak, sāk, set, etwas zum Lie-

ben, was man lieben soll (aber noch nicht liebt).
nægligijaksauvok, j. SS., es ist eine Sache zum Liebhaben.
Naggata siehe nāvok.
Naggovok, j. SS. & CS., er hat es gleiche gemacht, SS., es ist gerade, eben, gleiche; Holz, Land ec. (Wird ganz ausgesprochen wie nachovok.)
naggosivok, SS. do.
naggosarpa, t. SS. inus., er macht es gleiche.
naggosaivok, j. SS. do. (mit mik).
naggosaut, tik, tit, ein Lineal oder Richtscheit.
nagoēpok, t. SS., es ist ungleiche, uneben.
naggovlune pissukpok, er geht gerade aus.
Naijangarpok, t. SS., er nickt, schläft sitzend.
nairpok, nērpok, t. SS. & CS., er neigt das Haupt, legt es auf die Schultern hinüber.
naingavok, j. SS., er hat das Haupt genelgt, sitzt oder steht mit nach der Schulter hinübergelegtem Haupte. Hängts nach vorn hinüber, so heißts okkungavok.
Naiperkonarpok, t. SS., er ist bedauernswürdig ob. Bedauern erregend.
naiperkotigiva, j. CS., er bedauert ihn, hat Mitleiden mit ihm. [mik].
naiperkotigosukpok, t. SS. do. (mit
naiperkotigijak, jāk, jet, einer, der bedauert, bemitleidet wird.
naiperkotigijauvok, j. SS., er wird bemitleidet, oder er ist einer, der bedauert, bemitleidet wird.
naiperkotigijaksāk, sāk, set, ein Mitleidswürdiger, der bemitleidet werden sollte.
naiperkotingnarpok, t. SS., er ist bedauernswürdig, bemitleidenswürdig, b. h. Bedauern erregend.
naiperkotigosungek, das Bemitleiden, Bedauern.
Naipertorpok, t. SS. & CS., er gibt Acht,

merkt auf das, was ihm gesagt, befohlen wird.
naipertutsiarpok, t. SS. & CS., er hört, merkt sehr darauf.
naipertora ober -tugatuariva, j. CS., er achtet nur allein auf ihn.
Naipipa, t. SS. inus., er trifft es, ihn an, irgendwo, gesucht oder ungesucht.
napitsivok, j. SS. do. (mit mik).
naipitsarpa, t. SS. inus., er sucht ihn zu treffen.
naipisōrpa, t. SS. inus., er trifft ihn bald.
Naipok, t. SS., es ist kurz.
naidlarpok, es ist sehr kurz.
nainārpa, t. SS. inus., er macht es zu kurz.
nainōrivok, j. SS. & CS. do.
nailiva, j. SS. inus., er macht es kürzer.
nainersaunārpa, t. SS. inus. do.
nailēvok, j. SS. do.
nailuarpok, t. SS., es ist zu kurz, kürzer als es sein sollte oder als ein anderes.
nainek, nak, nerit, die Kürze; naininga, seine do. [Kürze.
nailseriak, do., nailserianga, do., seine
Naivok, j. SS. & CS., er riecht, CS., er riecht es.
naimavok, j. SS. & CS., er hat den Geruch von ihm bekommen (SS. mit mik).
naisuipok, naimasuipok, t. SS. & CS., er riecht es nie.
Naja najanga, seine Schwester.
najagiva, j. SS. inus., es ist seine Schw.
najagék, gēt, Bruder und Schwester zusammen.
Nājivok siehe nāvok.
Najorpa, t. SS. inus., er ist ihm nahe, wohnt bei ihm.
najornikpok, t. SS. do. (mit mik).
najoriva, j. SS. inus., er ist ihm auch nahe.
najortak, tōk, tet, das Nahe, wovor man sich befindet; iglo najortara, das Haus in dem ich mich befinde; innuk najortara, der Mensch, bei dem ich mich befinde.

najorte, tik, tit, SS. inus., der, das Nahe.
najortigiva, j. SS. inus., er hat es in der Nähe, hat es bei sich.
najortekarpok, t. SS. do. (mit mik)
najortelik, lik, lit oder ggit, do., einer, der was bei sich hat..
najortigijak, jäk, jet, der oder das, was man bei sich hat. Savik najortigijara attoreksaungilak, das Messer, was ich bei mir habe, ist nicht zu brauchen.
najortiga, do., das, was ich bei mir habe, mein Messer (intr.). (Werkzeug, Mensch oder was es ist.)
najortima, do. (trans.)
najorningnek, nak, nerit, das Nahesein.
najorningninga, seine Nähe, sein Nahesein.
najugak, kak, ket, die Nähe, was nahe, da sich einer befindet.
najugara, meine Nähe, wo ich bin; najugamne (Loc.), in meiner Nähe.
najugait, deine Nähe, wo du bist; najugarne, in deiner Nähe.
najuga, seine Nähe, wo er ist; najugane, in seiner Nähe.
najugavut, unsere Nähe, wo wir sind; najugaptingne, in unserer Nähe.
najugase, euere Nähe, wo ihr seid; najugapsingne, in euerer Nähe.
najuganget, ihre Nähe, wo sie sind; najugangænne, in ihrer Nähe.
najugariva, j. SS. inus., er ist bei ihm, ist ihm nahe.
najugāksak, säk, set, das, wozu man nahe sein soll.
najugāksariva, j. SS. inus., er soll es nahe haben, soll hingehen.
najorkattigēt, die sich einander nahe sind.
najojuērpa, t. SS. inus., er ist nicht mehr bei ihm.
najorungnangerpa, t. SS. inus. do.
najorungnaipa, t. SS. inus. do.
najumivok, j. SS. & CS., er ist bei ihm, hält ihn, es, daß es nicht umfalle; einen Kranken oder sonst was, z. B. wenn man

an etwas hobeln oder nageln will, und es nicht alleine halten kann, so heißts: najumilerit ominga ob. najumileruk, halte es.
najutivok, j. SS., er ist nahe, anwesend bei was (mit mut).
najupok, t. SS. do. [heit.
najûnek, najutinek, die Nähe, Anwesen-
najûninga, seine Gegenwart, Anwesenheit; najuninga tapsomunga, najorning-ninga tapsomingn, do.
Najukpa, t. SS. & CS., er zieht ihm, dem Seehunde, Fuchs ic., unaufgeschnitten das Fell ab (SS. mit mik).
Nǟk, naksak, nakset, der Bauch, Leib.
nȫnga, sein Bauch. Der Eskimo redet dabei aber immer im Dual., und sagt:
nǟtsakka, meine zwei Leiber, statt nȧra, mein Leib.
nǟtsakik, deine do., statt näksel, dein do.
nǟtsagik, seine do., statt nȧnga, sein do. Manche sagen auch netsakka, statt natsakke ic. [weh.
nǟngovok, j. SS., er hat Leibweh, Bauch-
nǟngudlarpok, t. SS. do. sehr.
nǟtserivok, auch nætserivok, do., er hat Leibweh. [Leib.
nȧkortovok, j. SS., er hat einen dicken
nȧkortudlarpok, j. SS. do., einen sehr d.
nȧrtusudlarpok, do. (Wird selten gebr.)
nȧkatsiovok, j. SS., er hat einen hübsch dicken Leib (der Hund).
nȧkipok, t. SS., er hat einen kleinen Leib.
nȧngisakpok, t. SS. do.
nȧjuitok, tuk, tut, eine Lachsforelle, die keinen Roggen hat, die sehr schmal ist. (Gilt nur dafür.)
nȧklivok, j. SS., oder nakilivok, er, sie wird dünner, der Leib wird kleiner.
Nakipok (das k beinahe wie ch gesprochen), es ist niedrig, die Sonne, Haus ic. Sekkinek nakitillugo sulle aularpunga, indem die Sonne noch niedrig stand, bin ich fortgegangen.

nakiglilerpok, t. SS. (hier bleibt das k), es senkt sich, wird niedriger; der Schnee, ein Schneehaus, und hauptsächlich die Sonne. Sekkinek nakiglilertillugo tikkipok, wie, oder indem sich die Sonne senkte, ist er gekommen.
Nakkikpok, t. SS., er kommt wieder zum Leben, ein beinahe Todter. (Bei den Nordländern soll es auch heißen: er sagt jetzt gerade wie es ist.)
nakerkammerpok, t. SS., er ist neulich wieder aufgelebt.
Nakilersivok, j. SS., er ist unbeständig, lässig, wankelmüthig, ist nicht fest in seinem Gemüth.
nȧkimärnivok, j. SS. do., it, der Wind weht, dreht von allen Seiten her.
nȧkimärnitipa, t. CS., er macht ihn wetterwendisch, unbeständig, doppelherzig.
nȧkilersitipa, t. CS. do.
nȧkivok, j. SS., der Wind hat sich gesetzt, weht standhaft von einem Orte; nȧkipok, do., it, ein Mensch wird beständiger in seinem Thun.
nȧkidlarpok, t. SS., er weht sehr standhaft, wird stark.
Nakit? woher? (siehe bei nanȫ.)
Nakkak, käk, kel, die Wurzel-Knollen an Gewächsen, wie z. B. an der Hauswurzel ic.
nakkatanak, nȧk, neril, wörtlich: breite, dicke Wurzel-Knollen, weiße Rüben.
Nakkarpok, t. SS., er bricht ein, auf dem Eise, und fällt überhaupt ins Wasser. (Mensch und allerhand.)
nakkalerpok, t. SS., er fängt an ins Wasser zu fallen.
nakkalakpok, j. SS., er, es ist ein wenig ins Wasser gefallen oder eingebrochen.
nakkarvigiva, j. SS. inus., er hat es zum Platz, wo er einbricht.
nakkarsimavok, j. SS., er ist eingebrochen.
nakkarviovok, j. SS., es ist der Platz,

wo eingebrochen oder ins Wasser gefallen worden.

nakkautiva, j. CS., er läßt es, ihn einbrechen oder sonst ins Wasser fallen, während er nicht mit einbricht, SS., er läßt seinen Schlitten einbrechen, inutolane, während er selber nicht mit einbricht. Illagijara nakkautivara, meinen Gefährten habe ich lassen einbrechen, oder ist mir eingebrochen (ohne daß ich was dafür konnte).

nakkausivok, j. SS. do. (mit mik).

nakkartipa, t. CS., er läßt ihn einbrechen, mit Fleiß; macht, daß er einbricht.

Nakkàppok, t. SS. & CS., es fällt ab, CS., er haut es ab (was es auch ist).

nakkatsivok, j. SS. do. (mit mik).

nakkàlerpok, t. SS. & CS., es fängt an abzufallen.

nakkàrlugo, es abzuhauen. Manche sagen nakkàllugo. do., nakkàrsimavok, j. SS. & CS.

nakkàrikpok, t. SS., es ist gerade, schön abgehauen, geschnitten.

Nakkasuk, sūk, sut, die Blase im Leibe (bei Mensch und Thier).

nakkasua, nakkasunga, seine Blase.

nakkasuktòvok, nakkasukörtòvok, j. SS., er hat eine große Blase.

nakkasukipok, t. SS., er hat Schmerzen an der Blase.

nakkimavok, j. SS., er hat einen Schaden an der Blase, muß das Wasser oft lassen. (Wird nicht allgemein verstanden.)

Nakkasungnak, näk, nait, die Wade.

nakkasungnàrpok, t. SS. & CS., er stößt sich, thut sich weh an der Wade, CS., er stößt, schlägt ihn, thut ihm weh an der Wade.

nakkasungnalerivok, j. SS., er hat Schmerzen an der Wade.

Nakkitarivok, j. SS. & CS., er bindet Sachen auf den Schlitten fest, schnürt den ganzen Schlitten.

nakkitarpa, do., er schnürt den Schlitten fest, it, er bestätiget eine Sache, gibt seinen Druck oder Siegel darauf.

nakkiterijok, juk, jut, einer, der die Sachen auf den Schlitten schnürt.

nakkitarut, nördlich nakkiterut, tik, tit. der Strick, Riemen, womit die Sachen auf den Schlitten geschnürt werden.

nakkiterutjarpa, t. CS., er schnürt den Schlitten ab.

nakkiterutjnivok, j. SS. do. (mit mik).

nakkitsut, tik, tit, do., it, ein Petschaft x.

nakkitsorpeit, t. SS. inus., er schnürt sie auf den Schlitten.

nakkitsoivok, j. SS. do.

nakkipok, j. SS. & CS., es ist fest, CS., er bindet es, drückt es fest; zieht über ir gend eine Sache einen Strick einmal hinüber und bindet es so, it, er drückt einen Siegel darauf, it, er hält die Ruder stille, stellt sie schräg im Boot fest.

nakkitsivok, j. SS. do. (mit mik).

nakkitarutjarpok, t. SS. & CS., er bindet, schnürt den Schlitten los, SS., er ist losgeschnürt.

nakkimiva, j. SS. inus., er drückt auf was, tritt auf was, daß es nicht vom Winde fortgejagt oder sonst fortgerissen wird.

nakkimèvok, j. SS. do.

Nakkonak, näk, net, ein kleiner Fisch.

Nakkok, kuk, kut, die eiserne Spitze an einem Pfeil.

nakkoksak, säk, sot, ein Stück Eisen zur Spitze für den Pfeil.

nakkoksailerkivok, j. SS., er wünscht sich ein Stück Eisen zur Pfeilspitze.

nakkoèlerkivok, j. SS., er wünscht sich eine Pfeilspitze. [der Pfeil.

nakkoitovok, j. SS., er ist ohne Spitze.

nakkunga, die Spitze des Pfeils.

Nakkovok, j. SS., er verdreht die Augen.

nakkungavok, j. SS., er schielt, ist schieläugig.

Nakkut, tik, tit, Blaubeeren-Sträucher.

Näkliva, j. SS. inus., er hakt ihm ben Fuß an was, beim Gehen.
nüklēvok, j. SS. do. (mit mik).
naklikattautivuk, vut, car. Sing., sie haken sich einander die Füße an beim Gehen. (Diese gehören zu Näpok, er bleibt mit dem Fuße hängen.)
Nákoajivok, j. SS., er ist beständig, anhaltend in seinem Thun, Reden, Denken; weiß eine Sache noch gut, während sie andere vergessen, redet unverdrossen, wenn ihm auch niemand zuhören oder glauben will; verfolgt eine Sache oder ein Thier, während es andere aufgeben (geht für Gutes und Böses), it., ein Hund verfolgt das, wovon er den Geruch bekommen, unverdrossen.
nåkonjivigiva, j. SS. inus., er ist anhaltend, beständig hinter ihm her, redet ihn an über dies oder jenes.
nakonjiviovok, j. SS., er ist der, zu dem man anhaltend redet, oder hinter dem man sonst anhaltend her ist.
Nakoriva, j. CS., er dankt ihm, preiset ihn (wörtlich: er hat ihn zu dem, gegen den er gut ist).
nakosarpok, t. SS. do. (mit mik).
nakosarnek, nak, nerit, der Dank, die Lobpreisung, das Gutheißen.
nakoridlarpa, t. CS., er preiset, dankt ihm sehr.
nakoridlariva, t. CS., er dankt ihm, preiset ihn wieder, oder ihn auch.
nakorijauvok, j. SS., es wird ihm gedankt, er wird gepriesen.
nakokpok, t. SS., es ist gut, hat keinen Fehler; das ist gut, schön, daß das so ist. (Ist vom Menschen die Rede, daß ihm nichts fehlt, so heißts: nekkokpok. Siehe daselbst.)
nakudlarpok, t. SS., es ist sehr gut, sehr schön (dankenswerth, daß es so ist).
nakoēpok, t. SS., es ist nicht gut, hört auf brauchbar zu sein.

nakoēlivok, j. SS. do.
nakungmēk! o wie gut (dankenswerth)!
nakomēk! do.
Náksak, säk, set, ein Thal.
nåksauvok, j. SS., es ist ein Thal.
nåksatsiak, ñk, et, ein schönes Thal.
naksakitok, tuk, tut, ein enges Thal.
nåksakortojok, juk, jut, ein breites Thal.
nåksajatsiak, ak, et, ein schönes Thal.
naksakorpok, t. SS., er geht, fährt durch ein Thal.
naksamuarpok, t. SS., er geht zum Thal.
Naksiak, ñk, et, ein Fuchsschwanz ob. sonst etwas von Pelzwerk um den Hals, wenns kalt ist.
naksiakarpok, t. SS., er hat Pelz um den Hals. [den Hals.
naksialikpa, t. CS., er gibt ihm Pelz um
Náksikpok, t. SS., er rümpft die Nase, wegen irgend etwas, verzieht das Gesicht.
nåksingavok, L SS., er thut verächtlich, rümpft die Nase.
nåksingautigiva, j. CS., er rümpft die Nase über ihn, aus Verdruß, Schmerz ɪc.
Naksungavok, j. SS., er hat ein Thal, Vertiefung im Gesicht, zwischen Stirn und Nase.
naksunga, des Gesichts Vertiefung.
naksungaitok, tuk, tut, einer der keine Vertiefung, sondern ein flaches Gesicht hat.
Naksugarut, lik, tit, der kleine Strick am vordern Ende des Schlittens, wo der Pituk darauf ruht. [Thiere.
Nåkjūk, sūk, suit, ein Horn von einem
nakjua, sein Horn.
nakjukarpok, t. SS., es hat Hörner.
nakjulik, lik, ggit, ein Thier mit Hörnern.
nakjuarsuk, sūk, suit, ein kleines Horn.
nakjungmigarpok, t. SS. & CS., er stößt mit den Hörnern, CS., er stößt ihn, es.
nakjungmigautivuk. vut, car. Sing., sie stoßen sich einander mit den Hörnern. Manche lassen das k ganz wegfallen, und sagen: naksumigarpok ɪc.

Nàk

Nàktárpok, t. SS., er schnupft Tabak.
nàktaut, tik, tit, Schnupftabak.
nàktautekaut, tik, tit, eine Schnupftabaksdose. [Schnupftabak.
nàktaulitalik, lik, ggit, eine Dose mit
nàktautipa, t. SS. inus., er schnupft es.
nàktautitak, täk, tet, was geschnupft wird.
Nakterpok, t. CS, er bringt ihn um, erwürget ihn, einen Hund (SS. ingminik), er nimmt sich selbst das Leben, auf irgend eine Art. [worden.
naktertauvok, j. SS., er ist erwürget
Nalegak, kak, ket, ein Herr; einer dem man gehorcht (immer).
nalegaksoak, ak, uit, ein großer Herr.
nalegaunek, nak, norit, die Herrschaft, das Herrschen.
nalegauninga, seine Herrschaft, Herrschen.
nalegauvik, vīk, vit, das Reich.
nalegauvinga, sein Reich.
nalegauvok, j. SS., er ist Herr.
nalegaunerôvok, j. SS., er ist der größte Herr. [großer Herr.
nalegaksoangövok, j. SS., er ist ein sehr
nalegangorpok, t. SS., er wird ein Herr.
nalegangortipa, t. CS., er macht ihn zum Herrn.
nalegariva, j. CS., er hat ihn zum Herrn.
nalekpok, t. SS. & CS., er gehorcht, folgt, horcht, CS., er gehorcht ihm, er hört ihm zu.
nalektauvok, j. SS., es wird ihm gehorcht, er ist der, dem gehorcht wird.
nalekte, tik, tik, einer, der gehorcht, horcht.
nalektiga, meiner, der mir gehorcht oder zuhört. [zuhöre.
nalektara, meiner, dem ich gehorche oder
nalegiarpok, t. SS. & CS., er geht hören.
nalegiartorpok, t. SS. do.
nalegvik. vīk, vit, ein Hör- oder Versammlungsplatz.
nalegiarvik, vīk, vit, do.
nalegæksak, sǒk, set, einer, dem zugehört werden soll, indem er redet.

Nan

nalegaksauvok, j. SS., er ist der, dem zugehört werden soll, es soll ihm zugehört werden. Manche sagen: nalereksauvok c. NB. Nalegak wird von den Nordländern nicht verstanden, sondern Nalagak.
Nalautsivok siehe nelautsivok.
Namakpok, t. SS., es ist gut, genug, wohlgethan.
namagiva, j. CS., es ist ihm recht, er hält es für gut.
namagosukpok, t. SS. do. (mit mik).
namaksúrpok, t. SS. do.
namaksivok, t. SS. & CS., es ist gut: er ist zufrieden, es fehlt ihm nichts mehr, it, es ist eine Sache gut, CS., er macht es gut, daß nichts daran auszusetzen ist.
namaksēvok, j. SS. do., er macht gut (mit mik).
namaksingila, er macht es nicht gut.
namaksitipa, t. SS. inus., er macht es passend, eine Sache, die irgendwo hinein soll. [passend.
namaksititsivok, t. SS. do., er macht
namagijak, jäk, jet, etwas, was für gut gehalten wird.
namagijauvok, j. SS., es, er wird für recht, gut gehalten erklärt.
namagijaminut pivok, er thut nach seinem Wohlgefallen. [recht.
uamatuinarpok, t. SS., es ist nur gerade
namainarpok, t. SS., er, es ist immer recht, gut.
namatsainarpok, namatēnarpok, do.
namagasugiva, j. CS., er hält es für recht, denkt daß es gut sei.
namagosuklivok, j. SS. do. (mit mik).
Nanë (Loc.), wo. (Das Stammwort na scheint bei den Eskimos verloren gegangen zu sein.)
namut (Term.), wohin.
naukut (Vial.), wodurch.
nakit (Abl.), von wo, woher. Gelten alle als Frage und ohne Frage. Nanegalloa-

ruma Gudib taulukpānga, wo ich auch bin oder sein mag, Gott siehet mich.
nanēka? wo ist er, es? nanepok, er ist wo; namut aijarangama illagitsainarpānga, wenn ich wo hingehe, begleitet er mich immer.
namungarpok, t. SS., er geht wohin; namungarangama kanilärpānga, wenn ich wo hingehe, begleitet er mich ein wenig, geht mit mir auf den Weg.
namungarka? wo geht er hin?
namut aiva? do.
nakit pivit? wo kommst du her?
nakingarkit? do.
nakit pijarangama ernerma pachreasorivānga, wenn ich woher komme, pflegt mir mein Sohn entgegenzukommen.
naukut pijuksauvik? wo durch soll ich gehen? naukukiak. ich weiß nicht wo durch.
nauk? wo? (Auf unsern Stationen wird dieses Wort zwar nur noch als Frage "wo?" erkannt, weiter im Norden heißt es aber auch noch: "obgleich". Nauk kaikolauralloarapko tikkilungilak, ob ich ihn gleich gerufen habe, kommt, oder ist er doch nicht gekommen.)
naung-una, laß sehen, gib's her. (Die Kangivarmiut sagen: "Sana-una".)
nanēninga, sein Aufenthalt, wo er sich gerade befindet; nanēninga nellovara, ich weiß nicht, wo er ist.
Nàngākpok, t. SS. & CS., er geht, fährt an ihm vorbei, kommt nicht auf ihn zu (SS. mit mik).
nangalaivok, j. SS. do.
nàngùlàkpok, t. SS.&CS. do., ein wenig.
Nangāriva, j. CS., er hält sich über ihn, es auf, hat was daran auszusetzen, zu tadeln.
nangärpok, t. SS., er hält sich auf, tadelt (mit mik). [Tadel.
nangärnek, näk, nerit, das Tadeln, der
nangārninga, sein Tadeln, Aufhalten über etwas.

nangärnarpok, t. SS., es ist tadelhaft, tadelswürdig; nangärnangitomik innosekarpok. er führt ein untadeliges Leben.
nangàlarpok, t. SS., er wird sich aufhalten über was.
nangàlakpok, t. SS., er hält sich ein wenig auf über was.
nangivälerpok, t. SS., er ist unzufrieden, weil ihm ausweichende, unzuverlässige Antwort gegeben worden, ob. weil er das nicht bekommt, was er will ꝛc. (Dem Anschein nach ist das Wort selbstständig, und gehört nicht zu diesen. S. unten.)
Nange, ik, it, Windeln für Kinder.
nangiksak, säk, set, Lappen zu Windeln.
Nàngérpok, t. SS., er steht aufrecht.
nangingorpok, t. SS., er ist müde vom Stehen.
Nàngerpok, t. SS., er hüpft, springt auf einem Bein (einmal).
nangijarpok, t. SS. do. (mehreremal).
Nangiarnek, näk, nerit, die Furcht, Bangigkeit, das Furchtsamsein.
nangiariva, j. SS. inus., er hält es für gefährlich, einen Graben, Loch, Felsen, hohe See ꝛc., passirt es deshalb nicht, fürchtet sich davor.
nangiarpok, t. SS. do., es ist ihm gefährlich, er fürchtet sich.
nangiarnarpok, t. SS., es ist gefährlich, z. B. schlechtes Eis, steile Felsen zu passiren ꝛc.
nangiarnartolipok, t. SS., er stößt, kommt an gefährliche Stellen.
nangiarnarlokòrpok, t. SS., er kommt durch Gefahr, passirt Gefährliches.
nangiarnartosiorpok, do., er braucht gefährliche Stellen.
nangiartóvok, j. SS., es ist ihm halbe gefährlich, fürchtet sich, wo keine Gefahr vorhanden.
nangiarsaraipok, t. SS. do.
nangiartuivok, j. SS. Neg., es ist ihm

Näng · Nang

nicht leicht gefährlich, fürchtet sich nicht, wo auch wohl Gefahr vorhanden.
nangiartuisarpok, t. SS., er begibt sich furchtlos, gleichsam muthwillig in Gefahr.
nangiartuisarnek, nak, neril, Verwegenheit.
nangiartailivok, j. SS., er fürchtet sich nicht, ist ihm noch nicht gefährlich, während sich andere fürchten.
nangiartailinasuarpok, t. SS., er ist muthig in Gefahr, bemüht sich muthig zu sein.
Nängivarlakpók oder nängivalakpok, j. SS. (mit mut), er ist ungehalten, unzufrieden, weil er keine genügende Antwort erhalten, it, weil er den oder das, was er sucht, nicht mehr antrifft, oder das, was er haben will, nicht bekommt.
nängivalorvigiva, j. SS. inus., er hat die Stelle, wo er was sucht und nicht findet, dazu.
nängivalautigiva, j. SS. inus. do., er hat das, was er sucht und nicht findet, zur Unzufriedenheit. [band.
Nangmaut, tik, tit, ein Joch, Riemen, Trag-
nangmakpok, t. SS. & CS., er trägt was auf dem Rücken (SS. mit mik).
nangmartak, täk, tit, das Getragene (auf dem Rücken).
nangmagak, kak, ket, do.
nangmagaksuk, sük, set.
nangmak, mäk, mait, Bündel (zum Tragen auf dem Rücken).
nangmait wird auch im Singular gebraucht, wenn z. B. verschiedene Sachen zusammengebunden und sichtbar sind.
nangmök. Dual., wird auch bei Hunden gebraucht, denen man 2 Säcke oder 2 Bündel auflader.
nangmiupok, t. SS. & CS., er macht, bindet was zum Tragen zusammen, CS. do., für einen andern, was ein anderer tragen soll.
nangmaipok, t. SS. & CS., er legt die Last ab, CS., er nimmt die Last einem andern ab.
nangmaijarpok, t. SS. & CS., das Tragband geht von selber los, CS, er macht es ihm los.
nangmauliva, j. CS., er trägt ihm seine Last oder Sachen.
nangmaupa, t. CS. do.
nangmaujivok, j. SS. do.
Nangminek, selbst (gilt für alle Personen).
nangminera, mein eigenes (Sing.), nangminimnik (Acc.).
nangminikka, do. (Plur.), do.
nangminit, dein eigenes (Sing.), nangminernik (Acc.).
nangminitit, do. (Plur.), do.
nangmininga, sein eigenes (S.), nangminingonik.(Acc.).
nangminingit ob. nangmerngit (Pl.).
nangminine, sein eigen (recip.), nangminerminik. [lingnik.
nangminivut, unser eigenes, nangminipnangminise, euer do., nangminipsingnik
nangminingit, ihr do., nangmininginik.
nangminitik, ihr do. (recip.), nangminerminik nangmingnik; pitsartunimnut nangminimnut sapperpunga, durch, oder mit meiner eigenen Kraft vermag ich's nicht. Igluptingnut nangminiptingnut ainarpogut, wir werden in unser eigenes Haus gehen. Igluptingne nangminiptingne ullapitaukattarpogut, wir werden oft in unserm eigenen Hause gestört oder beunruhigt. Perorsevingminit nangminerminit ailaukpa, er hat es aus seinem eigenen Garten geholt.
nangmineriva, j. CS., es ist sein Eigenthum, oder er hat es zu seinem Eigenthum.
nangminekarpok, t. SS. do. (mit mik).
nangminenörasuarpok, t. SS., er ist eigenliebend ob. selbstsüchtig.
nangminiutipa, t. SS. inus., er eignet es sich an, zu.
nangminiutitsivok, j. SS. do. (mit mik).

Näninga, fein Ende; nänek, das Ende (fiehe nävok). [feit.
Näpkiningnek, näk, nek, die Barmherzigkeit.
näpkinikpok, t. SS., er erbarmet fich.
näpkigiva, j. CS., er erbarmet fich über ihn.
näpkipok, t. SS. & CS. do.
näpkigosukpok, t. SS., er ist barmherzig.
näpkinarpok od. napkiginarpok, t. SS., er ist erbarmungswürdig.
näpkigosujuipok, t. SS., er ist unbarmherzig.
näpkigije, jik, jit, ein Erbarmer.
näpkigijivut, unfer Erbarmer (intr.).
näpkigijipta, do. (trans.)
näpkigosukte, ein Erbarmer.
Näpkoariva, j. CS.; er erbarmet fich feiner (hilft ihm, gibt ihm was). Manche fagen, es fei einerlei mit napkigiva, andere behaupten, es fei ein mehr thätiges Erbarmen.
näpkoarpok, t. SS., er erbarmt fich, ist wohlthätig.
napkoarosukpok, t. SS. do., er ist dazu geneigt, Barmherzigkeit zu erweifen.
Näpok, t. SS., es, er hängt wo feft, bleibt wo hängen.
nätipa, t. CS., er hängt es an, macht, daß es hängen bleibt.
näkliva, j. CS. do., gilt aber nur für Menfchen; er macht, daß er (ein Menfch) hängen bleibt mit dem Fuß und fällt.
nävik, vīk, vit, ein Gegenstand, wo man beim Gehen mit dem Fuß daran hängen bleibt, oder wo ein Tau, Netz 2c. beim Anziehen daran hängen bleibt.
nasimavok, j. SS., es hat fich an-, feftgehängt. [fällt.
naukiutivok, j. SS., er bleibt hängen und
naukiutikasakpok, t. SS., er ftraucheIt, stolpert (weil er hängen bleibt mit dem Fuße).
Nappako, kuk, kut, die Hälfte von einer Sache, z. B. von einem Fell, Seehund der Quere durch, fonft wirds hauptfächlich nur bei durchbrochenen Sachen gebraucht.
nàpkàrpa, t. SS. & CS., er bricht es durch, SS., er bricht ab.
napkaivok, j. SS. do. (mit mik).
naploarpa, t. SS. inus.
naploarsivok, SS.
napparpok. Diefe find ganz einerlei mit nappivok. (Siehe dafelbft.)
Naploarpa, t. SS. inus., er theilt, fchneidet es in viele Stücken, der Quere.
napparpok, t. SS., er bekommt einen halben, in die Quere gefchnittenen Seehund 2c.
Nappariak, itsek, itset, der Bügel, der die Seehundsblafe auf dem Kajak festhält.
Nappakarpok, t. SS., er fällt auf den Kopf.
Nappärtok, tuk, tut, ein Fichtenbaum.
nappärtokarpok, t. SS., es hat Bufch, Bäume, z. B. nappartokarpok kairolingnik, es hat Birken-Bäume. Auf diefe Weife gilt das Wort überhaupt für Bäume, und nicht blos für Fichten. Nappartokarpok keblariktunik. Tannen.
nappärtolik, Waldung von allerhand B.
nappajok, juk, jut, eine in die Höhe gerichtete Stange, Pfoften 2c.
nappavok, j. SS., es fteht aufgerichtet, Stange 2c.
nappaluarpok, t. SS., es fteht ganz fentrecht in die Höhe.
nappārutak, tŏk, tet, ein Maft auf einem Fahrzeug.
nappärpa, t. SS. inus., er richtet (die Stange 2c.) in die Höhe. [auf.
nappaivok, j. SS., er richtet, ftellt was
nappärlipa, t. SS. inus. do., er richtet es in die Höhe.
nappärtilsivok, j. SS. do., ganz einerlei mit nappaivok.
nappajokarpok, t. SS., es hat was Aufgerichtetes.
nappauva, j. SS. inus., er richtet es auf an eine Stange, hängt es an eine

Stange ꝛc., und richtet die Stange in die Höhe. Nappnutjauvok.
nappautjivok, j. SS. do. (mit mik).
nappautiva, j. SS. & CS. do., wie nappauva.
nappautitsivok, j. SS. do. (mit mik).
nappautivok, j. SS., er stößt wider ein Stück Brett, Stange oder sonst was Längliches, daß die Sache in die Höhe fährt und er darüber hinfällt.
nappärterpok, t. SS. & CS., er richtet das Zelt auf.
nappärerpok, t. SS., es ist fertig aufgerichtet.
nappärerpok, t. SS., der Walfisch oder Seehund steht aufrecht im Wasser.
nappajulerivok, j. SS., er macht einen
nappajok, it, er-träumt, daß er einen mache.
Napparpok, t. SS., siehe bei nappajok.
Napperpok, t. SS. & CS., er ist umschlungen, mit einem Strick, CS., er umschlingt ihn, es.
nappersivok, j. SS. do., er umschlingt, fängt mit einem Strick (mit mik).
namniut, tik, tit, oder
napperniut, tik, tit, eine Schlinge oder Strick, um etwas damit zu erhaschen, zu fangen.
Nappivok, j. SS. & CS., es bricht ab, it, das Kreuz ist ihm wie gebrochen, CS., er bricht es ab.
napvaujak, ein Bruch in einer harten Sache, der nicht ganz durchgeht. [geht.
napvak, ein Sprung, Riß der ganz durchnapvaujarpa, t. CS., er macht einen Sprung hinein, der nicht ganz durchgeht.
nappaujiva, CS., er knickt, bricht es.
nappaujevok, SS. do.
napvaujiva, CS. do.
napvaujevok, SS.
nappaujimavok, es ist geknickt, gebrochen.
navaujimavok, do.
nappisivok, j. SS., er bricht was durch

(mit mik). Hat einerlei Sinn mit napkaivok.
nappimavok, j. SS. & CS., es ist abgebrochen, CS., er hat es abgebrochen ꝛc. gebrochen. [ist spröde.
napsikpok, t. SS., es bricht sehr leicht,
naploarpa, t. SS. inus., naploarsivok. j. SS., siehe bei nappako.
Nappo, puk, put, ein Querholz am Schlitten.
nappotiksak, säk, set, Holz zu Querstücken.
nappuliut, tik, tit, der Strick, womit die Querhölzer aufgebunden sind.
nappuliutiksak, säk, set, ein Strick, der zum Aufbinden der Querstücke gebraucht werden soll.
nappuliusorpak, t. SS. inus., er bindet die Querhölzer auf den Schlitten.
nappuliusevok, j. SS. do. (mit mik).
nappulerpok, t. SS. & CS., er bindet ein Querholz auf den Schlitten.
Nappuagulik, līk, ggit, ein Schwertfisch, oder auch sonst Thiere, Hunde ꝛc. die seitwärts, der Quere, gestreift sind, it, Kattun, Halstücher, Decken ꝛc., die seitwärts punktirt oder gestreift sind.
nappulugak, gäk, gat, Sachen, Halstücher ꝛc., die gekreuzt gestreift sind.
Napterēpok, t. SS., er redet wenig, ist stiller Art.
napterēngilak, t. SS., er redet viel.
Narlaumavok, j. SS., er bekommt oder hat einen fortwährenden schlechten Geruch, Gestank. Wenn irgend etwas schlecht riecht, oder auch, wenn sein Innerer verdorben ist.
nārlekpok, t. SS., er bekommt einen übeln Geruch, Gestank; wohl so, daß er darar stirbt.
Narrāje, jik, jit, ein Frosch.
Narriak, äk, et, ein Reizungs-, Lockungsmittel, an einer Fuchsfalle ꝛc.
narriksak, säk, set, ein Stück Fleisch, was dazu dienen soll.
narriarpok, t. SS., er, es geht dem Ge-

Når   Nav   185

ruch des Lockungsmittels nach, bekommt den Geruch davon.
narritserpa, t. CS., er macht Reizungsmittel daran, an die Falle ꝛc.
narritsēvok, j. SS. do. (mit mik).
Nårsipok siehe naksikpok.
Narsuktuinek, näk, nerit, das Umgehen, Umlaufen, Vorspringen.
narsuktorpa, t. SS. inus., er umläuft, umgeht es, ihm, kommt ihm zuvor.
narsuktuivok, j. SS. do. (mit mik).
Naternak, näk, net, eine Ebene, ebenes Land.
natername, auf der Fläche, Ebene.
naternajàk, jåk, jñt, eine große Ebene.
Nauja, jak, jet, ein Möger oder Bürgermeister-Möve (Laurus Glaucus).
Naukak. Wird mitunter gebraucht statt: uukak, nein.
naukårpok, aukårpok, er sagt nein.
naukavallukpok, nukavallukpok, t.SS., es ist vermuthlich nicht so.
Naukiarpok, t. SS. & CS., er wirft mit einem Unak, oder auch nur mit einem Stock, Stange nach einem Thier, SS., er wirft (nur mit einer Stange) zur Uebung vor sich hin.
naukalloarpok, t. SS. & CS., er hat wohl geworfen, aber nicht getroffen.
naukiutivok, j. SS. & CS., er wirft eine Stange oder sonst was von sich weg, SS., er bleibt hängen und fällt.
naujiujivok, j. SS., er wirft etwas vor sich hin, ohne auszuholen (mit mik).
naukut, tik, tit, ein Unak.
Nauk? siehe bei nanē.
Naulernak, näk, net, ein Krebs mit langen Fühlhörnern.
Naulerpa, t. CS, er wirft (den Seehund oder sonst ein Thier) mit dem Harpun, Unak.
nauliksimavok, j. SS., er, es ist geworfen, hängt fest.
naulak, låk, let, ein Harpun.
Naulerpok, t. SS., es fängt an aufzugehen,

zu wachsen, zum Vorschein zu kommen; milerpok.
nauvok, j. SS., es kommt zum Vorschein.
naulipa, t. CS., er bringt es zum Vorschein.
naulsivok, j. SS. do.
Diese werden nur im Norden gebraucht.
nauligaujak, jak, jet, der Halm von dem Strandgras, was Aehren bekommt.
Nausariva, j. CS., er untersucht, erforscht ihn, was er denkt, braucht oder hat ihn zum Rath. Ist einerlei Sinn mit attonneriva.
nausakarpok, t. SS. do. (mit mik).
nausauvok, j. SS., er wird untersucht, ausgefragt, was er wohl zu diesem oder jenem denken mag.
nausaikut, tik, tit, ein Instrument, womit man untersucht, oder woran man sieht, wie eine Sache beschaffen ist, z. B. ein Senk- oder Bleiloth, die Tiefe damit zu messen; eine Uhr, den Tag damit zu messen; ein Thermometer oder sonst ein Maaß.
nautsertük, tik, tit, do.
nausairkava, j. SS. inus., er misset die Tiefe mit dem Bleiloth.
nausairksivok, j. SS. do. (mit mik).
nautserlorpok, t. SS. & CS., er beobachtet, betrachtet eine Sache, einen Menschen ꝛc. genau, SS. do. (mit mik).
nautsertuivok, j. SS. do. (mit mik).
nautsertoriarle, tik, tit, ein Kundschafter, der ausgeht, etwas zu beschauen, zu beobachten.
nautserloreksak, säk, set, eine Sache, die man betrachten, beobachten soll.
Nåvok, j. SS. & CS., es ist zu Ende, CS., er macht es zu Ende, it, er macht alle voll.
nåjivok, j. SS. do. (mit mik).
nåmavok, j. SS. & CS., es ist alles voll, von irgend was, CS., er erfüllt.
nånek, das zu Ende sein.
nåninga, sein Ende, z. B. des Jahres, Lebens ꝛc.

24

naggala, do., uvlul **naggatane,** am Ende der Tage.

näsärpa, t. CS., er macht es schnell zu Ende.

näsa, j. SS. inus., er besucht sie alle.

näsaivok, j. SS. (mit mik), z. B. wenn einer in allen Häusern besucht, oder mehrere Fuchsfallen hat und alle besucht ec.

nágiva, j. CS., er endigt ihn auch. Wird viel von den Eskimos gebraucht, wenn sie nichts ausgerichtet haben, z. B.: Uvlok nagivara sullinanga, ich habe den Tag vergeblich zu Ende gebracht.

Navipok, t. SS. & CS., er schüttet es (eine trockene Sache) aus, SS., er verschüttet es, nicht mit Fleiß.

navitsivok, j. SS. do. (mit mik).

Navikpok, t. SS. &. CS., es ist abgebrochen (einmal), CS., er bricht es ab. Ist einerlei mit nappiva.

naviksimavok, j. SS., es ist zerbrochen.

naviktauniarpok, t. SS., es wird abgebrochen werden.

Navgoak, gutsek, gutset, ein Gelenke.

navgoarsivok, j. SS. & CS., er bricht oder löset sich irgend ein Glied gerade im Gelenke, CS., er ihm do.

navgoarsiva pingasunik, er zerbricht ihm 3 Glieder gerade im Gelenke. SS. ingminik. it, er lauft sich ein Stück Fleisch ob. Bein, was gerade im Gelenke abgelöst ist.

navgoarsëvok, j. SS., er zerbricht ein Glied gerade im Gelenke, assiminik.

navgiva, j. CS., er zerbricht ihm ein Glied, nicht im Gelenke, it, löset es ihm ab.

navgëvok, j. SS. do. (mit mik).

Navlorsimavok, j. SS., es ist in viele Stücke gebrochen.

navgolavok, j. SS. es bricht leicht in Stücke, ist sehr mürbe, Holz ec.

navgorpok, t. SS. & CS., er zerbricht es in viele Stücke, SS., es ist zerbrochen.

navgoivok, j. SS., er zerbricht in viele Stücke (mit mik), it, **navgorpok.** t.

SS. & CS., er zerbricht ein Glied, Arm oder Bein nicht Gelenke, z. B. niunga **navgorpa.**

Neitsartorpok, t. SS., er geht auf den Berg, sich umzusehen.

neitsarpok, t. SS., er sieht sich um. Diese werden nur im Süden von Labrador gekannt und verstanden. Im Norden wird gesagt: **nessipiriartorpok.**

Nekkokpok, t. SS., es fehlt ihm nichts, ist stark, hat Kräfte.

nekkoklipa, t. CS., er stärkt, erfrischt ihn, gibt ihm Kräfte.

nekkoksivok, j. SS. & CS., er ist gestärkt, erfrischt, hat sich erholt, CS., er stärkt ihn, erfrischt ihn, bringt ihn wieder zu Kräften, nachdem er vorher schwach oder unwohl, verdorben war.

nekkoksëvok. j. SS., er stärkt, erfrischt (mit mik).

nekkoksitipa, t. CS. do., wie **nekkoksiva.**

nekkoksititsivok, j. SS. do. (mit mik).

nekkoksijauvok, j. SS., er ist gestärkt, gebessert worden von irgend einem Uebel.

nekkornersauvok, j. SS., er ist besser, gesünder, stärker als vorher, hat sich erholt.

nekkoksiomivok, j. SS. & CS., er ist etwas besser, gesünder als vorher, hat sich aber noch nicht ganz erholt, CS., er hat ihn etwas gebessert.

nekkoëpok siehe **nakoëpok.**

Neksarpok, t. SS. & CS., er nimmt ihn, es mit sich (SS. mit mik).

neksaränerpok, t. SS., es ist angenehm mitzunehmen.

neksaranëpok, t. SS. (Neg.)

neksaräneriva, j. SS. inus., es ist ihm angenehm, es, ihn mitzunehmen.

neksaranëgiva, j. SS. inus., es ist ihm unangenehm, es, ihn mitzunehmen.

neksagak, kŏk, ket, eine Sache, die man immer mit sich führt.

neksartak, tăk, tet, eine Sache, die jetzt gerade mitgenommen wird.

neksipa, t. CS., er gibt ihm was zum Mitnehmen. Wird hauptsächlich gebraucht, wenn er ihm was schenkt, um es mitzunehmen auf ein anderes Land.

neksautipa, t. CS., er gibt ihm was mitzunehmen. Dieses wird mehr gebraucht wie neksipa.

neksititsivok, j. SS. do. (mit mik). Johannesn Paulusemik neksitsivok kamutingnik, Johannes gibt dem Paulus einen Schlitten mit, gibt ihn ihm zum Mitnehmen, zum Behalten.

neksitauvok, j. SS., es wird ihm was mitgegeben, geschenkt.

neksijut, tik, tit, eine Sache, die man will mitnehmen lassen, d. h. ihm schenken.

neksijuta, seine Sache, die er will mitnehmen lassen auf ein anderes Land, d. h. ihm schenken.

neksartitsivok, j. SS. (mit mik).

neksiupa, t. SS. inus., er nimmt was für ihn mit.

neksiujak ob. neksiusiak, äk, et, etwas, was man für einen andern mitnimmt.

neksijusiara ob. neksiusijara, mein Mitnehmendes für einen andern.

neksaujauvok, j. SS., er ist der für den oder von dem man etwas mitnimmt, der einem was mitgibt.

neksaujak, jäk, jet, einer, der was mitgibt, für den man was mitnimmt.

neksakarpok, t. SS., er hat was mitzunehmen, nimmt oder führt was mit. Ist einerlei mit neksarpok.

neksarkartipa, t. CS., siehe neksartipa.

neksararpok, t. SS., er nimmt oft was mit, z. B. aus der Kematullivik oder Store.

Nekserarput, car. Sing., die Männer haben 2 Ziele, wo sie ihre Pfeile hinschießen, nämlich von dem einen Ziel immer wieder zurück auf das andere. (Ein Spiel bei den Nordländern.)

nekserak, kak, die zwei Ziele.

Neksivok, j. SS., er, der Fischhaken, bleibt fest im Grunde hängen, hält sich fest.

neksivik, vīk, vit, die Stelle oder etwas, woran der Haken hängen bleibt.

neksinarpok, t. SS., es ist zum Anhalten, Hängenbleiben.

Nektoralik, līk, ggit, ein Adler.

Nellavok, j. SS., er liegt auf dem Rücken, it, heißt es überhaupt: „er liegt darnieder", sobald jemand unwohl ist.

nellangorpok, t. SS., er ist müde vom Liegen auf dem Rücken, oder ein Kranker überhaupt vom Liegen.

nellajok, juk, jut, ein auf dem Rücken Liegender, it, ein Querbeil oder Dexel.

Nellangaipok, t. SS., er ist falsch, verschlagen, höhnisch.

nellangaërsarvigiva, j. SS. inus., er stellt sich stolz, höhnisch gegen ihn, z. B. gibt es ihm zu fühlen, daß er reicher ob. klüger ist.

nellangaivigiva, j. SS. inus. do.

nellangaitsärpok, t. SS., er ist falsch, stolz.

Nellautainek, näk, nerit, das Prophezeien, das Voraussagen, die Prophezeihung.

nellautaivok, j. SS., er sagt zutreffende Dinge zum Voraus.

nellautaijok, juk, jut, ein Prophet.

nellautaimajok, juk, jut, do., der etwas zum Voraus gesagt hat.

nellautaivigiva, j. CS., er prophezeiet ihm, oder an dem Ort.

nellautaijutigiva, j. CS., er hat es zur Prophezeihung. [pheziehung.

nellautaijutigijaumajok, juk, jut, Pro-

nellaupok, t. SS. & CS., er begegnet ihm, trifft ihn gerade am rechten Orte, it, er trifft gerade seine Gedanken, sagt ihm gerade wie es ist, nemlich bei dem andern, SS., er trifft es gerade oder es trifft gerade, z. B. pijomangitara nellaupok, was ich nicht gewollt, hat getroffen, z. B. beim Loosen um etwas, oder auch sonst. Manche Eskimos lassen aber dieses

Wort gar nicht SS. gelten, doch für Regen und Donner lassen sie es meistens gelten; sillaluk nellaupok uvaplingnut, der Regen hat uns gerade getroffen (wenns nemlich nicht überall regnet), sondern brauchen dafür:

nellautsivok, j. SS., es trifft zu, it, er trifft es, ihn gerade (mit mik), z. B. tussugilauktamnik nellautsivunga, das, wornach ich verlangte, habe ich getroffen.

nellautsitipa, t. CS., er macht, daß es zutrifft, oder er macht, daß jener angetroffen wird.

nellautipa, t. CS. do.

nellautsimavok, j. SS., es ist eingetroffen.

nellautauvok, j. SS., er ist getroffen, es hat ihn getroffen. [wieder.

nellaudlariva, j. CS., er trifft ihn, es

nellautsijutigiva, j. SS. inus., er hat es zur Ursache des Zutreffens, des Treffens.

nellausarpa, t. SS. inus., er findet oder trifft es bald, z. B. wenn er etwa eine Stelle in der Schrift sucht, it, nellausarpa, er trifft ihn, den Menschen ꝛc., den er suchte, er geht ihm entgegen. Bei nellaupa dagegen trifft er ihn von ungefähr. [wieder.

nellausarivok, j. SS. & CS. do., CS., Nella, SS. inus., sein oder das, was gerade vor, unter oder über ihm (einer Sache oder einem Menschen) ist.

nellane (Loc.), über, unter oder vor ihm.

nellanut (Term.), z. B. nellannt pivok, es kommt gerade über, unter oder vor ihm, oder:

nellanurpok (Term.), es kommt gerade über, unter ober vor ihm. Nuvujab nellanurpok, er kommt gerade unter die Wolke. Tingmiak iglub nellanurpok, der Vogel kommt gerade vor oder über das Haus.

nellagut (Vial.), vor ihm, über ihm oder unter ihm durch, it, es ist just gerade so, wie gesagt wird, es ist Wahrheit. Tullugak iglub nellagut pivok, der Rabe kommt gerade über ob. vor dem Hause durch.

nellagorpok (Vial.), es kommt über ihm, durch ihm, unter ihm durch; er, es ist ganz, just so, trifft gerade so. Tingmiak Johannesib nellagorpok, der Vogel kam gerade über dem Johannes durch.

nellanit (Abl.), von, über, vor ober unter ihm. Kieksautib nellanit kusserpok. von gerade über dem Ofen tropft es.

nellagornek, das Geradesosein, die Aufrichtigkeit.

nellagornermut (Term.), aus Aufrichtigkeit, mit völligem, aufrichtigem Sinn.

nellagorlok, tuk, tut, ein Aufrichtiger, der überall gerade durchgeht.

nelliga, das gerade vor, über, unter mir.

nellimne (Loc.), nellimnepok, er, es ist vor, unter, über mir.

nellimnut (Term.), nellimnurpok, er, es kommt do. [durch.

nellipkut (Vial.), nellipkorpok, do.

nellimnit (Abl.), nellimnit pivok, er, es kommt von do.

nellit, das gerade über, vor oder unter dir.

nellingne (Loc.), nellingnepok, er, es ist über, vor, unter dir.

nellingnut (Term.), nellingnurpok, er, es kommt do.

nellikut (Vial.), nellikorpok, do.

nellingnit (Abl.).

nellivul, das gerade über uns.

nelliplingne (Loc.), über, vor, unter uns.

nelliplingnut (Term.), zu do.

nelliptigut (Vial.). do., durch.

nelliptingnit, (Abl.), von dem über, vor, unter uns. Alle diese gelten besonders für Sachen im Hause oder sonst wo, die immer vor, unter oder über einem sind. So z. B. nelliptingne, gerade vor uns, nach der See, nach Osten, d. h. die Inseln dort, it, bei einem von uns. Siehe bei nelliet.

nellitsainārpok, t. SS., er geht gerade» aus. Tukkimuarpok (ist dasselbe).
nellitsainarlune pissukpok, er geht ganz ger., macht keine Krümmungen. [Lampe.
Nellerkauvok, j. SS., er locht über der
Nellersivok, j. SS., er (a) schießt den Pfeil in die Höhe, oder schmeißt sonst was in die Höhe, daß es ihm (b) gerade auf den Kopf fällt. [auf ihn.
nellerpa, t. SS. inus., er (der Pfeil) fällt Neliok, einer von zweien (einerlei welcher).
neliet, einer von mehreren, irgend einer. Innuit neliet kaile, laß irgend einen von den Menschen kommen, wer es ist.
Nappariut neliet paungakalungitok kippijaule, irgend einen der Bäume, der keine Früchte hat, den laß umgehauen werden.
nelietta (trans.), do. Innuit nelietta neksarniarpa, irgend einer der Leute wird es oder ihn mitnehmen.
nelīt, mehrere, oder einige von mehreren. Kingmit nellit kemukattauniængilet, mehrere von den Hunden werden nicht mit am Schlitten ziehen.
nelita (trans.), do.
nelienne (Loc.), bei irgend einem von ihnen.
nelienut (Term.), zu do. do.
nelietligut (Vial.), durch do. do.
neliennik (Acc.), einen von ihnen.
neliennit (Abl.), von irgend einem von ihnen; nelliennik pijomavit? welchen oder welches von diesen willst du haben? neliennut ailerit, zu irgend einem von ihnen gehe (ist einerlei zu welchem).
neliangne (Loc.), bei einem von zweien.
neliangnut (Term.), zu do. do.
neliakut (Vial.), durch do. do.
neliangnik (Acc.), einer ob. eins von zw.
neliangnit (Abl.), von irgend einem do.
nelivut (Nom.), irgend einer von uns, ob. mehrere von uns.
nelipta (Gen. & trans.), do. [uns.
neliptingne (Loc.), bei irgend jemand von

neliptigut (Vial.), durch do. do.
neliptingnut (Term.), zu do. do.
neliptingnit (Abl.), von do. do.
nelise, irgend einer oder jemand von euch.
nelipse (trans.).
neliptik, einer von euch beiden.
nelikarōkpuk, put, sie gehen, sind gleichlaufend neben einander.
nelikārpuk, put, sie hintereinander, nicht zugleich; nellekarlutik kailerlit, laß sie hinter einander, oder einer nach dem andern kommen.
nelikoarēkpuk, put, car. Sing., sie sind einander gleich.
nelertigēkpuk, do. do.
neligēkpuk, do., sie sind einander in der Stärke oder Geschicklichkeit gleich.
neligivo, j. SS. inus., er ist ihm gleich, ist einerlei mit ihm, oder er hat ihn zu sei nem gleichen; nelekarpok ominga, do.
nelekārpok, t. SS., er, es hat welche ob. etwas, was ihm gleiche ist, eben so groß, so stark ic.
nelekangilak, t. SS., er, es hat nicht seines Gleichen.
neligēmajarpuk, put, car. Sing., sie scheinen einander gleich zu sein.
nelilerpa, t. SS. inus., er überläßt ihm etwas (perkomik) ohne Bezahlung, nachdem ihm vorher etwas dergl. unentgeltlich von demselben überlassen worden ist.
nelilēvok, j. SS. do. (mit mik).
nelissiorpok, t. SS., er sucht jemand, mit dem er seine Stärke messen will.
nelimakpok. t. SS. & CS., es ist angefüllt bis oben an; ein Gefäß, oder auch, wenn eine Sache, z. B. das Haus, bis oben an, bis über die Fenster mit Schnee zugelegt ist, CS., er macht es voll oder füllt es bis an ein Zeichen.
nelimaivok, j. SS. do., nellimardlugo, es vollzumachen bis obenhin.
Nellikāk, kæk, kel, zwischen den Beinen, bei Menschen und Thieren.

Nellikinek, nak, nerit, die Nacht an den Hosen zwischen den Beinen.
Nellipsarpa, t. SS. inus., er besucht ihn.
nellipsaivok, j. SS. do.
nellipsautivuk, vut, car. Sing., sie besuchen einander.
Nelliunek, nak, nerit, die Zeit.
nelliupok, t. SS., es ist Zeit.
nolliutivok, j. SS. do.
nelliusimavok, j. SS., es ist ganz Zeit.
nelliutijarērpok, t. SS., es ist schon Zeit über die Zeit.
nelliutingilak, t. SS., es ist nicht Zeit.
nelliutipsanialerpok, t. SS., es wird wieder die Zeit kommen, zu dem oder jenem Fest, Gedenktag.
Nelloak, āk, et, ein weiß gegerbtes Fell.
Nellonek, das Nichtwissen, die Unwissenheit.
nellonera, meine Unwissenheit.
nellovok, j. SS. & CS., er weiß nicht, CS., er weiß es nicht, es ist ihm unbekannt. [ein Heide.
nellojok, juk, jut, ein Unwissender, it,
nellotuipok, t. SS., er ist ohne Unwissenheit, weiß alles.
nellonarpok, t. SS., man weiß es nicht, es ist schwer zu wissen; es macht sich so, daß mans nicht wissen kann.
nellonangilak, t. SS., es macht sich offenbar, es ist nicht schwer zu wissen.
nellonalungilak, t. SS. do.
nellonaronarpok, t. SS., es scheint ungewiß zu sein (man weiß es aber nicht recht).
nellonarkörpok, t. SS., es scheint ungewiß zu sein (es ist ziemlich bestimmt zu sehen).
nellonarasugiva, j. SS. inus., er hält es für unbekannt, er denkt, daß man es nicht wisse.
nellonartoriva, j. SS. inus. do.
nellojungnaipok, t. SS. & CS., er ist nicht mehr unwissend, CS., es ist ihm nicht mehr unbekannt.

nellojungnaitipa, t. CS., er öffnet ihm das Verständniß, er macht ihn bekannt mit der Sache. Gudib pijomajanganik nellojungnaitipa, er thut ihm den Willen Gottes kund, macht ihn bekannt damit.
nellotigiva, j. SS. inus., er hat ihn zu dem, den er nicht weiß.
nellojakarpok, t. SS. do. (mit mik).
nellojakangilak, t. SS. (Neg.), er hat nichts, was ihm unbekannt ist, was andere wissen.
nellojuörpok, t. SS. & CS., er weiß es jetzt, ist nicht mehr unwissend.
nellojuērtorpa, t. CS., er stellt sich, thut als wenn ers ganz gewiß wisse, daß es so oder so ist, oder sein wird.
nellojuērtuivok, j. SS. do., z. B. er sagt: kaupet terrienialörpungn, ich werde morgen einen Fuchs bekommen und dergl.
nellonerpa, t. CS., er macht es bekannt, offenbart, erklärt es. Tuktuvinek kemaksimajok nellonerpara Johanesemut, das verlassene Rennthierfleisch habe ich dem Johannes offenbart.
nellonērsivok, j. SS. do. (mit mik & mut), it, es ist offenbar, die Sache ist bekannt. Kerkojet apputsaumalauktut nellonersivnt, das verschneit gewesene Seegras ist offenbar oder bekannt geworden, daß man bestimmt weiß, wo es ist.
nellonērut, lik, tit, die Ursache, wodurch etwas offenbar wird, eine Bekanntmachung.
nellonaijarpa, t. CS. do., wie nellonērpa, er macht es deutlich, verständlich, offenbar für einen andern; auch wenn er etwas mit einem Merkmal bezeichnet.
nellonērtorpa, t. CS. do.
nellonaijaivok, j. SS., er offenbart, macht bekannt.
nellonaijarvigiva, j. SS. inus., er bezeichnet ihm was, macht ihn mit etwas bekannt.

nellonaijaut, tik, tit, ein Instrument, woburch was offenbar wirb, z. B. eine Drathstange, womit man was unter dem Schnee sucht.
nellonërutigiva, j. SS. inus., er hat es zur Bekanntmachung, d. h. zu bem, woburch er einem andern was bekannt macht (mit mut). [mut].
nellonërtekarpok, t. SS. do. (mit mik &
nellonailiva, j. CS., er beweiset es, macht es bekannt, offenbar (ganz offenbar, mehr wie nellonërpa), SS., es macht sich offenbar, z. B. die Sonne, wenn sie auch noch hinter bem Horizonte ist. [mat.
nellonaikutak, tåk, tet, ein Zeichen, Merk-
nellunaigulak, tæk, tet, do., auf bem Wasser, im Schnee, auf bem Eise.
nellonaikutariva, j. SS. inus., er hat es zum Zeichen.
nellonaikuserpa, t. CS., er versieht es mit einem Zeichen, Merkmal.
nellunaikusëvok, j. SS. do.
nellonaikutekarpok, t. SS., er, es hat ein Zeichen.
nellonaikusiutiva, j. CS., er nimmt, braucht es zum Zeichen; ein Stück Holz, Stange 2c. • [mik).
nellonaikussiutjivok, j. SS. do. (mit
nellokova, j. CS., er läßt ihn unwissend, befiehlt, daß er unwissend bleiben soll.
nellokojivok, j. SS. do.
nollojeksauvok, j. SS., es ist keine Sache zu wissen.
nellojeksaungilak, t. SS., es ist keine Sache; unwissend davon zu sein.
Nellopkotiva, j. SS., er ist kleinlaut, beschämt über ihn, es, weil es zu schlecht ist (SS., ingminik), er fühlt sich kleinlaut, beschämt, unwürdig zu etwas, hält sich für zu gering.
nellopkojivok, j. SS. do., er ist kleinlaut, beschämt über etwas (mit mik).
Savingmik ominga nellopkojivok, er schämt sich dieses Messers, nemlich es

zu geben, weil es ihm zu gering ist gegen das, wofür ers geben will.
nellopkotigiva, j. CS., er schämt sich seiner auch. [kotivn.
nellopkotiutiva, j. CS. do., wie nellop-
nellopkotiudjivok, j. SS., wie nellopkojivok.
nellopkotitipa, t. CS., er macht ihn kleinlaut, beschämt, unwürdig zu etwas.
Nellok, uk, ut, eine Landspitze am Teich, Fluß und See, die sich ins Wasser hineinzieht, wohin die Rennthiere gehen oder gejagt werden.
nelloksiorpok, t. SS., er sucht eine solche Landspitze.
nelloktipa, t. SS. inus., er jagt ihn, es (ein Rennthier, Hund 2c.) ins Wasser.
nelloktitsivok, j. SS. do.
nelloivok, j. SS. do. (Dieses wird nicht allgemein verstanden.)
nelloksiugak, käk, ket, ein im Wasser getriegtes Thier.
nellokpok oder nellukpok, t. SS., ein Thier, Hund 2c., watet oder schwimmt im Wasser, it, ein Mensch watet in den Kleidern im Wasser. Es muß aber wenigstens so tief sein, daß das Wasser in die Stiefel läuft, denn wenns Wasser, bei Mensch und Thier, nur etwa bis an die Knöchel geht, so heißt es: ipperarpok, und watet einer ausgezogen im Wasser, so heißt es: ipperartoarpok. (Siehe daselbst.)
nelluktok, tuk, tut, ein im Wasser Watender (Mensch ob. Thier).
nelluktorpok, t. SS., er bekommt ein sich im Wasser befindendes Rennthier.
nelloluktärpok, t. SS., er schwimmt lange.
Nënerpok, t. SS. & CS., er drückt, CS., er drückt es, druckt Schriften.
nënerarpa, t. CS. do., wiederholt, oft.
nënertorpok, t. SS. & CS., er drückt, preßt es lange zusammen. [gegen.
nënermipa, t. CS., er drückt dawider, da-

nēnermivok, j. SS. do. (mit mik).
nēnersimajok, juk, jut, fertig Gebrückte, Gepreßte, z. B. Schriften.
nennerlivok, j. CS., er drückt, preßt es zusammen, daß es kleiner wird. SS. ingminik, es geht zusammen, fällt zusammen, drückt sich zusammen; Schnee, Mehl ꝛc. Mannorlivok ist dasselbe.
nennipa. t. CS., er drückt den Speck oder sonst was Saftiges aus, daß es zusammenfällt, it, er schöpft einen Wasser- ob. Speckfack aus, daß derselbe zusammenfällt. SS. ingminik, es fällt, er fällt zusammen, wird dünner, z. B. Geschwulst, ober ein Mensch, ber mager wird; Speck, welcher von selber ausläuft ꝛc.
nennipalliavok, j. SS., der Speckfack, ein Mensch oder Thier, wird nach und nach dünner.
nennivallakpok, t. SS., er hat etwas abgenommen, ist etwas schwächer geworden.
Nēnigak, kak, ket, eine Sache, die immer gedrückt werden muß, ein Klavier.
nēnigarpok, t. SS., er spielt Klavier.
Nenneroak, äk, et, was zum Leuchten, ein Licht, brennender Span ꝛc., was man mitnimmt ins Finstere.
nenneroavik, vīk, vīt, ein Leuchter ober sonst ein Platz, wo man das brennende Licht hinstellt.
nenneroarpa, t. CS., er leuchtet ihm.
nenneroarsivok, j. SS. do. (mit mik).
nenneroariva, j. SS. inus., er hat es zur Leuchte.
nenneroakarpok, t. SS. do.
nennerut, tik, tit, eine Laterne.
nennerusijarpok, t. SS., er geht mit einem Licht herum.
nennerutelijarpok, t. SS., er führt eine Laterne mit sich.
Nennok, nuk, nut, ein weißer Bär.
nennoarak, kak, ket, ein junger do.
nennorpok, t. SS., er bekommt einen weißen Bären.

nennorluk, lūk, luit, ein vermeintes Seeungeheuer.
Nennuërpok, t. SS. & CS., er wässert die Schlittenkufen.
nennuilaungniarpok, t. SS. & CS., er wird den Schlitten gewässert haben.
Nergjut, tik, tit, ein großes Landthier, Rennthiere, Bären, Pferde, Kühe ꝛc.
nerchevik, vīk, vit, ein Platz, worauf ein solches Thier frißt, eine Krippe, Raufe ꝛc.
nerguteovok, j. SS., es ist ein Landthier.
nergjutiūluk, luk, luit, ein sehr großes Landthier.
Nerkä, käk, kāt, eine Art Moos.
norkūgasek, sūk, sait, Rennthiermoos, was die Rennthiere fressen.
Nerlingovok, j. SS., er will alles alleine haben, theilt niemandem was mit, ist habsüchtig, geizig.
nerklingotiva, j. CS., er gibt ihm nichts, bezeigt sich geizig gegen ihn.
nerklingotjivok, j. SS. do.
Nerkerksunek, nak, neril, eine gepeitschte ober mit einem Stock ꝛc. geschlagene Wunde.
nerkerksuningit, seine Striemen, Wunden.
nerkerksortipa, t. CS., er haut ihn mit der Peitsche oder mit einem Stock, daß er Striemen bekommt; er macht ihm Striemen.
nerkerksortitsivok, j. SS. do.
nerkerksorpok, t. SS., er ist verwundet, hat Striemen, ist zerfleischt.
nerkerksudlarpok, t.SS., er ist sehr zerfleischt, hat viele Striemen.
Nerlek, lik, lit, eine Gans.
nerlerpok, t. SS., er bekommt eine Gans.
Nerlornek, nnk, net, das Fuß-Gelenk; bei manchen das Obere des Fußes, von den Zehen bis zum Gelenke.
Nerlukpok, t. SS., er biegt, legt sich siebend ober sitzend hinterüber (Mensch ober Thier).

nerlualāvok, j. SS., er biegt sich wieberholt vor und rückwärts, it, er nicht mit dem Kopf in die Höhe, sagt: ja.
nerlungavok, j. SS., er steht oder sitzt hintenüberliegend, it, ein Thier liegt, den Kopf in die Höhe haltend und sich wachsam umsehend.
nerlungautoksoak, āk, suit, ein sehr wachsames Thier.
Nerke, kák, kit, Fleisch, Speise.
nerkiksak, säk, set, Nahrungsmittel, irgend was Eßbares.
nerpik, pīk, pīt, Fleisch ohne Knochen.
nerkiksakarpok, er, es hat Nahrungsmittel, es hat was zu essen.
nerkiksakarungnaipok, t. SS., er, es hat keine Nahrungsmittel mehr.
nerkiksakangilak, t. SS., er, es hat keine Nahrungsmittel. [Essen.
nerkiksalliorpok, t. SS., er bereitet
nerkisivok, j. SS. & CS., er kauft ober findet Essen, CS., er für ihn.
nerkiksarsiorpok, SS. & CS., er sucht Nahrungsmittel, CS., für ihn.
nerkigiva, j. SS. inus., er hat es zur Speise.
nerkisárpok, t. SS., er holt Essen herbei.
nerkiksalipa, t. CS., er versieht ihn mit Nahrungsmitteln, it, er bringt ihm. [do.
nerkiksatsiakarpok, t. SS., er, es hat
nerkiksakatsiarpok, t. SS., er, es hat hübsch Nahrungsmittel oder Vorrath von Eßsachen.
nerklerivok, j. SS., er arbeitet in Nahrungsmitteln, wäscht oder zertheilt dieselben.
nerkerkasaujarpok, t. SS., es scheint beinahe, als hätte es kein Fleisch gehabt; nemlich ein Fell, wenn es ganz reine abgezogen ist.
nerklerpa, t. CS., er tractirt ihn mit Essen; er gibt ihm, daß er's mitnimmt.
nerklĕvok, j. SS. do. (mit mik).
nerrinek, nak, nerit, das Essen, Speisen.

nerrivok, j. SS. & CS., er isset, verzehrt, CS., er isset es.
nerritipa, t. CS., er speiset ihn.
nerrititsivok, j. SS. do. (mit mik).
nerrimārterpak, peit (car. Sing.), do., er speiset sie, bereitet ihnen ein Mahl.
nerrimārtitsivok, j. SS. do. (mit mik).
nerrimārtitsijok, juk, jut, einer, der eine Mahlzeit für zwei oder mehrere veranstaltet.
nerrimārpuk, put, car. Sing., sie essen in Gesellschaft, sind mit einander zur Mahlzeit eingeladen, sind zu Gaste.
nerrimārkattauvok, j. SS., er speiset mit in Gesellschaft, d. h. ist mit eingeladen; denn wenn einer auch in Gesellschaft, aber sein Eigenthum ißt, so heißt es: nerrikattauvok.
nerrimāreksak, säk, set, ein bereitetes Mahl.
nerrivik, nerrimavik, vīk, vit, ein Tisch, woran gegessen wird, oder eine Speisestube.
nerrikipok, t. SS., er ißt wenig.
nerritóvok, j. SS., er ißt viel.
nerritudlarpok, t. SS., er ißt sehr viel.
nerrimanasuarpok, t. SS., er bemüht sich zum Essen, ißt sehr angelegen, achtet nichts anderes.
nerrimanasuariok, tuk, tut, einer, der nicht vom Essen weggeht, der immer nur ans Essen denkt.
nerkiksalitsivok, j. SS. do. (mit mik und mut), nerkiksalitsivok Johanesekunik, er versieht die Familie Johannes mit Nahrungsmitteln, -litsivok Johanesekunnut, er bringt der Johannes'schen Familie Nahrungsmittel.
nerriut, nerrijut, tik, tit, das, womit man isset, ein Löffel, Gabel, Span ꝛc.
nerriutigiva, j. SS. inus., er hat es zu dem, womit er isset.
nerriutauvok, j. SS., es ist was, womit man isset.

25

nerringōrpok, t. SS., er ißt nach langer Zeit zum erſten male wieder.
nerringorpok, t. SS., er iſt müde vom Eſſen, weil er lange gegeſſen.
nerrijailikpok, t. SS., er iſt krank oder ſtirbt, weil er nach langem Hungern auf einmal zu viel gegeſſen; annerpaliorkipok iſt daſſelbe. [likpok.
nerrijailivok, j. SS. do., wie nerrijai-
nerrijailingavok, j. SS., er iſt, weil er öfters nicht ißt, wie krank, ſchwach.
nerrisuipok, t. SS., er iſſet nicht oder ſelten; ein Kranker.
nerrigajuipok, t. SS., er ißt lange nicht, ißt ſelten; nicht aus Krankheit, ſondern aus Gewohnheit.
nerringikajukpok, t. SS. do.
nerrigajukpok, t. SS., er ißt oft.
nerrinerlukut, tik, tit, Ueberbleibſel vom Eſſen.
nerrijauvok, j. SS., es iſt gegeſſen, aufgegeſſen, it, gefreſſen von den Hunden ꝛc.
nerrimavok, j. SS. do.
nerrijiva, j. SS. inus., er ißt, frißt ihm was auf; ein Menſch oder Thier (mit mik).
nerrijinikpok, t. SS. do. Konrade nerrijinikpok uvamnik puijekolimnik, Konrad hat mir meinen Seehund aufgefreſſen (geſtohlen).
nerrijijauvok, j. SS., es iſt ihm was gefreſſen (mit mut & mik); nerrijijauvunga aklunamik kingminullonēt innungmullonēt, es iſt mir ein Strick gefreſſen worden, entweder von den Hunden oder von einem Menſchen.
nerripkarpa, t. SS. inus., er füttert ein Thier, Hunde, Schafe ꝛc.
nerripkaivok, j. SS. do. (mit mik).
nerripkaut, tik, tik, zurechtgemachtes, kleingehacktes Hundefutter.
nerripkautiksak, säk, set, etwas, das zu Hundefutter dienen ſoll.
Nerriliktak, tāk, tet, der Zapfen im Halſe.

nerriliktarpok, er gurgelt ſich.
nerrilikpok, t. SS., er verſchluckt ſich, es kommt ihm was in die Luftröhre, Speichel, Waſſer ꝛc., wenns was Trockenes iſt, ſo heißts: niorksivok.
Nerritorarpok, t. SS., das Kind im Mutterleibe bewegt ſich, it, er ſchluchzet, er hat den Schlucken.
Nerriungnek, nak, neril, das Hoffen, die Hoffnung.
nerriungninga, ſein Hoffen, ſeine Hoffnung.
nerriugiva, j. SS. inus., er erwartet ihn, hofft, daß er kommen ſoll, z. B. ein Gerufener, Beſtellter. [was.
nerriukpok, t. SS., er hofft, wartet auf
nerriugijauvok, j. SS., er wird erwartet.
nerriugijak, jāk, jet, einer der erwartet wird.
nerriugijeksak, säk, set, eine zu hoffende Sache, die immer kommt, worauf man zu hoffen hat.
nerriugijeksariva, j. SS. inus., er hat es zur Sache, worauf er hoffen, was er erwarten kann, was noch immer gekommen iſt.
nerriungnarpok, nerriunarpok, t. SS., es iſt zu hoffen, zu erwarten. (Man hört dieſe Worte hin und wieder auch ohne k, nemlich nerri u pok, meiſtens jedoch mit k.)
nerriungnaut, tik, tit, die Urſache, warum es zu erwarten, zu hoffen iſt.
nerriungnautigiva, j. SS. inus., er hat zur Urſache des Hoffens, der Hoffnung, z. B. er hat vorher wohin geſchrieben, und da heißts: Aglalauktanc nerriungnautigiveit.
nerriuguliksak, säk, set, etwas, wofür man Vergeltung oder Bezahlung erwartet.
nerriuguliksariva, j. SS. inus., er hat es zu dem, wofür er Vergeltung, Bezahlung hofft, erwartet.
nerriuvik, vīk, vīt, eine Zeit, Ort, auch Menſch, wo was zu erwarten, zu hoffen iſt.

nerriuviksak, såk, sel, do.
nerriuviksakarpok, t. SS., er, es hat eine
Zeit oder Platz, was zu erwarten ist.
nerriuvigiva, j. SS. inus., er hat ihn, es
zum Platz, wo er was erwartet, was hofft.
Friedrichib Ludwig nerriugvigiva
savingmik, Friedrich hat den. Ludwig
zum Platz, wo er ein Messer erwartet.
nerriugviovok, j. SS., er, es ist der Platz,
wo was erwartet wird.
nerriugvigijauvok, j. SS., es wird etwas von ihm erwartet; nerriugvigijauvok ikkajornermik, es wird Hilfe
von ihm erwartet, gehofft; nerriugviovok ikkajornermik, do.
nerriungilärkoliva, j. SS. inus., er thut
ihm was zu früh, ehe es erwartet wird;
er kommt, ehe er erwartet wird.
nerriungilärkojivok, j. SS. do. (mit
mik).
nerriungilärkojak, jäk, jet, einer, dem
zu früh, ehe ers erwartet, was gethan
wird, oder jemand zu ihm kommt.
nerriulärkoliva, j. SS. inus., er kommt
zu ihm gerade indem er erwartet wird.
nerriurulivuk, vut, car. Sing., sie hoffen gegenseitig was von einander.
Nerriuptarēkpuk, put, car. Sing., sie, die
nicht auf einem Erwerbungsplatze sind,
machen beim Einsammeln für den Winter
gemeinschaftliche Sache. Befinden sie sich
auf einem Platze und machen gemeinschaftliche Sache, so heißt es kattutjivul.
nerriuptängovok, j. SS., er ist der einzige Erwerber in einem Hause oder auf
einem Lande.
nerriuptagiva, j. SS. inus., er hat es zu
dem, der aus ist, um was zu suchen.
nerriuptakarpok, t. SS. do. (mit mik),
er hat jemand der aus ist, um irgend
was zu suchen.
Nerroakpok, t. SS. & CS., er verlangt nach
einer Sache ganz besonders, um es zu
haben, mehr wie nach einer andern; hängt

dem oder jenem besonders an (SS. mit
mik), Gutes oder Böses.
nerroariva, j. CS., er hat es zu dem, welches er besonders gerne haben will, dem
er besonders anhängt.
nerroaktak, täk, tet, etwas, wonach man
besonders verlangt, dem man besonders
anhängt.
nerroagak, käk, ket, do., wonach man
immer besonders verlangt, z. B. ajor-
neril nerroakel, Lieblings- ob. Schooß-
sünden.
nerroagariva, j. CS., er hat es zu dem,
wonach er immer besonders verlangt, es
vor allem haben oder brauchen zu wollen.
nerroagukarpok, t. SS. do.
nerroaktakarpok, t. SS. do.
Nerrotonek, das Weitsein, die Weite.
nerrotoninga, seine Weite, des Hauses,
Kleides rc.
nerrotovok, j. SS., es ist weit, geräumig.
nerrotogiva, j. SS. inus., es ist ihm zu
weit, ein Kleidungsstück, Haus rc.
nerrotuksarpok, t. SS do (mit mik).
nerrotopa, t. SS. inus., er macht es weiter.
nerrotusivok, j. SS. & CS. do., SS., es
wird weiter.
nerrotuivok, j. SS. do. (mit mik).
nerrotonärpa, t. SS. inus., er macht es
zu weit.
nerrotonärivok, j. SS. & CS. do. (mit
mik), CS., er macht dieses auch zu weit.
nerrotoluarpok, t. SS., es ist zu weit.
nerrotolipa, t. SS., es ist zu weit.
nerrotolipa, t. SS. inus., er macht es
weit, geräumig; nemlich von vornherein.
nerrokinek, das Engesein, die Enge.
nerrokininga, seine Enge, des Hauses,
Weges rc.
nerrokipok, t. SS., es ist enge.
nerrokiluarpok, t. SS., es ist zu enge.
nerrokigiva, j. SS. inus., es ist ihm zu
enge.
nerrokiksarpok, j. SS. do. (mit mik),

nerrokiksarpunga karlingnik uk-kungninga, biefe Hofen finb mir ju enge.
nerrokinārpa, t. SS. inus., er macht es zu enge.
nerrokinārivok, j. SS. & CS. do., CS., er macht biefes auch ju enge.
nerrokilivok, j. SS. & CS., es wirb enger, CS., er macht es enger.
nerrokilĕvok, j. SS. do., er macht enger (mit mik). [enge.
nerrokitipa, t. SS. inus., er macht es
Norromiarnek, bas Tragen an ber Hanb, an ber Seite.
nerromiarpok, t. SS. & CS., er trägt in ber Hanb, an ber Seite, einen Keffel, Eimer 2c.
nerromiargarpok, t. SS. & CS., er kann es nur zu knapper Noth an ber Seite, in ber Hanb tragen, ift ihm beinahe zu schwer.
nerromiaraksak, säk, set, eine Sache, bie in ber Hanb, an ber Seite getragen werben foll, muß.
nerromiangórpok, t. SS. & CS., er ift mübe vom Tragen in ber Hanb, an ber Seite.
nerromiangörpok, t. SS. & CS., er trägt nach langer Zeit zum erftenmal wieber was do.
nerromiangūrpok, t. SS. & CS., er trägt zum erftenmal in feinem Leben etwas in ber Hanb, an ber Seite; do., wenn bas r verfchluckt wirb: er trägt lieber an ber Seite, z. B. erksuklugo sapperpara nerromiangūpara, es ift mir nicht möglich, es auf ber Schulter zu tragen, ich trage es lieber in ber Hanb, an ber Seite.
nerromiasúngárpok, t. SS. & CS., er trägt es zum letztenmal in ber Hanb, an ber Seite.
Nerromingnek, bas Lau-, Weich-, Gerabe-rechtfein.
nerromikpok, t. SS., es ift weich, warm, ein Kleibungsftück, Pelz 2c., it, es ift lau, gerabe recht für ben Munb; Waffer,

Effen 2c. (Ift bei Kleiberfachen einerlei mit okkorpok).
nerromigunarpok, t. SS., es ift zum Warm-, Geraberechtfein, z. B. was Neues, bas noch hübfch Haare ober Wolle hat.
nerromiluarpok, t. SS., es ift befonbers weich, warm, ober auch, ift weicher wie ein anberes.
nerromakut, tik, til, bie guten Flecken, bie auf ein altes, abgefchabtes Kleib gefetzt finb.
nerromigiva, j. SS. inus., er hat es zu bem, was ihn warm hält.
nerromiksarpok, t. SS. do. (mit mik).
Nerrubkak, käk, ket, ber Wanft von einem Rennthiere, welchen bie Eskimos effen.
nerrubkaktorpok, t. SS., er ift folchen Wanft-Kohl.
Nertorpa, t. CS., er rühmt, lobt ihn.
nertordlerpok, t. SS. do. (mit mik).
nertoriva, j. CS., er lobt ihn auch.
nertorlernek, næk, neril, bas Leben, Rühmen.
nertornek, næk, neril, Eigenlob.
nertut, tik, til, Urfache zum Lob, Ruhm, Eigenlob.
nertutinga, feine Urfache zum Eigenlob, z. B. bas, was er gemacht hat.
nertutigiva, j. CS., er hat es zum Lob, Ruhm; er lobt, rühmt, preifet es (mit mik) (ingminik).
nertutekarpok, t. SS. do. (mit mik & mut), annorälliane nertutigiva ingminik, er rühmt fich feiner gemachten Kleiber wegen, ober er hat feine felbftgemachten Kleiber zur Urfache bes Rühmens.
nertordlerutigiva, j. SS. inus., er hat es zur Urfache bes Rühmens ober Lobens (assiminik). Iklervillianga nertordlerutigiva tapsominga, er lobt ihn feines gemachten Kaftens halber. Johanese nertordlerutigivara Paulusemik, ich habe ben Johannes zur Ur-

fache, ben Paulus zu loben; wenn z. B. der Johannes durch den Paulus errettet, ober sonst geholfen worden ist.

nerlordlerutekarpok, t. SS. do.

nerlortak, tāk, tet, einer, der gerühmt, gelobt wird.

nerlugak, kāk, ket, einer ober etwas, was immer gelobt, gerühmt wird.

nerlugariva, j. SS. inus., er hat ihn zu bem, ben er immer lobt, rühmt.

nerlornarpok, t. SS., er, es ist lobens= werth.

nerlornaut, tik, tit, die Ursache, warum jemand ober etwas zu loben ist ober ge= lobt wird.

nerlornautigiva, j. CS., er hat es zur Ur= sache, warum er gelobt od. gerühmt wird. Puije tunnijane inungnut nerlor- nautigiva tapkonunga, den Seehund, welchen er den Menschen gegeben, hat er zur Ursache, warum er gelobt wird. Nerrilitsinera inungnik nerlornau- tigivara tapkonunga, mein Speisen der Menschen habe ich zur Ursache, warum ich von ihnen gerühmt werde.

nerlornautekarpok, t. SS. do., er hat Ursache, um gerühmt, gelobt zu werden.

nerlornautiksak, sāk, set, etwas zur Ur= sache zum Gelobt=, Gerühmtwerden.

nerlornautiksatuariva, j. CS., er hat es einzig zu seinem Ruhm, zur einzigen Ur= sache, warum er gerühmt wird.

nerlortituariva, j. CS., er hat ihn, es einzig zu seinem Ruhm, dessen er sich rühmt. [rühmt.

nerlortauvok, j. SS., er wird gelobt, ge=

Nervgalanganek, das Liegen auf dem Rücken.

nervgalangavok, j. SS., er liegt auf dem Rücken.

nervgalavok, j. SS., er legt sich auf den Rücken.

nervganakivok, j. SS., er fällt auf den Rücken.

Nessak, sāk, set, eine Mütze, it, Kappe an einem Männerpelz.

nessarlugak, kak, ket, ein Hut.

nessarpok, t. SS. & CS., er setzt die Mütze auf, zieht die Kappe über, CS., er setzt sie ihm auf ꝛc.

nessarsimavok, j. SS., er hat die Mütze auf, hat Kopfbedeckung, hat die Kappe übergezogen.

nessairpok, t. SS. & CS., er zieht die Kappe oder Mütze ab, CS., er setzt ihm die Mütze ab, zieht ihm die Kappe herunter.

nessaingavok, j. SS., er ist bloß, hat keine Mütze auf.

Nessauligak, gāk, gat, ein lappländischer Distelfink (Fringilla lapponica).

Nessipirnek, das Umsehen auf einem Berge.

nessipirpok, t. SS., er sieht sich um auf einem Berge ober sonst von was Er= habenem.

nessipiriartorpok, t. SS., er geht auf einem Berg ꝛc., sich umzusehen.

nessisartorpok, t. SS. do., er sieht sich um ꝛc.

nessisartoriarpok, t. SS. do., er geht, sich umzusehen. Anmerkung: Diese werden nur im Norden von Labrador, in Hebron und Olak, gebraucht; im Süden sagen sie: neisertorpok ꝛc.

Netsek, sik, sit, eine kleine Art Seehunde, ein gemeiner Seehund (Phoca vitu- lina), it, ein Pelz von Seehundsfellen.

netsiak, āk, et, ein ganz junger do., der noch weiße Haare hat.

netsiarsuk, suk, suit, ein junger Netsek, der sich eben gehärt hat und dessen Fell gut zu Kleidern ist.

netsiavinek, nīk, nīt, ein etwas älterer Netsek, wie der Vorige, der aber noch kein Jahr alt ist.

netsiluarsuk, sūk, suit, do., wieder etwas älter wie der Vorige.

netsitsiak, āk, et, ein schönes Seehunds=

Nett   Nia

jell, von irgend einem Seehunde, was schon zum Pelze ist.
netsivak, vāk, vait, ein Klappmybs (Phoca crista).
netserpok, t. SS. & CS., a) er bekommt einen Netsok, einen Seehund, b) er zieht sich den Pelz an, CS., er zieht ihm den Pelz an.
netsersimavok, j. SS., er hat einen Seehund, Netsek, bekommen, it, er ist mit dem Pelz bekleidet; doch sagen bei Lepterem Viele: netsisimavok.
netsisak, sāk, set, ein Fell zu einem Pelz.
netsisaitok, tuk, tut, einer ohne Pelz.
netsialiut, der Name des Monats März, in welchem die Netsit werfen.
netsertaitok, ein Platz, wo es keine Netsit gibt.
Nettakoak, äk, et, die auswendigen Lappen an den Nasenlöchern.
Nettakok, kuk, kut, ein Knorpel-Bein.
nettakoktorpok, t. SS., er ißt Knorpel.
Nettärnak, näk, net, ein Helflunder.
nettärnartorpok, t. SS., er isset Helflunder.
nettärnarpok, t. SS., er kriegt Helflunder.
nettärnarniarpok, t. SS., er ist auf den Helflunderfang.
Nettarkonak, näk, net, ein Hagelkorn.
nettarkonarpok, t. SS., es hagelt, gräupelt.
nettarviärsukpok, t. SS., es hagelt sehr fein.
Nettarovik, vīk, vit, der sachte Stöber, der so dichte über die Erde hinfährt.
nettarovikpok, t. SS., er stöbert so sachte dicht über den Boden hin.
netturovitsainarpok, t. SS., er stöbert beständig so dichte über den Boden hin.
Nettak, lāk, tet, ein Boden in einem Faß ꝛc.
nettek, lik, tit, ein Fußboden im Hause.
netsit, sitik, sitit, ein Brett am Fußboden.
netsitiksak, sāk, set, ein Fußbodenbrett, ein Brett, was zum Fußboden soll gebraucht werden. [den in ein Faß ꝛc.
netsitaksak, sāk, set, etwas zu einem Bo-

netsisertorpa, t. SS. inus., er legt ihm dem Hause, einen Fußboden.
netsisertuivok, j. SS. do. (mit mik).
netsititarpok, t. SS., er legt einen neuen Fußboden.
netsitsiorpok, t. SS. do.
netsitiliorpok, j. SS. do.
netsitaitok, tuk, tut, ein Haus, Stube ohne Fußboden.
Niakok, kuk, kut, das Haupt, der Kopf.
niakerivok, j. SS., er hat Kopfweh.
niaköngovok, j. SS. do.
niakoartarpa, t. CS., er schlägt ihn an den Kopf, auf den Kopf (mehreremal).
niarkoartaivok, j. SS. do. (mit mik).
niakoarpa, t. CS. do. (einmal).
niakoarsivok, j. SS. do. (mit mik).
niakoartasimavok, j. SS., er ist vielfach an den Kopf geschlagen, am Kopf verwundet.
niakoarsimavok, j. SS., er ist einmal an den Kopf geschlagen, am Kopf verwundet. Diese gelten nemlich für beides, es mag beim Schlagen eine Wunde gegeben haben oder nicht. [Kopf.
niakorlukpok, t. SS., er hat einen bösen
niakot, tik, tit, eine Krone, oder sonst ein Band um den Kopf, it, ein Reifen um ein Faß.
niakotiksak, sāk, set, etwas zu einer Krone oder zu einer Kopfbinde.
niakoserpa, t. CS., er setzt ihm eine Krone auf; bindet ihm eine Binde um den Kopf; das Faß versieht er mit Reifen.
niakosėvok, t. SS. do. (mit mik).
niakorulik, lāk, ggit, ein Hund od. sonst ein Thier, was am Kopfe anders aussieht, als der übrige Theil des Körpers.
niakojak, jāk, jūt, etwas einem Kopf ähnliches, Brod. [Brod.
niakojalliorpok, t. SS., er macht, bäckt
niakojalliorvik, vīk, vit, ein Backofen, Bäckerei.
niakojiorvik, vīk, vit, do.

Nierkorpok, t. SS., es kracht, macht Stimme, ein Haus, bei starkem Winde; ein Kajak, Boot, Stuhl ꝛc., it, er knirscht mit den Zähnen.
nierkudlarpok, t. SS. do., sehr.
nierkolārpok, t. SS. do.
nierkorlipa, nierkolārtipa, t. SS. inus., er macht, daß es knirscht, kracht.
nierkolārtitsivok, j. SS. do.
nierkolartsivok, j. SS. do.
Nigak, gäk, kel, eine Schlinge, Vögel damit zu fangen.
nigartorpok, t. SS. & CS., er stellt die Schlinge auf und wartet, CS., er bekommt den Vogel in der Schlinge.
Nigek, Nord-Ost-Wind.
nigekpok, t. SS., es weht do.
nigilerpok, t. SS., es fängt an zu wehen do.
nioksarnek, Ost- und Süd-Ost-Wind.
nioksarnilerpok, t. SS., es fängt an do. zu haben.
Niglapok, niglakpok, t. SS., es ist kühle, das Wetter, ein Haus.
niglaumivok, j. SS., es überläuft ihn kalt, schaudert, graut ihn (wie keongmivok).
niglasukpok, t. SS., es schickt sich an zum Kühlwerden (das Wetter).
niglatarpok, t. SS., es ist abgekühlt; die Luft, ein Haus.
niglivok, j. SS., es ist kühle, kalt; Wasser, Bier, Todter ꝛc.
niglidlarpok, t. SS. do., sehr kalt, kühle.
niglissiariva, j. SS. inus., er kühlt es ab.
niglissēvok, j. SS. do.
niglingnariktovok, j. SS., es ist eiskalt; Wasser ꝛc.
niglinarpok, t. SS., es ist kaltmachend, abkühlend, z. B. Eis, Schnee, sehr kaltes Wasser ꝛc.
Niggòrpok, t. SS., es nagt ihm im Magen, weil er leer ist.
Nigorpok, t. SS. & CS., er traut nicht, geht aus dem Wege, CS., er weicht ihm aus, will ihn nicht sehen, weil er sich fürchtet; einen Menschen, Thier oder sonst gefährliche Stelle.
nigoriarpok, t. SS. & CS. do., er weicht aus, umgeht (wenn der Gegenstand nahe ist).
Nikkasungnek, das Schonen einer Sache.
nikkagiva, j. CS., er schont ihn, geht behutsam um, SS., er schont sich selber, nimmt sich in Acht, daß er sich nicht zu sehr anstrengt.
nikkasukpok, t. SS. do. (mit mik).
nikkakpa, t. CS. do. [schont.
nikkagijauvok, j. SS., er, es wird geschont.
nikkanarpok, t. SS., es ist zu schonen; es ist gefährlich, schwer hinein od. darauf zu thun, weil es leicht zerbrechen kann, it, ein Hund ist zu schonen, der nicht viel Kraft hat.
nikkanarsarpok, t. SS., er erniedrigt sich, sagt, daß er schwach, oder daß sonst nicht viel an ihm sei.
Nikkipok, t. SS., es ist ungleich mit einem andern, it, er, es rückt von der Stelle, ist unegal mit dem, in dessen Richtung man es erst sah, it, er kann nicht mit fort, bleibt zurück. [egal.
nikkitipa, t. CS, er macht es ungleiche, un-
nikkisuitok, der Nordstern.
nikkitakularpuk, car. Sing., sie sind ungleich; unegal in der Länge; Hundestricke ꝛc.
Nikkovgautet, die drei größten, ein Dreieck bildenden Sterne im Perseus.
Nikkovipok, t. SS., er steht auf vom Sitzen, it, auch vom Liegen, wenn er gleich aufsteht, ohne sich erst zu setzen.
nikkopsartorpok, t. SS., er stellt sich auf die Zehen.
nikkopsangovok, j. SS., er steht auf den Zehen.
nikkopsarpok, t. SS., er stellt sich auf die Zehen, oder ein Hund auf die Hinterbeine, und hüpft nach etwas in die Höhe.
nikkopsararpok, do. (mehreremal).

Nikparpok, t. SS. & CS., er lauert auf dem Eise, bei einem Seehunds-Loche, CS., er lauert auf ihn, den Seehund.

Niksarlok, tuk, tut, ein kleiner oder Berg-Ripper (Tetrao lagopus).

niksartokpok, t. SS., er bekommt einen solchen Ripper.

niksartulerkemavok, j. SS., er bekommt viele kleine Ripper.

niksartotaisakpok, t. SS., er bekommt wenig do. [auf.

Niksärpok, t. SS., er rülpst, es stößt ihm

Niksik, sīk, sit, ein Haken.

niksipa, t. SS. inus., er zieht es, ein Boot, Stuhl ıc., mit einem Haken oder auch mit einem Strick, Stecken an sich.

niksikartaut, tik, tit, ein Rechen.

niksikartausijarpok, t. SS., er rechet, it, führt einen Rechen mit sich.

niksikatausijautiva, j SS., rechet es ab.

Niksigarpa, t. SS. inus., er winkt ihm mit dem Finger. (Wird zwar hin und wieder verstanden, aber wenig gebraucht, sondern sie sagen: nallorarpa.)

Niksut, suk, sutit, eine Spinne. (Wird nicht viel gekannt.)

niksoarpak, pak, pait, eine größere do.

niksuarsuk, sük, suit, eine kl. Sorte do.

niksuarsub nulluangit, Spinngewebe. Ueberhaupt sind dies die kleinen Spinnen, die größte Sorte heißt: Asivait.

Nillak, lāk, lait, ein helles Stück Eis.

Nillek, lēk, it, ein Wind, vom Menschen oder Thier.

nillerpok, t. SS., er läßt den Wind gehen.

Nimmakpok, t. SS., der Fisch zappelt, bewegt sich sehr stark. (Gilt für in und außer dem Wasser.)

nimmävok, j. SS., er, ein Mensch, wirft sich herum, zappelt gleichsam, kann nicht ruhig liegen, sitzen; vor Schmerzen, oder auch, wenn er sonst Unruhe in den Gliedern hat.

nimmäjavok, j. SS. do.

Nimmerpa, t. CS., er umwickelt, umwindet es (einmal), etwas Gespaltenes oder zur Vorsicht, daß es nicht spalten oder aufgehen, ausriefen soll.

nimmersivok, j. SS. do. (mit mik).

nimmek, māk, mingit, ein Band, das man um was bindet, wickelt.

nimmigak, kāk, ket, eine Sache, die immer umwunden, gebunden ist.

nimmertarpa, t. CS., er umwindet, umwickelt es (vielmals).

nimmertaivok, j. SS. do. (mit mik).

nimmertok, tāk, tot, etwas, das umwunden wird, it, ein Seewurm.

Nimniorpok, t. SS., er sitzt, liegt, es ist ihm gebrange.

nimniornek, das Gebrängesein.

nimniupok, t. SS. do., es ist ihm gebrange (mit mut), nimniupok inunguut, er ist gebrange vor Menschen. [ihn.

nimniortipa, nimniutipa, t. CS., er drängt

nimnitipa, t. SS. inus. do., wie nimniutipa. [Schmerz, Noth ıc.

nimniutipok, es wird ihm zu enge, vor

Ningakpok, t. SS., er ist böse, zornig.

ningagatakpok, t. SS., er ist etwas böse, kridlich.

ningajakpok, t. SS. do., er ist ziemlich böse, kridlich (doch nicht sehr).

ningarosukpok, t. SS., es erregt sich Kridel, Zorn bei ihm; er fängt an böse zu werden.

ningarosugajukpok, t. SS., es erregt sich oft Zorn bei ihm.

ningarosugajuipok, t. SS., es erregt sich selten Zorn bei ihm.

ningarosujuipok, t. SS., es erregt sich nie Zorn bei ihm.

ningajuipok, t. SS., er ist nie böse, zornig.

ningarajuipok, t. SS., er ist selten böse.

ningarajukpok, t. SS., er ist oft böse.

ningariva, j. SS. inus., er ist böse, zornig über ihn.

ningautiva, j. CS., er macht ihn zur Ur-

Ninga   Ningi

sache seines Zornes, schlägt, prügelt ihn. Gilt bei den Eskimos hauptsächlich, wenn der Mann die Frau, oder die Frau den Mann schlägt; doch auch zuweilen bei Kindern und andern.
ningautjivok, j. SS. do.
ningavok, j. SS. & CS. do., er ist zornig, böse auf sie; er prügelt sie, oder sie ihn. (Gilt durchaus nur bei Eheleuten.) (SS. mit mik.)
ningäjauvok, j. SS., es wird ihr sein Zorn fühlbar gemacht; sie wird aus Zorn von ihm geschlagen (oder umgedreht).
ningajautsivok, j. SS. do. (anfangen).
ningajutivuk, sie, zwei Eheleute, schlagen sich gegenseitig, aus Bosheit, Zorn.
ningaut, tik, tit, die Ursache zum Zorn.
ningautivuk, vut, car. Sing., sie sind gegenseitig böse, zornig auf einander.
ningarluënarpok, t. SS., er ist bestäubig böse, tricklich (gegen seine Frau und umgekehrt).
ningarnek, das Zornigsein, der Zorn.
ningausek, säk, set, der Zorn, Kriket.
ningak, äk, ait, do.
ningaivok, j. SS. & CS., er hat ihn zu dem, der böse auf ihn ist; ningaivara, er ist böse auf mich, -vunga tapsominga, do.
ningaumanek, nak, nerit, do., das Bösesein (geringer wie ningarnek).
ningaumajarnek, näk, nerit, do., Kriket (etwas geringer als das Vorige).
ningajarnek, nåk, nerit, do.
ningaumavok, j. SS., er ist böse, tricklich.
ningaumajarpok, t. SS. do., etwas weniger (ist einerlei mit ningarpok).
ningaumajadlarpok, t. SS., er ist etwas sehr tricklich (aber noch geringer wie ningaumajok).
ningarsarpa, ningartipa, t. CS., er erzürnt, ärgert ihn.
ningaksaivok, j. SS. do.
Ningauk, Sing. & D. aut. Pl., ein Schwie-

gersohn, it, der Schwager, der Schwestermann.
ningaunga, sein Schwiegersohn oder Schwager.
ningaugiva, j. SS. inus., er hat ihn zum Schwiegersohn, it, er hat ihn zum Schwager.
ningauksak, säk, set, einer, der Schwiegersohn werden soll, dem die Tochter versprochen ist, it, sein Schwager, der seine Stiefschwester hat.
Ningek, ik, it, eine Schneewand auswendig ums Haus herum.
ningekpok, t. SS. & CS., er setzt dem Hause eine Schneewand.
ningerasuarpok, t. SS. & CS. do.
Ningek, ik, it, ein Theil, Stück von dem Erworbenen, was einer bekommt, der dabei ist, it, ein Habgieriger, der an allem Theil haben will.
ningerpok, t. SS. & CS., er bekommt was von dem, was andere erworben haben, it, er bestellt sich eine Sache zum Voraus, damit es durch niemand anders getriegt wird.
ningersimaniarpok, t. SS. & CS. do., er bestellt es zum Voraus, was er nachher greifen wird.
ningersimavok, j. SS., er hat Theil bekommen, it, er hat eine Sache bestellt.
ningersivok, j. SS. & CS. do.
ningersëvok, j. SS. do. (mit mik).
ningersjak, äk, et, ein bekommenes Theil.
ningersimajauvok, j. SS., es ist getheilt worden, it, es ist bestellt worden.
ningertorpok, t. SS. & CS., er bekommt Theil an einer Sache von mehreren, die noch nicht gleich getheilt wird, it, er bestellt sich von mehreren Sachen eine, damit es kein anderer bekomme.
Ningiok, uk, ut, eine alte Frauensperson, it, die Hausmutter.
ningiuksangolerpok, t. SS., sie fängt an alt zu werden.

ningiuksaksövok, j. SS., fie ift eine Hausmutter-Sache, fie ift beinahe alt.
Ningivok, j. SS. & CS., er läßt etwas an einem Strick, Schnur herunter, it, er setzt die Netze ins Wasser, läßt fie herunter.
ningilipa, j. CS. do.
ningititauvok, j. SS., es wird heruntergelaffen.
Ningovok, j. SS., es ift zähe, ftark; bricht oder reißt nicht; Holz, Eifen, Tau 2c.
ninguëpok, t. SS., es ift mürbe; zerreißt, bricht leicht.
ningojönarpok, t. SS., es fcheint zähe, ftark zu fein; es fieht fo aus.
ningojovinek, nak, verngit, ein Stück zähes Holz, Eifen, Tau 2c.
Nio, uk, ut, ein Bein, vom Fuß bis zur Hüfte.
niuga, mein Bein; niut, bein Bein.
niuka, meine zwei Beine; niukik, beine zwei Beine.
niunga, feine Beine; niugik, feine zwei do.
niuvut, unfere do.; niuvuk, unfer Beider Beine.
niungit, ihre Beine.
niolukpok, t. SS., er hat böfe Beine, Füße.
niovok, t. SS. & CS., er fteigt aus einem Fahrzeug, aus einem Boot, Schlitten 2c., it, es geht aus, los, z. B. die Haare, ein Stiel an irgend etwas, CS., er ladet Sachen oder Menfchen aus, ab.
niusivok, j. SS., er ladet ab, aus
niojak, jāk, jet, etwas Aus-, Abgeladenes (Sachen ob. Menfchen).
niorarpait, t. SS. inus., er ladet fie aus, ab (car. Sing.), (gilt nur bei vielen Sachen).
niorkaivok, j. SS. do. (mit mik).
nioraivok, do.
niomavok, j. SS. & CS., er ift abgeladen, es ift heraus-, losgegangen, CS., er hat es abgeladen, abgefetzt.
niosimavok, j. SS. do.
niojivok, j. SS., es ift ihm herausgegangen, dem Menfchen; ein Beilftiel, Heft von irgend etwas 2c.
niojalatsivok, j. SS., es geht ihm los, heraus.
niojiariva, j. SS. inus., es ift ihm losgegangen, das Beil 2c. [los.
niojalatsiajiva, j. SS. inus., es geht ihm
niorkautiksak, sāk, set, ein Brett 2c., ans Boot zu legen, um darauf ans Land zu gehen, die Sachen hinüber zu tragen.
niorgovok, j. SS., er geht über Land, er geht auf ein ander Land (wo Menfchen find) auf Befuch.
niorvgosivok, j. SS., er verhandelt etwas, geht etwas zu verhandeln.
niorvgutiksak, sāk, set, Sachen, die zu verhandeln, zu verkaufen find, d. h. die von einem abgehen follen, und wo man fie anbietet.
niorvgutigiva, j. CS.. er verhandelt es.
niobvagiarpok, t. SS., er geht zum Handeln.
niobviorpok, t. SS. & CS., er geht unt fieht zu, wenn jemand zu Kajak, Boot, Schlitten 2c. angekommen ift.
niolo, niulo, luk, lut, ein Fuß, Bein von einem Tifch, Stuhl 2c.
niolutóvok, j. SS., er, es (ein Stuhl, auch ein Thier 2c.) hat hohe, lange Beine.
niolukipok, t. SS., er, es hat kurze Beine: ein Tifch, Hund 2c.
niolutogiva, j. SS. inus., er, es, der Stuhl, Bank 2c., ift ihm zu hoch; feine Beine langen nicht bis auf den Boden.
niolutuksárpok, t. SS. do.
niolokigiva, j. SS. inus., er, es — der Sitz — ift ihm zu niedrig.
niolokiksárpok, t. SS. do.
niotóvok, j. SS., er hat lange Beine.
niokipok, j. SS., er hat kurze Beine.
niotokivara, j. SS., er hat längere Beine wie ich.
Niogarpok, t. SS. & CS., er reibt mit der Hand oder Fuß auf etwas hin und her;

er bürstet, er reibt ein Fell ꝛc. im Schnee hin und her, it, ein Seehund reibt auf dem Eise hin und her.

niogarut, tik, tit, etwas, um damit zu reiben; eine Bürste ꝛc.

niugaumijarpok, t. SS., er macht Geräusch mit den Füßen, rutscht mit denselben.

Nioksarnek, siehe bei nigek.

nioksarnilorpok, do.

Niorkpa, t. CS., er nimmt einen Schluck von etwas aus einem Gefäß, z. B. Suppe oder sonst was, Kaltes oder Heißes, was sich nicht so hintereinander trinken läßt.

niorksivok, j. SS. do., er nimmt einen Schluck von etwas, it, er verschluckt sich; es kommt ihm beim Essen etwas in die Luftröhre. Beim Trinken oder mit Speichel heißt es: nerrilikpok.

niorksitipa, t. CS., er macht, daß jener sich verschluckt, z. B. bläst ihm Tabaksrauch ins Gesicht ꝛc.

niorkápok, t. SS. & CS., er nimmt mehrere Schlucke; takka niorkáruk una, da nimm einige Schlucke von diesem; takka niorkárit ominga, do.

niorkátipa, t. CS., er gibt ihm mehrere Schlucke von etwas.

Niorluk, siehe niurdluk.

Niortipa, t. CS., siehe niungavok.

Nipakpok, t. SS., er, es ist verschwunden, unsichtbar; Nahrungsmittel, die zu Ende, und sonstige Sachen, die nicht mehr vorhanden, nicht mehr sichtbar sind.

nipaksárpa, t. CS., er schafft, räumt ihn weg, einen Menschen, sagt ihm, daß er nicht sichtbar sein soll.

nipaktipa, t. CS., er schafft eine Sache weg, macht sie unsichtbar.

nipaktitauvok, j. SS., es ist weggeschafft, unsichtbar gemacht.

nipaivok, j. SS. & CS., er sieht nichts mehr, CS., er, es ist ihm verschwunden, aus den Augen gekommen.

Nipko, kuk, kut, getrocknetes Fleisch.

nipkolivok, j. SS., er trocknet Fleisch.

nipkotorpok, t. SS., er isset getrocknetes Fleisch.

nipkosarpok, t. SS., er holt (etwas) getrocknetes Fleisch.

nipkoitarpok, t. SS. do. (viel).

nipkotisarpok, nipkotoitorpok, do.

Nipok, t. SS. & CS., es ist abgerieben, durchgerieben; ein Fell, vom Schleppen oder Waschen, it, die Haut eines Menschen, wenn er sich an irgend etwas streift, so daß es blutet, oder sonst so lange gerieben wird, bis die Haut durch ist; ein Kranker, vom Liegen, CS., er reibt es durch, reibt ihm die Haut durch.

Nippaläkpok, t. SS., es brauset das Meer, das Wasser macht Stimme.

nippaládlarpok, t. SS. do. (sehr).

nippavok, j. SS., er, ein Mensch, macht Stimme vor Schmerzen. Ist einerlei mit ślavok.

nippe, pik, pit, die Stimme, Schall, Ton.

nippekarpok, t. SS., er, es hat Stimme, kann Stimme machen.

nippekangilak, t. SS., er, es hat keine do.

niplerpok, t. SS., er macht Stimme, er redet, ruft, schreit (wenig).

niplilerpok, t. SS., er fängt an Stimme zu machen, seine Stimme zu erheben.

nipliavok, j. SS. do., er macht Stimme, redet (lange, viel), it, ein Instrument macht Stimme.

nipliavigiva, j. CS., er hat (viel) Stimme zu ihm, redet (viel) zu ihm.

niplervigiva, j. CS. do. (nicht viel).

niplingilak, t. SS., er redet nicht, schweigt stille. [redet ihn an.

nipliutiva, j. CS., er hat Stimme zu ihm,

nipliutjivok, j. SS. do. (mit mik).

nippangerpok, t. SS., er verstummt, hört auf zu reden, schweigt, wird stille.

nippangertipa, t. CS., er bringt ihn zum Schweigen, zum Verstummen.

nippaingujivok, j. SS., er ist stille, redet

Nippe

nicht, indem er wohl reden sollte, it, er liefet stille vor sich hin.

nippainguliva, j. SS. inus., er ist stille gegen ihn, gibt keine Antwort, obgleich er's wohl weiß, wornach er gefragt wird.

nippaingujiuligva, j. CS., er hat es zur Ursache des Stillschweigens.

nipsarpok, t. SS., er macht Stimme, ruft, sagt so was hin, z. B. bei schwerer Arbeit, die mehrere mit einander thun und einer den Takt dazu jolt.

nipsarlukpok, t. SS., es (ein Kind) schreit, weint, sagt tricklich so was hin.

nipjavok, j. SS., ein Kind lallet, macht Stimme ohne Worte. Bei den Nordländern heißt es auch, ein Instrument macht Stimme.

nipjaut, tik, lit, eine Flöte, Blase-Instrument von Holz.

nipsausijarpok, t. SS., er spielt so ein Instrument.

Nipperkivok, t. SS. & CS., er tunkt mit irgend etwas, einem Schwamm, Sägespänen, Schnee, Fließpapier ꝛc., Nässe auf, CS., er streut Sägespäne ꝛc. auf die Nässe, it, sie, die Sägespäne, Schwamm ꝛc., saugen die Nässe ein.

nipperkut, tik, lit, ein Schwamm, Schnee, Sägespäne und irgend dergl., was Nässe einsaugt.

Nippipok, t. SS. & CS., es klebt, bleibt hängen an was (SS. mit mut), it, es brennt an beim Kochen, CS., es klebt, hängt ihm an.

nippinek, Angebranntes beim Kochen.

nippiniarnerpok, t. SS., es riecht, schmeckt nach Angebranntem.

nippingavok, j. SS., es klebt, hängt an.

nippinarpok, t. SS., es ist anklebend, macht, daß was hängen bleibt.

nippinartovok, t. SS., es ist was, was anklebend ist.

nippitsiarikpok. t. SS., es klebt gut, fest an.

Nippo

nippitipa, t. CS., er leimt, kleistert es.

nippititsivok, j. SS. do. (mit mik).

nippiterivok, j. SS. do. (viel).

nippititak, täk, tet, ein Geleimtes, Verkittetes. [Kitt ꝛc.

nippitinerko, kuk, kut, Leim, Kleister.

nippinako, kuk, kut, do. (wird wenig gebraucht).

nippijut, tik, tik, die Ursache zum Kleben. Wasser, Oel ꝛc.

nippijuta, seine Ursache, warum es fest klebt.

nippisuserpa, t. SS. inus., er versieht ein Fenster mit Kitte, das Holz mit Leim ꝛc.

nippitinerkuserpa, do.

nippisusèvok, j. SS. do. (mit mik).

nippingautivuk, vut, car. Sing., sie kleben an einander.

nippitarpuk, car. (Sing.), sie — zwei Hunde — hängen aneinander.

nippinèrudjarpok, t. SS. & CS., es geht los, auf; was Geleimtes, Gelleistertes, Angefrornes, Gelöthetes, CS., er macht es los.

Nippisa, sâk, set, ein Steinbeißer. Ein fl. Fisch, der sich im Sommer in der Nähe des Strandes aufhält und anbeißt.

nippisaluk, lùk, lut, ein großer do.

nippisarpok, nippisapok, t. SS., er bekommt, kriegt einen Steinbeißer.

Nippisiorut, tik, lit, ein Register zu einem Buch, die Ursache, um die Stimme darnach zu suchen.

nippisiorpok, t. SS. & CS., er sucht im Register, CS., er sucht es. Nippekatlinga nippisiorpa.

Nippivok, j. SS., die Sonne geht unter, klebt, hängt sich gleichsam an die Berge.

nippilerpok, t. SS., die Sonne fängt an unterzugehen.

nippivinga, nippijarvinga, die Zeit oder Gegend, in welcher die Sonne untergeht.

Nipporpok, t. SS., er ist ruhig in seinem Gemüth, ist zufrieden, ohne Kummer.

nippoksava, -sarpa, t. CS., er stellt ihn

zufrieden, beruhigt ihn, redet mit ihm und bringt ihn von seinem Vorhaben, Gedanken ab.
nipporksaivok, j. SS. do. (mit mik).
nipporktipa, t. CS. do., er stellt ihn zufrieden.
nipportitsivok, j. SS. do. (mit mik).
nippotipa, t. CS., er gibt ihn auf; macht sich weiter keinen Kummer, Mühe mehr um, mit ihm; nachdem er sich vorher vergeblich wegen ihm oder mit ihm gemüht hat.
nippotjivok, j. SS. do. (mit mik).
nipporutiva, j. CS. do., er gibt ihn auf.
nipporutijungangila, t. CS., er kann ihn nicht aufgeben; kann nicht aufhören, sich um ihn zu mühen, zu kümmern. [vok.
nipporutjivok, j. SS. do.. wie nippotji-
nippungavok, j. SS., er ist gleichgültig, ist mit sich zufrieden, kümmert sich nicht.
nippungaipok, t. SS.. er ist nicht gleichgültig, ist aufgeweckt, kümmert sich.
nippungilak. t. SS., er ist noch nicht zufrieden, kann es nicht aus dem Sinne schlagen.
nippungatailivok, j. SS., er ist nicht gleichgültig, gibt acht, kümmert sich.
nipporksaraipok, t. SS., er gibt sich schnell zufrieden, kümmert sich nicht lange, ist bald wieder gleichgültig.
Niptavok, j. SS., es ist klares, helles Wetter.
niptarpok, t. SS., es klärt sich auf, das Wetter.
niptäkivok, j SS. do. (wenn die Berge, Länder so eben wieder durchscheinen).
niptariokpok, t. SS., es klärt sich nach längerer Zeit wieder auf, wird wieder helle. [Wetter.
niptaipok, t. SS., es ist trübes, dickes
niptailivok, j. SS., es fängt an trübe, dicke zu werden (wenns bis zu einem gekommen ist).
niptailiterpok, t. SS. do. (wenn es erst in der Entfernung zu sehen ist).

niptainek, niptailak, läk, let, das dicke, trübe Wetter.
niptaisiorpok, t. SS., er geht, fährt in dickem Wetter.
Nisa, sük, set, ein Seeschwein, Meerschwein.
nisärsuk, sük, suit, do.
nisarsukpok, t. SS., er bekommt ein Meerschwein.
Niugarpok, siehe niogarpok.
Niubviorpok, siehe niobviorpok.
Niumak, mak, mangit, das feste Fleisch unter der Haut, in der Hand und an der Fußsohle. [Krümme.
Niunganek, das Krumm-, Ungeradesein, die
niungavok, j. SS., es ist krumm, schief.
niortipa, t. CS., er macht es krumm, schief (wenig).
niungatipa, t. CS. do.
niortisiariva, j. CS. inus., er spannt es ein, legt Gewicht darauf, daß es krumm wird.
niungapattekenkpok, t. SS., es hat viele Krümmungen.
niungapsarivok, j. SS., es ist krumm, durch irgend etwas, daß es drückt.
niungapa, t. SS. inus., er biegt es.
niungaivok, j. SS. do. (mit mik).
Niurdluk, lük, luit, eine Art Ulken mit weißem Bauch.
Niutak, läk, tet, ein runder Bügel von Fischbein, mit Fell überzogen, welcher zur Unterstützung der Seehundsblase am Wurfriemen befestigt ist.
Niuverpok, t. SS., er handelt, kauft was (mit mik & mut), niuverpok terrieniamik Petrusemit, er hat vom Petrus einen Fuchs gehandelt.
niuvertok, tuk, tut, einer, der etwas erhandelt, gekauft hat.
niuverte, tik, tit, ein Kaufmann, der immer handelt.
niuvervigiva, j. SS. inus., er erhandelt etwas von ihm (mit mik), it, er hat es, ihn zur Handelsstätte.

niuvervik, vīk, vit, eine Handelsstätte.
niuverviovok, j. SS., es ist ein Handelsstätte.
niuverviotipa, t. SS., er macht es zum Handelshaus, zum Laden.
niuverniarpok, t. SS., er handelt, ist damit beschäftigt. [dein.
niuverniarniarpok, t. SS., er wird handeln.
niuverniariartorpok, t. SS., er geht hin, zu handeln.
niuverniariarpok, t. SS. do.
niubvagiarpok, t. SS. do.
niuviariva, j. SS. inus., er tauft es (mit mut). Aggiak niuviarivara Ludwigemit, ich habe die Feile vom Ludwig erhandelt.
niuviak, æk, et, erhandelte, gekaufte Sachen.
niuviæksak, sāk, set, Waaren, Sachen, die erhandelt werden können; Handelswaaren.
niorvgoliksak, sāk, set, Waaren, Sachen zum Verhandeln; die man anbietet. Siehe bei niovok.
niuviangotipa, t. SS. inus., er, der Kaufmann, verhandelt es (mit mut). Erngautaujak niuviangotipa inungnut, er verkauft den Syrup an die Menschen.
niuviangotitsivok, j. SS. do. (mit mik und mut).
niuviàksakotigiva, j. SS. inus., er, der Kaufmann, hat es zu verkaufen; Sachen, die verlangt, nicht angeboten werden. Hat Jemand Sachen zu verkaufen, und bietet dieselben aus, so heißt es: niorvgotiksakotigiveit.
niuverikpok, t. SS., er handelt billig. (Wird nur von den Nordländern gebraucht).
Niverpok, t. SS., er fällt rücklings, auf den Rücken; im Stehen und Sitzen, im Gehen ist es: nervganākivok.
nivertipa, t. CS., er stößt ihn, daß er auf den Rücken fällt. [chen.
Niviarsink, āk, et, itsek, itset, ein Mäd-

niviarsiamarik, īk, īt, ein großes Mädchen.
niviarsirārsuk, sūk, suit, ein kleines do.
niviarsiangīnak, nāk, nait, bloß ein do.
niviarsiangēnauvut, es sind bloß Mädchen.
Nivinganek, das Hängen.
nivinganinga, sein Hängen.
nivingarpa, t. CS., er hängt es auf.
nivingaivok, j. SS. do. (mit mik).
nivingatipa, t. CS. do.
nivingartak, tăk, tet, ein Aufgehängtes.
nivingartauvok, t. SS., es ist ein Aufgehängtes.
nivinganārkotiva, t. SS. inus., er trifft ihn, es hängend, kommt hin, indem es hängt.
nivingalārkotiva, t. SS. inus. do.
nivingalārkojivok, j. SS. do.
nivingagak, kāk, ket, ein Aufgehängtes. was immer an dieselbe Stelle kommt.
nivingaut, tik, tit, die Ursache, das Mittel, wodurch es hängt; ein Henkel am Kleid ꝛc.
nivingauta, sein Henkel.
nivingavik, vīk, vit, die Stelle, der Hafen, Nagel ꝛc., um was daran zu hängen.
nivingajortak, tăk, tet, die zinnernen Perlen unten an den Pelzen herum bei den Nordländern.
nivingasulak, lăk, lăt, Franſen.
Niviorpok, t. SS. & CS., er ist behalten auf was, hält ihn, es werth, will es nicht laſſen; hauptsächlich einen Menſchen, und ein Vogel seine Eier. [ihn werth.
nivioriva, j. CS., er hält über ihn, hält
niviornarpok, t. SS., es ist schätzbar, werthvoll.
niviorutiva, j. SS. inus., er läßt ihn werthhalten (mit mut), befiehlt es einem andern, daß er ihn werthhält; una niviorutiva tapsomunga, er läßt diesen werthhalten durch dieſen
niviorutsivok, j. SS. do.
niviorkova, j. SS. inus., er befiehlt es ihm, jenen werth zu halten (mit mik);

ominga uiviorkovagit, ich heiße oder
befehle es dir, diesen werth zu halten.
niviorkojivok, j. SS. do., illiugnik niviorkojivok ominga, er befiehlt dir, jenen werthzuhalten.
Niviuvak, vak, vait, die Schmeißfliege.
Nochak, äk, ait, ein Rennthierkalb, und überhaupt ein Junges von allem Rindvieh, bis es ein Jahr alt ist.
nocharpok, t. SS., er bekommt ein Rennthierkalb.
nochalsiavak, väk, vait, ein schönes Kalbfell. [Kuh.
nochalik, līk, lit ob. ggit, eine trächtige
nocharēk, rēt, eine Kuh sammt dem Kalbe.
nochaitok, tuk, tut, eine einjährige Kuh, ehe sie überhaupt ein Kalb gehabt, it, eine Kuh, die in dem Jahre kein Kalb bekommen.
nochaitokpok, t. SS., er bekommt ein Thier, was nicht trächtig gewesen ist.
nocharēlerarpok, t. SS., er bekommt die Kuh sammt dem Kalbe.
nochalliut, der Name des Monats Mai, weil die Rennthiere in demselben meist werfen. [Bogen.
Nokarpa, t. SS. inus., er spannt den
nokartak, lǎk, let, eine angespannte Bogenschnur.
nokakte, tǎk, tet, auch nochakte, eine Bogenschnur, it, eine Flintenschloß-, Fuchsfallen- und sonstige Feder.
nokarteijarpok, t. SS. & CS., er zerbricht die Feder, die Bogenschnur, die Violinsaite.
nokaksarpok, t. SS. & CS., die Bogenschnur, Violinsaite reißt, die Feder an irgend etwas zerbricht, CS. do., wie nokarteijarpa.
nokaksēpa, t. SS. inus., er versieht es — Fuchsfalle, Schloß c. — mit einer Feder, den Bogen mit einer Schnur.
nokaksēvok, j. SS. do. (mit mik).
nokakserak, äk, serkej, eine Violinsaite.

nokakserkipa, t. SS. inus., er zieht eine Seite auf die Violine.
nokakserkēvok, j. SS. do.
nokakseraktarpa, t. SS. inus. do.
nokakservallaut, tik, tit, eine Zimmerschnur.
nokakservallerpa, t. SS. inus., er schnürt ihn, den Klotz, mit der Schnur, zeichnet ihn.
nokakservallaivok, j. SS. do. (mit mik).
Nokkipok oder nokipok, t. SS. & CS., er zieht an einem Tau; hält etwas, was an eine Schnur, Tau gebunden ist, z. B. ein Boot, fest, daß es nicht abtreibt.
nokkiutivuk, vut, car. Sing., sie ziehen sich gegenseitig an einem Tau oder Schnur.
nokkimēksārpok oder nokimeksārpok, er zieht, wo es bergab geht, hinter dem Schlitten an einem Strick, daß der Schlitten nicht zu schnell geht.
nokkilakpok, t. SS. & CS., er zupft ihn (einmal).
nokkilāvok, j. SS. & CS. do. (wiederholt).
Nokkarpok, t. SS., er hält inne, hört auf; im Gehen, in der Arbeit c.
nokkautiva, j. CS., er hört mit ihm auf, läßt ab, hält inne.
nokkautjivok, j. SS. do.
nokkarsimovok, t. SS., er hat aufgehört, hat innegehalten, ist stillegestanden.
nokkangavok, t. SS., er steht, sitzt stille.
nokkanganera, mein Stillestehn, Sitzen.
nokkarnera, mein Innehalten, Aufhören.
nokkalāvok, j. SS., er hält oft inne, steht oft stille; stößt beim Lesen oft an.
nokkälāvok, j. SS., er steht beinahe stille, bewegt sich nur ein wenig von der Stelle.
nokkangalākpok, t. SS., er hält ein wenig inne, stille.
nokkanganikipok, t. SS. do.
nokkangalaulakpok, t. SS. do., etwas länger.
nokkangakipok, t. SS., er hält lange inne; steht, sitzt lange stille.
nokkangakitākpok, t. SS. do.

nokkariak, das Stillestehen, Innehalten.
nokkariara, mein, nokkarianga, sein Stillestehen.
nokkarsârpa, t. CS., er bestellt ihn ab, sagt ihm, daß er innehalten soll.
nokkarsaivok, j. SS. do. (mit mik).
Nokkarolapok, t. SS., er hält, hängt sich an was und schwingt sich hinauf.
nokkarolavik, etwas zum Anhalten, um sich daran hinaufzuschwingen.
Noksak, sük, sel, ein Werfbrett zum Vogelpfeil, zum nugit, wo hinein derselbe gelegt und damit fortgeschleudert wird.
Noksut, tik, tik, ein Tau, Strick, der an etwas gebunden ist, daß es nicht weicht, z. B. die dicken Taue an den Strickleitern auf dem Schiff, welche zur Stütze der Masten dienen, it, der Strick an einem Fell-Boot, der den Mast festhält, daß er nicht weicht ic.
noksutekarpok, t. SS., es, der Mast ic., hat eine solche Befestigung, Strick, der ihn steif, fest erhält.
noksuserpa, t. SS. inus., er versieht den Mast oder sonst was, was aufrecht stehen soll, mit einem Strick, und zieh: denselben auf beide Seiten, damit er, es nicht weichen kann.
noksusëvok, j. SS. do. (mit mik).
Nuak, äk, et, einer Frauen Schwester-Kind.
nuakarpok, t. SS., sie hat Schwester-Kinder. [Kind.
nuagiva, j. SS. inus., es ist ihrer Schwester
Nuasurnak, der Name einer Insel.
Nubviorpok, t. SS., er geifert, it, es ist ihm übel.
Nuek, gik, git, ein Vogel-Pfeil.
nuerpa, t. SS. inus., er hat den Vogel, Forelle ic. mit dem Nugit geworfen.
nuernikpok, t. SS. do.
nuertaserpok, t. SS. & CS., er, der geworfene Seehund, geht mit dem Nugit durch, CS., er wirft einen Seehund mit dem Nugit.

nuertasëvok, j. SS. do. (mit mik).
nuerngniut, tik, tit, do., ein Vogel-Pfeil, Seehunds-Stecher.
nugiorpok, t. SS., er macht einen Pfeil.
nugiorsavok, j. SS. do., viele.
Nuertak, tük, tet, eine Zeltstange der Indianer (auch die Estimos nennen die ihrigen meist so).
nuerserpeit, t. SS. inus., er stellt die Zeltstangen zusammen, nachdem das Zelt abgebrochen, um dasselbe oben darauf zu legen und aufzuheben, it, er legt das Zelt oben auf solche zusammengestellte Stangen.
nuersëvok, j. SS. do.
nuerserlak, tük, tet, ein aufgeräumtes Zelt.
Nuglukpok, t. SS., er spielt; er sticht nach einem Holz oder Knochen, was Löcher hat.
nugluklarpok, t. SS. do., wiederholt.
nugluktak, lak, tot, ein solches Holz oder Knochen.
Nuillatok, tük, tut, eine Sperber-Eule (Strix nisoria).
nuillatokpok, t. SS., er bekommt eine solche Eule. [des Pelzes.
Nuilla, lak, let, der Einfaß an der Kappe
nuillaksak, sük, set, etwas zum Einfassen der Kappe. [Rod.
nuillakpak, päk, pait, der Kragen an einem
nuillakpaujak, jäk, jet, eine Halskrause, Kragen zum Umlegen, an einem Verhemd ic. [(mit mik).
nuillövok, j. SS., er faßt die Kappe ein
nuilliva, j. SS. inus. do.
nuillaksaliorpok, t. SS., er schneidet Streifen Fell zum Einfaß.
Nuivok, j. SS., es kommt hervor; die Sonne, wenn sie aufgeht; Samen, wenn er aufgeht ic. [hervor.
nuigiarpok, t. SS., es kommt ein wenig
nuilerpok, t. SS. es fängt an hervorzukommen, aufzugehen.
nuisimavok, j. SS., es ist aufgegangen, hervorgekommen; die Sonne, Gras, Samen ic.

nuivigiva, j. SS. inus., er, es geht ihm auf, kommt ihm zum Vorschein.
nuikova, nuerkova, j. SS. inus., er heißt, läßt es aufgehen, zum Vorschein kommen.
nuijartorsärpok, t. SS., er, es kommt schnell zum Vorschein.
nuisarpok, t. SS. do.
nuikállákpok, t. SS. do.
Nujak, nutsek, nutset, ein Haar auf dem Haupte. [Haare.
nujartärpok, t. SS., er bekommt neue nujaërpa, t. CS., er zieht, rauft die Haare aus.
nujaërsivok, j. SS. do.
nujarutsek, sĕk, set, die kurzen Haare unter den langen, beim Menschen.
nujaujak, jŏk, jet, eine Perrücke, it, das haarige Seegras; der ganz fein geschnittene Tabak.
nujaingomivok, j. SS., es steigen ihm vor Schreck ꝛc. die Haare zu Berge.
nujaingomijärpok, t. SS., es steigen ihm zum Voraus schon die Haare zu Berge, wenn er daran denkt.
Nujoarpok, t. SS., es ist wild, scheu; ein Vogel ꝛc.
nujoartovok, j. SS., es ist sehr wild, scheu,
nujoaravok, nujoangavok, j. SS., es ist etwas do. [scheu.
nujoartosarpok, t. SS., es wird hurtig
nujoarsarpà, -savñ, j. SS. inus., er macht es wild.
nujuipok, t. SS., er geht nicht fort, weg; ist zahm.
nujuiserpok, t. SS., es geht zahm herum, läßt sich gut beikommen (ein sonst wildes Thier).
Nukak, käk, kot, der jüngere Bruder des Bruders, it, eine jüngere Schwester der Schwester.
nukka, nukkanga, sein jüngerer Bruder und ihre jüngere Schwester.
nukkariva, j. SS. inus., es ist sein jüngerer Bruder ꝛc.

nukkardliovok, j. SS., er, sie ist jünger.
nukkardlek, lik, lit, der, die Jüngere, Jüngste. [jüngste.
nukkardlerpak, päk, pait, der Allernukkardlerpauvok, j. SS., es ist der, die Jüngste.
nukkarēk, ret, ear. Sing., zwei Brüder oder Schwestern.
nukkarēkpuk, put, car. Sing., sie sind Brüder oder Schwestern.
nokkatogak, kak, ket, ein zwei- oder dreijähriges Rennthier, was noch jüngere Geschwister hat. [solches Rennthier.
nokkatogarpok, t. SS., er bekommt ein Nukamak, mñk, mait, Stief-Bruder, Schwester; zusammengebrachte Kinder.
nukamanga, sein Stief-Bruder, Schwester.
nukamariva, j. SS. inus., er hat ihn zum Stief-Bruder ꝛc.; für Stief-Geschwister wird angajua & nukkanga gebraucht.
Nukapiak, itsek, itset, ein Knabe.
nukapiangovok, j. SS., er ist ein Knabe.
nukapiamarik, rik, rit, ein großer Knabe.
nukapiamariovok, j. SS., er ist ein do.
nukapiarărsuk, sŭk, suit, ein kl. Knabe.
nukapiangīnak, nāk, nait, nur ein Knabe.
nukapianginauvut, j. SS., es sind nur Knaben.
Nukaungok, uk, ut, ein Schwäger, der der Frauen jüngere Schwester hat, it, Schwägerin, die ihres Mannes jüngern Bruder hat. [ger.
nukaungora, nukaungunga, sein Schwanukhungorēk, rēt, zwei Schwäger, Schwägerinnen.
nukaungorēpuk, sie sind zwei Schwäger ꝛc.
nukaungoriva, j. SS. inus., er hat ihn zum Schwager, sie zur Schwägerin.
Nukke, kik, kit, die Sehnen, Haarwachs, Kraft. [kräftig.
nukkekarpok, t. SS., er hat Kraft, ist nukkekangilak, t. SS., er hat keine Kraft.
nukkingērsávok, j. SS., er verliert seine Kraft, die Sehnen spannen ab, wird matt.

nukkingerpok, t. SS., er hat seine Kraft verloren, ist abgemattet.
nukkingeropok, nukkingerotivok, t. SS. & CS. do.
nukkiktärpok, t. SS., er bekommt neue Kräfte.
nukkiksarpa, t. CS., er stärkt seine Kräfte; er sendet ihn zur schweren Arbeit, wodurch die Sehnen gekräftigt werden.
nukkiksaivok, j. SS. do.
nukkiksak, säk, set, etwas, eine Leine ob. Strick, wodurch ein Tau an einer schwachen Stelle soll verstärkt werden.
nukkiksauvok, j. SS., es ist ein Strick 2c., womit ein anderer soll verstärkt werden.
nukkikterut, tik, tit, do., eine Beilage an einen Strick zur Verstärkung.
nnkkikteruserpa, t. SS. inus., er gibt dem Strick eine Verstärkung.
nukkikterusēvok, t. SS. do.
nukkitik oktorpeit, sie zwei probiren ihre Kräfte.
nukkerōlavok, j. SS., er, es ist sehnigt.
Nukluarpok, t. SS., es hängt herunter; ein Tau, das oben liegt oder aufgehängt ist und zum Theil herunterfällt.
nukluangavok, j. SS., es hängt herunter, ist zum Theil heruntergefallen.
Nuksākpok, t. SS., es springt ein Geschirr vor Hitze oder Kälte, it, die Erde bekommt Risse vom Frost.
Nullainarpok, t. SS., er legt sich ungegessen schlafen.
nullaromitarpok, t. SS., er ißt, ehe er sich schlafen legt.
nullaromitaksak, säk, set, Lebensmittel zum Abendessen. Diese Worte gelten hauptsächlich nur in knapper Zeit.
Nullatak, täk, tet, ein aufgeworfenes, nach unten erweitertes Seehundsloch.
nullatauvok, j. SS., es ist ein erhöhtes, aufgeworfenes Seehundsloch.
Nullavok, j. SS., er ist groß gewachsen; ein Mensch, Thier.

nullatsiarnerpok, t. SS., er ist hübsch groß gewachsen, seitdem man ihn nicht mehr gesehen.
nullasava, j. SS. inus., er zieht ihn groß.
nullaniarkörpok, t. SS., es scheint, er wird groß werden.
Nulliaijok, juk, jut, wilder Sellery.
nulliaijongojartok, tuk, tut, Rhabarber und Angelika.
Nulle, lik, lit, eines Mannes Frau.
nullia, nullianga, seine Frau.
nulliangovok, j. SS., sie ist eine Ehefrau.
nulliatuinauvut, j. SS., es sind nur Weiber.
nulliangēnauvut, j. SS. do.
nulliagiva, j. SS. inus., er hat sie zur Frau.
nulliarnikpok, t. SS., er heirathet (mit mik).
nulliariva, j. SS. inus.
nulliarēk, ret, Eheleute.
nulliarēkpuk, put, car. Sing., sie sind Eheleute, Ehepaare.
nulliarēngnek, der Ehestand.
nulliarpa, seine rechte oder erste Frau. (Bei den Heiden, wo einer zwei oder mehrere Weiber hat.)
nulliarpauvok, j. SS., sie ist die erste Frau.
nulliaksak, säk, set, eine Braut, Verlobte.
nulliaksarsivok, j. SS., er findet, bekommt eine Braut. [Braut.
nulliaksarsiorpok, j. SS., er sucht eine
nulliarēlitainarpuk, sie sind eben in die Ehe getreten.
nulliakapsarpok, t. SS., er hat mehr als eine Frau.
nulliatsiaridlarpok, t. SS., er hat eine schöne Frau.
nellētok, tuk, tut, eine ledige Mannsperson.
nullērpok, t. SS., er verliert die Frau, wird Witwer.
nullērnek, nak, nerit, ein Witwer, it, der Witwerstand.
nulliarpok, t. SS., der Hund geht zur läufigen Hündin.
Nulloararpok, t. SS. & CS., er winkt mit

ber Hand, CS., er winkt ihm mit ber Hand, z. B. wenn er was sieht.
nullorarpok, t. SS. & CS. do.
nulloriarpok, t. SS. & CS. do. (einmal).
nullorartipa. t. SS. inus., er macht ihn winken, sagt's ihm, daß er winken soll.
Nullok, luk, lut, das Gefäße beim Menschen; das hintere Ende des Bootes, Schiffes zc.
nulloarpa, t. CS., er schlägt ihn auf den Podex.
nulloarnikpok, t. SS. do. (mit mik), einmal.
nulloartarpa, t. CS. do., vielmal.
nulloartaivok, j. SS. do. do.
nulloa, fein.
Nullutset, P., ein Netz.
nulluarniarpok, t. SS., er bemüht sich mit den Netzen, braucht Netze, besorgt dieselben.
nulluarniarvik, vīk, vit, ein Netzplatz.
nulluakut, tik, lit, eigenes Netz.
nulluakutekarpok, t. SS., er hat ein eigenes Netz.
nulluartitsivut, j. SS. (car. Sing.), sie, die Netze, fangen.
nulluartisimajok, juk, jut, in dem Netze gefangene Seehunde, Forellen zc.
Nuna, nāk, net, 1) die Erde, 2) ein Land.
nunarsoak, āk, suit, ein großes Land, it, die ganze Erde. [Erde zc.
nunamiok, uk, ut, ein Einwohner der nunakulluk, lūk, luit, ein armes, schlechtes Land.
nunagiva, j. SS. inus., es ist sein Land, er hat es zu seinem Lande.
nunakarpok, t. SS do. (mit mik).
nunalipok, t. SS. & CS., er kommt, geht ans Land, CS., er bringt, setzt ihn ans Land, it, er gibt ihm ein Land.
nunalitainarpok, t. SS., er kommt zum erstenmal zu Lande.
nunaliarpok, t. SS., er geht hinauf aufs Land, it, ans Land.

nunaliarasuarpok, t. SS., er sucht ans Land, it, ins Land zu gehen.
nunalialaungniarpok, t. SS., er wünscht bald ans Land zu gehen; vom Schiff, Boot zc.
nunaserpok, t. SS., er geht auf dem Lande, am Lande herum (bei schönem Wetter zum Ausfahren).
nunatorlek, lak, let, ein Land, wo immer Leute hingehen.
nunartorlivik, vīk, vit, ein beständiger Wohnplatz, wo sich immer Leute aufhalten.
nunartorligiva, j. SS. inus., er hat es zu seinem Lande, wo er immer hingeht.
nunatorlivigivakpa, t. SS., er hat es für gewöhnlich zu seinem Wohnplatz.
nunatorlivigivaktanga, sein gewöhnlicher Wohnplatz.
nunatorleovaktok, tuk, tut, der gewöhnliche Wohnplatz, wenn man aus ist.
nunatorligivaktanga, sein gewöhnlicher Außenplatz.
nunanāk, nūk, nāt, ein liebstes Land.
nunanūra, mein liebstes Land.
nunanāriva, j. SS. inus., er hat es zu seinem liebsten Lande, Aufenthaltsorte.
nunanāksárpok, t. SS. do. (mit mik).
nunakitok, tuk, tut, ein kleines Land.
nunakigiva, j. SS. inus., er hat es zum kleinen Lande, ist ihm zu klein.
nunakiksárpok, t. SS. do. (mit mik).
nunatóvok, j. SS., es ist ein großes Land.
nunalukpok, t. SS., es ist ein schlechtes Land, it, es hat viel Krankheit.
nunaluktok, nunalungnek, ansteckende, böse Krankheiten, it, schlechtes Land.
nunakalligēkpuk, put, sie haben ein Land miteinander, wohnen auf einem Lande.
nunakalligēkpuk, put, do.
nunakattauvok, j. SS, er wohnt mit andern auf demselben Lande (mit mik).
nunalugāk, gat, ein unebenes, ungleiches Land.
nunatsiak, āk, et, ein schönes Land.

nunanedlarpok, t. SS., er ift oben im Lande; bald hier, bald da auf den Ländern.
nunäkalungilak, nunäkarungnaipok, es ift dickes Stöberwetter oder Nebel, daß man die Erde vor fich, wo man hintritt, nicht mehr fieht.
nunairutivok, j. SS. & CS. do.
Nunaingok, der Name der Nain'fchen Gegend.
Nunakjak, jæk, jet, eine Höhle, die ein Seehund neben feinem Loche aufs Eis macht, um feine Jungen zu werfen.
Nungunek, das Zuendefein einer Sache.
nunguvok, j. SS., es ift zu Ende, hat nichts mehr.
nungupa, t. CS., er macht es zu Ende.
nungutsivok, j. SS. do. (mit mik).
nungutsinck, das Zuendemachen.
nungusárpok, t. SS. & CS., er geht fchnell zu Ende, CS., er macht es fchnell zu Ende.
nungunasärpok, t. SS. & CS., es geht langfam zu Ende, CS., er macht es langfam zu Ende.
nungukálläkpok, t. SS. & CS., es geht hurtig zu Ende, CS., er macht es hurtig zu Ende.
nungutsarērpok, t. SS. & CS., es ift fchon zu Ende, CS., er hat es fchon zu Ende gemacht.
nungusuipok, t. SS., es geht nie zu Ende.
nungugajukpok, t. SS., es ift häufig zu Ende.
nungugajuipok, t. SS., es geht oder ift felten zu Ende.
nungutiva, j. CS., er macht ihm was zu Ende (mit mik).
nungutjivok, j. SS. do.
nungutjauvok, j. SS., es ift ihm zu Ende gemacht.
Nunivakak, käk, ket, eine kurzfchwänzige, dicke Art Mäufe.
Nunivakpok, t. SS. & CS., er pflückt Beeren (SS. mit mik).
nunivaktakka, meine gepflückten Beeren.

nunivāka, do., meine; nunivängit, do.. feine.
nunivagiarpok, t. SS., er geht ob. fährt in die Beeren.
nunivagiak, āk, et, einer, der in die Beeren geht.
nunivagiartok, tuk, tut, do.
nunivaut, tik, tit, ein Gefäß, Keffel ꝛc., um Beeren hineinzupflücken.
Nunnanēdlarpok, t. SS., er hat Schmerzen.
nunnanēpok, t. SS. do.
nunnanēsávok, j. SS. do.
nunnanógosukpok, t. SS., er fühlt etwas Schmerzen.
Nunnovok, j. SS. & CS., jer hält es an fich; Weinen, Lachen, Nießen, Reden ꝛc.
nunotipa, do.
nunnomnvok, j. SS. & CS., er hat es an fich gehalten.
nunnojungnarungnaipok, t. SS. & CS., er kann nicht mehr länger an fich halten, muß ausplatzen mit irgend etwas.
nunnamanek, das Anfichhalten, Zurückhalten.
Nurlo, lūk, lut, eine Schlinge an einem Tau ꝛc., it, die Mafchen an einem Netz.
Nüsilingnok, das plötzliche fchnelle Sterben.
nüsilikpok, t. SS., er ftirbt fchnell; wirr, ohne krank gewefen zu fein, dahingerafft.
nüsilingnartok, tūk, tut, eine fchnell tödtende Krankheit.
nüsiliktitauvok, j. SS., er ift fchnell dahingerafft worden.
Nüpok, t. SS. & CS., er zieht von einem Platze auf einen andern, CS., er verrückt es, fetzt es wo anders hin.
nūtsivok, j. SS. do. (mit mik).
nūnek, das Fortziehen auf ein ander Land.
nūtsariak, āk, et, do.
nūninga, nutsarianga, fein Fortziehen.
nūktarppok, t. SS. & CS., er zieht oft von einem Zeltplatz auf einen andern, CS., er fetzt es oft auf eine andere Stelle.
nūktsivok, j. SS. do.

nūsārpok, t. SS. & CS, er zieht schnell fort, CS., er verrückt es schnell.
nūkállakpok, t. SS. & CS., er rückt, stoßweise, geschwinde, von einem Platz zum andern.
nūtipa, t. SS. inus., er sagt ihm, daß er wegrücken soll. [wenig weg.
nūgialákpok, t. SS. & CS., er rückt ein
nūgalákpok, t. SS. & CS. do.
nūnārpok, t. SS., es ist schön zum Fortziehen.
nū́tsungnarsivok, j. SS., er kann sich wieder von der Stelle bewegen, fängt an, wieder wo anders hingehen, hinziehen zu können.
Nusikárpok, t. SS., es steht nicht überall an, ist zum Theil undichte, steht bloß an einem Ende an.
nusikánārpok, t. SS. do., CS., er macht es, daß es nur wenig ansteht.
Nussukpok, t. SS. & CS., er, es zieht; der Ofen, Wind, it, er zieht einen Seehund, Baum 2c. an einem Stricke hinter sich her, oder aus dem Schnee oder Wasser heraus, ans Land, CS., er zieht ihn; gilt bloß im Sing.
nussngiarpa, t. SS. inus., es zieht es ein wenig an sich.
nutsukpeit, t. SS. inus. car. Sing., er zieht sie zu, an sich heran, reißt sie aus.
nutsugiarpeit, t. SS. inus. car. Sing., er geht sie ausraufen, Gras, Blumen 2c.
nussuksivok, j. SS. do. car. Sing., nussuksivok ivingnik, er zieht, rauft Gräser aus, it, er zieht einem an den Beinen oder Armen, wenn irgend was verrenkt ist.
nussuiva, CS., er zieht ihm Haare 2c. aus, zieht ihm was aus der Hand (mit mik).
nussuinipok, SS. do.
nussugvik, vīk, vit, ein Zugloch oder Zug an einem Feuerherd, Backofen 2c.
nussukaut, tik, tit, ein Tau, womit beim Flößen die Stämme ans Land gezogen

werden, it, womit beim Seehunds-Austheilen dieselben gezogen werden.
Nutāk, tāk, tāt, ein Neues.
nutauvok, j. SS., es ist neu.
nutautipa, t. CS., er macht es neu.
nutaungilak, t. SS., es ist nicht neu, ist alt.
nutaungitok, tuk, tut, ein Altes.
nutaujungnaipok, t. SS., er, es ist nicht mehr neu.
nutátsiak, āk, et, ein schönes Neues.
nutārsoak, āk, suit, ein großes und schönes do. [Gewächse.
nutaijorpok, t. SS., es ist jung, grün;
nutaijortok, tuk, tut, junge, grüne Gewächse, bald nachdem sie aufgegangen sind, oder Blätter bekommen haben.
nutarak, kak, ket, ein n. neugeborenes Kind.
nutarārsuk, suk, suit, do.
nutarouvok, j. SS., er ist ein n. Kind.
nutaraujungnaipok, t. SS., er ist kein Kind mehr, hört auf, ein Kind zu sein.
nutarārnipok, t. SS., es schmeckt neu, unfertig, unreif, schlecht, halbgar.
Nutarālukpok, t. SS., die Lampe, Licht sprudelt, spuckt; das Feuer knistert.
nulikpok, t. SS., es knistert, das Feuer, springt ein Funke heraus.
nutiktarpok, t. SS. do., mehrmals; es springen viele Funken.
nutiktok, tūk, tut, Feuerfunken.
nutingnek, das Knistern, Krachen des Feuers.
nutiktarnek, näk, nerit, do., Feuerfunken.
Nutible, lik, lot, eine Art Forellen, die nie aus den Teichen in die See gehen.
Nuvak, der Schnupfen, Schleim, Auswurf.
nuvakarpok, t. SS., er hat Schnupfen.
nuvakpok, t. SS., er ist verschnupft, verschleimt.
nuvagosukpok, t. SS., er hat Anwandlung von Schnupfen, bekommt denselben.
nuvaksiut, lik, lit, etwas für den Schnupfen; Lakritze, Süßholz.

nuvangnek, der Schnupfen.
Nuverdlut, tik, tit, das Ende der Luftröhre, wo sich dieselbe theilt und in die Lungen geht (die Bronchien oder Aeste).
nuverdlujak, jak, jet, ein Seegewächs, was solche Röhrchen hat, wie die Bronchien.
Nuversarak, kak, ket, ein wie ein Netz geflochtener Korb, Tücher ꝛc., Filet.
nuversarpok, t. SS. & CS., er flechtet Körbe; er macht Filet-Arbeit, strickt Netze.
nuversaivok, j. SS. do.
nuvilakpok, t. SS. do., er strickt Netze; steckt oft hintereinander durch.
nuvivok, j. SS. & CS., sie, die Nadel, ist eingefädelt, Zwirn durchs Oehr gesteckt, it, ein Mensch, wenn mehrere an einem Strick, an einem Schlitten ziehen, CS., er fädelt die Nadel; reihet Perlen ꝛc. an, it, er geht an ihm vorbei, ohne ihn zu sehen, verfehlt ihn.
nuviutivuk, vut, sie zwei verfehlen sich einander, gehen an einander vorbei, ohne sich zu sehen; wenn einer den andern sucht.
nuvijivok, nuvisivok, j. SS., er fäbelt die Nadel.
nuvijut, tik, tut, der Faden, Strick, woran etwas gereiht oder der in die Nadel gezogen ist. [dienen soll.]
nuvijutiksak, säk, set, do., was dazu
nuvitiksak, säk, set, do.
nuvijiutigiva, j. SS. inus., er steckt den Faden durchs Nadelöhr, it, er steckt die Nadel durch die Perle, um sie anzureihen.
nuvijiutjivok, j. SS. do. (mit mik).
Nuvok, ük, vut, die Spitze an etwas, an einem Messer, Gabel; Landspitze ꝛc.
nuvusárpa, t. SS. inus., er spitzt es an.
nuvokorpok, t. SS., es hat eine Spitze.
nuvusaivok, j. SS. do.
nuvungmēpok, t. SS., er, es ist an der Spitze. [Spitze.
nuvunga, nuvua, seine, des Messers ꝛc.,
nuvusiarikpok, t. SS., es hat eine schöne Spitze. [Spitze.
nuvulukpok, t. SS., es hat eine schlechte
nuvuarpa, t. SS. inus., er bricht, macht ihm die Spitze ab.
nuvuarsivok, j. SS. do. (mit mik).
nuvuarsimavok, j. SS., es ist ihm die Spitze abgebrochen.
nuvulik, līk, lit ob. ggit, etwas mit einer Spitze.
nuvuliktartok, tuk, tut, etwas mit mehreren Spitzen.
nubvuarikpok, t. SS., es hat eine dünne, schmale Spitze.
nuvugusek, sak, set, ein Thurm.
nuvugulak, lūk, lāt, die Blume an einer Pflanze.
nuvugulöngējarpa, t. CS., er pflückt (der Pflanze) die Blume ab. [mik).
nuvugulangējaivok, j. SS. do. (mit
Nuvuja, jāk, jet, eine Wolke.
nuvujakorpok, t. SS., es hat Wolken.
nuvujamepok, t. SS., er ist in der Wolke.
nuvujakut, durch die Wolke.
nuvujattigut, do. Pl.

O.

Oat, tik, tit, die Seiten (inwendig im Hause, Zelte) neben der Thür, dem Eingange, it, die Aussicht nach der See zu, die man vom Eingange des Hauses oder Zeltes aus hat.

oatiksak, säk, set, eine Zuthat, Fell oder Holz, was zu den Seiten neben der Thüre, am Zelte oder Hause, soll gebraucht werden.

oamiutak, täk, tet, ein Bild ꝛc., was an so einer Wand hängt.

Ochovok, j. SS., er, es fällt um; Baum, Pfahl ꝛc., it, ein Thier, Mensch aus Schläfrigkeit oder sonst unwillkürlich.

ochotipa, t. CS., er stößt es, ihn um; macht, daß es umfällt.

ochungavok, j. SS., es hängt eine Sache über, als wenn es fallen wollte; ein Baum, Berg ꝛc.
ochovalliavok, j. SS., er, es stürzt, fällt nach und nach, langsam um. [ihn.
ochovigiva, j. SS. inus., er, es fällt auf
ochonek, das Umfallen.
Oërivok, j. SS., oërimavok, j. SS., er hat eine Sache gerne, behagt ihm, ist angenehm, verlangt immer wieder darnach, will mehr von einer Sache, die er gekostet, probirt hat (Eßwaaren, Arbeit, Worte, Menschen ꝛc.).
oërigiva, j. SS. inus., er hat ihn, es gerne, verlangt immer wieder darnach (Gutes oder Böses).
oërisarpa, t. CS., er reizt, ermuntert ihn, preiset ihm eine Sache an, daß er sie gerne haben soll.
oërisaivok, j. SS. do. (mit mik & mut),
oërisarpara killangmik, ich ermuntere, reize ihn mit dem Himmel; oërisarpa killangmut, er reizt ihn, nach dem Himmel zu trachten.
oërisaut, tik, tit, ein Reizungs-, Lockungsmittel.
oërisauserpa, t. CS., er versieht ihn, es mit einem Lockungs-, Reizungsmittel.
oerisausëvok, j. SS. do.
oerisausersimavok, j. SS. & CS., er, es ist mit einem Lockungs-, Reizungsmittel versehen (eine Fuchsfalle; Thier und Mensch), CS., er hat es, ihn mit einem Lockungsmittel versehen.
oërisautigiva, j. CS., er hat es zum Anziehungs-, Lockungsmittel, um jemand damit anzuziehen.
Ogak, kōk, ket, ein Dorsch, Cobfisch (Gadus Callarias).
ōgarpok, t. SS., er bekommt einen Dorsch.
ōgalerkemavok, j. SS., er bekommt viele Dorsche. [do.
ōgataisakpok, t. SS., er bekommt wenig
ōgasailijarpok, t. SS. do.

ōgaisakpok, t. SS., es gibt, es hat wenig Dorsche.
ōgarlualerpok, t. SS., es fängt an mehr Dorsche zu haben als vorher, it, er hat mehr bekommen als ein anderer.
ōgarsuk, sūk, suit, eine kleine Sorte Dorsche, der Zwergdorsch (G. minutus).
ōgarsulliarpok, t. SS., er geht, fährt nach kleinen Dorschen.
ōgarsulliarkattauvok, t. SS., er ist mit aus nach Dorschen.
ōgarsakpok, t. SS., er holt Dorsche (die irgendwo liegen).
Ogitorpok, t. SS., er, der Kessel, Topf ꝛc., ist voll gekochtes Essen.
ogitortipa, t. SS. inus., er füllt das Gefäß mit Gekochtem.
ogērsivok, j. SS., er fängt an aus dem Gefäß Essen herauszunehmen, nimmt einmal heraus.
ogingerpok, t. SS. & CS., er nimmt Essen aus dem Gefäß, leert es ganz oder zum Theil aus (SS. mit mit).
ogingerpok ukkusingmit, -paukkusik.
ogērpok, er, der Topf, Kessel ꝛc., ist ausgeleert, ist leer.
Oguuarnek, das Trauern, Jammern; wenn etwas verloren, zerbrochen ꝛc. ist.
ogguarpok, t. SS., er jammert, trauert, daß ihm das oder jenes verloren, zerbrochen, weggekommen ist.
ogguriva, j. SS. inus., er hat es, ihn zur Bejammerung do.
oggurijeksak, sāk, set, etwas, was zu betrauern, zu bejammern ist; etwas Verlorenes, Umgekommenes, Krankes ꝛc.
oggunarpok, t. SS., es ist zum Bejammern, Beklagen. Puije kukkerlauralloartara assiongmet oggunarpok, daß mein geschossener Seehund verloren gegangen, ist schade, ist zu beklagen.
ogguliva, j. CS., er bedauert ihn; weil er irgend ein Unglück gehabt.
oggujivok, j. SS. do. (mit mik).

oggujinek, das Bedauern.
ogguarvigiva, j. SS. inus.
Oglavok, j., uglapok, t. SS., er ist unruhig, bleibt nicht zu Hause, läuft in den Häusern herum.
oglatsainarpok, t. SS. do., beständig.
Ojok, juk, jut, gekochte Nahrungsmittel.
ojoarnerpok, t. SS., es riecht nach Gekochtem, als wenn gekocht würde.
ojarpok, t. SS. & CS. (siehe bei opok).
Ojoarnek, nak, nerit, das dicke Fleisch an den Schinken eines Thiers u. Menschen.
ojoarniuga, fein do.
Okak, käk, ket, eine Zunge.
okailok, tuk, tut, einer ohne Zunge, it, ein Scharbe, Seerabe (Carbo graculus).
okarlukpok, t. SS., er hat eine böse Zunge.
okarpok, er spricht, redet.
okarnek, das Reden.
okarvigiva, j. CS., er redet, spricht zu ihm.
okarviovok, j. SS., es wird zu ihm geredet.
okarviungilak, t. SS., es wird nicht zu ihm gesprochen, geredet.
okarajukpok, t. SS., er redet, spricht häufig.
okarajuipok, t. SS., er redet, spricht selten.
okarikpok, t. SS., er redet richtig.
okaripok, t. SS., er ist ein Schwätzer.
okariksarpok, t. SS., er sagt jetzt, wie es ist; redet recht, nachdem es vorher nicht so war.
okariksanerpok, t. SS., er hat es jetzt richtig, gerade so gesagt, wie es ist.
okariatorpok, t. SS., er geht, was zu sagen.
okarkatligëpuk, put, car. Sing., sie reden mit einander.
okarnekatligëkpuk, do.
okarkatligëngnek, nak, nerit, das Unterreden, die Unterredung.
okarungarpok, t. SS., er kann reden.
okarungangerpok, t. SS., er kann nicht mehr reden, wird stumm, stirbt, it, er hat nichts mehr zu reden.

okarungnarungnaipok, t. SS. do., er kann nicht mehr reden.
okajuerpok, t. SS., er hört auf zu reden.
okarungnaipok, t. SS., er redet nicht mehr.
okajuipok, okajuilak, er ist stumm, kann nicht reden. [nicht sagen.
okartailivok, j. SS., er redet nicht, will
okartailitipa, t. SS. inus., er verbietet ihm zu reden, verhindert ihn daran.
okarosukpok, t. SS., er will gerne reden, ist aufgelegt dazu.
okasaraipok, t. SS., er sagt balde was, redet geschwind, schnell.
okarasuarpok, t. SS., er bemüht sich zu reden (ein Kind).
okalorekpok, t. SS., er redet schön, deutlich.
okarërpok, t. SS., er hat fertig geredet.
okarnerlotiva, j. SS. inus., er giebt ihm schlechte Reden, schimpft ihn aus, schmält ihn.
okarnerlotjivok, j. SS. do. (mit mik).
okarnerlukpok, t. SS., er redet schlechte Sachen.
okarnerlotigiva, j. CS., er redet schlecht von ihm. (Gilt bei manchen blos für: in seiner Abwesenheit.)
okarnerluktigiva, j. CS. do. (wahr oder nicht wahr).
okalukpok, t. SS., er predigt, redet lange und laut, it, er redet Schlechtes, schimpft.
okalugvigiva, j. SS. inus., er predigt ihm, it, er sagt ihm Unangenehmes.
okalugvik, vik, vit, ein Ort, wo gepredigt wird, Predigtplatz, it, wo schlechte Reden geführt werden.
okaluktok, tuk, tut, ein Prediger, it, einer, der schlechte Reden führt.
okalukte, tik, tit, einer, der immer schlechte Reden führt.
okalotigiva, j. CS., er lästert über ihn: sagt ihm schlechte Sachen nach (wahr er, nicht wahr). (Wird weniger gebraucht wie okarnerlotigiva).

okalokívok, j. SS., er murrt.
okalokívigiva, j. CS., er murrt über ihn.
okausilutigiva ober okauserlutigiva, j. SS. inus., er erzählt, sagt Schlechtes von ihm, während er zuhört, in seiner Gegenwart.
okausikalukpok, t. SS. do. (mit mik und mut).
okautigilukpa, t. SS. inus., er redet übel von ihm.
okautekalukpok, t. SS., er redet schlecht von ihm, in seiner Abwesenheit (mit mik und mut).
okamajukpok, t. SS., er redet lange, viel zu Jemand (mit mut). okalimavok, do.
okamajutiva, j. CS. do.
okamajutivuk, vut, car. Sing., sie unterreden sich lange.
okausekipok, t. SS., er redet wenig zu Jemand (mit mut).
okausekivigiva, j. CS. do.
okállávok, j. SS., er redet, spricht allerhand durcheinander.
okállávigiva, j. SS. inus., er sagt ihm allerhand durcheinander.
okālavok, j. SS., er spricht, redet (viel mehr benn okamajukpok und okautsuivok) zu Jemand (mit mut).
okālavigiva, j. CS. do.
okūlanek, nak, nerit, eine Rede.
okausek, tsik, tsit, ein Wort; Sprache.
okausekarpok, t. SS., er hat Worte.
okausiksak, sūk, set, etwas, was einer in Worte bringen, sagen will.
okausiksakarpok, t. SS., er hat was zu sagen.
okausiksarsiorpok, t.SS., er sucht, denkt darüber nach, was er sagen will.
okaupa, t. CS., er spricht zu ihm, er sagt ihm was.
okautiva, j. CS. do.
okautsivok, do. (mit mik). Innuit okautiveit Gudib pijomajanganik, er sagt ben Menschen ben Willen Gottes; was Gottes Wille ist. Innungnik okautjivok ɪc.
okautijartorpa, t. SS. inus., er geht, es ihm zu sagen.
okautjiga, meiner, zu mir Redender (intr.).
okautjit, beiner do. bir do. do.
okautjinga, seiner do. ihm do. do.
okautjivut, unser do. uns do. do.
okautjise, euer do. euch do. do.
okautjinget, ihr zu do. do.
okautijauvok, j. SS., es ist, und es wird ihm gesagt.
okautsauvok, j. SS. do., auch -jauvok.
okautigiva, j. CS., er hat ihn, es zu seiner Rede, spricht von ihm. Jesusib inulerninga änianingillo tokkungalo okautigivakka innungnut, ich rede zu ben Menschen von der Menschwerdung, ben Leiden und bem Tode Jesu.
okautekarpok, t. SS. do. (mit mik).
okauseriva, j. CS. do., er redet von ihm, hat ihn, es zu seinen Worten; okausekarpok ominga, do.
okauminjarpa, okautimiujarpa, t. CS., er sagt es ihm zum Voraus (mit mik).
okautjimiojarpok, t. SS. (mit mik).
okautigijauvok, j. SS., es wird, ober ist von ihm geredet worden.
okauserijauvok, j. SS. do.
okautauvok, j. SS. do.
okautausokpok, t. SS., es ist vor langer Zeit von ihm geredet worden.
okautigijaujókpok, do., -jóvok, do., sehr lange.
okautsaukova, j. CS., er läßt es ihm sagen.
okautserkova, j. SS. inus., er sagt, befiehlt ihm bas und jenes einem anbern zu sagen; okautserkovagit Josephemut, kaupet apputserikojomagapko, ich befehle bir, bem Joseph zu sagen, daß ich ihn morgen wollte am Schnee arbeiten laffen. Josephe okautsaukovara illingnut tækkojomagapko, ich laffe bem

28

Josephs durch dich sagen, daß ich ihn sehen wollte.
okausiovok, j. SS. wie okautauvok ꝛc.
okautsiksavok, j. SS., er fängt an zu reden, wenn der Andere aufhört.
okausertosarpok, SS., er redet laut.
okauserkisarpok, t. SS., er redet leise, nicht laut.
okauserlugvigiva, j. CS., er redet böse Worte zu ihm; wie okarnerlotiva.
okautsarēpok, t. SS., er läßt sich nichts sagen, ist ungehorsam, widerwärtig, thut das, was ihm gesagt wird, langsam.
okautsariarpok, t. SS., er läßt sich gerne sagen, ist willig das zu thun, was ihm gesagt wird.
okautjarnēpok, t. SS. wie okautsarēpok.
okautijak, jāk, jet, einer, dem was gesagt wird.
okautijáksak, sàk, sct, einer, dem was gesagt werden soll.
okautijáksauvok, j. SS., er muß gesagt werden, oder er ist der, dem gesagt werden soll. Innuit okautijáksauvut Gudib okausinginnik, die Menschen müssen Gottes Wort gesagt bekommen.
okautijáksariva, j. CS., er soll, muß ihm sagen. Innuit okautijáksariveit Gudib okausinginnik, er soll den Menschen Gottes Wort sagen, verkündigen, predigen.
okautsaugajukpok, t. SS., es wird ihm oft, oder ist ihm oft gesagt worden.
okautsaugajuipok, t. SS., es wird ihm selten, oder ist ihm selten gesagt worden.
okautingárpa, LCS., sagt es ihm zum allererstenmale.
okautingangārpa, t. SS. inus., er sagt es eher oder lieber diesem (nicht jenem). Öfters hört man aber in diesem Falle: okautingarpa.
okautitainarpa, t. SS. inus. do., er sagt es ihm zum erstenmal, und er sagt es ihm jetzt erst.
okautisinalerpa, t. SS. inus., er sagt es

ihm endlich, nachdem er lange damit gewartet hat. .a [wenig.
okautinikipa, t. SS. inus., er sagt ihm
okautinikiluarpa, t. SS. inus., er sagt ihm zu wenig, oder wenig gegen einen andern.
okautilerkitārpa, t. SS. inus., er sagt ihm viel, redet lange mit ihm.
okautilerkitūluarpa, t. SS. inus., er sagt ihm zu viel.
okautisungárpa, t. SS. inus., er sagt es ihm zum letztenmal.
okautipsārpa, t. SS. inus., er sagt es ihm abermal, oder zum zweiten male.
okausipsārpa, t. SS. do. (mit mik).
okautijárnerpok, t. SS., es ist angenehm, was zu sagen.
okautijárneriva, j. SS. inus., er hat ihn zu dem, dem er gern was sagt, dem gut was zu sagen ist.
okautijarnēpok, t. SS., es ist ihm nicht gut was zu sagen, es ist unangenehm, weil er nicht folgt.
okautsórpa, t. SS. inus., er redet viel mit ihm, sagt ihm viel.
okautsotivuk, vut, sie zwei reden viel mit einander.
okautjúivok, t. SS. do. (mit mik).
okautsójóva, j. SS. inus., er hat vor langer Zeit viel mit ihm geredet, viel zu ihm gesagt.
okautijóva, j. SS., er hat es ihm vor langer Zeit gesagt.
okautsartorpa, t. SS. inus., er sagt ihm was nach, was er soll gesagt haben, was nicht wahr ist; okauserilaungitanginik okautsartorpa.
okausertuivok, j. SS. do. (mit mik).
okalimavok, j. SS., er redet (viel) zu ihn, ohne daß jener etwas sagt (mit mut).
okalimautiva, j. SS. inus. do.
okaloakapsorpok, t. SS., er redet allerhand unnützes Zeug, unverständliche Töne durcheinander.

okangoarpok, t. SS., er rebet fcherzweife.
okarsoalivok, j. SS., er hat eine große Zunge, it, ber Hund läßt beim Ziehen die Zunge heraushängen.
okaikēvok, j. SS.. er, ber Menfch, ftreckt die Zunge aus bem Munde.
okaujak, jäk, jet, ein Blatt vom Weidenſtrauch (weils einer Zunge ähnlich ift).
okarsēariva, j. SS. inus., er wartet, bis er es ihm fagt.
okautsausēvok, t. SS. do. (mit mut).
Okaluraujak, jäk, jet, ein vorftehenber Rand und Gefimfe an irgend etwas.
okaluraujalik, līk, lit ob. ggit, etwas mit einem Gefimfe ober vorftehendem Rande.
Ōkallukpok, t. SS., fiehe bei ōpok.
Okamarpok, t. SS. & CS., er geht auf bem Lande, am Strande, und zieht ein Boot, Kajak, Baum ꝛc., welcher fich im Waffer befindet, am Strick nach.
okamautiva, j. SS. inus. do., er geht am Lande und zieht das Fahrzeug ꝛc. am Strick. (Im Fluß ober fonft am Strande.)
okamaujivok, j. SS. do. (mit mik).
Ōkivok, j. SS., es ift leicht.
okiglivok, j. SS. & CS., es wird leicht, CS., er macht es leicht, nimmt was ab.
okigliaIāvok, t. SS., er geht bald leicht, bald fchwer.
okidlarpok, t. SS., es ift fehr leicht.
okigiva, j. CS., es ift ihm leicht.
okiksarpok, t. SS. do. (mit mik).
okinersivok, j. SS. & CS., er findet es leichter, als es fein follte, it, er findet ein Leichteres.
okinersarsivok, j. SS. & CS. do.
okillāvok, j. SS., er ift leicht zu Fuße.
okillasivok, j. SS., er fängt an leicht zu Fuße zu fein.
okillailivok, j. SS., er fängt an fchwerfüßig zu werben.
okilaipok, t. SS., er ift fchwer zu Fuße.
okigēserpok, t. SS., er läuft, fpringt leicht herum.

okilasāvn, j. CS., er unterrichtet ihn (ein Kind ꝛc.) im Springen; läßt ihn zur Uebung, um leicht, gewandt zu werden, herumfpringen.
okilnsaivok, j. SS. do. (mit mik).
okinersarsiorpok, t. SS. & CS., er fucht ein Leichteres.
okinersasiorpeit, er fucht, welche von ihnen leichter find.
Okkiak, äk, et, ber Spätherbft; die Zeit, wenn ber Strand Eis bekommt, bis die Buchten zufrieren.
okkiame, im Herbfte, um die Zeit, wo die Buchten Eis bekommen. [hat Eis.
okkiakpok, t. SS., es wirb, ift Spätherbft,
okkialerpok, t. SS., es fängt an Herbft zu werben.
okkiakut, burch ben Spätherbft.
okkiaksnk, säk, set. ber Herbft; die Zeit von ba, wo es anfängt zu fchneien, bis es Eis macht.
okkiaksnliarpogut, wir gehen auf ben Herbft los.
okkiaksēvok, j. SS., er wartet, verbringt ben Herbft ba ober ba.
Okkiok, uk, ut, ber Winter; von ber Zeit an, wo es überall Eis hat, it, ein Jahr.
okkiokpok, t. SS., es wirb Winter.
okkiongovok, j. SS., es ift Winter.
okkiongojungnnipok, t. SS., es hört auf, Winter zu fein. Im Frühjahr, u. wenns überhaupt im Winter einmal einen fchönen Tag gibt.
okkiolek, okkiulek, läk, lit, ein Thier, Hafe, Fuchs, Renntbier, Ripper ꝛc., im Winterpelz.
okkēvok, j. SS., er wintert ba ober ba.
okkēvik, vīk, vīt, ein Winterplatz; wo man überwintert. [Winterplatz.
okkēvigiva, j. SS. inus., er hat es zum
okkēvigijanga, fein Winterplatz.
Okkijivok, j. SS. & CS., er fieht lange, ftarr auf einen Fleck, CS., er fieht ihn ftarr an.

okkijivigiva, j. SS. inus. do., er sieht ihn starr an.

Okkinek, nīk, nīt, eine krebsartige Wunde, s. Ukkinek, it, ein Schwär, wenn die Haut ganz herunter ist, it, eine sonstige Wunde, wo ein Stück Haut, sammt etwas Fleisch daran, fortgeschnitten ist.

okkipok, t. SS. & CS., er schneidet oder haut sich irgendwo ein Stück Fleisch ab, CS., er ihm, einem andern oder auch einem seiner Glieder. Kubluga okkipara, ich habe mir ein Stück vom Daumen geschnitten (SS. mit kut). Kublupkut okkipunga, do. Ittimapkut okkipunga, ich habe mir ein Stück inwendig aus der Hand geschnitten. Aggama tunnungittigut okkipunga, ich habe mir auswendig an der Hand ein Stück abgeschnitten, it, er schneidet beim Gerben eines Felles zu tief, schneidet ein Stück heraus, it, er bohrt ein Loch durch ein Stück Draht, was eine Nadel geben soll.

okkitsivok, j. SS., er schneidet (ihm) irgendwo ein Stück heraus (mit mik), it, er bohrt ein Loch durch ein Stück Draht, macht eine Nadel daraus.

okkitsimavok, j. SS. & CS., er hat sich wo was heraus-, abgeschnitten.

okkinerpok, j. SS. & CS. do. (ohne daß mans wußte).

Okkipa, t. SS. inus., er macht ein Oehr in eine Nadel (nimmt aus dem Draht ein Stück heraus).

okkitsivok, j. SS. do. (mit mik).

okkiut, tik, tit, ein Bohrer, um damit ein Oehr in eine Nadel zu bohren.

okkitak, täk, tot, eine durchbohrte Nadel, it, irgend ein Glied oder ein Mensch, dem wo was abgeschnitten.

okkitauvok, j. SS., sie ist durchgebohrt, die Nadel, it, es ist aus der Hand, dem Daumen ꝛc. ein Stück abgeschnitten.

Okkileriak, āk, et, ein Hund oder sonst ein Thier, oder auch Zeuge, die verschiedene Flecken haben.

Okkivok, j. SS. (stehe bei Oërivok).

okkinarpok, t. SS., es ist angenehm, schmeckt angenehm.

okkigiva, j. SS. inus. do. (Gutes oder Böses).

okkimamārpok, t. SS., das Wetter ist sehr lange immer wieder schlecht, es folgt schlecht auf schlecht. Wenns noch weniger lange schlecht ist, so heißt es: okkivok.

okkiniarta Jesusemut, laßt uns immer auf Jesum gerichtet sein; — -mik, do.

Okkoalinek, nōk, norit, ein Ort, Platz im Freien, wo man vor dem Winde im Schutze ist.

okkoaliniovok, okkoalinauvok, j. SS., es ist ein Schutz, windstiller Platz.

okkōvok, j. SS., es ist stille, Schutz, das Haus, Zelt.

okkōjulliarpok, t. SS., er geht in den Schutz ins Haus.

okkulliarpok, t. SS., er geht in den Schutz vor dem Winde, hinter einen Stein, Felsen ꝛc., it, ein Thier, wenn es etwas riecht und flieht, it, der Wind führt die Stimme oder den Geruch weit mit fort.

okkulliarviovok, j. SS., es wird ihm, dem Menschen oder Thiere, vom Winde (der Geruch ꝛc.) zugeführt.

okkulliartorpok, t. SS., der Wind führt den Geruch ꝛc. (weit) mit sich fort.

okkulliartortipa, t. SS. inus. do.

okkomikpok, t. SS., er, es hat den Wind gerade hinter sich her, daß das Gesicht im Schutze ist.

okkomingnarpok, t. SS., es ist dazu, den Wind gerade hinter sich zu haben.

okkomikluarpok, t. SS., er hat den Wind besonders schön hinter sich her.

okkomut, gerade vor dem Winde, nach der Schußseite.

okkopkut (pilerit), geh dadurch, mit dem Winde durch meine stille Seite.

okkoanit, von feiner, des Haufes, Schiffes 2c., ftillen Seite. [eure ftille Seite.
okkoa, feine, okkoput, unfere, okkose, okkunget, ihre ftille Seite; okkuga, meine do. [gangen.
okkoalinipok, t. SS., er ift in Schutz geokkoaliniliarpok, t. SS., er geht auf eine ftille Stelle, in Schutz.
Okkok, kuk, kuit, die kleinen weißen Infufionsthierchen, die fich an trockenen, verschimmelten Sachen zu befinden pflegen.
okkoarnipok, okkoarnerpok, t. SS., es riecht oder schmeckt eine Sache nach folchen Thierchen.
okkoktauvok, j. SS., es ift eine Sache weiß von solchen Thierchen.
okkokullojarpok, t. SS., er ift ob. hält fich so gering, wie ein solches kleines Thierchen.
Okkomerpa, t. SS. inus., er schmeckt es, hält es im Munde.
okkomisivok, j. SS. do. (mit mik).
okkomisinek, das Schmecken.
okkomipa, t. SS. inus., wie okkomerpa.
okkomiarpok, t. SS. & CS., er hat, hält etwas im Munde.
okkomiuk, itsek, itset, etwas, das man im Munde trägt, eine Feder, Stück Holz 2c.
okkomeraksak, säk, set, etwas zum Schmecken; ein Stück Fleisch, Brod, Waffer 2c.
Okkoipok, t. SS., es ift weich, hält warm; ein Kleid, Betten 2c. (wie nerromikpok).
okkoronarpok, t. SS., es scheint warm, weich zu fein.
okkorsarpa, t. SS. inus., er macht es, daß es warm hält; flickt, beffert die dünne gewordenen Stellen aus.
okkoksivok, j. SS., es wird weich, warm (wenns gemacht, ausgebeffert ift).
okkoriva, j. SS. inus., es ift ihm warm, hält ihn warm (wie nerromigiva).
Karlikka okkoriväka, meine Hosen halten mich warm.

okkoksarpok, t. SS. do. (mit mik).
Karlimnik okkoksarpunga, do.
okkoivok, j. SS., es hält nicht warm.
okkoilivok, j. SS., es fängt an, nicht mehr warm zu halten. [warm.
okkoigiva, j. SS. inus., es hält ihn nicht
okkoiksarpok, t. SS. do.
Okkorse! hört! merkt auf! omät! merke auf! höre du!
Okkovok, j. SS. & CS., er neigt fich, bückt fich, CS., er ihn, fein Haupt 2c.
okkungavok, j. SS., er fteht gebückt.
okkunganek, das Gebücktfein.
okkungangorpok, t. SS., er ift müde vom Bücken.
okkullakpok, t. SS., er nickt mit dem Kopfe (einmal), it, er bückt fich einmal.
okkualävok, j. SS. do. (mehreremal).
okkulävigiva, j. SS. inus., er nickt ihm zu (daß er das oder jenes thun soll), it, er bückt fich mehrmals vor ihm.
okkungäk, äk, ot, ein Meffer, was vom Rücken nach der Schneide hinüberhängt; umgedreht heißt es kevingäk.
Oklivok, j. SS. & CS., er macht Fleisch 2c. zum Kochen zurechte.
öklerpa, t. SS. inus. do.
oklitorpok, t. SS. & CS., er thut das Zurechtgemachte in den Topf, Keffel.
Okpernek, näk, nerit, der Glaube.
okperpok, t. SS., er glaubt.
okperiva, j. CS., er glaubt ihm.
okpervigiva, j. CS. do.
okpertok, tuk, tut, ein Gläubiger.
okpingitok, tuk, tut, ein Ungläubiger.
okpijuitok, tuk, tut, oder okpertuitok, einer, der nie glaubt. [würdig.
okpernarpok, t. SS., er, es ift glaubokporasuarpok, t. SS., er bemüht fich, trachtet zu glauben.
okpernikipok, t. SS., er ift kleingläubig.
okpertovok, t. SS., er hat einen ftarken Glauben.
okpilliomivok, j. SS., er hat etwas im

Glauben zugenommen (glaubt aber noch nicht völlig).
okpilerpok, t. SS., er fängt an zu glauben.
okpernera (intr.), mein Glaube.
okpernit " dein "
okpernivuk " unfer beider "
okperninga " fein "
okpernine " " " (recip.)
okpernivut " unfer "
okpernise " euer "
okperninget " ihr "
okpernitik " " " "
okperusek, der Glaube. Wird von den Eskimos viel gebraucht, und heißt eigentlich: ein kleiner Nebenglaube.
okpilûtsivok, j. SS. & CS., er macht jemand was weiß, er erzählt Lügen und es wird geglaubt.
okpilatsijauvok, j. SS., es wird ihm, was weiß gemacht.
okperinikipa, t.CS., er glaubt ihm wenig.
Okpet, tik, tit, der dicke Theil des Oberschenkels rings herum. Bei einer Creatur der Hintertheil.
okpennarpok, t. SS., er bekommt den Hintertheil von einem Thiere.
okpesserivok, j. SS., er hat Schmerzen im Oberschenkel.
Okpipok, t.SS., es fällt um, über den Haufen, it, er, es fällt etwas von der Pritsche, vom Tische, Bank, Felsen ꝛc.
okpitipa, t. CS., er wirft ihn, es wo herunter, er schmeißt es zusammen.
okpivigiva, j. SS. inus., es fällt auf ihn.
okpikavok, j. SS., er, es stürzt herunter, wälzt sich über und über herunter; eine Lawine, Stein, Mensch, Thier ꝛc.
okpikadlarpok, t. SS. do.
Okpik, pīk, pīt, eine Schnee=Eule (Strixnyctea).
okpikpok, t.SS., er bekommt eine Schnee=Eule.
okpilliarpok, t. SS., er geht zu den Schnee=Eulen.

Okpa, t. CS., er probirt, kostet, versucht es, ihn, ob es gut schmeckt, ob er es vermag, ob die Stiefeln ꝛc. passen.
ōksivok, j. SS. do. (mit mik).
ōgērpa, t. CS., er hat es fertig gekostet, probirt ꝛc.
oktorpok, t. SS. & CS., er misset, wie groß, schwer ꝛc. eine Sache ist, it, er probirt ihn, ob er es vermag, ob er fleißig oder faul ꝛc. ist. Ist im letzteren Falle ganz einerlei mit ōkpa.
oktornikpok, t. SS. do. (mit mik).
ōktŭit, tik, tit, ein Maaß, Muster, Gewicht.
ōktuliksak, sāk, set, etwas, das als Maaß ꝛc. gebraucht werden soll.
oktorlukpok, t. SS. & CS., er versucht schlecht (mit mik), CS., er versucht ihn zum Schlechten.
ōktorlungnarpok, t. SS., es ist versuchend zum Bösen, es in Versuchung bringend.
ōksinek, nak, nerit, das Versuchen, Prüfen.
oktortaunek, nak, nerit, das Versucht=werden, die Versuchung.
oktorlungnek, nak, nerit, das Versuchen zum Bösen.
oktorluktaunek, nak, nerit, die Versuchung zum Bösen.
oktorlungnartok, tuk, tut, das, was einen in böse Versuchung bringt.
ōkiva, j. CS., er versucht, probirt ihn auch oder wieder.
ōksigivok, j. SS., er probirt, kostet wieder.
ōktorivok, j. SS. & CS., er misset, prüft wieder; ihn auch.
Oksek, sik, sit, serit, die knöcherne oder eiserne Oehre am Ende der Hundestricke, wo der Pittuk durchgeht. [Oehr.
oksilliorpok, t. SS., er macht ein solches
oksillivok, j. SS. do.
oksilliorsavok, j. SS. do., er macht mehrere.
Okso, uk, uit, eine Art Moos (weich mit weißen Spitzen).
Okumainek, die Schwere.

okkumaininga, seine Schwere.
okumaipok, t. SS., er, es ist schwer; an Gewicht, zu lernen, zu begreifen, im Gemüth ꝛc. [schwer.
okumaidlarpok, t. SS., er, es ist sehr
okumaikivok, j. SS., er, es ist auch oder wieder schwer.
okumaigiva, j. CS., er, es ist ihm schwer.
okumaiksarpok, t. SS. do. (mit mik).
okumaiksartipa, t. CS., er macht es ihm schwer.
okumailutsipa, t. CS., er beschwert ihn, läßt sich seine Sachen von ihm tragen.
okumailutsēvok, j. SS. do. (mit mik).
okumailotartipa, t. CS., er beschwert ihn mit allerhand Sachen, gibt ihm viel zu tragen.
okumangerpok, t. SS., es ist ihm schwer im Schlaf, der Alp drückt ihn.
okumailutak, tāk, tet, ein Gewicht, Beschwerung auf etwas.
Okussia, SS. inus., seine, des Hauses, Landes ꝛc., Seeseite; im Gegentheil von Pakussia, die Landseite, it, eines Thieres, wo der Vordertheil Pakussia und der Hintertheil okkussia heißt.
Okutsek, sik, sit, da, diese Stelle (wo man hinweist).
okutsilerivok, j. SS., da, hier an dieser Stelle (wo man hinweist) thuts ihm weh, hat er Schmerzen.
okutsera, da, diese Stelle an mir; okutsipkut āniavunga.
okutsia, da, diese Stelle an ihm.
okutsiane (Loc.), da, an dieser Stelle; auf die Frage: sukutsiane āniavit?
Olikpok, t. SS., er zittert, bebt vor Frost.
ōlingnek, das Zittern, Beben vor Frost.
ōlilerpok, t. SS., er fängt an zu zittern vor Frost.
ōlingnarpok, t. SS., es ist zum Zittern, die Kälte.
ōlingnartok, tuk, tut, Fieber.
ōlingnartokunārkutiva, t. SS. inus., er geht, kommt zu ihm, indem er Fieber hat (der, der besucht wird).
olikutarpok, t. SS., es zittert; Kleister und dergl. geronnene Sachen.
Ollorpok, t. SS., die Segel schlagen, flattern hin und her, weil der Wind verkehrt hineinbläst.
ollortipa, t. SS. inus., er, der Wind, bläst verkehrt in die Segel, und schlägt sie hin und her.
Oma (tr.), er, seine, ihm, dieser, diesem, der sichtbar ist; oma piva, er hat es genommen; omo pigiva, es gehört ihm, diesem.
omāne (Loc.), bei, in ihm; omanēpok, er ist bei ihm, bei diesem.
omunga (Term.), zu ihm, durch ihn; omungarpok, er geht zu ihm; omunga ikkajortauvok, es wird ihm durch ihn geholfen, durch diesen.
ominga (Acc.), ihn dieses, diesen, mit diesem. Tunnitsivigivagit ominga, ich gebe dir dieses; ominga takkojomavunga, diesen oder dieses will ich sehen; kattaujak illulerpara ominga, ich habe das Faß mit diesem gefüllt.
omuna (Vial.), durch diesen, diese; upkuakut omuna anniniarpotit, durch diese Thüre wirst du hinausgehen.
omāngāt (Abl.), von diesem, ihm; omangat pivara, von diesem habe ich es bekommen.
otunāk, wie dieser, wie er.
Omak, māk, mait, die Stiche an den Stiefeln, Schuhen. [Baum.
Omak, māk, mait, ein grüner, lebendiger
omarnipok, t. SS., es riecht, schmeckt nach frischem, grünem Holze.
omarpok, t. SS., er lebt auf, wird lebendig (ein Todter).
omartipa, t. CS., er macht ihn lebendig.
omartitsivok, j. SS. do. (mit mik).
ommarivok, j. SS., er wird auch lebendig.

omarikpok, t. SS., er ist lebendig, fleißig in der Arbeit.
omaridlarpok, t. SS., er ist sehr fleißig, lebendig.
omarepok, t. SS., er ist nicht lebendig, fleißig, bei der Arbeit, ist langsam.
omarijut, tik, lit, die Ursache zum Lebendig-, Fleißigsein.
omarijutiksak, sök, set, etwas zur Belebung, zur Aufmunterung.
omadlapkainarpok, t. SS., er lebt nur noch zu knapper Noth. Wird im Süden beinahe gar nicht und im Norden nur von alten Leuten verstanden; die jüngern sagen:
omagárpok, t. SS., omagádlarpok.
omavok, j. SS., er lebt.
omatigiva, j. SS. inus., er hat es, ihn zum Leben.
omajok, juk, jut, ein Lebendiges, d. h. ein Thier.
omajoksiorpok, t.SS., er ist auf Jagd, sucht Lebendige.
omajokpok, t. SS., er bekommt irgend ein Thier.
omajorniarpok, t. SS., er sucht, bemüht sich Lebendige zu schießen (sieht welche).
omát, tik, tit, das Herz.
omattinga omatta, sein Herz.
omatib (tr.), das Herz, des Herzens.
omame (Loc.), im Herzen.
omamut (Term.), zum Herzen.
omamik (Acc.), das Herz.
omakut (Vial.), durch das Herz.
omamit (Abl.), vom Herzen.
omamigiva, j. SS. inus., er hat es im Herzen.
omamiarutiriva, j. SS. inus., er nimmt es zu Herzen.
omamiutarksivok, j. SS. do. (mit mik).
omamiutigiva, j. SS. inus., wie omamigiva.
omamiutakarpok, t. SS. do. (mit mik).
omamiutsárpok, t. SS. do.

omamiutak, täk, tet, etwas zu Herzen genommenes, was man im Herzen hat.
omamiok, uk, ut, do.
omatterokpa, t. SS. inus., es geht ihm durchs Herz; ernste Worte, Kugel ꝛc.
omatteroivok, j., SS. do. (mit mik).
omatteroktauvok, j. SS., es ist ihm durchs Herz gedrungen, wird böse darüber ꝛc.
omamiutserpa, t. CS., er erfüllt ihn mit etwas, gibt ihm was ins Herze.
omamiutsévok, do.
Omat! höre du! Siehe okkokse!
Omisungnek, der Haß, das Hassen.
omisukpok, t. SS., er hasset (mit mik).
omigiva, j. CS., er hasset ihn, es.
omisugvigiva, j. CS. do.
omigosukpok, t. SS., er neigt sich zum Hassen.
omisukte, tik, tit, ein Hasser, der immer haßt.
omigije, jik, jit, do.
omigijigiva, j. SS. inus., er hat ihn zum Hasser.
omisuavok, j. SS., er hasset (stärker wie omisukpok).
omisuavigiva, j. SS. inus. do.
omigikítäkpa, t. CS., er hasset lange.
ominarpok, t. SS., er, es ist hassenswürdig.
ominartok, tuk, tut, ein Hassenswürdiger.
ominarluksak, säk, set, etwas, was hassenswürdig werden soll.
ominaut, tik, tik, die Ursache, warum einer hassenswürdig ist; der Bann, Fluch.
ominartungorpok, t. SS., er wird hassenswürdig.
ominartungortipa, t. CS., er macht ihn hassenswürdig.
ominartungortitauvok, t. SS., er ist zum Hassens-, Fluchwürdigen gemacht worden. Jesuse ominartungortitauvok pivluta, Jesus ist um unsertwillen zum Fluchwürdigen gemacht worden.

Omilavok, j. SS., er verzieht das Gesicht, indem er weint

omilatipa, t. SS. inus. do., kēnone omilatipa. [Fleiß.

omilarpa, t. SS. inus., er verzieht es mit ominăkivok, j. SS., er fängt plötzlich an zu schreien, zu weinen (ein Kind).

Omingasivok, j. SS., er ist verstopft in der Nase.

Ommiarpok. t. SS. & CS., er hat den lōkak zerbrochen.

ommiarsivok, j. SS., er zerbricht den lōkak oder ullo.

ommilivok, j. SS. & CS., er macht ihn, den zerbrochenen lōkak wieder, it, den ullo. [Trinken, Wasser.

Ōnárpok, t. SS., es ist warm, Essen,

ōnádlarpok, t. SS., es ist sehr warm.

ōnársisarpok, t. SS. & CS., SS., er, es wird schnell warm, er macht es warm, wärmt es schnell am Feuer.

ōnársivok, j. SS., es wird warm, fängt gerade an warm zu sein.

ōnársiscariva, j. SS. inus., er wärmt es auf, wärmt es, macht es heiß.

ōnársisévok, j. SS. do. (mit mik).

onársisějutiva, j. CS., er macht für ihn was warm (mit mik).

ōnárnipok, t. SS., es riecht nach Hitze, Wärme. [Hitze.

ōnárnilukpok, t. SS., es riecht schlecht, nach

ōnárnárpok, t. SS., es ist erwärmend.

ōnárnárlok, tuk, tut, etwas Erwärmendes, Ingwer, Pfeffer ꝛc.

onásukpok, t. SS., es ist zum Warmwerden, das Wetter, wenn der Wind so warm bläst.

onársiongmivok, j. SS., es wird ihm heiß, warm; vor Schreck, Furcht ꝛc.

onarkejarpok, t. SS., es wird ihm heiß; beim Feuer, in der Sonne ꝛc.

ōnek ꝛc., siehe ōpok.

Opakpok, t. SS. & CS., er geht wohin; opakput, sie gehen oder laufen alle auf einem Flecke zusammen (Menschen oder Thiere), CS., er geht zu ihm, um ihm was zu sagen ꝛc., it, ein Thier kommt auf ihn, es zu; ein Fisch auf die Angel ꝛc. (SS. mit mut).

opaiva, j. SS. inus., er geht zu ihm, ohne daß man ihn haben will.

opainivok, j. SS. do. (mit mik).

opaīnarpok, t. SS. & CS., er geht beständig da oder da hin.

opaksărpok, t. SS. & CS., er geht eilig hin.

opalukpok, t. SS. & CS., er geht in böser Absicht zu ihm, fällt ihn an; ein Mensch den andern, it, ein Hund oder sonst ein Thier einen Menschen ꝛc.

opalutarivok, j. SS. & CS., er fällt ihn aufs Neue, wieder an.

opajakpok, t. SS. & CS., er läuft, springt zu einem, der auch springt; Mensch oder Thier.

opaktorpok, t. SS. & CS., er geht zu ihm, um ihm was Unangenehmes zu sagen; er fällt ihn an, ein Hund einen Menschen, ein Rennthier das andere, stößt es. kennugosungnermut.

opaktoraulivuk, vut, car. Sing., sie springen gegen einander, Menschen und Thiere, Rennthiere stoßen sich einander mit den Hörnern.

opautivuk, vut, sie gehen zu einander, kommen gegenseitig da oder dorthin zusammen.

opāvok, j. SS., er geht gleich, zögert nicht, bei irgend etwas.

opakoipok, t. SS., opānasarpok, t. SS., er zögert, geht nicht gleich, wenns ihm gesagt wird.

Opallōrtorpok, t. SS., er thut, redet etwas in Uebereilung, ohne darüber gedacht ob. überlegt zu haben (mit mut).

opallortornek, nak, nerit, die Unüberlegung, Uebereilung.

opalloktorvigiva, j. SS. inus., er sagt oder thut ihm was ohne Ueberlegung.

opalloktorarpok, t. SS., er redet, thut viel ohne Ueberlegung.

opalluijarpa, t. CS., er kommt ihm zuvor mit etwas, fagt oder thut etwas, was jener gerade jetzt machen oder fagen wollte. SS., er kommt sich selbst zuvor, b. h. er redet, handelt unüberlegt.

opalluijaivok, j. SS. do. (mit mik).

opalluiva, j. CS., er, es kommt ihm unerwartet, zu schnell, übereilt ihn.

opalluinikpok, t. SS. do. (mit mik).

opalluijauvok, j. SS., er wird zu schnell oder unerwartet durch etwas gekriegt, wird gleichsam überfallen von irgend etwas, übereilt.

opalokpok, t. SS., er ist nicht fertig, ist unvorbereitet.

apalotigiva, j. SS. inus., er ist mit ihm nicht fertig; mit Gedanken, Worten ob. Werken.

opalungerutigiva, j. SS. inus., er ist mit ihm (dem Gedanken) fertig; weiß jetzt, wie er fagen oder was er machen will.

oppalungerpok, t. SS. & CS., er ist fertig, hat alles vorbereitet, CS., er ist fertig mit ihm, hat es zurechte gemacht, vorbereitet.

opallungaijarpa, t. CS., er macht ihn, es zurechte, bereitet ihn, es zu irgend etwas vor.

opallungaijaivok, j. SS. do. (mit mik).

opallungërsavok, j. SS. & CS., er ist mit der Vorbereitung beschäftigt, zum Ausgehen, Verreifen ıc., CS., er bereitet es, ihn vor.

opallungaijainek, nak, nerit, das Vorbereiten, die Vorbereitung, Zurechtmachung von Sachen oder einen andern.

opallungaijarnek, nak, nerit, die Selbstvorbereitung. [(ingminik).

opallungaijarninga, feine Vorbereitung

opallungaijaininga, feine Vorbereitung (perkutinik assiminiglonēt).

Opārpok, t. SS. & CS., siehe bei ōpok.

Operngak, ăk, et, das Frühjahr, b. h. die Zeit, wo das Land meist frei von Schnee ist, bis offen Wasser.

operngaksak, säk, set, der Anfang des Frühjahrs, wenn der Schnee anfängt zu thauen, bis er meist vergangen ist.

operngevok, j. SS., er verbringt das Frühjahr da oder da.

operngevik, vīk, vīt, ein Frühjahrsplatz, wo die Leute im Frühjahr mit dem Zelte stehen.

operngāme (Loc.), im Frühjahr.

operngamut (Term.), zum, auf das Frühjahr.

operngakut (Vial.), durch das Frühjahr.

operngamit (Abl.), vom Frühjahr an;

operngamit okkiuksak likkidlugo kannimalaukpok, er ist vom Frühjahr an bis zum Anfange des Herbstes krank gewesen.

Opigungnek, die Dankbarkeit, Verehrung.

opigukpok, t. SS., er rühmt, dankt, ehrt, ist voll Dankbarkeit, weil ihm Gutes ıc. geschehen ist.

opigosukpok, t. SS. do.

opigiva, j. CS., er rühmt, dankt, ehret ihn.

opigomut, opigosungmut, opigosungnermut, aus Dankbarkeit, Verehrung.

opigimut, aus Selbstverehrung, Dankbarkeit gegen sich selbst.

opinarpok, t. SS., er, es ist des Dankes, der Verehrung werth, würdig, ist angesehen.

opinartovok, j. SS., er ist einer, der des Dankes, der Verehrung werth, würdig ist.

opinartotovok, j. SS., er ist der einzige do.

Opingainek, nak, nerit, die Ueberraschung, das Ueberraschen.

opingaininga, feine do.

opingaivok, j. SS., er überrascht, kommt ganz unverhofft unvermuthet.

opingarpa, t. SS. inus., er, es überrascht ihn, kommt ihm ganz unverhofft, indem

gar nichts von seinem Kommen gehört worden ist. Bei opalluiva ists bekannt, es kommt nur früher, als es erwartet wird.
opingarlauvok, j. SS., er wird überrascht, ist überrascht worden.
Opinnarnak, kein Wunder, daß dirs so ob. so geht, z. B. opinnarnak ajoksaravit, kein Wunder, daß du Mangel leidest, da du im Sommer nicht gefischt hast.
opinnarnanga, kein Wunder, daß mirs so geht, oder ich bin nicht zu bewundern.
opinnarane, kein W., daß es ihm so geht.
opinnarata, do. do. uns do.
opinnarannuk, do. do. uns beiden do.
opinnarase, do. do. euch do.
opinnaratik, do. do. ihnen und euch beiden so geht.
Ōpok, t. SS., er hat sich verbrannt, es ist verbrannt, it, es ist gekocht; ōjok, juk, jut, Gekochtes.
ōnek, nak, nerit, ein gebrannter Schaden.
ōták, tæk, tet, eine verbrannte Sache, die nicht mit Fleiß zu nahe ans Feuer gekommen ist.
ōtāk, lāk, tet, etwas Gebratenes, was ohne Gefäß, so am Feuer gebraten ist.
ōtaksnk, sŭk, set, etwas zum Braten, Sohlleder ꝛc. [schlecht.
ōkallukpok, t. SS., es kocht sich schwer,
ōlorikpok, t. SS., es kocht sich gut, wird geschwinde weich.
ōpārpok, t. SS. & CS., es ist nicht fertig gekocht, ist nur halb gar, CS., er kocht es nicht fertig.
ōpārsivok, j. SS. do. (mit mik).
ōjarpok, t. SS. & CS., er kocht Dorschköpfe.
ōtipa, t. SS. inus., er brennt es, ihn.
ōpa, do., ein Fell, Stiefel ꝛc.
Oriarpok, t. SS. & CS., er spuckt, speiet dicht vor sich hin, läßt den Speichel nur so aus dem Munde fließen, CS., er spuckt es aus. [Ausgespienes.
oriarnek, nak, nerit, das Ausspeien,
oriarvik, vīk, vit, ein Spuckkasten.
oriorpa, t. SS. inus., er kauet Speck aus und speiet ihn in die Lampe ꝛc.
oriarnikpok, t. SS do. (mit mik).
Orksok, suk, sut, Speck vom Seehund, Walroß ꝛc.
orkserpa, t. SS. inus., er versieht die Lampe, Nahrungsmittel mit Oel, Speck, Fett.
orksēvok, t. SS. do. (mit mik).
orkserivok, j. SS., er arbeitet im, am Speck.
orkserivik, vik, vit, ein Speckhaus, Hof.
orksorpa, t. SS. inus., er thut Speck, Oel daran; an die Docht, trockene Nahrungsmittel ꝛc.
orksusivok, j. SS. do. (mit mik).
orksulerivok, j. SS. & CS., er thut wieder oder auch an das andere Oel, Speck.
orksoruserpa, t. SS. inus., er thut an gekochte Sachen Fett.
orksorusēvok, j. SS. do. (mit mik).
orksokivok, j. SS. & CS., er beschmiert sich seine Kleider ꝛc. (nicht mit Fleiß) mit Speck, Fett.
orksokēvok, j. SS. & CS., er beschmiert ihn mit Oel, Speck (SS. mit mik).
orksukterpa, t. CS., er schmiert irgend eine Sache, als eine Spindel, Säge ꝛc., mit Fett.
orksuterivok, j. SS. do. (mit mik).
orksutilerivok, j. SS. & CS., er schmiert es wieder, oder ein anderes auch.
orksut, tik, tit, ein Sack voll Speck.
orksoijarpa, t. CS., er reinigt eine Sache von Fettigkeit, it, er flenst von einem Seehund ꝛc. den Speck ab.
orksoijaivok, j. SS. do. (mit mik).
orksoipa, t. SS. inus., er hat den Speck vom Seehunde abgeflenst.
orksoisivok, j. SS. do. (mit mik).
orksagasak, säk, set, irgend etwas, worin, woran, worauf Oel, Speck gewesen, und was noch fettig, schmierig davon ist.

orksogasakpok, t. SS., es ist ölig, fettig; Waſſer, ein Gefäß ꝛc.
orksingovok, j. SS., er ist ſatt vom Speckeſſen, mag keinen mehr.
orksolorpok, t. SS., er ißt Speck.
orksokaut, lik, lit, ein Gefäß für Speck, Oel ꝛc.
orksoalanek, die Fettigkeit auf der Oberfläche des Waſſers (wenn es ganz ſtille iſt).
Orlerlorpok, t. SS. & CS., er zielt auf etwas (das nicht ſtille ſteht) mit der Flinte, it, er holt aus mit einem Stocke, um nach etwas zu ſchlagen.
Orngelit, lik, lit, ein Haar in der Armgrube.
Ornikpa, t. SS. inus., er kommt zu ihm, geht zu ihm.
ornigiva, j. SS. inus. do.
orniksorpa, t. SS. inus., er geht zu einem, der abweſend iſt, beſucht ihn.
orniksoivok, j. SS. do.
ornigak, kak, kel, einer, der immer beſucht wird, zu dem man immer kommt. (Dieſe werden nur im höchſten Norden verſtanden.)
Orronit, Pl., car. Sing., die engern, kl. Gedärme von Rippern.
orroningit, ſeine, ihre kleinen Gedärme.
Orpik, pīk, pit, Sträucher, Weiden ꝛc.
Orterluanek, nīk, nīt, Ausſchlag, Frieſel (bei Kindern).
Otok, tuk, tut, ein Seehund, der auf dem Eiſe liegt und ſich an der Sonne wärmt. Diejenigen, welche auf einzelnen Schollen liegen, heißen auch: kivakkitak.
ōtokarpok, t. SS., es hat Seehunde auf dem Eiſe.
ōtulliarpok, t. SS., er geht, fährt nach den Seehunden, die auf dem Eiſe liegen.
ōtusiorpok, t. SS., er ſucht ōtut.
Ottovik, vīk. vīt, Haut und Fleiſch auf dem Hirnſchädel des Menſchen und überall wo Haare wachſen.
ottovinga, ottovia, ſeine Haut ꝛc. Siehe uttovik.

Ovane (Loc.), hier; ovanĕpok, t. SS., er, es iſt hier.
ovunga (Term.), hierher; ovungārpok, er kommt hierher.
ovūnā (Vial.), hierdurch; ovūnārpok, er kommt hierdurch.
ovangàt (Abl.), von hier.
ovanŏmiok, uk, ut, ein hieſiger Einwohner.
ovanĕnek, das Hierſein.
ovanĕninga, ſein Hierſein.
ovanĕjut, lik, lit, die Urſache des Hierſeins.
ovanĕjuta, -julinga, ſeine Urſache zum Hierſein.
ovungaut, lik, lit, die Urſache zum Herkommen. [kommen.
ovungauta, -tinga, ſeine Urſache zum Herovungautigiva, j. CS., er hat es, ihn zur Urſache ſeines Herkommens. Niakĕrinera ovungautigivara, ich habe mein Kopfweh zur Urſache des Herkommens. [kommens.
ovunārula, die Urſache ſeines Hindurchovunārulinga, do., ovunārutiga, meine do. Kiblut aijomajara ovunārutigivara, die Säge, die ich holen will, habe ich zur Urſache, daß ich hier durchkomme.
Ovátsink, vor, und in einer kleinen Weile; ovátsiak ovanĕlaukpok, vor einer kleinen Weile war er hier; ovátsiak kainiarpok, in einer kleinen Weile wird er kommen.
ovátsiaro, warte ein wenig, in einer Weile, vor einer Weile (etwas länger wie ovátsiak).
ovátsinrārsuk, eine ganz kleine Weile.
ovátsiarolerpok, es iſt eine Zeit, eine Weile her.

P.

Pā, āk, at, der Eingang ins Haus, Zelt, Bucht, Stube, Höhle, Kajak; die Oeffnung an einem Geſchwür, vorne an einem Aermel, unten an den Hoſen ꝛc.

pānga, fein Eingang, Oeffnung.
pāmēpok, t. SS., er, es ist im Eingang, am Vorhaus.
pāklerak, kŭk, kct, der Eingang in den Schneegang, der im Winter vors Vorhaus gebaut wird.
pāklerkamepok, t. SS., er, es ist im Eingange des Schneeganges.
pākarpok, t. SS., es hat einen Eingang, eine Oeffnung.
pākipok, t. SS., es hat einen engen, kleinen Eingang, Oeffnung.
pāłóvok, j. SS., es hat einen großen Eingang, Oeffnung.
pākigiva, j. SS. inus., der Eingang, die Oeffnung ist ihm zu klein, er kann nicht durch.
pāngērpok, t. SS. & CS., er tritt, kommt ihm in den Pū, ohne ins Haus zu kommen (SS. mit mik).
Pablo, luk, lut, der Henkel an einem Krug, Becher ꝛc.
pablulik, lĭk, ggit, ein Geschirr, Blech, Krug ꝛc., mit einem solchen Henkel.
pablokarpok, t. SS., es hat einen Henkel.
Pachrearpok, t. SS. & CS., er geht entgegen, CS., er geht ihm entgegen.
pachreartorpok, t. SS. & CS. do. (aber nicht so weit).
pachreartorvigiva, t. SS. & CS. do.
pachrearnek, das Entgegengehen.
Pāgitak, lĭk, tet, Nahrungsmittel, die Jemandem, der zu Hause bleibt, während die andern fortgehen, zurückgelassen werden.
pāgitáksak, sāk, set, do., die zurückgelassen werden sollen.
pāgiserpa, t. SS. inus., er versieht ihn (den Zurück-, Zuhausegelassenen) mit Nahrungsmitteln, für die Zeit seiner Abwesenheit.
pāgisēvok, j. SS. do. (mit mik).
pāgitiva, t. SS. inus., er theilt einem Zurückgelassenen die demselben hinterlassenen

Nahrungsmittel aus, wartet es, ein Kind oder sonst jemand, was sich nicht selber helfen kann.
pāgijivok, j. SS. do. (mit mik).
Pāva, j. SS. inus., er wirft ihn hin, überwindet ihn beim Balgen, Ringen mit einander, it, sein Sinn ist nur auf das Eine gestellt, gerichtet, z. B. in Hungerzeit, aufs Essen; bei Mangel an Kleidung, auf Kleider ꝛc.
pānikpok, j. SS. do. (mit mik).
pāvuk, vut, sie ringen, balgen mit einander (Menschen und Thiere).
pānek, das Ringen, Balgen.
pasuarekpuk, put, sie ringen, balgen immer mit einander.
pasuarnek, pānasuarnek, das Ringen.
pājauvok, j. SS., er ist überwunden, hingeworfen ꝛc. worden beim Ringen.
pāgajukpa, t. SS. inus., er überwindet ihn oft beim Ringen, Balgen mit einander.
pānasuarpa, t. SS. inus., er ringet mit ihm, sucht ihn zu überwinden.
pāninasuarpok, t. SS. do. (mit mik).
Pagvisarnek, nak, nerit, das Lästig-, Beschwerlichsein, Plagen.
pagvisarninga, fein Beschwerlich-, Lästigsein, Plagen durch irgend etwas.
pagvisarpok, t. SS. & CS., er plagt ihn, beschwert ihn mit seinem vielen Borgen, öftern Besuchen ꝛc. (SS. mit mik).
pagvigiva, j. CS., er hat ihn zu dem, der ihm zur Last fällt, der ihm mit seinem Thun beschwerlich wird, der ihn plagt.
pagvivok, j. SS. do. (mit mik). Johannese pagvigivara, ich habe den Johannes zu meiner Beschwerde, zur Last, zu dem der mich plagt. Johannesemik pagvivunga, do.
pagvitipa, t. CS., wie pagvisarpa.
pagvititsivok, j. SS. do. (mit mik).
pagviginilukpa, t. SS. inus., er züchtigt, schmält ihn; weil er ihm zu beschwerlich, zu lästig wird.

pagvilukpok, t. SS. do. (mit mik).
pagviluktipa, t. SS. inus., er macht ihn verdrießlich, mit seiner Unverschämtheit, seinem Ueberlaufen, vielem Fragen, vielem Borgen.
pagviluktitsivok, j. SS. do. (mit mik).
pagvinarpok, t. SS., er, es ist zum Beschwerlich-, zum Lästigwerden.
pagvisarnikipok, t. SS. & CS., er plagt ihn wenig.
pagvisarnikinárpok, t. SS. & CS. do.
pngvisarkitakpok, t. SS. & CS., er plagt ihn lange.
pngvigikitakpa, t. CS., er hat ihn lange zur Last, zur Beschwerde.
pagvisarajukpok, t. SS. & CS., er plagt, beschwert ihn häufig.
pngvisarajuipok, t. SS. & CS. do., selten.
pagvisatsuipok, t. SS. & CS. do., nie.
Pai, paik, pait, ein langschnäbliger Säger (Mergus serrator).
pairpok, t. SS., er bekommt einen Pai.
paitorpok, t. SS., er ißt Pai.
Paijok, juk, jut, einer, der das Haus, Zelt hütet, während die andern aus oder in der Kirche sind.
paivok, j. SS., er hütet das Haus, Zelt, während die andern abwesend sind.
paivigiva, j. SS. inus., er bewacht, hütet es, das Haus oder Zelt, it, ein Kind, wo die Eltern abwesend sind, ist bei ihm; hat ihn zur Stelle, wo es derweile bleibt.
paivikarpok, t. SS. (mit mik) do., er hat ihn zur Stelle, wo er derweile bleibt,
paijiariva, j. SS. inus., er läßt ihn (einen Angehörigen) zurück, wenn er fortgeht, auf Reise, Jagd ic.
paijivok, j. SS. (mit mik).
paijiangutipa, SS. inus., er läßt ein Kind oder einen Kranken zurück bei Jemand. Ernera paijiangutipara Pauluseme, ich lasse meinen Sohn beim Paulus zurück (mit mut & me).

paije, jik, jit, einer, der immer hütet, der immer zu Hause bleibt.
paijigiva, j. SS. inus., er hat ihn zum Hüter. (Gilt blos, wenn es einer ist, der nicht zur Familie gehört, sonst gilt; paijiariva.)
paijiksakarpok, t. SS., es hat Jemand zum Hüten.
paijuksakarpok, t. SS. do.
paikitakpok, t. SS., er muß lange hüten.
paingorpok, t. SS., er ist des Hütens müde, er verlangt, daß die Angehörigen zurückkommen möchten.
paingudlarpok, t. SS. do., sehr.
painek, das Zuhausebleiben, Hüten.
Pairksinek, das Warten, Pflegen, Hüten einer Sache.
pairksivok, j. SS., er wartet, pflegt, hütet (mit mik).
pairiva, j. CS., er wartet, pflegt ihn.
pairksije, jik, jit, ein Hüter, Pfleger, Wärter, der dazu angestellt ist.
pairksijok, juk, jut, do., der (jetzt) hütet, wartet.
pairksijiga (intr.), mein Wärter, Hüter, der meine Sachen, Kinder ic. hütet.
pairksijima (tr.) do.
pairijiga (intr.), mein Hüter, Pfleger, der mich hütet. pairijima (tr.).
pairijigiva, j. CS., er hat ihn zum Hüter, Wärter, Hirten, der sich seiner annimmt.
pairijak, jäk, jel, einer oder etwas, was gehütet, gepflegt wird.
pairijanga, sein Hütendes, Pflegendes.
pairijarn (intr.), mein do., pairijamn (tr.), do.
Pájúkpok, t. SS. & CS., er bringt, sendet, schenkt ihm Eßsachen (SS. mit mut).
pájúgut, tik, tit, ein Geschenk (hauptsächlich Eßwaaren), das man fortbringt oder sendet.
pájúktipa, t. SS. inus., er sendet ihn, daß daß er Eßsachen oder Arbeit hinbringe.
pájúktitsivok, j. SS. do. (mit mut & mik).

Johannesemik pájúktitsivok Josephemut, er fendet ben Johannes mit Eßfachen zum Joseph. Philippusib Johannese pájúktipa Josephemut.
pájungnikpok, t. SS., er bringt, fendet (fchenkt) Eßfachen ober Arbeit (mit mut unb mik). Philippuse nerkiksamik pájúngnikpok Josephemut. Philippusib Josephe pájúkpa nerkiksamik, Philippus fendet ober bringt bem Joseph rungsmittel.
pájúktauvok, j. SS., es wirb ihm was (Nahrungsmittel) gebracht.
pájúgutigiva, j. SS. inus., er bringt, fendet es fort (hauptfächlich Eßwaaren) (mit mut).
pájúgusiak, ăk, et, eine, einem ins Haus gebrachte, gefanbte Sache (hauptfächlich Eßfachen).
págúsiariva, j. SS. inus., er hat es zum Geschenk erhalten, es ist ihm gebracht worden.
pájúgusiakarpok, j. SS. do. (mit mik unb mit).
Pakkörpok, t. SS., es fängt an aufzuthauen, bie Kälte, ber Froft schlägt heraus (irgenb etwas Gefrorenes).
pakkártipa, bie Wärme, Sonne ic. treibt ben Froft heraus.
pakkársijutiva, j. SS. inus., er thaut es auf, legt es an bie Sonne ober Feuer, bamit ber Froft herausziehe.
pakkārsijutjivok, j. SS.
Pakkéva, j. SS. inus., er nimmt ihm unvermuthet was aus ber Hanb unb läßt es fallen.
pakkenikpok, t. SS. do. (mit mik).
Pakkijarpok, t. SS., er hat vom Froft Schmerzen in ben Knochen.
Pakkojak, jäk, jet, ein Talglicht.
pakkut, tik, tit, in einem Rennthiermagen zufammengegoffenes Marks.
Pakkoa, paksoma, fiehe bei Páne.
Pakkomisukpok, t. SS., er benkt fehr über eine Sache, frägt barnach, wenn er was gehört, wo fich bas unb bas befinbet.
pakkomjgiva, j. SS. inus., er hat es zum Gegenftanb, worauf er geftellt ift; er frägt ernftlich nach, wo fich bas, wovon er gehört, befinbet. (Hauptfächlich wegen Jagb unb Erwerbung.)
Paksarnek, näk, nerit, Bekümmerniß über etwas.
paksarpok, t. SS., er erinnert fich an was, bas gemacht werben follte, inbem es Niemanben hat, ber es machen könnte; er ift bekümmert (wie siarklerpok).
paksariva, j. CS., er ift bekümmert über ihn, es (wollte ihm gern helfen ober es gern machen unb kann nicht).
paksautigiva, j. CS. do., er hat ihn zur Urfache ber Bekümmerniß.
Paksárpok, t. SS., ein Hunb läuft Abenbs, Nachts auf ben Häufern herum, baß man ihn laufen hört, it, Füchfe unb Hafen laufen Abenbs nur fo herum.
Pakvik, vīk, vīt, bas Hanbgelenke, it, bas Gelenke ber beiben Hinterfüße eines Seehunbs. [gelenk.
pakvilerivok, er hat Schmerzen am Hanb= Pálakpok, t. SS., er fällt, ein Menfch.
pālatipa, t. CS., er ftößt ihn um; macht, baß er fällt (nicht mit Fleiß).
pālakivok, j. SS., er fällt wieber ober er auch.
pālalilerivok, j. SS. do.
pālautiva, j. SS. inus., er fällt mit ihm; einem Kinbe, bas er trägt, ober jemanb, ben er führt.
pālaujivok, j. SS. do. (mit mik).
Pállukpa, t. SS. inus., er macht es (irgenb was) nicht feft, gut; macht, binbet, näht es fo, baß es balb wieber entzwei=, losgeht.
pallaivok, j. SS. do. (mit mik).
pallaksivok, j. SS. do.
pallaivigiva, j. SS. inus., wie pallakpa.
pallaktauvok, j. SS., es wirb, ift fchlecht

nicht feſt, ſondern ſo gemacht, daß es bald los oder entzwei gehen wird.

pallaktaungilak, t. SS., es wird, iſt nicht ſchlecht, ſondern feſt, dauerhaft gemacht, it. er wird, iſt nicht vergeblich oder unnöthig beſchenkt, ſondern er hat das, was er bekommen, gerade recht nöthig.

pallangavok, j. SS., es iſt eine Sache nicht dauerhaft, nicht feſt, it. eine Thür iſt nicht feſt zu; ein Menſch iſt nicht feſt, kann nicht viel vertragen, wird leicht krank.

pallangarsimavok, j. SS. & CS., es iſt nicht feſt, nicht dauerhaft, nicht feſt zu, CS., er hat es nicht gemacht ꝛc.

pallangilak, t. SS. & CS., es iſt nicht unfeſt, es iſt dauerhaft, geht nicht los ꝛc., CS., er macht es gut, dauerhaft, ſo, daß es nicht ſobald entzweigehen wird.

pallaksingilak, t. SS. do., er macht es gut (mit mik).

pallangnirpa, t. CS., er macht es feſt, ſchließt eine Thür ab oder macht ſonſt was feſt.

pallangairsivok, j. SS. do. (mit mik).

pallangairsimavok, j. SS. & CS., es iſt feſt, iſt zugeſchloſſen ꝛc., CS., er hat es feſtgemacht, er hat zugeſchloſſen.

pallangairuservik, vik, vit, ein Schloß.

pallangininga, ſeine Dauerhaftigkeit, Feſtigkeit. [haftigkeit.

pallanganinga, ſeine Unfeſtigkeit, Unbauer-

Pallek, lak, let, ein dürrer, abgeſtorbener Baum, it. einer, dem das Geſichte ſchwarz gebrannt iſt.

pallekpok, t. SS., er iſt dürre, ein Baum; er iſt ſchwarz gebrannt von der Sonne; it. der Docht in der Lampe iſt dürre, weil er kein Oel mehr hat.

palliulerpok, t. SS., er iſt ein dürrer Baum; er iſt ein Braun-, Schwarzgebrannter ꝛc.

pallilerpok, t. SS., er fängt an dürre zu werden, zu vertrocknen; ein Menſch fängt an von der Sonne ſchwarz zu werden.

Palligutivok, j. SS., er geht, kommt nahe hinzu.

palligutivigiva, j. SS. inus., er geht nahe zu ihm.

palliguvigiva, j. SS. inus. do. Dieſe werden von den meiſten Eskimos nicht verſtanden, ſondern ſie ſagen: kagliva ꝛc.

Pallórpok, t. SS., er legt ſich auf den Bauch.

pallungavok, j. SS., er liegt auf dem Bauch.

Pamakpok, t. SS., er legt ſich aufs Angeſicht.

pomangavok, j. SS., er liegt auf dem Angeſichte.

pamangavigiva, j. SS. inus., er liegt auf ihm — dem Boden ꝛc. — und bei, vor ihm, auf dem Angeſichte.

pamagvigiva, j. SS. inus., er legt ſich bei, vor ihm aufs Angeſicht.

pamakterpok, t. SS., er wirft ſich nieder aufs Angeſicht.

pamaktervigiva, j. SS. inus., er wirft ſich vor, bei ihm nieder ꝛc.

pamäkivok, j. SS., er fällt (nicht mit Fleiß) aufs Angeſicht.

Pamgorpok, t. SS., er, es kriecht auf dem Bauche; ein Menſch, Wurm, Seehund ꝛc.

pamgorlok, luk, lut, ein Wurm.

Pammealluk, luk, luit, das Kreuzbein, Ende vom Rückgrad. (Gilt bei Menſch und Thier.)

pammeallon, ſein Kreuzbein.

pammiok, uk, ut, ein Schwanz von einem Säugethiere.

pammiungn, ſein Schwanz.

pammiokarpok, er, es hat einen Schwanz.

pammèvok, j. SS., er krüllt den Schwanz.

pamiok, äk, et, der Hammer, das Hintere am Deckel.

pamioklok, tuk, tut, eine Fiſchotter.

pamiuligärsuk, suk, suit, ein Grampus (weil er verhältnißmäßig einen kleinen Schwanz hat).

Päne, takpäne, oben, da oben.

pangna, takpangna (intr.), ber ba oben.
paksoma, takpaksoma (tr.) do.
pakkoa, takpakkoa (trans. unb intr.), bie ba oben. [oben.
paunga, takpaunga (Term.), hinauf, nach
pånget, takpanget (Abl.), von oben.
pauna, takpauna (Vial.), oben, ba oben burch.
pānēpok, t. SS., takpānepok, er ift oben.
pāngārpok, t. SS., er, ber Winb, kommt von oben.
pangāk, ber von oben, von Weften herkommenbe Winb.
pāngainarpok, takpāngainarpok, t. SS., ber Winb weht immer vom Lanbe, von oben ober Weften. (Letzteres wirb häufiger gebraucht.)
takpaungaujauvok, j. SS., er, es ist hinaufgebracht; aus dem Waffer ans Land ober sonft auf eine höhere Stelle.
takpangmangainarpok, t. SS., er, es fällt gerabe von oben herunter; Schnee, Regen zc. [Thier.
Pångàlikpok, t. SS., es läuft, springt; ein
pangaliktorpok, t. SS. do., wenns balb wieber innehält.
pangalikattekpok, t. SS. do., es springt, läuft, hält inne unb springt unb läuft wieber.
Pāngārpok, t. SS., er fährt geschwind wohin, ein Kajak.
pāngārvigiva, j. SS. inus., er fährt schnell auf ihn zu.
pāngārtorpa, t. SS. inus., er fährt geschwind auf einen angeschossenen Seehund zu.
Pāngērpok, t. SS. & CS., fiehe bei Pā.
Pangmakpok, t. SS., es ift enge, es spannt, brückt; Kleiber, Stiefel.
pangmaloarārsukpok, t. SS., es ist etwas enge.
pangmagiva, j. SS. inus., es ift ihm zu enge.
pangmaksarpok, t. SS. do. (mit mik).

Pangnertok, ber Name einer Infel unweit Nain.
Pānikpok, t. SS., fiehe bei pāva, pag. 229.
Panna, nāk, nait, eine zweifchneibige Sache, Meffer, Degen zc.
pannārsuk, sūk, suit, do., eine zweifchneibige Sache, it, bei ben Norbländern ein gewöhnliches Schneemeffer.
Pannerpok, t. SS. & CS., es ift trocken, CS., er trocknet es, b. h. bie Sonne, bas Feuer nicht Menfch.
pannertitsivok, j. SS., er trocknet es (mit mik).
pannertiteksak, sāk, set, etwas zum Trocknen.
pannertipa, t. CS., er trocknet es, ihm; ber Menfch, Sonne.
pannersēvok, j. SS. & CS., er wartet auf etwas, bis es trocken ift, CS., er trocknet was für einen anbern. Paulusib Johanese pannersēva annoranginnik, Paulus trocknet für ben Johannes bie Kleiber.
pannersiariva, j. CS., er wartet auf ihn, es, bis es trocken ift.
pannak, nāk, nait, ein bürrer Baum, ber noch Rinbe hat. [Frau.
Pannervgak, gak, gait, bes Mannes zweite
pannervganikpok, t. SS., er nimmt eine zweite Frau.
pannervgakpāk, eine britte Frau.
Pannik, nīk, nit, eine Tochter.
pannia, panninga, feine Tochter.
pannigiva, j. SS. inus., er, fie hat fie zur Tochter.
pannikarpok, t. SS., er hat eine Tochter ober Töchter. [Tochter.
pannikalerpok, t. SS., er bekommt eine
pannitārpok, t. SS. do.
pannērpok, t. SS., er hat bie Tochter burch ben Tob verloren.
pannērksivok, j. SS., er verliert bie Tochter, fie geht verloren.
panniksak, sāk, set, eine Stieftochter.

panniksanga, feine Stieftochter.
Pappāk, eine Nachgeburt; der Sack, wo das Junge darinnen ist (bei Thieren).
Papperok, kuk, kut, ein Fisch-Schwanz.
papperoa, papperunga, des Fisches Schwanz.
pappikattok, tuk, tut, eine stutzschwänzige Creatur, ein Hund, dem der Schwanz zum Theil abgehauen ist.
Pappik, īk, it, ein Vogelschwanz, it, der Gipfel eines Baumes.
pappinga, fein, des Vogels, Schwanz; des Baumes Gipfel. [Gipfel.
pappikarpok, t. SS., er hat einen Schwanz,
Parlavok, j. SS., er fällt über was her (Mensch oder Thier), z. B. wenn etwas ausgeschüttet oder was gefunden wird.
parlautigiva, j. SS. inus. do.
parlautivuk, vut, car. Sing., sie fallen zugleich über etwas her.
Parngnanairpa, t. CS., er hat es fest-, gutgemacht, zugeschlossen.
parngnanairsivok, j. SS. do. (mit mik).
parngnanairsimavok, j. SS. & CS., es ist fest, gut gemacht, gebunden, zugeschlossen, CS., er hat es gut gemacht.
parngnanairsimavik, vīk, vīt, ein Gefängniß.
parngnanairsorpa, t. SS. inus., er macht es feste, gut; schließt zu.
parngnanairsuivok, j. SS. do. (mit mik).
parngnanairsortauvok, j. SS., er, es wird feste gemacht, eingeschlossen, oder Steine darauf gelegt.
parngnanairsortak, tāk, tet, ein Gefangener, it, etwas mit Steinen Befestigtes, Beschwertes.
Pārngnarpok, t. SS., er macht sich reisefertig, d. h. er packt den Tag vorher, ehe er abfahren will, die Sachen zusammen, daß sie nur zu nehmen sind.
pārngnairiarpok, t. SS., er fängt an, sich fertig zu machen; der Schlitten wird zurecht gemacht, gesetzt.

pārngnailerpok, t. SS., er fängt an zurechte zu machen; die Sachen werden zum Schlitten gebracht.
pārngnaipok, parngnaidlarpok, t. SS., er macht sich fertig; ladet, bindet die Sachen auf den Schlitten.
pārngnairērpok, t. SS., er ist ganz mit Zurechtmachen fertig, hat alles gepackt und fährt gleich ab.
Parokpok, t. SS., siehe bei Paurpok.
Pārngnek, nīk, nīt, ein ausgewachsener Rennthierbock.
Pārpa, t. SS. inus., er begegnet ihm; ein Mensch, Wind rc.
pārsivok, t. SS. do. (mit mik), pārnerpok, do.
partipeit, t. SS. inus. & car. Sing., er steckt sie so in einander, daß sie sich einander begegnen, z. B. die Hände beim Falten. Aggakka pārtipakka, ich falte meine Hände.
pārtipajākpok, pārterpajākpop, t. SS., er ringt mit den Händen.
pārukpuk, car. Sing., sie zwei begegnen einander.
patsalungnerpa, t. SS. inus., er verfehlt ben, dem er entgegengeht; er geht an ihm, ohne ihn zu sehen, vorbei. Nuviva ist dasselbe. patsalungavok, j. SS. do.
Pārut, tik, tit, die dicken Wolken, die manchmal in der See aufsteigen, it, die weißen Streifen zwischen den schwarzen am Aermel der Weiberpelze.
pārutekarpok, t. SS., es hat eine bicke Wolkenbank nach der See zu, it, es hat weiße Streifen am Pelz-Aermel, it, wenn zweierlei Wellen einander entgegen schlagen. [ihn.
Passiva, j. CS., er beschuldigt ihn, verklagt
passiklerpok, t. SS. do. (mit mik).
passiklernek, nāk, nerit, das Beschuldigen, Beschuldigung, die Anklage gegen Jemanden.
passijauvok, j. SS., er wird beschuldiget.

passijaunek, näk, nerit, das Beschuldigtwerden, die erlittene Beschuldig., Anklage.
passitiksak, patsitiksak, säk, set, die Beschuldigung, das, was man Jemand beschuldigt.
patsitiksarsiorpok, t. SS.&CS., er sucht Ursache zum Beschuldigen, CS., bei ihm (SS. mit me und mut).
patsitiksarsivok, SS.&CS., er findet Ursache zur Beschuldigung bei ihm (SS. mit me & mit).
patsitekarpok, t. SS., er hat Beschuldigung auf Jemand; weiß gewiß, daß es so ist (mit mut & mik).
patsitigiva, j. CS. do. (mit mut).
patsitiksariva, j. CS., er hat es zur Beschuldigung. Savik nappimajok patsitiksarivara illingnut.
passijak, jäk, jet, der Beschuldigte.
passijáksak, säk, set, einer, der zu beschuldigen ist.
passijáksaungijutiksarsiorpok, t. SS.& CS., er sucht Ursache zur Entschuldigung.
passijáksaungijutiksarsivok, j. SS.& CS., er findet Ursache zur Entschuldigung.
patsitiksakarpok, t. SS. do. (mit mik und mut). Wenn man noch nicht bestimmt weiß, ob die Sache wirklich so ist.
Patsalungavut, car. Sing., sie liegen unordentlich durcheinander, Sachen oder Menschen liegen einer zu Kopf, der andere zu Füßen.
patsalungautivuk, car. Sing. do.
patsalungauput, do. [pärpa.
patsalungnerpa, t. SS. inus., siehe bei
patsalungavok, j. SS. do. (mit mik).
Pattanganek, das Unvermögen, Nichtskönnen, Elend.
pattangavok, j. SS., er vermag nichts mehr zu thun, kann sich nicht helfen, nicht versorgen, ist elend.
pattangaipok, t. SS., er vermag sich zu helfen, kann sich selber versorgen, ernähren.
pattangaitipa, t. CS., er versorgt ihn, schafft ihm Nahrung und Kleidung, erhält, ernährt ihn.
pattangaititsivok, j. SS. do. (mit mik).
pattangaititsinek, die Versorgung, Erhaltung. [nährer.
pattangaite, tik, tit, ein Versorger, Erpáttakpok, t. SS.&CS., er schlägt mit der flachen Hand auf was (SS. mit mik), (einmal.)
páttaktorpok, t. SS.&CS. do., mehreremal, it, er schlägt die Hände zusammen.
páttáktorivok, j. SS. do.
Pattek, tik, tit, das Mark im Knochen,
pattektorpok, t. SS., er ißt Knochen-Mark.
pattingovok, j. SS., er hat Schmerzen, Reißen in den Knochen, it, er hat das Mark-Essen satt, mag nicht mehr.
pattingölarpok oder pattingolávok, j. SS. do., wenn die Schmerzen nachlassen und wiederkommen.
patteriaksivok, j. SS., er hat Schmerzen in den Knochen.
Pattikpa, t. CS., er legt die flache Hand auf ihn, es (einmal).
pattiksivok, pattingnikpok, t. SS. do.
pattingmiva, t. CS., er legt die zugemachte Faust auf ihn, es.
pattingminikpok, t. SS. do. (mit mik).
pattimiktarpok, t. SS.&CS., er legt die flache Hand wiederholt, mehreremal auf etwas.
pattiktarpok, t. SS.&CS. do.
pattiktipeit, t. SS. inus., er macht, daß sich etwas flach aufeinanderlegt, er macht ein Buch zu.
Pattikut, tik, tit, ein europäischer Frauenrock.
Pattipok, t. SS., es ist ausgefroren, das Wasser im Fluß, Teich, Gefäß zc.
pattisimavok, j. SS.
pattidlaroarpok, t. SS., es friert oft aus.
Pattutsaumavok, j. SS., es ist angefroren, eingefroren ans oder ins Eis.
Pau, pauk, paut, Ofen-Ruß, it, Tinte.
paupok, j. SS., er ist rußig.

paungëjarpa, t. CS., er reinigt ihn, befreit ihn vom Ruß.
paungëjaivok, j. SS. do., paungërpa, do., ist fertig.
paula, lak, lait, der feine leichte Ruß im Ofen oder Schornstein, den der Wind herumzujagen pflegt.
paulavok, j. SS., es hat so feinen Ruß im Ofen 2c.
paulanga, fein (des Ofens) Ruß.
paulangërpa, t. CS., er reinigt, befreit ihn vom Ruß.
Pauktorpok, t. SS. & CS., er spannt ein Fell auf die Erde aus, steckt es mit Pflöcken fest.
pauktorlauvok, j. SS., es wird auf die Erde ausgebreitet und befestigt, man ist damit beschäftigt. [ist fertig.
pauktuangovok, j. SS., es ist aufgespannt,
pauktortaumavok, j. SS. do.
pautuak, kak, ket, ein auf die Erde aufgespanntes Fell.
pauktūt, tik, tit, ein Pflock, Nagel zum Fellaufspannen.
Paumipok, t. SS., es drückt ihn etwas im Stiefel oder sonst in den Kleidern; er fühlt etwas, was ihn juckt oder drückt, z. B. eine Fliege, Laus 2c.
paumitipa, t. CS., er trappelt ihn, drückt ihn irgendwo leise, daß es ihn kitzelt, ihm unleidlich wird.
paumititsivok, j. SS. do. (mit mik).
paumisarpa, t. CS. do., paupsarpa, t. CS. do. [j. SS. & CS.
paumisaivok, j. SS. do., paupsarivok,
paumigiva, j. SS. inus., es ist ihm unleidlich, er hat es zu dem, was ihn trappelt, kitzelt, drückt.
pauminarpok, t. SS., es ist unleidlich; ein Stein im Stiefel, ein Splitter irgendwo in den Kleidern, Muskitte oder Fliege im Gesicht.
Paunoujak, jäk, jet, der große Weiderich (Epilobium angustifolium).

Paungak, äk, et, eine Beere, Schwarzbeere (Epetrum nigrum).
paungäluk, lük, luit, Baum-Frucht, Obst.
paungaliarpok, t. SS., er geht in die Beeren.
paungaliarkarpok, t. SS., es hat in die Beeren Gehende, mehrere auf einen Platz.
paungaksiorpok, t. SS., er sucht Beeren.
paungaliorpok, t. SS., er kocht Beeren.
paungakut, tik, tit, Schwarzbeerenkraut.
paungakuttekarpok, t. SS., es hat Schwarzbeerenkraut, it. er hat Schwarzbeeren im Besitz.
paunganga, ik, it, feine (des Strauches, Baumes) Beere, Frucht.
Paurpok, paukpok, t. SS. & CS., er rudert im Kajak, CS., er rudert ihn, den Kajak.
parokpok, t. SS., er rudert schnell.
pöngärpok, t. SS., er rudert sehr schnell.
paungorpok, t. SS., paungudlarpok, t. SS., er ist müde vom Rudern.
pautik, tīk, tit, ein Kajaks-Ruder.
pautiksak, säk, set, Holz zum pautik.
pautiktärpok, er hat einen neuen pautik.
pautairpok, t. SS. & CS., er hat mit Fleiß keinen pautik, hat ihn verhandelt 2c., CS., er verhandelt ihm den pautik.
pautairnikpok, t. SS. do., eines andern (mit mik).
pautjarpok, t. SS. & CS., er hat seinen zerbrochen, CS., er hat ihm den pautik zerbrochen.
pautjarnikpok, do. (assiminik).
pautairsivok, j. SS. & CS., er verliert seinen pautik, CS., er verliert ihm den pautik.
pautairsinikpok, t. SS. do. (assiminik).
pauserpok, t. SS. & CS., er steckt den pautik am Kajak fest; wenn er schießen will oder fischt, CS., er steckt seinen pautik in seinen (eines andern) Kajak.
Paurarpok, t. SS., er, ein Vogel, schlägt mit den Flügeln aufs Wasser und rudert so übers Wasser hin.

Pāva, ſiehe pag. 229.
Pĕjarpa, t. CS., er macht, räumt, wiſcht, ſchabt es weg.
pĕjaivok, j. SS. do. (mit mik).
pĕjarsimavok, j. SS. & CS., es iſt weggemacht, CS., er hat es weggemacht, geräumt.
pĕjartauvok, j. SS., es wird weggeräumt.
pĕjartak, tāk, tāt, etwas, das weggemacht wird. [weggemacht wird.
pĕjagak, kak, ket, eine Sache, die immer
pĕjaivigiva, j. CS., er reinigt ihn, macht an ihm was weg.
pĕjaiviovok, j. SS., es wird was von ihm weggenommen, weggeſchafft.
pĕjarsopa, t. SS. inus., er hat es (vor langer Zeit) weggemacht.
pĕjaroarpok, t. SS. & CS., es geht oft weg, los, CS., er macht es oft weg, los.
pĕjaut, tit, lik, etwas, um irgend was damit loszumachen, abzuwiſchen ꝛc., Flintenkrätzer, Korkzieher ꝛc.
pĕjarnarpok, t. SS., es iſt wegnehmend, es macht reine, macht die Sache los.
pĕjarnarlotuak, tuāk, tuet, die einzige reinigende, wegnehmende, losmachende Sache.
Pekārpok, t. SS., er kann nicht gut, nicht weit gehen; aus Ungewohnheit oder Schwachheit, it, er bleibt immer auf einem Lande wohnen, bleibt immer im Hauſe, geht nicht herum.
pekāngavok, j. SS., er kann nicht aus dem Hauſe gehen, wird leicht müde, ſchläfrig.
pekāngailivok, j. SS., er kann gut gehen, wird nicht leicht müde, iſt das Gehen gewohnt.
pekāngerpok, t. SS., er wird nicht mehr ſo ſchnell müde vom Gehen.
Pekarpok, t. SS., er hat, beſitzt was, CS., pigiva, er hat, beſitzt es.
pekaut, tik, tit, das, wofür man ſich etwas anſchaffen oder kaufen will.

pekautigiva, j. CS., er hat es zu dem, wofür er ſich das oder jenes kaufen will (mit mik). Terrianiak pekautigiva attigēksamik, er hat den Fuchs zu dem, wofür er ſich ein Jäcket anſchaffen oder kaufen will.
Pekkallujak, jāk, jet, ein Eisberg.
pekkallujaliorvik, vīk, vit, ein Ort, Gletſcher, wo die Eisberge wachſen.
Pēlerkivok, j. SS., ſiehe bei pētok.
Perajārpok, t. SS., er iſt ſehr emſig, hat viel Arbeit.
Pergaivok, j. SS. & C., er flech tet, zwirnt, ſpinnt, CS., er flechtet es.
pergāk, pergājak, pergaijet, geflochtene Rennthierſehnen.
Pergāk, āk, et, Knochen oder Eiſen unter den Schlittenkuffen.
Pergaitok, tuk, tut, ein für dieſe Zeit noch unbefuchter Jagd-, Beeren-Platz ꝛc. Nunab pergaitoninganut aijomavok, er will dahin gehen, wo jetzt noch niemand geweſen iſt. [Holz.
Periakāk, kak, ket, die Kniee, Krümme am
periakakarpok, t. SS., es hat Krümmen, Kniee; das Holz.
peripok, t. SS. & CS., es iſt krumm, umgebogen, CS., er biegt es krumm, um.
peritsivok, j. SS., er biegt es krumm, ſchlägt es um (mit mik).
perisimavok, j. SS. & CS., es iſt krumm, umgebogen, CS., er hat es fertig umgebogen.
peringavok, j. SS., es iſt krumm, umgebogen, umgeſchlagen; Hoſen, Aermel ꝛc.
Perkappijak, tjak, tjet, eine ſchwärzlich ausſehende, im Sumpf wachſende Art Moos.
Perkijariva, j. SS. inus., er hat ihn zum Größeren.
perkijakarpok, do. perkijarēkpuk, ſie folgen auf einander, der eine iſt etwas kleiner. [wie er.
perkiva, j. SS. inus. do., jener iſt größer

perkijivok, j. SS. do. (mit mik).
Perkonerpok, t. SS., es ist sehr schön, geschmeidig; ein Fell ꝛc., it, ein Mensch ist geschmeidig, lenksam, it, Eisen ist zähe, bricht nicht leicht.
perkonēpok, t. SS., es ist nicht geschmeidig, it, ein Mensch ist unlenksam, unbiegsam.
Perkova, j. CS., er befiehlt, erlaubt es ihm.
perkojivok, j. SS. do. (mit mik).
perkojauvok, j. SS., es wird ihm befohlen, erlaubt.
perkojak, jāk, jet, ein Gebot, Befehl.
perkoserpok, t. SS., er wartet auf befohlen, gesandt zu werden.
perkojauserpok, -jautserpok, t. SS. do. (mit mut).
perkoseariva, perkojautseariva, j. SS. inus. do. Tapsomunga perkojautserpunga, ich warte auf Befehl von ihm oder um von ihm befohlen zu werden. Tamna perkosearivara, do.
perkojinek, nak, nerit, das Befehlen.
perkojininga, sein Befehlen, Befehl.
Perkojinek, nak, nerit, ein Hosen-Latz. Wird nicht allgemein verstanden, sondern wird meistens makpitorak gesagt.
Perkokpok, t. SS., der Seehund wirft sich, mit dem Kopfe unten, vorwärts ins Wasser.
Perkut, tik, tit, ein Gut, Eigenthum.
perkutigiva, j. SS. inus., er hat es zum Eigenthum.
perkutlekarpok, t. SS., er hat Gut, Eigenthum.
perkutsarikpok, t. SS., er hat viele Güter, viel Eigenthum. [Eigenthum.
perkutsarlukpok, t. SS., er besitzt kein
perkutsisakpok, t. SS., er besitzt wenig Eigenthum.
perkutitsiarikpok, t. SS., er besitzt schöne Sachen.
perkutisarpok, t. SS. & CS., er holt Sachen, CS., er holt für ihn.

perkutisiniarpok, t. SS., er bekommt, findet Sachen, Güter.
perkutiksak, sāk, set, etwas, was für Jemand zum Eigenthum bestimmt ist.
perkutiksariva, j. CS., er wird es zum Eigenthum bekommen; er hat es zu dem, was er bekommen soll.
perkutairpok, t. SS. & CS., er verhandelt seine Sachen, Eigenthum, CS., er verhandelt ihm sein Eigenthum.
perkutairnikpok, t. SS. do. (assiminik).
perkutjarpok, t. SS. & CS., er verbirbt, zerreißt, zerbricht seine Sachen, CS. do., er ihm.
perkutjarnikpok, t. SS. do. (assiminik).
perkutairsivok, j. SS. & CS., er verliert seine Sachen, CS., er verliert ihm seine Sachen.
perkutairsinikpok, j. SS. do. (assim.).
perkutauvok, j. SS., es ist Jemandes Gut, Eigenthum (mit mut).
perkutautipa, t. CS., er macht es zum Eigenthum (mit mut).
perkutautitauvok, j. SS., es wird zum Eigenthum gemacht für Jemand (mit mut).
Perkserpok, t. SS., es stöbert; der Schnee, Sand ꝛc.
perksidlarpok, t. SS. do., sehr.
perktok, der Stöber, das Stöberwetter.
perksilerpok, t. SS., es fängt an zu stöbern.
perktolārpok, t. SS., es wird bald do.
perktosiorpok, t. SS., er geht, wandelt im Stöberwetter.
perksidlarungnarpok, t. SS., es kann sehr stöbern.
perktolōmavok, j. SS., es stöbert anhaltend, lange.
perksiluarpok, t. SS., es stöbert heftiger.
Perlerpok, t. SS., er verhungert, it, er zehrt ab, verliert das Fleisch.
perlernek, das Verhungern, Abzehren.
perlersimapsarivok, j. SS., er zehrt ganz ab, verhungert wegen Krankheit. (Wird nicht allgemein verstanden, sondern die

Eskimos sagen für diesen Fall meistens entweder perlerpok oder kiglimötsarpok. [was.
Pĕrnek, nak, nerit, eine Fuge von irgend pĕrnek, das Loßgehen, Abgehen von was.
pĕrpok, t. SS. & CS., es ist los-, abgegangen, CS., er macht es los.
pĕrsivok, j. SS. do. (mit mik).
pĕrtauvok, j. SS., es wird losgemacht.
pĕroarpok, t. SS., es geht oft los.
pĕrut, tik, tit, ein Schlüssel oder sonst ein Instrument, um etwas damit los-, wegzumachen.
Perngäk, ök, et, eine Mutter, die ihr erstes Kind bekommt, oder wer sonst zum erstenmale etwas thut.
perngärpa, t. CS., er thut es zum erstenmal, sie hat ihr erstes Kind.
perngaut, tik, tit, ein Erstes; das erste Thier, was einer bekommt, das erste Kind.
Perokterivok, j. SS., er bringt etwas zum Vorschein, macht etwas wachsen; Gedanken, Arbeit ꝛc.
perortipa, t. CS. do., er bringt es zum Vorschein, hat es fertiggemacht; Gedanken, Werke ꝛc.
perorpok, t. SS., er, es ist fertiggewachsen, ist ausgewachsen.
perorsivok, j. SS., es wächst aus der Erde, kommt zum Vorschein; Gewächse, it. Verderben beim Menschen.
perorsàvok, j. SS. & CS., er, es wächst, nimmt zu, wird größer, CS., er macht es wachsen, befördert es darin.
perorpalliavok, j. SS., er, es fährt fort im Wachsen.
perorsärpok, t. SS., es wächst geschwind.
perorsàrpa, t. CS., er befördert es, macht es wachsen.
perorsaivok, j. SS., er gärtnert.
perorsaijok, juk, jut, ein Gärtner, it. Dünger.
perorsĕvik, vīk, vit, ein Feld, Garten.
perorsĕvilliorpok, t. SS. & CS., er macht einen Garten, CS., er macht einen Garten für ihn.
perorsĕviksiorpok, t. SS. & CS., er sucht einen Garten, CS., er sucht einen Garten für ihn. [Garten ꝛc.
perorsĕvilliarpok, t. SS., er geht in den
perortok, tūk, tut, ein fertiges Gewächs.
perorsiak, jāk, jet, ein Gewächs, was im Wachsen ist.
perorsijüksak, sāk, set, Samen, it. Pflanzen, die eben aufgegangen sind.
Perovok, j. SS. & CS., es ist mit einem Steine beschwert, CS., er belegt, beschwert es mit einem Steine.
perosivok, j. SS. do. (mit mik).
perorpok, t. SS. & CS., es ist mit Steinen bedeckt, CS., er verwahrt es unter Steine, bedeckt es damit.
perorivok, j. SS. & CS. do. (mit mik), CS. do., ein anderes auch.
peroejàrpok, t. SS. & CS., es ist die Beschwerung weggemacht, CS., er nimmt die Beschwerung weg.
peroejaivok, j. SS. do. (mit mik).
pero, uk, uk, Steine, Erde ꝛc., um etwas damit zu bedecken, zu befestigen.
Pervallukpok, t. SS., er, es macht Geräusch.
pervallungnek, nak, nerit, Geräusch.
Pĕtok, tuk, tut, ein sehr Ärmer, it. schwere Schlittenschienen; pēpok, es geht schwer, nicht glatt.
pĕtovalliavok, j. SS., er wird immer ärmer.
pĕtovok, j. SS., er ist sehr arm.
pĕtovigilerpa, t. CS., er fängt an arm bei ihm zu sein, gibt ihm nichts mehr, weil er nichts mehr hat.
pĕlerkivok, j. SS., er wünscht sich allerhand zu haben.
Piakpok, t. SS., es ist glatt, rutscht gut fort; ein Schlitten, Fahrzeug ꝛc.
piakivok, piarkivok, j. SS., es entrutscht, entgeht; eine Forelle u. bergl. (mit mut);
erkalub piarkivigiva, die Forelle entfährt ihm.

piarngnarpok, t. SS., es geht leichte durch, darüber hin; es macht leichte gehend, ist zum Leichtgehen; glattes Eis, gute Bahn, Schnee, der oben her etwas naß ist.
piarngnarsivok, j. SS. do., es wird, fängt an.
piarngnaipok, t. SS. Neg., es macht schwergehend.
piarngnarsiorpok, t. SS., er fährt auf guter, glatter, rutschiger Bahn.
piarngnaisiorpok, t. SS., er fährt auf rauher Bahn.
pēpok, t. SS., er geht schwer, der Schlitten ist schwer.
piangilak, t. SS., es ist nicht glatt, die Bahn des Schlittens.
piarkesivok, j. SS., es rutscht, fährt ihm (was Glattes) aus der Hand.
piarkilipa, t. CS. do.
Piarak, kak, kēt, ein Junges (von Vögeln ꝛc.). Bei den Nordländern gilt es auch bei Menschen.
piarakarpok, t. SS., es hat Junge.
piaralliut, die Zeit, Junge zu haben.
piaralliutauvok, j. SS., ist die Zeit, Junge zu haben.
Piblingaipok, piblingailivok, j. SS., er hat sich aus seinen dürftigen Umständen herausgehoben, kann sich und die Seinen nun gut durchbringen; eine Waise ꝛc., it, soll einer sein, der sich immer pöbelhaft, fürchterlich gegen andere aufführt, es wird aber, scheint es, in diesem Sinne wenig verstanden.
Pidlukpok, t. SS., es glitscht von was ab, fällt herunter.
pidluivok, j. SS. do., es rutscht ab, fällt herunter.
pidluivigiva, j. SS. inus., er läßt was (Schweres) auf ihn fallen.
Piga, siehe bei Pivok. [nem Thun.
Pigannerpok, t. SS., er fährt fort in seipigannerterpok, t. SS. do., treibts noch stärker als vorher. Gutes oder Böses.

Pigārpok, t. SS., er wacht, bleibt des Nachts auf. [diesmal.
pigārtok, tuk, tut, einer, der wacht; für pigārte, tik, tit, ein Wächter. [viel.
pigākipok, t. SS., er wacht wenig, schläft pigākitäkpok, t. SS., er wacht lange.
Pigiarpok, t. SS. & CS., er fängt an mit irgend was, SS., er, es fängt an.
pigialerkikpok, t. SS. & CS., er fängt es, mit völliger, mit noch mehr Entschlossenheit, aufs Neue an; was er unter den Händen hat, it, seine Belehrung, SS., gilt besonders beim Winde, wenn selbiger mit erneuter Heftigkeit losbricht.
pigiarlailivok, j. SS. & CS., er fängt nicht an, CS., er fängt es, ihn nicht an.
Pigiva, j. CS., er hat, besitzt es.
pekarpok, t. SS. (mit mik).
pigijak, jāk, jet, ein Eigenthum, Besitzthum.
pigijanga, sein Besitzthum.
pigijakarpok, t. SS., er hat Besitzthum, Untergebene oder sonstige Güter.
pigituinarpa, t. CS., er hat blos dies im Besitz.
pigigiva, j. CS., er besitzt auch dieses, das.
Piglertak, tāk, tet, eine Heuschrecke, Hüpfer.
piglerpok, t. SS., es springt, hüpft in die Höhe.
piglertipa, t. CS., er macht, daß es in die Höhe springt.
Piglerutivok, j. SS., er springt aus, der Nagel, den man irgendwo durchschlägt, oder ein Bohrer nimmt was mit, reißt inwendig was los.
piglerutilipa, t. SS. inus., er, d. Mensch, schlägt den Nagel ꝛc. so, daß er inwendig was losreißt.
Pigumitārpok, t. SS., er hebt was auf, um nachher geholt, gegessen, gebraucht zu werden (mit mik).
pigumitariva, j. SS. inus. do.
Pijak, jāk, jet, siehe bei pivok.

Pijarērpok, t. SS. & CS., es ist fertig, bereit, CS., er macht es fertig.
pijarērsivok, j. SS., er macht fertig (mit mik).
pijarērtipa, t. CS., er macht das, was ein anderer angefangen, fertig.
pijarērlitauvok, j. SS., es wird durch ihn fertig gemacht.
pijarērsimavok, j. SS. & CS., es ist ganz fertig, CS., er hat es ganz fertig gemacht.
pijarērutiva, j. CS., er macht es für ihn fertig. Karlingnik pijarērutiva.
pijarērutjivok, j. SS. do. Tapsominga pijarērutjivok karlingnik, er macht die Hosen für ihn fertig.
pijarērniarpok, t. SS. & CS., er wird es bald, in einer Weile fertig machen.
pijarērsarainiarpok, t. SS. & CS., er macht es gleich.
Pijarivok, j. SS. & CS., er thut es mit Fleiß, Bedacht, Absicht, freiem Willen; pijarilune od. pijarællune pālakpok, er ist mit Fleiß gefallen; pijarællune pōlatipa, er hat ihn mit Fleiß, absichtlich zum Fallen gebracht, umgeworfen; pijarællugo piva, er beleidigte, that es ihm mit Fleiß, Vorsatz, absichtlich.
pijaringilak, t. SS. & CS., er hat es nicht mit Vorsatz gethan, CS., ihm gethan; pijarinane pivok, er hat es nicht mit Fleiß gethan; pijarinago piva, er hat es ihm nicht mit Fleiß gethan.
pijarijanga, seiner, dem er mit Fleiß was gethan.
pijarijavuk, unser beider, dem wir mit Fleiß was gethan.
pijariutivuk, car. Sing., sie thun sich gegenseitig einander mit Fleiß was.
pijariute, tik, tit, etwas mit Fleiß Gethanes.
pijariutiga, mein mit Fleiß Gethanes.
pijarinek, nak, nerit, Absicht, freier, eigener Wille.
Pijariakarpok, t. SS. & CS., es ist nöthig, CS., er hat es nöthig.

pijariakartanga, sein Nöthighabender.
pijareanga, do., wenn ers noch nicht weiß, was.
pijareara, mein do.
pijariakangilak, t. SS. & CS., es ist nicht nöthig, CS., er hat es nicht nöthig.
pijariakarnersauvok, j. SS., er hat es nöthiger, als ein anderer (mit mit).
Pijarnérpok, t. SS., es fügt sich eine Sache, läßt sich biegen, wie sie soll.
pijarnēpok, t. SS., es ist unfügsam.
Pijartorpok, t. SS. & CS., er geht nach was, es zu holen, holt was (SS. mit mik).
Pijitserpok, t. SS. & CS., er thut jemandem einen Dienst, z. B. er dolmetscht ihm ꝛc. (SS. mit mik).
pijitserte, tik, tit, ein Dolmetscher oder der sonst etwas für einen andern verrichtet.
pijitsertekarpok, t. SS., er, es hat einen Dolmetscher, Fürsprecher ꝛc.
pijitsertigiva, j. SS. inus., er hat ihn zum Dolmetscher, Fürsprecher ꝛc.
Pijomavok, j. SS. & CS., er will es haben (SS. mit mik).
pijomanek, nak, nerit, das Wollen, der Wille. [werth.
pijominarpok, t. SS., es ist wünschens-
pijomajareak, der noch künftige Wille.
pijomajareanga, sein Wille, Wollen do.
pijomasia, do., pijomatovok, j. SS., er will immer haben.
pijomatudlarpok, t. SS., er ist habsüchtig; pijomatudlarnek.
Pijugakpa, t. CS., er trachtet ihm nach dem Leben, verfolgt ihn, sucht ihn zu tödten.
pijugaklerpok, t. SS. do. (mit mik).
Pijungnarpok, t. SS. & CS., er kann es triegen, kann es thun ꝛc.
pijungnartipa, t. CS., er macht ihn fähig zu dem oder jenem.
pijungnarungnaipok, t. SS. & CS., er kann nicht mehr, er ist nicht mehr fähig zu dem oder jenem.
pijungnaipok, t. SS. & CS., er, es ist

31

nicht mehr wie vorher; er ist besser, ist gesund; er kriegt nichts mehr ꝛc., CS., er kriegt es nicht mehr, er macht es nicht mehr ꝛc.

pijungnaitipa, t. CS., er macht ihn besser, macht ihn gesund.

pijungnaisärpok, t. SS. & CS., er ist schnell, geschwind besser, gesund geworden.

pijungnaisarpok, t. CS., er bessert, macht ihn gesund, arbeitet an ihm, um ihn gesund zu machen.

pijungnaisaivok, j. SS. do. (mit mik).

Pikkablavok, j. SS. & CS., er verdirbt, zerbricht seine Arbeit wieder oder macht sonst was Unnützes (einmal), CS., er beträgt sich schlecht gegen ihn.

pikkablávok, j. SS. & CS. do. (wiederholt, oftmals).

pikkabläjoksovok, j. SS., er verdirbt sehr viel, macht sehr viel unnütze Sachen; pikkabläjoksovlutik innungmik tokotsivut, sie tödten im Aufruhr einen Menschen, oder indem sie viel Schlechtes machten, tödteten sie einen Menschen.

pikkablavigiva, j. SS. inus., er beträgt sich schlecht gegen ihn.

Pikkajaivok, j. SS. & CS., er verjagt die Thiere nur, verscheucht dieselben; wenn er auf Jagd ist.

pikkajainerpok, t. SS. & CS., er hat schon verscheucht, CS., er, es; ohne daß er oder man es wußte.

Pikka, meine Sachen; siehe bei pivok.

Pikkanö, takpikkanö (Loc.), oben in der Höhe, it, auf dem Berge ꝛc.

pikkanëpok, takpikkanëpok, er ist droben in der Höhe ob. oben auf dem Berge, auf dem Hause ꝛc.

pikkunga (Term.), takpikkunga, hinauf.

pikkanget (Abl.), takpikkanget, von oben.

pikkūna (Vial.), takpikkuna, oben durch.

pingna (intr.), takpingnak, der da oben.

piksoma (tr.), takpiksoma, do.

piksomane (Loc.), takpiksomane, bei dem da oben. [oben.

pikkoa (tr. & intr.), takpikkoa, die da

pikkonane (Loc.), takpikkonane, bei denen da oben.

pikkonunga (Term.), takpikkonunga, hinauf zu denen droben.

pikkonanget (Abl.), takpikkonanget, von denen droben.

pikkutigŭne (Vial.), takpikkutiguna, durch die droben. [geht hinauf.

pikkungārpok, takpikkungārpok, er

pikkangārpok, takpikkangārpok, SS., er kommt von oben; hauptsächlich der Wind.

piksomungārpok, takpiksomungārpok, SS., er geht zu ihm hinauf.

pikkŭnārpok, t. SS., er geht da oben durch, her.

Pikkarikpok, t. SS., er ist geschickt, vermag allerhand zu thun.

pikkarlukpok, t. SS., er ist unvermögend was zu thun, ist ungeschickt.

pikkarluktorpok, t. SS., er macht elende, arme Arbeit.

Pikkiarpok, t. SS., er geht davon, entgeht, entkommt, it, ein Seehund oder Vogel, wenn er fliehend oft auftaucht, indem sie ihn zu fangen suchen, geht durch die Fänger hindurch, it, die Materie geht aus einem Schwär.

pikkiarlipa, t. CS., er hilft ihm zum Entgehen, macht, daß er davon geht, läuft durch sie hindurch.

pikkiarniarpok, t. SS., er wird davon gehen, davonlaufen (ein Mensch ob. Thier), it, wenn ein Geschwür oder sonstiger Schmerz so thut, als wenn was heraus kommen wollte.

pikkiarnerpok, t. SS., er ist durch sie hindurch, davongegangen, gelaufen (ohne daß mans wußte).

pikkiarnörpok, t. SS., er ist nicht davon gelaufen, ist nicht entkommen.

Pikkingavok, j. SS., er geht krumm, gebückt; ein Mensch, it, ein Holz ic. ist krumm, buckelig.

pikkingajok, juk, jut, ein buckliger, krummgehender Mensch.

Pikkivok, j. SS., er springt plötzlich, geschwind auf, um das oder jenes zu thun, zu holen ic., it, ein Vogel fliegt plötzlich, geschwind vom Nest, wenn jemand vorbei kommt.

pikkijiariva, j. SS. inus., er erschreckt es, daß es davonläuft, fliegt.

pikkilipa, t. SS. inus., er setzt ihn in Bewegung, sagt ihm etwas, was ihn in Allarm setzt.

pikkilitsivok, j. SS. do. (mit mik).

pikkingilak, t. SS., er springt, fliegt nicht geschwinde auf.

Pikkiokpok, t. SS., er bekommt Eier.

pikkiasavok, j. SS., er sucht Eier.

pikkiulek, lak, lit, ein Land, wo viele Eier sind. [Eier.

pikkiuliliarpok, t. SS., er geht in die

pikkiulerkivok, j. SS., er bekommt viele Eier. [do.

pikkiuliärsakpok, t.SS., er bekommt wenig

Pikkok, kuk, kut, das Genicke.

pikkoarpok, t. SS. & CS., er hat das Genicke zerbrochen, CS., er schlägt ihm ins Genicke, it, zerbricht es ihm.

pikkoarsivok, j. SS. do. (mit mik).

pikkoijarpa, t. CS., er zerbricht ihm das Genicke.

pikkoijaivok, j. SS. do. (mit mik).

Pikkuminarpok, t. SS., es ist verlangend, das oder jenes zu bekommen; es ist anziehend.

pikkominaipok, t. SS., es ist nicht anziehend, verlangend.

pikkomikpok, t. SS. & CS., er nimmt was Unerlaubtes, nimmt das, was ihm in die Augen stach (SS. mit mik).

pikkomianga, sein Genommenes, Gestohlenes.

Piksak, säk, set, etwas, was jemand zugehören soll, was er aber noch nicht hat.

piksara, mein, **piksanga**, sein Kriegendes, ihm Zugedachtes.

piksariva, j. SS. inus., er hat es zu dem, was er kriegen, bekommen wird, was für ihn bestimmt ist.

piksakarpok, t. SS. do. (mit mik).

piksarsiorpok, t. SS. & CS., er strebt, sucht nach Sachen, die sein werden sollen; bemüht sich, welche zu kriegen, CS., er sucht was für ihn.

piksarsivok, j. SS. & CS., er findet Sachen, kauft Sachen, bekommt Güter, CS., er versieht ihn mit Sachen.

piksarsinerpok, t. SS. & CS. do., es ist bereits geschehen, ohne daß mans wußte.

piksarsiogak, käk, ket, einer, für den man etwas erworben, angeschafft hat.

piksarsiogariva, j. SS. inus., er hat für ihn was erworben, angeschafft (mit mik).

piksarsiogakarpok, t. SS. do. (mit mik). Friedrich piksarsiogarivara kamingnik, ich habe für den Friedrich Stiefeln angeschafft; piksarsiokarpunga Friedrichemik kamingnik.

piksarsiariak, äk, et, etwas, was man sich erworben, angeschafft, an sich gebracht hat.

piksarsiarianga, sein; **piksarsiariara**, mein, für mich Angeschafftes.

piksarsiariva, j. SS. inus., er hat es erworben, an sich gebracht, sich angeschafft.

piksarsiariakarpok, t.SS. do. (mit mik). Diese gehören alle zu pivok.

Piksikpok, t. SS., er fällt vom Schlitten oder aus dem Boot; ein Mensch.

piksigallakpok, t. SS. do., ein wenig.

piksigoarpok, t. SS., er fällt oft herunter do.

Piksillavok, j. SS., es ist spröde, bricht leicht; Holz, Eisen ic.

Pilerkipok, t. SS., er (ein Kranker) war schon besser, wird aber wieder schlechter.

pilerkiksimavok, j. SS., er, der Seehund, blutet schon, wenn er bei einem Loche gesehen wird, es ist zu sehen, daß er schon einen Stich oder Schuß muß empfangen haben.
Pillekpok, t. SS. & CS., er ist abgezogen, der Seehund, CS., er zieht dem Seehunde das Fell ab und zerschneidet ihn in Theile, it, er schneidet ihm einen Schwär ꝛc. auf.
pilleksivok, j. SS. do. (mit mik).
pillektorpa, t. SS. inus., er zerschneidet etwas in Theile (Verschiedenes).
pillektuivok, j. SS. do. (mit mik).
pilleksäva, j. CS., er schneidet ihm mehrere Stellen auf, wo Materie zu sein scheint oder welche ist.
pilleksäkarpok do. (mit mik).
pilleksärivok, j. SS. & CS. do., CS., ihm, einem Andern auch.
pilleksänerpa, t. CS., er hat ihn bereits geschnitten, hat ihm die Stellen, wo Materie war, bereits aufgeschnitten.
pilleksäkarnerpok, t. SS. do. (mit mik).
pillaut, tik, tit, ein Instrument, um etwas damit aufzuschneiden.
pillerlukpa, t. SS. inus., er schneidet eine Sache schlecht auf, läßt das Messer ꝛc. einen andern Weg gehen, als es gehen sollte.
pillerluivok, j. SS. do. (mit mik).
pillengnek, nak, nerit, ein Einschnitt in einer weichen Sache, it, das Abziehen des Seehunds.
Pillertolivok, j. SS., er argwohnt, denkt daß er gemeint sei, wenn irgend etwas ist, von etwas geredet wird ꝛc.
pillertotiva, t. CS., er verwechselt ihn, it, er beargwohnt ihn.
pillētutjivok, j. SS. do.
Pillik, pilliärusek, der Name einer Bucht unweit Hoffenthals.
Pillipa, t. SS. inus., er beschenkt ihn.
pillitsivok, j. SS. do. (mit mik);
pillitsivunga illingnik savingmik.

pillitsivigiva, j. SS. inus. do. (mit mik).
pillitauvok, j. SS., er wird beschenkt.
pilliusiariva, j. CS., er erhält es zum Geschenk.
pilliusiakarpok, t. SS. do. (mit mik).
pilliusiak, āk, et, ein bekommenes Geschenk.
pilliut, tik, tit, ein Geschenk, das man wegschenkt. [mut).
pilliutigiva, j. CS., er verschenkt es (mit
pilliutiksak, säk, set, Sachen, die zum Verschenken bestimmt sind.
pillitsikattautivuk, vut, ear. Sing., sie beschenken einander.
Pilliumivok, j. SS., er ist wieder etwas schlechter, ein Kranker, nachdem er ein wenig besser war, it, der Wind ist wieder stärker.
pilliumiluarpok, t. SS., es wird besonders schlechter, stärker; der Wind, Krankheit.
Pillogutivok, j. SS., es ist vorüber, vorbei, ist schon weiter (mit mik); pillogutivok iglomik, er ist an dem Hause vorbei, vorüber; ist schon weiter.
pillogutivigiva, j. SS. inus., er ist an ihm vorüber, vorbei; ist schon weiter.
Pillorikpok, t. SS., er ist glücklich, selig, kann gut arbeiten, ist geschickt.
pilloriktipa, t. CS., er macht ihn selig, glücklich.
pilloriut, tik, tit, die Ursache zum Selig-, Glücklichsein.
pilloriutigiva, j. CS., er hat ihn, es zur Ursache seiner Seligkeit, seines Glückes.
pilloriutiksak, säk, set, die Ursache zum Glücklich-, Seligwerden.
pilloriutiksariva, j. CS., er hat ihn, es zur Ursache des Seligwerdens.
pilloringnerarpa, t. CS., er preiset ihn selig, nennt ihn selig, glücklich.
pilloringneraivok, j. SS. do. (mit mik).
pillorigasugiva, j. CS., er hält ihn für selig ꝛc.
pillorigasugiklivok, j. SS. do. (mit mik).

pilloriktitauvok, j. SS., er wird glücklich gemacht.

Piluarpok, t. SS. & CS., er, es ist mehr als ein anderes, oder als es vorher war; schlechter oder besser, jenachdem gesagt wird (mit mit); unna piluartomik pinnarivara, ich halte dieses für besonders schön (gegen die andern); una änanoutsainarlaukpok piluarporlemana, er war immer schön, aber jetzt ganz besonders; una piluarlugo ungagiva ossinginit tamainit, er hängt diesem vor allen andern ganz besonders an.

Pimava, j. CS., er, sie besorgt ihn (siehe bei pivok).

Pimariovok, j. SS., er ist ein ganzer Mann.

pimariudlarpok, t. SS. do.

pimmariuterpok, t. SS., er macht viel aus sich selber, hat hochfahrende, gewaltige Gedanken.

Pinarnarpok, t. SS., er, es ist schön, wohlgefällig.

pinarsarsivok, t. SS. & CS., es wird angenehm, wohlgefällig, CS., er putzt es, ihn.

pinarnartok, tūk, tut, eine wohlgefällige, schöne Sache.

pinarnak, nāk, nerit, do,

pinarnarninga, seine Schönheit, Pracht.

pinariva, j. CS., es gefällt ihm.

pinarosukpok, t. SS. do. (mit mik).

pinarpok, t. SS., es ist schön, das Wetter.

pinēpok, t. SS., es ist nicht schön, ist unansehnlich, it, es ist spröde, läßt sich nicht biegen; Eisen 2c.

pinēlivok, j. SS., es fängt an unansehnlich, häßlich zu werden.

pinarnaipok, t. SS., es ist unansehnlich, nicht schön

Pinerpok, t. SS. & CS., er hat bekommen 2c., it, es ist gut, zähe; Eisen 2c.

pinēpok, t. SS., es ist spröde, nicht gut, nicht schön.

Pingak, āk, et, der Platz neben der Thür in einem Eskimohause.

pingardlek, līk, lit, einer, der den Platz neben der Thür inne hat.

Pingalo, luk, luit, ein runder Auswuchs an einem Baum.

Pingārpok, t. SS. & CS., er will lieber das, als ein anderes; gibt etwa das, was er schon hatte, zurück und holt sich dafür ein anderes, was er lieber will, SS., jener hat es gekriegt, gethan; nicht dieser.

Pingārpok, t. SS. & CS. (mit etwas kürzerem ā, als das Vorige), er thut eine Sache zum erstenmal.

Pingasut, drei.

pingasövut, es sind drei.

pingasōlivok, j SS., es ist dreifach.

pingasōlijok, eine dreifache Sache. Gude

pingasolijok, der dreieinige Gott.

pingajuak, der, die, das dritte. [men.

pingasurarpok, j. SS., er hat drei bekommen.

pingajuërarpok, t. SS., er thut etwas dreimal.

pingasuërtorpok, t. SS. do.

pingatsēvok, j. SS., er legt, thut das dritte hinzu.

pingatserpak, j. SS. inus. do

pingasojortut, sechse.

pingasojortovut, es sind sechse.

pingasojoēt, der sechste.

pingasojortorarpok, t. SS., er hat sechs bekommen.

pingasojotsēvok, j. SS., er thut das sechste hinzu.

pingasojotserpeit, do.

pingasuiliva, j. SS. & CS., er theilt es in drei Theile; pingasuilimajub pingajuak, ein Drittel von einem Ganzen; pingasuilimajut pingajuingit, ein Drittel von vielen Sachen.

Pingijaipok, t. SS., es fehlt ihm an nichts, it, er hat mehr als sein Nebenmensch, er zeichnet sich durch Fleiß 2c. vor andern aus, it, er beträgt sich stark gegen andere.

pingijaivigia, j. SS., er ist gegen ihn hart, stark; rückt ihm seine Armuth vor 2c.

pingijairsarpok, t. SS., er beträgt sich
starf, hochfahrend gegen andere. (Wie
pimariuterpok.)
pingijaitipa, t. CS., er macht ihn so, daß
es ihm an nichts fehlt, daß er was vermag ɪc. (Wie pimariutipa.)
Pingek, ik, it, Lerchenholz.
pingiujak, jāk, jet, Förenholz.
Pingigärpok, t. SS., er ist besorgt, bekümmert um jemand, der bei schlechtem Wetter aus ist, il, um Kinder, die draußen spielen, ob sie nicht etwa zu Schaden kommen (mit mik).
pingigiva, j. SS. inus., er ist besorgt, bekümmert um ihn, es.
Pingilut, tik, tit, die Verhinderung, Ursache, daß man etwas nicht thut, nicht bekommt ɪc.
pingilutekarpok, t. SS., er hat Verhinderung zu irgend etwas (mit mik).
pingilutigiva, j. CS. do.
pingilak, t. SS., er thuts nicht, hat nichts bekommen ɪc.
pingitok, tuk, tut, einer, der etwas nicht gethan, nichts bekommen hat ɪc.
pingitovok, j. SS., er ist einer, ist der, welcher nichts bekommen hat ɪc. Diese gehören alle zu pivok.
Pingitek, tak, tet, die Knöchel an der Hand und die äußeren an den Füßen; die innern heißen kamgak. [Knöchel.
pingitilerivok, j. SS., er hat Schmerzen am
pingitjarpa, t. CS., er schlägt ihn auf die Knöchel.
pingitijarsivok, j. SS. do. (mit mik).
pingitijarivok, j. SS. CS. do., CS., ihn, einen andern, auch.
Pingitsertorpok, t. SS., er thut, als wenn nichts wäre; bei irgend einer Sache, wo doch was ist.
pingitsertornek, näk, nerit, List, das Thun oder sich stellen, als wenn nichts wäre.
pingitsertorvigiva, j. SS. inus., er überlistet ihn.

Pingoaptak, tāk, tet, Erdhaufen, Hügel auf gleichem Lande.
pingoaptarsuk, sūk, suit, do. (kleine).
Pingoarpok, t. SS., er spielt, ein Kind ɪc.
pingoak, äk, et, Spielsache, womit man spielt.
pingoaksak, sàk, set, Spielsache, womit man spielen wird.
pingoariva, j. CS., er hat es zur Spielsache, spielt damit.
Pingōrpok, t. SS., er ist müde, irgend eine Sache noch ferner zu thun.
Pingōrpok, t. SS., er bekommt juckenden Ausschlag, it, Gänsehaut.
pingok, uk, ut, juckende Tippelchen, Ausschlag, it, Gänsehaut.
Pingortitsinek, das Schaffen, aus nichts was machen, die Schöpfung. [ihn.
pingortipa, t. SS. inus., er schafft, macht
pingortitsivok, j. SS., er schafft, formirt (mit mik).
pingortitsijok, der Schöpfer.
pingortite, do.
pingortitiga, mein Schöpfer (int.).
pingortima, do. (tr.).
pingortitigiva, j. SS. inus., er hat ihn zum Schöpfer.
pingortitak, tāk, tet, ein Erschaffenes.
pingortitangit, seine Geschöpfe.
pingortitane, seine Geschöpfe (recip.).
Nalekab pingortitane pairilugillo pattangailipeit, der Herr pflegt und versorgt seine Geschöpfe. [schaffen.
pingortitauvok, j. SS., er wird, ist gepingortisimavok, j. SS. & CS., es ist geschaffen, CS., er hat es fertig geschaffen.
Pingortissije und -jiga ɪc., was man auch zuweilen hört, ist nur eine fehlerhafte Sprache.
Pinguujarpa, t. SS. inus., er stößt ihn (so, daß er nicht fällt).
pingujarnerpok, t. SS. do. (mit mik).
pinguva, j. SS. inus. do. (so, daß er hinfällt).

pingunikpok, t. SS. do. (mit mik).
pingnungnérpa, t. SS. inus., er hat ihn mit Fleiß gestoßen, daß er hinfällt.
Pinnek, nik, nit ober perngit, Stroh ober Sohlen in ben Stiefeln.
pinniksak, sāk, set, do., was baju bestimmt ist.
pinnerpok, t. SS. & CS., er hat Stroh ob. Sohlen in ben Stiefeln, CS., er hat do. hineingelegt.
pinnersivok, j. SS., er hat do. hineingelegt (mit mik).
pinnertorpok, t. SS. & CS., er legt Stroh ober Sohlen in die Stiefeln.
pinnikserōpok, pinnikserolivok, t. SS. & CS., er hat kein Stiefelstroh mehr, CS., er macht ihn ohne do.
pinnerak, kak, ket, Socken.
pinnerakpok, t. SS. & CS., er zieht Socken an, CS., er zieht ihm an.
pinneraksivok, j. SS. do. (mit mik), it, er lauft ober findet Socken.
Pinnerlisārpa, t. ZZ. inus., er verdirbt ihm die Jagd, sucht ihm das, was jener zuerst gesehen und darauf lauert, fortzuschießen ober zu jagen.
pinnerlisarivok, j. SS. & CS. do.
pinnerlisartuinarpok, t. SS. & CS., er ist immer bei der Hand, die Jagd zu verderben, das von andern Gesehene fortzufangen.
Pinniarnek, nak, nerit, ein Werk, die That.
pinniarneriva, j. SS. inus., er hat es zum Werke, zur That.
pinniarnekarpok, t. SS. do. (mit mik).
pinniarnerijangit, seine gethanen Werke, Thaten; pinniarnerilauktakka idluitut ipperaromavakka, meine gehabten schlechten Werke, Thaten, will ich ablegen.
pinniarpok, t. SS. & CS., er wird es machen, thun.
pinniarniarpok, t. SS. & CS., er bestrebt sich, es zu thun, zu machen, wendet Fleiß an. (Bei Sachen, die nicht leicht zu machen sind, sondern unmöglich scheinen.)
pinniaráksak, sāk, set, das, was man zum Geschäfte hat.
pinniarak, kak, ket, eine gethane Arbeit, das Amt, Geschäft. (Wird wenig gebraucht.
pinniarut, tik, tit, die Sache, das Mittel, womit man dies ober jenes thut.
pinniarutigiva, j. CS. inus., er hat es zu dem, womit er dies ober jenes macht. Jesuse kissiet pinniarutigijomavara, ich will Jesum allein zu dem haben, womit ober in dessen Kraft ich alles thue. Savik pinniarutigivara ominga, das Messer habe ich zum Mittel ober Werkzeug, womit ich dieses gemacht habe. Savingmik pinniarutekarpunga ominga do.
pinniarutiksak, sāk, set, etwas, das baju bestimmt ist, daß man etwas bamit machen will.
pinniupa, t. CS., pinniutipa, t. CS., er thut, erwirbt was für ihn.
pinniutjivok, j. SS. do. (mit mik). Jesusib pilloriutiksaptingnik pinniutipātigut, Jesus hat uns die Ursache zu unserer Seligkeit erworben. Jessuse pilloriutiksaptingnik piniutjivok uvaptingnik, do.
pinnasuarpok, t. SS. & CS., er trachtet nach was, bemüht sich dieses ober jenes zu machen, zu erwerben ober zu bekommen.
pinnasuarvik, vīk, vit, ein Platz, der zum Erwerben geeignet ist, z. B. gutes Fahrwasser ober gute Seekante.
pinnasuarut, tik, tit, das Werkzeug, Mittel, woburch man erwirbt, Flinte, Boot, Kajak 2c. Kukkiut pinnasuarutigiva puijemik, er hat die Flinte zum Mittel, womit er nach dem Seehunde trachtet.
pinnasuarligiva, j. CS., er hat ihn zu dem, der für ihn was zu erwerben sucht; pinnasuartigivagit nerkiksamik, ich

habe bich ju meinem Nahrungsmittel-Erwerber.

pinnasuariarpok, t. SS. & CS., er geht hin, um was zu machen, den Seehund zu fangen zc.

Piorisārpok, t. SS., er schränkt sich ein, holt wenig auf einmal von irgend was, ist sparsam. (Hat einerlei Sinn mit apkallersartok.)

pioresārlorikpok, t. SS., er hält seine Sachen hübsch zusammen, ist sparsam.

pioresārlukpok, t. SS., er hält seine Sachen schlecht zusammen, ist liederlich darin.

piorisarupa, -rutiva, SS. inus., er theilt es ein.

piorisarutsivok, j. SS. do.

Piovok, j. SS., er, es ist was nütze, tauglich, brauchbar.

piojorivok, j. SS. & CS., er hält sich für was, dünkt sich was zu sein, ist stolz, CS., er hält ihn für was, für gut, brauchbar zc.

piojoriklivok, j. SS. do. (mit mik).

piolipa, t. CS., er macht es schön, gut; etwas Schlechtes.

piotitsivok, j. SS. do.

piossavok, j. SS. & CS., er, es bessert sich, wird schöner, brauchbarer, CS., er verbessert ihn, es. [brauchbar.

piogiva, j. CS., er hält es für gut, schön,

pioksarpok, t. SS. do. (mit mik).

pionasugiva, j. CS., er denkt, er, es sei schön (ohne ihn, es gesehen zu haben ob. recht zu kennen).

pionasugiklivok, do. [nütze.

piungilak, t. SS., er ist untauglich, nichts

piungitok, tuk, tut, ein Schlechter, Untauglicher. [tauglich.

piungilukpok, er, es ist sehr unnütz, untauglich.

piungigiva, j. CS., er hält ihn, es für unnütz, untauglich.

piungiksarpok, t. SS. do.

piungitsugiva, j. CS., er denkt, daß er, es schlecht, unbrauchbar sei.

piungitsugiklivok, j. SS. do.

piulusstakpok, t. SS., er, es ist nicht zu verachten, doch nicht ganz gut.

piulustangilak, t. SS., es ist nicht viel an ihm, doch nicht ganz schlecht.

Pipse, sik, sit, getrocknete Fische.

pipsetorpok, t. SS., er ißt getrocknete Fische.

pipsigukpok, t. SS., es gelüstet ihm nach getrockneten Fischen.

pipseliorpok, t. SS., er kocht getrocknete Fische.

pipsilerivok, j. SS., er arbeitet an den Fischen, trocknet sie.

pipsetorpok, t. SS. & CS., er holt Fische, CS. do., für ihn.

pipselārpok, t. SS. & CS. do.

pipsetārpok, t. SS. & CS., er trägt Fische, CS. do., für ihn.

pipsekangilut, tik, tit, die Ursache, Veranlassung, warum man keine pipsit hat; Sturm, Regen zc.

Pisaraipok, t. SS. & CS., es kommt schnell (irgend was), CS., er macht es schnell, it, er züchtigt, straft ihn.

pisaraidlarniarpok, t. SS. & CS., er wird sehr schnell kommen.

pissārpok, t. SS. & CS. do., it, er züchtigt, straft, schmält ihn.

Pisserlorpok, t. SS., er verstellt sich, z. B. stellt sich unwissend, während er es weiß; schwach, indem er stark ist.

Pīse, sik, sit, Erbsen (vom Englischen pea).

Pissek, pitsik, pitsit, ein Gesang der Heiden.

Pissiariva, j. CS., er hat es gekauft.

pissivok, j. SS. do. (mit mik).

pissiarariva, j. CS., er hat es zu seinem Gekauften.

pissiakarpok, SS. do. (mit mik).

pissiak, āk, et, Gekauftes.

pissianga, sein Gekauftes.

pissiangotipa, t. CS., er macht es zum Gekauften, d. h. verkauft es (mit mut).

pissiaksak, säk, set, Handelssachen, die gekauft werden können.

pissiáksautipa, t. CS., er beſtimmt es zur Handelsſache, bietet es feil.
pissiáksautitsivok, j. SS. do. (mit mik).
pissiariniarpa, t. CS., er wird es laufen.
pissiniarpok, t. SS. do. (mit mik).
pissiniarivok, j. SS., er wird auch dieſes laufen.
pissiniarariva, j. CS., er hat es zu dem, was er bald, gleich laufen wird.
pissiniarakarpok, t. SS. do. (mit mik).
pissivik, vīk, vit, der Ort, Menſch von dem man etwas lauft.
pissivigiva, j. SS. inus., er lauft etwas von ihm (mit mik).
pissivikarpok, t. SS. do. (mit mik).
pissiniarvigiva, j. SS. inus., er wird bei, von ihm laufen (mit mik).
pissiniarviovok, t. SS., es iſt der Platz, der Menſch von dem man irgend lauft.
pissiniut, lik, tit, das, wofür man etwas lauft.
pissiniutiksak, säk, set, etwas, was dazu beſtimmt iſt, etwas dafür zu laufen.
pissiniutigiva, j. CS., er hat es zu dem, wofür er ſich was lauft..
pissiniutekarpok, t. SS. do. (mit mik).
pissiniutigiva, j. CS., er lauft für ihn (mit mik).
pissiniutjivok, j. SS. do.
pissiniutauvok, j. SS., es iſt eine Handelsſache, wofür man etwas lauft.
pissiniutautipa, t. SS. inus., er läßt es durch Jemand verhandeln.
pissiniutinga, ſeine Sache, wofür er ſich was lauft;. Speck, Felle, Geld ꝛc.
pissiutinga, do.
pissiarkitipa, t. SS. inus., er verlauft ihm was (mit mik).
pissiarkititsivok, j. SS. do.
Pissungnek, das Gehen.
pissukpok, C. SS. & CS., er geht aus aufs Land oder ſpazieren, CS., er geht auf ihm, dem Lande ꝛc. [gehen, auf Jagd ꝛc.
pissugosukpok, t. SS., er hat Luſt auszu-

pissugajukpok, t. SS., er geht häufig aufs Land.
pissugajuipok, t. SS., er geht ſelten do.
pissulorikpok, t. SS., er iſt ein guter Fußgänger. [ter do.
pissukallukpok, t. SS., er iſt ein ſchlech-
pissugiarpok, t. SS., er fängt an zu gehen, ein Kind oder auch ein Krankgeweſener.
pissungnitsiarikpok, t. SS., er geht gut, ſchön. [jagd.
pissuravok, j. SS., er geht auf Rennthier-
pissuranarpok, t. SS., es iſt gut auf die Rennthierjagd zu gehen, das Wetter, die Zeit ꝛc. iſt paſſend dazu.
Piták, tāk, tat, eine Sache, irgend etwas, was man jetzt erſt bekommen, nicht immer gehabt hat. [Sache do.
pitāra, meine; pitänga, ſeine; pital, deine
pitāriva, j. SS. inus., er hat es zu ſeiner Sache, die er jetzt erſt bekommen.
pitākpok, t. SS. do.
Pitailivok, j. SS., ſie, eine Frau, bekommt ihre Reinigung nicht, it., er enthält ſich von irgend etwas, it., er thut etwas, was geſchehen ſollte, nicht.
Pitetserpok, t. SS. & CS., er verſieht ihn, es mit etwas. Umiak pitetserpa ak-lunamik, er verſieht das Boot mit einem Strick.
Pitikipa, t. SS. inus., er übertrifft ihn in dieſem oder jenem.
pitikitsivok, j. SS. do.
pitikisautivuk, vut, ſie ſuchen ſich einander zu übertreffen.
Piut tit, tik, im Süden pitjut, tik, tit, der Grund, die Urſache, Gelegenheit zu dieſem oder jenem, it, das Guthaben.
pitjutekarpok, piutekarpok, t. SS., er hat was, wofür er handeln kann; er hat Gelegenheit dieſes oder jenes zu thun, da oder dort hinzugehen.
pitjutigiva, piutigiva, t. SS., er hat es zur Gelegenheit, zur Urſache, zu Gute, zum Verhandeln ꝛc.

32

piljutekangilak, piutekangilak, t. SS., er hat keine Gelegenheit, Ursache, kein Guthaben zum Verhandeln ic.
Pitjavok, j. SS., wie akhagutjavok, er wird bald auf ein anderes Land ziehen.
Pitjorpok, t. SS., er fliehet wo anders hin (hauptsächlich Fische).
piljuavut, sie gehen von dort weg.
Pitipa, siehe bei pivok.
Pitlarpa, t. CS., er straft, züchtigt ihn.
pitlarnikpok, t. SS. do. (mit mik).
pitlarninga, seine Bestrafung, die er austheilt.
pitlartauninga, seine Bestrafung, die er empfängt.
pitlartaujut, tik, tit, der Grund, die Ursache, warum jemand bestraft wird.
pitlartaujutiksak, säk, set, do., etwas zur Ursache. [strafen.
pitlarniut, tik, tit, ein Werkzeug, damit zu pitlautiksak, säk, set, do.
pitlaut, tik, tit, do.
pitlartaujutiksariva, j. CS., er hat es zur Ursache seiner Strafe.
pitlautiksariva, j. SS. inus., er hat es zum Werkzeug, jemand damit zu strafen.
pitlarak, käk, ket, ein Gestrafter, Bestrafter.
pitlaráksak, säk, set, ein Strafwürdiger.
pitlaráksauvok, j. SS., er ist strafwürdig.
pitlaráksaungilak, t. SS., er ist nicht strafbar. [strafer.
pitlarnikte, tik, tit, ein Stockmeister, Bepitlarniktok, tük, tut, ein Bestrafer, der gerade jetzt straft.
pitlartautiksallivok, j. SS. & CS., er bereitet Strafe (mit mik), CS., er ihm;
pitlartautiksallivok ingminik, er bereitet sich selber Strafe; p– assiminik, do., einem andern.
Pitovok, er, es ist der, das Einzige, ist nichts anderes da.
pituariva, j. CS., er hat es zu seinem Einzigen; besitzt nichts anderes als das.

pituakarpok, t. SS. do. (mit mik).
Pitokauvok, j. SS., es ist alt.
pitokak, käk, ket, ein Altes.
pitokangorpok, t. SS., es wird alt.
Pitsartunek, näk, neril, Stärke, Kraft.
pitsartuninga, seine Stärke, Kraft.
pitsartovok, j. SS., er ist stark, kräftig.
pitsartudlarpok, t. SS., er ist sehr stark.
pitsartutipa, t. CS., er stärkt ihn, gibt ihm Stärke.
pitsartunĕrotiva, j. CS., er entkräftigt ihn, SS., er ist kraftlos.
pitsartunĕrotjivok. j. SS., er entkräftigt (mit mik).
pitsakipok, t. SS., er hat wenig Kraft, Stärke. Jesusib Satanase pitsartunĕrotiva, Jesus hat dem Teufel die Kraft, die Macht genommen. Jesuse pitsartunĕrotjivok Satanasemik, do.
Pitsariarpok, t. SS., er ist willig zu dem, was ihm gesagt, befohlen wird.
pitsarēpok, t. SS. Neg., er ist unwillig zu allem.
Pitsiarpok, t. SS. & CS., er ist freundlich, CS., gegen ihn, ist ihm gewogen.
Pitsitipa, t. SS. inus., er handelt für ihn, dient ihm.
pitsitiva, t. SS. inus. do.
pitsijivok, j. SS. do. (mit mik).
Pitsiulak, läk, let, eine Seetaube, Gryllume (Uria grylle).
pitsiulakpak, päk, pait, ?
Pitsorpok, t. SS., er ist glücklich im Fang, erwirbt viel.
pitsorlŏvok, j. SS., er ist ein glücklicher Erwerber.
pitsuipok, er ist nicht glücklich im Fang.
pitsornarpok, t. SS., es ist ergiebig; der Fang, die Ernte.
pitsornaipok, t. SS., es ist unergiebig.
Pitsukpa, t. CS., er straft ihn ein wenig (ein Kind).
pitsungnikpok, t. SS. do.
pitsutǔvuk, vut, car. Sing., sie nörgeln,

schlagen sich einander, bringen sich einander zum Weinen.

pitsurovok, j. SS., er närgelt oft, bringt das andere Kind oft zum Weinen.

pitsuroipok, j. SS., er närgelt nicht, läßt das Kind in Ruhe.

Pittaktorpok, t. SS.. er hat aufgesprungene Hände, vom Frost.

pittaktok, tuk, tut, aufgesprungene Frostbeule an den Händen.

Pittakarpok, t. SS., er, es hat was; pittalik, lik, lit, der was hat, an dem was ist.

pittakangilak, t. SS., er, es hat nichts.

pittaijarpa, t. CS., er nimmt ihm (hauptsächlich einem Behälter, Gefäß) seine Sachen, räumt es aus, ab.

pittäirpa, CS. do.

pittairsivok, j. SS.

pittaijaivok, j. SS. do. (mit mik).

pittánga, dem Gefäß fein Habendes, was darin ist.

pittaijartauvok, j. SS., es ist ihm alles weggenommen, it, es ist ab=, ausgeräumt; ein Tisch, Gefäß.

pittakaluarsugungnaipok, j. SS., er, es hat auch nicht mehr das Geringste.

pittangerpok, t. SS. & CS., er, es hat nichts mehr.

pittaisakpok, t. SS., es hat wenig.

pittaisaksiorpok, t. SS., er sieht nicht viel, sondern wenig von dem, wornach er ausgegangen ist.

Pittikse, sik, sit, ein Bogen zum Schießen.

pittiksinga, fein Bogen.

pittiksitak, läk, tet, ein Köcher, worin die Pfeile stecken. [Bogen.

pittikserpok, t. SS., er schießt mit dem

pittikpa, t. CS., er schießt ihn, es mit einem Bogenpfeil.

pittingnikpok, t. SS. do.

pittiktarpok, t. SS. & CS., er schießt öfters, CS., ihn öfters mit dem Pfeil.

pittingnikattarpok, t. SS. do.

pittikserak, kak, ket, ein Bogen zum Drillbohrer.

Pittarutivok, j. SS., er rennt, fährt wo durch; durch eine Wand, Zelt ɪc. (mit mut).

pittarutivigiva, j. SS. inus. do., er, es.

pittakpa, t. CS., er stößt, wirft irgend was durch.

Pittorarpok, t. SS. & CS., er kommt von weitem her, oben aus dem Lande, ein Mensch, it, der Wind, die Kälte, wenns heftig von oben bläst, CS., er kommt weit auf ihm, dem Lande, hat es durchschnitten.

pittoraumidlarivok, j. SS., der Wind bläst wieder sehr heftig, kommt wieder von weitem her, bringt Kälte.

pittoraumialudlarpok, t. SS. do.

pittorarvigiva, j. SS. inus., er kommt von weitem, von der Ferne zu ihm.

Pittuigiva, j. SS. inus., er hat es, die Erwerbung, zu dem, worüber er nachdenkt, ob es wohl was haben möchte.

pittuisukpok, t. SS. do.

pittuisuavok, j. SS., er denkt noch eifriger darüber, ob es wohl was zu erwerben geben mag.

Pittukpok, t. SS. & CS., es ist gebunden, angebunden, CS., er bindet es, ihn an.

pittuksivok, j. SS. do. (mit mik).

pittornerpok, t. SS., er, ein Strick, bindet oder zieht sich von selber fest.

pittudjarpok, t. SS. & CS., es ist losgebunden, CS., er hat es losgebunden, aufgelöst.

pittudjarivok, j. SS. & CS. (mit mik), CS., er hat auch dieses gelöset, losgemacht.

pittudjartauvok, j. SS., er, es ist gelöset, losgemacht.

pittudjagasuarpa, t. CS., er löset es, ihn, macht es los, ist damit beschäftigt.

pittudjarigasuarpok, t. SS. do. (mit mik).

pittutak, läk, tet, ein Strick, um irgend etwas damit anzubinden, festzubinden.

piutatanga, fein Strick, womit er, es angebunden ift.
piututaijarpa, t. CS., er nimmt ihm, dem Boot 2c., den Strick, womit es angebunden ift oder wird, weg; reißt oder schneidet ihn ab.
piututairpa, t. CS., er nimmt ihm (irgend einer Sache) den Strick, womit es angebunden wird.
piututairsivok, j. SS. & CS., SS. do. (mit mik), it, er verliert den Strick vom Boot 2c., CS., er verliert ihm (irgend einer Sache) den Strick, womit es angebunden wird.
piutúk, tuk, tuit, der Riemen, der vorne an den Schlitten befeftigt ift, und woran die Hundeftricke gereiht und befeftigt werden.
Piuliva, j. CS., er hat es, ihn vom Verderben errettet.
piuliklerpok, t. SS. do (mit mik).
piuliklertovok, j. SS., er ift ein Erretter, Erlöfer.
piuliklertok, tuk, tut, einer, der etwas oder jemand errettet, ein Erretter, Heiland. [schäft es ift.
piuliklerte, tik, tit, do., einer, deffen Ge=
piuliklertiga, mein Erretter, d. h. den ich fende, daß er mir etwas, was verderben oder verloren gehen will, errette.
piuliklerligivara, j. SS. inus., ich habe ihn zu meinem Erretter, der mir was errettet.
piuliklertekarpok, j. SS. do.
piulije, jik, jit, ein Erretter, Heiland.
piulijiga, mein Heiland, Erretter, der mich errettet hat (intr.).
piulijima, do. (trans.)
piulijigiva, j. SS. inus., er hat ihn zu feinem Heiland.
piulijekarpok, j. SS. do. (mit mik).
piuligasuarpa, t. CS., er errettet ihn, ift damit beschäftigt.
piulijak, jäk, jet, ein Erretter.

piulijauvok, j. SS., er ift errettet.
piulijaunek, nak, nerit, die Errettung, Erlöfung (passiv).
piuliklernek, nak, nerit, die Erlöfung, Errettung (activ). [(passiv).
piulijauninga, feine Errettung, Erlöfung
piuliklerninga, do. (activ).
piulijaujut, tik, tit, die Urfache, das Mittel, wodurch man errettet worden.
piuliklerut, tik, tit, das Werkzeug, Mittel, womit, wodurch man errettet. Jesusib innonine, änianinelo, tokkonelo piuliklerutigiveit uvaptingnik, Jefus hat uns durch fein Leben, Leiden und Sterben errettet. Jesuse aungalo tokkungalo piulijaujutigivavut, wir haben Jefu Blut und Tod zur Urfache, zum Mittel, wodurch wir erlöfet worden.
piulijaujutiksak, säk, set, etwas zum Mittel, wodurch man errettet werden kann.
piulijiksak, säk, set, einer, der zum Erretter beftimmt ift, der künftig erretten foll.
piulijiksariva, j. SS. inus., er hat ihn zu feinem Heiland, der ihn erretten wird.
piulijiksakarpok, t. SS. do.
piulijeksak, säk, set, eine Sache, die zu retten ift, die nicht umkommen foll.
piulijeksanvok, j. SS., er, es ift eine Sache, die zu retten, zu erretten ift.
piulimavok, j. SS. & CS., er, es ift gerettet, errettet, CS., er bewahrt ihn, es vor'm Verderben, Umkommen.
piulimaklerpok, t. SS. do. (mit mik).
Piusek, sik, sit, Gebräuche, Gewohnheiten.
piusinga, feine Gewohnheit (wie er es zu machen pflegt).
piuseriva, j. SS. inus., er hat das zur Gewohnheit.
piusekarpok, t. SS. do. (mit mik).
piuscrilauktanga, feine gehabte Gewohnb.
piusekulluk, luk, luit, schlechte do.
Pivarlövok, j. SS., er will am mehrften haben.
pivallerterpok, t. SS., er nimmt noch zu

in bem, was er vorher that, besonders in verbotenen Sachen.
pivalliavok, j. SS., er, es nimmt zu, im Guten oder Schlechten, je nachdem es vorher war.
Pivianarpok, t. SS., es ist kostbar, verlangend zu haben, z. B. warme Kleider im Winter.
pivianartok, tuk, tut, etwas Kostbares, Verlangendes.
pivianartokut, tik, tit, do.
pivianartokutigiva, j. SS. inus., er besitzt oder hat es, wornach andere verlangen.
piviariva, j. SS. inus., er wünscht, verlangt ihn, es zu haben.
piviasukpok, t. SS. do.
piviarijauvok, j. SS., es wird gewünscht, verlangt.
Pivok, j. SS. & CS., es ist geschehen, er thut es, er hat bekommen x., CS., er nimmt es, er thut es, er hat es, er bekommt es. [machtes.
pijanga, sein Gethanes, Gekriegtes, Gepijak, jōk, jet, etwas, was einen Herrn hat, was jemand gekriegt, bekommen hat.
pijáksak, sāk, set, etwas, was für jemanden bestimmt ist, was er kriegen soll, zu machen oder zu kaufen.
pijáksanga, sein ihm Zugedachtes, für ihn Bestimmtes, was er kaufen oder machen soll. [do.
pijáksara, mein für mich Bestimmtes
piga, pīka, pikka, mein mir Gehörendes.
pingma, pīngma, pingma, do. (tr.).
pit, pikik, pitit, dein dir do.
pikpit, pīkpit, pikpit, do. (tr.).
pinga, pigik, pingit, sein ihm do.
pingeta, pīkita, pingita, do. (tr.).
pine, pingne, pinne, ein do. (recip.).
pime, pīngme, pime, do. (tr.).
pivut, pīkput, pivut, unsere uns do.
pipta, pīpta, pīpta, do. (tr.).
pivuk, pīkpuk, pivuk, uns zwei do.
pimnuk, pīmnuk, - · do. (tr.).

pise, pīkse, pisse, euer euch Gehörendes.
pipse, pīptik, pipse, do. (tr.).
pitik, pīktik, pitik, euer beider do.
piptik, - - do. (tr.).
pinget, pīkit, pingit, ihr ihnen do.
pingeta, pīkita, pingita, do. (tr.).
pitik, pītik, pitik, do. (recip.).
pimik, pīngmik, pimik, do. (tr.).
pingak, pīkik.
pijauvok, j. SS., er, es ist gekriegt, er ist gerufen x.
pijáksauvok, j. SS., er, es kann, soll gekriegt, gemacht, gekauft werden, it, er, es ist der, zu dem dies oder jenes gesagt oder gebracht werden muß.
piksak, sāk, set, etwas, das jemandem zugedacht, für jemand bestimmt ist, daß es entweder sein Eigenthum werden oder es nur mitnehmen soll (f. pag. 243).
pisārpok, t. SS. & CS. (f. pag. 248).
pivik, vīk, vit, die Zeit, der Ort für dies oder jenes.
piviksak, sāk, set, do. Futurum.
piviksanga, seine Sterbenszeit; Zeit, wo er an die Arbeit gehen muß, oder sonst was, wozu es Zeit für ihn ist.
pivinga, seine Zeit, in der er dies oder jenes thut; der Ort, wo er dies oder jenes holt; sein Raum.
pivigiva, j. SS. inus., er hat es zu der Zeit, wo er dies oder jenes thut, oder zu dem Ort, wo er dies oder jenes bekommen. Uvlok tamaua pivigivara sullijaksamnik, ich habe den heutigen Tag zur Zeit für meine Arbeit. Ukkusik una pivigivara immermik, ich habe diesen Kessel zum Ort, wo ich Wasser bekomme, herhole. Johanese pivigivara nerkemik, kamingniglo, ich habe den Johannes zum Platz, Ort, woher ich Nahrungsmittel und Stiefel umsonst bekommen habe.
piviovok, j. SS., er, es ist der Platz, die Zeit, wo dies oder jenes geschieht

oder dies oder jenes umsonst hergeholt wird.

piviojariakarpok, t. SS., es muß bei ihm dies oder jenes geholt werden können, zu kriegen sein. Attunit akkillertauniarpogut sorlo piviojarikarapta, wir werden alle, ein jedes für sich, bezahlt oder vergolten werden, nachdem, was bei uns bekommen ob. gekriegt werden kann.

piviksauvok, j. SS., es ist oder es kommt jetzt die Zeit zu dem oder jenem, it, er, es wird der Platz, wo das oder jenes wird geholt werden können.

piviksariva, j. SS. inus., er wird es zur Zeit haben, in der er dies oder jenes thun wird, it, er wird ihn, es zum Orte haben, von welchem er sich dies oder jenes holen wird.

piviksakarpok, t. SS. do. (mit mik).

pivikarpok, t. SS., er hat Raum zu diesem oder jenem, kann sich ordentlich bewegen, ist ihm nicht enge.

pimavok, j. SS.&CS., es ist gemacht, gekriegt ic., CS., er hat's gemacht ic., it, sie besorgt ihn.

pimaklerpok, t. SS. do. (mit mik), gibt Acht auf jemandes Sachen.

pimaklorte, lik, tit, einer, der für einen andern was macht, Verwalter ic.

pimaje, jik, jit, do., pimajigiva, j. CS., er hat ihn zu seinem Arbeiter, Besorger, Verwalter seiner Sachen.

pilukpa, er behandelt ihn schlecht, thut ihm unschuldiger Weise was zu Leibe.

piluivok, j. SS. do. (mit mik).

piluktauvok, j. SS., er wird schlecht behandelt, wird ihm unschuldiger Weise was gethan.

piñluk, luk, luit, ein Großer, Breiter, Dicker.

pitipa, t. CS., er gibt ihm was, thut was zu ihm, it, er thut ihn zu was anderm hinzu, schiebt ihm die Schuld zu. Ukkonunga pitipara, zu diesen habe ich ihn, es hinzugethan oder thue ich ihn hinzu. Ominga pitipagit, dieses gebe ich dir.

pititsivok, j. SS. do. (mit mik & mut). Ominga pititsivunga ukkonunga, dieses thue ich zu diesen. Savingmik pititsivunga tapsomunga, das Messer gebe ich diesem.

pitikattautivuk, vut, sie schieben sich einander die Schuld zu.

pipsarivok, j. SS.&CS., er thut, bekommt ic. abermal.

pitlapkainarpok, t. SS. & CS., er thut, bekommt ic. was, nur zu knapper Noth. Dieses wird nur noch hin und wieder von alten Leuten verstanden; die Mehrzahl sagt gegenwärtig: pigárpok, t. SS.&CS., pigadlarpok, t.SS.&CS.

pivakpok, t. SS.&CS., er pflegt zu thun, es zu thun ic.

pikattarpok, t. SS.&CS., er thut, macht oft, thut es oft ic. [häufig ic.

pigajukpok, t. SS.&CS., er thut, macht

pigajuipok, t. SS.&CS., er thut, macht selten ic.

Poágit, tik, tit, eine Schaufel.

poägijaut, tik, tit, irgend etwas, was man als Schaufel braucht.

poägijarpok, t. SS.&CS., er schaufelt, gräbt.

poagrejarpok, t.SS.&CS. do.

poargetairpok, t.SS.&CS., er gibt seine Schaufel fort, CS. do., eines andern.

poargetaijarnerpok, t. SS. do.

poargetairsivok, j. SS.&CS., er verliert die Schaufel, it, er gibt eines andern Schaufel fort (mit mik), CS., er verliert einem andern die Schaufel.

poargetairsinerpok, t.SS. do. (mit mik).

Pogutak, tāk, tet, eine Schüssel, Schaale.

pogutārsuk, sük, suit, eine kl. Schüssel.

pogutsivok, j. SS.&CS., er macht eine Schüssel, CS., er macht für ihn eine.

Pök, pök, pot, ein Sack, Beutel. [etwas

pöksak, sāk, set, ein Sack, Gefäß zu irgend

pŏktarpa, t. CS., er macht ihm einen neuen Sack.
pŏktarivok, j. SS. do. (mit mik).
pŏkpa, t. CS., er steckt es in den Sack.
pŏksivok, j. SS. do. (mit mik).
pŏrusek, tsik, tsit, ein Sack zu allerhand Sachen, zu Speck, Fischen ꝛc.
pŏrutsivok, j. SS., er füllt Speck oder Nahrungsmittel ein.
pŏrusiovok, j. SS., es ist ein Sack zu allerhand Sachen.
pŏrutsiorpok, t. SS. & CS., er macht einen Sack, CS., er macht ihm einen.
pŏliorpok, t. SS. & CS. do.
pŏliornerpok, t. SS. do.
pŏrutsiornerpok, t. SS. do.
pŏktolerpa, t. SS. inus., er bewahrt, hebt es im Sacke, Gefäße, Kasten auf.
pŏktuilerpok, t. SS. do. (mit mik).
pŏktipa, t. CS., er steckt es in den Sack, it, er läßt den Hahn in Ruh, spannt ihn ab.
Pokaktarpok, t. SS., es wird von den Wellen auf und niedergehoben; Boot, Schiff ꝛc.
poktavok, t. SS., es schwimmt auf dem Wasser; Boot ꝛc.
pokipok, t. SS., es geht, schwimmt nur wenig, nicht hoch über dem Wasser, sondern geht tief.
poktovok, t. SS., es schwimmt hoch über dem Wasser.
poktarut, tik, tit, ein Fließholz, Kork am Netz, it, der Ankerboje.
pokilakpok, t. SS., es schwimmt irgendwas im Wasser sehr niedrig; ein Stück Holz, todtes Thier ꝛc., it, die Netze, wenn sie Eis ansetzen.
pokilarikpok, t. SS., es geht nicht tief im Wasser; hat denselben Sinn wie poktovok. [greift schwer.
Pokēpok, t. SS., er ist dumm; lernt, begreift.
pokikpok, t. SS., er begreift, lernt leicht.
pokēlivok, j. SS., er fängt an bumm zu werden.

Pŏktajok, juk, jut, ein Zulege-Messer, Taschenmesser.
Pŏktārtok, tuk, tut, ein Flintenhahn.
Poktovok, j. SS., er, es ist hoch; irgend was.
poktosivok. t. SS. & CS., er macht es hoch, höher, SS, es wird hoch.
poktosēvok, j. SS. do. (mit mik).
poktosivallerpok, t. SS. & CS., er macht es ein wenig höher.
poktosivalliavok, j. SS. & CS., es wird immer höher.
pokipok, t. SS., er, es ist niedrig.
poklivok, t. SS. & CS., SS., es ist niedriger, er macht es niedriger.
poklēvok, j. SS., er macht niedriger.
pokinärpa, t. CS., er macht es zu niedrig.
pokinārivok, t. SS. & CS. do. (mit mik).
Puālo, luk, lut, Faust-Handschuh.
puāluka, meine, pualukik, deine Handschuhe.
puāluĕrutivok, j. SS. & CS., er ist ohne Handschuh, sie sind zerrissen, CS., er macht ihn ohne do.
pualuĕrpok, t. SS. & CS., er ist ohne Handschuh, hat sie verkauft, CS., er verkauft eines andern Handschuh.
pualuĕrsivok, poaluairsivok, j. SS. & CS., er hat seine Handschuh verloren, CS., er hat sie ihm verloren.
Puailavik, vīk, vīt, ein Brunnen, Quelle.
puailavok, j. SS., es quillt, läuft aus der Erde heraus; das Wasser.
Publarpok, t. SS., er, es bekommt einen übeln Geruch; Mensch oder Thier.
publarnerpok, t. SS., er, es hat Geruch bekommen.
publak, lāk, lait, Wind, Luft in irgend etwas, in einer Blase, im Leibe ꝛc., it, Blasen auf dem Wasser.
puhlaujak, jāk, jet, eine Flasche.
publaugartak, tak, tet, eine Art Seegras, was Luftblasen hat, it, Eis, was Luftblasen hat.

publerpok, t. SS., es fängt an zu schwellen, wird dick; ein Schwär ꝛc.
publairpok, t. SS. & CS., die Blase hat sich gesetzt, es ist dünner, ohne Wind geworden, CS., er drückt die Luft heraus, aus einer Blase ꝛc.
puverpok, t. SS. & CS., es ist aufgeblasen, CS., er bläst Wind in die Blase ꝛc.
puversimavok, SS. & CS., er, es ist aufgeblasen.
puversivok, j. SS. do. (mit mik).
puvervik, vīk, vīt, die Oeffnung, wodurch der Wind eingeblasen wird.
puvisimavok, j. SS. & CS., es ist geschwollen, CS., Medicin ꝛc. hat Geschwulst hervorgebracht.
puvipok, t. SS., es ist geschwollen, aufgedunsen.
puvinek, nak, nerit, die Geschwulst.
puvingerpok, t. SS., die Geschwulst läßt nach.
puvingersaut, tik, tit, ein Pflaster oder sonst etwas, was die Geschwulst vertreibt.
puvsikpok, t. SS., es schwillt geschwinde, hurtig auf.
puvjukpok, t.SS., es wird groß, geht, gährt.
puvjutsiariva, j. SS. inus., er quellt es ein.
puvjutsēvok, j. SS. do.
puvjupsaut, tik, tit, Hefe oder sonst was, was eine Sache ins Gähren bringt.
puvertisimavok, j. SS., es ist in Gährung übergegangen; Fleisch oder sonst Nahrungsmittel. [über.
puvertipok, t. SS., es geht in Gährung
puvinarsivok, t. SS., er hat sich mit Essen vollgestopft, daß er wie aufgeblasen ist.
Puigorpok, t. SS. & CS., er hat es vergessen.
puigomavok, j. SS. & CS., er hat es völlig vergessen.
puigutóvok, j. SS., er ist vergeßlich, hat ein schlechtes Gedächtniß.
puigutuipok, t. SS., er ist nicht vergeßlich ꝛc.

puigortailivok, j. SS. & CS., er vergißt es nicht.
puigorungnangerpok, t. SS. & CS., er kann es nicht vergessen.
puigorungnangilak, t. SS. & CS. do.
puigojoërpok, t. SS. & CS., er vergißt nicht, nie, CS., er vergißt es nie.
puigornarpok, t. SS., es ist so, daß man es leicht vergißt.
puigorvigiva, t. CS., er vergißt es ihm. gedenkt es ihm nicht mehr.
Pudsukpa siehe putsukpa.
Puije, jik, jit, ein Seehund insgemein.
puijesiorpok, t. SS., er sucht Seehunde, sieht sich um darnach.
puijelerkivok, j. SS., er bekommt, und es hat viele Seehunde.
puijēlerkivok, j. SS., er wünscht sich Seehunde, wünscht, daß es haben möchte.
puijesivok,, j. SS., er sieht Seehunde.
puijērsivok, j. SS. & CS., er verliert seinen schon bekommenen Seehund, CS., er verliert ihn einem andern.
puijesarpok, t. SS. & CS., er ist fort, Seehunde zu holen.
puijetarpok, t. SS. & CS., er hat einen oder mehrere Seehunde auf dem Schlitten, hat Seehunde geladen.
puijekut, tik, tit, vorräthige Seehunde.
puivok, j. SS. & CS., der Seehund schöpft Luft, kommt mit dem Kopfe übers Wasser, CS., er schöpft bei ihm Luft, auf dem Eise beim aglo.
puijauvok, j. SS., es wurde bei ihm vom Seehunde Luft geschöpft (mit mut). Nikpartok puijauvok puijemut, zu dem, der am Seehundsloche lauert, kam der Seehund, um Luft zu schöpfen.
puimavok, j. SS., er steckt den ganzen Kopf heraus. [geheuer.
Puijāk, puijarāluk, ein vermeintliches Un-
Puilakpok, t. SS., er springt übers Wasser; ein Fisch. [ein Thier.
puipsorpok, t. SS., es schwimmt oben;

puipsorarpok, t. SS., er schwimmt, ein Mensch.
puipsivok, j. SS., er jagt Rennthiere, die ins Wasser gegangen sind, und tödtet sie.
puipkalivok, j. SS., die gehörten Worte, Gedanken ic. steigen immer wieder empor, kommen immer wieder zum Vorschein, it, die gehabte Krankheit, die geheilt war, kommt wieder.
puipsagovok, j. SS., er ist ein glücklicher Erwerber auf dem Eise, bekommt oft Seehunde.
puitarsukpok, puitarsudlarpok, t. SS., er bekommt beim Kajakfahren oft Seehunde in seiner Nähe zu sehen.
puitarsuipok, t. SS., er sieht und erwirbt keine Seehunde.
Puipsarpa, t. SS. inus., er geht einem angeschossenen Thiere nach, schießt es noch einmal.
puipsarnikpok, t. SS. do. (mit mik).
puipsartak, täk, tet, ein nochmals geschossenes Thier.
Puisukpok, t. SS., er ist ungläubig, traut nicht. Wenn er auf Jagd ist und irgend was soll gesehen werden, traut er nicht, ob es wohl so ist, wie jener glaubt gesehen zu haben, it, wenn einer sagt, sich nun bekehren zu wollen, der es schon oft gesagt und nicht gethan, so traut der andere nicht, ob es auch wohl zutreffen wird ic.
puigiva, j. CS., er traut ihm nicht, glaubt ihm nicht.
puigijauvok, j. SS., es wird ihm nicht getraut, geglaubt.
puinarpok, t. SS., es ist unzuverlässig.
Puja, Ranziges.
pujanga, sein Ranziges.
pajauvok, j. SS, es ist ranzig.
pujanipok, t. SS., es riecht nach Ranzigem.
Pujok, Rauch, Dampf, Brodem, Staubwolken.
pujorpok, t. SS., es raucht, dampft; das Wasser, Land; es staubt.

pujorakpok, t. SS., es ist solches Wetter, als wenns dampfte, ist etwas neblich.
pujualuk, lük, luit, eine Art Pilze, die, wenn sie zerbrückt werden, einen Rauchdampf von sich geben.
pujualukpok, t. SS., es raucht (so ein Pelz).
pujoriksimavok, j. SS., es ist bestaubt.
Pukāk, der lose, nicht aneinander hängende, wie Salz aussehende Schnee.
pukauvok, t. SS., es ist solcher Schnee.
Pukek, kik, kit, das Weiße am Rennthierfell.
Puktavok, siehe poktavok.
Púkipa, t. SS. inus., er klaubt es auf (einmal), ein Mensch.
púkitsivok, j. SS. do.
púkukpok, t. SS. & CS., er klaubt auf, CS., er klaubt sie (mehrere) auf, ein Mensch.
púkumālukpok, t. SS. & CS. do., Vögel.
púkumalugak, kak, ket, Krumen, Samenkörner, Vogelfutter.
púkumalugaksarsiorpok, j. SS., er, der Vogel, sucht sein Futter, CS. do., für einen andern.
Puksinarpok, siehe bei pupok.
Pullārpok, t. SS. & CS., er geht zu einem andern ins Haus, Zelt.
pullavok, j. SS. & CS., er geht, kriecht, schlupft wo hinein; in eine Falle, Höhle, in sein Haus, fährt in eine Bucht, Fluß hinein, CS., die Kälte geht, bringt ein in einen Menschen, Haus ic.
pullamavok, j. SS, er ist eingeschlupft, eine Maus, Fuchs in ihre Höhlen oder sonst in ein Loch.
pullajaumavok, j. SS., die Kälte ist bei ihm eingeschlagen.
pullavigiva, j. SS. inus., eine Maus ic. hat irgend ein Loch zu ihrem Platz, wo sie einschlupft. [schlupfen.
pullavik, vīk, vit, ein Loch zum Einpullet, tik, tit, eine Fuchsfalle von Steinen, Eis ic.

pulletivinek, nak, verngit, do., eine alte zerfallene.
pullajovinek, nak, nerit, ein in einer solchen Falle gefangener Fuchs ꝛc.
pullateriarpok, t. SS., er geht unters Eis, etwas zu suchen; Seegras, Muscheln ꝛc.
pullarviksak, säk, set, der Ort, wo man eingehen kann.
pullarviksauvok, j. SS., er, es ist der Ort zum Eingehen, wo man eingehen kann.
pullaviksakarpok, t. SS., er hat eine Eingehestelle, man kann zu ihm eingehen.
pullarviksakangilak, t. SS. Negat.
pullarnek, nak, nerit, das Eingehen zu jemand.
Pungajok, juk, jut, eine Art Blaubeere.
Punnek, nak, nerit, ausgeschmolzenes Nierenfett. Butter heißt bei den Eskimos: Immub orksua.
Pupok, t. SS. & CS., er legt sich mit dem Angesichte auf was, CS., er legt sein Angesicht auf.
pungavok, j. SS., er liegt mit dem Angesichte auf.
puvigiva, j. SS. inus., er liegt mit dem Angesichte auf ihm; dem Tische, Steine, Kissen ꝛc.
puksinarpok, t. SS,, er hängt das Gesicht herunter und schläft.
pungoarpok, t. SS., er bückt sich, wenn er etwas fangen, schießen will ꝛc. [zu.
pungariarpok, t. SS. & CS., er nickt ihm
Puppik, pīk, pīt, eine Art Aussatz, Ausschlag; kleiner wie Krätze.
puppikpok, t. SS., er hat solchen Ausschl.
puppērpok, t. SS., er ist los vom Aussatz.
Puse, sik, sit, eine Katze.
Pussipok, t. SS. & CS., es ist umgestürzt, CS., er stürzt es um; ein Gefäß, Boot ꝛc.
pussitsivok, j. SS. do. (mit mik).
pussingavok, j. SS., es ist, liegt umgestürzt.
Pussigarpok, t. SS., er stößt sich ans Gesicht, thut sich weh im Gesicht, schlägt sichs auf.

pussigartipa, t. CS., er stößt ihn, thut ihm weh im Gesicht, verwundet ihn.
Putsungningnek, das Kneipen.
putsukpa, t. CS., er kneipt ihn, pickt kleine Stückchen von irgend was. [holt.
putjuavok, j. SS. & CS., er kneipt wiederputjukumiarpok, t. ,SS., er ißt kleine Stückchen.
putjukunigarpok, t. SS. & CS., er hält es zwischen den Daumen und einem Finger.
putsutik, tik, tit, eine kleine Zange, Splitterzange, it, ein Seekrebs.
putjuk, jut, den Daumen und einen Finger zusammen, zum Kneipen.
putjukattākpok, t. SS. & CS., er kneipt wiederholt was, pickt was ab.
Puttovok, j. SS. & CS., er ist durchgebohrt, CS., er bohrt es durch.
puttojivok, j. SS. do. (mit mik), einmal.
puttojauvok, j. SS., es wird (einmal) durchbohrt.
puttōpa, t. CS., er durchbohrt es (vielmal); puttörpa do.
puttōrivok, j. SS. & CS. do. (mit mik), CS., ein anderes auch.
puttomavok, j. SS. & CS., es ist durchgebohrt (ein Loch), CS., er hat es fertig durchgebohrt.
puttortauvok, j. SS., es wird (vielmal) durchbohrt.
puttorsimavok, j. SS. & CS., es ist vielmal durchbohrt, CS., er hat es vielmale durchbohrt.
putto, tuk, tut, ein durchgebohrtes Loch.
puttorut, tik, tit, ein Instrument zum Löchermachen; Durchschlag ꝛc.
puttuliksak, säk, set, do.
puttoreksak, säk, set, etwas Durchzubohrendes.
putsutorpok, t. SS., es ist durchgerieben, hat ein Loch; Hosen ꝛc.
Pullugok, kuk, kut, die große Zehe am Fuß.

puttokoarpok, t. SS. & CS., er thut sich weh an der großen Zehe, CS., er ihm do.
puttokoarivok, j. SS.&CS. do. (mit mik).
puttogejarpok, t. SS. & CS., er verliert die große Zehe. [lappen.
Puvak, vak, vait, die Lunge, it, die Ohr-
puvaktorpok, t. SS., er ißt Lunge.
puveridlarpok, t. SS., er hat Lungenschmerz.
puvanga, seine Ohrlappen; puvangit, seine Lungen.
Puverpa, puvinek, puvjupsaut zc., siehe bei publak.
Puviak, itsek, itset, ein Vogelkropf.
Puviksukarpok, t. SS., die Maus pfeift.
Puvioninganek, nak, nerit, der Bauch eines Schiffes, Fasses zc.

S.

Sa, sak, sat, Vorderes, Schooß, ein Tisch.
sat (intr.), savit (trans.), dein Vorderes, vordere Seite.
sase (intr.), sapse (tr.), euer do. do.
savut do., sapta do., unser do. do.
sanget do., sangeta do., ihr do. do.
sane do., same do., sein do. do. (recip.)
satik do., samik do., ihr do. do. do.
sanga, sein Vorderes, Schooß, Tisch; sanget (tr.).
saga, mein do. do. do. sama (tr.).
samne, vor mir, auf meinem Schooß, Tisch zc.
sangne, vor dir, auf deinem do. do.
sangane, vor ihm, auf seinem do. do.
saplingne, vor uns, auf unserm Schooß, it, vor euch beiden.
sapsinge, vor euch, auf euerm Schooß.
sanginne, vor ihnen, auf ihrem do.
saptine, vor uns beiden.
sanganepok, t. SS, er ist vor ihm.
samnepok, t. SS., er ist vor mir.
saplingnepok, t. SS., er ist vor uns, it, vor euch beiden.
saptinepok, t. SS., er ist vor uns beiden.

saminut illiva, er legt es auf seinen Schooß, oder vor sich hin. Sorrusek samingnut pitipāt, sie stellen das Kind vor sich hin.
sāksak, sāk, set, ein Vordertheil zum Pelz oder sonst irgend etwas. Bei Hosen nur der obere Theil bis an die Beine.
samikpok, t. SS. & CS., er hat was vor sich, auf dem Schooß, Boot, Kajak zc. (SS. mit mik). Savingmik samikpunga, ich habe ein Messer vor mir liegen.
samiutiva, j. CS., er legt es, bringt es vor ihn (mit mut).
samiutsivok, j. SS. (mit mut und mik). Savik samiutivara illingnut, ich lege oder bringe das Messer vor dich hin; savingmik samiutjivunga illingnut do. [do.
sangiutiva, j. CS., sangiutjivok, j. SS.
sangavok, j. SS. & CS., er ist gegen ihn gewandt (SS. mit mut).
sangerpa, t. SS. inus., er kommt, tritt vor ihn.
sangevok, j. SS. do. (mit mik). [ihn.
sangeviartorpa, t. SS. inus., er geht vor
sangeneriartorpok, t. SS. do. (mit mik).
sangiarpok, t. SS. & CS., er steht vor ihm, vor was (SS mit mik); sangiarpok iglomik, er steht vor dem Hause. Iglo sangiarpa do.
sarliarpok, t. SS. & CS., er nimmt es, ein Kind, auf den Schooß, it, sie säugt das Kind, it, ein Thier säugt seine Jungen (SS. mit mik).
sarliak, āk, et, ein Thier, was Junge hat.
sapsarpok, t. SS. & CS., er wendet sich wiederholt gegen ihn.
sapsarvigiva, j. SS. inus. do.
sapok, t. SS.&CS., er wendet, kehrt sich gegen ihn; mit Worten oder mit dem Angesichte (SS. mit mut).
sangautivuk, vul, sie sind sich einander zugewandt, sind einander gegenüber.

sángaluktotivuk, vut, do., im Streit.
säliarpok, t. SS., er geht zum Tische.
sátipa, t. CS., er dreht, wendet ihn, es.
sátitsivok, j. SS. do. (mit mik).
säniarpok, t. SS. & CS., er, es wird sich wenden.
säsimavok, j. SS. & CS., er, es ist gewandt, CS., es ist ihm zugewandt.
sägiarpok, t. SS. & CS., er wendet sich ein wenig, CS., er wendet sich etwas nach ihm. Ist wohl für Bekehren angenommen, was aber sehr unvollkommen dafür ist: Säpok, salerpok Jesusemut, er wendet, kehrt sich zu Jesu; möchte jedenfalls besser dafür sein.
säniarniarpok, t. SS. & CS., er sucht sich zu wenden, zu lehren (wenns ihm schwer wird).
sñniariakarpok, t. SS. & CS., er muß sich zu wenden, zu lehren suchen, CS. do., er ihn.
sátsariakarpok, t. SS. & CS., er hat nöthig, sich zu wenden, zu lehren, zu bekehren.
sätsariakangilak, t. SS. & CS. (Neg.)
sägiaromaserlorpakpok, t. SS., er redet oft und viel vom Bekehren (d. h. bei den Nordländern: zu den Lehrern ziehen), es ist aber nicht Ernst, er denkt anders.
säkopa, t. SS. inus., er geht an ihm entlang; Hause, Berge, Menschen.
säkotsivok, j. SS. do.
Sabbate, lik, lit, der Sabbath.
sabbaliovok, j. SS., es ist Sabbath.
Sabviorpok, t. SS. & CS., er schmiedet, CS., er es.
sabviorvik, vik, vit, eine Schmiede.
sabviortok, tuk, tut, einer, der schmiedet.
sabviorte, lik, lit, ein Schmied.
sabvipa, t. CS., er gibt ihm ein Messer, zum Brauchen.
sabvitsivok, j. SS. do. (mit mik).
Sachak, ak, ait, ein kurzhaariges Fell.
sachauvok, j. SS., es ist kurzhaarig.

Sadjukpok, sedsukpok, t. SS. & CS., er geht, fährt dem Strande entlang, am Lande hin.
sadjutauvok, j. SS., es wird an ihm, dem Lande, dem Strande entlang hingegangen.
sadsugosiusimavok, j. SS., er, der Strand, ist ringsum mit irgend was besetzt (mit Eis, Steinen, Sand ic.).
Saglerkivok, j. SS. & CS., er zieht den Pelz verkehrt, das Hintere nach Vorne, an.
saglerkingavok, j. SS., er hat den Pelz so verkehrt an.
Säglaputàk, tàk, tet, Baumblätter, it. Krautgewächse, die keine Knollen, sondern nur Blätter haben.
Ságlisiva, j. SS. inus., er macht es zu dünn, ein Fell.
ságlisévok, j. SS. do. (mit mik).
ságlisarivok, j. SS. do.
ságlisáva, j. SS.. er macht es zu dünn und zu dick, verschieden (ein Fell ic.).
sägligiarpok, j. SS. & CS., er macht es ein wenig dünner.
sàgliva, j. SS. inus., er macht es dünn.
saglévok, j. SS. do. (mit mik).
Saglisakpok, t. SS., er hat sich dünn, luftig gekleidet.
Saggarpok, t. SS. & CS., er scharrt, macht ein Loch in die Erde, macht ein Grab. Illuviksamik saggarpok. Dieses scheint aber nur im Süden von Labrador verstanden zu werden; im Norden wird gesagt aggarpok.
Sagotarpok, t. SS. & CS., er geht oder fährt auf dem Eise, oder fährt im Kajak ic. dem Lande entlang hin.
sagorpok, t. SS. & CS. do.
sagortalärpok, t. SS. & CS., er wird am Lande hinfahren, z. B. wenns Sturm hat.
sagotorlek, ein Land, Landspitze, an welcher immer muß hingefahren werden.
Sæglonek, nak, nerit, eine Lüge. [lügen.
sæglokitsinek, nak, nerit, das Lügen, Be-

sægloninga, feine Lüge.
sæglokitsininga, fein Lügen, Belügen.
sæglovok, j. SS., er lügt.
sæglotōvok, j. SS., er ift ein Lügner, der zu lügen pflegt.
sæglokipa, t. CS., er belügt ihn.
sæglokitsivok, j. SS. do. (mit mik).
sægloligiva, j. CS., er hat es, ihn zur Lüge, redet die Unwahrheit über ihn.
sæglutekarpok, t. SS. do. (mit mik).
sæglotuipok, t. SS., er lügt nie.
sæglotuilotōvok, j. SS., er ift der einzige, der nie lügt.
sæglotunek, das immerwährende Lügen.
Sagvarpok, t. SS. & CS., es wird offenbar, deutlich; ein Boot, die Werke des Menschen, CS., er bringt es zum Vorschein.
sagvaivok, j. SS., er bringt zum Vorschein (mit mik). [bringen.
sagvainek, nak, neril, das Zumvorschein-
sagvaininga, fein Zumvorfcheinbringen, irgendwas.
sagvarsimavok, j. SS. & CS., es ift ganz offenbar, ganz zum Vorschein gekommen, CS., er hat es ganz offenbart, ganz zum Vorschein gebracht.
sagvaimavok, j. SS. do. (mit mik).
sagvarsimaklerpok, do.
sagvartauvok, j. SS., es wird zum Vorschein gebracht.
sagvariarpok, t. SS. & CS., es ift etwas fichtbar, CS., er bringt es ein wenig zum Vorschein.
sagvillakpok, t. SS., er, es kommt oft zum Vorschein, wird oft fichtbar.
sagvillōvok, j. SS. do., noch öfterer.
Sagvauvok, j. SS., es treibt ab, wird vom Waffer mitgenommen, fortgeschwemmt.
sagvaulerpok, t. SS. do., es fängt an.
sagvaulipa, t. CS., er läßt es abtreiben, macht, daß es abgetrieben, fortgeschwemmt wird; der Wind, Schwingwellen oder der Menfch.

sagvaujivok, j. SS. do. (mit mik).
sagvatsivok, j. SS., es treibt ein Kajak ꝛc. beim Fischen oder wenn er fonft ftille hält.
Sagvik, vīk, vīl, die Bruft, it, des Kleides.
sagvilerivok, j. SS., er hat Bruftschmerzen. [Bruft.
sagviarpa, t. CS., er schlägt ihn an die
sagviarsivok, j. SS. do. (mit mik).
sagviarivok, j. SS. & CS. do., CS., den auch oder wieder.
sagvigarpok, t. SS., er feucht, macht Stimme beim Athemholen.
Sailitak, tǎk, tel, eine Schürze.
sailitserpa, t. CS., er bindet ihm eine Schürze um.
sailitsēvok, j. SS. do. (mit mik).
Saigo, kuk, kut, Pallifaden.
saigutarpa, t. CS., er fetzt (dem Garten ꝛc.) Pallifaden.
saigutarivok, j. SS. do.
Saimarpok, j. SS. & CS., er wird ruhig, zufrieden; Menfch, Thier, Wetter, CS., er ftellt, hat ihn zufriedengeftellt, beruhigt; ein weinendes Kind oder fonft jemanden, der betrübt, unzufrieden, unruhig war.
saimavok, j. SS. do., er ift zufrieden.
saimaivok, j. SS., er ftellt zufrieden (mit mik).
saimarnek, nak, neril, die Zufriedenheit, Beruhigung.
saimainek, nak, neril, das Zufriedenftellen, Zufriedenftellung, Beruhigen.
saimauserpa, t. CS. do., wie saimarpa.
saimausēvok, j. SS. do. (mit mik).
saimartipa, t. CS. do., er ftellt ihn zufrieden, beruhigt ihn.
saimartitsivok, j. SS. do. (mit mik).
saimartitak, tǎk, tel, ein Zufriedengeftellter, Gefegneter.
saimartitāksak, sǎk, set, einer, der bedacht ift, daß er zufriedengeftellt werden foll.
saimarsarpa, t. CS., er ftellt ihn zufrieden, beruhigt ihn, ift damit befchäftigt.

saimarsaivok, j. SS. do. (mit mik).
saimarsaininga, sein Zufriedenstellen, Beruhigen.
saimanarpok, t. SS., es ist zufriedenstellend, irgend etwas Schönes, was einem Betrübten, Beleidigten oder Unzufriedenen gegeben wird ꝛc., daß er sich zufrieden gebe, beruhige. [stellend.
saimanarsivok, j. SS., es wird zufriedensaimarsaut, tik, tit, eine Sache, womit man jemanden zufriedenstellt.
saimarsautigiva, j. SS. inus., er hat es zu dem, womit er zufriedenstellt. Tuktu saimarsautigivara Johanesemik, mit einem Rennthierfell habe ich den Johannes zufriedengestellt, beruhigt.
saimautigiva, j. SS. inus. oder:
saimartaujutigiva, j. CS., er hat es zu dem, wodurch, womit er zufriedengestellt ist.
saimarsauta, sein Zufriedenstellungsmittel, womit er zufriedengestellt, beruhigt wird.
saimarsautiga, mein do.
saimauta, saimartaujuta, sein Mittel, womit er befriedigt, zufriedengestellt, beruhigt ist.
saimautiga, saimartaujutiga, mein Mittel, womit ich befriedigt oder zufriedengestellt worden bin.
saimarvigiva, j. SS. inus., er ist wieder zufrieden mit ihm, ist ihm gnädig, vergibt ihm.
saimarvikarpok, t. SS. do. (mit mik).
saimarvik, vīk, vit, die Stelle oder derjenige, welchem man wieder gut ist, der begnadigt wird.
saimarviovok, j. SS , er ist begnadigt.
saimarvigijauvok, j. SS. do., er wird, ist begnadigt, man ist wieder zufrieden mit ihm.
saimarvigijaunek, nak, nerit, die Begnadigung, Gnade, (passiv. die man empfängt.)
saimarvionek, nak, nerit, do. [do.
saimarvigijauninga, seine Begnadigung

saimarvikarnek, nak, nerit, die Begnadigung, Gnade, (activ die man ausübt).
saimarvikarninga, seine Gnade, Begnadigung do.
saimarvigijauvik, vīk, vit, der Platz, die Zeit, wo Gnade ausgeübt wird, die Gnadenzeit. Iksivautaksoak saimarvigijauvik, der Gnadenstuhl od. Gnadenthron.
saimartauvik, vīk, vīt, der Ort od. die Zeit, wo man zufrieden gestellt wird, wenn man über jemand traurig ober erzürnt gewesen ist.
saimartaunek, nak, nerit, die Zufriedenstellung (passiv).
saimaininga, seine Zufriedenstellung (act.).
saimartauniksarsivok, j. SS., er findet Zufriedenstellung; schöne Worte oder sonst was, womit er zufrieden gestellt wird.
saimarvigijauniksarvivok, j. SS., er findet Gnade.
saimavigijauneksivok, j. SS.. do.
saimartigēkpuk, put car. Sing., sie stellen einander gegenseitig zufrieden.
saimokivok, j. SS., er ist lange zufrieden, ein Kind ꝛc.
Saimat, tik, tit, eine Flagge.
saimaservik, vīk, vīt, eine Flaggstange.
saimaserpok, t. SS. & CS., er zieht die Flagge auf, CS., er versieht die Flaggstange mit der Flagge.
saimarsevok, j. SS. do.
Saipakut, tik, tit, ist dasselbe wie saimarsaut, ein Zufriedenstellungs- oder Beruhigungs-Mittel. Bei Kindern besonders Spielsachen oder sonst was zum Zeitvertrieb.
saipakutiksak, sāk, set, do., etwas, was dazu dienen soll.
saipaksaut, tik, tit, do., wie saipakut.
saipakutigiva, j. SS. inus., er hat es zu seinem Beruhigungs-, Zufriedenstellungs-Mittel, wodurch er befriedigt wird.

saipaksautigiva, j. SS. inus. do.
saipaksautekarpok, j. SS. do. (mit mik).
saipaksautilijuta, sein Beruhigungs-, Zufriedenstellungs-Mittel, womit er einen andern zufrieden stellt.
saipaksautilijutiga, mein do.
saipakutilijutiga, mein do.
satpaksautilijutigiva, j SS. inus., er hat es dazu do.
saipaksarpa, t. CS., er stellt ihn zufrieden, beruhigt ihn (ist damit beschäftigt).
saipaksaivok, j. SS. do. (mit mik).
saipaksartauvok, j. SS., er wird beruhigt, zufrieden gestellt. [Angst.
Sajungnek, das Zittern, Beben; aus Furcht, sajukpok, t.SS., er zittert, bebt, ein Mensch, Thier ꝛc.
sajuktipa, t. CS., er macht ihn beben.
sajungnarpok, t. SS., es ist zum Erzittern, Beben; (irgend etwas Schreckliches.)
sajugĕrpok, t. SS., er ist fertig mit zittern.
sajuguipok, t. SS., er zittere nie, ist unerschrocken. [Furcht.
sajugorpok, t. SS., er zittert schnell, aus
sajugajukpok, t. SS., er zittert häufig.
sajugajuipok, t. SS., er zittert selten.
sajuksorpok, t. SS., er zittert etwas, z. B. beim Schreiben oder sonst bei Arbeit.
sajuksorlipa, t. CS., er stößt ihn, daß er zittert.
sajutigiva, t. CS., er zittert, bebt vor ihm aus Furcht,
sajutekarpok, t. SS. do. (mit mik).
sajutigingila, t. CS., er erzittert nicht vor ihm. [Erde.
sajukpilukpok, t. SS., es zittert, bebt die
sajukpilâvok j. SS. & CS., es zittert, erschüttert, die Erde, ein Stuhl, Bank ꝛc. CS., er erschüttert es.
sajukpilâdlarpok, t.SS. & CS. do., sehr.
sajukpilâtipa, t. SS., er erschüttert es, ihn.
Saitok, tūk, tut, ein Seewurm mit vielen Beinen.

Sakkamak, māk, mait, eine von Walbarten zusammengeflochtene Spielsache für Kinder, auch Peitsche.
sakkamalliorpok, t. SS., er flechtet so was.
sakkamauvok, j. SS., es ist so geflochtenes Fischbein.
Sakka, sakkāk, sakkat, die sichtbare Seite, soweit er, es, von da, wo er, es sich befindet, zu sehen ist.
sakkä, sakkanga, feine sichtbare Seite, it. das, was sich in seinem Gesichtskreise befindet.
sakkara, meine sichtb. S., mein Gesichtstr.
sakkat, deine do., dein do.
sakkavut, unsere do., unser do.
sakkaptingnĕpok, t. SS., er ist vor uns, in unserm Gesichtskreise.
sakkamnurpok, t. SS., er kommt in meinen Gesichtskreis.
sakkapkorpok, t. SS., er kommt durch do.
sakkariva, j. CS., er hat ihn im Gesichtskreise.
sakkakarpok, t. SS. do. (mit mik).
Sakkerpok, t. SS. & CS., er, es kommt zum Vorschein, CS., er bringt es zum Vorschein, erzeugt, macht es.
sakkĕvok, j. SS., er bringt zum Vorschein (mit mik).
sakkervigiva, j. SS. inus., er erscheint ihm, zeigt sich ihm.
sakkervikarpok, t. SS. do. (mit mik).
sakkerviovok, j. SS., es wird ihm was sichtbar (mit mut).
sakkervigijauvok, j. SS. do.
sakkertigiva, j. SS. inus., er hat ihn zum Erscheinen, der ihm erscheint; sakkertigivara, er erscheint mir, wird mir sichtbar; sakkervigivara, ich erscheine ihm.
sakkervigilaujovn, j. SS. inus., er ist ihm vor längerer Zeit erschienen.
sakkinersauvok, j. SS., er, es ist sichtbarer geworden, ist mehr zum Vorschein gekommen.

Sakk

sakkijarpok, j. SS. & CS., es ist sichtbar, Sonne, Land ꝛc., it, eines Menschen Thun, Denken ꝛc., CS., er, es ist ihm sichtbar, er sieht es.
sukkijarsivok, j. SS. do. (mit mik).
sakkijarlipa, t. CS., er macht es sichtbar.
sakkijarlitsivok, j. SS. do. (mit mik).
sakkijartomepok, t. SS., er, es ist im Freien, wo es sichtbar ist.
sakkomipa, sakkomerpa, t. SS. inus., er legt, stellt es hervor, daß es zu sehen ist.
sakkomervigiva, j. SS. inus., er legt, stellt für ihn was hin, daß er es sehen kann. (Wird nicht allgemein verstanden.)
Sakkētovok, j. SS., er ist gerade heruntergefallen, gar nicht verwehter Schnee.
sakkētok, frischgefallener, gar nicht verwehter Schnee.
sakkētolerpok, t. SS., es macht solchen Schnee.
sakketulidlarpok, t. SS. do., sehr.
Sakke, sakkěk, kit, Schwiegereltern, it, Schwager, b. h. Frauen Bruder.
sakkia, sein Schwieger=Vater, =Mutter, Frauen Bruder.
sakkiga, mein do. do. do.
sakkcka, meine Schwiegereltern.
sakkigiva, j. SS. inus., er hat ihn zum Schwieger-Vater, -Mutter ob. Schwager.
sakkekarpok, t. SS. do. (mit mik).
Sakkiak, itsak, itset, die Rippen, soweit die Brust geht, soweit dieselben nicht harte Knochen sind, it, die Brust eines Thieres.
sakkiangit, seine do.
Sakkinitsiet, das Siebengestirne.
Sakkikpa, t. SS. inus., er schleudert, schiebt, stößt es mit der Hand oder dem Fuße vor sich her, it, er stößt ihn um (nicht mit Fleiß).
sakkiksivok, j. SS. do. (mit mik).
sakkipa, t. SS. inus., sakkepok, t. SS. do.
Sakko, kuk, kut, ein Werkzeug zu irgend was, it, ein Gewehr, Schießbedarf.

Saks

sakkunga, sein Werkzeug, Flinte, Pulver ꝛc.
sakkogiva, j. CS., er hat es zum Werkzeug, es ist sein Werkzeug.
sakkukarpok, t. SS., er hat Werkzeug.
sakkolijarpok, t. SS., er führt Gewehr, Werkzeug mit sich.
sakkoějarpok, t. SS. & CS., er zerbricht ihm das Werkzeug (SS. sein eigenes).
sakkoějaivok, j. SS. do. (mit mik).
sakkoërpok, t. SS. & CS., er verkauft sein Werkzeug, CS., er macht ihn ohne Werkzeug, lauft es ihm ab.
sakkuërtauvok, j. SS., er wird ohne Werkzeug gemacht, wird ihm abgelauft oder verkauft.
sakkoërsivok, j. SS. & CS., er verliert ihm das Werkzeug (SS. sein eigenes).
sakkoërsinerpok, t. SS. do. (mit mik).
sakkuarpok, t. SS., er braucht das Werkzeug, die Waffe, it, er hat es zerbrochen.
sakkuarvigiva, j. CS., er braucht das Werkzeug, die Waffe an ihm.
Sakperkopa, t. CS., er schießt rechts an ihm vorbei.
sakperkotsivok, j. SS. do. (mit mik).
sakperkotauvok, j. SS., er ist rechts vorbeigeschossen worden.
sakpigojok, juk, jut, einer, der immer rechts vorbeischießt. [rechts vorbei.
sakpigudlarpok, t. SS., er schießt immer
Saksagiak, itsek, itset, ober äk, et, ein Zeisig, Birkenzeisig.
Saksārpok, t. SS., es liegt herum, irgent was; ein Mensch hat kein Unterkommen, Obdach, treibt sich herum.
saksäriak, das Draußensein, kein Obdach haben werden. [losseinwerten.
saksärianga, sein Herumtreiben, Obdach=
saksärnek, nak, nerit, das Herumtreiben, Obdachslosigkeit.
saksärninga, sein do. do.
saksälutuinarajarpok, t. SS., er würde sich nur so herumtreiben, würde kein Unterkommen haben.

Säl   **Sam**

Sälakárnek, nak, nerit, der Sieg, die Ueberwindung.
sälagiva, j. CS., er besiegt, überwindet ihn.
sälakarpok, t. SS. do. (mit mik).
sälagijak, jäk, jet, ein Besiegter, Ueberwundener.
salagijauvok, j. SS., er wird überwunden, er ist ein Ueberwundener; von irgend etwas, auch vom Wetter.
sälauvok, j. SS., sälaudlarpok, t. SS. do.
sälagije, jik, jit, ein Ueberwinder, Sieger.
sälakarte, tik, tit, do.
sälagijinga, sein Ueberwinder, Besieger.
sälagijigiva, j. CS., er hat ihn zum Ueberwinder, zum Besieger.
Säliva, siehe Säpok.
Säliarpok, siehe bei Sä. [Rind].
Sallausukpok, t. SS., es schläft ruhig (ein
sallautsartipa, t. SS. inus., er schläfert es ein. (Ist ganz wie Aksukpa.)
sallautsarlitsivok, j. SS. do.
sallautsorikpok, t. SS., es schläft sehr ruhig.
sallausalerpok, t. SS., es schläft ein.
sallausisarpa, t. SS. inus., er, sie schläfert es ein.
sallausisaivok, j. SS. do.
Sallivok, j. SS. & CS., er scheert ihn, schneidet ihm die Haare rc. ab.
sallimavok, j. SS. & CS., er ist geschoren, CS., er hat ihn geschoren.
sallijauvok, j. SS., er wird geschoren.
Salliokpok, t. SS., er, es wird vom Winde bestrichen, ein Haus rc., so daß kein Schnee rc. liegen bleibt.
sallionek, nak, nerit, die Stellen am Hause rc., wo der Wind keinen Schnee liegen läßt.
salliogut, tik, tit, das dreieckige Segel auf dem Schiff, Boot.
salliogutekarpok, t. SS., er hat ein dreieckiges Segel.
salliogvigiva, j. SS. inus., der Wind bestreicht ihn.

Sallövok, j. SS., er ist mager (ein Mensch oder Thier). [schen).
salloanek, nak, die Dünnen (beim Menschen.
Sallumarpok, t. SS. & CS., es ist trocken, rein, das Nasse ist weg, CS., er hat es reine, trocken.
sallumaivok, j. SS., er hat gereinigt, trocken gemacht (mit mik).
sallumarsarpa, t. CS., er macht es trocken.
sallumarsaivok, j. SS. do. (mit mik).
sallumarsaut, tik, tit, ein Tuch oder sonst etwas zum Abtrocknen.
sallumanarpok, t. SS., es ist zum Reine=, Trockenmachen (das schöne Wetter).
sallumanarivok, j. SS. & CS., er trocknet, macht es rein.
salluangavok, j. SS., es ist trocken, rein.
sallumaipok, t. SS., es ist naß, beschmiert, nicht trocken.
sallumaitipa, t. CS., er beschmiert es, macht es naß.
sallumaigiva, er hält es für beschmiert, es ist für ihn beschmiert.
sallumaiksarpok, t. SS. do. (mit mik).
sallumainarpok, t. SS., es ist zum Beschmiertwerden. [Gruß.
Salulitsinek, nak, nerit, das Grüßen, der
salutipa, t. SS. inus., er grüßt ihn.
salutitsivok, j. SS. do.
salutitauvok, j. SS., er wird gegrüßt.
salutitaukova, j. CS., er läßt ihn grüßen.
Sämikpok, t. SS. & CS., siehe bei Sä.
Samnarpok, t. SS., siehe bei Sävipa.
Samgusek, sak, set, eine alte abgenutzte Sache (Kleid rc.), die aber noch immer gebraucht wird.
samgusijarpok, t. SS., er braucht eine solche Sache (mit mik). [es.
samgusariva, j. SS. inus. do., er braucht
samgusia, seine, samgusiga, meine abgenutzte Sache.
samguseksivok, j. SS. & CS., er lauft eine alte Sache, CS., er lauft für ihn eine alte abgenutzte Sache.

34

samguserpok, t. SS. & CS., er verlauft eine alte Sache, CS., er lauft von ihm eine alte abgenutzte Sache.
samgusejarpa, t. CS., er zerbricht, verbirbt ihm eine alte Sache.
samgusejaivok, j. SS. do.
samgusersivok, j. CS., er verliert ihm eine alte, aber noch brauchbare Sache (SS. ingminik).
samgusersinerpok, t. SS. do. (mit mik).
Sangenek, nak. nek, Schwachheit.
sangepok, t. SS., er ist schwach.
sangekivara, j. SS. inus., er ist schwächer benn ich.
sangekijakarpok, t. SS. do. (mit mik).
sanginek, die Stärke, Starksein.
sangivok, j. SS., t. SS., er ist stark.
sanginikisautivuk, put, sie probiren sich mit einander, wer der Stärkste ist; heben Steine 2c.
sanginersauvok, j. SS., er ist stärker als ein anderer (mit mit).
sangiluarpok, t. SS. do., il, er ist zu stark.
sangikivara, j. SS. inus., ich habe ihn zu meinem Stärkern, der stärker ist als ich.
sangikiarivara, j. SS. inus. do.
sangikijakarpok, t. SS. do. (mit mik).
Sangiutiva, sangiutjivok, siehe bei Sä.
Sangmipok, t. SS. & CS., siehe Sarmipok.
Sangmivok, j. SS. & CS., er ist nach ihm gewandt. (Ist gleich mit sängavok, j. SS. & CS., siehe bei sä.) (SS. mit mut.)
sangmitorpok, t. SS., die Wellen kommen gerade aufs Land zu.
sangmilutorpok, t. SS. do., sehr.
Sanguvok, j. SS. & CS., er, es dreht, wendet sich wo anders hin, von seiner vorigen Richtung ab (ein Mensch, Thier, Fahrzeug, Wind), CS., er dreht, wendet es in die Quere, gibt ihm eine andere Richtung.
sangujivok, j. SS. do. (mit mik).
sangutipa, t. CS., er wendet, dreht ihn.

sangutitsivok, j. SS. do. (mit mik).
sangungavok, j. SS.. es wendet sich immer schnell wo anders hin; die Wetterfahne, it, krummes Holz, was Knie hat.
sangusaraipoh, t. SS., er, es wendet sich schnell wieder wo anders hin; der Wind, ein Fahrzeug, it, ein Mensch ist in seinem Denken, Dichten und Thun sehr veränderlich; ist bald da-, bald dorthin gerichtet.
sangujuipok, t. SS., er, es dreht, wendet sich nicht, ist unwendbar, unlenksam.
sangutsarepok, t. SS., er, es ist unlentsam, läßt sich nicht leicht wenden; ein Mensch oder Fahrzeug.
sangutärnepok, t. SS. do.
sangusarinrpok, t. SS., er, es läßt sich leicht, gut lenken, wenden.
sangutarperpok, t. SS. do.
sangunnsärpok, t. SS., er, es wendet, dreht sich langsam.
sanguerpok, t. SS., er geht, läuft hin und her, vor- und rückwärts.
sangualakpok, t. SS., er wendet sich schnell ein wenig, beim Gehen, Springen; sich seitwärts wenden beim Sitzen heißt: erkoirilakpok.
sangualäkivok, j. SS., er stößt sich irgendwo, thut sich weh und wendet sich, it, ein Hund bekommt einen Peitschenhieb und weudet, dreht sich aus Schmerz.
sangunnsuarpok, t. SS. & CS., er, es sucht sich zu drehen, zu wenden, CS., er sucht es zu drehen, zu wenden (wenns schwer geht, wenn man sich dabei anstrengen muß).
sangualerkitipa, t. SS. inus., er gibt dem Hunde einen Peitschenhieb.
Sönikpok, t. SS., er bekommt ein neues Vorderstück an seiner Jacke.
Sannerpok, t. SS. & CS., er kehrt, fegt, CS., er kehrt es, fegt es aus; die Stube 2c.
sannik, nīk, nit oder sangit, Staub, Kehrig.

sannekarpok, t. SS., es hat Staub.
sanniutit, ein Besen, sanniut, tik, eine Borste ꝛc. am Besen.
sannējarpa, t. CS., er wischt ihm den Staub ab, befreit ihn, es vom Staub.
sannējaivok, t. SS. do. (mit mik).
sannisimavok, j. SS., es ist bestaubt, mit grobem Staub; mit feinem: pujoriksimavok.
sannikterivok, j. SS., er ist bekümmert über was, was er nicht hat, z. B. über Mangel an Kleider, Nahrungsmittel, Frieden mit Gott ꝛc. Dieses Wort scheint eine Ableitung von sannik zu sein und dahin zu deuten, daß einer im Staube arbeitet, daß er sich vorkommt wie Staub.
sannikterijutigiva, j. CS., er hat es, ihn zur Kümmerniß.
sannikterijutekarpok, t. SS. do. (mit mik).
Sāpatāk, tæk, tāt, eine von beiden Seiten platte Feile (ist einerlei mit Makpatāk).
Sàpkavok, j. SS., es ist schimmlich, vermodert.
sàpkatauvok, j. SS. do.
sàpkak, Schimmel.
sàpkatak, tāk, tet, verschimmelte Sachen.
sàpkaijarpa, t. CS., er befreit es vom Schimmel.
sàpkaijaivok, j. SS. do. (mit mik).
Sapkupa, t. SS. inus., er läßt es aus der Hand fahren, läßt es, ihn los.
sapkutsivok, j. SS. do. (mit mik).
sapkutailivok, j. SS. & CS., er läßt nicht los, läßt es nicht fahren.
Sāpok, t. SS., es ist dünn, Kleiderstoffe ꝛc.
sātok, etwas Dünnes; sātorsoak, āk, suit, sehr Dünnes.
sāliva, j. SS. inus., er macht es dünner.
sālēvok, j. SS. do.
sānersiorpok, t. SS. & CS., er sucht das Dünnste, CS:, er sucht (sie) die Dünnsten.
sātojak, jāk, jet, etwas Dünnem ähnliches; ein Brett.

sātojalliorpok, t. SS., er schneidet Bretter.
sātojalliorut, tik, tit, die Muster, wornach die Bretter geschnürt werden.
sātojalerivok, j. SS., er hat Arbeit an Brettern.
Sappangak, āk, et, eine Perle.
sappangaksiorpok, t. SS., er sucht Perlen.
sappangaksivok, j. SS. & CS., er kauft, it, er findet Perlen, CS., er kauft oder findet für ihn.
Sappernek, nak, nerit, das Unvermögen.
sapperpok, t. SS. & CS., er ist unvermögend, CS., er vermag es nicht, ist nicht im Stande, es zu thun.
sappernarpok, t. SS., es ist unmöglich (ein Stein zu schwer, um ihn zu heben; ein Mensch zu böse, um ihn zurechte zu bringen ꝛc.).
sapperngamavok, j. SS., er ist längere Zeit unvermögend; muß z. B. wegen schlechtem Wetter liegen bleiben, oder will sonst was machen und kann nicht.
sappernarsivok, j. SS., es wird unmöglich.
sappernaut, tik, tit, etwas, was unvermögend macht für einen andern.
sappernautigiva, j. SS. inus., er hat es zu dem, was es einem andern unmöglich macht, z. B. er soll was machen und thuts nicht, so heißt es: söngonine ob. kununino sappernautigiva tillijiminut.
sappiut, tik, tit, die Ursache, warum man nicht kann.
sapperut, tik, tit, do.
sappiutiva, j. CS., er vermag ihn, es nicht (zu geben, zu schicken ꝛc., weil er es, ihn werthhält).
sappiutjivok. j. SS. do. (mit mik). Ernera sappiutivara tillilugo perksidlartillugo, ich vermag meinen Sohn nicht zu senden, indem es stöbert. Savimnik sappiutjivunga attorkolugo kejungmut, ich vermag mein Messer nicht zu Holz brauchen zu lassen.

sappiutigiva, j. CS., er hat es zur Ursache des Unvermögens (mit mut).
sappiutekarpok, t. SS. do. (mit mut und mik).
sapperutigiva, j. CS., sapperutekarpok, t. SS. do. Mauja sappiutigivara tuktusiornermut, den weichen Schnee habe ich zur Ursache, warum ich nicht im Stande bin, auf die Rennthierjagd zu gehen. Takpēnerminik sappiutekarpok attuarsinermut, sein blödes Gesicht hat er zur Ursache, warum er nicht zu lesen vermag.
sappiutjauvok, j. SS., er, es wird unmöglich gemacht, d. h. es wird nicht hergegeben zu dem oder jenem Zwecke, weil mans werthhält 2c.
sappiutijauvok, j. SS. do.
Sappigivok, j. SS. & CS., er läßt es (nicht mit Fleiß) aus der Hand fahren, it, er wirft und es fällt ganz in die Nähe, weils ihm aus der Hand fuhr.
sappigitipa, t. SS. inus., er macht, stößt ihn 2c., daß ihm was aus der Hand fährt, fällt.
Sapposerpa, t. SS. inus., er macht dem Fluß einen Damm.
sappusēvok, j. SS. do.
sapputsarpa, t. SS., er, der Fluß reißt den Damm fort.
sapput, tik, tit, ein Damm.
Sapputjinek, nāk, nerit, das Beschützen, Beschirmen, Behüten 2c. (in Gefahr).
sapputijaunek, nāk, nerit, die Beschützung, Beschirmung in Gefahr (passiv).
sappumijainek, nāk, nerit, das Beschützen; Beschirmung, Beschützung (vor Gefahr, activ).
sappumijartaunek. nāk, nerit, die Beschützung, Beschirmung (vor Gefahr, passiv).
snpputiva, j. CS., er behütet, beschützt, beschirmt ihn (in Gefahr).
sapputjivok, j. SS. do. (mit mik).

sapputijak, jāk, jet, ein Beschützer.
sapputijauvok, j. SS., er ist beschützt worden.
sapputsauvok, j. SS. do.
sapputije, jik, jit, ein Beschützer.
sapputijiksak, sāk, set, ein Beschützer, wodurch man beschützt werden wird (Mensch oder sonst was).
sapputjiksak, do.
sapputijinga, sein Beschützer, Beschirmer.
sapputijiga, mein do., in Gefahr.
sappumijarpa, t. CS., er beschützt ihn (vor Gefahr).
sappumijaivok, j. SS. do. (mit mik).
sappumijarte, tik, tit, ein Beschützer (vor Gefahr).
sappumijartiga, mein Beschützer, Beschirmer do.
sappumijartauvok, j. SS., er, es wird bewahrt (daß die Gefahr nicht bis an ihn kommt).
sappulutak, tāk, tet, eine Schutzwehr.
sappulutariva, j. SS. inus., er hat es zur Schutzwehr.
sappulutakarpok, t. SS. do.
sappulutsivok, j. SS. & CS., er macht eine Schutzwehr, CS., er macht ihm eine Schutzwehr.
sappulutsiorpok, t. SS. & CS. do.
sappulutaksaliorpok, t. SS. & CS. do.
sappulutaksarsiorpok, t. SS. & CS., er sucht eine Schutzwehr, CS., er sucht ihm eine.
sappulutauvok, j. SS., er, es ist eine Schutzwehr, Beschirmung.
sapputjiksauvok, j. SS. do. Jesuse sapputjiksatōvok Satanasib unangmiklerninginit, Jesus ist die einzige Schutzwehr, die einzige Beschirmung gegen die Nachstellungen des Satans.
Sāpsarpok, t. SS. & CS., siehe bei sā.
Saptauvok, siehe bei Savipa.
Sārliok, āk, et, eine Hündin oder sonst ein Thier mit Jungen (siehe bei Sā).

sarliangovok, j. SS., fie ift eine fäugende Hündin ꝛc.
Sargvak, vak, vait, Stellen im Fluß, die
sargvakarpok, t. SS., es hat im Strom folche Stellen. (Wird wenig gekannt.)
Sarmikpok, t. SS. & CS., er ftößt fich die Haut irgendwo ab, CS., er ftößt ihm die Haut ab, it, er macht, ftößt ein Loch in in den Kajak oder Boot, während er es ans Land zieht, auf den Steinen ob. fonft aus Unvorfichtigkeit. Manche fagen: **sarngmikpok**.
sarngmiktauvok, j. SS., er ift irgendwo gefchunden worden, it, ein Fahrzeug ift beim Heraufziehen aufs Land ꝛc. befchädigt, gefchunden worden.
sarngmiktovinek, nak, nerit. eine Narbe vom Hautabftoßen.
Sarpiluk, luk, luit, eine Art Lachfe.
Sarpik, pīk, pīt, ein Walfifch-, Weißfifch- Schwanz.
sarpiktorpok, t. SS., er ißt einen Schwanz vom Wal- oder Weißfifch.
sarpingmikpa, t. CS., der Wal- oder Weißfifch fchlägt ihn mit dem Schwanz.
sarpigiktok, tuk, tut, ein Walfifch mit längerem Schwanz als die gewöhnlichen.
Sarpitovok, j. SS., er fetzt die Füße auswärts.
Sarrapok, t. SS., es ift naß, it, wenn etwas fo recht glänzend naß ausfieht; die Berge nach dem Regen, die See oder Teich, wenns ganz ftille ift.
sarralikteoliksak, säk, set, etwas, um den Mund damit anzufeuchten, naß zu machen.
sarraliktipa, t. CS., er feuchtet ihm den Mund an, macht ihm den Mund naß, mit irgend was.
sarraliktitsivok, j. SS. do.
Sarralikiták, ták, tát, ein Schmetterling. (Manche fagen, alle würden auch fo genannt, andere jedoch, blos die gelbe Sorte.)

Sattömavok, j. SS., er ift zufrieden, vergnügt.
sattörpok, t. SS. & CS., er löfet eine Sache, die er früher verhandelt oder verfetzt, wieder ein, bekommt fie wieder, SS., er ift in fich vergnügt, daß es nicht fo geworden ift, wie es beinahe war, z. B. daß er oder fein Angehöriger auf einer gefährlichen Stelle nicht eingebrochen oder doch nicht umgekommen ift, nachdem er eingebrochen, oder daß er fonft in einer Gefahr gewefen und daraus errettet ift.
sattörsivok, j. SS. do. (mit mik).
sattuivok, j. SS. do.
sattoromava, j. CS., er will es wieder einlöfen, zurückhaben; einen Menfchen oder fonft was. Saviksoak sattorlaulogo! laß mich das Schneemeffer oder Schwert wieder haben! –mik sattorsilanga, do.
sattörtnuvok, j. SS., er, es ift wieder in feine frühere Stellung gekommen, z. B. ein Ausgefchloffener, der wieder reabmitirt wird.
sattoráksak, säk, set, eine Sache, die man mit dem Beding verhandelt oder für was anderes verfetzt, daß man fie feiner Zeit einlöfen will; ein Pfand, it, einen Menfchen, den man zu jemand mit dem Beding ziehen läßt, daß man ihn wieder haben will.
sattoraksariva, j. SS. inus., er hat es zu dem, was er zum Pfande gegeben.
sattoráksautipa, t. SS. inus., er gibt eine Sache zum Pfande, verhandelt fie mit dem Beding, daß ers wieder löfen will (mit mut).
sattömaut, tik, tit, die Urfache zur Freude über etwas, worüber man vorher in Angft war, daß es würde verloren ꝛc. fein, und es nicht fo ift.
sattömautigiva, j. SS. inus., er hat ihn, es zur Zufriedenftellung, zur Beruhigung,

wenn man von ihm hört, daß es nicht so ist, wie er befürchtet hatte.

sattöligiva, j. SS. inus., er hat es zu dem, womit er eine verfetzte Sache einlöset (mit mik).

sattötekarpok, t. SS. do. Iklervik sattötigivara saviksoarmik, ich habe den Kasten zur Auslöfung des Schneemeffers. Iklervingmik sattötekarpunga saviksoarmik.

sattüit, tik, tit, etwas, womit man eine versetzte, verhandelte Sache wieder einlöset.

sattörtigiva, j. SS. inus., er hat es zu dem, zu welchem er, nachdem er eine Zeit lang von ihm fortgewesen, wieder zurückkehrt.

sattortekarpok, t. SS. do. (mit mik).

sattortipa, t. SS., er stellt ihn zufrieden, beruhigt ihn, sagt ihm, daß der Sache oder dem Menschen, worüber er bekümmert gewesen, kein Leid zugestoßen ist.

sattortitsivok, j. SS. do. (mit mik).

sattorsilipa, t. CS., er stellt ihm das, was er früher besessen, wieder zurück; einen Hund, Sachen oder Menschen.

sattorsititsivok, j. SS. do. (mit mik); sattorsilipa kingmomik, er stellt ihm seinen früher gehabten Hund wieder zurück, verkauft oder schenkt ihn ihm wieder.

sattömiutigiva, t. SS. inus., wie sattomautigiva.

sattömarivok, j. SS., er ist auch beruhigt, zufrieden.

sattornek, nak, nerit, die Beruhigung, wieder zufrieden sein über das, worüber man vorher in Angst war, was aber noch glücklich abgelaufen ist.

Saugak, kak, kel, ein Schaf.

saugarsuk, sūk, suit, ein Lamm.

saugakut, tik, tit, ein Schaf, das jemand gehört, das jemand zum Eigenthum hat.

saugakutekarpok, t. SS., er hat ein ob. eigene Schafe.

saukakutigiva, j. SS. inus., es ist sein eigenes Schaf, er hat es zu seinem eigenen Schafe.

saugakotinga, sein eigenes Schaf.

saugakotine, . . . (recip.);

saugakotinne pairiveit, er verpflegt, hütet, wartet selber seine eigenen Schafe. Atātame saugakotingit pairiveit, er hütet, wartet seines Vaters Schafe.

saugaujak, jūk, jet, ein geschnitzeltes Schaf.

Saumik, mīk, mit, die linke Hand, Seite, it, einer, der links ist.

saumiovok, j. SS., es ist die linke Hand, Seite, it, er ist einer, der links ist.

saumikserpok, t. SS., er ist links, arbeitet links.

saumianepok, t. SS., er, es ist an seiner linken Seite, Hand.

saumingminekova, j. SS. inus., er befiehlt ihm, heißt ihn an seiner linken Seite zu sein.

saumingminurkova, j. SS. inus., er heißt ihn, ihm zur linken Seite zu gehen.

saumingmigorkova, j. SS. inus., er heißt ihn, ihm zur Linken durch, vorbei zu gehen zc.

saumimnepok, t. SS., er ist an meiner linken Seite. [do.

saumimnurpok, t. SS., er kommt mir zur

saumipkörpok, t. SS., er geht mir zur Linken durch, vorbei.

saumikleriva, j. SS. inus., er hat ihn an der linken Seite, Hand.

saumiklerkarpok, t. SS. do. (mit mik).

Saunek, nak, nerit, ein Knochen, Gebein.

sauninga, sein Knochen, it, das Gerippe des Kajals oder Fellboots.

saunerivok, j. SS., er hat Schmerzen in den Knochen, it, er arbeitet Knochen, macht was von Knochen.

saunersiut, tik, tit, eine Raspel zu Knochen.

saunipok, t. SS, es bleibt ihm ein Knochen, Bein im Halse stecken.

saunerpok, t. SS. & CS., er ſticht, wirft ein Thier auf den Knochen (SS. mit mik).
sauneroivok, j. SS. do. (mit mik).
saunerkopa, t. CS. do.
saunertauvok, j. SS., er, der Seehund ꝛc., iſt auf den Knochen harpunirt.
saunerkotauvok, j. SS. do.
saunārpa, t. CS., er ſchießt ihn, es in den Knochen, Rennthier, Seehund ꝛc., daß er gleich todt iſt, it, er thut ihm weh irgend wo am Knochen, einem Menſchen.
saunārivók, j. SS. & CS. do. (mit mik). CS., er hat dieſen auch durch den Knochen geſchoſſen.
saunārtauvok, j. SS., er iſt durch den Knochen geſchoſſen.
saunējarpn, t. CS., er löſet ihm einen Knochen ab, nimmt ihm einen heraus.
saunējaivok, j. SS. do. (mit mik).
saunak, nāk, nait, die Schaale eines Cies, der Stein oder Kern einer Frucht, it, ein hartes Gewächs im Fleiſch bei Menſchen und Thieren.
saunanga, ſeine Schaale, ſein Kern ꝛc.
Sauvok, j. SS. & CS., er, es iſt mit Schnee, Erde zugedeckt, CS., er bedeckt es mit Schnee ꝛc.
saujivok, j. SS. do. (mit mik).
saumavok, j. SS. & CS., es iſt fertig zugedeckt, CS., er hat es fertig zugedeckt.
saujimavok, j. SS. do. (mit mik).
saujartsorpa, t. SS., er befreit es von Schnee, Erde.
saujartsorivok, j. SS. & CS. do.
Savgak, gāk, gel, ein rothbauchiger Waſſertreter (Phalaropus rufus).
Savik, vīk, vit, ein Meſſer; saviuh, do. (tr.)
saviksoak, saviksudsæk, saviksudset, ein großes Meſſer oder Schwert.
saviārsuk, sūk, suit, ein kl. Meſſer.
saviksivok, j. SS. & CS., er kauft oder findet ein Meſſer, CS., er kauft oder findet eins für ihn, it, SS., er ſteckt den Naulak auf den Unak.

saviujarpok, t. SS. & CS., er ſchneidet Schnee für ſich zum Brauchen, it, er ſchneidet ihm ein Geſchwür auf.
saviujautiva, t. CS., er ſchneidet Schnee für ihn (Menſchen und Sachen, die hinein ſollen ins Schneeloch).
saviujautjivok, j. SS. do.
savilijarpok, t. SS., er führt ein Meſſer bei ſich.
saviksoalijarpok, t. SS., er führt ein Schwert mit ſich.
savikpok, t. SS. & CS., er ſchnitzelt etwas mit dem Meſſer, it, er hobelt, it, er ſteckt den Naulak an den Unak.
saviktauvok, j. SS., es wird geſchnitzelt, gehobelt.
savigarpok, t. SS. & CS., er ſchabt irgend was mit dem Meſſer zurecht; Fiſchbein, Holz ꝛc. [Fiſchbein ꝛc.
savigāk, aitsek, aitset, dünn geſchabtes
saviliksak, sāk, set, ein Stückchen von einem Sägenblatt oder einer Feile zum Meſſer an den Tokāk.
savitsaitorpok, t. SS. & CS., er holt ein Meſſer, CS., er holt ihm ein Meſſer.
savilipa, t. SS., er bringt ihm ein Meſſer.
savilitsivok, j. SS. do. (mit mik).
savērpok, t. SS. & CS., er hat kein Meſſer mehr, hat es fortgegeben oder verkauft, CS., er macht ihn ohne Meſſer, kauft es ihm ab.
savērnikpok, t. SS. do. (mit mik).
savējarpok, t. SS. & CS., er zerbricht ſein Meſſer, CS., er zerbricht ihm das Meſſer.
savējaivok, j. SS. do. (mit mik).
savērsivok, j. SS. & CS., er hat ſein Meſſer verloren, CS., er hat es ihm verloren.
savērsinerpok, t. SS. do. (mit mik).
saviut, tik, tit, ein Hobel.
saviktak, tāk, tet, ein gehobeltes Brett, it, einer, der die Backen erfroren. Sātujak savikpa, er hobelt das Brett

Naulak savikpa unarmut, er feßt ben Naulak auf ben Unak. Naularmik saviksivok unarmut, do. Salujamik savikpok, er hobelt ein Brett.
saviko, kuk, kut, Hobelspäne.
saviksimavok, j. SS. & CS., ber Naulak ist auf ben Unak gesteckt; ein Stück Holz, Brett 2c. ist fertig gehobelt, CS., er hat ben Naulak aufgesteckt, it, er hat bas Holz fertig gehobelt.
subvipa, t. SS. inus., er gibt ihm ein Messer.
suvilikpa, t. SS. inus. do.
sabvisivok, j. SS. do. (mit mik).
savingnek, näk, nerit, ein Schnitt von einem Messer. (Wirb nicht allgemein verstanden, sondern meistens killek für einen offenen unb kellerok für einen zugeheilten Messerschnitt gebraucht; es soll eine gehobelte Wunde sein.)
saviksungnipok, t. SS., es riecht, schmeckt nach Eisen; Wasser 2c.
Sávipa, t. SS. inus., er, ber Winb, treibt es ab; irgenb was, was am Strande liegt.
sävitsivok, j. SS. do. (mit mik).
sämnarpok, t. SS., ber Winb steht gerade vom Lande nach bem Wasser; es ist zum Abtreiben.
sämnarsivok, j. SS., es fängt an zum Abtreiben zu werben, ber Winb fängt an gerabe vom Lande ber See zuzustehen.
saptauvok, j. SS., es wirb abgetrieben.
Sedsukpok, siehe Sadsukpok.
sedsugosersimavok ober sedsugosiusimavok, do.
Sekkinek, nak, nerit, bie Sonne.
sekkerngub, do. (trans.).
sekkinárpok, t. SS., es hat lange Sonne, bie Tage nehmen schnell zu.
sekkinerarpok, t. SS. & CS., bie Sonne scheint, CS., sie bescheint ihn.
sekkinerarvigiva, j. SS. inus. do.
sekkinerartauvok, j. SS., er, es wirb von ber Sonne beschienen.

sekkinerarviovok, j. SS. do.
sekkerngubissagutingit, Sonnenstrahlen.
sekkerngujak, jäk, jet, eine Uhr.
sekkerngane, auf seiner Sonnenseite, von ihm südwärts.
sekkiniptingne, auf unserer Sonnenseite ober südwärts von uns.
sekkinaptingne, do. [ben.
sekkinerdlek, lik, lit, bie südlich Wohnen=
sekkinerdlivut, bie von uns nach Süden wohnen. [Süben.
sekkinermut, nach ber Sonnenseite, nach
sekkinermuarpok, t. SS., er geht südwärts. [südlich.
sekkinermuvarlek, lik, lit, etwas weiter
sekkinermuarvarlekpok, t. SS., er rückt, geht ein klein wenig weiter südlich.
sekkinermiok, uk, ut, bie Bewohner bes Südens.
sekkinijarpok, t. SS. & CS., bie Sonne scheint warm, gibt warm, CS., sie erwärmt ihn. (Anbere sagen, es sei ganz wie sekkinerarpok.)
sekkinijartipa, t. SS. inus. do.
sekkinijartauvok, j. SS., er wirb vom Sonnenschein erwärmt.
sekkinerarnermetipa, t. SS., er legt 2c. es in ben Sonnenschein.
Sèkpn, t. CS., er schneibet, schlißt was in ber Mitte auf; einen Seehund, Renn= thier 2c.
sēksivok, j. SS. do. (mit mik).
Sèlavok, j. SS., er macht wegen Schmerzen Stimme, sagt: „sō".
Sèmikpa, t. CS., er quetscht ihn.
sēmiksivok, j. SS. do. (mit mik).
sēmigarpa, t. CS., er brütt, quetscht ihn mit sich, sett sich darauf, um es festzuhalten.
sēmigarsivok, j. SS. do. (mit mik).
Semeorcortuk, tut, car. Sing., siehe bei simikpok.
Sengnerpok, t. SS., er ist steif, mübe, matt vom Gehen, Arbeiten; bie Knochen thun ihm weh vor Müdigkeit.

sengnernárpok, t. SS., es ist sehr ermüdend; Bretter-, Schneeschneiden 2c.
sengnerlipa, t. SS. inus., es macht ihn sehr müde.
Sennaugak, kak, ket, Mehl.
Sennavok, j. SS. & CS., er arbeitet, CS., er arbeitet es.
sennajok, juk, jut, ein Arbeiter; Tischler, Schmied 2c.
sennatójok, juk, jut, ein geschickter Arbeiter, der allerhand machen kann.
sennatóvok, j. SS., er arbeitet gut, macht allerhand.
sennatójovok, j. SS., er ist ein geschickter Arbeiter, er ist einer, der allerhand macht.
sennamavok, j. SS. & CS., es ist gemacht, CS., er hat es bereits gemacht.
sennajauvok, j. SS., es wird gemacht.
sennajaumavok, j. SS., es ist gemacht worden.
sennajak, jāk, jet, etwas, was gemacht, gearbeitet wird.
sennajáksak, sāk, set, etwas, was gemacht, gearbeitet werden soll; Arbeit.
sennajáksariva, j. SS. inus., er soll es machen oder arbeiten, er hat es zu dem, was er machen soll, zur Arbeit.
sennajariva, j. SS. inus., er hat es in Arbeit.
sennajanga, das, was er macht.
sennamajanga, sein Gemachtes, Gearbeitetes. [schlecht.
sennalukpok, t. SS. & CS., er arbeitet
sennakalliorpok, t. SS. & CS. do.
sennalukarpok, t. SS. & CS. do., er arbeitet schlecht.
sennalugungnaipok, t. SS. & CS, er arbeitet nicht mehr schlecht.
sennangorpok, t. SS., er ist müde vom Arbeiten.
sennavik, vīk, vit, eine Werkstelle.
sennatipa, t. CS., er setzt ihn in Arbeit, gibt ihm Arbeit.
sennatitsivok, j. SS. do. (mit mik).

sennamarikpok, t. SS. & CS., es ist gut gearbeitet, CS., er macht eine tüchtige, große Arbeit.
sennagul, lik, lit, Werkzeug zum Arbeiten.
sennatuilerpok, t. SS., er fängt an schlecht zu arbeiten, weil seine Gedanken oder Werkzeuge nicht gut sind.
sennatuipok, t. SS., er macht nichts Ordentliches. (Das Negativum von sennatóvok.)
sennangoarpok, t. SS. & CS., er schneidet irgend etwas aus, in Holz od. Papier.
Sennerak, kak, ket, die Seite eines Menschen, Hauses, Berges, Teiches 2c.
senneraub (tr.), sennerkab, do.
sennerara (intr.), sennerkama (tr.), meine Seite. [beine Seite.
sennerket (intr.), sennerkavit (tr.),
senneranga (intr.), sennerangeta (tr.), seine Seite.
senneraranga, do.
sennerkamne, in meiner Seite, senneramne, do.
sennerkapkut (Vial.), durch meine Seite, sennerapkut, do.
sennerkapkörpok, t. SS., es geht durch meine Seite. [Seite.
sennerangne, sennerkangne, in beiner
sennerakut, sennerkakut, durch beine S.
sennerpok, t. SS. & CS., er, es ist ber Quere, die Seite auf einen gerichtet (mit mut), CS., er richtet die Seite nach ihm, it, er legt eine Sache so, daß es mit der Seite nach ihm gerichtet ist.
senningavok, j. SS., er, es ist mit ber Seite auf einem zu gerichtet; steht, liegt von einem in die Quere.
senningajok, juk, jut, etwas, was in die Quere geht; von irgend etwas.
senningajolik, līk, ggit, ein Kreuz von irgend was.
senningajoktalik, līk, ggit, etwas, was ein Kreuz hat, wo ein Kreuz baran ist.
sennimut, in die Quere.

sennimua, ſeine, des Hauſes, Gartens, Fluſſes ꝛc., Breite.
sennimutuninga, do., wenns gemeſſen iſt, wie breit.
sennimugiarpok, t. SS. & CS., er macht es breiter.
sennis, seninga, SS. inus., ſeine Seite, d. h. das, was neben ihm iſt, alſo: ſein neben ihm.
sennianēpok, t. SS., er, es iſt neben ihm.
sennianurpok, t. SS., er kommt do.
senniagorpok, t. SS. & CS., er, es geht neben ihm durch, vorbei, it, es ſtimmt nicht damit überein. Katholikit Romiut aglait hailigit senniagorpeit, die Katholiken ſtimmen nicht mit der heiligen Schrift überein, ſie gehen an ihr vorbei.
sennimne, an meiner Seite, neben mir.
sennimnut, nach meiner Seite, neben euch.
sennimnit, von meiner Seite.
sennipkut, neben mir durch.
sennipkŏrpok, t. SS., er geht neben mir durch oder vorbei. [mich.
sennimnurpok, t. SS., er kommt neben
senniga, neben mir, sennit, neben dir.
sennivut, neben uns, sennise, neben euch.
senningnepok, t. SS., er, es iſt neben dir.
senniptingne, an unſerer Seite, neben uns.
sennipsingne, an euerer Seite, neben euch.
sennerkopok, t. SS. & CS., er geht, fährt vorbei, CS., an ihm, verfehlt es, machts nicht recht.
sennerkotsivok, j. SS. do. (mit mik).
sennerkoatsimavok, j. SS., er hat es verfehlt, iſt daneben gekommen, verfehlt das Wort, ſagts nicht richtig.
sennilerēkpuk, put, car. Sing., ſie ſitzen, ſtehen neben einander.
sennilerēktipeit, t. SS. inus., er ſtellt ſie neben einander.
senningerpa, t. SS. inus., er hat ihn an der Seite, neben ſich.
senningēvok, j. SS. do. (mit mik).

senniliutiva, t. SS. & CS., er ſetzt es an ein anderes (mit mut).
senniliatjivok, j. SS. do. (mit mik und mut) (ein Brett). [neben ſich.
sennilleriva, j. SS. inus. do., er hat ihn
sennillekarpok, t. SS. do. (mit mik).
sennillinga, ſein Nebenmann, neben ihm Sitzender.
sennileriva, j. SS., er hat ſie an ſeiner Seite, oder ſie ihn, d. h. Mann u. Frau.
sennilekarpok, t. SS. do. (mit mik).
sennigorpok, t. SS., er iſt nicht mehr wie er war, er iſt daneben, z. B. er iſt kein Erwerber mehr wie er früher war, iſt nicht mehr geſund ꝛc. (Umgekehrt, vom Schlechten zum Guten gilt es nicht.)
sennervarpok, t. SS. & CS., er rückt, ſetzt es ein wenig weiter hin, auf die Seite, SS., es iſt weiter gerückt.
sennervaivok, j. SS. do. (mit mik).
sennimuarpok, t. SS., er geht ſeitwärts.
sennimuagiarpok, t. SS. & CS., er rückt es ein wenig auf die Seite; sennervagiarpa, do.
sennimuangavok, es iſt ſeitwärts, krumm, hat mehrere Krümmungen, it, die Jahre am Holz gehen ſchräg.
sennerkearpok, t. SS., er hat Seitenwind, er ſegelt oder geht ꝛc., während ihm der Wind ſeitwärts kommt.
sennerkearkattarpok, t. SS., er kreuzt hin und her.
sennerkenngavok, j. SS., er hat nicht ganz Seitenwind, er kommt im ſchräg, entweder mehr in die Naſe oder mehr von hinten.
sennerkivok, j. SS., er, der Wind, kommt in die Seite, von der Seite.
sennerkingavok, j. SS., er, der Wind, kommt ſchräg, nicht ganz entgegen oder von hinten, und auch nicht ganz von der Seite.
sennerkŏrpa, t. CS., er ſchlägt, ſtößt ihn, thut ihm weh an der Seite.

Senn   **Serk**   275

sennerkārivok, j. SS. & CS. do. (mit mik), CS., er ſchlägt, ſtößt ꝛc. dieſen auch in die Seite. [ſchmerzen.
sennerkĕrivok, j. SS., er hat Seiten‑
sennerkungavok, j. SS.&CS., er ſieht daneben, CS., er ſieht neben, an ihm vor‑ bei, achtet ihn nicht.
sennerkiva, j. SS. inus., er redet ihm hinein, fällt ihm ins Wort.
sennerkĕvok, j. SS. do.
sennerkungojauvok, j. SS., es wird an ihm vorbei geſehen; an einem Menſchen auch aus Verachtung.
sennerainiko, kuk, kut, eine Schwarte von einem Bretterkloṭ.
sennimutuakuserpa, t. CS., er ſtückelt, ſeṭt es in die Breite an.
sennimutuakusĕvok, j.SS. do. (mit mik).
sennimutuakusertauvok, j. SS., es wird angeſeṭt. [Wirbel ꝛc.
Senneroak, āk, et, ein Knopf, Stecknadel,
senneroarpok, t. SS.&CS., er knöpft an irgend was einen Knopf zu, ſteckt mit der Nadel was an, macht den Wirbel vor, CS., er ihn (den Knopf), it, er knöpft ihm einen Knopf zu.
senneroartŏrpok, t. SS. & CS. do., mehrere.
sennerojarpok, t. SS.&CS., er knöpft was auf, ſteckt was los ꝛc., CS., er knöpft ihm einen, it, er knöpft ihm den Knopf auf ꝛc.
sennerojarterpok, t. SS. & CS. do., mehrere. (Manche ſagen: sennerod‑ jarpok ꝛc.
sennerongejarpok, t.SS.&CS., er reißt oder ſchneidet den Knopf ab, it, zerbricht, CS., er ihn, it, er ihm.
sennerongĕjaivok, j. SS. do. (mit mik).
sennerongĕrpok, t. SS. & CS., er iſt ohne Knöpfe, hat ſie mit Fleiß verhandelt, fad‑ los gegangen ꝛc., CS., er hat ihn ohne Knöpfe gemacht, entweder von ihm ge‑ bettelt oder gekauft ꝛc.

sennerongernerpok, t.SS. do.(mit mik).
sennerongērsivok, j. SS. & CS., er ver‑ liert den Knopf oder Nadel, CS., er ver‑ liert ihm den Knopf, it, er ihn.
sennerongersinerpok, t. SS. do. (mit mik). Manche behalten außer beim Auf‑ knöpfen bei allen dieſen Worten das a mit bei, und ſagen: senneroangejar‑ pok, senneroangĕrpok ꝛc.
Serkalivok, j. SS. & CS., es iſt zerſtückelt, CS., er zermalmt, zerſtückelt, zerſtößt es.
serkalitsivok, j. SS., er zermalmt (mit mik).
serkalitsiarpok, t. SS. & CS., es iſt ſchön zermalmt, CS., er zermalmt ſchön, recht fein.
serkalitsivik, vīk, vit, ein Mörſer.
serkalitsiut, tik, tit, Stampfer im Mör‑ ſer, Quirl, Mühlſtein.
serkaliupa, serkaliutiva, t. CS., er zer‑ malmt ihm was (mit mik).
serkaliutjivok, j. SS. do.
Serkatinkpa, t. CS., er wirft ihn, es ins Waſſer (SS. ingminik).
serkattaivok, j. SS. do. (mit mik). Kingminik serkattaivok.
serkattaijuksak, säk, set, einer, der die Hunde aus dem Boot oder ſonſt etwas ins Waſſer werfen ſoll.
serkattaräksak, säk, set, ein Hund oder ſonſt was, was ins Waſſer geworfen werden ſoll.
Serkenek, nerit, ein Paar Hoſen, wo die Knie herausgedrückt ſind.
serkevok, j. SS., es ſind die Knie aus den Hoſen gedrückt.
serkingavok, j. SS. do.
Serkerarpok, t. SS. & CS., es ſpriṭt; ir‑ gend was Flüſſiges, CS., er beſpriṭt es (mit mut). [und mik).
serkaraivok, j. SS. do. (mit mut
serkijarpok, t.SS.&CS., er ſprengt Waſſer.
serkijaivok, j. SS. do. (mit mut und mik). Ganz einerlei mit serkerarpok ꝛc.

serkerartorpok, t. SS. & CS., er geht befpritzen.
serkerauligiva, j. SS. inus., er fpritzt es, das Waffer, wohin.
serkerautekarpok, t. SS. do. (mit mik).
Serkittiveit, j. SS. inus. car. Sing., er zerstreut sie.
serkijivok, j. SS., er zerstreut (mit mik).
Sërkok, kuk, kut, das Knie.
sërkub (tr.) do.
serkittárpok, t. SS., es geht, langt bis an die Knie.
sërkoak, ak, at, die Kniescheibe.
sërkortorpok, t. SS., er kniet nieder.
sërkortorvigiva, j. SS. inus., er kniet vor ihm nieder.
sërkortorvikarpok, t. SS. do. (mit mik).
sërkojárpok, t. SS. & CS., es ist sein Knie entzwei, it, es friert ihn am Knie, CS., er zerbricht ihm das Knie, schlägt ihn ans Knie.
sërkojátigiva, j. CS., er hat ihn zu dem, der ihm das Knie zerbricht.
sërkoarpok, t. SS. & CS., er bekommt Schmerzen am Knie; etwa vom Fallen 2c., CS., er thut ihm weh am Knie.
serkolerivok, j. SS., er hat Knie-Schmerzen. [Knien.
serkortungorpok, t. SS., er ist müde vom
serkoviartungorpok, t. SS. do.
serkoerutivok, j. SS. & CS., er hat die Haare an den Hofen auf den Knien abgerieben.
sërkoerpa, t. CS., er macht ihn ohne Knie, löset ihm das Knie ab, SS., er ist ohne Knie.
sërkoernerpok, t. SS. do. (mit mik).
serkolukpok, t. SS., er hat ein böses Knie.
Sërkok, kuk, kut, eine Hinterflosse vom Seehunde.
sërkunga, serkon, seine Hinterflosse.
sërkunga, sein Knie- oder Flossengelenke.
Serkomipa, t. CS., er zerbricht es.
serkomitsivok, j. SS. do. (mit mik).

serkomisimavok, j. SS. & CS., es ist zerbrochen, CS., er hat es zerbrochen.
serkomitauvok, j. SS., es wird do.
serkopsipok, t. SS., es ist zerbrechlich.
serkopsidlarpok, es ist sehr zerbrechlich.
serkomisaraidlarpok, t. SS. do.
serkomidlarauvok, j. SS., es ist sehr zerbrochen.
serkopjiva, j. CS., er zerbricht ihm was (mit mik).
serkopjëvok, j. SS. do.
serkopjijauvok, j. SS., es wird ihm was zerbrochen.
serkomitailivok, j. SS. & CS., er geht behutsam damit um, um es nicht zu zerbrechen, SS., es zerbricht nicht, weils geachtet wird.
serkomitsitailivok, j. SS., er hütet sich zu zerbrechen (mit mik).
Serkorpok, t. SS., er knallt mit der Peitsche, it, er knallt mit dem Munde, wenn er Kutsuk laut, it, wenn etwas zusammenbricht.
serkorpalludlarpok, t. SS. do., sehr.
serkortákpok, t. SS., er knallt mehrmals.
serkoroarpok, t. SS., er knallt oft.
serkolalukpok, t. SS., das Feuer knallt, knistert.
serkorpalluk, hik, lut, das Knallen, Knarren, Krachen.
serkornek, serkortarnek, nak, nerit, Peitschenknall.
Serlúk, beinahe, nur so eben 2c.
serlákásák, nur so, so eben; serlák pijaungilak, er ist nur so eben nicht gekriegt worden; serlákasak pijauvok, beinahe wurde er gekriegt 2c.
serlauvok, j. SS., er ist sehr in Gefahr, ist beinahe am Ende (in Krankheit oder sonst in Gefahr), it, Sachen, wenn sie beinahe verloren gehen 2c.
Serlekidlarpok, t. SS., er hat sehr große Schmerzen.
serlekivok, j. SS. do., große.

serlekitipa, t. CS., er martert ihn sehr, macht ihm große Schmerzen.
serlekitilauvok, j. SS., es werden ihm große Schmerzen gemacht. Dieses Wort drückt die größten Schmerzen aus, größer als äniavok und massilersivok.
Sermek, mĕk, mīt, neu angelegtes Eis, am Boot, Kajak, Kleidern ɾc.
sermerpok, t. SS. & CS., es legt sich Eis an, CS., er gießt Wasser daran, daß es mit Eis überzogen wird; einen Seehund, Schneehaus ɾc.
sermersivok, j. SS. do. (mit mik).
serméjarpa, t. CS., er befreit es von angesetztem Eis.
sermejaivok, j. SS. do.
Sērnárpok, t. SS., es ist sauer.
sērnartok, tuk, tut, Essig, Sauerteig ɾc.
Serngnigiva, t. CS., er nimmt ihn in Schutz, bewahrt, beschirmt ihn.
serngnigosukpok, t. SS. do. (mit mik).
sernārpok, t. SS. do.
serngninárpok, t. SS., er ist in Schutz zu nehmen; ist dazu, daß man ihn in Schutz nehmen kann.
serngnigijak, jäk jet, einer, der in Schutz genommen wird.
serngnigijauvok, j. SS., er wird beschützt beschirmt.
serngnigitsivok, j. SS., er wartet, um in Schutz genommen werden zu wollen (mit mut).
serngnigijāutsēvok, do. (assiminik).
serngnigije, jīk, jit, ein Beschützer.
serngnigijiga, mein Beschützer.
serngnigijima, do. (tr.).
serngnigijigiva, j. CS., er hat ihn zu seinem Beschützer, der ihn in Schutz nimmt.
serngnigijekarpok, t. SS. do. (mit mik).
Serrāvok, j. SS., das Wasser im Gefäß zischt, wenns balde kocht oder wenns an was Heißes kommt.
serralāvok, j. SS. do., oftmals, hintereinander.
Serrivok, j. SS., er ist fröhlich aus Dankbarkeit.
serrigiva. j. CS., er hat es zu dem, worüber er aus Dankbarkeit fröhlich ist.
serrimavok, j. SS., er ist fröhlich ɾc.
serrimasukpok, j. SS., er ist zum Voraus vergnügt, fröhlich über etwas, aus Dankbarkeit.
serrimajārpok, t. SS. do.
serrimajārutiksariva, j. SS. inus., er hat es zu dem, worauf er zum Voraus vergnügt oder fröhlich ist.
serrimajarutiksakarpok, t. SS. do.
Serparpa, t. CS., er besprengt etwas.
serparsarpa, t. CS. do. (Dieses wird mehr gebraucht.)
serparsaivok, j. SS. do. (mit mik).
serpakittákpok, t. SS., er spritzt, ein Fluß.
serpakivok, j. SS. do. [Augen.
Serpillivok, j. SS., er hat Eiter in den
Sērpok, t. SS., es läßt Feuchtigkeit durchgehen; ein Specksack oder sonst ein Fell, was ganz durchnäßt ist oder dünne Stellen hat, Kajak ɾc.
sēvlávok, j. SS. do., it, das Eis, wenn Wasser durchdringt.
Sērtinek, nak, neril, das dünne Eis an einer Stelle am Fluß, wo derselbe im Winter austritt und auffriert.
sērtipok, t. SS., das Wasser tritt im Fluß durch den Frost aufs Eis.
sertinetārpok, t. SS., es friert oft auf.
Sērtovok, j. SS., der Seehund ist lange unterm Wasser, ehe er wieder Athem holt.
sērtudlarpok, t. SS. do. [an sich.
sertusarpok, t. SS., er hält den Athem
Siákpuk, put, car. Sing., sie stehen in der Reihe (Menschen oder leblose Dinge).
siáktipeit, t. CS., er stellt oder legt sie in eine Reihe nebeneinander.
siúkivok, j. SS., er ist ausgespannt; ein Strick ɾc.
siákitipa, t. SS. inus., er spannt einen Strick ɾc. aus.

siákitilsivok, j. SS. do.
siákingavok, j. SS., ein Berg, der so gerade heraufgeht oder so eine gerade Kante hat, wie ein ausgespannter Strick. kakkab siákinganingn.
siakova, j. SS., er befiehlt ihm einen Strick auszuspannen.
siáktut, Nebeneinanderstehende, it, die drei Sterne im Gürtel des Orion.
siarvartorpa, t. CS., er spannt das Tau oft aus.
Siamarpok, t. SS., es zerstreut sich, geht auseinander; Wasser, Oel ɾc., was keinen pluralis hat, sonst siamarput, sie zerstreuen sich, it, die Pflanze wurzelt, die Wurzeln breiten sich aus.
siamartipa, t. SS. inus., er zerstreut es, das Wasser ɾc.
siamartipeit, do., Menschen, Erbsen ɾc.
siamartitsivok, j. SS. do. (mit mik).
siamarterivok, j. SS. do. (mit mik).
siamangavok, j. SS., es ist zerstreut; Wasser ɾc., it, die Wurzeln eines Gewächses sind angewachsen.
siamarsimavok, j. SS. do.
siamangajut, siamarsimajut, die Zerstreuten.
siamaserpok, t. SS., es ist angewachsen, eine Pflanze; die Wurzeln breiten sich aus.
Siannek, nak, nerit, die unteren Bodenlatten an einem Kajak.
Siargingavok, j. SS., es ist schräg, abhängig; Land ɾc.
siargingajangovok, j. SS., es ist ein wenig schräg.
siargijautik, tit, lange Schneeschuhe zum Rutschen, it, Schlittschuhe.
siargijarpok, t. SS., er geht auf langen Schneeschuhen, it, er läuft Schlittschuh.
siargijárnarpok, t. SS., es ist glatt, rutschig. (Ist einerlei mit koitajárnarpok.)
siargivok, j. SS., er rutscht, gleitet auf (auf schrägem Boden).

Siarklerpok, t. SS., er ist voll Sorge, Bekümmerniß.
siarklernarpok, t. SS., er, es ist Sorge erregend, ist so, daß es einem Sorge, Kummer macht.
siarklerosukpok, t. SS., es wird ihm sorglich, bekümmerlich zu Muthe.
siarklerutigiva, j. CS., er ist bekümmert über ihn.
siarklerutekarpok, t. SS. do. (mit mik).
siarklernek, nak, nerit, die Sorge um etwas.
Siblugiva, j. SS. inus., er nimmt es ihm übel, wird ungehalten gegen ihn; wenn ihm was gesagt wird:
sibluvok, j. SS. do. (mit mik).
siblunek, nak, nerit, das Uebelnehmen.
sibluninga, sein Uebelnehmen.
siblutipa, t. CS., er macht ihn übelnehmisch, sagt ihm, daß er sich das od. jenes nicht soll gefallen lassen.
Sibvotorpa, t. SS. inus., er windet es aus; irgend eine nasse Sache, Wäsche ɾc.
sibvotorivok, j. SS. & CS. do. (mit mik), CS., er dieses auch.
sibvosava, j. CS., er windet ihm die nassen Kleider am Leibe aus.
sibvosaivok, j. SS. do. (mit mik).
sibvotortauvok, j. SS., es wird ausgewunden.
sibvupa, t. SS. inus., er streift die Nässe von etwas ab, von einem Pelz, Fell ɾc., er drückt es aus.
sibvutsivok, j. SS. do. (mit mik).
Sibvĕak, vitsek, vitsel, das Hüftgelenke.
sivĕak, vitjak, vitjàt, do.
sibviab (tr.).
sibvĕrpa, t. CS., er verrenkt ihm das Hüftgelenke.
sibversivok, j. SS. do. (mit mik).
sibvĕpok, t. SS., er ist lahm im Hüftgelenke.
sibvĕlojarpok, t. SS., er stellt sich lahm.
sibvĕangijarpa, t. CS., er zerschlägt, zer-

bricht ihm das Hüftgelenke, it, er thut ihm weh am Hüftgelenke.
Sigarpok, t. SS., es knarret, knistert; ein Buch beim Umblättern, ein Fell ꝛc. (Ist in vielen Fällen einerlei mit serkorpok).
sigalakpok, t. SS. do.
Siggilerpok, t. SS., es reißt auf, platzt; ein Sack ꝛc., it, wenn man Eisen, Stahl ꝛc. mit dem Meißel zertheilt und es daneben reißt, it, der Baum schlägt aus, die Knospen platzen.
siggipok, t. SS. do.
Siggok, guk, guit, der Schnabel eines Vogels, die Schnauze eines Thieres, it, die Schnauze eines Kessels, it, beim Menschen Kinn und Oberlippe alles zusammen.
siggub (tr.).
sigguktovok, j. SS., er hat einen großen Schnabel, Kinn, Schnauze.
siggokortovok, j. SS. do.
siggukipok, t. SS., er hat einen kleinen Schnabel, Kinn, Schnauze. [bel.
siggutannak, näk, nait, ein breiter Schnasiggutannaliovok, j. SS., ein Spitz- u. Langschnabel.
siggujungualik, lik, ggit oder lit, ein spitzschnabeliger Vogel.
siggujungualiovok, j. SS., es ist ein spitzschnabeliger Vogel.
sigguijarpok, t. SS. & CS., es friert ihn um den Mund herum, CS., er zerschlägt, zerbricht ihm den Schnabel, die Schnauze.
sigguijaivok, j. SS. do. (mit mik).
sigguarpa, t. CS., er schlägt ihn auf den Schnabel, den Menschen auf den Mund.
sigguarivok, j. SS. & CS. do. (mit mik), CS., er schlägt diesen auch auf den Mund, Schnabel ꝛc.
sigguarsivok, j. SS. do. (mit mik).
siggorsorpok, t. SS., er, der Seehund, steckt die Schnauze nur ein wenig aus dem Wasser.
siggujak, jäk, jet, (bei Manchen) die Schnauze an einer Lampe, Kessel; siggujalik, eine Schnauzen-Lampe, Kessel ꝛc.
siggua, siggunga, sein Schnabel, Schnauze ꝛc. [schnabel.
siggugik, seine beiden, d. h. Ober- u. Untersigguga, mein Kinn und Oberlippe zusammen.
Siglerpa, t. SS. inus., er faßt ein Kleid, Pelz, Netz ꝛc. ein.
siglevok, j. SS. do. (mit mik).
Sigjak, jäk, jet, siksak, der Strand.
sikjamepok, t. SS., er ist am Strande.
sikjamurpok, t. SS., er geht zum Strande.
sikjapasikpok, t. SS., er, es ist nahe am Strande.
siksalivut, die von uns nach dem Strande zu wohnen.
siksalit, die am Strande wohnen.
siksariak, āk, et, eine Strandschnepfe, Strandläufer.
siksallarpok, t. SS., er geht zum Strande.
Sigvinek, nak, nerit, die ausgebrannten Griefen, die in einer Eskimo-Lampe vom Speck zurückbleiben.
Sikkanek, nak, nerit, das Weiche, der Kern in einem Walroß-Zahn.
sikkarpok, t. SS., er, es ist weich; der Knochen, Stein.
Sikkipok, t. SS., es ist schön, gerade gerissen, abgeschnitten ꝛc.
sikkisarpa, t. SS. inus., er schneidet, macht es gleiche.
sikkisaivok, j. SS. do. (mit mik).
sikkepok, j. SS., es ist schief, ungleiche abgeschnitten, gerissen.
sikkesarpa, t. SS. inus., er schneidet, macht es schief, ungleiche.
Sikkivok, j. SS., er trinkt aus einem Fluß, Faß ꝛc., ohne Becher, legt sich so darüber und trinkt.
sikkivigiva, j. SS. inus., er trinkt aus ihm so mit dem Munde; dem Flusse, Fasse ꝛc.
Sikko, kuk, kut, Eis ins Allgemeine.

sikkub (tr.).
sikkŏvok, j. SS., es ist Eis.
sikkóvok, j. SS., es legt Eis.
sikkomavok, j. SS., es hat Eis gelegt, ist ju. |Eis gelegt.
sikkoarpok, t. SS., es hat ganz dünnes
sikkoak, ak, at, ganz dünnes Eis.
sikkoérpok, t. SS. & CS., es ist aufgebrochen, das Eis, CS., er bricht das Eis auf; der Strom, Sturm oder Mensch.
sikkoējarpa, t. SS. inus. do.
sikkoējaivok, j. SS. do. (mit mik).
sikkulliarpok, t. SS., er geht aufs Eis, it, er geht auf dem Eise auf Erwerb, wenns Löcher hat.
sikkulliak, āk, át, neues, junges Eis an der Seekante.
sikkullialiarpok, t. SS., er geht auf das neue Eis.
sikkosiorpok, t. SS., er sucht Eis, it, er geht auf dem Eise.
sikkosélak, lāk, lat, Stellen im Fluß ob. auf der See, wo kein Eis ansetzt.
sikkorlak, lāk, lat, die Kruste auf dem Schnee vom Regen, Glatteis; ist einerlei mit koasak.
sikkupok, t. SS. & CS., er ist versetzt mit Eis, hat kein Wasser zum Kajalfahren, CS., er, der Wind 2c., hat ihm Eis gebracht und damit versetzt.
sikkutauvok, t. SS., er ist mit Eis versetzt worden.
sikkoksimavok, es ist (die See) ganz mit Eis angefüllt.
sikkojauvok, j. SS., es ist eingefroren; ein Schiff, Boot 2c. Bei sonstigen Sachen, die ins Eis ein- oder anfrieren, wird pattutsaumavok gebraucht.
sikkorvallukpok, t. SS., das Eis kracht, knistert; außerdem wird nutikpallukpok und serkorpallukpok in demselben Sinne gebraucht.
sikkovallukpok, t. SS., es ist vermuthlich Eis.

sikkotóvok, j. SS., es hat viel Eis (nemlich Treibeis). [der ju.
sikkopsárpok, t. SS., es friert oft wie.
sikkotsévok, j. SS., er wartet aufs Zufrieren, aufs Eis. [it, auf dem Eise.
sikkoserpok, t. SS., er geht unters Eis,
Sikkungilárnek, nak, nerit, ein Augenblick oder das Blicken mit den Augen; koblukealarnek ist dasselbe.
sikkungilákpok, t. SS., er blickt einmal mit den Augen.
sikkungilávok, j. SS., er blickt mehrmals.
sikkungivok, j. SS. & CS., er schließt die Augen, it, sie, die Augen, schließen sich, CS., er schließt sie. Ijīka sikkungiláka, ich schließe meine Augen.
sikkungitipa, t. CS., er macht, drückt ihm die Augen zu; ein Mensch, Schlaf 2c.
sikkungeroarpok, t. SS., er schließt die Augen oft.
sikkungitsúngárpok, t. SS., er schließt die Augen zum letztenmal.
sikkutak, lāk, tet, ein Geschwür, Fistel an den Augenliedern.
Siksik, sīk, sit, ein Eichhörnchen.
Silla, die Luft, Welt, unterm freien Himmel.
sillame (Loc.), draußen im Freien.
sillamut (Term·), hinaus ins Freie, it, beim Schlüsselherumdrehen nach auswendig oder rechts, im Gegensatz von illumut, nach inwendig oder links.
sillamorpok, t. SS. & CS., er geht hinaus ins Freie, CS., er dreht es rechts herum, den Schlüssel 2c.
sillamosivok, j. SS. do. (mit mik), it, er trägt was heraus ins Freie.
sillakut (Vial.), durchs Freie, durch die Luft.
sillakorpok, t. SS. & CS., er geht durch die Luft, geht außen durch. Bei CS. wird das r weggelassen: er geht außen an ihm, daran vorbei, it, auch, wenn einer was sagt und es nicht recht sagt, daneben kommt; in diesem Falle ist es mit asserkopa und sennerkopa einerlei.

sillakotsivok, j. SS. do. (mit mik). Immermik sillakotsivok, er schüttet Waſſer daneben, neben das Gefäß oder die Stelle, wo es hatte hingeschüttet werden ſollen. Avalunik sillakotsivok, er geht auswendig um den Zaun herum. Avalut sillakopeit, do.
sillakotigēkpuk, put, car. Sing., ſie weichen von einander ab; sennerkotigēkpuk, put iſt daſſelbe.
sillamit (Abl.), aus der Luft, aus dem Freien; sillamit pivok, er kommt von außen herein.
sillatā, ſeine Außenſeite, it, außerhalb von ihm. Iglub sillatā, das Aeußere des Hauſes, it, draußen, außerhalb des Hauſes.
sillatāta (tr.), do.
sillatiga, meine Außenſeite, Aeußeres, it, insbeſondere: meine Hintertheile der Hoſen und Obertheile der Aermel an Rock oder Jacke.
sillatima (tr.), do.
sillatimnepok, t. SS., er iſt draußen vor mir, vor meiner Stube ꝛc., it, es iſt außerhalb an mir.
sillatāne (Loc.), an ſeiner Außenſeite, it, draußen von ihm; des Hauſes, Zeltes, Baumes, Menſchen ꝛc.
sillatānepok, t. SS., er, es iſt draußen, außerhalb des Hauſes, Zeltes ꝛc., it, es iſt an ſeiner Außenſeite, z. B. Mingoarut upkuab sillatane pērsimavok, die Farbe an der äußern Seite der Thüre iſt abgegangen. Upkuab sillatāta oder sillatingāta mingoarutinga pērsimavok, do.
sillatanut, nach ſeiner Außenſeite.
sillatagut (Term.), außen an ihm vorbei, durch.
sillatangiarpok, t. SS. & CS., er ſteht, iſt draußen vor dem Hauſe, CS. do., vor ihm, dem Hauſe.
sillatangiutivok, j. SS. & CS., er kommt vors Haus, ſtellt ſich hin, CS., er bringt es, ihn vors Haus, von außen her.
sillatangiupok, t. SS. & CS. do.
sillatangiutjivok, j. SS., er bringt etwas vors Haus (mit mik).
sillatangēvok, j. SS., er ſtellt ſich außerhalb des Hauſes hin.
sillaksoak, āk, suit, die Welt.
sillaksoarmiok, uk, ut, die Bewohner der Welt, Erde.
sillakérpok, t. SS., es iſt ſchönes Wetter.
sillakériupok, t. SS., es iſt nach langer Zeit zum erſtenmal wieder ſchönes Wetter.
silakértōmavok, j. SS., es iſt lange Zeit ſchönes Wetter.
sillakérkipok, j. SS. do., sillakerkitäkpok, do., noch länger.
sillakérlauläkpok, t. SS., es iſt kurz geweſen, das ſchöne Wetter.
sillalukpok, t. SS., es regnet.
sillalungnek, nak, norit, der Regen, das Regnen.
sillaluk, do., Regen.
sillaluktōmavok, j. SS., es regnet lange, anhaltend.
sillaluksiorpok, t. SS., er geht im Regenwetter.
sillalulerivok, j. SS., es fängt wieder an zu regnen.
sillalukivok, j. SS., es regnet wieder.
sillalukipok, j. SS. do., wie sillaluktōmavok.
sillalulerkitäkpok, do., ſehr lange.
sillalulerkittäkpok, t. SS., es regnet oft, wiederholt und hält dazwiſchen wieder auf.
sillalulauläkpok, t. SS., es hat nur kurz geregnet.
sillaluilitak, täk, tet, ein Regenſchirm.
sillalugajukpok, t. SS., es regnet häufig.
sillalugajuipok, t. SS., es regnet ſelten.
sillalukattarpok, t. SS., es regnet oft.
sillalugoarpok, t. SS. do. (nicht ganz ſo oft). [mehr.
sillaluliomivok, j. SS., es regnet wieder

sillarnerlukpok, t. SS., es ist schlechtes, unangenehmes Wetter; stürmt, stöbert, schneiet 2c.
sillarnerluk, sillarnerlungnek, das schlechte, unangenehme Wetter (ohne Regen).
sillarnerluksiorpok, t. SS., er geht, fährt draußen im schlechten Wetter.
sillakijarpok, t. SS., er geht im schönen Wetter draußen.
sillakersiorpok, t. SS. do.
sillakiliomivok, j. SS., es ist wieder etwas schöneres, besseres Wetter.
sillaliarpok, t. SS., er geht hinaus ins Freie (wie sillamor- oder -murpok).
sillaliartipa, t. SS. inus., er bringt, trägt es hinaus ins Freie (wie sillamorpa).
sillaliartitauvok, j. SS., er, es wird hinaus ins Freie gebracht.
sillavarpok, t. SS. do., er geht an die Luft. (Wird nicht allgemein verstanden.)
sillakigiva, j. SS. inus., es ist ihm die Welt zu enge.
sillakiksarpok, t. SS. do.
sillalek, lik, lit, einer, der einem am nächsten wohnt, wo man aber doch noch durchs Freie gehen muß; ein Nachbar.
sillaleliarpok, t. SS., er geht zum Nachbar.
sillalermurpok, t. SS. do.
sillalivut, unser Nachbar und Nachbarn.
sillalipta (tr.) do.
sillalisse, euer do. do.
sillalipse (tr.), do.
sillalinga, fein do., sillalingit, feine do.
sillalinget, ihr do., ihre do.
sillalingeta (tr.), seine und ihre do.,
sillalermēpok, t. SS., er ist beim Nachbar.
sillaline, sein Nachbar (recip.).
sillalime (tr.) do.
sillaline nellipsarpeit, er besucht seine (eigenen) Nachbarn; sillaliminepok, er ist bei seinem Nachbar.
sillalinnē, bei den Nachbarn; sillalinnēpok, er ist bei den Nachbarn.

sillapāk, pāk, pait, ein Ueberzug oder äußere Verschaalung von etwas, it, besonders eine Jacke von Calico oder Barchent, Leinewand zum Ueberziehen.
sillapōksak, sāk, set, Zeug zu einem Ueberzug.
sillapāksauvok, j. SS., es ist Zeug zum Ueberzug.
sillapärpa, t. CS., er überzieht ihn, es, verschaalt es.
sillapārsivok, j. SS. do. (mit mik).
sillapālijarpok, t. SS., ier, es ist übcrzogen, hat einen Ueberzug.
sillapārsimavok, j. SS. & CS. do., CS., er hat es überzogen.
sillapāngēnārpok, t. SS., er hat blos den Ueberzug an, sonst keine Kleider darunter.
sillapāksalliorpok, t. SS.&CS., er macht einen Ueberzug, CS., er macht ihm einen.
sillapāngērpok, t. SS. & CS., er zieht sich den sillapak aus, it, er gibt ihn fort, verhandelt ihn 2c., CS., er hat ihm den Ueberzug abgezogen (einer Sache oder Menschen), it, er hat ihm seinen sillapak abgelauft.
sillapāngērsivok, j. SS. & CS. do. (mit mik), CS., er verliert ihm den sillapak.
sillapangērsinikpok, t. SS. do. (mit mik).
sillapangējarpa, t. CS., er macht ihn ohne Ueberzug, zieht ihn ihm aus, it, wenn er ihn ihm verdirbt.
sillapangōjaivok, j. SS. do. (mit mik).
sillapāngērotiva, j. CS., er hat ihn ohne sillapak gemacht, hat es so lange gebraucht, bis es fertig war.
sillapangērotjivok, j. SS. do. (mit mik).
sillate, tik, lit, das Hintertheil der Hosen und Oberärmel an den Kleidern.
sillatiksak, sāk, set, ein Hintertheil zu Hosen 2c., oder etwas dazu.
sillaniarpok, t. SS., er hegt gutes Wetter herbei. (Im Norden).
sillatōpok, t. SS., es ist kalt, ein Haus, ist darin wie im Freien.

sillalivok, j. SS., es wittert aus, ist ausgewittert.

Silläk, læk, lāt, ein ganz weißer Seehund, it, ein Rennthier, was im Sommer, wo dieselben sonst braun sind, noch weiß ist.

Sillatonek, nak, neril, der Verstand.

sillatoninga, sein Verstand, Klugheit.

sillatovok, j. SS., er ist verständig, klug.

sillatūt, tik, tit, das, was einen verständig, klug macht.

sillatūtigiva, j. SS. inus., er hat ihn, es zur Ursache, daß er verständig, klug ist, hat von ihm gelernt.

sillatojutigiva, j. SS. inus. do.

sillatojutekarpok, t. SS. do. (mit mik). Gudib okausingit sillatujutigiveit, das Wort Gottes hat er zur Ursache seines Verstandes, Klugheit.

sillatolipa, t. CS., er hat ihn verständig, klug gemacht.

sillatolitsivok, j. SS. do. (mit mik).

sillatosarpa, t. CS., er macht ihn klug, unterrichtet ihn.

sillatossivok, j. SS. do. (mit mik).

sillatorpok, j. SS., er ist jetzt verständig, einer, der vorher ein sillaitok war.

sillatoneksiorpok, t. SS., er sucht Verstand.

sillatokiva, j. SS. inus., er hat ihn zu dem, der klüger ist wie er.

sillatokijakarpok, t. SS. do. (mit mik).

sillaipok, t.SS., er ist unverständig, thöricht.

sillainek, nak, neril, der Unverstand.

sillainerarpa, t. CS., er nennt ihn einen Unverständigen.

sillaineraivok, t. SS. do. (mit mik).

sillaitojoriva, t. SS., er hält ihn für einen Unverständigen.

sillaitojoriklivok, t. SS. do. (mit mik).

sillaitonasugiva, j. CS. do.

sillaitsugiva, j. CS. do.

sillaitsugiklivok, j. SS. do. (mit mik).

sillairkiva, j. SS. inus., er hat ihn zu dem, der unverständiger ist wie er.

sillairkijakarpok, t. SS. do. (mit mik)

sillasiorpok, t. SS., er ist vernünftig; es wird ihm blöde, scheut sich seine Meinung zu sagen, scheut sich, vor Scham, es gerade heraus zu sagen, it, wenn einer was Unrechtes gethan, genommen ꝛc., und es herauskommt, und sich darüber schämt.

sillasiungilak, t. SS., es wird ihm nicht blöde, scheut, schämt sich nicht, seine Meinung zu sagen.

sillasiornarpok, t. SS., er ist einer, vor dem man blöde wird, der einem blöde macht.

sillasioriva, j. SS. inus., es ist ihm blöde vor ihm.

sillairgotórpok, t. SS., er wird unverständig; einer, der vorher klug und verständig war und sich nun wie ein unverständiges Kind stellt.

sillailivok, j. SS. do.

Sillikpok, t. SS., er, es ist breit, (bei runden Sachen) dick.

sillingnek, nak, neril, die Breite, (bei runden Sachen) die Dicke.

sillingninga, seine Breite.

sillimut, in die Breite.

sillinārpa, t. CS., er macht es zu breit, dick.

sillinārsivok, j. SS. do. (mit mik).

sillinārivok, j. SS.&CS. do., CS., er es auch.

silliksivok, j. SS., es wird breit, CS., er macht es breiter.

silliksijivok, j. SS. do. (mit mik).

sillinersauvok, t. SS., es ist breiter, als (mit mit).

sillinerōvok, t. SS., es ist das Breiteste (mit mit).

sillinerpauvok, t. SS., es ist das Allerbreiteste (mit mit).

silliluarpok, t. SS., es ist zu breit, zu dem Zweck, wozu mans brauchen will, it, breiter wie ein anderes (mit mit).

Silliovok, j. SS., es ist durch und durch hart; hartes Holz, Knochen.

sillionek, das Harte, Weiße am Walroß-
zahn ꝛc.
sillerokpok, t. SS., es fängt an hart zu
werden; ein Geschwür.
sillerpok, t. SS., es ist hart; eine Geschwulst.
sillerkortovok, j. SS. do. sehr.
sillĕrutilerpok, t. SS., es fängt an weich
zu werden; das Geschwür, Geschwulst.
sillerolungilak, t. SS., es wird nicht hart.
sillinga, seine, des Geschwürs, Härte.
Sillimavok, j. SS., sie hat Wochen (eine
schwangere Frau). (Das S muß scharf,
beinahe wie Z ausgesprochen werden.)
Sillipok, t. SS., er hat genug, will nichts
mehr haben, kann nichts mehr einnehmen.
silliviovok, j. SS., er, es ist ein Platz,
Ort, wo man genug hat, wo man nichts
mehr braucht.
Sillit, tik, tit, ein Wetzstein.
sillivok, j. SS. & CS., er wetzt es, ein
Messer ꝛc., SS. do. (mit mik).
sillimavok, j. SS. & CS., er ist gewetzt,
CS., er hat es gewetzt.
Sillo, luk, lut, ein Seeaas; Seehund, Walfisch ꝛc.
sillulivok, j. SS., er trifft ein Seeaas an.
sillaliariva, j. SS. inus., er hat es zu
seinem gefundenen, angetroffenen Seeaas.
sillusivok, j. SS. & CS. do., er findet ein
Seeaas, CS., er findet für ihn eins.
sillusiariva, j. SS. inus. do., er hat es
zu seinem gefundenen Seeaas.
sillusorpok, t. SS. & CS., er sucht nach
todten Seethieren, CS., er sucht auf ihm,
dem Eise, do.
Sillukpok, t. SS., er drohet, holt aus, will
zuschlagen, it, das Wetter drohet, will
umschlagen, it, der Hahn an der Flinte
ist aufgezogen (mit mut).
sillugvigiva, j. SS. inus., er drohet ihm.
sillugvikarpok, t. SS. do. (mit mik).
silluktipa, t. SS. inus., er zieht den
Hahn auf.

sillüt, tik, tit, etwas, mit was man ausholt.
sillütigiva, j. SS. inus., er hat es zu dem,
womit er ausholt, drohet.
sillungnek, nak, nerit, das Ausholen,
Drohung. [(mit mut).
sillngviovok, j. SS., es wird ihm gedroht
sillugvigijauvok, j. SS. do.
sillujutigiva, er hat es zur Ursache, warum
er ausholt, droht (mit mut).
Simartak, täk, tot, einer, der von Natur
eine schwärzliche Haut hat.
simarsivok, j. SS., er wird schwarz oder
braun von Alter, it, eine Pfeife.
simängavok, j. SS., er ist beinahe schwarz.
Simmerpa, t. SS. inus., er löset ihn ab,
tritt an seine Stelle.
simmĕvok, j. SS. do. (mit mik).
simmerlauvok, j. SS., er wird abgelöset.
simmertigiva, j. SS. inus., er hat ihn
zum Ablöser, zum Stellvertreter.
simmertigĕkpuk, put, sie lösen sich ab,
wechseln mit einander (einmal).
simmeuriutivuk, vut, sie lösen sich einander immer ab.
simmĕvigiva, j. SS. inus., er löset ihn ab.
simmĕnek, nak, nerit, das Ablösen, Ab-
lösung.
Simmikpok, t. SS. & CS., es ist verstopft,
zugestopft; eine Flasche, Faß ꝛc., CS.,
er stopft es zu.
simmiksivok, j. SS. do. (mit mik).
simmik, mĭk, mĭt, ein Stöpsel, Spund.
simmiksak, sĕk, set, Holz oder Kork zu
Stöpseln, it, Werg.
simmĕrpok, t. SS. & CS., er ist abgenommen, der Stöpsel, von irgend was, CS.,
er hat den Stöpsel, Spund weggenommen.
simmĕrsivok, j. SS. do. (mit mik).
simmĕrsimavok, j. SS., es ist ohne Spund,
Stöpsel.
simmĕrasuarpa, t. SS. inus., er zieht
den Stöpsel heraus.
simmiktorpa, t. SS. inus., er macht ihm
(dem Faß, Flasche) einen Stöpsel, Spund.

simmiktuivok, j. SS. do. (mit mik).
simmilivok, j. SS., er macht einen Stöpsel, Spund.
simmiliorpok, t. SS., er macht Stöpsel.
simioreorpuk, put (car. Sing.), sie füllen das Loch oft; zwei Seehunde, die ein Loch haben, it, Leute, die oft eingehen. [gebraucht wird.
Simniko, kuk, kut, Ueberbleibsel, der nicht
simnikovok, j. SS., es ist ein Ueberbleibsel, Rest, was jetzt nicht mehr gebraucht wird.
simnikokarpok, t. SS., er hat was übrig, hat einen Rest.
simnikogiva, j. SS. inus., er hat es, ihn übrig, braucht es, ihn jetzt nicht.
simnikovinek, nak, verngit, ein Theil vom Ueberbleibsel, vom Rest.
Singailek, lak, lit, das Innere des Halms des Getraides oder Grases, woraus die Aehre (sullugainek) entsteht.
singailinga, seine Befruchtung (unentwickelte Aehre).
singaivok, j. SS., sie ist schwanger (Mensch und Thier).
singailerpok, t. SS., sie wird schwanger.
singaijak, jāk, jet, eine Schwangere.
singaijauvok, j. SS., sie ist eine do.
singaititauvok, j. SS., sie ist beschwängert.
singainga, ihre Frucht, Schwangerschaft.
singaijuipok, t. SS., sie ist unfruchtbar.
singainek, die Schwangerschaft.
Singarpok, t. SS. & CS., es spritzt; wenn irgend etwas platzt, z. B. beim Speckklopfen, wenn derselbe nicht gut gefroren ist, CS., er platzt es auseinander, daß es spritzt. [remal.
singartorpok, t. SS. & CS. do., mehre-
Singalukko, kuk, kut, ein Zurückgesetzter, den man nicht mehr achtet.
singalukövok, j. SS., er ist ein Zurückgesetzter, Ausgestoßener.
singalukogiva, j. SS. inus., er hat ihn zum Zurückgesetzten.

singalukokarpok, t. SS. do. (mit mik).
Singernek, nak, nerit, der Theil um den Stiefel herum gerade im Gelenke.
singerninga, seine, des Stiefels, Gelenke.
singernikipok, t. SS., er, der Stiefel ist enge im Gelenke.
singernitovok, j. SS., er, der Stiefel, ist weit, zu weit im Gelenke.
singe, ik, it, ein Riemen, womit die Stiefeln, Schuhe gebunden werden, it, der Strick am Segel, der am Boot befestigt ist.
singiksak, säk, set, etwas zu einem Schuh- ob. Stiefelriemen ob. Strick, it, ein Strick, der zum Segel soll gebraucht werden.
singerpok, t. SS. & CS., er bindet sich die Schuhe oder Stiefeln gerade, CS., er bindet ihm die Stiefel rc.
singersivok, SS. do., im Gelenke.
singērpok, t. SS. & CS., er hat die Stiefeln im Gelenke aufgebunden, er ist los, CS., er hat ihm die Stiefel-, Schuhriemen aufgelöset.
singērsivok, j. SS. do. (mit mik).
singētjarpok, t. SS. & CS., der Schuh-, Stiefelriemen geht von selber auf, CS., er löset ihm den Schuh- oder Stiefelriemen auf.
singējaivok, t. SS. do. (mit mik).
Singikpok, t. SS., es rutscht ab, geht los; ein Strick, Tau, wo er an einandergebunden, gestückelt ist.
singiklipa, t. SS. inus., er zieht ihn, den zusammengestückelten Strick, auseinander.
singiktitsivok, j. SS. do. (mit mik).
Singgerpok, t. SS. & CS., er streicht aus einem Tau von Leder oder aus einem Darm, mit den Händen oder durch einen darumgeschlungenen Strick, die Nässe heraus, SS., es ist die Nässe herausgestrichen.
singgēvok, j. SS. do. (mit mik).
singgersivok, j. SS., es tropft eine aufgehängte nasse Sache; Strick, Kleidungsstück rc., aus.

singgerserpok, t. SS. do.
singgerseruliva, j. SS. inus., er hängt eine nasse Sache auf zum Abtropfen.
singerserutjivok, j. SS. do. Aus Kleidungsstücken ꝛc. die Nässe herausstreichen, drücken heißt: sibvolugo.
Singiksuksingavok, j. SS., es geht verjüngt zu.
Singipa, t. SS. inus., er verdrängt ihn, it, er drängt, wirft ihn ins Wasser. Ist in letzterer Hinsicht gleich mit serkatakpa. It, ein neuer Nagel oder Zahn verdrängt den alten.
singitsivok, j. SS. do. (mit mik), it, er wirft einmal was ins Wasser; wenns wiederholt geschieht, so wird serkattaivok gebraucht.
singitak, tåk, tet, ein Verdrängter, it, ein ins Wasser Geworfener.
siktak, tåk, tet, ein verdrängter Nagel am Finger oder Fuß, it, ein verdrängter Zahn.
singitauvok, j. SS., er wird verdrängt, wird ins Wasser geworfen, gesetzt.
singititauvok, j. SS., er ist verdrängt.
singitipa, t. SS. inus., er hat ihn verdrängt.
Singnayok, j. SS., er, der Mann, hat Verdacht gegen die Frau, oder sie gegen ihn.
singnagiva, j. SS. inus., er hat sie, oder sie ihn in Verdacht, it, er ist neidisch auf ihn, daß er eine werthgehaltene Sache zu irgend etwas braucht.
singnatsivok, j. SS. do. (mit mik).
singnagijak, jåk, jet, einer, der im Verdacht ist.
Singorpok, t. SS. & CS., er schüttelt einen Specksack oder sonst dergl. und drückt darauf, daß die Sachen, Griefen ꝛc. nach Vorne fallen, herauskommen.
singorlortorpok, t. SS., er ist hartleibig.
Singovok, j. SS., es läuft über, ist zu voll; ein Gefäß (gleich wie ullipkipok), it, er ist roth im Gesicht.
singomavok, j. SS., die Luft ist angreifend,

fühlt sich kalt, ist gleichsam übervoll von Kälte bei sonst schönem Wetter, wenn ein Unwetter im Anzuge ist, it, ein Mensch, dem aus Kopfweh ꝛc. das Gesicht geschwollen, roth ist, der gleichsam zu voll ist, it, ein Schwär, der spannt, voll ist von Materie.
singungavok, j. SS. do.
singotitarpok, t. SS., er strengt sich (mit irgend was) so an, daß er ganz roth (voll) wird im Gesicht.
singotipa, t. SS., er hat es zu voll gemacht, so, daß es überläuft.
Sinnåk, nåk, nåt, der Rand, Kante, Seekante.
sinnåkarpok, t. SS., es hat Seekante.
sinnålipok, t. SS., er kommt an die Seekante.
sennertárpok, t. SS. & CS., er geht, fährt an der See-, Eiskante oder am Rande irgend einer Sache hin.
sinnaksuk, suk, suit, die scharfe Kante an irgend etwas, an einem Brett ꝛc., d. h. die äußerste Kante.
sinnaksua, seine äußerste Kante; des Tisches.
sinnårsuktorpok, t. SS., er ißt den dünnen Rand von den Hinterfüßen eines Seehundes ꝛc.
sinnå, seine Kante; sininga, do., bei gewöhnlichen Sachen.
sinnåne (Loc.), an seiner Kante; der See und anderer Sachen.
sinnånepok, t. SS., er, es ist an der Kante, dem Rande der See, des Teiches, Waldes, Tisches ꝛc.
sinnannut, t. SS., nach seiner Kante, seinem Rande hin.
sinnånôrpok, t. SS. & CS., er geht nach seinem Rande, seiner Kante hin, CS., er bringt es nach dem Rande seiner Kante hin.
sinnômut, nach der Seekante.
sinnåmôrpok, t. SS., er geht nach der do.
sinnåliarpok, t. SS. do.
sinnåmôrutiva, j. SS. inus., er bringt es nach der Seekante; den Kajak ꝛc.

sinnāmōrutjivok, j. SS. do. (mit mik).
sinnāliarutiva, j. SS. inus. do.
sinnāliarutjivok, do.
sinnākōrpok, t. SS., er geht an der Eis-, Seekante hin.
sinnāgorpok, t. SS., er geht an verschiedenen Sachen am Rande hin.
sinnākut (Vial.), an der Seekante hin und durch.
sinnāgut (Vial.), an seiner Kante hin; bei verschiedenen Sachen.
sinnātigut (Vial.), an ihrem Rande hin. Napartut sinnātigut aivok, er geht am Rande des Waldes oder der Bäume hin. [oder Seekante.
sinnārlukpok, t. SS., es ist schlechte Eis-
sinnasoroserpa, t. SS. inus., er besetzt den Pautik an den Kanten mit Knochen.
sinnasorosersivok, j. SS. do. (mit mik).
sinne, nik, nit, der Rand, die Kante eines Tisches ic., it, der Besatz, die Einfassung, der Fries um etwas.
sinniksak, sāk, set, Zuthat zur Einfassung, Band zum Besatz, Friese ic.
sinniksaijak, jōk, jet, do., Draht, weil derselbe in die Ränder der Kessel ic. gezogen wird.
sinniarusek, tsek, tsit, der äußerste schmale, schwarze Streifen am Einfaß des Pelzes unten herum und am Aermel; die übrigen heißen: kernertungit.
Sinnarnak, sinnarngnak, nāk, nerit, graue Farbe, graue Sachen; Hunde ic.
sinnarnauvok, j. SS., es ist grau.
Sinnaungavok, j. SS., es ist verdrießlich, ärgerlich, it, er richtet Verdrießlichkeiten, Aergernisse an (mit mut), thut Unrecht.
sinaungagiva, j. SS. inus., er hat ihn zu dem, der ihn ärgert, zum Aerger.
singaungagosukpok, t. SS. do.
sinnaungavigiva, j. CS., er hat ihn zur Stelle, wo er Unrecht gethan, Verdrießlichkeiten bereitet.
sinnaungavikarpok, t. SS. (mit mik),

do., er hat ihn zum Platz, wo er Aergernisse, Verdrießlichkeiten bereitet.
sinnaungasarpok, t. SS. & CS., er macht ihn verdrießlich, thut ihm wiederholt was Schlechtes, Aerger erregendes, SS. do. (mit mut).
sinnaungarsaivok, j. SS. do. (mit mik).
sinnaungasarivok, j. SS. & CS. do., CS., er macht ihn auch verdrießlich.
sinnaungasarvigiva, j. CS., wie sinnaungasarpa.
sinnaungarpa, t. CS., er macht ihn verdrießlich (einmal).
sinnaungaivok, j. SS. do. (mit mik).
sinnaungasartauvok, j. SS., er wird viel, wiederholt gekränkt, geärgert.
sinnaungartauvok, j. SS. do. (einmal).
sinnaungajovok, j. SS., er ist einer, der Verdrießlichkeiten anrichtet, über den man sich ärgert.
sinnaungajutigiva, j. SS. inus., er hat es zur Ursache oder ist die Ursache, daß es verdrießlich oder nicht gut ist, z. B.
sinnaungajutigivapse namanersamik illinialaunginapse, ich bin die Ursache zu der Verdrießlichkeit, daß ihr nicht besser gelernt habt. (Weil ich sie nicht gut unterrichtet habe ic.) Sinnaungavose uvamnut unnurnersennik illinnialaunginapse, ihr gereicht oder seid mir zum Aerger zum Verdruß, daß ihr nicht mehr gelernt habt.
sinnaungautigiva, j. SS. inus. do., wie sinnaungajutigiva.
sinnaunganek, nak, nerit, das zum Aergernis gereichen.
sinnaunganinga, fein do. (mit mut).
sinnaungaksaininga, feine do. (mit mik).
sinnaungaipok, t. SS., er thut immer recht, bereitet niemalen Verdrießlichkeiten, it, er ist geduldig, langmüthig.
sinnaungainek, nak, nerit, Geduld, Langmuth.
sinnaungaitonerarpa, t. CS., er nennt

ihn einen Gebulbigen, Langmüthigen, der niemanden Unrecht thut.
Sinnikpok, t. SS., er schläft.
sinnik, der Schlaf; sinniub, do. (tr.).
sinningnek, das Schlafen.
sinningninga, fein Schlafen.
sinninga, fein Schlaf; sinniga, mein do.
sinnidlarpok, t. SS., er schläft sehr, gut, fest.
sinnitsiarpok, t. SS., er schläft gut.
sinnikarikpok, t. SS. do., er schläft gut, pflegt gut zu schlafen.
sinnilorikpok, t. SS. do.
sinnarikpok, t. SS. do. (für diesmal, diese Nacht).
sinnarliorpok, t. SS., er schläft unruhig, nicht gut, wacht oft auf.
sinnakipok, t. SS., er schläft wenig.
sinnakilak, läk, lait, einer, der wenig schläft.
sinnatóvok, j. SS., er schläft viel.
sinnerkipok, t. SS., er schläft lange.
sinnerkitärpok, t. SS. do., besonders.
sinnerlukitärpok, t. SS. do.
sinnereserpok, t. SS., er schläft unruhig, wirft sich oft herum. [ein.
sinnisivok, j. SS., er schläft, schlummert
sinnisitipa, t. CS., er hat ihn eingeschläfert.
sinnersarpa, t. CS., er schläfert ihn ein.
sinnersaivok, j. SS. do. (mit mik), größere Kinder, aksukpa etc., kleinere.
sinnersaut, tik, tit, eine Sache zum Einschläfern; das Singen, Nutsch etc.
sinnisimavok, j. SS., er ist so sanft eingeschlafen, gestorben.
sinnävok, j. SS., er schnieft stark im Schl.
sinnänek, das Schniefen im Schlafe.
sinnikürpok, t. SS., er herbergt, schläft an einem andern Orte, nicht zu Hause.
sinniktarvik, vīk, vit, die Herberge, da, wo man über Nacht schläft.
sinniktarviovok, j. SS., es ist die Herberge, er ist der, bei dem geherberget wird, der beherberget.

sinniktarviojuipok, t. SS., er beherberget nie. [berget häufig.
sinniktarviogajukpok, t. SS., er beherbinniktarkova, j. CS., er heißt ihn wo anders schlafen, er erlaubt ihm da zu schlafen.
sinniktarvikangikatlärpok, t. SS., es ist schlimm, verdrießlich, daß es keine Herberge, keine Schlafstelle gibt.
sinniktarviksailamëk! laß es doch eine Herberge, einen Ort zum Schlafen haben!
sinnektomavok, t. SS., er träumt.
sinnektorpok, t. SS. do.
sinnektomanek, nak, nerit, das Träumen, ein Traum.
sinnikatte, tik, tit, ein Schlaf-Camerad.
sinnikattigiva, j. SS. inus., er hat ihn zum Schlaf-Cameraden.
sinningnärkutiva, j. SS. inus., er kommt zu ihm, indem er schläft, er trifft ihn schlafend.
sinningnärkutjivok, j. SS. do. (mit mik).
Siok, der Gesang einiger kleiner Vögel.
siokpok, t. SS., er, der Vogel, singt siok (einmal).
siolávok, do., wiederholt siok, siok, siok. (Gilt für Aviortut, Kuppernuakpait und Amauliket.)
Siorak, käk, kät, ein Sandkorn.
siorarpok, t. SS. & CS., er verstreut Sand auf ihn, den Boden etc., SS., es ist Sand gestreut.
siorarivok, j. SS. & CS. do. (mit mik), (nettermik), CS., er streut auch auf diesen etc.
siorajaräsuk, suk, suit, ein kl. Sandkorn.
sioraujak, jāk, jet, Salz (dem Sande ähnliches).
Siorjuk, suk, suit, das Brausen des Windes; im Ofen, Schornstein oder wenn er sonst wogegen fährt.
siorjukpok, der Wind brauset.
siorjudlarpok, do. sehr (sulluksukpok ist dasselbe). Annorib siorjuksoanga

tussarpara, ich höre das gewaltige
  Brausen des Windes.
Siorniorpok, t. SS., es geht ihm schwer,
  wird ihm beschwerlich, beklommen, z. B.
  bei großen Schmerzen, it, wenn einer zu
  schwer tragen oder ziehen, oder wenn er
  schon recht müde ist, doch noch voran
  muß, it, wenn einer im tiefen Schnee
  waten muß ꝛc.
siorniornek, nak, neril, die Beschwerlich-
  keit, Beschwerde, Mühseligkeit. (Ganz
  wie oktorsarnek.)
siorniorninga, seine Beschwerde.
siorniudlarpok, t. SS., es fällt ihm sehr
  schwer, wird ihm sehr sauer.
Sipkerpok, t. SS., es knallt, die Flinte geht
  los, it, ein Mensch platzt aus, lacht (einmal) auf.
sipkerlarpok, t. SS., er lacht mehreremal,
  platzt mehreremal aus.
sipkidlarpok, t. SS., es knallt sehr; Flinte,
  Kanone, it, er platzt sehr aus.
sipkerosukpok, t. SS., die Flinte, Kanone
  versagt nicht, geht gut los; siutainár-
  lungilak. [platzen.
sipkerosungnarpok, t.SS., es ist zum Aus-
sipsigiva, j. CS., er platzt aus über ihn,
  lacht über ihn.
sipsēgosukpok, t. SS. do. (mit mik).
sipkerlipa, t. SS. inus., er schießt die
  Flinte ab.
Sipperpa, t. SS. inus., er schneidet aus
  irgend etwas einen Keil heraus und zieht
  es wieder zusammen, daß es an einer Seite
  enger wird, oder setzt einen Keil hinein.
sippersivok, j. SS. do. (mit mik).
Sippivok, j. SS., die Hosen sind hinten und
  zwischen den Beinen zerrissen, offen, in
  der Naht aufgerissen.
Sipsangavok, j. SS., er steht oder liegt mit
  ausgebreiteten Beinen, it, an einer Doppelthüre sind beide Flügel offen.
sipsarpok, t. SS., es sperrt sich auf; zwei
  auf einander gebundene Sachen, Stäbe ꝛc.,

wo der Strick locker wird, it, ein Zirkel
  ist offen.
sipsartipa, t. SS. inus., er macht den Zirkel, Feuerzange oder eine Doppelthüre ꝛc.,
  auf; komilipa, er macht den Zirkel,
  Feuerzange ꝛc. zu.
Siptusarpok, siehe sertusarpok.
Sissak, sak, sait, Stahl.
sissakpok, t. SS. & CS., es ist gehärtet,
  CS., er härtet es.
sissaksivok, j. SS., er härtet (mit mik).
sissangavok, j.SS., es ist beinahe so hart
  wie Stahl.
sissairpa, t. SS. inus., er läßt es nach,
  benimmt ihm die Härte.
sissairsivok, j. SS. do. (mit mik).
sissaingavok, j. SS., es ist nachgelassen,
  it, die Kälte hat nachgelassen.
Sitsituavok, j. SS., er ist durch und durch
  naß, ist naß bis auf die Haut.
Sittamat, vier.
sittamanget, der, die, das vierte.
sittamauvut, sie sind vier.
sittamarput, do. (im Norden).
sittamararpok, t. SS., er bekommt vier.
sittamait, vier im Pluralis, wie vier Paar
  Stiefel, vier Schlitten, vier Bündel
  Fische ꝛc.
sittamairtorpok oder sittamaertorpok,
  er thut etwas viermal, ist viermal gefahren ꝛc.
sittamerput, t. SS. & CS. car. Sing., er
  macht sie zu vier, thut das vierte hinzu,
  SS., es sind mit diesem vier. Uvlome
  uvlut sittamerput, es sind heute vier
  Tage.
sittamivok, j. SS., er thut das vierte
  hinzu (mit mik). Pingasunik ukkuninga sittamivok. Pingasut ukkoa
  sittamerpait, er thut zu den drelen das
  vierte hinzu.
sittamaujorlut, acht.
sittamaujorloval, es sind acht.
sittamaujorloel, das achte und ein Achtel.

37

sittamaujortorarpok, t. SS., er bekommt acht. [achtmal.
sittamajortoertorpok, t. SS , er thut es
sittamaujortotserpait, t. CS., er thut das achte hinzu.
sittamaujortotsĕvok, j. SS. do. (mit mik).
sittamajortuĕrtorlune, achtmal.
Sitte, tik, tit, eine Fuchsgrube, it, Mauseloch, it, das Lager der schwarzen und weißen Bären im Schnee.
siljak, jäk, jet, ein Fuchsloch, während der Fuchs nicht darin ist.
sittekarpok, t. SS., er, der Fuchs ic., hat eine Grube.
sittigiva, j. SS. inus. do., er hat es zu seiner Grube.
Sittivok, j. SS., es ist hart; Eisen, Holz, Schnee ic.
sittidtarpok, t. SS., es ist sehr hart.
Sittorpok, sittokpok, t. SS., es rutscht irgend was wo herunter; Schnee vom Dach, Steine vom Berge ic.
sittoktipa, t. SS., er läßt ihn, den Stein ic., herunter rutschen.
sittovok, t. SS. & CS., er (ein Mensch) rutscht so, ob. fährt zu Schlitten ob. mit Schneeschuhen eine Lehne, ob. mit dem Boot ic. den Fluß herunter, CS., er fährt auf ihm, dem Flusse, Lehne, herunter, it, die Forellen kommen den Fluß herunter.
sittokipok, t. SS., er rutscht lange, weit herunter, it, ein Kind bricht die Milch aus (weils lange getrunken, lange hat herunter rutschen lassen).
sittorarpok, t. SS., er fährt auf einem Schlitten ic. wiederholt an einer Lehne ic. herunter.
sittorvigiva, j. SS. inus., er rutscht, fährt auf ihm, der Lehne, dem Flusse, herunter, it, Schnee, Steine ic. rutschen auf ihn.
sittorviovok, j. SS., es rutscht auf ihn herab, er wird überschüttet.
sittorauljauvok, j. SS. do., er wird überschüttet, von herunterstürzendem Schnee ic.

sittoraut, tik, tit, irgend etwas, womit man einen Abhang ob. einen Fluß hinunterfährt; lange Schneeschuhe, Schlitten, Boot ic.
sittortok, tuk, tut, eine heruntergerutschte Sache.
sittojok, juk, jut, ein heruntergerutschter ob. gefahrener Mensch ob. Thier.
situtsivok, j. SS., es läuft ihm das Wasser in den Stiefeln herunter (kallutigune).
sittungavok, j. SS., er sitzt mit gerade ausgestreckten Beinen.
sittungatipa, sittorpa, t. CS., er streckt die Beine gerade aus.
sittorsivok, j. SS. do.
Sittuktipok, t. SS., er blutet aus dem Munde; ein Thier, das verwundet ist, ein Mensch, der sich Schaden gethan ober sonst einen Blutsturz bekommt.
sittuktisimavok, j. SS., er, es hat sich verblutet.
sittuktinek, näk, neril, Blutsturz, starkes Bluten aus dem Munde. Wenn jemand nur wenig Blut speit, so heißt es: aungmik kisserpok.
Sittuak, guk, ket, Flachsstein, Asbest.
Siut, tik, tit, das Ohr, it, ein Flintenschloß.
siutekarpok, t. SS., er hat Ohren, die Flinte hat ein Schloß.
siutigiva, j. SS. inus., er hat ihn zu seinem Ohr, zu dem, der ihm alles sagt, it, zu seinem Flintenschloß.
siutekörtovok, j. SS., er hat große Ohren.
siutekortojok, juk, jut, ein Esel, ein Großohriger.
siutekipok, t. SS., er hat kleine Ohren.
siutaijarpok, t. SS. & CS., er friert an den Ohren, it, sein Ohr ist ganz ob. zum Theil abgeschnitten, CS., er schneidet ob. haut ihm die Ohren ab, it, er nimmt das Schloß von der Flinte.
siutaijaivok, j. SS. do. (mit mik).
siulukpok, t. SS., er hat böse Ohren.
siuserivok, j. SS., er hat Ohrenschmerzen.

siutsarpa, t. CS., er schlägt ihn an die Ohren, ober thut ihm sonst weh an den Ohren.
siutjarnikpok, t. SS. do. (mit mik).
siutekarvigiva, j. SS. inus., er hat Ohren auf ihn, es.
siutekarvikarpok, t. SS. do. (mit mik).
siutekarviovok, j. SS., er ist der, auf den man Ohren hat.
siutainärpok, t. SS., es platzt ab, brennt von der Pfanne; beim Schießen.
siutainārivok, j. SS., er, der Mensch, brennt das Pulver blos von der Pfanne.
siutitutigiva, j. SS. inus., er hat es zu dem, was seinen Ohren unangenehm zu hören ist; Worte oder sonst was, was ihm nicht gefällt. (Manche sagen, es gelte auch für angenehme Sachen, und heißt demnach: er hat es zu dem, was ihm ins Gehör fällt, und soll einerlei sein mit siutekarvigiva.
siutitutekarpok, t. SS. do. (mit mik).
siutitunarpok, t. SS., es ist dazu, es machts, daß es ins Gehör fällt, daß es unleidlich oder angenehm zu hören ist.
siutissiut, tik, tit, etwas für Ohrenschmerz; Arznei.
siutissiutijarpok. t. SS., er braucht Medicin für seine Ohren.
siutissiusinasuarpa, t. CS., er doctert ihm an den Ohren.
Siuktojok, juk, jut, ein großes Weibermesser, it, ein langes Beil, d. h. wo der Stahl, das Eisen lang daran ist.
Siuterok, kuk, kut, eine Schnecke.
Siukpok, siehe Siokpok.
Sivannerpok, t. SS. & CS., es lautet, schellt, klingt, die Uhr schlägt, CS., er lautet ihm; zum Kommen 2c., it, er lautet die Glocke.
sivanertauvok, j. SS., es wird für ihn gelautet, it, sie, die Glocke wird gelautet.
sivannek, nak, nerit, das Lauten, it, die Glocke 2c.

sivarngut, tik, tit, der Glockenklöppel.
sivannerut, tik, tit, der Glockenstrick.
sivannervik, vīk, vit, ein Glockengestell, it, die Zeit zum Läuten.
sivannājukpok, t. SS., der Schnee, Hagel, Sand fährt wieder die Fenster 2c. und macht Stimme; beim Regen heißt es: mapkullukpok.
sivannājuktipa, t. SS. inus., er, der Wind, jagt den Hagel 2c. gegen etwas, daß es Stimme macht.
Siva, vak, vait, Dorschleberthran, it, neues, übereinandergeschobenes Schaumeis.
sivapok, t. SS. & CS., es ist sehr steif, hart, getrocknet; ein Fell, Stiefel 2c., CS., er schmilzt es aus, Dorschleber oder Abschabsel von Fellen, it, die Sonne, Wärme macht es hart; doch wird für diesen Fall sivatipa, so scheint es, mehr gebraucht.
sivatsivok, j. SS., er bratet, schmilzt aus (mit mik).
sivatsijok, juk, jut, einer, der Dorschleber oder Abschabsel 2c. ausschmilzt.
Sivinganek, nak, nerit, der Abhang, Schräge eines Landes oder auch sonst was. Ist insofern einerlei mit uvinginek, daß beides ein Abhang bedeutet, nur soll Ersteres länger sein.
sivinganiovok, j. SS., es ist ein Abhang.
sivingavok, j. SS., es geht schräg; hinauf oder hinunter. [schräg.
sivingajarpok, j. SS., es geht wenig
sivingajangavok, j. SS. do.
sivinganarikpok, t. SS., es ist sehr steil.
sivinganariktipa, j. SS. inus., er stellt es sehr steil; ein Brett, Leiter 2c.
Sivitóvok, j. SS., es währt lange; der Winter, Tag 2c., it, es ist weit, z. B. Killinek sivitovok.
sivitonek, das Langewähren, it, die Weite; kattimaniub sivitoninga, die Länge der gehabten Versammlung. Imarbiub sivitoninga sivoragivara, ich fürchte die Weite des Meeres.

sivitogiva, t. SS. inus., er hat es zu dem, was ihm lang wird, weit entfernt däucht. Annertogiva ist dasselbe.
sivituksarpok, t. SS. do. (mit mik). Uvlok sivitogivara, der Tag wird mir lang.
sivikipok, t. SS., es währt kurz, it, der Weg wohin ist kurz. Annikipok ist ganz dasselbe.
sivikinek, das Kurzsein, die Kürze.
sivikininga, seine Kürze; des Tages, Weges ꝛc.
sivikigiva, j. SS. inus., es wird; däucht ihm kurz.
sivikiksarpok, t. SS. do. (mit mik).
sivikiksarutigiva, j. SS. inus., er hat es zur Ursache, daß es ihm kurz wird; sullijäkset kuvianartut sivikiksarutigivakka uvlormik, die vergnüglichen Arbeiten habe ich zur Ursache, daß mir der Tag kurz wird.
sivituksarutigiva, j. SS. inus., er hat es zur Ursache, daß ihm die Zeit oder Weg ꝛc. lang wird.
Sivotorpa, siehe sibvotorpa.
Sivuranek, die Furcht, Bangigkeit.
sivuraninga, seine Furcht, Bangigkeit.
sivuragiva, j. CS., er fürchtet sich vor ihm; vor einem Wege, Menschen, schlechtem Eis ꝛc.
sivuravok, j. SS., er fürchtet sich, it, er fürchtet sich, es ist ihm bange vor ihm (mit mik).
sivuragijigiva, j. SS. inus., er hat ihn zu dem, der sich vor ihm fürchtet, der bange vor ihm ist.
sivuragijekarpok, t. SS. do. (mit mik).
sivuragijakarpok, t. SS., er hat einen, vor dem er sich fürchtet, vor dem ihm bange ist.
sivuragijauvok, j. SS., er wird gefürchtet.
sivuranarpok, t. SS., es, er ist fürchterlich, ist Furcht, Bangigkeit erregend.
sivurasärpa, t. CS., er macht ihn furcht-
sam, sagt ihm, wie das oder jenes beschaffen ist ꝛc.
sivurasaivok, j. SS. do. (mit mik).
sivuraumijarpok, t. SS., er fürchtet sich zum Voraus, ist ihm zum Voraus bange davor (mit mik).
sivuraumijarutigiva, j. SS., er fürchtet sich zum Voraus vor ihm.
sivurajutigiva, j. SS. inus., er hat ihn zur Ursache der Furcht ꝛc.
sivuravaksoadlarpok, t. SS., er fürchtet sich sehr, ist ihm sehr bange.
Sivurlek, lik, lit, der Erste, Vorderste.
sivurlerpák, pák, pait, der Allererste.
sivurlerpauvok, j. SS., er ist der Allererste. [derste.
sivurliovok, j. SS., er ist der Erste, Vor-
sivurliupa, t. SS. inus., er macht ihn zum Ersten, Vordersten.
sivurliutiva, j. SS. inus. do. (Letzteres wird mehr gebraucht).
sivurliutjivok, j. SS. do. (mit mik).
sivurlerpok, t. SS. & CS., er geht voran, CS., ihm.
sivurleriva, j. SS. inus., er hat ihn zu seinem Vorgänger; im Amt, oder auch wenn er ihm sonst voran geht.
sivurlekarpok, t. SS. do. (mit mik).
sivurliga (intr.), sivurlima (tr.), mein Vorfahr, Vorgänger.
sivurlit, do., sivurlerpīt, do., dein do.
sivurlinga, do., sivurlingatta, do., sein do. [(recip.)
sivurline, do., sivurlime, do., sein do.
sivurlivut, do., sivurlipta, do., unser und unsere do.
sivurlersorpa, t. SS. inus., er ist vor langer Zeit vor ihm hergegangen.
sivurlerkärpok, t. SS., er geht zuerst, vorher, voran; wenn welche ausgehen, ausfahren, it, auch wenn einer beim Stillhalten den Anführer spielt und zuerst hält.
sivurlerkärtokarpok, t. SS., es hat Vorausgegangene.

sivumuarpok, t. SS., er geht voran, weiter.
sivu, vuk, vut, das Vordertheil des Schlittens, Bootes, Kajaks, it, des Kopfes an Menschen und Thieren, it, das ganze Oberste an der Pelz- ob. Jacken-Kappe.
sivukarpok, t. SS., er, es hat (das Boot 2c.) ein Vordertheil.
sivua, sein Vordertheil, Vorderstes; des Schiffes 2c.
sivuliarle! laß es oder ihn nach Vorne hin! im Boot oder auf dem Schlitten 2c.
sivunek, nak, nerit, das vorgestedte Ziel, worauf er zugeht.
sivuneriva, j. SS. inus., er hat es, ihn zum Ziel, worauf er zugeht.
sivunekarpok, t. SS. do. (mit mik).
sivunersivok, j. SS. & CS., er findet das Ziel.
sivuniksak, sāk, set, das Ziel, worauf man zugehen wird.
sivuvarpok, t. SS., er geht voran, ist weit voraus.
sivurngitorpa, t. SS. inus., er geht ihm zuvor, geht an ihm vorbei, um ihm zuvorzukommen.
sivurngituivok, j. SS. do. (mit mik).
sivurarkopok, t. SS. & CS., er geht vorbei, CS., er geht an ihm vorbei (so, daß man ihn sehen kann).
sivurak, rak, kat, das, was einem im Angesichte ist, was man von seinem Standpunkte aus sehen kann; sakka ist dasselbe.
sivurara (intr.), sivurkama (tr.), meine Aussicht, soweit ich vor mir hin sehen kann.
sivurkat, do., sivurkavit, do., deine do.
sivurā, do., sivurangatta, do., seine do.
sivuravut, do., sivurapta, do., unsere do.
sivurase, do., sivurapse, do., euere do.
sivuranget, do., sivurangatta, do., ihre do.
sivuramne, vor mir sichtbar in einiger Entfernung.
sivurangne, vor dir do. do.

sivurane, vor ihm do. do.
sivuraptingne, vor uns do. do.
sivurapsingne, vor euch do. do.
sivurangæne, vor ihnen do. do.
sivuramne angulaukpok, er hat vor meinem Angesichte, indem ich es sah, erworben. [gesicht.
sivurakipok, t. SS., er hat ein kurzes Ansivuralovok, j. SS., er hat ein langes Angesicht.
sivurangiupok, t. SS. & CS., er ist gerade vor ihm (so, daß er ihn sehen kann) (mit mut), CS., er bringt es vor ihn.
sivurangiutivok, j. SS. & CS. do.
sivurangiartigiva, j. SS. inus., er hat ihn gerade vor sich.
sivunera, mein Ziel, wo ich hin will.
sivunera innokpara, ich erreiche mein Ziel nicht; sivunera likkipara, ich bin an mein Ziel gekommen; sivunimnut pivunga oder likkipunga, do.
sivunimno oder sivunamne, vor mir, ehe ich kam 2c.
sivunerne oder sivunangne, vor dir do.
sivurningane ob. sivurngane, vor ihm do.
sivuniptingne - sivunaptingne, vor uns, bevor uns.
sivunipsingne - sivunapsingne, vor euch.
sivuninginne, vor ihnen.
sivunimne tikkipok, er ist vor mir angekommen; sivunamne tuktupok, er hat vor mir ein Rennthier bekommen, it, ehe ich kam; sivunipkut aularpok, er ist vor mir ausgegangen, weggegangen. (Diese drei haben im Gebrauch ganz einerlei Bedeutung.)
sivunimnepok, t. SS., er ist da, wo ich hingehe, vorher.
mattoma sivurngane namanersaulaukpok manamit, früher (ob. vor jetzt) war's besser wie jetzt; manna namanersauvok sivurnganemit, jetzt ist es besser wie vorher; manna pijomanersarivara sivurnganemit, nun will ich

es lieber haben als früher oder vorher; una pijomangārpara sivurlinganit, riefen will ich lieber haben als den Vorigen (sivurnganit ist übrigens auch richtig, und es bleibt sich gleich, welches von beiden man braucht); sivunimnit pittakarnersauvok, es hat jetzt mehr, als es vorher, vor mir hatte; sivunangnit piunginersauvok, es ist jetzt schlechter als es vor dir war.

sivurlingniarpok, t. SS. & CS., er ist zuerst am Seehundsloche, ehe der Seehund kommt.

sivurliktaligarpok, t. SS. & CS., er bekommt ihn, den Seehund, er kommt ihm zuvor.

sivunk, utsek, utset, die Vorderzähne.

sivuangerpa, t. CS., er zieht ihm, nimmt ihm einen Vorderzahn heraus.

sivuangersivok, j. SS. do. (mit mik).

sivuakarungnaipok, t. SS., er hat keine Vorderzähne mehr.

Soggok, uk, uit, ein Geschwür, Beule ohne Oeffnung.

Sōg? warum? sōgle? warum aber? sōngme? warum? sōngme wird außer zur Frage, auch noch als Bejahungs- ob. Erlaubungswort gebraucht, z. B. es frägt einer: Kann ich dieses haben? una pijungnarpigo? und es heißt darauf sōngme! so kann er es nehmen.

Sokiak, ja freilich, das ist gewiß.

Sokkak, kåk, kat, eine Walfischbaarte, Fischbein.

sokkamarik, rīk, rit, eine große Baarte.

sokkiniarpok, t. SS. & CS., er schneidet Baarten aus dem Walfische.

sokkivok, j. SS. & CS. do.

sokkakuttekarpok, t. SS., er besitzt B.

Sokkiavok, siehe bei sukkipok.

Sokkaterpa, siehe bei sukkapok.

Sokkoserpok, t. SS. & CS., es ändert sich, hat sich verändert, CS., er verändert es.

sokkosévok, j. SS., er ändert, verändert (mit mik).

sokkositipa, t. CS. do.

sokkosernek, nak, neril, die Veränderung.

sokkoseruligiva, j. SS. inus., er hat es zur Ursache der Veränderung; Medicin, Worte 2c.

sokkotigiva, j. SS. inus. do.

sokkot, tik, tit, die Ursache, Wirkung, daß es anders wird.

sokkotekarpok, t. SS., er, es hat Veränderung; Krankheit 2c.

sokkotekangilak, t. SS., er zeigt keine Veränderung; die Krankheit, it. ein Mensch, der sich nicht rathen läßt 2c.

sokkotauvok, sokkoserutauvok, j. SS., es ist wirksam; die Medicin, Worte, Kleider 2c.

sokkosiutivok, j. SS. & CS., do., CS., er ist anders zu ihm, achtet ihn nicht mehr (wie nippotiva). [dert.

sokkosingilak, t. SS., er, es ist unverän-

sokkosijuipok, t. SS., er, es ist unveränderlich, verändert sich nie.

sokkosijuitipa, t. SS. inus., er macht ihn unveränderlich.

Sollorak, kük, kat, das Dünne ob. Schmitze an der Peitsche.

Somāvok, j. SS., siehe sumāvok.

Sōngovok, j. SS., er, es ist stark, fest, unbeweglich, it. er kann Verschiedenes machen, ist ein Tüchtiger.

sōngosivok, j. SS., er fängt an stark, tüchtig zu werden.

sōngositipa, t. CS., er macht ihn stark.

sōngonerarpa, t. CS., er nennt ihn stark.

sōngoneraivok, t. SS. do. (mit mik).

sōngojōvok, j. SS., er ist ein Starker.

sōngojotōvok, j. SS., er ist der einzige Starke.

sōngojotuak, åk, at, der einzige Starke.

sōngonek, nak, neril, die Festigkeit, Stärke.

Soraerpok, t. SS., er, es hört auf, ist aus.

soraernek, nak, nerit, das Aufhören, Schließen; kattimaniksab soraerninga.
soraertipa, t. CS., er stopft es, schließt es; okalänine sorairtipeit, er schließt seine Rede.
sorairutiksak, säk, sel, der Schluß, das Ende einer Sache, die noch nicht fertig ist.
sorairutiksamut, zum Schluß.
sorairutiksamik, den Schluß; sorairutiksamik okaromavunga snlle, ich will noch den Schluß sagen; sorairutiksamut okaromavunga sulle, zum Schluß will ich noch sagen.
soraingilak, t. SS., es hört nicht auf.
soraijuipok, t. SS., es hört nie auf.
sorairajukpok, t. SS., es hört häufig auf.
sorairajuipok, t. SS., es hört selten auf.
sorairnanga, ich ohne aufzuhören oder unaufzuhören.
sorairnak, bu do. do. do.
sorairanc, er do. do. do.
sorairata, wir do. do. do.
sorairanuk, wir beide do. do.
sorairase, ihr do. do. do.
sorairatik, sie, und sie beide ohne aufzuhören; sorairnanga ungagijomavara, unaufhörlich will ich ihm anhangen.
Sorlo, so, gleichwie; sorlo okaravit, so wie du sagst; ujaraktut sorlo, so wie ein Stein.
Sorluköpok, t. SS., es geht vom Munde aus durch die Nase, z. B. der Tabaksrauch beim Rauchen; beim Trinken das Wasser rc.
sorluijarpok, t. SS., die Nase läuft, tropft ihm vor Kälte.
sorluijarnarpok, t. SS., die Witterung ist kalt, beißend, daß sie Nasenlaufen verursacht.
sorlulerivok, j. SS., die Nase läuft ihm beim Schnupfen rc.
sorlukpok, t. SS., ein Thier hat den Rotz.
sorlok, lük, luit, die Gaumenknochen.

Sorpalukpok, t. SS. & CS., er klopft an, an irgend was (ist ganz wie avilortarpok).
Sorrojovok, j. SS., es ist schmieriges, schmutziges Wetter.
sorrojukpok, t. SS. do.
Sorrusek, utsik, utsit, ein Kind.
sorrusiövok, j. SS., es ist ein Kind.
sorrusiärsuk, sük, suit, ein kleines Kind.
sorrusiarsövok, j. SS., es ist ein kleines Kind.
sorrusekarpok, t. SS., es hat und er hat Kinder, die noch Kinder sind.
sorrusiariva, j. SS., er hat es zum Kinde.
Sorsuavok, j. SS. & CS., er schmält oder schlägt, bekriegt einen, der einem andern wehe gethan oder ihn geschmält hat.
sorsukpok, t. SS. & CS., er bekriegt jemanden, streitet mit ihm, wehrt sich oder fällt ihn an.
sorsugeksariva, j. SS. inus., er soll mit ihm, gegen ihn streiten.
sorsuktuksauvok, j. SS. do. (mit mik).
sorsugiarpok, t. SS. & CS., er geht streiten, kriegen.
sorsuktok, tuk, tut, ein Streiter, Krieger (der im Kriege oder Streite ist).
sorsuktuksak, säk, sel, einer, der dazu bestimmt ist zu streiten, ein Soldat.
Suakpok, t. SS. & CS., er schilt, schmält ihn.
suangnävok, j. SS. & CS. do., sehr.
suangavok, j. SS. & CS. (wie suakpok).
suagajukpok, t. SS. & CS. do., oft.
suagajuipok, t. SS. & CS. do., selten.
suaguipok, t. SS. & CS. do., nie.
suartaujutiksak, säk, sel, die Ursache des Schmälens. [ten.
suarnek, nak, nerit, das Schmälen, Scheltsuartaunck, nak, nerit, das Geschmältwerden.
suartaujariak, äk, et, do.
suarutaujariak, äk, et, die Ursache des Schmälens.
suaktouvok, j. SS., er wird geschmält.
suadlarauvok, j. SS. do., sehr.

Suarutak, tāk, tet, ein Regenschauer.
suarutserpok, t. SS., es regnet vorüber-
  gend vom einzelnen Schauer.
suarutserarpok, t. SS. do., wiederholt.
suarutsārpok, t. SS. do.
Sugalungnek, nāk, nerit, das Schlimm-
  sein, Argsein.
sugalukpok, t. SS., es ist schlimm, ist
  arg (die Krankheit, das Wetter ꝛc.).
sugaluktipa, t. CS., er macht ihn, es arg
  (die Medicin den Kranken).
sugaluksartipa, t. CS., er reißt ihn, macht
  ihn so, daß es ihm zu arg wird.
sugalulerpok, t. SS., es fängt an ärger,
  schlimmer zu werden.
sugalulertipa, t. CS., er macht es ärger,
  schlimmer.
sugaluluarpok, t. SS., es ist zu arg;
  sugaluluartomik passiva, er beschuldigt ihn zu arg (mehr als wahr ist).
sugárpok, t. SS., er macht es schlimmer
  als es ist, er vergrößert, geht mit irgend
  was schlecht um (mit mut); sugárpok
  tapsomunga, er ist schlecht zu ihm, redet schlechter von ihm, als wahr ist, geht
  schlechter mit etwas um, als es vertragen
  kann ꝛc.
sugárnek, nāk, nerit, das Zugroß-, Zu-
  argmachen, Zuschlechtumgehen mit etwas.
sugautiva, j. CS., er macht es zu arg mit
  ihm, führt ihn zu schnell, schmält ihn zu
  arg, schüttelt, schlägt, tritt, stößt, wirft
  ꝛc. ihn, es zu arg.
sugautjivok, j. SS. do. (mit mik).
sugaujauvok, j. SS., sugautjauvok, j.
  SS., er, es wird zu stark, zu schlecht behandelt, zu sehr geschmält, geprügelt, gerissen, geschüttelt.
sugalugiva, j. SS. inus., er hat ihn zu
  dem, der es ihm arg macht, der immer
  wieder haben will, ob er gleich schon viel
  gekriegt; der ihn immer wieder schlägt,
  schmält ꝛc.
sugaluksarpok, t. SS., es ist ihm arg, zu
  arg (mit mik). (Ist das SS. von sugalugiva u. einerlei mit sugalutekarpok.)
sugalutekarpok, t. SS. do. (mit mik).
sugalutiva, j. CS., er macht ihn schlimm,
  arg; sendet ihn immer wieder, das oder
  jenes zu holen von Jemanden, oder das
  oder jenes Unangenehme wieder zu sagen
  ꝛc. (mit mut).
sugálutjivok, j. SS. do. (mit mik & mut).
Sugiarpok, t. SS. & CS., er bestraft, züchtigt, schlägt, stößt, tritt oder wirft ihn
  (SS. mit mik); sugiarnikpok do.
sugiartak, tāk, tet, einer, der gestraft, gestraft, geschlagen ꝛc. wird.
sugiartauvok, j. SS., er ist ein Gestrafter, wird gestraft, gezüchtigt.
sugerarpok, t. SS. & CS., er schlägt mit
  den Händen aus, um sich, währt ab.
Suglugiva, j. CS., es ist ihm zu wenig, zu
  klein (was er bekommt).
suglugosukpok, t. SS. do. (mit mik).
suglujivok, j. SS. do.
suglunarpok, t. SS., es ist zu klein, zu
  wenig (irgend etwas).
sungutigiva, j. CS., es ist ihm zu klein,
  will es nicht.
sungutekarpok, t. SS. do. (mit mik).
sungujivok, j. SS. & CS., er gibt ihm
  wenig; sungujiva ominga, SS.
sungujivok tapsominga ominga.
suigiva, j. CS., er hält es für zu wenig,
  für wenig; die Nahrungsmittel für den
  Winter, die Jahre, die einer noch zu
  leben hat (wenn einer schon alt oder kränk-
  lich ist) ꝛc.
suigosukpok, t. SS. do. (mit mik).
suingnarpok, t. SS., es ist wenig (zu diesem oder jenem). [(activ).
Suingainek, nak, nerit, die Ueberraschung
suingaininga, feine Ueberraschung, einem
  unerwartet über den Hals kommen, mit
  irgend etwas; suingaininga uvamnik
  kuviasutingilara, fein mich überraschen
  habe ich nicht zu meiner Freude.

suingarpa, t. CS., er überrascht ihn, kommt ihm unerwartet mit irgend was.
suingaivok, j. SS. do. (mit mik).
suingartauvok, j. SS., er wird überrascht.
suingartaunek, nåk, nerit, die Ueberraschung (passiv).
suilamnit, gegen mein Erwarten; suingamnit, do.; suilamnit aitojuilånga, gegen mein Erwarten theilt er mir nichts mit.
suilangnit, gegen dein Erwarten.
suilanit, gegen sein do.; suerganit, do.
suilaminit, do. (recip.); suernganitliglukpa, gegen sein Erwarten schlug er ihn ins Gesicht; suilaminit tigluktauvok.
suilaplingnit, gegen unser Erwarten.
suilapsingnit, gegen euer do.
Sujomavok, j. SS., er will (irgend) was haben (gehört zu suvok).
sujomaluarpok, t. SS., er will mehr haben, als ic.
Sujukpok, t. SS. & CS., er ist naß, beschmiert, unrein, es ist verdorben ic., CS., er verbirbt, beschmiert es, ihn.
sujuivok, j. SS. do. (mit mik).
sujungavok, j. SS., er beschmiert sich bald, ist immer unrein; Kinder od. sonst einer, der sich gar nicht in Acht nimmt.
sujuksaraipok, t. SS. & CS., er, es ist schnell beschmiert, verdorben, CS., er beschmiert, verdirbt es schnell.
sujuisaraipok, t. SS. (mit mik).
sujurikpok, t.SS. do. wie sujuksaraipok.
sujungaipok, t. SS., er, es ist rein, gut, nimmt die Unreinigkeit nicht leicht an; ein Mensch hält sich gut, ob er gleich ein schlechtes Beispiel hat; ein Mensch oder Thier bleibt bei Kräften, ob die Nahrung gleich arm ist.
sujungaitipa, t. CS., er macht ihn rein, trocken, gut, sauber.
sujungailiva, j. CS. do.
Sukkápok, j. SS., er, es geht hurtig, geschwind, schnell. Manche sagen: sukkavok, und wollen sukkápok nur für einen schnell fahrenden Schlitten gelten lassen; dieses aber, sowie das folgende, für Menschen und allerlei.
sukkalivok, j. SS., er, es geht schnell, hurtig.
sukkaipok, t. SS., er, es geht langsam; sukkaitomik pilerit, mache langsam.
sukkailisarpok, er, es geht langsam.
Sukkapok, t. SS. & CS., er spannt, zieht einen Strick, Tau ic. scharf an, SS., es ist angezogen, angespannt.
sukkatsivok, j. SS. do. (mit mik).
sukkaterpa, t. CS., er hat ihn angespannt, fest angezogen.
sukkangavok, j. SS., es ist straff, es steht etwas fest angespannt; Violinsaite, Tau ic.
Sukkakpok, t. SS. & CS., er stützt was, setzt eine Stütze unter, SS., es ist gestützt.
sukkaksivok, j. SS. do. (mit mik).
sukkaksimavok, j. SS. & CS., es steht gestützt da, CS., er hat es fertig gestützt.
sukkak, kåk, ket, eine Stütze.
Sukkipok, t. SS., er sticht sich einen Splitter ein.
sukkitipa, t. CS., er stößt ihm einen Splitter ein.
sukkititsivok, j. SS. do. (mit mik).
sukkiut, tik, tit, ein Splitter.
sukkinek, nak, nerit, eine Wunde vom Splitter.
sukkiovok, j. SS., er kann nicht ordentlich gehen, weil er was an der Fußsohle hat, weil er entweder etwas hineingetreten od. sonst Schmerzen daran hat.
Sukkok, kük, kut, einer, der nichts taugt, nichts zuwege bringt, nichts Ordentliches macht; auch einer, der viel krank ist.
sukkövok, j. SS., er ist nichts werth, vermag nichts (aus Krankheit oder von Natur).
sukkojok, juk, jut, do. wie sukkok.
sukkullivok, j. SS., sie gebiert eine Mißgeburt, it, er macht schlechte Arbeit, bringt eine Mißgeburt zuwege.

sukkulliariva, j. SS. inus. do.
sukkulāvok, j. SS., er ist oft nichts nutze, krank, redet oder macht Unnützes.
sullovipok, do. (nordisch).
Sulle, noch, annoch, dennoch; sullelo, und noch; sulletauk, auch noch.
sullele, aber noch; sulleungitok, noch nicht.
Sullivok, siehe bei suvok.
Sulluk, lük, luit, im Plural, ein abgeschnittener Flügel vom Vogel; im Singular, eine Feder aus dem Flügel, it, ein Federkiel.
sulloërpok, t. SS. & CS., er ist ohne Flügel, CS., er macht ihn ohne Flügel.
sulloarpok, t. SS. CS., er hat ben Flügel zerbrochen, CS., er zerbricht oder zerschießt ihm ben Flügel (ohne ganz abzugeben) beim Fliegen.
sullukpālukpok, t. SS., er macht Geräusch mit den Flügeln.
Sullojak, jāk, jet, ein großes Messer mit breiter Klinge (wie eine Feder gestaltet).
Sullokēngavok, j. SS., es ist nicht winklicht.
Sulluksungnak, das Sausen, Blasen des Windes (wenns nur der Wind ist).
sulluksukpok, t. SS., er, der Wind, macht Stimme, sauset.
sulluksuisākpok, t. SS., der Wind sauset wenig.
Sullugaivok, j. SS., es bekommt Aehren; das Getraide ꝛc.
sullugainek, nāk, nerit, die Aehre.
Sulluvaut, tik, tit, das Horn, was der Renntierbock vorn über der Stirn hat, it, ein Haarzopf über der Stirne, wie ihn manche Nordländer zu tragen pflegen.
sulluvauta, sein Horn, Zopf.
Sumāvok, j. SS., er ist anhaltend; der Sturm, die hohe See; wenns 2, 3 Tage und länger anhält.
Sumivok, j. SS. (mit mik), es ist ihm zu wenig, zu gering, und achtet es deshalb nicht, verachtet es.
sumigiva, j. SS. inus. do.

sumigitailiva, j. SS. inus., es ist ihm nicht zu klein, zu wenig, zu gering; er verachtet es nicht.
sumitailivok, j. SS. do. (mit mik).
Sumukpāvok, j. SS., er kommt bald hier bald dort zum Vorschein, geht schnell wo anders hin (ein Seehund oder sonst Seethier), it, ein Mensch, der oft wo anders hin zieht. Wird nicht allgemein verstanden, dagegen aber:
sumukpāngilak, t. SS., es geht nicht weit, kommt wieder nahe an derselben Stelle zum Vorschein.
Sunā, sunak, sunát, was, etwas, etliche, welche.
sunab (tr.).
suna pijomavara, ich will was haben (irgend etwas, wenn verschiedenes da ist);
sunát tiguniarpakka, ich werde welche nehmen.
sunā? was? was ist es? sunák? was sind diese zwei.
sunāt, was sind diese? was für welche? katsiktut ukkoa sunāt? was sind diese Erhöhungen? sunnanukkoa? was sind diese? suna ukkoa? do.
sunauva? was ist es?
sunauvok, es ist etwas.
sunautipa, t. CS., er macht ihn, es zu was.
sunaungilak, t. SS., er, es ist nichts.
sunauninga, sein Wesen, sein was er ist.
sunaubva! was ists! es trifft nicht zu.
okalaurallōarpok ikkajoromagame sunaubvale ikkajorlungilak, er hat wohl gesagt, daß er helfen wolle, aber ists, er hilft nicht.
sume? suname? wo? an was? bei was?
sumut? sunamut? zu was? durch was?
sumik? sunamik? was? (Acc.)
sunamik pijomavit? was willst tu haben?
sunamikiak, ich weiß nicht was.
sunatuinarmik, irgend etwas, einerlei was es ist.

sunameka? sumeka? sumetok? in was ist es. [irgend was.
sunamepok, t. SS., er, es ist in was, in sumirpok, sunamerpok, er frägt: was?
sunamerka? sunamertok? frägt er: was? sagt er: sumik oder sunamik?
sunamit? sumit? von was?
sunamit piva? von was ist es?
sunamit neksarlaukpara, ich habe es von irgend was mitgebracht.
sumut, sunamut attortauniarpok, es wird zu was gebraucht werden; sunamut attoráksauva? zu was ist es zu brauchen? sumut oder sunamut namanersauva oder nekornersauva? durch was ist es besser geworden?
sukut? sunakut? durch was? wodurch? (Vialis), sunakut tamaungarkīt, nunakullonēt sikkokullonēt? durch was, über was bist du hierhergekommen, übers Eis oder zu Land? sunakut aularniarka umiakullonēt kajakullonēt? durch was wird er fortgehen, zu Boot oder zu Kajak?
sunane? bei welchen? sunanut? zu welchen?
sunatigut? durch welche? sunanik? welche?
sunatuinait, verschiedenes, allerlei, allerhand; sunatuinait attorpeit, er braucht verschiedenes, braucht allerlei.
sunatuinarmik attorpok, er braucht irgend etwas, einerlei was es ist (eins).
sunatuinarnik pijomavok, er will verschiedenes (mehrere); sunatuinarnut, zu verschiedenen.
sukutsek, sik, sit (abgeleitet von sukut), die Stelle, Gegend, irgend wo.
sukutsera, irgend wo an mir, bei mir.
sukutsia, do. ihm, irgend wenn.
sukutsit, do. dir.
sukutsivut, do. uns.
sukutsise, do. euch.
sukutsingát, do. ihnen.
Merkut sukutsimnepok nanekiak, die Nabel ist irgend wo an mir, ich weiß nicht wo; sukutserivara nanekakiak, do., es ist irgend wo an mir, bei mir, ich weiß aber nicht wo; sukutsipkukiak āniavunga, ich habe irgend wo Schmerzen, weiß nicht wo; weiß nicht wo mirs wehe thut; sukutsit āniava? welche Stelle thut dir weh? Antw.: okutsera, hier diese Stelle an mir (d. h. da, wo man hinweiset); sakutsikut aniavit? an welcher Stelle hast du Schmerzen? sukutsia ōnanauvok, irgend wo an ihm (dem Lande, Flusse 2c.) ist es schön.
sukutsiane (Loc.), irgend wo an ihm, irgend wenn, irgend in der Gegend; sukutsiane kainiarpotit, du wirst einmal kommen (einerlei wenn); sukutsiane okalaukpok, er hat einmal gesagt; sukutsianeka? wo, an welcher Stelle (an ihm) ist es? sukutsianekiak, ich weiß nicht an welcher Stelle.
sukutsiagut (Vial.), durch irgend eine Gegend, Stelle, Weg 2c.; sukutsiagut kainiarpok, er wird irgend wo durch, auf irgend einem Wege kommen.
sukutsiakörpok, er kommt irgend wo durch.
sukutsiagukiak, ich weiß nicht wo durch, auf welchem Wege.
sunavinek, nak, verngit, ein Theil von irgend etwas.
sunavininga? von was ist's?
sutakarpok, t. SS., er hat was darinnen (in einem Gefäß 2c.).
sunatakarpok, t. SS. do.
sutalik, sunatalik, do.
sukarpok, sunakarpok, t. SS., er, es hat was, hat Sachen.
sukangilak, sunakangilak, t. SS., er hat nichts, ist arm.
sukarane, sunakarane, ohne was zu haben.
suksak, sāk, set, etwas, was zu irgend etwas sein soll, was zu etwas kann gebraucht werden.
sunaksak, sāk, set, do.
sunangoaksak, sāk, set, do.

sunangoak, ək, et, do.
suksak oder suksauva? es ist zu was zu brauchen? zu was ist es?
suksauvok, j. SS., es ist zu irgend was zu brauchen? sunangoaksak? zu was ist das zu brauchen? was soll das geben?
suvok, j. SS. & CS., er richtet was aus; bekommt das, wornach er geschossen; das, was er macht, geräth ihm ıc., SS., es fehlt ihm was.
sunalivok, j. SS. & CS. do., CS., er macht was für ihn.
sunaliariva, j. SS. inus. do., er macht es gut, macht es zu was.
sungilak, t. SS. & CS., er, es richtet nichts aus; es ist soviel als nichts, was er gethan, geredet, bekommen ıc.; sulingilak, sunalingilak, do., CS., er richtet nichts mit ihm, der Arbeit ıc. aus.
sungiluarivok, j. SS. & CS., er, es richtet noch weniger aus, thut noch weniger Wirkung, wie ein anderer ob. früheres ıc.
sutsengilak, t. SS. & CS., er, es richtet durchaus nichts aus ıc.
sungitsertorpok, t. SS., er thut, als wenns nichts wäre, als wenn er nichts ausrichtete, als wenn ihm nichts fehle ıc.
susiorpok, t. SS., er sucht irgend was, sieht sich nach irgend etwas um.
sunasiorpok, t. SS. do.
siorkit? sunasiorkit? was suchst du? suchst du was?
sugiva, j. SS. inus., er, es ist ihm was, er hat ihn, es zu was.
sunagiva, j. SS. inus. do.
sugiviuk? was ist er, es dir? savigivara ernerivara ıc., es ist mein Messer; es ist mein Sohn.
sunauva illingnut? do.
sunasugiva, j. CS., er denkt, daß (jener) was ausgerichtet, daß er das, wornach er getrachtet, bekommen hat ıc.
sunasugiklivok, j. SS. do. (mit mik).
suva? sunaliva? suliva? richtet er, es

was aus? it, suva? fehlt ihm was? was fehlt ihm?
sujok? do., sujok, juk, jut, einer, dem was fehlt.
sujokarpok, t. SS., es hat jemanden, dem was fehlt.
suvit? fehlt dir was? was fehlt dir? it, was machst du da? was schaffst du?
sujomavit? was willst du? (Wenn einer was Unrechtes macht oder er denkt, es würde ihm Unrecht gethan.)
sua? was hast du gesagt? (Wenn nemlich einer was gesagt und der andere hat es nicht verstanden.)
suakpok, t. SS. & CS., er sagt: was hast du gesagt? CS., er sagt ihm oder fragt ihn: was hast du gesagt? it, er schilt, schmält, schmält ihn.
suvagok? was sagt er, was hat er gesagt?
sulivok, j. SS., er macht was; arbeitet, richtet was aus; es ist so, wie er sagt ıc. (Wie suvok & sunalivok.)
sulidlarpok, do., sehr, tüchtig.
suliariva, j. SS. inus., er macht es, ihn; macht es zu was.
suliak, ək, at, Arbeit, die man gerade macht, wo man daran ist.
suliaksailerkitsainarpok, t. SS., er wünscht sich immer Arbeit, ist arbeitsam.
suliaksak, sək, sát, etwas, was man machen soll; Arbeit, die zu machen ist.
suliaksakarpok, t. SS., er hat Arbeit, die er machen soll; es hat Arbeit, die zu machen ist.
sulijoriva, j. CS., er denkt, daß jener was ausrichte, daß seine Worte Sinn hätten ıc.
sulijoriklivok, j. SS. do. (mit mik).
suliniarkongilak, t. SS., es scheint, er wird nichts ausrichten.
sulingilak, t. SS., er richtet nichts aus; es ist soviel wie nichts, was gegeben, geredet, gethan wird ıc. (sungilak ist dasselbe).
sulitsengilak, t. SS. do.

Sun   Sup

sulinane, sulilugane, er vergeblich, für die Langeweile, umfonſt; sulinane aularpok, er geht vergeblich aus; sulinanga kaikolaukpagit, ich habe dich vergeblich, umfonſt gerufen.

Sunamiarpok, t. SS., es hat fertige braune Haare, das Rennthier.

sunamiarut, der Monat October (weil in demſelben die Haare des Rennthiers fertig ſind.

Sungak, äk, et, die Galle.

sungarpallukpok, t. SS., er, es iſt gelblich, wie Galle. [trauensſache.

Sungertut, lik, tit, die Zuverſicht, Ver-

sungertuligiva, j. CS., er hat es, ihn zur Zuverſicht, zum Vertrauen, zu dem, worauf er ſich verläßt.

sungertutekarpok, t. SS. do. (mit mik).

sungertutekarnek, die Zuverſicht, Vertrauen (das man hat); sungertutekarninga Nalekamik sullinginiængilak, ſeine Zuverſicht auf den Herrn wird nicht umſonſt ſein.

sungertutituariva, j. CS., er hat ihn zur einzigen Zuverſicht, worauf er ſich verläßt.

sungertutauvok, j. SS., es iſt eine Zuverſicht, eine Sache, worauf man ſich verläßt.

sungertutigijauvok, j. SS., es wird ſich auf ihn verlaſſen.

sungertorpa, t. CS., er macht ihm Vertrauen, Zuverſicht, verheißt ihm Hilfe.

sungertuivok, j. SS. do. (mit mik).

sungertutigëkpuk, put, car. Sing., ſie verlaſſen ſich gegenſeitig auf einander.

Sungitsertorpok, ſiehe bei suvok.

Sungiusimanek, sungiutinek, die Gewohnheit, das Gewohntſein; sungiusimanermuungitok illaujomavok, killanärnermulle nellagortomut, er will nicht aus Gewohnheit mitgehen, ſondern aus aufrichtigem Verlangen.

sungiupok, t. SS. & CS., er iſt es, ihn gewohnt (SS. mit mik).

sungiutivok, j. SS. & CS. do.

sungiusimavok, j. SS. & CS. do.

sungiutisarpa, t. CS., er gewöhnt ihn an etwas.

sungiuliväva, j. CS. do.

sungiutisaivok, j. SS. do. (mit mik); sungiutisurpa nalengnermik, er gewöhnt ihn an Gehorſam. Ominga sungiutisaivok kakkojamik, er gewöhnt dieſen oder ihn an Schiffsbrot.

sungiutisaut, tik, tit, eine Sache zum Gewöhnen; Schriften, Brot ꝛc.

Sungmivok, j. SS., er weint im Geiſte, in ſeinem Innern.

sungmijutigiva, j. CS. do., über ihn.

sungmijutekarpok, t. SS. do. (mit mik).

Sungutigiva, ſiehe bei suglugiva.

Suppivok, j. SS., er, es bricht durch; das Waſſer, der Fluß, wo es geſtemmt geweſen.

suppiva, t.j. SS. inus., er, der Menſch ob. Blaſebalg, bläſet es (das ausgelöſchte Feuer) an, it, der Wind bläſt ihn ſtark an, durch die Kleider bis auf die Haut ꝛc.

suppisivok, j. SS. do. (mit mik), einmal.

supporpa, do., mehrmals.

suppijauvok, j. SS., es wird angeblaſen, das Feuer, it, es wird eine Sache oder ein Menſch vom Winde durchgeblaſen.

suppinerpok, t. SS., er iſt durchgebrochen; der Fluß.

suppivigiva, j. SS. inus., er durchbricht ihn; der Fluß den Damm, Schnee oder ſonſt eine Gegenwehr; nimmt ihn mit fort.

supputiva, j. SS. inus. do.

suppujivok, j. SS. do. (mit mik).

suppujauvok, j. SS., er, es wird vom Waſſer mit fortgeriſſen.

suppivigijauvok, j. SS. do.

Suppörpok, t. SS.& CS., er bläſt ihn, es an.

supporut, tik, tit, ein Blaſebalg, it, eine Tabakspfeife.

supporusijarpok, t. SS., er zieht den Blaſebalg, it, er raucht Tabak.

supporasijaut, tik, tit, Tabak.
supporusijautivinek, nak, nerit, Austratzel.
supput, tik, tit, Zunder (weils angeblasen wird), it, die Wolle an den Weidenkätzchen.
supputiksak, sūk, set, Zunderlappen.
Sutērpok oder sutairpok, t. SS. & CS., er, es ist in Gefahr umzukommen, zu verderben, it, er wird naß, it, er, es macht sich gut, ist hübsch vorwärts mit seiner Sache gekommen, CS., er hilft ihm voran, bezahlt ihn gut ꝛc.
sutērnerpok, t. SS. & CS. do. (ohne daß mans wußte).
sutērnarpok, t. SS., es ist Verderben bringend, es ist zum Naßmachen; die hohe See, der Regen ꝛc.
sutērnarnek, nak, nerit, das, was Verderben bringt, was naß macht.
sutērnartoaluk, lūk, luit, do.
sutaitsiarpok, t. SS. & CS., er ist hübsch vorangeschritten mit seiner Sache, CS., er hat ihm gut, hübsch vorangeholfen.
sutaidiarpok, t. SS. & CS., siehe sutairpok.
sutaidiarauvok, j. SS., es ist ihm sehr vorangeholfen worden.
sutaidiartauvok. j. SS. do.
sutairtipa, t. CS., er verdirbt ihn, bringt ihn in Noth, macht ihn naß ꝛc.
Suvak, vāk, vait, der Roggen von Fischen.
suvāktauvok, j. SS., der Fisch ist in den Roggen gehauen beim Angeln. Viele sagen: suvārtauvok.
suvārpa, t. SS. inus., er hat ihn in den Roggen.
suvairpa, t. SS. inus., er nimmt ihm den Roggen aus.
suvālik, līk, lit oder ggit, ein Fisch, der Roggen hat, it, eingemachte Beeren, die aussehen wie Roggen.
suvaliktūt, tik, tit, ein Löffel (bei den Nordländern), weil er zum Essen solcher Beeren gebraucht wird.

suvaliktogārsuk, suk, suit, ein kl. Löffel.
Suvék, der Zugwind.
suvérpok, t. SS., es ist luftig, zugig; im Hause ꝛc.
suvédiarpok, t. SS., es ist sehr zugig.
suvērpok, t. SS., es bläst nicht mehr durch, ist nicht mehr zugig.
suvloraut, tik, tit, ein Zugloch.
suvlorautivok, j. SS. & CS., er (Mensch oder Wind) geht an einem Ende des Hauses ꝛc. hinein, am andern hinaus, CS., er macht auf, läßt den Wind durchziehen.
suvlorautilipa, t. SS. inus. do. (gilt bei Manchen für besser).
suvlorarpa, t. SS. inus., der Wind bläst durch; durch weitläufig gestrickte oder gewobene Sachen.
suvloraivok, j. SS. do.
suvlorartauvok, j. SS., es wird vom Winde durchgeblasen, der Wind fährt durch Kleider ꝛc.
suvlojauvok, j. SS. do.
suvlolik, līk, lit oder ggit, ein Ring.
suvlo, luk, luit, ein Flintenlauf.
suvlunga, sein Lauf.
Suvingnek, Gestank von Füchsen.
suvingnipok, t. SS., es riecht schlecht nach Füchsen.

T.

Tabligutinek, das Durchscheinen, Sichtbarsein durch etwas; sekkerngub tabligutininga nuvujakut, das Sichtbarsein oder Durchscheinen der Sonne durch die Wolke.
tabligutivok, j. SS., es scheinet durch; die Sonne durch eine dünne Wolke; Forellen im Fluß oder Teich durchs Eis; ein Bild oder Schriften durch dünnes Papier, was darauf liegt ꝛc.
tabligutitipa, t. CS., er macht es durchscheinend.

Tablikpa, t. SS. inus., er ſticht es; beim Nähen mit der Nadel durch, ohne zu wollen.
tablēvok, j. SS. do. (mit mik).
tablētipa, t. CS., er macht, daß jener durch- ſticht.
Tablo, luk, lut, das Kinn.
tablorut, tik, lit, der Bart am Kinn, it, das Ausgenähte daſelbſt. [pok.
Tachairtorpok, t. SS., ſiehe takkairtor-
Tachak, āk, et, der Schatten von einer Sache.
tachaub miksā, dicht neben dem Schatten, im Sonnenſchein.
tachaub miksānepok, er befindet ſich in der Nähe des Schattens (im Sonnen- ſchein).
tachalinek, nak, narit, die Schattenſeite von etwas, it, der kühlende Schatten. Iglub tachelininga, die Schattenſeite des Hauſes, die kühlenden Schatten gibt;
tachalinermut aivok, er geht in den kühlenden Schatten.
tachalineksiorpok, t. SS., er geht im kühlenden Schatten; unter Bäumen oder ſonſt auf der Schattenſeite von etwas.
tachalinipok, t. SS. & CS., er geht in den Schatten, it, er, der Fels, Baum, be- ſchattet (mit mik), CS., er, Fels, Baum, Haus, Wolke, beſchattet ihn.
tachalinitipa, t. CS., er bringt, legt es in den Schatten.
tachalinititsivok, j. SS. do.
tachamepok, t. SS., er, es iſt im Schatten.
tachamuarpok, t. SS., er geht, fährt nördlich. [Schattenſeite.
tachāne, im Norden von ihm, auf ſeiner
tachaplingne, do. uns, do. unſerer do.
tachapsingne, do. euch, do. euerer do.
tachardlek, lik, lit, der Nördlichſte, nörd- lichſt Wohnende, an einem jeden Orte und auch vom ganzen Lande.
tachakipok, t. SS., es hat kurzen, kleinen Schatten (im Sommer wenn die Sonne hoch ſteht).

tachatovok, j. SS., es macht, hat langen Schatten.
tachaitovok, j. SS., es hat keinen Schatten.
tachaijai, der Name eines Berges in der Nähe von Rain und Hebron.
tacharlūt, tik, lit, ein Spiegel.
tachartorpok, t. SS., er beſpiegelt ſich.
tachipok, t. SS. & CS., er iſt hinter was gegangen, daß er nicht mehr zu ſehen iſt, CS., er iſt ihm aus dem Geſicht, hinter was gegangen.
tachiartorpok, t. SS. & CS., er geht, fährt hinter was, CS., er ihm.
tachisimavok, j. SS. & CS., er iſt bereits hinter was gegangen, iſt nicht mehr zu ſehen, CS., er iſt ihm bereits aus den Augen, iſt hinter was, daß er ihn nicht ſehen kann.
tachisārpok, t. SS. & CS., er geht ſchnell, eilig hinter was, daß er nicht mehr zu ſehen, CS., er iſt ihm ſchnell aus den Augen.
tachisarērpok, t. SS. & CS., er iſt ſchon aus den Augen, iſt ſchon hinter was, CS., er ihm do.
tachijutigiva, j. CS., er hat es zur Ur- ſache, jemand aus den Augen zu gehen.
tachijutekarpok, t. SS. do. (mit mik).
Tachverpok, t. SS., er läuft in der Nacht herum, während andere ſchlafen, it, auch einer, der am Tage viel draußen herum läuft; tachvilāvok, j. SS. do., oft.
Tādluk, ſiehe bei tākpok.
Tækkonek, das Sehen einer Sache, Gegen- ſtandes. [er ſieht es.
tækkovok, j. SS. & CS., er ſieht, CS.,
tækkojauvok, j. SS., es wird geſehen.
tækkolipa, t. CS., er zeigt es ihm (mit mut), SS., er zeigt ſich, läßt ſich ſehen.
tækkojākpok, t. SS. & CS., er ſieht es nicht gut (weil er keine guten Augen hat, oder ſonſt einer Urſache).
tækkovakpok, t. SS. & CS., er pflegt es zu ſehen.

tækkonåkipok, t. SS. & CS., er fieht es nur wenig, nur furj, j. B. wenn etwas schnell an einem vorübergeht (SS. mit mik).
tækkonārpok, t. SS. & CS., er fieht ihm ju, fieht es, ihn an.
tækkonārkipok, t. SS. & CS., er fieht ihm lange ju.
tækkonautivuk, vut, car. Sing., fie fehen sich einander an.
tækkosungnaigiva, j. SS. inus., er fieht ihn, es jum erftenmal. [mik],
tækkosungnaiksarpok, t. SS. do. (mit
tækkorngarpok, t. SS. & CS. do. (SS. mit mik).
tækkosungnaitok, tuk, tut, etwas Fremdes, was jum erftenmal gefehen wird.
tækkornnārtak, tāk, tet, do.
tækkosungnaipok, t. SS., es ift was Frembes, wird jum erftenmal gefehen.
tækkojaugajukpok, t. SS., es wird oft, viel gefehen. [gefehen.
tækkojaugajuipok, t. SS., es wird felten
tækkonararpok, t. SS. & CS., er fagtvon ihm, bah er bas, wornach gefehen worben ift, fähe, j. B. wenn nach dem Schiff gefehen wird ic , SS., er fagt von fich, baß er gefehen. Paulusib Isaac tækkonerarpa kemmuksinnik, Paulus fagt vom Ifaac, bah derfelbe den fommenben Schlitten gefehen.
tækkonaraivok, j. SS. do. (mit mik).
tækkuksauvok, j. SS., es ift fichtbar.
tækkuksaungilak, t. SS., es ift nicht ju fehen, ift unfichtbar.
tækkonasuarpok, t. SS. & CS., er fieht fich nach was um, fucht es ju fehen (SS. mit mik).
tækkongiupok, t. SS. & CS., er fieht es, ihn nach längerer Zeit wieder jum erftenmal, it, er nimmt es, ihn ju fich, nimmt es in Befih.
tækkungiarpok, t. SS.& CS., er erfieht es fich, es gefällt ihm, wünfcht es ju haben.

tækkotainarpok, t. SS. & CS., er fieht es jeht erft, eben erft, für biefe Zeit jum erftenmal.
tækkoranerpok, t. SS., es fieht fchön aus, ift fchön anjufehen, es ift anfehnlich (mit mut).
tækkoranēpok, t. SS., er fieht häßlich aus, ift wiberlich, unangenehm anjufehen, es ift unanfehnlich.
tækkominaipok, t. SS. do.
tækkominarpok, t. SS., es ift fchön, lieblich anjufehen (gleich mit tækkoranerpok).
tækkoranériva, j. CS., er hat es ju bem, was ihm fchön, lieblich ausfieht; es fieht ihm fchön, lieblich aus.
tækkorauiksárpok, t. SS. do. (mit mik).
tækkomináriva, j. CS. do.
tækkominaksárpok, t. SS. do.(mit mik).
tækkoranēgiva, j. CS., er fieht ihm häßlich, wiberlich, nnangenehm aus.
tækkoranēksárpok, t. SS. do. (mit mik).
tækkoranāriva, j. CS., er fieht es, ihn am liebften.
tækkoranōrpok, t. SS. do. (mit mik).
tækkumne, in meiner \
tækkungne, in beiner \
tækkoane, in feiner   } Gegenwart,
tækkuplingne, in unferer / Angeficht.
tækkupsingne, in euerer /
tækkoane, in ihrer   /
tækkupsarpok, t. SS. & CS., er fieht es wieberholt.
tækkosarpok, t. SS. & CS., er breht ben Kopf nach etwas, blict an (mit mik), CS., er blict ihn, es an, it, er geht hin, nach ihm ju fehen.
tækkosaivok, j. SS., er geht hin, nach etju fehen; Fuchsfalle ic. (mit mik).
tækkoit! tækkosarit! fiehe!
tækkutsiarpok, t.SS. & CS., er fieht gut, CS., fieht es gut (SS. mit mik).
tækkonasugiva, j. CS., er benft, er fehe ihn, es.

Tækk — Tag

tækkonasugiklivok, j. SS. do. (mit mik).
tækkonārasuarpok, t. SS. & CS., er bemüht sich ihm zuzusehen. [vak, do.
tækkonet, tik, tit, der Augapfel. Ijarotækkonata, tækkonatinga, sein Augapfel.
tækkuk! siehe doch!
tækkonängorpok, t. SS. & CS., er ist des Zusehens müde, ist müde vom Zusehen.
tækkonängörpok, t. SS. & CS., er sieht seit längerer Zeit wieder zum erstenmal zu.
tækkiangainārpok, t. SS., er geht, sieht nur zur Thür heraus oder herein, ohne weiter zu gehen.
tækkinngainak, einer, der nur heraus-ob. hereinsieht, ohne weiter zu gehen.
tækkuklerpa, t. SS. inus., er kommt ihm ins Gesicht, z. B. dem Thiere, das man schießen will, oder einem Menschen, den man hintergehen will. Ukkalek tækkuklorpara, ich kam dem Hasen ins Gesicht.
tækkuklēvok, j. SS. do.
tækpara, mein was ich sehe, über mir oder nach dem Lande zu, vom Strande aus.
tækpikpok, t. SS., er sieht gut, hat ein scharfes Auge.
tækpiksivok, j. SS., er bekommt ein scharfes Gesicht, Auge.
tækpiksitipa, t. CS., er macht ihm scharfe Augen.
tækpiksitilsivok, j. SS. do. [do.
tækpiksaut, tik, tit, eine Brille. Ijautik
tækpiksausijarpok, t. SS., er trägt eine Brille.
tækpiksautelijarpok, t. SS. do.
tækpēpok, t. SS., er sieht nicht gut, ist blödsichtig.
tækpelivok, j. SS., er wird blödsichtig.
tækpelitipa, t. CS., er macht ihn blödsichtig, verdunkelt ihm die Augen.
tautukpok, t. SS. & CS., er sieht ihn, es an (einerlei mit tækkonärpok).
tautungnek, das Sehen (mit den Augen).
tautunginek, das Blindsein, die Blindheit.

tautukõrpok, t. SS. & CS., es schwebt ihm vor Augen, er sieht es im Geiste (SS. mit mik), stellt sichs vor.
tautugariva, t. CS., er hat es zum Gegenstande des Ansehens.
tautugakarpok, t. SS. do. (mit mik).
tautukarpok, t. SS., er hat ein Ansehen; schwarzes, weißes 2c.
tautua (intr.), tautungäta (tr.), seine Gestalt, Aussehen.
tautura, do., tautuma, do., meine do.
tautuit, do., tautuvit, do., deine do.
tautuvut, do., tautupta, do., unsere do.
tautuse, do., tautupse, do., euere do.
tautungät, do., tautungäta, do., ihr do.
tautuarpok, t. SS. & CS., er sieht ihm zu beim Essen oder Arbeiten, während er nichts kriegt, nichts macht (SS. mit mik).
tautuangavok, j. SS., er sieht nur zu, macht sonst nichts.
tautorlukpok, t. SS., er sieht häßlich, finster 2c. aus.
tautorluklipok, t. SS. & CS., er verstellt seine Geberden, CS., er entstellt ihn, es.
tautorlitipok, t. SS. & CS. do.
taututsinarikpok, t. SS., er sieht schön aus, hat eine schöne Gestalt.
tauturikpok, t. SS. & CS., er sieht gut, scharf. [mik].
tautuktipa, t. CS., er zeigt ihm was (mit
tautuk! siehe, hätte ichs doch! ich möchte es gerne!
tautung una! siehe, wäre das doch mein!
Tagga, da, da ist es. (Wenn man jemand etwas zeigt oder gibt.)
tagva, do., it, alsdann, dann, das ist.
tagvane, da, hier, auf der oder der Stelle, die man genannt hat.
tagvunga, hier hin.
tagvanget, von hier.
tagvuna, hier durch.
tagvangainak, blos von hier.
tagvangainarpok, es ist blos von hier.
tagvainak, plötzlich, auf einmal; manna-

39

kut ift baffelbe; tagvainak kannimalerpok, plötzlich ift er frank geworden.
tagvainärpok, t. SS., es fam plötzlich.
tagvainärtitauvok, j. SS., er ift plötzlich, schnell von etwas überfallen worden.
taggale, ba, ba ift er, es.
taggärpok, t. SS. & CS., er fagt tagga, CS., er fagt es zu ihm.
tagvárpok, t. SS. & CS., er fagt tagva.
Tāga, füdlich; innuk täga, ba ein Menfch füdlich.
tāgane (Loc.), im Süden.
tāgunga (Term.), nach Süden.
tāgangat (Abl.), von Süden.
tāgungarpok, t. SS., er bewegt fich füdlich, geht füdlich.
tāgakkoa, bie ba füdlich zu fehen find (wie taikikoa).
tāgangna, ber ba füdlich zu fehen ift; tägaksomunga (Term.).
Tagijukpok, tagijorpok, t. SS., er nießet.
tagiorpok, do.
Taglikpok, t. SS. & CS., er gerbt ein Fell, b. h. er fchabt es mit bem Schabeifen (isserkut) troden, bünner.
taglitipa, t. CS., er ftellt ihn an zum Fellfchaben.
Taglut, tik, tit, ein Indianer-Schneefchuh.
taglulijarpok, t. SS., er geht auf folchen Schneefchuhen; eigentlich heißt es überhaupt: er hat folche Schuhe bei fich; boch wird bafür meift bas folgende gebraucht:
taglutákpok, t. SS., er hat Schneefchuhe bei fich.   [fchuhe.
taglutārpok, t. SS., er hat neue Schnee-
taglulliorpok, t. SS. & CS., er macht Schneefchuhe, CS., für ihn.
Togulavok, j. SS., es ift bas Fleifch vom Knochen abgefocht, ber Knochen geht los.
Taimak, fo, alfo, fo ift's recht. [jetzt ift].
tamaile, tamailerle, laß es fo fein (wie's taimainak, taimainiarnak, fet nicht fo.
taimaipok, t. SS. & CS., er, es ift fo, CS., er macht es ihm fo.

taimaitipa, t. CS., er macht ihn fo.
taimailiorpok, t. SS. & CS., er macht fo (wie man fagt ober zeigt), CS., er macht ihm fo.
taimailivok, j. SS. & CS. do.
taimailitipa, t. SS. inus., er fagte ihm, fenbet ihn, baß ers ihm fo machen foll.
taimaikorpok, t. SS., er, es fcheint fo zu fein.
taimaitomik (Acc.), ein folcher, ein folches.
taimailingavok, j. SS., er, es ift fo befchaffen.
taimamet, barum, weils fo ift, weil es fich fo verhält.
taimak pivlugo, berohalben, beswegen.
taimaikoariva, j. SS. inus., er ift ihm ganz gleich.
taimaikoakarpok, t. SS. do. (mit mik).
taimaikourēkpuk, put, fie find fich gleich.
Taimna (intr.), taipsoma (tr.), jener, ber unfichtbar ober etwas entfernter.
taipkoa (intr. & tr.), jene, bie ba.
taipsomane, bei jenem, it, in jener Zeit, bamals.
taipsomangel, von jenem (unfichtbar unt entfernter wie ein anderer).
taipomunga, zu jenem, durch jenen.
taipsominga, jenem.
taipsomūna, burch jenen; taipsotunak, wie jener.
taipsomanemil, von bamals, feitbem, feit jener Zeit.
taipsomangamit, do.
taimangel, taimangamit, do.
taimangane, bamals, ba es feinen Anfang nahm.
taipkonane, bei jenen.
taipkonunga, zu jenen, burch jene.
taipkoninga, jene.
taipkutigūna, burch jene; taipkonūna, do.
taipkotitunak, wie jene; taipkotitunak iput, fie find wie jene. Taipkutigūna neksartauniarpok, burch jene wirb er ob. es mitgenommen werben, b. h. wenns

zu Boot, Schlitten oder Kajak geht, oder sonst einer entgeht; taipkonunga aijauvok, durch oder von jenen ist er geholt worden.
taimnauvok, j. SS., es ist jener.
taipkoangóvut, j. SS., es sind jene.
Taika, da südlich, der da südlich (wie tāga).
taikingna, der (südlich).
taikiksoma (tr.) do., taiksoma (tr.) do.
taikiksomane (Loc.), bei dem, auf dem da (südlich).
taikiksamungo (Term.), zu dem, durch den do.
taikiksominga (Acc.), taiksominga, do.
taikiksomuna (Vial.), durch den, das do.
taikiksomangát (Abl.), von dem do.
taikiksotunak, wie der, das da südlich; taiksotunak, do.
taikikkoa (Plur.), die da südlich (wie tāgakkoa).
taikikunane (Loc.), bei den da südlich.
taikikonunga (Term.), durch, zu den da südlich.
taikikonangát (Abl.), von do. do.
taikikonūna, taikikuligūna (Vial.), durch do.
taikikotitunak, wie die da südlich.
taikane, da (im Süden). Ganz in der Nähe gilt dieses nach allen Richtungen, in einiger Entfernung aber gilt es blos für südlich.
taikunga, dorthin (in der Ferne), südlich, nach Süden.
taikangát, von dort, von Süden.
taikūna (Vial.), dort durch. Kikkertamik taiksominga nellipsaivok, er besucht die (zu sehende) südlich gelegene Insel.
taikungarpok, t.SS., er geht, fährt südlich.
taikanepok, t. SS., es ist dort, il, es ist dort im Süden.
Tainga, da nördlich. Anmerkung: Auch dieses gilt ganz in der Nähe für alle Richtungen, wie taika.

taingane (Loc.), dort; nördlich, wie tāvane. [her.
taingangát (Abl.), von dort, von Norden
taingunga, dorthin, nördlich.
taingūna, dort durch, nördlich durch.
taingungarpok, t. SS., er geht, fährt dorthin do.
taingungajovok, t. SS., er ist vor längerer Zeit nördlich gegangen.
taingungajajovok, j. SS., er ist früh (am Tage oder ehe es Zeit war) dorthin, oder nördlich gegangen, gefahren.
taingna, der da im Norden, wie tavamna. Außerdem aber scheinen diesem Wort keine Personen angehängt zu werden.
Taimuktarpok, t. SS. & CS., er sagt etwas Gelerntes auswendig her (SS. mit mik).
taimuktareksak, sāk, set, Aufgabe zum Lernen.
taimuktaksak, sāk, set, do. (seltener).
taimuktareksariva. j. SS. inus., er hat es zur Aufgabe. [mik].
taimuktareksakarpok, t. SS. do. (mit
taimuktareksakartipa, t.CS., er gibt ihm was zum Lernen auf.
taimuktarnek, næk, nerit, das Aufsagen.
taimukpa, t. CS., er trifft es, ohne es gesehen zu haben; taimuksivok, SS. do.
Taisinek, das Nennen von etwas.
taiva, t. CS., er nennt ihn, es; sagt seinen Namen, it, gibt ihm einen.
taisivok, j. SS. do. (mit mik).
Gudib imaksuit ingmigoliningit imarbiksoarmik taiveit, Gott nannte die Sammlung der Wasser Meer. Gude — ingmigolingninginik — taisivok, do.
taijak, jāk, jet, einer, der genannt wird.
taitsiarpa, t. CS., er nennt ihn gut, hübsch.
taisitsiarpok, t. SS. do. (mit mik).
taigiva, j. CS., er nennt ihn auch.
tainerlukpa, t. CS., er nennt ihn, es schlecht; sagt, daß er schlecht ist, il, spricht den Namen schlecht aus.

Taj — Tak

tainerluivok, taisinerlukpok, t. SS. (mit mik), do.
taigajukpa, t. CS., er nennt ihn oft, spricht oft von ihm.
taigajuipa, t. CS., er nennt ihn, es selten.
taigariva, j. CS., wie taigajukpa.
taigakarpok, t. SS. do. (mit mik).
taigokpa, t. SS. inus., er erzählt, nennt etwas von ihm oder von dem, was er gesehen und gehört hat, ohne daß der oder das, von welchem er erzählt, gegenwärtig ist.
taigoktak, täk, tet, ein Mensch oder eine Sache, von der was erzählt wird.
taiguivok, j. SS. (mit mik), er erzählt was.
taiguitipa, t. SS. inus., er veranlaßt, bewegt ihn, etwas von irgend was zu erzählen.
taiguititauvok, j. SS., er ist veranlaßt worden, irgend von etwas, Gehörtem ob. Gesehenem, zu erzählen.
Tajak, āk, et, Müffel.
tajaliorpok, t. SS. & CS., er strickt (macht Müffel), CS. do., für ihn (einen andern).
tajaliorut, tik, tit, Stricknadel.
tajaliornek, das Stricken. Allertinnik tajaliorpok, sie oder er strickt Strümpfe.
tajaliortak, täk, tet, Gestricktes.
tajaliortanga, fein Gestricktes.
Tajarnek, nak, net, der Knochen in den Vorderflossen der Robben und Walfische.
tajarninga, fein, des Seehundes 2c., Vorderflossen-Knochen. (Beim Menschen heißt er aggnut.)
Takkak, āk, et, eine Ader.
takkaksavok, j. SS., er erstarkt.
takkakpok, er ist erstarkt.
takkairpa, t. CS., er läßt ihm zur Ader, SS., er verletzt oder öffnet sich eine Ader.
takkairsivok, t. SS. (mit mik), er läßt zur Ader.
takkairsinek, das Aderlassen.
takkairut, tik, tit, ein Aderlaßschnepper 2c.
takkairsimavok, j. SS. & CS., er hat sich verblutet, CS., er hat ihm fertig zur Ader gelassen.
takkairtorpok, t. SS., er ist außer Athem vor Müdigkeit und Anstrengung.
takkairtuēserpok, t. SS., er verschnaubt ein wenig, ruht ein wenig aus.
Takkanna, takkanane, siehe bei taungna.
Takkek, ak, ket, der Mond.
takkekarpok, t. SS., es hat einen Mond.
takkerpok, t. SS., es ist Mondschein.
takkidlarpok, t. SS., es ist heller Mondschein.
takkilijarpok, t. SS., der Mond scheint.
takkēlak, Neumond, d. h. wenn er gar nicht zu sehen ist.
takkēlauvok, j. SS., es ist Neumond.
takkenikpok, t. SS., es ist neuer Mond, ist eben wieder sichtbar.
takkek illangerpok, der Mond nimmt ab.
 " angijororpok, do., nimmt zu.
 " angmalorikpok, es ist Vollmond.
 " käksijalerpok, do.
Takkersorpa, t. SS. inus., er pußt, stochert die Lampe oder ein Licht.
takkersuivok, j. SS. do. (mit mik).
takkut, tik, tit, ein Lampenstocher, it, eine Pußscheere.
takkuta, fein Stocher.
Takkinek, die Länge, das Langfein.
takkivok, j. SS., er, es ist lang.
takkilivok, j. SS. & CS., es wird lang, verlängert sich, CS., er verlängert es, macht es lang.
takkigiva, j. SS. inus., es ist ihm zu lang, kann es nicht brauchen (ein Kleidungsstück 2c.).
takkiksārpok, t. SS. do. (mit mik).
takkinārpa, t. CS., er macht es zu lang.
takkinārsivok, j. SS. do.
takkinārkutivok, j. SS. & CS., er nimmt ein zu Langes, CS., er nimmt es, bestimmt für ihn ein zu Langes, it, er kommt hinzu, indem es lang ist.
takkiligivok, j. SS., es ist so lang, wie —

NB. Dieses Wort kann nur in Vergleichung mit einem andern gebraucht werden, z. B. Imāk takkitigivok, so lang ist es; uvaptut takkitigijomik pijomavunga, so lang wie ich bin, will ich haben. Otunak takkitigijomik piniarket una, du wirst dieses so lang machen, wie dieses.
takkiluarpok, t. SS., es ist zu lang, it, länger als ein anderes.
takkinersauvok, j. SS., es ist länger als (mit mir). Iglovut takkinersauvok iglubsingnit, unser Haus ist länger wie euer H.; iglovut takkiluarpok 2c. do.
takkijariakarpok, t. SS., es muß lang sein, oder es ist nöthig, lang zu sein.
takkijoriva, j. CS., er hält es für lang.
takkijoriklivok, j. SS. do. (mit mik).
takkinasugiva, j. CS. do.
takkinasugiklivok, j. SS. do. (mit mik).
takkijariak, āk, et, die Länge, wie takkinek.
takkijarianga, seine Länge.
takkiunguangovok, t. SS., es ist länglich-, ovalrund.
takkijunguak, āk, et, etwas Ovales.
Takkoak, āk, et, Reise-Proviant.
takkoaksak, sāk, set, etwas, was als Reiseproviant dienen soll, was dazu bestimmt ist.
takkoarpok, t. SS., er hat Reiseproviant, ist damit versehen.
takkoalijarpok, t. SS. do.
takkoaksarsivok, j. SS. & CS., er bekommt, kauft sich Reiseproviant, CS., er für ihn.
takkoakaut, tik, tit, ein Sack ob. Kasten, für Reiseproviant.
Takkomōrpok, t. SS., er heuchelt, ist versteckt, zeigt sich nicht wie er ist.
takkomōrvigiva, j. CS., er heuchelt ihm.
Takkordlimavok, j. SS., er hat kein gut Gewissen; hat irgend was versehen oder gemacht, warum er sich zu fürchten hat.
takkordlimanek, das böse Gewissen haben.
takkordlimaninga, sein do.
takkordlerpok, t. SS., er fängt an ein böses Gewissen zu haben.
takkordlimavigiva, j. CS., er hat kein gut Gewissen gegen ihn.
takkordlimaujutiksak, sāk, set, die Ursache, warum einer kein gut Gewissen hat.
Takkopsoarnek, nak, nerit, Güte, Barmherzigkeit.
takkopsoarninga, seine Güte, Wohlthätigkeit.
takkopsoagiva, j. CS., er thut ihm Gutes, ist wohlthätig gegen ihn, erbarmt sich seiner.
tokkopsoakpok, t. SS. do. (mit mik).
takkopsoangōvok, j. SS., er ist gütig, barmherzig, wohlthätig.
Takpāne, takpāngmangainarpok, siehe bei pāne.
Tāk, Finsterniß; tāksoak, große Finsterniß.
taktok, do.
takpok, t. SS. & CS., es ist finster, CS., er macht es ihm finster, steht ihm im Licht.
tāngnipok, t. SS. do. (mit mik).
tāktovok, j. SS., es ist Finsterniß.
tāksivok, j. SS., es wird finster.
taksilerpok, t. SS., es fängt an finster zu werden.
taksiorpok, t. SS., er geht, fährt im Finstern.
Lāksilipa, t. CS., er stellt ihm was ins Licht, macht es ihm mit etwas finster, it, die Nacht macht es ihm finster.
tāktipok, t. SS. & CS., er ist verblendet, verdunkelt, z. B. wenn man, während es Schnee hat, aus dem hellen Sonnenscheine ins Haus kommt, CS., es blendet ihn.
tādluk, die Finsterniß, Schwärze im Wasser, wo man keinen Grund sieht.
tādluksōvok, j. SS., es ist sehr schwarz, finster; das Wasser, wo es tief ist.
tāvligak, Morgendämmerung.
tavligangovok, j. SS., es ist dämmerig.

tavligarärsuk, die erste Morgendämmerung.
tavligarärsukut, in der ersten Morgendämmerung.
tavlekut, in der Morgendämmerung.
Táktok, Nebel.
táksililerpok, t. SS., es wird nebelig.
tákserpok, t. SS., es ist nebelig.
táktokarpok, t. SS., es hat Nebel.
túksilersarpok, t. SS., es überzieht sich
schnell mit Nebel.
táktogarpok, t. SS., es hat hin und wieder Nebel; die Berge ꝛc. sind zum Theil
durchzusehen. [der Sonne.
táktuilerpok, t. SS., der Nebel vergeht vor
Tákpárpok, t. SS. & CS., er macht es an
einem Ende breiter, weiter, SS., es ist
an einem Ende breiter, weiter gemacht.
tákpaivok, j. SS. do. (mit mik).
tákpangavok, j. SS., es nimmt zu, ist an
einem Ende breiter.
tallavangavok, j. SS. do. (ein Brett ꝛc.).
tákpalangavok, j. SS. do. (ein Trichter
und dergl.).
tappalangavok, do. (soll aber nur von
Kindern und schlecht redenden Weibern
gebraucht werden).
Táksák, säk, sel, ein Flecken an irgend
einer Sache, ein Buchstabe ꝛc. auf Papier oder irgend etwas, wodurch eine
Sache bunt wird.
táksauvok, j. SS., es ist ein Flecken.
táksarēkpuk, put, sie machen sich einander bunt.
taksapalúk, läk, tet, etwas, was verschiedene Farbe hat, was Buntes; Kleidungs-
stoffe oder sonst Buntgemaltes.
Tákpok, t. SS. & CS., er hat sich leicht
gemacht, den Oberpelz ꝛc. ausgezogen,
CS., er zieht ihm die Stiefeln od. Oberkleider aus.
táksivok, j. SS. do. (mit mik).
tálouniarpok, t. SS. & CS., er will sich
gerne leicht machen, die Oberkleider aus-
ziehen.

Táklo, tuk, tui, die Nieren von Menschen
und Thieren.
táktorpok, t. SS., er ißt Nieren.
táktogiva, j. SS. inus., er hat ihn zu seiner Niere, d. h. liebt ihn wie sein eigen
Leben. [ähnliches.
táktojak, jäk, jet, etwas einer Niere
Tallanek, Betrunkenheit, Taumel.
tallapok, t. SS., er ist betrunken, taumlich.
tallagoarpok, t. SS., er ist häufig betrunken.
tallagovok, j. SS. do.
tallanarpok, t. SS., es macht betrunken;
Branntwein ꝛc.
Tallek, lik, lit, ein Arm, it, Vorderfuß bei
einem Thier.
tallerpik, pīk, pīt, die rechte Hand, it,
überhaupt bei allen Sachen das an der
rechten Seite, z. B. siutiga tallerpiga,
mein rechtes Ohr; niunga tallerpia,
sein rechtes Bein.
tallerpiga (intr.), tallerpingma (tr.).
mein rechter Arm, Seite.
tallerpit (intr.), tallerpikpit (tr.), dein do.
tallerpia, do., tallerpiáta, do., sein do.
tallerpimne, an meiner rechten Hand, it.
Seite.
tallerpimnut, zu do. do.
tallerpingne, an deiner do.
tallerpingnut, zu do. do.
tallerpiane, an seiner do.
tallerpianut, zu do. do.
tallerpipkut, durch meinen rechten Arm, it.
an meiner rechten Seite durch.
tallerpikut, durch deinen do.
tallerpiagut, durch seinen do.
tallertut, wie die Länge eines Armes.
tallerikpok, t. SS., er hat lange Arme.
tallekipok, t. SS., er hat kurze Arme.
tallerok, rūk, rut, die Vorderflossen der
Robben und Walfische.
tallerunga, talleroa, seine Vorderflossen.
tallerōvok, j. SS., es ist die Vorder-
flosse, z. B. an einem Fell, wo dasselbe
dünner ist.

Tallut, tik, tit, eine Schanze oder sonst ein Gegenstand, wohinter man sich verbirgt, um nicht gesehen zu werden, z. B. beim Schießen.
talluksak, säk, set, etwas zu so einem Versteck.
talluliorpok, t. SS. & CS., er macht eine Schanze, CS. do., für ihn.
tallulivok, t. SS. & CS. do.
tallugiva, t. SS. inus., er hat es zur Schanze, es ist seine Schanze.
tallusekarpok, t. SS. do.
talliktarvigiva, j. SS. inus., er hat es zum Schutzplatz, um nicht gesehen zu werden.
Tālutak, tōk, tet, ein Vorhang, Rouleaux ꝛc., was finster machen soll.
tōlutáksak, säk, set, etwas zu einem Vorhange ꝛc.
tālutalliorpok, t. SS.&CS., er macht einen Vorhang, CS., er macht ihm einen do.
tōlutalivok, j. SS. & CS. do.
tālutsijautjauvok, j. SS., es ist ihm der Vorhang vorgezogen worden.
tōlutsijautiva, t. CS., er zieht ihm den Vorhang vor, daß er nicht sehen kann.
tālutsijautjivok, j. SS. do. (mit mik).
tālutjarpa, t. SS., er zieht ihm den Vorhang ꝛc. auf.
tāluljaivok, j. SS. do. (mit mik).
tālutakarpok, t. SS., er, es hat einen Vorhang.
tālutsijarpok, t. SS., er zieht sich den Vorhang vor, weils zu helle ist.
tālutsijartipa, t. CS., er ihm do.
Tamadluarpuk, put, car. Sing., sie gehen auseinander, zerstreuen sich.
tamakluarpok, t. SS., er geht bald hier-, bald dorthin; der Seehund ꝛc.
tamakluartipeit, t. CS., er streut die Sachen so verloren hin.
tamakluangavok, j. SS., er, es geht ein wenig hin und her.
Tamakkoa, siehe bei makkoa.

Tamædsa, dieser ist es, diese sind es ꝛc.; siehe bei tamna.
Tamāt, das Ganze, immer, jedesmal ꝛc.; innōsimne tamāt, in meinem ganzen Leben; kaul tamāt, alle Tage; uvlut tamaita, do.; tamāt, tamōt attorpara, ich brauche es immerfort.
tamapta, wir alle (ganz wie illunaita).
tamaptingne, bei uns allen.
tamaptingnut, zu uns allen.
tamaptingnit, uns alle (Acc.).
tamaptingnit, von uns allen.
tamaptigut, durch uns alle.
tamamnuk, wir beide; tamaptingnut, zu uns beiden.
tamapse (tr. & intr.), ihr alle (ganz wie illunase).
tamaptik (tr. & intr.), ihr beide.
tamaptingnut, zu euch beiden.
tamaptingnik, euch beibe (Acc.).
tamaita, sie alle (intr.); tamaitarsuit, durchaus alle.
tamaine, bei allen, an, in, auf allen; uvlumne tamaine, an, in allen meinen Tagen.
tamainut, zu allen.
tamainit, von allen.
tamainik, alles, alle; tamainik tækkojomavok, er will alles sehen; tamainik pingortitsijok, der Schöpfer aller Dinge.
tamaitarsoarnik, ganz und gar alles; tamaitarsoarnik kaujimmavok, er weiß durchaus alles.
tamaitigut (Vial.), durch alle; wird zwar auch verstanden, aber wenig oder gar nicht gebraucht, sondern statt dessen wird immer illunaitigut gesagt.
tamarmik, sie beide; tamangmik, do.
tamangne, bei ihnen beiden.
tamangnut, zu beiden.
tamangnik, sie beide (Acc.), wird aber auch zugleich wie tamarmik als Nominativ gebraucht, z. B. tamarmik tækkovāka oder tamangnik tækkovāka,

ich sehe sie beide; gilt bei vielen für ganz gleich, daneben aber ist tamangnik tækkovungâ auch richtig.
tamakkut (Vial.), durch beide.
tamainepok, t. SS., er ist bei allen; illunainepok, do.
Tamialupā, siehe bei Talta.
Tammarnek, nak, neril, das Fehlen, Irren, it, Fehler.
tammarninga, sein Fehlen, Fehler.
tammariak, āk, et, Irrung, Vergehung, Fehler.
tammartovtnek, nak, neril, der Fehler an etwas, den man gemacht.
tammarpok, t. SS., er fehlt, irrt.
tammaroarpok, t. SS., er fehlt, irrt oft, häufig.
tammarajukpok, t. SS. do.
tammarajuipok, t. SS., er fehlt, irrt selten.
tammajaivok, j. SS., er irrt, fehlt nicht.
tammaivok, j. SS. & CS., er hats verloren, verfehlt; Spuren, Weg etc. Ist gleichbedeutend mit assiojivok.
tammaigivok, j. SS. & CS., er hat ihn, es auch verfehlt, verloren.
tammaijavok, j. SS., er fehlt leicht.
tammarsaraipok, t. SS. do.
tammaijangilak, t. SS., er fehlt nicht leicht.
tammakisimavuk, car. Sing., sie fehlen beide.
tammangainārpok, t. SS., er fehlt nur, kommt nicht zum Zweck, kommt bei allen Sachen nur bis auf den halben Weg, sie hurt nur.
tammangaināgak, āk, et, eine verfehlte Sache, die nur von ungefähr nicht rechtmäßiger Weise kommt; ein uneheliches Kind; eine Pflanze, die nur so vom Winde fortgerissen wird etc.
tammarsarpa, t. CS., er verleitet ihn zum Fehlen.
tammarsaivok, j. SS. do. (mit mik).
tammartipa, t. CS., er hat ihn in Berirrung, hat ihn zum Fehlen gebracht.

tamaudjivok, j. SS. do.
tammaupa, tamautipa, t. CS., tamautiva, t. CS. do.
tammautigiva, j. SS. inus., er nimmt ein Verkehrtes, das Unrechte.
tammarnarpok, t. SS., es ist zum Berirren, zum Fehlen, z. B. dickes Wetter, mehrerer von einander auslaufende Wege, ohne zu wissen, welches der rechte ist.
tammarnarsivok, j. SS., es wird zum Berirren; wenn dickes Wetter eintritt, während man wohin geht etc. •
tammarnakutjauvok, j. SS., es ist für ihn zur Berirrung geworden; er hat sich durchs dicke Wetter verirren lassen.
tammarnasiujauvok, j. SS. do.
tammarsimavok, j. SS., er ist verirrt, hat gefehlt.
tammarvik, vīk, vit, die Zeit, der Ort, wo geirrt, gefehlt wird, ist.
tamarviksauvok, j. SS., es wird eine Irrungszeit, Ort (das dicke Wetter etc.).
tammarut, lik, tit, die Ursache, Veranlassung zum Fehlen.
tamarutiksak, sāk, set, do., was dazu werden kann. Taktok tamarutigivara, ich habe den Nebel zur Ursache des Irrens.
Tamanna, tamanauvok, siehe bei manna.
Tamna (intr.), tapsoma (tr.), dem, den, der, dieser.
tapsomane (Loc.), bei diesem, bei ihm.
tapsomunga (Term.), zu diesem, zu ihm, durch ihn.
tapsominga (Acc.), dieser, ihn, mit ihm, diesem.
tapsomangat (Abl.), von ihm, von diesem.
tapsomūna (Vial.), durch diesen, durch ihn.
tapsotunak, wie dieser, wie er.
tamnauvok, j. SS., es ist dieser, er ist es.
tamnakiak, lieber diesen.
tamnangāk, do., z. B. bei zwei Sachen, wo das eine schöner ist, heißt es: tamnakiak ānanaunersaungmet, lieber dieses, weils schöner ist.

tamadsa, diefer ift es, diefe find es, das ift es (gilt befonders bei langen Sachen. Tamædsa oder tamædja pijomajara, das ifts, was ich haben will. Bei kurzen Sachen ift „tamna pijomara" daſſelbe. Tamædsa Nalekab okausingit, das find des Herrn Worte.

tamædsauvok, tamædjauvok, j. SS., es ift das.

tapkoa (tr. & intr.), diefe, fie (gegenwärtig).

tapkonane, bei ihnen, bei diefen.

tapkonunga, zu ihnen, zu diefen, durch fie, von ihnen.

tapkoninga, diefe, fie.

tapkonangát, von diefen, von ihnen.

tapkutigūna, durch diefe, durch fie; tapkonūna, do.

tapkotitunak, wie diefe, wie fie.

tapkonunga aijomavunga, ich will zu diefen, zu ihnen gehen; tapkonunga nellipsartaumavunga, ich bin durch fie, oder von ihnen befucht worden; tapsomunga pingortitaumavogut, durch ihn, oder von ihm find wir erschaffen worden. Gudib tapsomūna Jesuse Kristusekut sillaksoak pingortilaukpa, Gott hat die Welt durch ihn, durch Jefum Chriftum, geschaffen.

tapkutsek, sik, sit, diefe Stelle.

tapkutsera, meine Stelle, an mir, da, wo ich hinfühle, zeige.

tapkutsit, deine do. do. do.

tapkutsia, feine do. do. do.

tapkutsivut, unfere do. do.

tapkutsise, euere do. do. do.

tapkutsinget, ihre do. do.

tapkutsikut āniavit? an welcher Stelle (an dir) haft du Schmerzen? Antwort: tapkutsipkut; tapkutsit aniavā? welche Stelle an dir leidet? Antw. (darauf zeigend): tapkutsera oder tapkussera, diefe Stelle.

tapkussimnepok, t. SS., an diefer Stelle an mir ift es.

tapkussimnut illijauvok, auf diefe Stelle (an mir) ift es gelegt.

tapkussimnit pijauvok, von diefer Stelle (an mir) ift es genommen.

Tamoavok, j. SS. & CS., er fauet, CS., er fauet es.

tamoanek, das Rauen.

tamoa, āk, et, ein Biſſen.

tamoaksak, sāk, set, etwas zum Rauen.

tamoajāksak, sak, set, do.

tamoapsārpok, t. SS. & CS., er fauet wieder; tamoapsarnek, Wiederkäuer.

Tangmārpok, t. SS., er schlägt irgend wo auf der Reife das Zelt auf.

tangmārvik, vīk, vīt, ein Lagerplatz.

Tanāserpok, t. SS., er tanzt.

Tānertugiva, j. CS., er schämt sich seiner, ift ihm auffällig (SS. ingminik), z. B. wenn einer was Auffälliges an seiner Kleidung, oder sonft was Auffälliges hat oder macht, it, er, es sieht ihm groß aus.

tānertuksarpok, t. SS. do. (mit mik).

tanertóvok, j. SS., es ift groß, sieht groß aus; macht was Auffälliges, ift auffällig.

tānekipok, t. SS., es sieht klein aus; stellt sich gut, macht nichts Auffälliges.

tānekigiva, j. SS. inus., es ift ihm klein.

tānekiksarpok, t. SS. do. (mit mik).

tānekinasuarpok, t. SS., er macht sich klein, buckt sich zusammen, um nicht gesehen werden zu wollen; beim Schleßen 2c.

tānekisārpok, t. SS. do.

Tangek, ik, it, die Griefe vom von selbft ausgelaufenen Speck.

tangekarpok, t. SS., es hat Griefen.

tangertak, tāk, tát, der Satz vom Speck.

tangērpok, t. SS. & CS., es hat keine Griefen, das Oel, CS., er nimmt die Griefen heraus.

Tange, tik, tit, Kraft, Halt, Grund.

tangekarpok, t. SS., er, es hat Grund, Halt.

tangekangitok, Ungrund, Sumpf, tiefer Schnee.

Tán — Tap

tangelik, līk, ggit, einer, etwas, was Grund und Halt hat.
Tánnikpa, siehe tennikpa.
Tāpa, siehe bei tātsivok.
Tapkak, kak, ket, der Querstrich oben über den Rajak, wo der Asselut dran festgemacht wird.
tapkanga, sein (des Rajals) Querstrich.
tapkervik, vīk, vīt, das Loch für den Strich.
Tapkoa und tapkutsek, siehe bei tamna.
Tappatónek, nak, nerit, Halsstarrigkeit, häufige Uebertretung, Ungehorsam.
tappatóvok, j. SS., er übertritt immer, ist immer ungehorsam.
tappagiva, j. SS. inus., er übertritt es; Befehle ic., it, er gehorcht ihm nicht.
tappavok, j. SS. do. (mit mik).
tappagijauvok, j. SS., er, es wird nicht befolgt.
tappatuipok, t. SS., er übertritt nie, ist immer gehorsam.
Tappálavok, siehe takpárpok.
Tappek, pīk, pit, eine Zugabe.
tappiksak, sak, set, etwas zur Zugabe.
tapperpa, t. SS. inus., er gibt zu der eigentlichen Sache; Bezahlung, Maaß ic., noch etwas zu.
tappēvok, j. SS. do. (mit mik).
tappiutiva, j. CS., er gibt es zu; zu einem schon Gegebenen (mit mut).
tappiujivok, j. SS. do. (mit mik & mut).
tappilugit, sie miteinander; sammt ihnen; ukkoa tappilugit 20 giōvut, sammt diesen sind es 20. Uvlut tappilugit nerrikattangilak, seit mehreren Tagen hat er nichts gegessen. Uvlut tappilugit uttorniængilak, er wird in mehreren Tagen nicht zurückkommen.
tappupa, tapputiva, t. SS. inus., er sticht es mit an (beim Nähen), it, eine Maus frißt es durch.
tappujivok, j. SS. do. (mit mik).
tappipák, t. CS., er trifft (sie) Beide mit einem Schuß, it, sticht Beide, greift Beide ic. auf einmal.
tappiterpeit, t. CS. do., er sie.
tappiterivok, j. SS. & CS., (SS. mit mik), CS. do., er sie auch.
tappitsivok, j. SS., er bekommt zwei ob. mehrere auf einmal; mit einem Schuß, Griff, Stich ic.
tappitak, tet, auf einmal Geschossene, Bekommene. [tödtet.
tappitauvok, j. SS., er ist zugleich mit getappitarēkpuk, put, es ist doppelt.
tapperkutarēkpok, put, do.
tapperkuserpa, t. CS., er verstärkt es, bindet auf ein Tau ic. noch was zur Verstärkung darauf.
tapperkusēvok, j. SS. do. (mit mik).
tapperkusersimavok, j. SS. & CS., es ist verstärkt, CS., er hat es verstärkt.
Tāpsēnek, nak, nerit, das Festbinden einer Sache.
tápsiva, j. CS., er bindet es fest (einen Rajak, Boot, Fell ic.), daß es der Wind nicht fortführt.
tápsēvok, j. SS. do. (mit mik).
tápsimavok, j. SS. & CS., es ist festgebunden, CS., er hat es festgebunden.
tápse, sik, sit, der Strich, womit ein Boot ic. festgebunden ist.
tapserut, tik, tit, ein Gürtel.
tapserutivinek, nak, verngit, ein abgetragener do.
tapseruserpa, t. CS., er gürtet ihn.
tapserusēvok, j. SS. do. (mit mik).
tapserusēnek, das Gürten.
Taptsēnek, das Betasten einer Sache, ob es glatt, weich ic. ist.
tapsikpa, t. CS., er betastet, befühlt es.
taptsēvok, j. SS. do. (mit mik).
tapsiktorpa, t. CS., er betastet, befühlt ihn, es überall.
tapsiktuivok, j. SS. do. (mit mik).
tapsikārpok, t. SS. & CS., er begreift, betastet eine Sache, die er nicht sehen kann.

ober im Finſtern, CS. do. (mit mik), er tappt in ber Finſterniß herum.
tapsikärnek, baš Tappen in Finſterniß.
Tarne, ik, it, bie Seele.
tarnekarpok, t. SS., eš hat eine Seele.
tarnēngerpok, t. SS., er gibt ben Geiſt auf, bie Seele geht ihm auš.
Tarrijok, juk, jut, Salz, Salzwaſſer.
tarrionilitserpok, t. SS. & CS., er ſalzt eš ein, SS., eš iſt eingeſalzen.
tarrionilitsēvok, j. SS. do.
tarrētsiariva, j. SS. inus. do. (Dieſeš iſt gebräuchlicher.)
tarrētsēvok, j. SS. do. (mit mik).
tarrērpa, t. SS. inus., er ſalzt eš; baš Eſſen ꝛc.
tarrērsivok, j. SS. do. (mit mik).
tarrērsimavok, j. SS. & CS., eš iſt geſalzen, CS., er hat eš geſalzen.
tarrētsiangovok, j. SS., eš iſt eingeſalzen, eingepöckelt.
tarrēpok, t. SS., eš hat zu viel Salz, it, er hat (beim Kantern ober Einbrechen) zu viel Salzwaſſer geſchluckt, und iſt baran geſtorben.
tarrijomēpok, t. SS., er iſt, wohnt beim Salzwaſſer.
tarrijomētsomavok, j. SS., er will am Salzwaſſer ſein, wohnen; will nicht inš Land gehen.
Tarsepatāvok, ſiehe láksepatak.
Tātsivok, j. SS., er trägt Sachen vom Strande hinauf, inš Hauš, Zelt.
tāpa, t. SS. inus., er trägt eš, ihn vom Strande herauf.
tāterpeit, t. SS. inus. do., viel.
tōterivok, j. SS. & CS. do., CS., er trägt eš auch hinauf.
tātsiviovok, j. SS., eš bie Zeit ober ber Ort, wo hinaufgetragen wirb.
Tatta! wunderbar! erſtaunlich! Wenn etwaš zu wenig, zu klein, zu häßlich ꝛc.
tattadlak! o wie wenig! [berbar.
tattamnamēk! o wie erſtaunlich! wie wun-
tattamnar, t. SS., eš iſt wunderbar.
tattamnadlartokarpok, t. SS., eš hat waš ſehr Wunderbareš.
tattamnartullivok, j. SS., er thut Wunder, macht waš Wunderbareš.
tattamnartitsivok, j. SS. do.
tattamigiva, j. CS., er wundert ſich über ihn, eš.
tattaminiariva, j. CS. do.
tattaminiarpok, t. SS. do.
tattaminiartipa, t. CS., er ſetzt ihn in Verwunderung.
tattamipā! o wunderbar!
tattamitsiarpa! o wunderbar ſchön!
tamialupō! o häßlich! verdrießlich! ſchlimm!
tattamojarpok, tattamajadlarpok, t. SS., er macht allerlei wunderliche Dinge, Sprünge, Bewegungen. (Wie uimajarpok.)
tattamipok, t. SS., er wundert ſich ſehr, arg, ſogar ſo, baß er barüber ſterben kann.
Taukserpa, t. SS. inus., er bezahlt baš früher auf Tauſch Bekommene wieber mit ebenſo einer Sache alš er bekommen (mit mut).
tauksēvok, j. SS. do. (mit mik & mut).
tauksiutiva, j. SS. inus., er bringt, gibt bieſeš zum Tauſch für jeneš Bekommene.
tauksiutjivok, j. SS. do. (mit mik).
tauksēlauluk! laß unš tauſchen!
taukteliksak, sak, set, etwaš Geborgteš, waš burch eben ſo eine Sache wieber erſetzt werben ſoll.
taukteliksarsivok, j. SS. & CS., er borgt etwaš, waš er mit eben ſo einer Sache wieber erſetzen will, CS., er borgt waš für ihn do.
taukteliksariva, j. SS. inus., er borgt eš; ein Fell, Brett ꝛc., um eš mit eben ſo einem wieber zu bezahlen.
taukteliksarsivik, vīk, vit, ber Ort, ber Mann, bei bem man auf bieſe Weiſe borgen kann.
taungniarariva, j. SS. inus., er tauſcht

es ein für etwas anderes, z. B. Fische für Speck, ein kleines Fell für ein großes.
taungniarakarpok, do. (mit mik).
taungniutigiva, j. SS. inus., er hat es zu dem, was er umtauscht für etwas anderes (mit mik).
taungniutekarpok, t. SS. do.
Savik una taungniutigilaujomavara kissingmik illingnit, dieses Messer wollte ich gerne umtauschen für ein Fell von dir. Kissik una taungniararivara savingmut, dieses Fell habe ich eingetauscht für ein Messer.
taukteliksarsiariva, j. SS. inus., er hat es zu dem, was er auf Tausch geborgt hat. [mik].
taukteliksarsiakarpok, t. SS. do. (mit taungniarpok, t. SS., er tauscht ein (mit mik & mut). Karlingnut taungniarpok nerkemik, für ein Paar Hosen tauscht er Nahrungsmittel ein.
Taungna, der, das im Osten; tauksoma (tr.), do. [do.
takkänna, do., takkàtoma, takkaksoma, tauksomane, takkanane, takkattomane, takkaksomane, bei dem im Osten, östlich Befindenden (nahe oder fern ist einerlei).
tauksomunga, takkaksomanga, takkanunga, zu dem im Osten.
taukoa, takkakoa (tr. & intr.), die Oestlichen.
taukkonangát, takkakonangát, von den Oestlichen. [Osten.
taukotigūna, takkakoligūna, durch die im Osten.
taukoninga, takkakoninga (Acc), sie im Osten.
tauksotunak, takkaksotunak, wie der im Osten, östlich.
taukotitunak, takkakotitunak, wie die im Osten.
taunane, im Osten, östlich.
taununga, nach Osten zu.
taunangát, von Osten.

taunūna, östlich durch.
Tauvlukut, lik, tit, Würze, Zuthat zum Essen, z. B. Salz, Speck, Pfeffer, Brot rc.
tauvlukuserpa, t. SS. inus., er thut was hinzu, versieht es mit Würze.
tauvlukusevok, j. SS. do. (mit mik).
tauvlukusertauvok, j. SS., es wird, ist was als Würze hinzugethan.
tauvlukutiksak, säk, set, etwas, was als Zuthat beim Essen dienen soll.
Tāva, da, so, nun, alsdann, es ist vorbei.
tāvatuak, das ist alles, damit fertig.
Tāva, Norden.
tāvane, im Norden.
tāvunga, nach Norden.
tāvangát, von Norden.
tāvuna, nördlich durch.
tāvamna (intr.), tāvapsoma (tr.), der im Norden, nördlich.
tavapsomane, bei dem im Norden.
tavapsomunga, zu dem im Norden.
tavapkoa (tr. & intr.), die im Norden.
tavapkoninga (Acc.), die im Norden.
tavapkonangát, von denen im Norden.
tavapkutigūna, durch die im Norden.
tavapkutitunak, wie die im Norden, nördlich.
Tavlekut, siehe bei tokpok.
Tekkitorak, käk, ket, ein Fell von einem nicht ausgewachsenen Thier.
tekkitorauvok, j. SS., es ist ein kleines Fell, von einem nicht ausgewachsenen Thiere.
Tǒgarut, lik, tit, das dicke Ende von einer Peitsche.
Tellimat, fünfe.
tellimauvut, es sind fünfe.
tellimangút, der, die, das fünfte, it, ein Fünftel. [Theile.
tellimauliva, j. CS., er theilt es in fünf
tellimaulijëvok, j. SS. do. (mit mik).
tellimaulimavok, j. SS. & CS., es ist in fünf Theile getheilt, CS., er hat es getheilt do.
tellimaulimavut, es ist fünffach.

tellimēvok, j. SS., er thut zu Vieren das Fünfte hinzu (mit mik).

tellimepeit, t. SS. inus. do.; tellimērtorlune, fünfmal.

tellimait, fünf Sachen, die alle im Pluralis stehen, als: Holzhaufen, fahrende Schlitten, Paar Stiefeln ꝛc.

tellimararpok, t. SS., er hat fünfe bekommen.

tellimaujutekangilet, sie haben keinen Fünften; maggungnik tellimaujutekangilet, es fehlt ihnen zwei an fünfen.

tellimaujutik, vierte und fünfte, zwei die Ursache sind, daß es fünfe wurden.

tellimaujortojutik, neunte und zehnte, ob. die zwei, welche Ursache sind, daß es zehne geworden.

tellimaujortut, zehn; tellimajortuērtorlune, zehnmal.

tellimaujoet, der, die, das Zehnte.

tellimaujotsiveit, j. SS. inus., er macht sie zu zehn, thut zu Neunen das Zehnte hinzu.

tellimaujotsēvok, j. SS. do. (mit mik).

tellimaujortojutekangilet, sie haben keinen Zehnten, es fehlt ihnen an dem Zehnten.

Tennersarinek, nak, nerit, die Warnung, das Warnen.

tennersarpa, t. CS., er warnt ihn, verbietet ihm etwas.

tennersarivok, j. SS. & CS. do. (mit mik), CS. do., ihm auch.

tennersarte, tik, tit, ein Warner, Verbieter.

tennersartiga, mein Warner, Verbieter.

tennersartima (tr.), do.

Annernerub ajungincrub tennersarininga uvaptlingnik kamagijariakarpavut, die Warnung des heiligen Geistes gegen uns, müssen wir achten.

Tennikpa, tánnerpa, t. SS. inus., er macht den Knochen rein, befreit ihn vom Fleisch.

tenniksivok, j. SS. do. (mit mik).

tenniktorpeit, t. CS. do., viele, z. B. ein Skelett zurechtemachen.

tenniktuivok, t. SS. do. (mit mik).

Tergganit, siehe bei terliarpa.

Terkalāk, tsek, tset, der Wimpel, Windzeiger auf einem Hause, Schiffe ꝛc.

Terkejak, jūk, jet, ein Schirm vor die Augen.

terkejarakpok, t. SS., er hält etwas als Schirm über die Augen.

terkejarautigiva, j. SS. inus., er hat es als Schirm über den Augen. Aggakka terkejarauligivakka, ich halte meine Hände als Schirm über die Augen.

terkejarautekarpok, t. SS. do.

Terlikpok, t. SS., er ist sicher, glaubt sich sicher, befürchtet nichts, kümmert sich nicht (Mensch oder Thier).

terliarpa, t. CS., er hintergeht ihn, kommt ihm unbemerkt, thut dieses oder jenes, ohne daß der andere was merkt.

terliarsivok, j. SS. do. (mit mik).

terliarsinek, nak, nerit, das Hintergehen, Hintergehung. [steck.

terliarsivik, vīk, vit, ein Lauerplatz, Verterliartauvok, j. SS., er ist hintergangen worden. [oft.

terliarkattarpa, t. CS., er hintergeht ihn

terlarkattaivok, j. SS. do. (mit mik), d. h. er erzählt was Schlechtes von dem andern in dessen Abwesenheit (wahr oder unwahr ist einerlei).

terliarkattainek, nak, nerit, das Afterreden.

terliarsijut, tik, tit, die Ursache, warum man hintergeht.

terliarsijutigiva, j. CS., er hat es, ihn zur Ursache, ihn zu hintergehen.

terggamnit, mir unbemerkt, hinter meinem Rücken.

terggangnit, dir unbemerkt, dich hintergehend, hinter deinem Rücken.

terggānit, ihm do. do. do.

terggaptingnit, uns do. do.

terggapsingnit, euch do. do.
terggangænnit, ihnen do. do.
Terrepok, t. SS., er macht leise, geht auf den Zehen ober ist leise mit Worten, um nicht gehört werben zu wollen.
terrēsarpok, t. SS. do.
terrēgiarpok, t. SS., er macht ein wenig leise.
Terrekok, kuk, kut, eine Ecke, ein Zipfel von was; vom Hause, Tuch ic.
terrekua, terrekunga, seine Ecke, Zipfel.
terrekungittigut, burch seine Ecken, Zipfel.
terrekunginut, nach seinen Ecken, Zipfeln.
terrekolik, uggik, uggit ober lik, lit, etwas mit Ecken.
terrekoksiorpok, t. SS., er sucht eine Ecke, Winkel.
terrekoerpa, t. SS. inus., er macht es ohne Ecke (mit Fleiß).
terrekoarpa, t. SS. inus., er stößt, bricht ihm die Ecke ab (nicht mit Fleiß).
Terriak, ak, et, ein Wiesel.
Terriænniak, äk, et, ein Fuchs.
terriænniarpok, t. SS., er bekommt einen Fuchs.
Terrigluk, lūk, luit, ein junger Ukjuk.
terrigluliut, ber Monat April.
Terrikte, tik, tit, ein Hosengurt.
Tertalukpok, tertalävok, tertalätsivok, j. SS., es sprudelt; ein Fluß.
Tertipok, t. SS., es kocht; Wasser, Oel ic.
tertilerpok, t. SS., es fängt an zu kochen.
tertilipa, t. SS. inus., er kocht es.
tertinek, bas Kochen, it, ber Schaum, ber beim Kochen entsteht.
tertinējarpa, t. CS., er schäumt es ab.
tertenejaivok, j. SS. do.
Tessek, sik, sit, ein Teich mit süßem Wasser.
tessētovok, t. SS., es ist ohne Teich; bas Land.
tessēlak, lāk, let, ein Land ohne Teich.
tessiujak, jāk, jet, eine teichähnliche Bucht.
Tessiornek, tessiorningnek, bas Führen. Leiten.

tessiorpok, t. SS. & CS., er führt ihn (SS. mit mik).
tessiortauvok, j. SS., er wirb geführt.
tessiornikpok, t. SS., er führt (mit mik).
tessiorte, tik, tit, ein Führer.
tessiortigiva, j. CS., er hat ihn zum Führer.
tessiortekarpok, t. SS. do. (mit mik).
tessiortituariva, j. SS. inus., er hat ihn zum einzigen Führer.
tessiortiga, mein Führer (intr.).
tessiortima, do. (tr.).
tessiortit, bein do. (intr.).
tessiortivit, do. (tr.).
Tessikpuk, car. Sing. SS. & CS., sie zwei ober sie tragen was mit einander. Ist bem Sinne nach ganz basselbe wie akkigarpuk, nur baß Ersteres meist bei größeren Sachen, wie beim Kajak, Boot ic., gebraucht wirb.
Tessilerinek, bas Dehnen, Ausbehnen einer Sache.
tessiterpa, t. CS., er behnt es.
tessitorivok, j. SS. & CS. do. (mit mik), CS. do., ein anberes auch.
tessivok, j. SS. & CS., es ist gebehnt, it, es behnt sich, gibt nach, CS., er hat es gebehnt.
tessitsivok, j. SS, do. (mit mik).
tessitertauvok, j. SS., es wirb ausgestreckt, ausgebehnt (man ist bamit beschäftigt). [elastisch.
tessijoavok, j. SS., es behnt sich oft, ist tessigajukpok, t. SS., es behnt sich immer länger. [nicht.
tessijungnangilak, j. SS., es behnt sich tessitsingavok, j. SS., er steht vorwärts gerichtet.
tessijarpa, t. SS., er erweitert, behnt es burch ben Gebrauch; Kleiber, bie etwas zu enge sinb, bie fest anliegen.
tessijaivok, j. SS. do. (mit mik).

tesserkut, tik, tit, ein Werkzeug, Stein ꝛc., zum Ausdehnen der Stiefel, Felle ꝛc.
tessijarēkut, tik, tit, der Besatz, Naht an einer Sache, damit es sich nicht zieht.
tessijaikut, tik, tit, der äußere Besatz an den Rennthier- und andern Weiberpelzen unten herum, daß sich dieselben nicht dehnen sollen.
tessijokomitarpok, t. SS., er reckt, dehnt sich sehr.
Tetsuitipa, t. CS., er zerreißt die Haut mit irgend etwas, it, die Nässe zerreißt die Erde.
tetsuititsivok, j. SS. do. (mit mik).
tetsuipok, j. SS., er hat die Haut irgendwo abgerissen, it, die Nässe hat die Erde zerrissen. [wußte.
tetsuinerpok, t. SS. do., ohne daß mans
Tettæpok, t. SS. & CS., es ist voll, CS., er hat es voll gemacht.
tettænasuarpa, t. SS. & CS., er füllt es, macht es voll.
tettægiarpok, t. SS. & CS., er machts noch ein wenig voller.
tettængilak, t. SS. & CS., es ist nicht voll, er hats nicht voll gemacht.
tettælungilak, t. SS. & CS. do.
Tette, tik, tit, etwas, was man zum Vertrauen, Zuversicht hat.
tettekarpok, t. SS., er hat Vertrauen (mit mik).
tettigiva, j. CS. do., er vertraut ihm, traut auf ihn.
tettekarnek, das Vertrauen, was man hat; tettekarnera Gudemik sullinginiælsengilak, mein Vertrauen auf Gott wird nicht vergeblich sein.
tettekarvigiva, j. CS., er hat es, ihn zur Vertrauensstelle, hofft, daß ihm dort würde geholfen werden.
tettekarvikarpok, t. SS. do. (mit mik).
tettiksak, sŏk, set, etwas, worauf man sein Vertrauen, seine Zuversicht setzen kann.

tettiksariva, j. CS., er hat ihn, es zur Vertrauungssache.
tettiksakarpok, t. SS. do. (mit mik).
tettiksarsiorpok, t. SS. & CS., er sucht jemand oder einen Gegenstand, worauf er vertrauen kann, CS. do., für ihn.
tettigijáksarsiorpok, t. SS. & CS. do.
tettigijak, jak, jet, etwas, worauf man vertraut.
tettigijara, meiner, auf den ich vertraue.
tottiga, do.
tettituariva, j. CS., er hat ihn zu seinem einzigen Vertrauen.
tettituakarpok, t. SS. do. (mit mik).
tettitartogiva, t. SS. inus., er geht zu dem, auf den er vertraut; tettitartorvigiva, j. SS. inus. do.
tettitartorpok, t. SS. do. (mit mik).
tettitartorviginersariva, t. SS. inus., er geht mehr zu ihm, auf den er sein Vertrauen setzt, als:
tettigēkpuk, put, car. Sing., sie verlassen sich aufeinander, haben sich gegenseitig zur Zuversicht.
Tettivok, j. SS. & CS., er drängt, drückt ihn (SS. mit mik).
tetjarpok, t. SS. & CS. do.
tetjartauvok, j. SS., er wird gedrängt, gepreßt, gedrückt.
tettijauvok, j. SS. do.
tettinek, tetjarnek, das Drängen.
tetjautivuk, vut, car. Sing., sie drängen sich.
tetjautinek, das gegenseitige Drängen.
tettinek, das Drängen.
Tettitosarnek, Frechheit Verwegenheit.
tettitosarpok, t. SS., er stellt sich frech, verwegen (mit mut).
tettitosarvigiva, j. SS. inus., er stellt sich frech, verwegen, widerspenstig, ungehorsam gegen ihn.
tettitovok, j. SS., er ist widerspenstig, frech, verwegen (mit mut). [des Stiefels ꝛc.
Tettornek, das Engesein; eines Loches, Klei-

tetlorpok, t. SS. & CS., es ist enge, gedränge, CS., es ist ihm zu enge, gebränge, preßt ihn; ein Kleidungsstück, ein Loch für einen Strick, Zapfen ꝛc.
tetlornarpok, t. SS., es ist zu enge, ist zum Pressen, Drücken.
tetlokipok, t. SS., es ist zu enge, gebränge, ist unmöglich anzuziehen ob. den Zapfen hineinzukriegen.
tetlokitarpok, t. SS., es klemmt, drängt; eine Säge ꝛc.
tetlokitarnarpok, t. SS., es ist zum Klemmen, macht Klemmen; nasses Holz, Schnee ꝛc., der in den Sägenschnitt kommt ꝛc.
tetlortipa, t. SS. inus., er macht es enge; Kleid, Stiefel, ein Loch.
tetluipok, t. SS., er ist hartleibig, es geht ihm gebrang.
tetlokititerpa, t. SS. inus., er treibt es an, macht es gebrang; Faßreifen ꝛc.
tetlokititerivok, j. SS. & CS. do. (mit mik), CS., er ihn auch do.
Tible, lik, lit, etwas, was beim Essen um den Mund herum hängen bleibt.
tiblekarpok, t. SS., er hat vom Essen einen beschmierten Mund, hat was am Munde sitzen.
tiblitudlarpok, t. SS., er hat einen sehr beschmierten Mund.
tiblingerpok, t. CS., er wischt ihm den den Mund ab (SS., sich selber).
Tibvionek. das Nichtgegenwärtigsein und keinen Theil haben bei einer Sache (nicht mit Fleiß).
tibviovok, j. SS., er ist abwesend, nicht gegenwärtig bei etwas und hat deshalb keinen Theil. Wenn einer abwesend ist und nicht kommen kann, it, wenn er das Lauten nicht hört.
tibvioruljauvok, j. SS., es wird gemacht, daß er abwesend ist und keinen Theil haben soll; wird z. B. vor dem Essen wohin geschickt und dann geschwind gegessen,

ober es lautet zur Schule ober Kirche und man sagts ihm nicht, damit er nicht gehen soll.
tibvimne, in meiner Abwesenheit (nicht mit Fleiß).
tibvingne, in deiner do.
tibviane, in seiner do.
tibviptingne, in unserer ob. euer beider do.
tibvipsingne, in euerer do.
tibviæne, in ihrer do.
Tigak, ak, et, ein männlicher Seehund; nunek, ein weiblicher.
tigangnerpok, t. SS., es riecht, stinkt nach einem tigak.
tigangnitok, tuk, tut, ein gelber, nach so einem Seehunde riechender, Stein.
Tiglernek, nak, neril, der Pulsschlag.
tiglerpok, t. SS., er schlägt, der Puls.
tiglertak, tök, tet, eine Pulsader, der Puls.
tiglertänga, seine do.
tiglerningu, sein Schlagen (des Herzens, Pulses). niakub tiglertänga, die Schläfe. [Schläfe.
tiglertarokpa, t. CS., er schlägt ihn an die tiglertaroivok, SS. do.
Tiglingnek, das Stehlen.
tiglikpok, t. SS. & CS., er stiehlt, CS., er stiehlt es, it, er hat es gestohlen.
tigliktövok, j. SS., er ist ein Dieb.
tigliktauvok, j. SS., es ist gestohlen.
tigligiva, j. CS., er bestiehlt ihn.
tigligingnikpok, t. SS. do. (mit mik).
tigligvigiva, j. CS. do.
tigligvikarpok, t. SS. do. (mit mik)
tigligijauvok, j. SS., er wird bestohlen.
tigligvigijauvok, j. SS. do.
tigligak, kak, ket, eine gestohlene Sache.
tigligauvok, j. SS., es ist eine gestohlene Sache.
tigligariva, j. SS. inus, es ist sein gestohlenes Gut, er hat es zu seinem Gestohlenen.
tigligakarpok, t. SS. do. (mit mik).
tigligukpok, t. SS., er stiehlt immer, ist ein Dieb von Profession.

tigligovok, j. SS. do.
tigligojok, juk, jut, ein Dieb, der immer stiehlt.
tigliguk, guk, guit, do.
tigligajukpok, t. SS., er stiehlt häufig.
tiglikomerpok, t. SS. & CS., er stiehlt ein wenig, stiehlt Kleinigkeiten.
tiglikomiovok, j. SS., er ist einer, der Kleinigkeiten stiehlt.
tiglikomiariva, j. SS. inus., er hat es zu seinem Gestohlenen; irgend eine Kleinigkeit.
tiglikomiakarpok, t. SS. do. (mit mik).
tiglikomervigiva, j. SS. inus., er stiehlt ihm Kleinigkeiten.
Tiglungningnek, nak, nerit, das Schlagen mit der geballten Faust.
tiglukpa, t. CS., er schlägt ihn mit der geballten Faust.
tiglungnikpok, t. SS. do. (mit mik).
tigluktarpa, t. CS., er schlägt ihn mehreremal do.
tigluktaivok, j. SS. do. (mit mik).
tigluktauvok, j. SS., er wird mit der geballten Faust geschlagen.
tigluktaunek, nak, nerit, ein Schlag mit der Faust, den man empfängt.
tiglujarpok, t. SS., er hat blaue Flecken vom Schlagen.
tiglujarnek, nik, nit, die blauen Flecken vom Schlagen mit der geballten Faust.
Tigsuravok, j. SS., er, ein Vogel fährt auf mit den Flügeln.
Tigusinek, das Nehmen, Greifen einer Sache.
tiguva, t. SS. inus., er nimmt, greift es, ihn; einen Menschen, eine Sache, einen Weg.
tigusivok, j. SS. do. (mit mik).
tigujauvok, j. SS., er, es ist genommen, wird genommen.
tigumivok, j. SS. & CS., er hält es, ihn fest (SS. mit mik).
tigumiarpok, t. SS. & CS. do., er hält es mit der Hand, faßt es an.

tigumitorpok, t. SS. & CS., er umgreift, umfaßt es, greift ihn fest an und drückt ihn.
tigumiangerpa, t. CS., er nimmt ihm ab, was ab (mit mik).
tigumiangersivok, j. SS. do.
tigujiva, j. CS., tigujinikpok, t. SS. do.
tigumitutivuk, vut, car. Sing., sie fassen einander mit Gewalt an, halten sich einander fest.
tigumiarutivuk, vut, sie halten sich einander irgend wo gefaßt (nicht mit Gewalt).
tigulertutivuk, vut, car. Sing., sie fassen sich einander. Aggasse tigulertutilit, laßt sich euere Hände einander greifen, fassen.
tigut, tik, tit, eine Zange, um damit was zu fassen.
tigusijut, tik, tit, do.
tiguliksak, sāk, set, do., die man dazu brauchen will.
tigutigiva, j. SS. inus., er hat es zur Anfassungs-Sache.
tigutekarpok, t. SS. do. (mit mik).
tigumit, tik, tit, ein Lappen, womit man was Heißes anfaßt.
tigumitiksak, sāk, set, do., der dazu dienen soll.
tigumitigiva, j. SS. inus., er hat es zum Anfassungs-Lappen.
tigumitekarpok, t. SS. do. (mit mik).
tigugarpa, t. SS., er fängt ihn, einen Vogel oder sonst was Fliegendes, auf.
tigumiksarpa, t. CS., er hält ihn, es fest, daß er nicht davongeht.
tigumiksaivok, j. SS. do.
Tigujaitok, tuk, tut, Schuhe oder Stiefel, die keine starken Sohlen haben, sondern alles nur von Oberleder ist.
tigujaitullivok, j. SS., er macht solche Schuhe oder Stiefel.
Tijavok, j. SS. & CS., er spaltet Fische zum Trocknen, it, Fleisch zum Trocknen.

tijajak, jåk, jet, ein gespaltener Fisch.
tijamajok, juk, jut, do.
tijajauvok, j. SS., er ist gesplittet, wird gespalten.
Tijikpok, t. SS., es hat eine harte Kruste, ist vom Alter ɾc. so hart und steif, daß es nicht mehr zu erweichen ist; Fische, Kleider, Zeltfelle, ein Todter.
Tikjivok, j. SS. & CS., er jagt was auf; Vögel.
Tikjokpok, t. SS., es kocht ein; das Wasser ɾc. in einem Gefäß.
Tikkágut, tik, lit, die in der Mitte sitzende Rückenflosse eines Fisches.
tikkágulik, lik, lit, eine Art Walfische, die so eine Rückenflosse haben.
Tikkek, kik, kit, der Zeigefinger, it, ein Fingerhut.
Tikkerak, kak, ket, eine Hucke, Landspitze.
tikkerkab, do. (tr.).
tikkerkame, an der Hucke.
tikkerkamut, zur Hucke.
tikkerärsuk, suk, suit, eine kleine Landspitze. (Wird aber meist nicht dem Sinne des Wortes nach gebraucht, sondern oft als Name von recht großen Landspitzen.)
tikkeraksoak, ak, suit, eine große Landspitze.
tikkerärsuluk, luk, luit, eine kurze, unebene Landspitze.
Tikkinek, nak, nerit, das Gekommensein.
tikkinera (intr.), tikkinerma (tr.), mein Gekommensein. [do.
tikkiniït (intr.), tikkinivit (tr.), dein
tikkinine, do., tikkinime, do., sein do. (recip.).
tikkininga, do., tikkiningata, do. do.
tikkipok, t. SS. & CS., er ist gekommen, CS., er ist zu ihm gekommen.
tikkisivok, j. SS. do. (mit mik).
tikkisininga tapsominga mallugilaukpavut, sein ihm Kommen ob. sein Kommen (zu) ihm haben wir gemerkt.
tikkininga tapsomunga ɾc., do.

tikkinivok, j. SS. & CS., er ist auch ob. abermals gekommen.
tikkigivok, j. SS. & CS. do.
tikkisinárpok, t. SS. & CS., er kommt endlich, ist endlich gekommen (auf den man lange gewartet).
tikkidlasinúlerpok, t. SS. & CS. do.
tikkilerpok, t. SS. & CS., er ist im Kommen, CS., er kommt zu ihm.
tikkitauvok, j. SS., er ist besucht, es ist jemand, was zu ihm gekommen.
tikkisimavok, j. SS. & CS., er ist bereits gekommen, CS., ihm.
tikkisárpok, t. SS. & CS., er ist eilig, schnell gekommen.
tikkisaraidlarpok, t. SS. & CS., er ist sehr eilig, bald, schnell gekommen.
tikkinasúrpok, t. SS. & CS., er kommt lange nicht, kommt langsam.
tikkijajóvok, j. SS. & CS., er kommt früh.
tikkikárpok, t. SS. & CS., er ist zuerst gekommen.
tikkisartorpok, t. SS. & CS., er kommt, nähert sich.
tikkisavok, t. SS. & CS. do. (wird nicht allgemein verstanden).
tikkitotóvok, j. SS. & CS., er ist allein gekommen, ist der einzige Gekommene.
tikkiniarasugiva, j. CS., er denkt, daß er kommen wird.
tikkinasugiva, j. SS. inus., er denkt, daß er gekommen sei.
tikkitsùngàrpok, t. SS. & CS., er ist zum letztenmale gekommen.
tikkitsungnaipok, t. SS. & CS., er kommt nicht mehr.
tikkitainarpok, t. SS. & CS., er ist eben erst gekommen, it, er ist zum erstenmal gekommen.
tikkitsariupok, t. SS. & CS., er kommt nach längerer Zeit wieder zum erstenmal, it, er kommt ganz zum erstenmal.
tikkigárpok, tikkigádlarpok, t. SS. & CS., er ist zur knappen Noth gekommen.

Tikk   Tikp   323

tikkikattarpok, t. SS.&CS., er kommt oft.
tikkigajukpok, t. SS. & CS., er kommt
häufig. [selten.
tikkigajuipok, t. SS. & CS., er kommt
tikkerkammerpok, t. SS. &CS., tikki-
kammerpok, er ist neulich gekommen
(gestern ober vorgestern).
tikkikammerungnaivok, t. SS., es ist
nicht mehr neu, daß er gekommen ist.
tikkerarput, t. SS. & CS., sie (viele) sind
gekommen, CS., er kommt zu ihm, während er schläft, it, es kommt ihm etwas
Gefährliches.
tikkerartauvok, j. SS., er ist, während
er schlief, von jemand besucht, it, es ist
was Gefährliches zu ihm gekommen.
tikkitsiariva, j. SS. inus., er wartet auf
sein Kommen.
tikkitsēvok, j. SS. do. (mit mik).
tikkipōkpa, t. SS. inus., er sagt es ihm,
daß jener gekommen.
tikkijut, tik, tit, die Ursache des Kommens.
tikkijuligiva, j. CS., er hat es zur Ursache
des Kommens.
tikkijutekarpok, t. SS. do. (mit mik).
tikkijuserpok, t.SS. & CS., er bringt ihm
was, SS., wie tikkijutekarpok. Savingmik tikkijuserpara, ich habe ihm
ein Messer gebracht (wird nicht allgemein verstanden).
tikkiupa, t. SS. inus., er bringt es mit.
tikkiuliva, j. SS. inus. • do.
tikkiutjivok, j. SS. do. (mit mik & mut).
tikkiutjivigiva, j. SS. inus., er bringt
ihm was (mit mik).
tikkitsoarpok, t. SS. & CS., er kommt
häufig, oft.
tikkitarnerpok, t. SS., es ist angenehm
zu ihm zu kommen.
tikkitarnēpok, t. SS., es ist unangenehm
zu ihm zu kommen.
tikkitariva, j. SS. inus., er hat ihn zu
dem, den er besucht.
tikkitara, meiner, zu dem ich komme.

tikkitiga, meiner, der zu mir kommt.
tikkitigivara, j. SS. inus., ich habe ihn
zu dem, der mich besucht, der zu mir kommt,
oder: es ist mein Besucher.
tikkitekarpok, j. SS. do. (mit mik).
tikkisuipok, t. SS. & CS., er kommt nie.
tikkitsuērpok, t.SS. & CS., er kann nicht
mehr kommen (einer, der früher manchmal gekommen ist). [pflegt.
tikkitsak, sük, süt, einer, der zu kommen
tikkigosukpok, t. SS. & CS., er verlangt
zu kommen, möchte gern kommen.
tikkitsungnarpok, t. SS. &CS., er kann
kommen.
tikkitsungnangerpok, t. SS. & CS., er
kann nicht mehr kommen (wie tikkitsuērpok).
tikkitsórpok, t. SS. & CS., er kam vor
längerer Zeit.
tikkijóvok, j. SS. & CS. do.
tikkitalōvok, j. SS. & CS., er kommt plötzlich wieder; der Wind, die Krankheit ꝛc.
Tikkoarpok, t. SS. & CS., er zeiget, weiset
mit den Fingern auf was.
tikkoartorpa, t. CS., er weiset wiederholt
auf ihn.
tikkoartūt, tik, tit, ein Ding, um damit
auf etwas zu weisen, ein Zeiger.
tikkūt, tik, tit, do.
tikkoangajok, juk, jut, Fühlhörner oder
sonst so was Vorstehendes an irgend was.
tikkoangajoktalik, lik, lit oder ggit, ein
Thier mit Fühlhörnern, oder sonst eine
Sache mit vorstehenden Zeigern.
Tikkorut, tik, tit, die zwei schrägstehenden
Stützen im Vorderzelt.
Tiklak, læk, let, eine Pickart.
tiklarpok, t. SS., er arbeitet mit einer
Pickart.
Tiklerpok, siehe tiglerpok.
Tikpakpok, t. SS., das Eis ist schön klar,
hat keinen Schnee oder Wasser mehr (im
Frühjahr).
Tikpe, pik, pit, die Reifen, Knie am Kajak.

tikpiksak, sāk, sel, Holz zu solchen Reifen.
tikpiliorpok, t. SS., er macht solche Reifen.
tikpilerpok, t. SS. & CS., er setzt die Reifen, das Knie ein in den Kajak.
tikpilertuivok, j. SS. do., mehrere.
tikpilertorpok, j. SS. & CS. do.
Tiksalukāvok, j. SS., der Fluß sprudelt.
Tiktauvok, j. SS., er fliegt davon; durch den Wind.
tiktautipa, t. SS. inus., er nimmt, reißt es mit sich fort; der Wind.
tiktautauvok, tiktautitauvok, j. SS., es ist fortgerissen, davongeführt.
tiktaujonarpok, t. SS., es wird wahrscheinlich davonfliegen.
tiktaukorpok, t. SS., es ist, scheints, davongejagt.
tiktauniængitomepok, t. SS., es ist an einem Ort, wo es nicht davonfliegen wird.
tiktauralākpok, t. SS., es fliegt hin und her; aufgehängte Wäsche.
tiktaujiariva, j. SS., es fliegt ihm davon, der Wind nimmt es ihm mit.
tiktaujivok, j. SS. do. (mit mik).
Tillaijainek, das Streicheln.
tillaijarpa, t. CS., er streichelt ihn, es.
tillaijaivok, j. SS. do. (mit mik).
Tilliklernek, nak, neril, das Senden.
tilliva, j. SS. inus., er sendet ihn wohin.
it, er befiehlt ihm etwas, heißt ihm was thun.
tilliklerpok, t. SS. do. (mit mik).
tillijauvok, j. SS., er wird gesandt, ist gesandt worden, it, es wird ihm was befohlen.
tillijaunek, nak. neril, das Gesendet- oder Befohlensein.
tilliklervigiva, j. SS. inus., er schickt ihm was durch jemanden.
tilliklervikarpok, t. SS. do. (mit mik).
tillikliutigiva, j. SS. inus., er hat es zum Versenden, Verschicken.
tillikliutekarpok, t. SS. do. (mit mik).
tillijak, jāk, jot, ein Gesandter.

tilliorinek, nak, neril, das Ueberreden, Ueberredung.
tilliorpa, t. CS., er überredet ihn.
tilliorivok, j. SS. & CS. do. (mit mik), CS. do., ihn auch.
tilliortauvok, j. SS., er wird überredet.
Tilluktūt, tik, tit, etwas zum Schneeabschlagen von den Kleidern ic.
tilluktorpa, t. CS., er klopft, schlägt ihm, dem Felle, Rocke, Menschen ic., den Staub ic. ab.
tilluktuivok, j. SS. do. (mit mik).
tillukpok, t. SS. & CS., er klopft es aus do.
Time, mik, mit, der Leib, it, das höher liegende Land von etwas.
timiga, mein Leib, timima, do. (tr.).
timīt, dein do., timivīt, do. (tr.).
timiptingne, in unserm Leibe, it, etwas höher von uns, auf unserm Lande.
timipsingne, in euerm Leibe, it, etwas höher von euch do.
timāne, etwas höher, dicht an, neben was.
timānepok, t. SS., er ist etwas höher, dicht neben oder in einiger Entfernung von was. Sikjab timāne, dicht neben dem Strande. Kōb timanēpok, er ist etwas weiter hinauf vom Fluß. Kakkab timanepok, er ist etwas höher als ein Berg, hinter welchem noch ein höherer liegt.
timul, vom Strande hinauf, höher aufs Land.
timgmut, do. [Land.
timuarpok, t. SS., er geht höher aufs
timuliva, j. SS. inus, er trägt es etwas höher aufs Land.
timujivok, j. SS. do. (mit mik).
timerdlerēk, rēt, Sachen, Berge, Häuser ic., wo immer eins höher liegt wie das andere.
tigvarpa, t. SS. inus., er trägt es etwas weiter vom Strande hinauf aufs Land.
tigvarsivok, j. SS. do. (mit mik).
tigvasikpok, t. SS., er, es befindet sich in einiger Entfernung vom Strande auf dem Lande.

tigvasiluarpok, t. SS., es ist zu weit vom
Strande, it, weiter wie ein anderes.
tigvasinarpok, t. SS., er geht in einiger
Entfernung vom Strande am Lande hin.
tipsinarpok, t. SS. do.
timerdlek, tiplilek, läk, līt, einer, der
höher auf dem Lande wohnet.
tipliarusek, sik, sit, das Niedrige neben
einem Höhern. [nenden.
tiplivut, timerdlivut, unsere höher Woh-
tipliptingne, bei denen, die höher von uns
wohnen.
tiplingtingnut, zu denen do.
tipleriva, j. SS. inus, er hat ihn zu seinem höher Wohnenden.
timerdleriva, j. SS. inus. do.
timerokpa, t. CS., er schießt, wirft ic. ihn
an oder durch den Leib, it, er vernimmt
es, hört es ganz.
timeroivok, j. SS. do. (mit mik), it, er
hört den Zusammenhang einer Sache zu-
fällig ganz.
timeroimavok, j. SS. do., er hat es vernommen.
timerolaringila, t. SS. inus., er weiß es
nicht, hats nicht vernommen.
timeroimangilak, t. SS. do. (mit mik).
Timmerte, tik, tit, ein ausgewachsenes
männliches Walroß.
Tingaujak, jäk, jet, eine Art Moos.
Tingerautak, läk, tet, südlich.
tingergautak, ein Segel.
tingerautaktarpa, er gibt ihm (dem Fahrzeug) neue Segel.
tingerauserpok, t. SS. & CS., er setzt
Segel, CS., er gibt ihm (dem Fahrzeug)
Segel.
tingerautaijarpok, t. SS.&CS., er nimmt
das Segel ab, weg, SS., er ist ohne
Segel, es ist zerrissen.
tingergaujarpok, t. SS. & CS., er läßt
die Segel herunter.
Tinginek, nak, nerit, die Stellen auf dem
Eise, nahe vor dem Lande, wo kein

Schnee liegen bleibt, sondernzurückgejagt,
geweht wird.
Tingmiak, mitsek, mitset, ein Vogel insgemein.
tingmivok, j. SS., er fliegt, ein Vogel.
tingivok, j. SS. do.
tinginek, tingminek, das Fliegen.
tingipa, t. SS. inus., er (der Wind) macht
es fliegen, führt es in die Luft.
tingijiariva, j. SS., er fliegt ihm davon.
tingijivók, j. SS. do. (mit mik).
Tingmikāvok, j. SS., das Blut, Oel,
Materie ic. spritzt im Bogen irgend wo
heraus, sprubelt.
Tingo, uk, ut, die Leber.
tinguktorpok, t. SS., er ißt Leber, und
hat gegessen.
tingoktomavok, j. SS. do., er ißt Leber.
tingujak, jäk, jet, die kleinen, länglich-
runden, vom Winde eingeblasenen Absätze
auf dem Schnee.
Tinnakpok, t. SS., er friert arg, zittert
vor Frost.
tinarnek, das arg Frieren, Zittern vor Frost.
Tinne, nik, nit, Ebbe, niedrig Wasser.
tinnipok, t. SS., es ist Ebbe, ist niedrig
Wasser.
tinnilerpok, t. SS., es fängt an niedrig
Wasser zu sein, it, ein Teich, Fluß nimmt
ab, trocknet ein.
tinningavok, j. SS., es ist ganz ausgefal-
len, ist niedrig, it, ein Teich, Fluß ist
eingetrocknet. [Wasser.
tinniniliarpok, t. SS., er geht zum niedrigen
tinnersoarpok, t. SS., es fängt an zu fallen.
tinnersoak, das Fallen des Wassers.
tinigiarpok, t. SS. do.
tinnetornersivok, j. SS., es ist weit aus-
gefallen bei Springfluth.
tinnetornēpok, t. SS., es fällt nicht weit
aus, das Wasser.
tinnetokijāk, jäk, jat, eine Insel, wo
man bei niedrigem Wasser zu Fuße hin
gehen kann.

tinnutsarvik, vīk, vit, ein Forellenfisch-
  platz, welcher eingedämmt oder ein Netz
  davorgesetzt ist, damit beim Ausfallen des
  Wassers die Fische nicht hinaus können,
  sondern alsdann gestochen ob. mit Hamen
  geschöpft werden.
tinnutsarpok, t. SS., er fischt auf diese
  Weise.   [do.
tinnutsarsiorpok, t. SS., er sucht zu fischen.
tinutsautipa, t. SS. inus., das fallende
  Wasser setzt es (ein Fahrzeug, Fische rc.)
  aufs Trockene.
tinnutjauvok, j. SS., es kommt beim Ausfallen des Wassers aufs Trockene.
Tinnuvok, j. SS. & CS., es ist uneben,
  CS., er macht es uneben.
tinnujivok, j. SS. do. (mit mik).
tinnumavok, j. SS. & CS., es ist bereits
  uneben, CS., er hat es do. gemacht.
Tipliarusek, tiplilek   } siehe bei time.
tiplivut, tipsinārpok
Tippe, pik, pit, der Geruch.
tippekarpok, t. SS., es hat Geruch.
tippegikpok, t. SS., es hat einen starken
  Geruch, es riecht stark.
tippitsinrikpok, t. SS., es riecht gut.
tippitsiaringnek, der Wohlgeruch.
tippitsiariksaut, lik, tit, eine Sache, die
  einen guten Geruch gibt.
tippelukpok, t. SS., es riecht schlecht, stinkt.
tipsaridlarpok, t. SS., es riecht sehr gut.
tippápok, t. SS. & CS., er riecht nach was.
tippádlarpok, t. SS. & CS., er riecht sehr
  nach was. Kejuk tippápa, er riecht
  nach Holz. Bieremik tippápok, er riecht
  nach Bier.
lipangersijiutiva, t. SS., er lüftet es aus,
  daß es den Geruch verlieren soll.
tipangersiutjivok, j. SS. do.
Tipsarlok, luk, luit, etwas Angetriebenes.
tipsauvok, tipjauvok, j. SS., es ist an-
  getrieben.
tipsautipa, t. SS. inus., er treibt es an;
  der Wind, Strom rc.

tipsarliutivok, j. SS. & CS. do.
lipsauvik, vīk, vit, der Platz am Strande,
  wo was antreibt.
tipjauviovok, j. SS., es ist der Platz do.
Tipsalok, uk, uit, Rennthierstiefeln, wo die
  Haare auswendig sind.
lipsaloksak, säk, set, ein Fell zu solchen
  Stiefeln.
Tipvigut, tik, tit, eine Schneewehe, wo der
  Wind gegen Land oder sonst was stößt,
  und den Schnee zurückwirft.
Tipvoarpok, t. SS. & CS., er bläst es zum
  Munde heraus.
lipvonnerlukko, kuk, kut, etwas zum
  Munde heraus Geblasenes, it, Schrot.
lipvoanilukkojak, jäk, jet, großer Schrot.
Tiptulaut, tik, tit, eine Trompete, Posaune rc.
tiptulausijarpok, t. SS., er bläst Posaune,
  Horn rc.
Tittak, täk, tet, ein Riß, Strich, Linie.
tittärsuk, suk, suit, ein kleiner Strich.
titterpa, t. SS. inns., er zieht ihn (den
  Strich, die Linie).
tittersivok, j. SS. do.
titterut, titteraut, tik, tit, ein Bleistift.
titternarnek, nak, nerit, ein Strich, Einschnitt von einem Draht oder Bindfaden,
  an etwas Hartem und Papier.
Togak, ak, et, ein Walroßzahn, it, das Horn
  vom Narwhal.
togalik, līk, ggit oder lit, ein Thier mit
  solchen Zähnen.
Toggovok, j. SS., er, es ist langhaarig,
  dickhaarig (Mensch oder Thier).
Tōkarpa, t. CS., er stößt ihn mit der Hand.
lökarnikpok, t. SS. do. (mit mik).
tōkaláva, j. CS., er stößt ihn, es wiederholt.
tökpok, t. SS. & CS., er stößt wider etwas; mit der Hand oder mit dem, was er
  in der Hand hat, SS., es reicht bis dahin
  (mit mut). Killangmut tökpok, es
  reicht bis an den Himmel.
törnikpok, t. SS., er stößt wider etwas
  (mit mik).

tók, töguk, togut, ein zugespitztes Eisen, was in einen Stiel befestigt wird, um damit was loszustoßen.
töriaksivok, j. SS., der Fuß, die Zehen stoßen wider den Stiefel, weil derselbe zu kurz ist, it, der Zahn thut weh, wenn man darauf beißt.
tökak, siehe tükak.
Tokavok, j. SS., es hagelt, gräubelt, schneit, d. h. es fällt auf die Erde.
Tokkárpa, t. CS., er sagt ihm geradezu, wie das oder jenes sein soll, was er machen soll 2c.; sagt z. B. nicht: „es sollte wohl Wasser geholt werden", sondern: „geh, hole Wasser".
tokkaivok, j. SS. do. (mit mik).
Tokkavik, vik, vit, eine Heimath, wo man ist, Obdach.
tokkaviksak, sñk, set, ein Ort, wo man künftig zu Hause sein, ein Unterkommen haben wird.
tokkavigiva, j. SS. inus., er hat es zu seiner Heimath.
tokkavikarpok, j. SS., er hat eine Heimath, einen Platz, wo er wohnt.
tokkaviovok, j. SS., es ist die Heimathsstelle. [loser.
tokkavikangitok, tük, tut, ein Heimath-
Tokkipok, j. SS., es paßt gut, dicht an einander; eine Fuge 2c.
tokkëpok, t. SS., es paßt nicht gut an einander.
tokkineraktauvok, j. SS., es wird davon gesagt, daß es dichte sei.
tokkinärpa, t. SS. inus., er macht es dichte.
tokkinarsivok, j. SS.
tokkenärpa, t. SS., er macht es undichte (eine Fuge). [dichte.
tokkelivok, j. SS., es weicht ab, wird un-
Tokko, uk, car. Pl., der Tod; tokkub (tr.).
tokkovok, j. SS., er ist todt, ist gestorben.
tokkolerpok, t. SS., er stirbt.
tokkolernek, das Sterben.
tokkolernera, mein Sterben.

tokkoga, mein Tod.
tokkonek, das Gestorbensein.
tokkungavok, j. SS., er ist todt.
tokkojarërpek, t. SS., er ist bereits gestorben. [sterben.
tokkojaraklivok, j. SS., er wird bald
tokkosärpok, t. SS., er stirbt schnell.
tokkonarpok, t. SS., es ist tödtend, giftig.
tokkonartok, tuk, tut, Gift.
tokkosuipok, t. SS., er ist unsterblich.
tokkosuërpok, t. SS., er stirbt lange nicht, lebt lange.
tokkokammerpok, t. SS., er ist neulich gestorben. [storbenen.
tokkojokarpok, t. SS., es hat einen Ge-
tokkungajokarpok, es hat einen Todten.
tokkoatigivok, j. SS., er ringt mit dem Tode.
tokkorokpa, t. CS., er tödtet ihn auf einmal; sticht, schießt ihn, daß er plötzlich todt ist.
tokkoroivok, j. SS. do. (mit mik).
tokkoroktauvok, j. SS., er ist gleich getödtet.
tokkopa, t. CS., er tödtet ihn.
tokkotsivok, j. SS. do. (mit mik).
tokkotsinek, das Tödten.
tokkotak, täk, tet, ein Getödteter.
tokkotanga, sein Getödteter.
tokkotinga, sein Mörder, Tödter.
tokkotigiva, j. CS. inus., er hat ihn zu dem, der ihn tödtet, it, er stirbt für, wegen ihm.
tokkojutigiva, j. CS., er hat ihn zur Ursache des Sterbens. [zu tödten.
tokkosungova, j. CS., er verlangt ihn
tokkotsisungovok, j. SS. do. (mit mik).
tokkorosukpa, t. CS. do.
tokkotipa, t. CS., er läßt ihn tödten.
tokkotilsivok, j. SS. do. (mit mik).
tokkotautipa, do. (besser).
tokkotitak, täk, tet, einer, den man hat tödten lassen. [car. Sing.
tokkotarpeit, t. .SS inus., er tödtet sie,

tokkoraivok, j. SS. do. (mit mik).
tokkorartipeit, t. CS., er läßt sie (viele) tödten.
tokkorartitsivok, j. SS. do., it, eine Krankheit, die viele hinrafft.
tokkovik, vīk, vit, die Sterbezeit, Ort.
tokkoviksak, sak, set, do., wo man sterben wird.
tokkungajok, juk, jut, ein Todter.
tokkungajiavut, unser Todter, Todten.
tokkungajovut, do.
tokkojiavut, unser Sterbender, Sterbende.
tokkungajiase, euere Todten.
tokkungajiangit, ihre und seine do.
tokkungajungit, do.
Torarpok, t. SS. & CS., er geht, fährt, schießt ꝛc. auf ihn zu, SS. do. (mit mut).
torarak, kak, ket, ein Ziel, worauf man zusteuert.
torarvik, vīk, vit, do.
torarariva, j. SS. inus., er hat ihn, es zu seinem Ziel.
torarakarpok, t. SS. do. (mit mik).
torarvigiva, j. SS. inus. do.
torarvikarpok, t. SS. do. (mit mik).
torarviksatuariva, j. SS. inus., er hat es ihm zu seinem einzigen Ziel.
torarvituariva, j. SS. inus. do.
toraut, tik, tit, ein Visir, ein Zeichen, über welches man nach einer andern Sache hinsieht.
torauserpa, t. SS. inus., er macht ihm (einer Flinte ꝛc.) ein Visir, ein Zeichen, über welches er die Richtung nehmen will.
torausēvok, j. SS. do. (mit mik).
torausersimavok, j. SS. & CS., es ist mit einem Visir versehen worden, CS., er hat es mit einem versehen.
torajovok, j. SS., er, es ist gut aufs Ziel gerichtet; die Flinte, der Bogen, Mensch.
torajuipok, t. SS., er, es ist nicht aufs Ziel gerichtet, verfehlt das Ziel.
torajotipa, t. CS., er richtet ihn, es gut aufs Ziel, zielt gut mit der Flinte.

torajotitsivok, j. SS. do., er zielt gut.
torajuitipa, t. CS., er richtet es, ihn schlecht.
torajuititsivok, j. SS. do., er zielt schlecht, richtet schlecht (mit mik).
torautivok, j. SS., er, es geht gerade auf was zu (mit mut).
torarutivuk, vut, car. Sing., sie gehen auf einander zu.
Toriaksivok, siehe bei tokarpa.
Torklorpok, t. SS. & CS., er nennt ihn bei seinem Verwandtschafts-Namen: ernīk! pannīk! nukäk! ꝛc.
torklorarpok, t. SS. & CS., er ruft ihn wiederholt so.
torklulövok, j. SS. & CS. do.
torklorvigiva, j. SS. inus., er nennt, ruft ihn bei seinem Namen, so, wie er mit ihm verwandt ist.
tortklok, luk, luit, Gurgel, Luftröhre.
torkojāk, jak, jet, der Halsknoten, das obere Ende der Luftröhre.
torkojälerivok, j. SS., er hat Schmerzen am Halsknoten.
torklulerivok, j. SS., er hat Schmerzen an der Luftröhre.
torkojäksiva, j. CS., er faßt ihn bei der Gurgel, am Ende der Luftröhre.
torkojaksēvok, j. SS. do. (mit mik).
Torkorpa, t. SS. inus., er hebt es auf, verwahrt, bewahrt es, was er bekommen, gehört hat.
torkorsivok, j. SS. do. (mit mik).
torkoivok, j. SS. do.
torkorsinek, das Verwahren, Aufheben einer Sache.
torkoinek, do.
torkortipa, t. SS. inus., er läßt es aufheben, aufbewahren; befiehlt es einem andern.
torkortautipa, t. SS. inus., er läßt es aufheben (mit mut).
torkorsitipa, t. SS. inus., er befiehlt ihm, was aufzuheben (mit mik).
torkorsikova, j. SS. do.

torkoitipa, j. CS. do.
Torksùk, sŭk, sūt, ein Gang im Haus, der Hausgang.
torksukattak, tăk, tet, ein Vorhaus im Gang.
torksumepok, er ist im Gang.
torksukut, durch den Gang.
torksumēnärkutiva, t. SS. inus., er trifft ihn im Gang, kommt zu ihm im Gang.
torksumēnarkojivok, j. SS. do. (mit mik).
torksuktipa, t. CS., er drückt einen Kessel und dergl. breit, platt.
Torngak, ak, et, der böse Geist, Satan.
torngakarpok, t. SS., er hat einen do.
torngelukpok, t. SS., er hext.
torngevok, j. SS.
Torngaviak, ak, et, ein Schmetterling.
torngavianiut, tik, tit, eine Schmetterlingsscheere.
Tövik, siehe bei tugjut.
Tötjat, jät, jet, der lange Balken im Dach der Estimohäuser, wo die Sparren darauf ruhen.
Tuapŭk, pǎk, pǎt, viele am Strande oder auf dem Lande bei einander liegende Steine.
tuapǎluit, do., große.
tuapŏjarärsuit, do., kleine.
tuapŏjaraluit, do., große.
NB. Für Steinpflaster scheinen diese doch meist nicht verstanden zu werden, sondern „ujaralik netsitenik" od. „iglo netsitelik ujarkenik", ein gepflasterter Boden und ein Haus mit gepflastertem Boden, wird gesagt, sobald den Eskimos ein Pflaster näher erklärt wird.
Tuavi, geschwind, hurtig, schnell.
tuavipok, t. SS., er ist schnell, eilig.
tuavitomik kaivok, er kommt schnell.
tuavidlune kaivok, do.
tuavinarpok, t. SS., es ist eilig.
tuaviatorpok, t. SS., er fährt schnell auf was zu.

tuaviluktorpok, t. SS. do.
tuaviatorvigiva, j. SS. inus., er greift, springt, fährt schnell auf ihn zu.
tuavitsiariakangilak, t. SS., es ist nicht nöthig, besonders zu eilen.
tuavitsiariakarpok, t. SS., es ist nöthig, gut zu eilen.
tuavitsariakarpok, t. SS., er hat nöthig, eilig, schnell zu sein.
tuavitjutiva, tuavijutiva, j. SS. inus., er bringt es eilig, schnell wohin (mit mut).
tuavitjujivok, j. SS. do. (mit mik).
tuavijutigiva, j. CS., er hat es zur Ursache, geschwind, schnell zu sein.
tuavilukarpok, t. SS., er geht schnell.
tuavilikautiva, j. CS., er treibt, dreht, macht es schnell gehend.
tuavilakautjivok, SS. do.
Tue, ik, it, die Achsel.
tuengejarpok, t. SS. & CS., er hat die Achsel ausgerenkt, it. er friert an der Achsel, CS., er renkt ihm die Achsel aus.
tuengilivok, j. SS., er ist müde in der Achsel, vom Tragen auf der Achsel od. an der Hand.
tuimikpok, t. SS. & CS., er trägt was auf der Achsel (SS. mit mik).
Tuggojok, juk, jut, ein Baumhacker, dreizehiger Specht.
Tugjut, tik, tit, der Strick, womit der Ueberzug beim Kajak oder Fellboot fest angezogen ist.
tugjuliksak, sǎk, set, ein Strick, der dazu gebraucht werden soll.
tŭpok, t. SS. & CS., er zieht den Ueberzug mit dem Strick scharf an (SS. mit mik).
tŭnek, nik, nit, die Löcher am Rande des Ueberzugs, durch welche der Strick zum Anziehen gezogen wird.
lŭvik, vīk, vit, die Leiste am Fellboot, woran beim Anziehen des Ueberzugs der tugjut oder Anzieheftrick befestigt wird.
Tuglerunak, nak, net, eine schwarze Ente, it. Fettehenne (Phocliola rosea).

42

Tuglek, lik, lit, der Nächste oder Zweite neben, hinter was, it, eine Nebensonne.
tuglia, sein Nächster, neben, vor, hinter ihm.
tugliga, mein do. do. do. mir.
tuglerēkpuk, put, sie folgen auf einander.
tugleriva, j. SS. inus., er hat ihn zum Nächsten, hat ihn neben, vor oder hinter sich.
tugliovok, j. SS., er ist der Nächste neben, vor oder hinter ihm.
tuglerusijarpok, j. SS., es hat eine Nebensonne.
tuglit, tik, tit, die in einen Knäuel gebundenen Haarzöpfe der Weiber (weil sie auf die Augen oder Ohren folgen).
tuglerut, tik, tit, Perlen oder sonstige Schmucksachen, die an diesen Zöpfen hängen.
Tujormijak, mitsek, mitset, ein Besucher von einem andern Lande, oder der da schläft in einem Hause, wohin er nicht gehört; ein Fremder.
tujormijakarpok, t. SS., er hat Besucher, hat Fremde.
tujormijariva, j. SS. inus., er hat ihn zum Fremden im Hause.
* tujormivok, j. SS., er ist bei Niemand, it, wird nicht geachtet, man läßt ihn stehen, läßt ihn nicht herein oder heißt ihn nicht sitzen.
tujormitipa, t. CS., er läßt ihn stehen, stellt sich fremd gegen ihn.
tujormiangojartorpok, t SS., er geht zu jemanden zum Besuch, hält sich da auf.
Tujoinek, das Schicken, Senden einer Sache an jemand.
tujoininga, sein do. [was.
tujorpa, t. SS. inus., er schickt, sendet ihm
tujoivok, j. SS. do. (mit mik).
tujorpara karlingnik, ich schicke, sende ihm Hosen; tujoivok taipsominga uerkemik, er sendet ihm was zu essen.
tujortauvok, j. SS., es wird ihm was geschickt.

tujut, tik, tit, das Geschenk, das man fortsendet.
tujuliksak, sak, set, etwas, was man jemanden schicken, senden will.
tujuligiva, j. SS. inus., er schickt, sendet es fort (mit mut).
tujusiak, äk, et, etwas einem Zugeschicktes.
tujusiara, mein mir Zugeschicktes.
tujusianga, sein ihm do.
tujusiarivara, j. SS. inus., es ist mein mir Zugeschicktes oder ich habe es zu dem mir Zugesendetem.
tujusiakarpok, t. SS. do. (mit mik).
tujortara, meiner, dem ich was sende.
tujortiga, meiner, der mir was sendet.
tujortariva, j. SS. inus., es ist der, dem er was sendet, oder er hat ihn zu dem, dem er was sendet.
tujortigiva, j. SS., es ist der, der ihm was sendet.
Tukaksiak, ak, et, das starke, kurze Stück Strick am Fischhaken, woran die Fischschnur gebunden ist.
Tukarpa, siehe bei tukkerpa.
Tūkak, ak, et, ein Harpun (von Walroß-Zahn ɩc., mit einem Messer versehen) zum Unak.
tūkajarpok, t. SS. & CS., er zerbricht seinen tūkak, CS., er zerbricht ihn ihm.
tukairsivok, j. SS. & CS., er verliert tūkak, CS., er verliert ihn ihm.
Tukke, ik, it, der Sinn, Meinung einer Sache, Rede.
tikkinga, sein Sinn (des Wortes ɩc.).
tukkisivok, j. SS. & CS., er versteht, vernimmt, empfindet es, ihn; wird es inne.
tukkisinek, das Verstehen.
tukkisininga, sein Verstehen.
tukkisilipa, t. CS., er macht es ihm begreiflich (mit mik).
tukkisilitsivok, j. SS. do.
tukkigiva, j. SS. inus., er hat es zum Sinn.
lukkekarpok, t. SS., es hat Sinn.
lukkekangilak, t. SS., es hat keinen Sinn.

tukkekartipa, t. CS., er gibt, macht der Sache Sinn, SS., er macht sich verständlich, sinnreich, sinnhabend für einen andern (mit mik & mut); tukkekartipunga uvamnik illingnut, ich mache mich dir verständlich; tukkekangitomik okarpok, er redet Sinnloses; tukkelingmik okarpok, er redet Sinnreiches.
tukkelik, lik, ggit, etwas, das Sinn hat.
tukkisiutivuk, vut, car. Sing., sie verstehen einander. [nicht.
tukkisiutingilagut, wir verstehen einander
Tukkerpa, t. SS. inus., er tritt einen Pelz, Fell ꝛc. weich, it, er tritt einmal gegen ihn, es.
tukkersivok, j. SS. do. (mit mik).
tukarpa, t. CS., er tritt ihn (mehrmals).
tukarnikpok, t. SS. do. (mit mik).
tukartorpok, t. SS. & CS., er tritt wiederholt auf etwas, SS., er trampelt herum.
tukkeromiak, ak, et, ein Querholz oben im Kajak, wo sich die Füße des Mannes dagegen stemmen.
tukkeromiarpok, t. SS., er stemmt sich mit den Füßen wogegen.
tukkermik, mik, mit, Gegenhalt für die Füße u. dergl.
Tukkipok, t. SS. & CS., er legt, stellt es in die Länge, d. h. von sich ab, SS., er legt so in die Länge.
tukkitsivok, j. SS., er legt ein in die Länge (mit mik).
tukkingavok, j. SS., er, es steht, liegt in die Länge von einem.
tukkingajok, juk, jut, der Name eines Beils, zum Unterschied von ein Dexel.
tukkingate, tik, tit, ein Beilstiel im Beil.
tukkingaliksak, säk, set, ein Beilstiel, der dazu bestimmt ist.
tukkingajuliksak, do.
tukkingarpa, t. SS. inus., er sieht an was in die Länge hin (an einem Brett, Flinte ꝛc.).

tukkingársivok, tukkingersivok, j. SS. do. (mit mik).
tukkingertorpa, t. SS. inus., er geht vor eine Sache, daß sie länger nach vor ihm ist.
tukkingertuivok, j. SS. do. (mit mik).
tukkimut, in die Länge.
tukkimuarpok, t. SS., er geht geradezu, geht gerade vor sich hin (wie sivumuarpok).
tukkimorpa, t. SS. inus., er zieht es in die Länge; ein Fell ꝛc.
tukkimoivok, j. SS. do. (mit mik).
tukkimugiarpa, t. SS. inus., er zieht es ein wenig mehr in die Länge.
tukkiliarpok, t. SS., wie tukkimuarpok, it, die Sonne geht gerade vor einem, gerade in der Richtung von der Bucht, in welcher man sich befindet, in der See auf.
tukkivut, gerade von uns aus in der See,
tukkiptingnepok, t. SS., er, es ist draußen nach der See zu, gerade in der Richtung von uns aus.
tuksungavok, j. SS., es steht auf der Kante; ein Brett ꝛc., it, es ist flach gedrückt.
tuksukpa, t. SS. inus., er stellt, legt es auf die Kante do., er drückt es flach, drückt es zusammen. [(mit mik).
tuksuivok, tuksuksivok, j. SS. do.
Tukkoipok ist nach Versicherung der meisten Eskimos gleich mit torkoivok und torkorsivok, „er hebt auf", und ist daher für Geiz, welcher vom Himmelreich ausschließt, ohne weitere Erklärung nicht gut zu brauchen.
tukkuinek, siehe torkoinek.
Tukkovok, j. SS., er schläft, ein Kind, nicht bei seiner Mutter, sondern bei jemand anders, im andern oder auch in demselben Hause, it, es geht einer mit einer Schlittengesellschaft, wozu er nicht gehört, mit auf Rennthierjagd.

Tuksiarnek, nak, nerit, das Beten, Bitten, Betteln, Singen.
tuksiarpok, t. SS. & CS., er bittet, betet, bettelt, fingt, spielt, CS., er bittet sich es aus, will es haben; scheint wenig gebraucht zu werden, sondern:
tuksiarariva, j. SS. inus., er bittet sich ihn, es aus, oder: es ist sein Erbetenes.
luksiarak, räk, ket, etwas, um das man bittet.
tuksiarara (intr.), tuksiarkama (tr.), mein Erbetenes.
Inksiararijara, do.
luksiararijanga, sein Erbetenes.
tuksiararijane, do. (recip.).
luksiararijáksariva, j. SS. inus., es ist das oder er hat es zu dem, was er sich ausbitten wird.
luksiararijaksak, säk, set, etwas, was man dazu ausersehen, daß man es sich ausbitten will.
tuksiarvigiva, j. SS., er bittet ihn (um was), betet ihn an.
tuksiarvikarpok tapsominga, do.
tuksiarvik, vīk, vit, der Ort, Platz, wo man betet; ein Bethaus ꝛc., it, die Person, von der man sich was ausbittet.
tuksiarusek, utsik, utsit, ein Gebet, Lied, Gesang.
tuksiariartorpok, t. SS., er geht beten, betteln, singen.
tuksiarkipok, t. SS., er betet, fingt lange.
tuksiakipa, t. SS. inus., er gibt ihm das Erbetene.
tuksiakissivok, j. SS. do. (mit mik).
tuksiakitauvok, j. SS., es ist ihm seine Bitte gewährt worden.
luksiakissinek, die Gewährung der Bitte.
tuksiartipa, t. CS., er macht ihn beten, fingen, bitten; reizt, ermuntert ihn dazu.
tuksiarkovn, j. SS. inus., er befiehlt ihm zu beten ꝛc.
tuksiupa, t. CS., er bittet für ihn, bettelt was für ihn.

tuksiutiva, j. CS. do.
tuksiarutiva, j. CS. do.
tuksiutjivok, tuksiarutjivok, j. SS. do. (mit mik).
tuksiarutjivigiva, j. SS. inus., er bittet bei ihm für jemanden. Kannimajok allupsamik tuksiutiva tapsomangút, er bittet von ihm Suppe für den Kranken. Jesusib tuksiutivátigut Gudemut, Jesus bittet für uns zu Gott. Jesuse tuksiutjivok uvaptingnik Gudemut. do. Jesusib Gude tuksiutjivigiva uvaptingnik, Jesus bittet für uns bei Gott. Jesusib Gude tuksiutjivigiva napkiningnermik uvaptingnut, Jesus bittet bei Gott Barmherzigkeit für uns aus.
tuksiutjiovok, t. SS., er ist ein Fürsprecher.
tuksutje, tuksiarutje, jīk, jit, ein Fürsprecher. [bittet.
tuksiutjiga, mein Fürsprecher, der für mich
tuksiutjinga, sein do.
tuksiutjigiva, j. SS. inus., er hat ihn zum Fürsprecher, Fürbitter.
tuksiutjekarpok tapsomunga, do. Jesuse tuksiarutjigivavut Gudemut, wir haben Jesum zum Fürsprecher bei Gott. Jesusemik tuksiutjekarpogut Gudemut, do. Jesuse tuksiarutjiōvok uvaptingnik Gudemut, Jesus ist Fürsprecher, Fürbitter für uns bei Gott.
tuksiutjinek, nak, nerit, das Fürbitten, die Fürbitte.
tuksiutjiningn, seine Fürbitte.
tuksiut, tik, tit, ein Gebet (für sich und andere).
tuksiarnek, nak, nerit, do.
tuksiutiga, tuksiarnera, mein Gebet.
tuksiargalaupa, t. SS. inus., er, sie fingt ein Kind ein.
tuksiargalautjivok, j. SS. do. (mit mik).
Tuksukpa, siehe bei tukkipok.
Tukto, tuk. tut, ein Rennthier.
tuktusivok, j. SS. & CS., er sieht Renn-

thiere, it, er lauft Rennthierfelle, CS.,
er lauft welche für ihn.
tuktupok, t. SS., er bekommt Rennthiere.
tuktujongovok, j. SS., er pflegt Rennthiere zu bekommen.
tuktusongovok, tuktusukpok, t. SS. do.
tuktugajukpok, t. SS., er bekommt oft Rennthiere. [do.
tuktugajuipok, t. SS.. er bekommt selten
tuktusuërpok, t. SS., er bekommt keine Rennthiere mehr, kann keine mehr kriegen.
tuktujungnangerpok, do.
tuktujuipok, t. SS., er bekommt nie ein Rennthier.
tuktukangikatlārpok, t. SS., es ist verdrießlich, schlimm, daß es keine Rennthiere hat.
tuktungikatlārpok, t. SS., es ist schlimm, verdrießlich, daß er keine Rennthiere bekommen.
tuktuilarkutivok, j. SS., er kommt wohin, wo keine Rennthiere mehr sind.
tuktuilarkutikatlārpok, t. SS., es ist verdrießlich, daß er wohin gekommen, wo keine Rennthiere mehr sind.
tuktukanārkutivok, j. SS., er kommt wohin, wo es Rennthiere hat.
tuktuliarpok, t. SS., er geht zu den Rennthieren (wenn man weiß, daß irgend wo welche sind).
tuktusiorpok, t. SS., er geht auf Rennthierjagd, sucht Rennthiere.
tuktusiorosukpok, t. SS., er verlangt zu gehen do.
tuktuamavok, j. SS., er bekommt viele Rennthiere.
tuktulerkivok, j. SS. do.
tuktuilerkivok, j. SS., er wünscht sich Rennthiere. [do.
tuktulaisákpok, t. SS., er bekommt wenig
tuktuisákpok, t. SS., es hat wenig do.
tukto sillāk, ein Rennthier, das auch im Semmer weiß bleibt.
tuktukut, tik, tit, vorräthige Rennthierfelle.

tuktukutlekarpok, t. SS., er hat vorräthige Rennthierfelle.
tuktuvinek, nak, verngit, vinit, Rennthierfleisch.
tuktuvinerukpok, t. SS., er verlangt nach Rennthierfleisch, will haben.
tuktuvineruërpok, t. SS., er verlangt kein Rennthierfleisch mehr, hat genug.
tuktuvinëjarpok, t. SS. & CS., er hat ihm sein Rennthierfleisch zu Ende gemacht (SS., sein eigenes).
tuktuvinërutivok, t. SS. & CS. do.
tukvinerutjivok, j. SS., er macht einem andern das Rennthierfleisch zu Ende (mit mik).
tuktuvinerutjauvok, j. SS., es wird ihm (von andern) das Rennthierfleisch zu Ende gemacht.
tuktuvinetorpok, t. SS., er ißt Rennthierfleisch.
tuktuvinetomavok, j. SS. do.
tuktusiorut, tik, tit, Werkzeug zum Rennthierjagen, als: Gewehr, Hunde, Schlitten ꝛc.
tuktuniut, tik, tit, do.
tuktuvak, vāk, vait, ein Ochse, Kuh.
tuktungajok, juk, jut, eine Ziege.
tuktojak, jāk, jet, ein geschnitzeltes Rennthier.
tuktojaliorpok, t. SS. & CS., er schnitzelt ein Rennthier, CS., er schnitzelt ein Rennthier für ihn.
tuktujaliorsavok, j. SS. & CS. do., mehrere.
tuktojok, das Sternbild des gr. Bären.
tuktusiorkatligiva, j. SS. inus., er geht mit ihm auf Rennthierjagd.
tuktusiorkatlekarpok tapsominga, do.
tuktusiorkatligijarnérpok, t. SS., es ist vergnüglich, angenehm, mit ihm auf Rennthierjagd zu gehen.
tuktusiorkatlingnérpok, t. SS. do.
tuktusiorkatligijarnëpok, t. SS. (Negativ).

tuktusiutsiariva, j. CS., er wartet auf ihn, bis er auf Rennthierjagd geht.
tuktusiutsēvok, j. SS. do.
Tullakpok, t. SS., er kommt, geht vom Schiff, Eise ꝛc. ans Land, it, das Treibeis, Schiff, Boot ꝛc. kommt ans feste Eis (mit mut).
tullavigiva, j. SS. inus., er hat es zur Stelle, wo er ansteigt; vom Schiffe, Eise ꝛc.
tullavik, vīk, vit, der Platz, wo einer vom Eise, Schiffe, Boot ꝛc. ans Land geht.
tullaviksak, säk, set, do., die Stelle, die dazu dienen soll.
tullatainarpok, t. SS., er ist zum erstenmal oder jetzt eben erst ans Land gekommen.
Tullerpa, t. SS. inus., er stampft, tritt es mit den Füßen, z. B. Schnee, Erde ꝛc., daß es hart wird.
tullersivok, j. SS. do. (mit mik).
tullertauvok, j. SS., es wird mit den Füßen gestampft, getreten.
tullerarpok, t. SS. & CS., er steht, tritt mit seinen Füßen darauf (SS. mit mik), er hat die Füße darauf.
tullerartauvok, j. SS., es wird mit Füßen darauf gestanden.
tullerajárpa, t. SS. inus., er tritt es mit den Füßen (oftmals), beim Gehen hat er seinen Weg darüber.
tullerajarivok, j. SS. & CS. do. (mit mik), CS., er tritt auch ihn.
tullejarartauvok, j. SS., es wird beim Gehen mit den Füßen getreten; ein Weg ꝛc.
tutivok, j. SS. & CS., er tritt auf mit den Füßen, z. B. beim Aufstehen, CS., er tritt auf irgend was.
tutisivok, j. SS. do. (mit mik).
tullerarak, äk, kat, ein Fell, Decke unter die Füße.
Tullik, lik, lit, eine Schnepfen-Art.
Tüllik, lik, lit, ein Eistaucher (Colymbus glacialis).

Tullimak, mäk, mait, eine Rippe vom Menschen, Walfisch, Walroß, Ukjuit, Eisbären ꝛc.
tullimák, mäk, mat, do., von kleineren Robben und anderen Landthieren.
tullimaga (intr.), tullimama (tr.), meine Rippe.
tullimatit (intr.), tullimavit (tr.), deine Rippe und Rippen.
tullimaujak, jäk, jet, eine Bootsrippe.
tullimaujaksak, säk, set, Holz zu Boots- oder Schiffsrippen.
tullimaujaliorsavok, j. SS., er macht Bootsrippen.
tullimajarpok, t. SS. & CS., er hat eine Rippe zerbrochen, CS., er zerbricht ihm eine do.
tullimarkopa, t. CS., er schlägt, stößt ihn wider die Rippen.
tullimarokpa, tullimarpa, do.
tullimaroivok, j. SS., tullimarsivok, j. SS. do. (mit mik).
Tullugak, kak, kot, ein Rabe.
Tullugarnak, nak, net, eine Labradoramsel.
Tullugarsuk, sük, suit, eine Uferschwalbe.
Tullugaujak, jäk, jet, die breite, schaufelförmige Zacke am Horn eines ausgewachsenen Rennthierbocks.
Tullugia, itsak, itset, Augenzahn.
Tumak, ak, ait, ein wieder geheilter Beinbruch ꝛc., it, ein steifes Glied.
tumárpok, t. SS., er ist geheilt, der Bruch, it, es ist steif, irgend ein Glied.
tumauvok, j. SS., es ist ganz geheilt, ein Bruch, it, es ist ganz steif, ein Glied.
tumarsimavok, j. SS. do.
tumaksáut, tik, tit, die Mittel, Schienen. Schmiere ꝛc., womit der Bruch soll geheilt werden.
tumaksauserpa, j. CS., er verbindet, schient ihn, den Bruch oder den Menschen.
tumaksausēvok, j. SS. do. (mit mik).
tumaksárpok, t. SS., er verhält sich ruhig, wartet das Heilen des Bruches ab.

tumakserpok, tumaksavok, do.
tumaksarpa, t. CS., er heilt ihm den Bein- oder Armbruch, achtet ihn, sieht ihn nach.
tumaksaivok, j. SS. do. (mit mik).
tumaksartauvok, j. SS., es wird geheilt, wird gepflegt; der Bruch.
tumangavok, j. SS., er hat steife Glieder, geht steif, kann die Gelenke oder ein Gelenke nicht bewegen, it, das gebrochen gewesene Glied ist steif, ist geheilt.
Tume, mik, mit, Fußtapfen, Spuren.
tumekarpok, t. SS., es hat Spuren.
tumësákpok, t. SS., es hat wenig do.
tumidlavok, t. SS., es hat blos hin und wieder etwas Spuren.
tumitovok, j. SS., es hat viele Spuren.
tumisivok, j. SS., er findet, sieht Spuren.
tumisinikipok, t. SS., er sieht, findet wenig Spuren.
tumisidlavok, j. SS., er sieht hin und wieder einige wenige Spuren.
tumisitovok, j. SS., er ist der einzige von ihnen, der Spuren sieht, findet.
tumisiorpok, t SS., er sucht Spuren.
tumekarnarpok, t. SS., es ist zum Spuren haben, hat weichen Schnee und ist ganz windstille.
tuplerarpok, t. SS., er macht Fußtritte, Spuren; hinterläßt dieselben im Schnee, Sande ꝛc.
tuplerarnarpok, t. SS., es ist zum Spurenmachen; weicher Schnee und stilles Wetter.
tupliajivok, j. SS. & CS., er sieht, findet viele Spuren.
tuplerarvik, vĭk, vīt, die Zeit oder Ort, wo es Spuren macht.
tuplerarviksauvok, j. SS., es hat Gelegenheit, es ist die Zeit oder Ort, wo es Spuren machen wird (wenn neuer Schnee fällt und es stille dabei ist).
tupjarpa, t. CS., er verfolgt seine Spur, it, seiner Gesinnung und Art.
tupjarsivok, j. SS. do. (mit mik).

tupjartauvok, t. SS., es wird seiner Spur gefolgt.
tupjangovok, t. SS. do., er ist der, dessen Spur gefolgt wird, dessen Art und Gewohnheiten man nachmacht.
tupjakangaut, lik, tit, ein Land, Gegend, wo es immer Spuren zu haben pflegt, it, der Name des Landes oben, wo die Eskimos beim Hinaufziehen die ersten Spuren zu sehen pflegen. Manche Eskimos sagen tuljakangaut.
tupjät, tutjat, Name von Teichen im Lande (Inseln bei Killinek), die gleichsam als Spuren dienen.
Tumne, nik, nit, das Ausgenähte, Tättowirte im Gesicht. [Tättowirtes.
tumnekarpok, t. SS., er hat Ausgenähtes,
Tunek, nik, nit, torngit, die Grönländer.
Tunge, ik, it, das dicht an einer Sache, worauf es ruht, und dann gleich daneben.
tungä, sein gleich neben ihm.
tungiga (intr.), tungima (tr.), dicht neben mir.
tungit (intr.), tungivit (tr.), do., dir.
tungäne, an ihm, dicht neben, nach ihm.
tungänut, dicht zu ihm; tungänut illink, leg es dicht neben ihn.
tungänit, dicht von ihm; tungänit pileruk, nimm es dicht neben ihm weg.
tungagut, dicht neben ihm durch, in einer Weile, nach diesem.
tungimnepok, t. SS., es ist dicht neben mir.
tungimnut illijaumavok, es ist dicht neben mich hingelegt worden.
tungavok, j. SS., es ist dicht zusammen, es langt bis dicht daran, ruht auf (mit mut).
tungavigiva, j. SS. inus. do., er, es ruht auf ihm, hat ihn zum Grund.
tungavikarpok, t. SS. do. (mit mik).
tungavik, vĭk, vīt, der Grund, Fundament.
tunganarpok, t. SS., er, es ist zuverlässig; einer, der gleich antwortet und so thut, wie ihm gesagt wird ob. wie er verspricht.

tungonaipok, t. SS., er ist unzuverlässig.
lungagiva, |j. SS. inus., er verläßt sich auf ihn, hält ihn für zuverlässig.
tungagosukpok, t. SS. do. (mit mik).
tungermgasak, säk, set, das Reisig, was inwendig in den Eskimo-Häusern an den Wänden aufgestellt wird.
Tungmarpok, t. SS., er tritt den Schuh oder Stiefel schief.
tungmarlukpok, t. SS. do., sehr schlecht.
Tungmerak, kak, kel, Steine im Flusse ec. Roth, um darauf hingehen zu können, il. Treppen-Stufen und Leiter-Sprossen, Fußtritt.
tungmerariva, j. SS. inus., er hat es zum Tritt, worauf er wo hinauf, hinunter oder hinüber steigt.
tungmergakarpok, t. SS. do. (mit mik).
Tungunck, nak, neril, schwarz-blau, schwarz-blaue Wolken über der Seekante.
tunguniudlarpok, t. SS., die Wolken sind sehr schwarz-bläulich (in der See).
tungulängavok, t. SS., es ist dunkel-bläulich; Wolken, il, ein Mensch, von Unwohlsein oder Frost.
tungujorpok, t. SS., es ist blau, it, grün.
tungajoktak, läk, tel, blaues, it, grünes.
tungajorsivok, j. SS., es wird grün (die Erde im Frühjahr).
tungajuangavok, j. SS., es ist grünlich.
Tungo, uk, ut, Blau- und Schwarzbeeren-Saft.
tungovok, j. SS., er ist schwarz, blau um den Mund, an den Händen ꝛc., von Beeren.
Tunnak, näk, nät, etwas von mehreren Sachen, was man besonders gern haben möchte.
tunnängovok, j. SS., es ist so was do.
tunnäriva, j. SS. inus., er hat es, ihn vor andern besonders im Auge, will ihn haben, z. B. einen fetten, großen Seehund oder großes Rennthier aus der Heerde ꝛc.
tunnäkarpok, t. SS. do. (mit mik).

tunnärijauvok, j. SS., es wird auf ihn besonders gezielt, gedacht, daß man ihn haben möchte.
Tünnek, siehe bei tügjut.
Tunnerljuk, jūk, tut, der mittlere Brustknochen, das Brustbein.
Tunninguvok, j. SS., er ist entkräftet, fühlt hauptsächlich Müdigkeit in den Schultern.
tunningunek, Müdigkeit, Mattigkeit in den Schultern und sonst im Oberkörper.
Tunnilukpa, t. SS. inus., er verfehlt es im Treten, tritt daneben.
tunniluivok, j. SS. do.
tunniluinek, der Fehltritt
Tunnijinek, das Geben.
tunniva, j. CS., er gibt es (mit mut).
tunnijivok, j. SS. do. (mit mik & mut).
tunnijak, jäk, jet, das Gegebene.
tunnijauvok, j. SS., es ist das, was gegeben worden, es wird gegeben. It. brauchen es die Eskimos auch (eigentlich widerrechtlich) dafür, wenn ihnen was bescheert wird, statt tunnitsiviovok.
tunnijäksak, säk, set, etwas zum Fortgeben Bestimmtes.
tunnijäksauvok, j. SS., es ist etwas zum Fortgeben.
tunnijäksariva, j. SS. inus., er hat es zum Fortgeben.
tunnijaksakarpok, j. SS. do. (mit mik).
tunnitsivik, vik, vit, der Ort oder derjenige, dem etwas gegeben wird.
tunnitsivigiva, j. CS., er gibt ihm was, oder er hat ihn zum Ort, wohin er gibt.
tunnitsivikarpok, t. SS. do. (mit mik).
Savingmik tunnitsivigiva, er gibt ihm ein Messer. Tapsominga tunnitsivikarpok savingmik, do.
tunnitsiviovok, t. SS., es wird ihm was gegeben, er ist der Platz, wohin gegeben wird (mit mik).
tunnergut, tik, til, eine Gabe (die man gibt).
tunnergutinga, seine Gabe, Opfer.
tunnergutiga, meine . .

Tunn Tup 337

tunnergutigiva, j. CS., er hat es zur Gabe (mit mut).
tunnergutekarpok, t. SS. do. (mit mik und mut).
tunnergusiak, āk, et, eine Gabe, die man empfängt.
tunnergusiara, meine empfangene Gabe.
tunnergusianga, seine do.
tunnergusiariva, j. SS. inus., er hat es zu seiner empfangenen Gabe.
tunnergusiakarpok, t. SS. do. (mit mik).
tunniorkaivok, j. SS., er gibt vielen was (mit mik & mut).
tunniorkarpeit, t. SS. inus., er gibt viele weg. Pipsit tunniorkarpeit tapkonunga.
tunniorkaivik, vīk, vīt, ein Platz, Stelle, wo immer was hingegeben wird; Zollhaus, Steuereinnehmer ꝛc.
tunnijijuksauvok, j. SS., er soll geben (mit mik).
Tunnok, nuk, nut, Talg, Unschlitt (eigentlich nur das Rückenfett beim Rennthierbock).
tunnoujak, jāk, jet, eine Art Steine, die wie Talg aussehen.
Tunno, nnk, nut, der ganze Hintertheil eines Menschen, einer Sache, und die äußere Seite der Hand.
tunnua, sein Hintertheil.
tunnunga, do.
tunnuga (intr.), tunnuma (tr.), mein Hintertheil.
tunnuit (intr.), tunnuvit • dein do.
tunnumne, hinter mir.
tunumnut, hinter mich.
tunnumnit, hinter mir her.
tunnupknt, hinter mir durch.
tunnungne, hinter dir.
tunnuksak, sāk, set, etwas zum Hintertheil, zu Kleidungsstücken und sonstigen Sachen.
tunnupok, t. SS. & CS., er wendet ihm den Rücken zu (SS. mit mik).

tunungavok, j. SS. & CS., er ist ihm mit dem Rücken zugewandt (SS. mit mut).
tunnualakpok, t. SS., er fällt rückwärts und setzt sich.
tunnuliupa, t. SS. inus., er geht nahe zu ihm und dreht ihm den Rücken.
tunnuliutiva, j. SS. inus. do.
tunnuliutjivok, j. SS. do. (mit mut).
tunnukpiarpok, t. SS., er geht rückwärts.
tunnukpiartorpok, t. SS. do. (mehr).
tunnumut, gegen den Rücken, hinterwärts, it, gegen das Land.
tunnulera (intr.), tunnulerma (tr.), der, das, was sich hinter mir befindet.
tunnulit (intr.), tunnulerpit (tr.), der hinter dir. [hinter ihm.
tunnulinga (intr.), tunnulingāta (tr.), der
tunnulimne, bei, an dem hinter mir.
tunnulimnut, zu dem hinter mir.
tunnulernut, zu dem hinter dir.
tunnulerēkpuk, put, car. Sing., sie stehen,
tunnungautivuk, vut, car. Sing., sie haben einander den Rücken zugewandt.
tunnungerpa, t. SS. inus., er kommt, tritt hinter ihn.
tunnungĕvok, j. SS. do. (mit mik).
tunnungeriartorpa, t. SS. inus., er geht hinter ihn.
tunnungeneriartorpok, t. SS. do.
Tunnungajorsoak, Tunnungajoarsuk, Namen von Inseln (weil sie starke Rücken haben).
Tunnulersoak, Pauls Eiland bei Nain.
Tunnusuk, sūk, sut, der Nacken, Hinterkopf.
tunnutsuarpok, t. SS., er fällt oder stößt sich den Hinterkopf auf.
Tūpa, siehe bei tugjut.
Tupjarpa
tuplerarpok
tupliajivok   siehe bei Tume.
tupjakangaut
tupjangovok
Tupipok, t. SS., es würgt ihn etwas, bleibt

43

ihm im Halse stecken (mit mut); wenn man keinen Hunger oder Durst hat, oder wenn die Sachen zu dürre sind. Immermut tupipunga.
tupijuligiva, j. SS. inus., er hat es zur Ursache des Würgens.
tupijutekarpok, t. SS. do. (mit mik).
tupinarpok, t. SS., es ist zum Würgen (trockene Speisen 2c.).
tupisimavok, j. SS., das Essen oder Trinken hat ihn gewürgt, it, die Luft ist dick und kalt (wie singomavok).
Tupok, t. SS., es langt bis dahin, fällt dahin (mit mut); ein geworfener Stein, eine Kugel, Pfeil 2c.
tupvik, vīk, vit, der Platz, wo etwas Geworfenes oder Geschossenes hinfällt, it, Schuß- oder Wurf-Weite. Ujarkab tupvinga, des (geworfenen) Steines Hinfallplatz.
tupvigiva, j. SS. inus., er hat ihn zur Stelle, wo er hinfällt. Ujarkab tupvigivānga, der Stein ist auf mich gefallen oder hat mich zur Stelle, wo er hingefallen ist.
tupvikarpok, t. SS. do. (mit mik).
tuljomivok, j. SS., es langt, kommt näher daran (aber noch nicht ganz bis hin).
Tuppangnek, das Erwachen vom Schlafe.
tuppakpok, t. SS., er erwacht vom do.
tuppaksārpa, t. SS. inus., er weckt ihn auf.
tuppaksaivok. j. SS. do. (mit mik).
tuppaktipa, t. SS. inus., er hat ihn aufgeweckt.
tuppaktainarpok, t. SS., er ist eben erst aufgewacht, it, zum erstenmal.
tuppakattarpok, t. SS., er wacht oft auf.
tuppakattarlungilak, t. SS., er wacht nicht oft auf.
tuppakattangilak, t. SS. do.
tuppagoarpakpok, t. SS., er pflegt oft aufzuwachen.
tuppagajukpok, t. SS., er wacht häufig auf.

tuppagajuipok, t. SS., er wacht selten auf.
tuppajuipok, t. SS., er wacht nie auf.
tuppakārpok, t. SS., er wacht zuerst auf (eher denn andere).
tuppaksiariva, j. SS. inus., er wartet auf sein Aufwachen, wartet auf ihn bis er erwacht.
tuppaksēvok, j. SS. do. (mit mik).
tuppaktorpok, t. SS., er, es wird sehr lebendig, munter (ein angeschossenes Thier).
tuppajungnangerpok, t. SS., er kann nicht mehr aufwachen.
Tuppek, ak, turkit, ein Zelt.
tupperpok, t. SS., er zieht aus dem Winterhause ins Zelt. [auf.
tuppertorpok, t. SS., er schlägt das Zelt
tuppersivok, j. SS. & CS., er trifft Zelte, findet, kauft, bekommt ein Zelt, CS., er kauft eins für ihn.
tuppekanārkutivok, j. SS., er kommt zu Zelten, zum Zelt, trifft welche.
tuppermenārkutiva, j. SS. inus., er kommt zu ihm ins Zelt.
tuppiorpok, tuppiliorpok, t. SS., er näht, macht ein Zelt.
tuppiorsavok, j. SS. do. (mehrere).
tuppervik, vīk, vīt, ein Zeltplatz.
tuppekatle, tik, tit, ein Zelt-Kamerad.
tuppekatligiva, j. SS. inus., er hat ihn zum Zelt-Kameraden.
tuppekarkatligiva, j. SS. inus. do.
tuppekatlekarpok, t. SS. do. (mit mik).
Tupsimavok, j. SS., er ist müde, während andere noch nicht müde sind, kann nicht mit fort. Tutsimavok, do.
tupsimaninga, sein Nichtmitfortkönnen.
Tupsink! wenig! (Wenn irgend etwas zu wenig ist, wie tatładlak!)
Tupvik, siehe tupok.
Tussákpok, t. SS. & CS., er hört, CS., er hört es, ihn, it, folgt ihm, gehorcht ihm, erhört ihn. [do.
tussarnek, das Hören, Gehör; tussoriak,

tussarninga, fein Hören, Gehör.
tussangilak, t. SS. & CS., er hört nicht, ift taub, it, er hört es nicht, gehorcht nicht 2c.
tussanginek, das Taubfein, nicht hören, nicht gehorchen.
tussatsainarpok, t. SS. & CS., er hört immer, gehorcht immer.
tussangitsainarpok, t. SS. & CS., er hört nie, CS.. er hört es nie, gehorcht ihm nie.
tussangitsainariak, das Niehören, Nie- gehorchen.
tussangitsainarnek, do.
tussangärpok, t. SS. & CS., er hört es zum erstenmal (SS. mit mik).
tussangärtak, täk, tet, das, was man zum erstenmal hört, was ganz Frembes.
tussartainarpok, t. SS. & CS., er hört es zum erstenmal, it, er hört es jetzt erst, eben erst.
tussariukpok, t. SS. & CS. do., er hört es, ihn zum erstenmal ober nach langer Zeit wieber zum erstenmal.
tussarpakpok, t. SS. & CS., er pflegt zu hören, CS., er pflegt es zu hören.
tussakpangitak, täk, tet, etwas Frembes, was man nicht zu hören pflegt.
tussaktauvok, j. SS., er, es wird gehört, er wird erhört.
tussarnarpok, t. SS., er, es ift hörbar.
tussarnangilak, t. SS., er, es ift nicht hörbar.
tussarsinalerpok, t. SS. & CS., er hört enblich, CS., hört es, ihn enblich.
tussarominarpok, t. SS., es ift verlangenb, wünschenswerth zu hören.
tussarominaipok, t. SS., es ift nicht ver- langenb zu hören.
tussangiaserpok, t. SS., er rebet ver- blümt, nicht frei heraus, rebet blos zu Gehör.
tussangitserlorpok, t. SS., er thut, als wenn ers nicht hörte.
tussarasuarpok, t. SS. & CS., er bemüht fich zu hören, es zu hören.

tussarasugiva, j. CS., er benkt, meint, daß er es höre.
tussarasugiklivok, j. SS. do. (mit mik).
tussaktaunasugiva, j. CS., er benkt, baß er, es gehört worben ift.
tussarlukpok, t. SS. & CS., er hört Schlechtes von, wegen ihm (SS. mit mik).
tussarnerlukpok, t. SS. & CS., er ver- fteht, vernimmt ihn, es falfch, verkehrt.
tutsarlukpok, t. SS. & CS., er hört, daß ber ober jener tobt ift (SS. mit mik).
tussarneärsukpok, t. SS., er hört was Angenehmes. [hören.
tussarnerpok, t. SS., es ift angenehm zu tussarneriva, j. SS. inus., er hat es zu bem, was ihm angenehm klingt.
tussarniksarpok, SS. do.
tussarnärpok, j. SS., er hört einer ange- nehmen Sache zu, er hört es gern.
tussarnäriva, j. SS. inus., er hat es zu bem, was er gerne, am liebften hört.
tussarnepok, t. SS., es ift unangenehm zu hören.
tussarnegiva, j. SS. inus., er hat es zu bem, was ihm unangenehm zu hören ift.
tussarneksarpok, t. SS. do.
tussarnegosukpok, t. SS. do. (mit mik).
tussarneliorpok, t. SS., er hört einer un- angenehmen Sache zu.
tussakte, tik, tit, einer, burch ben man was hört unb ber einem zuhört.
tussaktiga, einer, ber mir was mittheilt, was sagt, it, mein Zuhörer.
tussagerpok, t. SS. & CS., er hört zur knappen Noth, CS., er hört es, ihn zur knappen Noth. [zu hören.
tussagarnarpok, t. SS., er, es ift kaum tussagarniarnarlukpangilak, t. SS., es pflegt nicht schwer, nicht zur knappen Noth gehört zu werben.
tussadlapkainarpok, t. SS. & CS. do., er hört es nur zu knapper Noth. (Wirb nur noch hin unb wieber von alten Leu- ten gekannt.)

tussainarpok, t. SS. & CS., er hört nur und befolgt nicht.

tussainarosukpok, t. SS. & CS., er will ihn, es nur hören, ohne was zu befolgen, nimmt es sich so vor.

tussāvok, j. SS. & CS., er hat es gehört, vernommen, folgt ihm, befolgt das Gehörte immer.

tussāje, jik, jit, ein Zuhörer, it, einer, durch den man was hört.

tussājigiva, j. SS. inus., er hat ihn zu dem, durch den er was hört, was vernimmt, it, er hat ihn zum Zuhörer, it, er hat ihn zu dem, der was von ihm erzählt, kund thut.

tussāgak, kak, ket, eine Sache, die man immer hört, vernimmt.

tussajungnaipok, t. SS. & CS., er hört nicht mehr, seine Ohren sind nicht mehr gut, CS. do., es, ihn nicht mehr.

tussajungnērpok, tussarungnairpok, t. SS. & CS. do.

tussajuērpok, t. SS. & CS. do.

tussajungnangerpok, t. SS. & CS. do.

tussajuipok, t. SS. & CS., er hört nichts, bekommt gar nichts davon zu hören.

tussägorpok, t. SS., er hört, versteht es immer, was gesagt wird, und befolgt es.

tussaksauvok, j. SS., es erschallt, ist hörbar.

tussaumavok, j. SS. & CS., es ist ihm kund geworden, er hat es vernommen (SS. mit mik).

tussaumajak, jäk, jet, etwas Gehörtes, Vernommenes, Kundgewordenes, Gerücht.

tussaumajauvok, j. SS., es ist was Gehörtes, ruchbar Gewordenes, es ist ruchbar geworden.

tussilákpok, t. SS., er hört nicht gut.

tussatsialungilak, t. SS. do.

tussilaipok, t. SS., er hört gut.

tussileitipa, t. CS., er macht ihn guthörend.

tussatsiarpok, t. SS. & CS. do., er hört gut.

Tussiarpok, er hinkt, ist lahm; am Fuß oder Bein.

tussiarnek, das Hinken, Lahmsein.

tussiakivok, j. SS., er hinkt auch.

tussiakipok, tussiakitákpok, t. SS., er hinkt lange.

tussialiomigivok, j. SS., er hinkt wieder mehr.

Tüssinek, nak, die Stirn, gerade über den Augen, wo die Haare anfangen.

tüssinekarpok, t. SS., er hat die Stirn frei, daß man diese Stellen sehen kann; hat entweder keine Haare mehr oder dieselben abgeschnitten 2c.

tüssinelik, lik, lit ob. ggit, einer, der vorn über der Stirn keine Haare, sondern bloße Stirn hat.

tussinelijarpok, t. SS., er geht mit bloßer, freier Stirn.

Tussunek, das Verlangen, Wünschen.

tussūnera (intr.), tussūnima (tr.), mein Verlangen.

tussūninga - tussūningáta - sein do.

tussūvok, j. SS., er verlangt (mit mik und mut).

tussugiva, j. SS. inus., er verlangt nach ihm, wünscht es, ihn zu haben.

tussugivok, j. SS., er verlangt auch.

tussūnarpok, t. SS., es ist verlangend.

tussujutigiva, j. CS., er hat es zur Ursache des Verlangens.

tussujutekarpok, t. SS. do. (mit mik).

tussungilut, tik, lit, die Ursache, warum man nicht verlangt.

tussungijut, tik, lit, do.

tussuganerpok, t. SS., er fährt fort im Verlangen.

tussuganärpok, t. SS., er verlangt besonders darnach (mit mik).

tussugijanāriva, j. SS. inus., er hat es zu dem, nach dem er besonders verlangt.

tussugijanäkarpok. t. SS. do. (mit mik).

tussugijanäk, näk, nöt, der, das, wornach man besonders verlangt.

tussugijanāra, das, wornach ich besonders verlange.
tussuginerpaujutigijara, das, wornach ich am allermehrsten verlange.
tussuginerpakutigijara, do.
tussujomigivok, j. SS., er verlangt wieder mehr.
Tutjomivok, siehe bei túpok.
Tutakpok, t. SS., es ist schlaff, schlottert; ein Boots- ober Kajals-Ueberzug, der Hundestrick, wenn der Hund nicht recht anzieht.
tutaktailivok, j. SS. & CS., er zieht es scharf an, er verhütet das Schlaffe.
Tutsapikpok, t. SS., er hebt die Füße (beim Gehen im Finstern, um nicht anstoßen zu wollen ic.), it, ein Blinder.
tutsapinarpok, t. SS., es macht die Füße aufheben (Finsterniß ic.).
tutsāvok, j. SS., er hat sich die Fußsohlen wund gelaufen; ein Mensch, Hund ic.
Tutsakangaut, siehe tupjakangaut.
tutsāt, siehe tupjat bei tume.
Tutsivok, tutjivok, j. SS., er tritt in den Koth, Dreck.
tutjinek, nak, nerit, das Treten in den Koth.
tutivok, j. SS. & CS., } s. bei tutterpa.
tutisivok, j. SS.,
Tutteritjek, jet, Pelzschuhe, Ueberschuhe.
tutteriarpok, t. SS., er trägt Ueberschuhe von Pelz.
Tuttingningnek, das Beiliegen, Liegen unter einer Decke mit jemanden.
tuttikpa, t. SS. inus., er liegt mit ihm unter einer Decke.
tuttingnikpok, t. SS. do. (mit mik).
tutligiartorpok, t. SS. & CS., er geht sich mit jemand unter eine Decke zu legen.
tuttiktak, tak, tet, einer, bei dem jemand liegt.
tuttiktuk, tut, die unter einer Decke liegen.
tuttikpuk, put, sie liegen unter einer Decke.
tuttikte, tik, tit, ein Beilieger.

Tuttovok, j. SS., seine Haare sind verworren (nicht von Natur).
tuttuërpok, t. SS., er hat seine Haare nicht mehr verworen, sondern gekämmt.
tutto, tuk, tut, verworrene Haare.
Tuvakpok, j. SS., es ist dick, das Eis.
tuvak, ak, vait, altes dickes Eis.
tuvaulerpok, t. SS., es fängt an dick zu werben, das Eis.
tuvērpok, tuvairpok, t. SS., das Eis bricht auf, geht weg, wird offen Wasser.

U.

Uarngnak, Westwind.
uavarloak, do.
uavarloakpok, t. SS., es weht Westwind.
uarngnarpok, t. SS. do.
uavakpok, t. SS., es weht West- oder Nordwest-Wind.
uavadlarpok, t. SS. do.
uarngnerloak, Südwest-Wind.
uarngnerloarpok, t. SS., es weht Südwest-Wind.
Ualīk, līt, siehe Oalīk.
Ubva, ubvalo, ubvalonēt, oder vielleicht.
Ubvarnek, das Waschen.
ubvarpok, t. SS. & CS., er wäscht ihn, es (SS. mit mik).
ubvartauvok, j. SS., er, es wird gewaschen.
ubvarsimavok, j. SS. & CS., es ist gewaschen, CS., er hat es fertig gewaschen.
ubvartaujariakarpok, t. SS., er, es hat nöthig gewaschen, gereinigt zu werden.
ubvartaujarērpok, t. SS., es ist schon gewaschen.
ubvaraksauvok, j. SS., es ist etwas zum Waschen (eine beschmierte Sache).
ubvartuksauvok, j. SS., er ist der, der waschen soll.
ubvarvik, vīk, vit, eine Zeit oder Ort zum Waschen; Waschfaß, Fluß ic.
ubvarvigiva, j. SS. inus., er hat es zur Waschstätte.

ubvaut, tik, tit, Seife oder sonst was zum Waschen.
ubvautiksak, säk, set, eine Reinigungssache; Wasser, Lauge, it, etwas zur Seife; Fett 2c.
Ubverkok, uverkok, kuk, kut, eine Muschel-Art.
Udlapn, t. SS. inus., er läuft, geht ihm nach, um ihn zu fangen, zu kriegen 2c.
udlanikpok, t. SS. do.
udlatorpa, t. SS. inus. do. (nicht so weit).
udlatuivok, j. SS. do. (mit mik).
udlakivok, j. SS. & CS., er läuft ihm auch oder wieder nach.
udlakipok, t. SS. & CS., er läuft ihm lange nach.
udlaktauvok, j. SS., es wird ihm (weit) nachgelaufen, ist ihm nachgelaufen worden.
udlatortauvok, j. SS. do. (nicht so weit).
udlakte, tik, tit, einer, der jemanden nachläuft.
udlaktigiva, j. SS. inus., er hat ihn zu seinem Nachläufer.
udlaktekarpok, t. SS. do. (mit mik).
udlasivok, j. SS. & CS.
udlajarpok, t. SS. & CS., er läuft ihm (einem Thiere; Hunde, Henne 2c.) nach, um es zu fangen, das hin und her läuft.
udlajartauvok, j. SS., es wird einem Thiere 2c., das immer auszuweichen sucht, nachgelaufen.
udlaktigēkpuk, put, car. Sing., sie laufen einander nach.
udlaktut, die drei in einer Reihe stehenden Sterne im Gürtel des Orion.
Udsertornek, das Aufpassen, Hüten, Bewachen.
udsertorpok, t. SS. & CS., er bewacht, merkt, achtet auf ihn (SS. mit mik).
udsertorte, tik, tit, ein Wächter, Hüter.
udsertorteōvok, j. SS., er ist ein Aufpasser, Hüter, Wächter.
udsertortak, tāk, tet, das, was bewacht, gehütet wird.

udsertortauvok, j. SS., es ist das, was gehütet, bewacht wird, oder er, es wird bewacht.
udsertugak, kak, ket, das, was immer bewacht, gehütet wird.
udsertugauvok, j. SS., es ist das, was (immer) bewacht, gehütet wird.
udsertorkattigēkpuk, put, car., sie hüten, bewachen mit einander.
udsertorkattigivm̄t, sie hüten, bewachen es, ihn mit einander.
Uërinek, das Gereizt-, Verwöhntsein an eine Sache.
uërivok, j. SS., er ist gereizt, hat was bekommen, geht deshalb wieder hin, will gern mehr haben.
uërimavok, j. SS. do.
uëringrpok, t. SS., es ist verführerisch, verwöhnerisch.
uërigiva, j. SS. inus., er hat ihn zu dem, der ihn durch Geschenke 2c. an sich gezogen, gelockt hat, it, er (ein Mensch ed. Thier) hat das Bekommene zu dem, was ihn anlockt.
uërigijnkarpok, t. SS. do. (mit mik).
uërigijauvok, j. SS., es wird ihm angehangen, nachgegangen, oder er ist der, dem angehangen nachgegangen wird.
uërisaut, tik, tit, ein Lock-, Reizungs-, Verführungs-Mittel.
uërisautiksak, säk, set, do., etwas, was dazu dienen soll.
uërisautauvok, j. SS., es ist ein Lock- ed. Reizungsmittel.
uërisauserpa, t. CS., er gibt ihm ein Reizungs-, Verführungs-, Lockungsmittel.
uërisausēvok, j. SS. do. (mit mik).
uërisarpa, t. CS., er lockt, reizt, verführt ihn (gibt ihm etwas) (mit mut).
uërisaivok, j. SS. do. (mit mik & mut).
Kakkojennut uërisarpānga, mit Schiffsbrot (was er mir gibt) reizt, lockt er mich. Kakkojennik uërisauserpānga, do.

uërisausersimavok, j. SS. & CS., es ist mit Lockungsmittel versehen, CS., er hat es damit versehen.
uërisausēmavok, j. SS. do. (mit mik).
uërisartauvok, j. SS., er wird gereizt, gelockt.
Uertsārnek, das Ankommen, Antreiben eines Fahrzeugs zc., was von Menschen geleitet wird.
uertsārpok, t. SS., er kommt vom Wasser dem Lande zu, landet (ein Fahrzeug).
Uerngarnek, Schläfrigkeit, Schläfrigsein.
uerngarpok, t. SS., er. ist schläfrig.
uerngalerpok, t. SS., er wird schläfrig.
Uernek, nik, nit, der vordere Theil des Schlittens, soweit keine Querstücke sind.
uerninga, sein (des Schlittens) Vordertheil.
Ugiak, ak, et, ein junger Weißfisch.
Uggoarpok, t. SS., siehe ogguarpok.
Ugjuk, jūk, jut, ein großer, bärtiger Seehund (Phoca barbata).
ugjukpok, t. SS., er bekommt, fängt einen solchen Seehund.
ukjuktanga, sein bekommener Ugjuk.
Ue ob. ui, ik, it, ein Ehemann.
uinga, ihr Mann.
uine, do. (recip.). [an.
uine ungagiva, sie hängt ihrem Manne
uigiva, j. SS. inus., sie hat ihn zum Mann.
uekarpok, t. SS. do. (mit mik).
uiksak, sak, set, ein Bräutigam.
uinikpok, t. SS., sie heirathet, nimmt einen Mann.
uisivok, j. SS. do.
uiniktarpok, t. SS., sie heirathet wiederholt (nachdem sie Witwe geworden ist).
uiluariva, j. SS. inus., sie hat den Mann gerne, ist mit ihm zufrieden.
uiluakarpok, t. SS. do. (mit mik).
uilurēkpuk, put, car. Sing., sie sind mit einander zufrieden, passen zusammen, sind einerlei in Größe und Gemüth.
nullialuarēkpuk, do.
uilik, ggik, ggit, eine Ehefrau.

uigarpok, t. SS. & CS., sie verliert den Mann, wird Witwe, CS., er macht sie zur Witwe.
uigarnek, nak, nerit, eine Witwe.
uigarniovok, j. SS., sie ist eine Witwe.
uigammek, mik, mit, eine neulich do.
uignsuk, sūk, suit, eine ledige, erwachsene Frauensperson. [son do.
uigasovok, j. SS., sie ist eine ledige Person.
uigasuvut, unsere ledigen Frauenspersonen.
uignsuse, euere do.
uinijuipok, t. SS., sie nimmt keinen Mann, bleibt ledig.
Uihvak, vak, vait, eine Hucke vom festen Lande, die vor der freien See liegt.
uibvakarpok, t. SS., es hat eine solche Hucke, it, es ist vor einer solchen Hucke zugefroren, hat Weg, daß mit Schlitten kann weiter gefahren werden.
uivakpok, t. SS., er fährt zu Wasser ob. geht ob. fährt zu Schlitten um so eine Hucke. [gestückelte.
Uigonek, nak, nerit, ein Knoten, das Annigovok, j. SS. & CS., es ist angesetzt, ist angestückelt, CS., er hat es angestückelt (mit mik).
uigornerpa, t. CS. do.
uigornēvok, j. SS. do. (mit mik).
uigoniutivok, j. SS. & CS., er hat es angesetzt (mit mut).
uigoniutjivok, j. SS. do. (mit mik und mut); uigovok ominga, es ist angestückelt mit diesem; uigovara ominga, ich habe es angestückelt mit diesem; uigornērpara ominga, do. ominga uigornēvunga, do.
uigornerasuarpa, t. SS. inus., er stückelt es an (mit mik); uigoniutivok omunga, es ist angesetzt an dieses; uigoniutiva omunga, er hat es angestückelt, angesetzt an dieses; uigoniutjivokominga, omunga, do.
uigornitorpa, t. SS. & CS., er hat es angestückelt mit vielen Stücken (mit mik).

uigornituivok, j. SS. do.
uigornärpa, t. CS., er hat es losgeknüpft.
uigornärsivok, j. SS. do. (mit mik).
uigornerëktipok, t. CS., er knüpft, setzt sie zwei an einander.
uigornerëktitsivok, j. SS. do. (mit mik).
uigornerëktisimavuk, j. SS. & CS., sie sind aneinander geknüpft, aneinander gesetzt, CS., er hat sie do.
uigoráksak, säk, set, eine Sache, die zu kurz ist, die angestückelt werden muß.
uigornitáksak, do.
uiguksak, sñk, set, etwas zum Anknüpfen, Ansetzen an eine Sache, die zu kurz ist.
uigo, gük, gut, das, was angesetzt ist.
uigornitak, tük, tet, etwas, was zu kurz war und angestückelt worden ist.
uigornertauvok, j. SS., es ist angestückelt worden, es ist das, was angestückelt worden.
uigonéjarpa, t. SS. inus., er löset, knüpft den Knoten auf.
uigonejaivok, j. SS. do.
Uimavok, j. SS., er ist nicht recht bei sich, weiß nicht recht wo er ist; beim ersten Erwachen 2c.
uimamavok, j. SS., er ist unbesonnen.
uimajarpok, t. SS., er ist ausgelassen, it., ist flink, springt bei der Arbeit 2c. schnell hin und her.
uimajarnek, nak, nerit, Ausgelassenheit in Worten und Werken; Schnelligkeit, Munterkeit in gutem und bösem Sinne.
uimälanek, Verlegenheit.
uimälapok, t. SS., er ist verlegen, bestürzt.
uimälatipa, t. CS., er bringt, setzt ihn in Verlegenheit.
Uipok, t. SS., er öffnet die Augen.
uitavok, j. SS., er hat die Augen auf.
uitipa, t. CS., er öffnet ihm die Augen, macht ihn sehend; apakarlipa, ist dasselbe.
uitajutigiva, j. SS. inus., er hat es zum Augenmittel, wodurch er die Augen wie-

der offen hat, it, er hat wegen ihm die Augen offen. [Augen.
uitariksärpok, t. SS., er macht große
Uipjärnek, nak, nerit, das Herumdrehen, sich Schwindlichmachen.
uipjärpok, t. SS., er macht sich schwindlich, dreht sich, läuft im Kreise herum.
uipjangorpok, t. SS., er ist hingefallen vor Schwindel.
uipjnngovok, j. SS. do.
uipjangonarpok, t. SS., es macht taumlich, schwindlich.
uipjangonek, Schwindel.
Uivëriklernek, nak, nerit, der Betrug, die Verführung.
uivëriva, j. CS., er betrügt, belügt, verführt ihn.
uivëriklerpok, t. SS. do. (mit mik).
uivërijak, jäk, jet, ein Betrogener, Verführter.
uiverijauvok, j. SS., er ist der Betrogene, Verführte, ist betrogen, verführt worden.
uiveriklerkova, t. CS., er heißt ihn zu betrügen, zu verführen.
uivëpok, t. SS., er ist unnütz, ungezogen.
uivënarpok, t. SS., er ist immer unnütz, ungezogen.
uivënäluk, lük, luit, der Häßliche, Ungezogene, Abscheuliche (Schimpfwort wie kuinäluk).
uivëkova, j. CS., er befiehlt, erlaubt ihm unnütz zu sein.
uivëkojivok, j. SS. do. (mit mik).
uivëniakörutigiva. j. CS., er wird es, scheints, zur Ursache zum Unnützseinhaben.
uivëjutigiva, j. CS., er hat es zur Ursache zum Unnützsein.
uivësärpok, t. SS., er ist ungezogen, unnütz (ein Kind).
Ujak, jät, jet, ein Vorderviertheil von einem Seehunde (vom Specke), und von allen Seethieren.
ujauvok, j. SS., es ist ein halbes Vordertheil vom Seehunde.

ujanikpok, t. SS., er bekommt ein Vorderviertel beim Theilnehmen. (Bei Landthieren heißt das Vorderviertel kattigak.)
Ujakpok, t. SS., es reicht das Fell, der Ueberzug (beim Kajak oder Boot), bis oben hin, ist nicht zu klein, it, der Seehund ist halb überm Eise sichtbar im Seehundsloch.
ujagvigiva, j. SS. inus., der Seehund hat es (das Loch) zur Stelle, wo er halb heraus sieht.
Ujamik, mok, mit, ein Halsband, Halsgeschmeide von Perlen ic., it, ein Band, womit dem Hunde das eine Bein in die Höhe gebunden wird.
ujamillik, ggik, ggit, einer, mit einem Halsbande.
ujamikpok, t. SS., er hat ein Halsband um, oder sonst was am Halse hängen.
ujamipok, t. SS. & CS., er hängt es sich um, an den Hals; eine Tasche, Beutel ic. (SS. mit mik).
ujamiktipa, t. SS. inus., er hängt ihm etwas um den Hals (mit mik).
Ujarak, kak, ket, ein Stein.
ujarauvok, j. SS., es ist ein Stein.
ujaraksoak, āk, suit, ein großer Stein.
ujarasuksuk, suk, suit, ein großer einzeln liegender Stein.
ujarkerivok, j. SS., er arbeitet in Steinen.
ujaratsiak, āk, et oder sitjak, itjet, ein Hammer.
ujaratsiarārsuk, sŭk, suit, ein kleiner do.
Ujorok, uk, ut, Schwester-Kind.
ujorua, seiner Schwester Kind.
ujoruga, meiner Schwester Kind.
ujorugiva, j. SS. inus., er hat ihn zum Schwester-Kind.
Ujorojivok, j. SS., es ist nicht ganz im Winkel.
ujorojingajok, uk, jut, etwas, das nicht ganz im Winkel ist.
ujorungavok, j. SS., es ist nicht im Winkel.

Ujoromiak, mitset, der zitternde Dunst in der Luft; bei warmer Witterung.
ujoromiakarpok, t. SS., es hat solchen zitternben Dunst.
ujoromialivok, j. SS., die Luft zittert.
Ujukkoak, ujek, ujet, eine Fischleine, it, eine Schnur, wo man Speck daran bindet, um Moger damit zu fangen.
ujukkoajerpeit, er versieht die Angeln mit einer Schnur.
ujukkoajēvok, j. SS. do. (mit mik).
ujukkoalivok, j. SS. & CS., er macht eine Fischschnur, CS., er macht ihm eine.
ujukkoalēvok, j. SS. do. (mit mik).
ujukoangērsivok, t. SS. & CS., er verliert die Fischleine, CS., er verliert sie ihm.
ujukkoangērpok, t. SS & CS., er ist ohne Fischleine, hat sie verkauft ob. verschenkt, CS., er macht ihn ohne Fischleine, kauft sie ihm ab ob. läßt sie sich schenken.
ujukkoangējarpok, t. SS. & CS., es ist seine Fischleine zu Grunde, abgenutzt, unbrauchbar, CS., er nutzt sie ihm ab verbirbt sie ihm.
ujukkoangējaivok, j. SS. do. (mit mik).
ujukkoangērotivok, j. SS. & CS. do.
Ukbik, siehe Okpik.
Ukjuk, siehe Ugjuk.
Ukjunak, nak, norit, eine Spitzmaus.
ukjungnavik, vīk, vit, eine ganz kleine do.
Ukkalek, lik, lit, ein Haase.
ukkalekpok, t. SS., er bekommt einen Hasen.
ukkaleksiorpok, t. SS. & CS., er ist auf Hasenjagd, CS., er sucht für ihn einen Hasen.
ukkalektorpok, t. SS., er ißt Hasen.
ukkalevinetorpok, t. SS. do.
ukkalektanga, sein bekommener Haase.
ukkalektara, mein do.
ukkaliaitsiak, āk, et, ein Kaninchen.
Ukkamakpok, siehe okamarpok.
Ukkinek, nīk, nit, eine krebsartige Wunde.
ukkipok, t. SS. & CS., es hat keine Haut;

44

eine Wunde, Schwär ꝛc. ist offen, it, er schneidet sich die Haut irgendwo weg, CS., er schneidet ihm (einem Menschen, Thier oder Fell) ein Stück irgendwo weg, it, nimmt ihm den Schurf vom kallak ꝛc. weg; ukkitsivok, j. SS. do.
ukkitarpa, t. CS., er schneidet ihm hin und wieder ein Stück Haut heraus, it, nimmt sie hin und wieder durcheinander, nicht nach der Reihe. [CS., er ihn auch do.
ukkitarivok, j. SS. & CS. do. (mit mik),
Ukkileriak, ak, et, siehe Okkileriak.
Ukkoak, ak, et, eine Schwiegertochter.
ukkuanga, seine Schwiegertochter.
ukkuara, meine do.
ukkuariva, j. SS. inus., er hat sie zur Schwiegertochter. [una.
Ukkus, pl., diese, und diese beiden. Sing
ukkunane (Loc.), bei diesen.
ukkunangne · · · beiden.
ukkununga (Term.), zu ·
ukkungnunga · · · ·
ukkuninga (Acc.), diese.
ukkungninga · diese zwei.
ukkunangát (Abl.), von diesen.
ukkungnangát · · · beiden.
ukkutigüna (Vial.), durch diese.
ukkunüna, do.
ukkungnüna (Vial.), durch diese zwei.
ukkutitunak, wie diese.
Ukkusik, sik, sit, ein Kochkessel von Weichstein oder von was er ist.
ukkusiksivok, j. SS. & CS., er bekommt, findet, kauft einen Kochkessel, CS., er tauft für ihn einen.
ukkusingērsivok, j. SS. & CS., er hat seinen Kochkessel verloren, CS., er hat ihn ihm verloren.
ukkussiksak, sak, set, Weichstein oder sonst etwas, woraus Kochkessel können gemacht werden. [Weichstein gibt
ukkusiksalik, lik, lit, ein Land, wo es
ukkusiksasiorpok, t. SS. & CS., er sucht Weichstein, CS., er sucht welchen für ihn.

ukkusiksalerivok, j. SS., er bearbeitet Weichstein.
ukkusilliorpok, t. SS. & CS., er macht einen Kochkessel, CS., er macht einen für ihn. [rere).
ukkusilliorsavok, j. SS. & CS. do. (meh-
Uksoma (tr.), der, die, das da unten, intr. ungna.
uksomane, bei dem da unten.
uksomunga, zu dem da unten.
uksominga, den da unten; uksominga pijomavunga, ich will den da unten haben.
uksomangát, von dem da unten.
uksomüna, durch den da unten.
uksotunak, wie der da unten.
Uksunak, ukjunak, nak, nerit, eine Spitzmaus.
Ullajujak, jäk, jet, Wirbelwind.
ullajujaksoak, ãk, suit, starker Wirbelw.
ullajujauvok, j. SS., der Wind wirbelt.
Ullapitsinek, nak, nerit, das Stören, Beunruhigen.
ullapitsininga, sein Stören, Beunruhigen.
ullapipa, t. CS., er stört, beunruhigt ihn.
ullapitsivok, j. SS. do. (mit mik).
ullapitauvok, j. SS., er wird gestört, beunruhigt. [untuhigend.
ullapinarpok, t. SS., es ist störend, be-
ullāpitaunek, nak, nerit, Störung (passiv).
Ullapirsaut, lik, tit, Friede-, Versöhnungs-, Zufriedenstellungsmittel (wie saimarsaut).
ullapkut, lik, tit, do.
ullapkutekarpok, t. SS., er hat Frieden.
ullapirsautekarpok, t. SS. do.
ullapirsautigiva, j. SS. inus., er hat ihn, es zu seinem Frieden, zu seiner Versöhnung.
ullapkutigiva, j. SS. inus. do.
ullapirsarpa, t. CS., er versöhnt ihn, stellt ihn zufrieden. ·
ullapirsaivok, j. SS. do. (mit mik).

ullapirsainek, nak, nerit, das Zufriedenstellen, Versöhnen.
ullapirsaininga, sein Zufriedenstellen, Versöhnen.
ullapkoserpa, t. CS., siehe ullapirsarpa.
ullapkosĕvok, j. SS. do. (mit mik).
ullapirsautauvok, j. SS., es ist eine Versöhnung, Zufriedenstellung.
ullapkutauvok, j. SS. do.
ullapirsartauvok, j. SS., er ist zufriedengestellt, versöhnt.
ullapkosertauvok, j. SS. do.
ullapirsartaunarpok, t. SS., es ist versöhnend, zufriedenstellend.
ullapkosertaunarpok, t. SS. do.
ullapirsauserpa, t. CS., er versieht ihn, gibt ihm ein Zufriedenstellungs-, Versöhnungs-Mittel (Arbeit, womit er sich was verdienen kann c.).
ullapirsausēvok, j. SS. do. (mit mik).
ullapirsautiksaliva, j. CS. do.
ullapirsautiksalĕvok, j. SS. do. (mit mik).
Ullernairtuinek, das Beschauen, recht Ansehen einer Sache.
ullernairtorpa, t. CS., er sieht es, ihn sich genau an.
ullernairtuivok, j. SS. do. (mit mik).
ullernairtortauvok, j. SS., es wird betrachtet.
ullernairpa, t. CS., er hat es, ihn recht betrachtet, weiß was, und wie es ist.
ullervairsivok, j. SS. do. (mit mik).
ullernairiartorpa, t. CS., er ist gegangen, es genau zu betrachten. [mik).
ullernairsijartorpok, t. SS. do. (mit
ullernairtauvok, j. SS., es ist nachgesehen, betrachtet worden, man weiß, wie und was es ist.
ullernaigiva, j. CS., er hat es zu dem, oder es ist das, was er nachgesehen, betrachtet hat.
ullernairksarpok, t. SS. do. (mit mik).
Ullikpa, t. CS., er überdeckt es mit etwas.

ulliksivok, j. SS. do. (mit mik). Nuvujah ullikpa, die Wolke überdeckt ihn.
ullērpa, t. CS., er deckt es ab.
ullērsivok, j. SS. do. (mit mik).
ulliktipa, t. CS., er gibt ihm etwas zum Decken.
ullikartipa, t. CS. do.
ullik, līk, lit, ein Mantel, eine Decke, etwas, womit man sich ganz überdecken kann.
ulliksoak, ak, suit, ein großer Mantel, große Decke.
ulliksak, sōk, set, etwas, was zum Mantel oder zur Decke gebraucht werden soll.
ulliksalikpa, t. SS. inus., er schenkt, gibt ihm einen Mantel ob. etwas zum Zudecken.
ulliksalitsivok, j. SS. do. (mit mik).
ullikutarpok, t. SS., er ist mit was umhängt, hat irgend was nur so umgehängt.
ullikuparpok, t. SS. do.
ullikupariva, j. SS. inus., er hat es nur so umgehängt.
ulliktauvok, j. SS., es wird gedeckt, wird eine Decke darüber gelegt, gebreitet.
ulliksimavok, j. SS. & CS., es ist gedeckt, CS., er hat es gedeckt.
ulliksimāk, mait, etwas, was über und über mit etwas bedeckt ist, z. B. ein Berg, der über und über mit Holz bewachsen ist.
Ulliksubkak, kak, ket, ein Schlitz vorne unten an einem Männerpelz (der Nordländer).
Ullimaut, tik, til, ein Beil.
ullimarpok, t. SS. & CS., er haut mit dem Beil, CS., er haut es mit dem Beil (mehreremal).
ullimava, j. CS. do. (einmal).
ullimarnikpok, t. SS. do. (mit mik).
ullimarniko, kuk, kut, Hauspäne.
ullimako, kuk, kut.
ullimarnek, nōk, nerit, ein Beilhieb, Wunde von einem Beil.
ullimautiksak, sak, set, ein großes Messer ob. sonst was, was statt eines Beils gebraucht wird.

ullimangorpok, t. SS., er ist müde vom Hauen.
Ullipa, t. SS. inus., er wendet es um, das Inwendige nach auswendig.
ullitsivok, j. SS. do. (mit mik).
ullisimavok, j. SS. & CS., es ist umgewendet, CS., er hat es umgedreht.
ulligarpok, t. SS., es läßt sich nur zur Noth umbrehen (vor Härte), it, das Wasser tritt über.
utsimavok, j. SS., es ist umgebreht, ein Kleidungsstück, was man trägt.
utsimāserpok, t. SS., er trägt umgedrehte Kleidung.
utsimajunnik anoralijarpok, t. SS. do.
Ullipok, t. SS., es ist hohes Wasser, Fluth.
ullersoarpok, t. SS., das Wasser fängt an zu steigen.
ullilerpok, t. SS. do., it, es fängt an hoch Wasser zu werben, ist beinahe Fluth.
ullingavok, j. SS., es ist hoch Wasser.
ulligarpok, t. SS. & CS., das Wasser tritt über, überschwemmt; bei Sturm oder hohen Wellen ic., it, es ist so hart, daß es nur zur Noth umzubrehen ist (ein Stiefel ic.), CS., es schlägt das Land hinauf, das Wasser, geht höher wie gewöhnlich.
ulligartauvok, j. SS., es ist überfluthet, nemlich höher als die Fluth sonst geht.
ullutsauvok, j. SS., es ist überfluthet, der Strand, it, Sachen, die vom Wasser erreicht werden.
ullutsautipa, t. SS. inus., es, das Wasser, überfluthet es, irgend etwas, was sich nahe am Strande befindet.
ullle, lik, lit, das hohe Wasser, die Fluth.
ullitornersoak, ullitornivaksoak, große, hohe Fluth, Sündfluth.
ullersoak, der Anfang vom Steigen des Wassers.
ullitornek, näk, nerit, die hohe Fluth bei Neu- und Vollmond.
ullitorniovok, j. SS., es ist hohe Fluth, Springfluth.

Ullipkipok, t. SS. & CS., es ist ganz voll (ein Gefäß), CS., er macht es voll.
ullipkitsivok, j. SS. do.
ullipkinek, nak, nerit, das Vollsein.
ullipkidlarpok, t. SS. & CS., es ist zu voll, läuft über, CS., er macht es überlaufen.
ullipkědlarpok, t. SS. do. (mit mik).
ullipkitarpok, t. SS., es steht lange ganz voll.
ullipkitipa, t. SS. inus., er läßt es ganz voll machen (ein Gefäß).
ullipkidlarnek, das Ueberlaufen.
Ulliut, tik, lit, die Sehnen im Rücken des Rennthiers, die als Zwirn gebraucht werden.
Ulloak, utsak, utset, die Wange, der Backen.
ullutsab (tr.), do.
ulloara, ulloāka, meine Wangen.
ulloakortovok, j. SS., er hat große, dicke Backen.
ulloakipok, j. SS., er hat kleine Backen.
ulloakopa, t. CS., er schlägt ihn auf den Backen.
ulloarokpa, t. CS. do.
ulloaroivok, j. SS. do. (mit mik).
Ullo, luk, lut, ein Weibermesser, it, das Messer am Walfisch-Harpun.
ulluksaliorpok, t. SS. & CS., er macht ein Ullo, CS., er macht eins für ihn.
ulluksalivok, j. SS. & CS. do.
ulluksalēvok, j. SS. do. (mit mik).
ullunak, näk, net, ein Stück Eisen, Stein ic., was nach oben breiter wird.
ullunalik, lik, lit, etwas, was eine breite Spitze, breites Ende hat.
Ulloriasungnek, nak, nerit, das Ausweichen, wenn einem jemand was thun will.
ulloriarpok, t. SS. & CS., er weicht aus, wenn ihm jemand was thun will, nach ihm schlägt ic., CS., er weicht ihm aus, dem, der ihm was thun will, dem Schlage, der Hund der Peitsche ic.
ulloriagiva, j. SS. inus. do.

ulloriasukpok, t. SS. do. (mit mik).
ullorianarpok, t. SS., es ist zum Ausweichen, ist gefährlich, fürchterlich.
ullorialatsivok, j. SS. & CS., er wehrt ihn ab, SS. do.
ullorialatsinek, die Abwehr.
Ullukpok, t. SS. & CS., er reibt mit den Händen ein Fell oder sonst irgend was weich 2c.
Umak, mäk, mait, die Nähte an der Stiefelsohle.
Umek, mik, mil, der Theil am Griffe des Ullo, welcher an benselben genietet ist.
uminga, sein do.
Umiak, äk, et, ein Boot.
umiavik, vīk, vit, ein Fellboot.
umiarārsuk, sūk, suit, ein kleines Boot.
umiarak, kak, ket, ein kleines europäisches Boot.
amiatsiak, ak, et, ein schönes Boot.
umiaksoak, ak, suit, ein Schiff (großes Fahrzeug).
umiakolōk, luk, tut, eine Schaluppe.
umiaktorpok, t. SS., er fährt in einem Boot oder Schiff.
umialliorpok, t. SS. & CS., er baut ein Boot, CS., er baut für ihn ein Boot.
umijorpok, t. SS. & CS. do.
umiaksarpok, t. SS. & CS., er holt ein Boot, it, er holt Holz zum Boot, CS. do., für ihn.
umiaksaitorpok, t. SS. & CS. do.
umiangetorpok, t. SS. & CS., er holt ein Boot.
umialitsivok, j. SS., er bringt ein Boot wohin (mit mut). [Boot.
umiōvok, j. SS., es ist umgeschlagen, das
umērpok, t. SS., er ist ohne Boot, hat es verkauft 2c.
umiangērpok, t. SS. & CS. do., CS., er hat ihn ohne Boot gemacht, hat es ihm abgelauft, genommen 2c.
umiangērnikpok, t. SS. do. (mit mik).
umiangējarpok, j. SS. & CS., er ist ohne Boot, es ist ihm zerbrochen, abgenutzt 2c., CS., er zerbricht ihm das Boot.
umējarpok, t. SS. & CS. do.
umiangējaivok, j. SS. do. (mit mik).
umiangērsivok, j. SS. & CS., er hat sein Boot verloren, CS., er verliert es ihm.
umērsivok, j. SS. & CS. do.
umērsinikpok, t. SS. do. (mit mik).
umiakul, zu Boot, durchs, mit dem Boot.
umiaksoakut, zu Schiff.
umiakovik, vīk, vit, ein Schiffs-, Bootshafen, it, eine Stellage für ein Boot.
Umik, mīk. umgit, ein Barthaar. [Bart.
umikōrtovok, j. SS., er hat einen langen
umējarpa, t. CS., er rasirt ihn.
umgijarpa, t. CS. do.
umējaivok, umgijaivok, j. SS. do. (mit mik). [strer.
umējaijok, umgijaijok, juk, jut, ein Rasir-
umejaut, umgijaut, tik, tit, ein Rasirmesser.
umikjukpok, t. SS., er hat den Bart voll Eis oder Schnee.
umerrok, kuk, kut, die Barthaare des Seehundes, Walrosses 2c.
Umgok, ūk, uit, eine Warze.
Umingmak, mak, mait, ein Moschus-Ochse (weit im Norden).
Una, der, dieser, dieses (tr. oma).
ungna, der, dieser, dieses da unten (tr. uksoma).
Unak, näk, nāt, eine Harpun-Stange.
ūnaksivok, j. SS., er holt aus, um eine Creatur zu harpuniren, it, er lauft, findet einen Unak.
Unalek, lik, lit, einer, der einen Menschen tödten will oder getödtet hat.
unaliovok, j. SS., er ist ein Mörder.
Unane, braußen in den Inseln, überhaupt im Osten.
ununga, nach der See zu, nach Osten.
unangāt, von der See her, von Osten.
unūna, nach Osten durch, braußen bei den Inseln durch.

Unainalivok, j. SS., er achtet nicht auf das, was gesagt wird ob. auf seine Arbeit, ist nur so da, ist nur versehen mit sich (gehört zu una).

unainauvok, j. SS., es ist nur das, was man vor sich hat, nahe vor sich hat; weiter ist nichts zu sehen. (Wird gebraucht bei dickem, trübem Wetter, wenn man vor Stöber ꝛc. nicht viel weiter sieht, als wo man gerade hintritt).

Unajonlik, līk, lit, ein Thier, was eben neue Haare bekommen, und alte und neue unter einander hat.

unajoaliolerpok, j. SS., es fängt an alte und neue Haare unter einander zu haben.

unajoalivok, j. SS., es ist ein Fell oder Thier, was alte und neue Haare unter einander hat.

Unangmiklernek, nak, neril, das Trachten nach etwas, Verfolgen aus Feindschaft oder nur, um es zu erlangen.

unangmiva, j. CS., er trachtet ihm nach, möchte es gern erreichen, erlangen, it, er verfolgt ihn aus Haß.

unangmiklerpok, t. SS. do. (mit mik).
unangmisukpok, t. SS.
unangmijauvok, j. SS., es wird nach ihm getrachtet, um es erlangen, erreichen zu wollen, z. B. die Zeit zur Versammlung, it, aus Feindschaft.

unangmiartariva, j. SS. inus., er hat es ihn zu dem, wornach er trachtet, was er verfolgt, it, er überwindet ihn.

unangmijariva, j. SS. inus. do.
unangmijakarpok, t. SS. do. (mit mik).
Unatadlarpok, t. SS. & CS., sie führen Krieg, CS., er mit ihm.
unalarpuk, t. SS. & CS., er schlägt, prügelt ihn, SS. do.
unatarnikpok, t. SS. do. (mit mik).
Unēt, es mag so sein, es hat nichts zu sagen.
unēn-ai, laß es so sein, es ist gut.
unērpok, t. SS., er sagt: es hat nichts zu sagen, nichts zu bedeuten.

unēn-una, laß das, den; es braucht nicht.
unē-gōk, er hat gesagt unēt. Wenn jemand unēt gesagt und nicht verstanden worden, und darauf gefragt wird: suvagōk? was hat er gesagt? so sagt ein Dritter, der es verstanden hat: unē-gōk, er hat unēt gesagt.

Unertorpa, t. CS., er übergibt ihm was zum Eigenthum (mit mik).
unertuivok, j. SS. do. (mit mik & mit).
unertotigiva, j. CS., er übergibt es ihm, zeigt es ihm an (mit mut).
unertutekarpok, t. SS. do. (mit mik & mut).
unertujutigiva, j. CS. do.
unertuligigjauvok, j. SS., es ist übergeben, überantwortet, angezeigt worden.
unertūt, lik, lit, das, was übergeben, angezeigt wird.
unertutauvok, j. SS., es ist das, was übergeben, angezeigt worden ist.
unertuliga, mein Uebergebenes, was ich übergebe oder jemandem anweise.
unertutjusiara, mein mir Ueberliefertes, Angewiesenes.
unertutjusiariva, j. SS. inus., er hat es zu dem, was ihm übergeben, überantwortet, angezeigt worden ist.
unertutjusiakarpok, t. SS. do.
unertutiva, j. CS., er zeigt ihm was, sagt ihm, wo es ist (mit mik).
unertutjivok, j. SS. do. (mit mik); unertutivagit iglumnik, ich zeige dir mein Haus; illingnik unertutjivunga iglumnik, do.
unertutjivigiva, j. SS. inus., er zeigt ihm was an, zeigt ihm wo es ist (mit mik).
unertutijara, meiner, den ich zurecht weise, dem ich was zeige.
unertutjiga, meiner, der mich zurechtweiset, der mir was zeigt.
unertutjigiva, j. SS. inus., er hat ihn zu dem, der ihm was anzeigt, der ihm sagt, wo das oder jenes ist.

Uneksiorpok, t. SS., er geht und sagt es jemand, sucht Schutz.

uneksiorvik, vik, vit, derjenige, bei dem Schutz gesucht, dem es gesagt wird.

uneksiorvigiva, j. SS. inus., er sucht Schutz bei ihm, hat ihn zum Zufluchtsort.

uneksiorvikarpok, j. SS. do. (mit mik).

Ungate, ungat, tik, tit, eine Zwischenwand in einem Hause, wo auf der andern Seite wieder jemand wohnt; ungativik, vik, vit, die Edplätze, Hauptplätze im Eskimohause.

ungamiutak, tāk, tet, Bilder od. Sachen, die an so einer Wand hängen.

ungaliga, meine Wand, it, das, was über, hinter mir hinaus liegt.

ungatimnepok, t. SS., er, es ist an meiner Wand, it, er, es befindet sich über mir hinaus von jemand.

ungalinga, seine Wand.

ungativut, unsere Wand, it, das über, hinter uns Hinausliegende von irgend was aus.   [liegt.

ungalā, das, was über, hinter ihm hinaus

ungatāne, auf seiner andern Seite, über ihm hinaus. Iglub ungatänepok, es ist auf der andern Seite des Hauses (nicht mehr am Hause selbst, denn dann heißt es: iglub sānganēpok od. tunnuanēpok). Kakkab ungatanepok, er befindet sich auf der andern Seite des Berges. Hier gilt es wohl für das, was sich über der höchsten Höhe noch am Berge selber, als auch für das, was sich jenseits des Fußes des Berges befindet. Kob ungatanepok, es befindet sich jenseits des Flusses, aber nicht dicht am Fluß, denn sonst heißt es: kōb akktanepok.

ungalek, lak, lit, der hinter dem Ersten.

ungalinga, ungalia, der, welcher auf ihn folgt.

ungaliga, der, welcher auf mich folgt. Uvlub aipangāta ungalinga, des britten Tages. Takib ungadlingàta unga-

liane, im dritten Monat. Jahrib ungadliagut, übers Jahr.

ungadlerpâk, päk, pait, der Hinterste, Letzte.

ungaliovok, j. SS., er ist der Letzte, der Aeußerste.

ungamuarpok, t. SS., er geht ungatanut.

ungalut, tik, tit, aufeinandergelegte Steine ıc. im Freien, um Schutz dahinter zu haben.

ungatangerpa, t. SS. inus., er geht um ihn herum, auf die andere Seite.

ungatangēvok, j. SS. do. (mit mik).

Unganek, nak, nerit, die Anhänglichkeit, das Anhangen.

ungagiva, j. CS., er hängt ihm an, verlangt nach ihm.

ungavok, j. SS. & CS. do. (mit mik), CS. do., ein Kind nach der Mutter.

ungagijak, jāk, jet, eine Sache od. jemand, dem man anhängt, das man liebt.

ungagijauvok, j. SS., es wird ihm angehangen, oder er ist der, dem angehangen wird.

ungagijara, der, dem ich anhange.

ungagijiga, der, der mir anhängt.

ungagijigivara, j. SS. inus., es ist mein Anhänger, ich habe ihn zu meinem Anhänger.

unganarpok, t. SS., es ist zum Anhangen, macht anhänglich.

ungaliomavob, j. SS., er ist anhänglich, will nicht weg davon, ob er gleich sollte, z. B. zum warmen Ofen oder was ihm sonst angenehm ist.

ungaliomigivok, j. SS., er ist wieder anhänglicher.

unganermut, aus Anhänglichkeit.

ungamut, do.

ungangoarpok, t. SS., er thut zum Schund, Scherz, als wäre er anhänglich an jemand (mit mik).

ungagingoarpa, t. SS. inus. do.

Ungasingnek, nak, nerit, die Entfernung.

ungasingninga, seine Entfernung.
ungasikpok, t. SS. & CS., er, es ist entfernt, CS., es ist entfernt, weit weg von ihm.
ungasiktome, in der Ferne.
ungasiktomit, aus, von der Ferne.
ungasiktomut, zu, nach, in der Ferne.
ungasiktokut, durch die Ferne.
Ungernek, das Zusammenziehen eines Beutels, oder sonst was, was eine Schnur zum Zusammenziehen hat.
ungerpok, t. SS. & CS., er bindet sich die Stiefeln, CS., er bindet sie ihm, it, er bindet den Stiefel 2c., der nicht im Gebrauch ist.
ungerut, tik, tit, ein Band, Riemen in etwas, womit es zusammengezogen wird.
ungerutiksak, sōk, set, do., was dazu gebraucht werden soll.
ungeruvipa, t. SS. inus., er hält es ein beim Nähen, zieht ein, ohne Falten zu machen.
ungeruvitsivok, j. SS. do.
ungervik, vīk, vit, der Einsaß, wo die Schnur durchgezogen ist.
ungerviksak, sak, set, Leder 2c., was zu so einem Einsaß soll gebraucht werden.
ungervillerpa, t. SS. inus., er macht ihm (dem Stiefel 2c.) einen Einsaß, wo das Band zum Binden durchgezogen wird.
ungervillēvok, j. SS. do.
ungervillersimavok, j. SS. & CS., es hat einen Einsaß, CS., er hat ihm den Einsaß fertig gemacht.
ungeruserpok, t. SS. & CS., er wartet, bis am Stiefel das Band durchgezogen ist, CS., er zieht ihm (dem Stiefel) das Band durch den Einsaß.
ungerusēvok, j. SS., er zieht das Band ein (mit mik)..
ungersimavok, j. SS. & CS., es ist gebunden, zugeschnürt, CS., er hat es do.
ungerdlak, lāk, lăt, ein zusammengeschnürtes Fell mit Speck daran.

ungiarnek, nak, nerit, eine Falte.
ungiarnelliorpok, t. SS. & CS., er macht Falten, CS., er macht ihr (der Näherei) Falten. [men, ein.
ungerdlárpa, t. CS., er schnürt es zusammen.
ungerlarsivok, j. SS. do.
Ungilengnek, das Juden.
ungilekpok, t. SS., es juckt ihn.
ungilengnarpok, t. SS., es macht, verursacht Juden. [sich her.
Ungorpok, t. SS. & CS., er treibt es vor
ungortak, läk, tet, das, was man vor sich her treibt. [sich hin.
ungornek, nak, nerit, das Treiben vor
ungoriarpok, t. SS. & CS., er geht es vor sich her treiben (SS. mit mik).
ungoriartorkova, j. SS. inus., er befiehlt ihm treiben zu gehen.
ungovok, j. SS. & CS., ein Seehund flieht zu seinem Loch in die Ferne, CS., er hat es vor sich her getrieben.
ungojivok, j. SS. do. (mit mik).
ungojak, jak, jet, das, was getrieben worden ist. [ihn zurück.
ungolartorpa, t. SS. inus., er treibt, jagt
ungolartuivok, j. SS. do. (mit mik).
ungumavok, j. SS. & CS., er treibt die Hunde von was zurück, z. B. wenn Speck geschleppt wird.
Ungujärpok, t. SS., die Naht an der Stiefelsohle ist aufgetrennt.
ungujärtipa, t. SS., er trennt die Naht an der Stiefelsohle auf.
Uniarpa, t. SS. inus., er schleppt, zieht es hinter sich her.
uniarsivok, j. SS. do. (mit mik).
uniarsinek, das Schleppen.
uniartauvok, j. SS., es wird geschleppt.
uniartak, läk, tet, das, was man hinter sich her schleppt.
unigak, kak, ket.
Unikpok, t. SS., er bleibt da, geht nicht dahin, wohin er erst wollte, thut nicht, wie er erst gedacht.

unigvik, vīk, vil, der Ort, die Person, die Zeit, wo man bleibt, wenn man nicht geht, wohin man erst wollte.
unigvigiva, j. SS. inus., er bleibt bei ihm und geht nicht dahin, wohin er wollte, it, er bleibt den Tag, an welchem er gehen wollte, noch da.
uniktok, luk,·tut, einer, der nicht dahin geht oder nicht thut, wie er sich erst vorgenommen.
uniktipa, CS., er nöthigt, heißt ihn zu bleiben, er macht, daß er nicht hingeht, nicht thut, wie er erst gewollt.
uniktitsivok, j. SS. do. (mit mik).
unikkova, j. CS. do., er heißt, nöthigt ihn zu bleiben, nicht weiter zu gehen.
Uniktivijut, tik, tit, vom Winde gemachte Höhlen im Schnee. (Wird nur hin und wieder verstanden.)
Uniorsinek, nak, nerit, das Abweichen, Danebenkommen, beim Schießen und bei allen Dingen.
uniorpa, t. CS., er schießt, wirft, schlägt daneben, trifft nicht, kommt daneben. (Gilt für alles, wo man bei dem, was man hat haben wollen oder sollen, daneben kommt.) (einmal.)
uniorsivok, j. SS. do. (mit mik).
uniorgarpa, t. CS. do. (mehrmals).
uniorgarivok, SS. & CS. do.
uniornarpok, t. SS., es ist zum Danebenkommen, macht, daß man leicht danebenkommt.
uniortipok, t. SS. & CS., er hat sich ein Glied verrenkt, it, es weicht aus; eine Stütze und dergl., CS., er verrenkt das Glied, macht, daß es ausweicht. [Glied.
uniortitipa, t. CS, er verrenkt ihm ein
Unipkarnek, das Erzählen.
unipkarpok, t. SS., er erzählt (mit mut).
unipkaupa, unipkautiva, er erzählt ihm.
unipkautjivok, j. SS. do. (mit mik).
unipkausek, kautsik, kautsit, eine Erzählung.

unipkauseriva, j. CS., er hat es zu seiner Erzählung (mit mut).
unipkausekarpok, j. SS. do. (mit mik).
unipkariva, j. CS. do.
unipkarkarpok, j. SS. do. (mit mik).
unipkautigiva, j. CS. do.
unipkautekarpok, t. SS. do. (mit mik).
unipkarajukpok, t. SS., er erzählt häufig.
unipkaroarpok, t. SS., er erzählt oft.
unipkarajuipok, t. SS., er erzählt selten.
unipkautiganjuipa, t. CS., er erzählt ihm selten.
unipkautijuipa, t. CS., er erzählt ihm nie.
unipkautijuërpa, t. CS., er erzählt ihm nicht mehr, dem er früher manchmal erzählt hat.
Univok, j. SS., er ist ein Nimmersatt, verlangt und sucht immer nur nach Essen.
unijok, juk. jut, ein Nimmersatt, der beständig hungert, obgleich er viel ißt.
uningavok, j. SS., er ist beinahe ein Nimmersatt.
uningajarpok, t. SS. do., er ist einem Nimmersatt ähnlich.
uningarpok, t. SS. & CS., er (ein Mensch oder Thier) sucht aus Hunger Nahrung, beißt an.
uningaudlarpok, t. SS. do., sehr; ein Hund oder anderes Thier beißt aus Hunger alles an.
Unnavok, j. SS. & CS., ein Hund ꝛc. ist freundlich, wenn er einen Bekannten sieht, wedelt mit dem Schwanz, it, ein Mensch ist freundlich, zuthulich zu jemandem (SS. mit mik).
unnagusorpok, t. SS. & CS. do.
unnagallakpok, t. SS. & CS. do.
Unnek, nik, nit, die Armgrube, it, bei Thieren die Grube unter den Vorderfüßen.
unnera, meine Armgrube.
unninga, seine do.
unnermēpok, t. SS. & CS., er hat es unter dem Arm (SS. mit mik).
unnermigarut, tik, tit, eine Krücke.

45

unnermigarlune ajaupiarpok, er geht auf Krücken.
Unnuk, nūk, nut, der Abend; unnub, do. (tr. & Gen.).
unnungme (Loc.), am Abend; unnunne, an den Abenden.
unnungmut (Term.), zum Abend; unnunnut, zu den Abenden.
unnukut (Vial.), des Abends, am Abend.
unnukpok, t. SS., es ist Abends.
unnulerpok, t. SS., es wird Abend.
unnukpet, wenn es Abend ist.
unnuktauvok, j. SS., es kommt ihm der Abend, die Nacht auf den Hals, er wird davon überfallen.
unnugutjauvok, j. SS. do.
unnukipok, t. SS., es ist ein kurzer Abend.
unnuksiut, tik, tit, etwas, was für den Abend ist, was man am Abend braucht; Abendessen ꝛc.
unnumitak, tūk, tet, etwas Uebriggelassenes für den Abend.
unnumitara, mein do.
unnuksaraipok, t. SS., es wird geschwinde, schnell Abend.
unnuksadlalerpok, t. SS. do., sehr.
unnuksēvok, j. SS., er wartet, um am Abend zu kommen, oder das und jenes zu machen.
unnuak, ak, et, die Nacht; unnuab, do. (tr. & Gen.).
unnuarme, in der Nacht.
unnuarmut, zur Nacht.
unnuakut, des Nachts, durch die Nacht.
unnuarmik, die Nacht (Acc.).
unnuakopok, unnuakorpok, t. SS., er geht, fährt des Nachts fort, geht durch die Nacht.
unnuaksiorpok, t. SS., er geht, fährt in der Nacht.
unnuaksiut, tik, tit, etwas, was man in der Nacht braucht; Nachtjacke ꝛc.
unnuivok, j. SS., er bleibt die Nacht im Freien.

unnuakipok, t. SS., es ist kurze Nacht (im Frühjahr).
unnuatóvok, j. SS., es ist lange Nacht.
unnuaksēvok, j. SS., er wartet auf die Nacht, wartet die Nacht ab.
Unnukput, es sind ihrer viele.
unnuktut, viele.
unnuktovut, sie sind viele.
unnuksivut, sie werden viele.
unnuksivalliavut, sie nehmen zu, werden ihrer immer mehr. [mut).
unnurnersauvut, sie sind mehr, als (mit
unnuksivalliatipeit, er macht, daß sie zunehmen, daß ihrer mehr werden.
unnurnersautipeit, er macht ihrer mehr.
unnuksitipeit, er macht, daß ihrer viel werden, thut hinzu.
unnuksijēvok, j. SS. do. (mit mik).
unnuksēvok, j. SS. do.
unnudlarput, es sind sehr viele.
unnuktorsuit, unnuktovaksuit, außerordentlich, ungeheuer viele.
unnuktovaksovut, es sind ungeheuer viele.
unnurningit, ihre Vielheit, ihre Zahl;
unnurningit laijungnangilakka, ich kann ihre Zahl nicht nennen.
Upkoak, ak, et, eine Thür; upkoab (tr. und Gen.), do.
upkoaksoak, ak, suit, ein Thor oder gr. Thür; upkoabsub (tr. & Gen.).
upkoanga, seine Thüre; der Stube, it, des Stubenbewohners.
upkoalliorpok, t. SS. & CS., er macht eine Thüre, CS., er macht ihm eine (dem Hause oder dem Menschen).
upkoērutsauvok, j. SS., es wird ihm die Thür aufgemacht.
upkoarutjauvok, j. SS., es wird ihm die Thür zugemacht. [Thüre zu.
upkoarutiva, j. CS., er macht ihm die
upkoarutjivok, j. SS. do. (mit mik).
upkoarpok, t. SS. & CS., er macht die Thüre zu. [Thüre auf.
upkoērpok, t. SS. & CS., er macht die

upkoërutiva, j. CS., er macht ihm die Thüre auf.
upkoerutjivok, t. SS. do. (mit mik).
Upko, kuk, kut, eine Scheidewand in einem Hause ob. Stube.
upkuksak, säk, set, etwas zu so einer Scheidewand; Bretter, Felle ꝛc.
Upserut, tik, lit, Sachen zum Dichten; Werg, Pech ꝛc.
upsersorpa, j. SS. inus., er dichtet, theert, picht es; ein Boot, Haus ꝛc.
upsersoivok, j. SS. do. (mit mik).
upseriva, j. SS. inus., er hat es gedichtet.
upserēvok, j. SS. do. (mit mik).
upsikpok, t. SS., es ist dichte, hält Wasser.
upsępok, t. SS., es ist undichte; Faß, Haus, Kleiderstoffe.
upsesitite, tik, lit, ein Dichteisen.
upsitak, tāk, tel, dichte Kleiderstoffe u. dergl.
upsitauvok, j. SS., es ist ein dichter Stoff.
Usse, ach ja, da fällt mir ein, nun erinnere ich mich.
ussemalo, ich habe wohl gedacht, daß es so und so sein würde, aber es ist nicht so; ussemalo ikpeksak perksidlalaungmet nvlome perksidlorniarivok, ich habe wohl gedacht, weils gestern gestöbert hat, es würde heute wieder stöbern, aber es trifft nicht zu.
Usserarnek, das Danebenschütten, it, das Danebengeschüttete, nebens Gefäß auf was.
usserarpok, t. SS. & CS., er beschüttet das, was neben dem Gefäß ist, schüttet das Gefäß zu voll, daß es überläuft, oder schüttet überhaupt daneben, auf den Boden (SS. do. mit mik).
usserartauvok, j. SS., der Boden neben dem Gefäß, wohinein man schüttet, wird beschüttet.
usserarlarpok, t. SS. & CS., er schüttet wiederholt, mehreremal neben's Gefäß, auf den Boden (SS. do. mit mik).
usserartarnek, nak, nerit, das wieder-

holt Danebengeschüttete, it, Daneben-schütten.
usseraulalerpok, t. SS., es fängt an zu verschütten, überzulaufen; ein Gefäß.
usseraulavok, j. SS., es schüttet daneben, das Gefäß, es läuft über.
usserpa, t. SS. inus., die Welle schüttet sich übers Fahrzeug; Boot, Schiff ꝛc., und bringt ein.
ussernikpok, t. SS. do. (mit mik).
usserküva, j. SS. inus. do., wiederholt, oftmals.
usserkanadlarpok, t. SS., es ist sehr zum Ueberschlagen, zum Eindringen ins Fahrzeug (wenns Wellen hat).
usserēkut, tik, tit, ein Geländer auf einem Fahrzeug zur Verhinderung, daß die Wellen nicht so leicht überschlagen.
usserēkutinga, sein Geländer, d. Schiffs ꝛc.
Ussiak, ak, et, ein eingesetzter Fleck oben auf dem Kajak.
ussiakpa, t. SS. inus., er ladet ihn, einen Menschen oder sonst verschiedene Sachen, hinter sich auf den Kajak.
ussiarnikpok, t. SS. do.
ussiaktak, tāk, tet, ein Mensch, Sachen, die hinten auf dem Kajak geladen sind.
ussiaktauvok, j. SS., er, es ist hinten auf den Kajak geladen.
usse, ik, it, Geladenes, im Kajak, Boot, Schlitten ꝛc.
ussiksak, säk, set, etwas, was geladen werden soll.
ussivok, j. SS. & CS., er ladet es, die Sache (SS. mit mik).
ussilertorpa, t. SS. inus., er ladet das Fahrzeug mit Sachen (mit mik).
ussilertuivok, j. SS. do. (mit 2 mik).
ussilertortauvok, j. SS., er, es wird beladen; der Schlitten, das Boot ꝛc.
ussijauvok, j. SS., es ist geladen; die Sache.
ussekarpok, t. SS., er hat Ladung.
ussingējarpok, t. SS. & CS., er ladet ihn ab, den Schlitten ꝛc., SS., er ist abgeladen

ussingējaivok, j. SS. do. (mit mik).
ussējnivok, j. SS. do.
ussingērpa, t. CS., er hat ihn abgeladen, es ausgeladen.
ussingēvok, j. SS. do. (mit mik).
ussērpa, t. CS. do.
ussēvok, j. SS. do. Die Waare abladen wird nur mit pērpok, umiamit ꝛc. gegeben.
Ussinganek, das Bloßsein, Unbekleidetsein.
ussingavok, j. SS., er ist unbekleidet, bloß.
usserpok, t. SS., er ist eben ausgekleidet.
ussorterpa, t. CS., er kleidet ihn aus.
ussertersimava, j. SS., er hat ihn ausgekleidet.
Ussornarnek, nak, nerit, die Errettung aus augenscheinlicher Lebensgefahr.
ussornarpok, t. SS., er wird aus augenscheinlicher Lebensgefahr errettet, z. B. wenn mehrere krank sind und zum Theil daran sterben, aber einige errettet werden; wenn mehrere einbrechen, wo herunterfallen oder Schiffbruch leiden und zum Theil verloren gehen, aber einer od. einige errettet werden.
ussornarsivok, j. SS. & CS., er errettet ihn aus augenscheinlicher Lebensgefahr, SS., er fängt an ein ussornarlok, ein Erretteter, zu werden. [siva.
ussornartipa, t. CS. do., wie ussornar-
ussornartitsivok, j. SS. do. (mit mik).
ussornarsijauvok, j. SS., er wird aus augenscheinlicher Gefahr errettet.
ussornaut, lik, tit, die Ursache, daß er ein ussornarlok wird, also: das Unglück, die Gefahr, woraus er errettet wird.
ussornautigiva, j. SS. inus., er hat es (sein gehabtes Unglück) zur Ursache, daß er ein ussornarlok geworden ist.
ussornartullivok, j. SS., er macht was Unzerstörbares.
ussornarsarpo, t. CS., er unterrichtet, lehret ihn, sich vor dem Unglück, Verderben zu hüten.

ussornarsaivok, j. SS. do. (mit mik).
Ussuk, sük, suit, das Glied an einer männlichen Creatur.
utsuk, sük, suit, das Glied an einer weiblichen Creatur.
Utsimavok, utsimaserpok, siehe bei allipa.
Utsokamak, mak, mait, die Wurzel von der Fetthenne (Rhodiola rosea).
utsokamaktorpok, t. SS., er ißt solche Wurzeln.
Uttakkinek, das Warten.
uttakkininga, sein Warten.
uttakkijarink, wie uttakkinek.
uttakkijariara, mein Warten.
uttakkijaritset, dein Warten.
uttakkivok, j. SS. & CS., er wartet, CS. do., auf ihn.
uttakkijak, jäk, jet, einer, etwas, worauf man wartet, harret.
uttakkijauvok, j. SS., es wird auf ihn gewartet.
uttakkijariva, j. SS. inus., er, es ist es, worauf er wartet, harret.
uttakijakarpok, t. SS. do. (mit mik).
uttakkijigiva, j. SS. inus., er ist es, der auf ihn wartet, harret.
uttakkijokarpok, t. SS. do. (mit mik).
uttakkinikipok, t. SS. & CS., er wartet ein wenig, CS. do., auf ihn.
uttakkinikinārpok, t. SS. & CS. do.
uttokkikipok, t. SS. & CS., er wartet lange, CS. do., auf ihn.
uttakkikilarpok, t. SS. & CS. do., sehr lange.
uttakkingorpok, t. SS. & CS., es ist müde vom Warten, hat es satt, CS. do., auf ihn.
Utterpok, t. SS. & CS., er kehrt um, geht wieder zurück, CS., er geht, kommt zurück und holt das Vergessene.
utternikpok, t. SS., er geht zurück und holt Vergessenes (mit mik).
utternek, das Umkehren, Zurückgehen.
utteriak, do., utterianga, sein Umkehren, Zurückgehen.

utteriarpok, t. SS., er fängt eben an zurückzukehren.
utterlarpok, t. SS., er dreht wiederholt um, geht hin und her, auf und ab.
uttilerkitarpok, do.
uttersarpok, t. SS., er geht, kommt eiligst zurück. [um.
uttipsarpok, t. SS., er kehrt abermals
uttitsūngārpok, t. SS., er kehrt, geht, kommt zum letztenmal zurück.
utternikipok, t. SS., er geht, kommt ein wenig zurück.
utternikinārpok, t. SS. do.
utterkitarpok, t. SS. & CS., er geht, kommt weit zurück, CS. do., das Vergessene zu holen.
utterkēangavok, j. SS., er ist unentschlossen, ob er so ob. so thun soll ob. nicht.
utterkēangalungilak. t. SS., er ist fest entschlossen zu gehen, zu kommen, ob. so ob. so zu thun.
utterēkut, tik, tit, etwas zum Unterlegen, Vorstecken, daß eine Sache (Wagen oder Schlitten) nicht zurückgehe.
uttoriarēkut, tik, tit, do.
utterēpok, t. SS., er geht dahin, wohin er will und läßt sich durch nichts abbringen.
utterētok, tik, tit, einer, der nicht zurückgeht, sondern dahin, wo er will.
utterlartipa, t. SS. inus., er läßt ihn, es oft zurückkommen.
utterut, tik, tit, die Ursache zum Zurückkommen, Zurückgehen.
utteruligiva, j. CS., er hat ihn, es zur Ursache des Umkehrens, Zurückgehens.
uttimut, zurück, auf die Rückreise, hinter sich.
utterlipa, t. SS. inus., er bringt es, ihn zurück.
uttertitsivok, j. SS. do. (mit mik).
uttertitauvok, j. SS., es wird zurückgebracht, ist zurückgebracht worden.
uttertitaukova, j. CS., er läßt es zurückkommen, heißt es zurückgebracht werden.
uttertitautipa, t. CS. do.

uttertautipa, t. CS., er sendet zurück und läßt es (das Vergessene) holen.
uttertitak, tak, tet, Zurückgegebenes, Gebrachtes.
Uttivok, j. SS., es (die Haut) ist faul, so daß die Haare ab=, losgehen; an einem Fell, it, beim Menschen, wenn er einen Schwär gehabt oder sonst geschwollen gewesen ist und so die Haut abgeht.
uttijok, juk, jut, ein Fell, von dem die Haare abgefault sind.
utsak, sāk, set, etwas, was die Haare gehen läßt, wo dieselben losgefault, gebeizt sind, it, ein räudiger Hund ob. sonst ein Thier, it, ein Mensch, der durch Krankheit, Geschwüre ꝛc. die Haut verliert; utsatsiak, ak, ot, ein schon Gebeiztes.
utsauvok, j. SS., es ist so eins, an dem die Haare, die Haut losgefault ist (ein Fell, Mensch oder Thier).
utsautipa, t. CS., er beizt an ihm (einem Fell) die Haare los.
uttilerpa, t. CS., er macht ihm (dem Fell) die gefaulten Haare ab.
uttiterivok, j. SS. & CS. do. (mit mik), CS. do., von ihm auch.
Uttuvik, uttovik, vīk, vit, die Kopfhaut, it, die Haut an allen Stellen, wo Haare wachsen, der Grund der Haare.
uttovillukpok, t. SS., er hat einen schlechten Haargrund, hat Grind, Ausschlag in den Haaren, it, es ist hie und da etwas trübe.
uttovillijarpok, t. SS., es ist dünnhärig, der Grund ist sichtbar (ein Mensch oder Thier).
uttoviksupok, t. SS. do., ein Mensch hat dünne Haare.
Uvagut, wir, uns, unser.
uvaguk, wir zwei, wir beide, uns beide, uns beiden.
uvaplingne (Loc.), bei, an uns, um uns beiden.

uvaptingnut (Term.), zu uns und zu uns beiden.
uvaptingnik (Acc.), uns und uns beide.
uvaptingnit (Abl.), von uns und von uns b.
uvaptitut (Vial.), durch uns.
uvaptitut, wie wir, wie uns.
Uvanga, ich, mir, mein.
uvamne (Loc.), bei, an mir.
uvamnut (Term.), zu mir und von mir oder durch mich.
uvamnik (Acc.), mich.
uvamnit (Abl.), von mir.
uvapkut (Vial.), durch mich.
uvaptut, wie ich.
uvamnepok, t. SS., er, es ist bei mir.
uvamnurpok, t. SS., er kommt zu mir; uvamnut kaivok, do.; uvamnut ikkajortauvok, es wird ihm von mir oder durch mich geholfen; uvamnik sappumijaivok, er behütet, beschützt mich. Uvamnik unortorpara, ich übergebe mich ihm zum Eigenthum; uvamnit pilaukpa, er hat es von mir bekommen.
uvapkorpok, t. SS., er, es geht durch mich; der auf der Reise an mir vorbeifährt, mich besucht, it, eine Kugel 2c.; uvapkut neksartauvok, es wird durch mich mitgenommen; zu Schlitten, zu Boot ob. auch nur so, wenns weit mitgenommen wird; ist's aber nicht weit, so heißts: uvamnut neksartauvok. uvapkut tussaktitauvok, durch mich ist (es) ihm zum Gehör gebracht worden; uvamnut tussaktitauvok, do.; uvamnit tussakpok, do.; tikkininganik tussakpok uvamnit, von mir hat ers gehört, daß er (jener) gekommen ist; uvanga neksartauvunga, ich werde mitgenommen; uvanga perkutigivarn, es ist mein Eigenthum. Kia perkutigivauk oder kia perkutinga-una? wessen Eigenthum ist das? uvanga, mein.
Uvänek, das Schlenkern, Wackeln einer Sache, die nur in der Mitte aufliegt.

uvāvok, j. SS., er schlenkert, wackelt, fährt hin und her; ein Boot (seitwärts), Faß und alles, was nur in der Mitte aufliegt.
uvātipa, t. SS. inus., er dreht es hin und her von einer Seite zur andern (ob es eine stehende oder liegende Sache, ist einerlei). [nicht.
uvängilak, t. SS., es wackelt, schlenkert
uvartipa, t. CS., er stellt es schräg (ein Faß 2c.).
uvingatipa, t. CS. do. [stellt.
uvingatitauvok, j. SS., es ist schräg geuvingavok, j. SS., es ist schräg; ein Hausdach, Berg 2c.; sivingavok ist dasselbe.
uvingajok, juk, jut, eine schräge, abhängige Sache, it, der Name von Sattel-Eiland bei Olaf.
Uvigainek, nak, nerit, das Treffen beim Werfen oder Schießen, dessen, wornach man zielt.
uvigaininga, fein Treffen.
uvigarpa, t. CS., er trifft es, beim Werfen oder Schießen; im letzteren Falle nur, wenn das Thier gleich todt ist, ist es nicht gleich todt, sondern läuft noch eine Strecke, so heißt es: sikkarpa.
uvigaivok, j. SS., er trifft (mit mik).
uvigartak, tāk, tet, ein Getroffenes, it, ein Thier, das in die Dünnen, in die Rippen geschossen wird und gleich todt ist, it, das Fleisch mitten am Thiere zwischen den Vorder- und Hinterfüßen bis zum Rücken hinauf, it, beim Menschen mitten am Leibe.
uvigartārpok, t. SS., er bekommt so ein Mittelstück vom Thiere beim Theilnehmen.
uvigarlanga, fein Getroffenes, it, fein, des Menschen oder Thieres Mitteltheil am Körper.
uvigartauvok, j. SS., es ist getroffen.
uvikak, käk, ket, ein Mensch oder Thier in seinen besten Jahren, in der Mitte des gewöhnlichen Alters.
uvikauvok, j. SS., er, es ist in seinen

beften Jahren, auch eine Sache, Gewächs ꝛc., was in seinem besten Zustande ist.
Uvilok, luk, luit, eine schwarze, eßbare Muschel.
uviloksiorpok, t. SS. & CS., er sucht solche Muscheln, CS., er sucht, sammelt welche für ihn.
uviloktorpok, t. SS., er ißt solche Muscheln.
uviloksiorut, tik, tit, etwas, womit man die Muscheln aus dem Sande gräbt, it, womit man das Ohr ausbohrt.
Uvinik, nīk, nīt, Menschenfleisch.
uvinerupok, t. SS., er zehrt ab, wird mager.
uvinerutivok, j. SS. & CS. do., CS., es zehrt ihn ab; die Krankheit, der Kummer ꝛc.
uvinaksavok, j. SS., er nimmt zu, wird wohlbeleibt.
uvinaumigivok, j. SS., er ist wieder besser bei Leibe (doch noch nicht ganz gut); ein Krankgewesener ꝛc.
uviniolerpok, t. SS., er, es wird Fleisch.
uvinnerok, kuk, kut, ein Hemd.
uvinerkub (tr. & Gen.) do.
uvineroërpok, t. SS., er hat kein Hemd; hats verhandelt, verschenkt ꝛc.
uvineroërotivok, j. SS. & CS., er hat kein Hemd; es ist zerrissen, unbrauchbar.
Uvingiarpok, t. SS., er pfeift mit dem Munde, sehr laut, leiser heißt es: kokoviarpok. Manche Eskimos sagen, es sei einerlei.
Uvlok, lük, lut, ein Tag.
uvlub, do. (tr.).
uvlŏk, uvlak, uvlat, der Morgen.
uvlab (tr.), do.
uvlauvok, j. SS., es ist Morgen,' es ist der Morgen.
uvlangovok, j. SS. do.
uvlarme, am Morgen.
uvlamut, zum Morgen.
uvlamit, vom Morgen.
uvlakut, des Morgens, durch den Morgen.

uvlakut aularpok, er ist Morgens fortgegangen; uvlarme aularpok, do.; uvlamit unuak tikkidlugo, vom Morgen bis zum Abend. Ikpoksamik uvlamutkanerlaukpok, es hat geschneiet von gestern bis zum Morgen.
uvlāksiut, tik, tit, etwas, was man am Morgen braucht; Frühstück oder Kleidungsstücke.
uvlārorpok, t. SS., er ist frühzeitig auf, steht früh auf oder geht früh aus.
uvlarudlarpok, t. SS. do., sehr früh.
uvlarojovok, j. SS., er ist immer früh.
uvlarogajukpok, t. SS. do.
uvlarogajuipok, t. SS., er ist selten früh.
uvlarojuipok, t. SS., er ist nie früh auf ꝛc.
uvlarārsukut, früh bei Tagesanbruch (wie tavlekut).
uvlarārsuk, früh Morgen, Tages-Anbruch.
uvloktovok, j. SS., es ist langer Tag.
uvloktosivok, j. SS., es wird langer Tag.
uvloktosilerpok, t. SS., die Tage nehmen zu.
uvlokipok, t. SS., es ist kurzer Tag.
uvlokilivok, j. SS., es fängt an kurzer Tag zu sein, it, der Tag neigt sich, die Sonne geht bald unter.
uvlokililerpok, t. SS., die Tage nehmen ab.
uvloklivok, j. SS. do.
uvlivok, j. SS., er bleibt da den Tag, wo er hingekommen ist; uvlijomavok maggungnik, er will zwei Tage dableiben.
uvlitomavok, j. SS., er bleibt lange da, hält sich lange auf.
uvlitarnarpok, t. SS., es ist schön, einladend zum Dableiben.
uvlitautiksaksiornadlartokarpok, t. SS., es ist schön dazu, was zu suchen (für den Winter), daß man dann zu Hause bleiben kann.
uvlitaut, tik, tit, die Ursache zum Dableiben, Stillliegen.
uvlitautiksak, sŏk, set, etwas zu der Ursache, z. B. Regenwetter, oder auch, daß

es einem an nichts fehlt und keine Ursache hat, sich nach etwas umzusehen.
uvloksiorpok, t. SS. & CS., er braucht, begeht, feiert den Tag.
uvloksiorvik, vīk, vit, ein Feiertag, Festtag.
uvloksiutituariva, j. CS., er verbringt den ganzen Tag bloß über ihm, macht nichts anders.
uvloksiutituakarpok, do. (mit mik).
uvlognlärpok, t. SS., es bricht der Tag, die Morgendämmerung an (wie tavligangovok).
uvlognlärnek, die Morgendämmerung; tavligak, do.

uvlome, heute.
uvlomemut, bis heute, für heute.
uvlomemit, von heute an.
uvlomitak, täk, tet, etwas Uebriggelassenes von heute, was man heute, später noch essen wird.
uvlometāra, do., mein.
uvlomenitak, tāk, tet, etwas, was man heute bekommen, gefangen, gemacht hat. Akkigit ukkoa uvlomenitauvut, ukkoalo ikpeksanitauvut, diese Ripper sind von heute und diese sind von gestern. Tagga kokkojet uvlomonitet, kaupegomitello, da sind die Schiffsbrote für heute und für morgen.

www.ingramcontent.com/pod-product-compliance
Lightning Source LLC
Chambersburg PA
CBHW020227240426
43672CB00006B/442